AF277595

Normas laborales básicas

Normas laborales básicas

23ª Edición

JOSÉ Mª GOERLICH PESET

LUIS ENRIQUE NORES TORRES

Catedráticos de Derecho del Trabajo y de la Seguridad Social
Universitat de València

tirant lo blanch
Valencia, 2025

©   José Mª Goerlich Peset
Luis Enrique Nores Torres

©   TIRANT LO BLANCH
EDITA: TIRANT LO BLANCH
C/ Artes Gráficas, 14 - 46010 - Valencia
TELFS.: 96/361 00 48 - 50
FAX: 96/369 41 51
Email: tlb@tirant.com
www.tirant.com
Librería virtual: www.tirant.es
DEPÓSITO LEGAL: V-2906-2025
ISBN: 979-13-7010-893-9

Si tiene alguna queja o sugerencia, envíenos un mail a: *atencioncliente@tirant.com*. En caso de no ser atendida su sugerencia, por favor, lea en *www.tirant.net/index.php/empresa/politicas-de-empresa* nuestro Procedimiento de quejas.

Responsabilidad Social Corporativa: http://www.tirant.net/Docs/RSCTirant.pdf

Índice

ABREVIATURAS

CC	Código Civil
CE	Constitución Española, de 27 de diciembre de 1978
CP	Código Penal
ET	Texto Refundido de la Ley del Estatuto de los Trabajadores aprobado por RDLeg 2/2016, de 23 de octubre
EBEP	Texto refundido de la Ley del Estatuto Básico del Empleado Público
D	Decreto, aprobado por RDLeg. 5/2015, de 30 de octubre
DA	Disposición adicional
DD	Disposición derogatoria
DF	Disposición final
DT	Disposición transitoria
LC	Texto refundido de la Ley Concursal, aprobado por RDLeg 1/2020, de 5 de mayo
LE	Ley 3/2023, de 28 de febrero, de Empleo
LEC	Ley 1/2000, de 7 de enero, de Enjuiciamiento Civil
LETA	Ley 20/2007, de 11 de julio, del Estatuto del trabajo autónomo
LETT	Ley 14/1994, de 1 de junio, por la que se regulan las Empresas de Trabajo Temporal
LGSS	Texto refundido de la Ley General de Seguridad Social, aprobado por RDLeg. 8/2015, de 30 de octubre
LIITND	Ley 15/2022, de 12 de julio, integral para la igualdad de trato y la no discriminación
LILGTBI	Ley 4/2023, de 28 de febrero, para la igualdad real y efectiva de las personas trans y para la garantía de los derechos de las personas LGTBI
LIT	Ley 23/2015, de 21 de julio, Ordenadora del Sistema de Inspección de Trabajo y Seguridad Social
LISOS	Texto Refundido de la Ley sobre Infracciones y sanciones en el orden social, aprobado por RDLeg. 5/2000, de 4 de agosto
LJS	Ley 36/2011, de 10 de octubre, reguladora de la Jurisdicción Social
LO	Ley Orgánica
LOI	Ley Orgánica 3/2007, de 22 de marzo, para la igualdad efectiva de mujeres y hombres.
LOLS	Ley Orgánica 11/1985, de 2 de agosto, de Libertad Sindical.

LOPJ	Ley Orgánica 6/1985, de 1 de julio, del Poder Judicial
LPAC	Ley 39/2015, de 1 de octubre, del Procedimiento Administrativo Común de las Administraciones Públicas
LPRL	Ley 31/1995, de 8 de noviembre, de Prevención de Riesgos Laborales
OM	Orden Ministerial
OIT	Organización Internacional del Trabajo
RD	Real Decreto
RDL	Real Decreto-Ley
RDLeg	Real Decreto Legislativo
RDLRT	Real Decreto-Ley 17/1977, de 4 de marzo sobre relaciones de trabajo
RSOS	Real Decreto 928/1998, de 14 de mayo, por el que se aprueba el Reglamento general sobre procedimientos para la imposición de sanciones por infracciones de orden social y para los expedientes liquidatorios de cuotas de la Seguridad Social, con modificaciones posteriores entre las que destaca la introducida por Real Decreto 772/2011, de 3 de junio
RSP	Real Decreto 39/1997, de 17 de enero, por el que se aprueba el Reglamento de los Servicios de Prevención

CONSTITUCIÓN ESPAÑOLA
(selección de disposiciones)[1]

TÍTULO PRELIMINAR

Artículo 1.– 1. España se constituye en un Estado social y democrático de Derecho, que propugna como valores superiores de su ordenamiento jurídico la libertad, la justicia, la igualdad y el pluralismo político.

2. La soberanía nacional reside en el pueblo español, del que emanan los poderes del Estado.

3. La forma política del Estado español es la Monarquía parlamentaria.

Artículo 7.– Los sindicatos de trabajadores y las asociaciones empresariales contribuyen a la defensa y promoción de los intereses económicos y sociales que les son propios. Su creación y el ejercicio de su actividad son libres dentro del respeto a la Constitución y a la ley. Su estructura interna y funcionamiento deberán ser democráticos.

Artículo 9.– 1. Los ciudadanos y los poderes públicos están sujetos a la Constitución y al resto del ordenamiento jurídico.

2. Corresponde a los poderes públicos promover las condiciones para que la libertad y la igualdad del individuo y de los grupos en que se integra sean reales y efectivas; remover los obstáculos que impidan o dificulten su plenitud y facilitar la participación de todos los ciudadanos en la vida política, económica, cultural y social.

3. La Constitución garantiza el principio de legalidad, la jerarquía normativa, la publicidad de las normas, la irretroactividad de las disposiciones sancionadoras no favorables o restrictivas de derechos individuales, la seguridad jurídica, la responsabilidad y la interdicción de la arbitrariedad de los poderes públicos.

---

[1] Constitución Española de 27 de diciembre de 1978 (BOE de 29 de diciembre).

TÍTULO I. De los derechos y deberes fundamentales

Artículo 10.– 1. La dignidad de la persona, los derechos inviolables que le son inherentes, el libre desarrollo de la personalidad, el respeto a la ley y a los derechos de los demás son fundamento del orden político y de la paz social.

2. Las normas relativas a los derechos fundamentales y a las libertades que la Constitución reconoce, se interpretarán de conformidad con la Declaración Universal de Derechos Humanos y los tratados y acuerdos internacionales sobre las mismas materias ratificados por España.

CAPÍTULO PRIMERO. De los españoles y los extranjeros

Artículo 13.– 1. Los extranjeros gozarán en España de las libertades públicas que garantiza el presente Título en los términos que establezcan los tratados y la ley.

2. Solamente los españoles serán titulares de los derechos reconocidos en el artículo 23, salvo lo que, atendiendo a criterios de reciprocidad, pueda establecerse por tratado o ley para el derecho de sufragio activo y pasivo en las elecciones municipales.

3. La extradición sólo se concederá en cumplimiento de un tratado o de la ley atendiendo al principio de reciprocidad. Quedan excluidos de la extradición los delitos políticos, no considerándose como tales los actos de terrorismo.

4. La ley establecerá los términos en que los ciudadanos de otros países y los apátridas podrán gozar del derecho de asilo en España.

CAPÍTULO SEGUNDO. Derechos y libertades

Artículo 14.– Los españoles son iguales ante la ley, sin que pueda prevalecer discriminación alguna por razón de nacimiento, raza, sexo, religión, opinión o cualquier otra condición o circunstancia personal o social.

SECCIÓN 1.ª De los derechos fundamentales y de las libertades públicas

Artículo 15.– Todos tienen derecho a la vida y a la integridad física y moral, sin que en ningún caso, puedan ser sometidos a tortura ni a penas o tratos inhumanos o degradantes. Queda abolida la pena de muerte, salvo lo que puedan disponer las leyes penales militares para tiempos de guerra.

Artículo 16.– 1. Se garantiza la libertad ideológica, religiosa y de culto de los individuos y las comunidades sin mas limitación, en sus manifestaciones, que la necesaria para el mantenimiento del orden público protegido por la ley.

2. Nadie podrá ser obligado a declarar sobre su ideología, religión o creencias.

3. Ninguna confesión tendrá carácter estatal. Los poderes públicos tendrán en cuenta las creencias religiosas de la sociedad española y mantendrán las consiguientes relaciones de cooperación con la Iglesia Católica y las demás confesiones.

Artículo 17.– 1. Toda persona tiene derecho a la libertad y a la seguridad. Nadie puede ser privado de su libertad, sino con la observancia de lo establecido en este artículo y en los casos y en la forma previstos en la ley.

2. La detención preventiva no podrá durar más del tiempo estrictamente necesario para la realización de las averiguaciones tendentes al esclarecimiento de los hechos, y, en todo caso, en el plazo máximo de setenta y dos horas, el detenido deberá ser puesto en libertad o a disposición de la autoridad judicial.

3. Toda persona detenida debe ser informada de forma inmediata, y de modo que le sea comprensible, de sus derechos y de las razones de su detención, no pudiendo ser obligada a declarar. Se garantiza la asistencia de abogado al detenido en las diligencias policiales y judiciales, en los términos que la ley establezca.

4. La ley regulará un procedimiento de «habeas corpus» para producir la inmediata puesta a disposición judicial de toda persona detenida ilegalmente. Asimismo, por ley se determinará el plazo máximo de duración de la prisión provisional.

Artículo 18.– 1. Se garantiza el derecho al honor, a la intimidad personal y familiar y a la propia imagen.

2. El domicilio es inviolable. Ninguna entrada o registro podrá hacerse en él sin consentimiento del titular o resolución judicial, salvo en caso de flagrante delito.

3. Se garantiza el secreto de las comunicaciones y, en especial, de las postales, telegráficas y telefónicas, salvo resolución judicial.

4. La ley limitará el uso de la informática para garantizar el honor y la intimidad personal y familiar de los ciudadanos y el pleno ejercicio de sus derechos.

Artículo 19.– Los españoles tienen derecho a elegir libremente su residencia y a circular por el territorio nacional.

Asimismo, tienen derecho a entrar y salir libremente de España en los términos que la ley establezca. Este derecho no podrá ser limitado por motivos políticos o ideológicos.

Artículo 20.– 1. Se reconocen y protegen los derechos:

a) A expresar y difundir libremente los pensamientos, ideas y opiniones mediante la palabra, el escrito o cualquier otro medio de reproducción.

b) A la producción y creación literaria, artística, científica y técnica.

c) A la libertad de cátedra.

d) A comunicar o recibir libremente información veraz por cualquier medio de difusión. La ley regulará el derecho a la cláusula de conciencia y al secreto profesional en el ejercicio de estas libertades.

2. El ejercicio de estos derechos no puede restringirse mediante ningún tipo de censura previa.

3. La ley regulará la organización y el control parlamentario de los medios de comunicación social dependientes del Estado o de cualquier ente público y garantizará el acceso a dichos medios de los grupos sociales y políticos significativos, respetando el pluralismo de la sociedad y de las diversas lenguas de España.

4. Estas libertades tienen su límite en el respeto a los derechos reconocidos en este Título, en los preceptos de las leyes que lo desarrollan y, especialmente, en el derecho al honor, a la intimidad, a la propia imagen y a la protección de la juventud y de la infancia.

5. Sólo podrá acordarse el secuestro de publicaciones, grabaciones y otros medios de información en virtud de resolución judicial.

Artículo 21.– 1. Se reconoce el derecho de reunión pacífica y sin armas. El ejercicio de este derecho no necesitará autorización previa.

2. En los casos de reuniones en lugares de tránsito público y manifestaciones se dará comunicación previa a la autoridad, que sólo podrá prohibirlas cuando existan razones fundadas de alteración del orden público, con peligro para personas o bienes.

Artículo 22.– 1. Se reconoce el derecho de asociación.

2. Las asociaciones que persigan fines o utilicen medios tipificados como delito son ilegales.

3. Las asociaciones constituidas al amparo de este artículo deberán inscribirse en un registro a los solos efectos de publicidad.

4. Las asociaciones sólo podrán ser disueltas o suspendidas en sus actividades en virtud de resolución judicial motivada.

5. Se prohíben las asociaciones secretas y las de carácter paramilitar.

Artículo 23.- 1. Los ciudadanos tienen el derecho a participar en los asuntos públicos, directamente o por medio de representantes, libremente elegidos en elecciones periódicas por sufragio universal.

2. Asimismo, tienen derecho a acceder en condiciones de igualdad a las funciones y cargos públicos, con los requisitos que señalen las leyes.

Artículo 24.- 1. Todas las personas tienen derecho a obtener la tutela efectiva de los jueces y tribunales en el ejercicio de sus derechos e intereses legítimos, sin que, en ningún caso, pueda producirse indefensión.

2. Asimismo, todos tienen derecho al juez ordinario predeterminado por la ley, a la defensa y a la asistencia de letrado, a ser informados de la acusación formulada contra ellos, a un proceso público sin dilaciones indebidas y con todas las garantías, a utilizar los medios de prueba pertinentes para su defensa, a no declarar contra sí mismos, a no confesarse culpables y a la presunción de inocencia.

La ley regulará los casos en que, por razón de parentesco o de secreto profesional, no se estará obligado a declarar sobre hechos Presuntamente delictivos.

Artículo 25.- 1. Nadie puede ser condenado o sancionado por acciones u omisiones que en el momento de producirse no constituyan delito, falta o infracción administrativa, según la legislación vigente en aquel momento.

2. Las penas privativas de libertad y las medidas de seguridad estarán orientadas hacia la reeducación y reinserción social y no podrán consistir en trabajos forzados. El condenado a pena de prisión que estuviere cumpliendo la misma gozará de los derechos fundamentales de este Capítulo, a excepción de los que se vean expresamente limitados por el contenido del fallo condenatorio el sentido de la pena y la ley penitenciaria. En todo caso, tendrá derecho a un trabajo remunerado y a los beneficios correspondientes de la Seguridad Social, así como al acceso a la cultura y al desarrollo integral de su personalidad.

3. La Administración civil no podrá imponer sanciones que, directa o subsidiariamente, impliquen privación de libertad.

Artículo 26.– Se prohíben los Tribunales de Honor en el ámbito de la Administración civil y de las organizaciones profesionales.

Artículo 27.– 1. Todos tienen el derecho a la educación. Se reconoce la libertad de enseñanza.

2. La educación tendrá por objeto el pleno desarrollo de la personalidad humana en el respeto a los principios democráticos de convivencia y a los derechos y libertades fundamentales.

3. Los poderes públicos garantizan el derecho que asiste a los padres para que sus hijos reciban la formación religiosa y moral que esté de acuerdo con sus propias convicciones.

4. La enseñanza básica es obligatoria y gratuita.

5. Los poderes públicos garantizan el derecho de todos a la educación, mediante una programación general de la enseñanza, con participación efectiva de todos los sectores afectados y la creación de centros docentes.

6. Se reconoce a las personas físicas y jurídicas la libertad de creación de centros docentes, dentro del respeto a los principios constitucionales.

7. Los profesores, los padres y, en su caso, los alumnos intervendrán en el control y gestión de todos los centros sostenidos por la Administración con fondos públicos, en los términos que la ley establezca.

8. Los poderes públicos inspeccionarán y homologarán el sistema educativo para garantizar el cumplimiento de las leyes.

9. Los poderes públicos ayudarán a los centros docentes que reúnan los requisitos que la ley establezca.

10. Se reconoce la autonomía de las Universidades, en los términos que la ley establezca.

Artículo 28.– 1. Todos tienen derecho a sindicarse libremente. La ley podrá limitar o exceptuar el ejercicio de este derecho a las Fuerzas o Institutos armados o a los demás Cuerpos sometidos a disciplina militar y regulará las peculiaridades de su ejercicio para los funcionarios públicos. La libertad sindical comprende el derecho a fundar sindicatos y a afiliarse al de su elección, así como el derecho de los sindicatos a formar confederaciones y a fundar organizaciones sindicales internacionales o afiliarse a las mismas. Nadie podrá ser obligado a afiliarse a un sindicato.

2. Se reconoce el derecho a la huelga de los trabajadores para la defensa de sus intereses. La ley que regule el ejercicio de este derecho establecerá las garantías precisas para asegurar el mantenimiento de los servicios esenciales de la comunidad.

Artículo 29.– 1. Todos los españoles tendrán el derecho de petición individual y colectiva, por escrito, en la forma y con los efectos que determine la ley.

2. Los miembros de las Fuerzas o institutos armados o de los Cuerpos sometidos a disciplina militar podrán ejercer este derecho sólo individualmente y con arreglo a lo dispuesto en su legislación específica.

SECCIÓN 2.ª De los derechos y deberes de los ciudadanos

Artículo 33.– 1. Se reconoce el derecho a la propiedad privada y a la herencia.

2. La función social de estos derechos delimitará su contenido, de acuerdo con las leyes.

3. Nadie podrá ser privado de sus bienes y derechos sino por causa justificada de utilidad pública o interés social, mediante la correspondiente indemnización y de conformidad con lo dispuesto por las leyes.

Artículo 35.– 1. Todos los españoles tienen el deber de trabajar y el derecho al trabajo, a la libre elección de profesión u oficio, a la promoción a través del trabajo y a una remuneración suficiente para satisfacer sus necesidades y las de su familia, sin que en ningún caso pueda hacerse discriminación por razón de sexo.

2. La ley regulará un estatuto de los trabajadores.

Artículo 37.– 1. La ley garantizará el derecho a la negociación colectiva laboral entre los representantes de los trabajadores y empresarios, así como la fuerza vinculante de los convenios.

2. Se reconoce el derecho de los trabajadores y empresarios a adoptar medidas de conflicto colectivo. La ley que regule el ejercicio de este derecho, sin perjuicio de las limitaciones que pueda establecer, incluirá las garantías precisas para asegurar el funcionamiento de los servicios esenciales de la comunidad.

Artículo 38.– Se reconoce la libertad de empresa en el marco de la economía de mercado. Los poderes públicos garantizan y protegen su ejercicio y la defensa de la productividad, de acuerdo con las exigencias de la economía general y, en su caso, de la planificación.

CAPÍTULO TERCERO. De los principios rectores
de la política social y económica

Artículo 40.– 1. Los poderes públicos promoverán las condiciones favorables para el progreso social y económico y para una distribución de la renta regional y personal más equitativa, en el marco de una política de estabilidad económica. De manera especial realizarán una política orientada al pleno empleo.

2. Asimismo, los poderes públicos fomentarán una política que garantice la formación y readaptación profesionales, velarán por la seguridad e higiene en el trabajo y garantizaran el descanso necesario, mediante la limitación de la jornada laboral, las vacaciones periódicas retribuidas y la promoción de centros adecuados.

Artículo 41.– Los poderes públicos mantendrán un régimen público de Seguridad Social para todos los ciudadanos, que garantice la asistencia y prestaciones sociales suficientes ante situaciones de necesidad, especialmente en caso de desempleo. La asistencia y prestaciones complementarias serán libres.

Artículo 42.– El Estado velará especialmente por la salvaguardia de los derechos económicos y sociales de los trabajadores españoles en el extranjero, y orientará su política hacia su retorno.

Artículo 43.– 1. Se reconoce el derecho a la protección de la salud.

2. Compete a los poderes públicos organizar y tutelar la salud Pública a través de medidas preventivas y de las prestaciones y servicios necesarios. La ley establecerá los derechos y deberes de todos al respecto.

3. Los poderes públicos fomentarán la educación sanitaria, la educación física y el deporte. Asimismo facilitarán la adecuada utilización del ocio.

Artículo 49.– 1. Las personas con discapacidad ejercen los derechos previstos en este Título en condiciones de libertad e igualdad reales y efectivas. Se regulará por ley la protección especial que sea necesaria para dicho ejercicio.

2. Los poderes públicos impulsarán las políticas que garanticen la plena autonomía personal y la inclusión social de las personas con discapacidad, en entornos universalmente accesibles. Asimismo, fomentarán la participación de sus organizaciones, en los términos que la ley establezca. Se atenderán particularmente las necesidades específicas de las mujeres y los menores con discapacidad.

Artículo 50.– Los poderes públicos garantizarán, mediante pensiones adecuadas y periódicamente actualizadas, la suficiencia económica a los ciudadanos durante la tercera edad. Asimismo, y con independencia de las obligaciones familiares, promoverán su bienestar mediante un sistema de servicios sociales que atenderán sus problemas específicos de salud, vivienda, cultura y ocio.

CAPÍTULO CUARTO. De las garantías de las libertades y derechos fundamentales

Artículo 53.– 1. Los derechos y libertades reconocidos en el Capítulo segundo del presente Título vinculan a todos los poderes públicos. Sólo por ley, que en todo caso deberá respetar su contenido esencial, podrá regularse el ejercicio de tales derechos y libertades que se tutelarán de acuerdo con lo previsto en el artículo 161, 1, a).
2. Cualquier ciudadano podrá recabar la tutela de las libertades y derechos reconocidos en el artículo 14 y la Sección 1ª del Capítulo Segundo ante los Tribunales ordinarios por un procedimiento basado en los principios de preferencia y sumariedad y, en su caso, a través del recurso de amparo ante el Tribunal Constitucional. Este último recurso será aplicable a la objeción de conciencia reconocida en el artículo 30.
3. El reconocimiento, el respeto y la protección de los principios reconocidos en el Capítulo Tercero, informará la legislación positiva, la práctica judicial y la actuación de los poderes públicos. Sólo podrán ser alegados ante la Jurisdicción ordinaria de acuerdo con lo que dispongan las leyes que los desarrollen.

TÍTULO III. De las Cortes Generales

CAPÍTULO SEGUNDO. De la elaboración de las leyes

Artículo 81.– 1. Son leyes orgánicas las relativas al desarrollo de los derechos fundamentales y de las libertades públicas, las que aprueben los

Estatutos de Autonomía y el régimen electoral general y las demás previstas en la Constitución.

2. La aprobación, modificación o derogación de las leyes orgánicas exigirá mayoría absoluta del Congreso, en una votación final sobre el conjunto del Proyecto.

Artículo 82.– 1. Las Cortes Generales podrán delegar en el Gobierno la potestad de dictar normas con rango de ley sobre materias determinadas no incluidas en el artículo anterior.

2. La delegación legislativa deberá otorgarse mediante una ley de bases cuando su objeto sea la formación de textos articulados o por una ley ordinaria cuando se trate de refundir varios textos legales en uno solo.

3. La delegación legislativa habrá de otorgarse al Gobierno de forma expresa para materia concreta y con fijación del plazo para su ejercicio. La delegación se agota por el uso que de ella haga el Gobierno mediante la publicación de la norma correspondiente. No podrá entenderse concedida de modo implícito o por tiempo indeterminado. Tampoco podrá permitir la subdelegación a autoridades distintas del propio Gobierno.

4. Las leyes de bases delimitarán con precisión el objeto y alcance de la delegación legislativa y los principios y criterios que han de seguirse en su ejercicio.

5. La autorización para refundir textos legales determinará el ámbito normativo a que se refiere el contenido de la delegación, especificando si se circunscribe a la mera formulación de un texto único o si se incluye la de regularizar, aclarar y armonizar los textos legales que han de ser refundidos.

6. Sin perjuicio de la competencia propia de los Tribunales, las leyes de delegación podrán establecer en cada caso fórmulas adicionales de control.

Artículo 83.– Las leyes de bases no podrán en ningún caso:
a) Autorizar la modificación de la propia ley de bases.
b) Facultar para dictar normas con carácter retroactivo.

Artículo 84.– Cuando una proposición de ley o una enmienda fuere contraria a una delegación legislativa en vigor, el Gobierno está facultado para oponerse a su tramitación. En tal supuesto, podrá presentarse una proposición de ley para la derogación total o parcial de la ley de delegación.

Artículo 85.– Las disposiciones del Gobierno que contengan legislación delegada recibirán el título de Decretos Legislativos.

Artículo 86.– 1. En caso de extraordinaria y urgente necesidad, el Gobierno podrá dictar disposiciones legislativas provisionales que tomarán la forma de Decretos leyes y que no podrán afectar al ordenamiento de las instituciones básicas del Estado, a los derechos, deberes y libertades de los ciudadanos regulados en el Título I, al régimen de las Comunidades Autónomas, ni al Derecho electoral general.

2. Los Decretos leyes deberán ser inmediatamente sometidos a debate y votación de totalidad al Congreso de los Diputados, convocado al efecto si no estuviere reunido en el plazo de los treinta días siguientes a su promulgación. El Congreso habrá de pronunciarse expresamente dentro de dicho plazo sobre su convalidación o derogación, para lo cual el Reglamento establecerá un procedimiento especial y sumario.

3. Durante el plazo establecido en el apartado anterior las Cortes podrán tramitarlos como proyectos de ley por el procedimiento de urgencia.

CAPÍTULO TERCERO. De los Tratados Internacionales

Artículo 93.– Mediante ley orgánica se podrá autorizar la celebración de tratados por los que se atribuya a una organización o institución internacional el ejercicio de competencias derivadas de la Constitución. Corresponde a las Cortes Generales o al Gobierno, según los casos, la garantía del cumplimiento de estos tratados y de las resoluciones emanadas de los organismos internacionales o supranacionales titulares de la cesión.

Artículo 94.– 1. La prestación del consentimiento del Estado para obligarse por medio de tratados o convenios requerirá la previa autorización de las Cortes Generales, en los siguientes casos:

a) Tratados de carácter político.

b) Tratados o convenios de carácter militar.

c) Tratados o convenios que afecten a la integridad territorial del Estado o a los derechos y deberes fundamentales establecidos en el Título I.

d) Tratados o convenios que impliquen obligaciones financieras para la Hacienda Pública.

e) Tratados o convenios que supongan modificación o derogación de alguna ley o exijan medidas legislativas para su ejecución.

2. El Congreso y el Senado serán inmediatamente informados de la conclusión de los restantes tratados o convenios.

Artículo 95.– 1. La celebración de un tratado internacional que contenga
estipulaciones contrarias a la Constitución exigirá la previa revisión constitucional.

2. El Gobierno o cualquiera de las Cámaras puede requerir al Tribunal Constitucional para que declare si existe o no esa contradicción.

Artículo 96.– 1. Los tratados internacionales válidamente celebrados, una
vez publicados oficialmente en España, formarán parte del ordenamiento interno. Sus disposiciones sólo podrán ser derogadas, modificadas o suspendidas en
la forma prevista en los propios tratados o de acuerdo con las normas generales
del Derecho internacional.

2. Para la denuncia de los tratados y convenios internacionales se utilizará
el mismo procedimiento previsto para su aprobación en el artículo 94.

TÍTULO IV. Del Gobierno y de la Administración

Artículo 97.– El Gobierno dirige la política interior y exterior, la Administración civil y militar y la defensa del Estado. Ejerce la función ejecutiva y la
potestad reglamentaria de acuerdo con la Constitución y las leyes.

Artículo 103.– 1. La Administración Pública sirve con objetividad los intereses generales y actúa de acuerdo con los principios de eficacia, jerarquía,
descentralización, desconcentración y coordinación, con sometimiento pleno
a la ley y al Derecho.

2. Los órganos de la Administración del Estado son creados, regidos y
coordinados de acuerdo con la ley.

3. La ley regulará el estatuto de los funcionarios públicos, el acceso a la
función pública de acuerdo con los principios de mérito y capacidad, las peculiaridades del ejercicio de su derecho a sindicación, el sistema de incompatibilidades y las garantías para la imparcialidad en el ejercicio de sus funciones.

TÍTULO VII. Economía y Hacienda

Artículo 128.- 1. Toda la riqueza del país en sus distintas formas y sea cual fuere su titularidad está subordinada al interés general.

2. Se reconoce la iniciativa pública en la actividad económica. Mediante ley se podrá reservar al sector público recursos o servicios esenciales, especialmente en caso de monopolio y asimismo acordar la intervención de empresas cuando así lo exigiere el interés general.

Artículo 129.- 1. La ley establecerá las formas de participación de los interesados en la Seguridad Social y en la actividad de los organismos públicos cuya función afecte directamente a la calidad de la vida o al bienestar general.

2. Los poderes públicos promoverán eficazmente las diversas formas de participación en la empresa y fomentarán, mediante una legislación adecuada, las sociedades cooperativas. También establecerán los medios que faciliten el acceso de los trabajadores a la propiedad de los medios de producción.

Artículo 131.- 1. El Estado, mediante ley, podrá planificar la actividad económica general para atender a las necesidades colectivas, equilibrar y armonizar el desarrollo regional y sectorial y estimular el crecimiento de la renta y de la riqueza y su mas justa distribución.

2. El Gobierno elaborará los proyectos de planificación, de acuerdo con las previsiones que le sean suministradas por las Comunidades Autónomas y el asesoramiento y colaboración de los sindicatos y otras organizaciones profesionales, empresariales y económicas. A tal fin se constituirá un Consejo, cuya composición y funciones se desarrollarán por ley.

TÍTULO VIII. De la Organización Territorial del Estado

CAPÍTULO TERCERO. De las Comunidades Autónomas

Artículo 148.- 1. Las Comunidades Autónomas podrán asumir competencias en las siguientes materias:

(…)

13º) El fomento del desarrollo económico de la Comunidad Autónoma dentro de los objetivos marcados por la política económica nacional.

(…)

20°) Asistencia social.
21°) Sanidad e higiene.

Artículo 149.– 1. El Estado tiene competencia exclusiva sobre las siguientes materias:

1°) La regulación de las condiciones básicas que garanticen la igualdad de todos los españoles en el ejercicio de los derechos y en el cumplimiento de los deberes constitucionales.

2°) Nacionalidad, inmigración, emigración, extranjería y derecho de asilo.
(...)

7°) Legislación laboral; sin perjuicio de su ejecución por los órganos de las Comunidades Autónomas.
(...)

16°) Sanidad exterior. Bases y coordinación general de la sanidad. Legislación sobre productos farmacéuticos.

17°) Legislación básica y régimen económico de la Seguridad Social, sin perjuicio de la ejecución de sus servicios por las Comunidades Autónomas. (...)

ESTATUTO DE LOS TRABAJADORES[1]

TÍTULO I. De la relación individual de trabajo

CAPÍTULO I. Disposiciones generales

Sección 1.ª Ámbito y fuentes

Artículo 1. Ámbito de aplicación.– 1. Esta ley será de aplicación a los trabajadores que voluntariamente presten sus servicios retribuidos por cuenta ajena y dentro del ámbito de organización y dirección de otra persona, física o jurídica, denominada empleador o empresario.

2. A los efectos de esta ley, serán empresarios todas las personas, físicas o jurídicas, o comunidades de bienes que reciban la prestación de servicios de las personas referidas en el apartado anterior, así como de las personas contratadas para ser cedidas a empresas usuarias por empresas de trabajo temporal legalmente constituidas[2].

3. Se excluyen del ámbito regulado por esta ley:

a) La relación de servicio de los funcionarios públicos, que se regirá por las correspondientes normas legales y reglamentarias, así como la del personal al servicio de las Administraciones Públicas y demás entes, organismos y entidades del sector público, cuando, al amparo de una ley, dicha relación se regule por normas administrativas o estatutarias.

b) Las prestaciones personales obligatorias.

c) La actividad que se limite, pura y simplemente, al mero desempeño del cargo de consejero o miembro de los órganos de administración en las empresas que revistan la forma jurídica de sociedad y siempre que su actividad en la empresa solo comporte la realización de cometidos inherentes a tal cargo.

d) Los trabajos realizados a título de amistad, benevolencia o buena vecindad.

e) Los trabajos familiares, salvo que se demuestre la condición de asalariados de quienes los llevan a cabo. Se considerarán familiares, a estos efectos,

---

[1] Real Decreto Legislativo 2/2015, de 23 octubre, por el que se aprueba el texto refundido de la Ley del Estatuto de los Trabajadores (BOE de 24 de octubre de 2015).

[2] LETT.

siempre que convivan con el empresario, el cónyuge, los descendientes, ascendientes y demás parientes por consanguinidad o afinidad, hasta el segundo grado inclusive y, en su caso, por adopción.

f) La actividad de las personas que intervengan en operaciones mercantiles por cuenta de uno o más empresarios, siempre que queden personalmente obligados a responder del buen fin de la operación asumiendo el riesgo y ventura de la misma[3].

g) En general, todo trabajo que se efectúe en desarrollo de relación distinta de la que define el apartado 1[4].

A tales efectos se entenderá excluida del ámbito laboral la actividad de las personas prestadoras del servicio de transporte al amparo de autorizaciones administrativas de las que sean titulares, realizada, mediante el correspondiente precio, con vehículos comerciales de servicio público cuya propiedad o poder directo de disposición ostenten, aun cuando dichos servicios se realicen de forma continuada para un mismo cargador o comercializador[5].

4. La legislación laboral española será de aplicación al trabajo que presten los trabajadores españoles contratados en España al servicio de empresas españolas en el extranjero, sin perjuicio de las normas de orden público aplicables en el lugar de trabajo. Dichos trabajadores tendrán, al menos, los derechos económicos que les corresponderían de trabajar en territorio español.

5. A efectos de esta ley se considera centro de trabajo la unidad productiva con organización específica, que sea dada de alta, como tal, ante la autoridad laboral[6].

En la actividad de trabajo en el mar se considerará como centro de trabajo el buque, entendiéndose situado en la provincia donde radique su puerto de base.

Artículo 2. Relaciones laborales de carácter especial.– 1. Se considerarán relaciones laborales de carácter especial:

---

[3]   Ley 12/1992, de 27 de mayo, sobre contrato de agencia. Art. 2.1.f) ET
[4]   Ley 20/2007, de 11 de julio, del Estatuto del Trabajo Autónomo (LETA).
[5]   STC 227/1998, de 26 de noviembre, desestimó la inconstitucionalidad de este párrafo segundo del apartado g).
[6]   Art. 6 del RDL 1/1986, de 14 de marzo, y OOMM de 6 de mayo de 1998 y de 29 de abril de 1999.

a) La del personal de alta dirección no incluido en el artículo 1.3.c)[7].

b) La del servicio del hogar familiar[8].

c) La de los penados en las instituciones penitenciarias[9].

d) La de los deportistas profesionales[10].

e) La de las personas artistas que desarrollan su actividad en las artes escénicas, audiovisuales y musicales, así como las personas que realizan actividades técnicas o auxiliares necesarias para el desarrollo de dicha actividad[11].

f) La de las personas que intervengan en operaciones mercantiles por cuenta de uno o más empresarios sin asumir el riesgo y ventura de aquellas[12].

g) La de los trabajadores con discapacidad que presten sus servicios en los centros especiales de empleo[13].

h)[14] .

i) La de los menores sometidos a la ejecución de medidas de internamiento para el cumplimiento de su responsabilidad penal[15].

---

[7]   RD 1382/1985, de 1 de agosto que regula la relación laboral especial del personal de alta dirección. D.A. 5ª ET, en relación con las garantías salariales del personal de alta dirección

[8]   RD 1620/2011, de 14 de Noviembre que regula la relación laboral especial del servicio de hogar familiar. Arts. 250-251 LGSS.

[9]   LO 1/1979, de 26 de septiembre, General Penitenciaria y RD 782/2001, de 6 de julio que regula la relación laboral de carácter especial de los penados que realicen actividades laborales en talleres penitenciarios y la protección a la Seguridad Social de los sometidos a penas de trabajo en beneficio de la comunidad.

[10] RD 1006/1985, de 26 de junio que regula la relación laboral especial de los deportistas profesionales.

[11] RD 1435/1985, de 1 de agosto, que regula la relación laboral especial de los artistas en espectáculos públicos.

[12] Art. 1.3.f) ET. Ley 12/1992, de 27 de mayo sobre contrato de agencia. RD 1438/1985, de 1 de agosto que regula la relación laboral especial de las personas que intervengan en operaciones mercantiles por cuenta de uno o más empresarios, sin asumir el riesgo y ventura de aquéllas.

[13] RD 1368/1985, de 17 de julio que regula la relación laboral especial de los minusválidos que trabajen en centros especiales de empleo.

[14] El RDL 8/2017, de 12 de mayo, deroga este apartado, con subsiguiente desaparición de la relación especial de la estiba portuaria. El régimen aplicable se contiene en la citada norma.

[15] Art. 39 Ley 53/2002, de 30 de diciembre.

j) La de residencia para la formación de especialistas en Ciencias de la Salud[16].

k) La de los abogados que prestan servicios en despachos de abogados, individuales o colectivos[17].

l) Cualquier otro trabajo que sea expresamente declarado como relación laboral de carácter especial por una ley[18].

2. En todos los supuestos señalados en el apartado anterior, la regulación de dichas relaciones laborales respetará los derechos básicos reconocidos por la Constitución.

Artículo 3. Fuentes de la relación laboral.– 1. Los derechos y obligaciones concernientes a la relación laboral se regulan:

a) Por las disposiciones legales y reglamentarias del Estado.

b) Por los convenios colectivos.

c) Por la voluntad de las partes, manifestada en el contrato de trabajo, siendo su objeto lícito y sin que en ningún caso puedan establecerse en perjuicio del trabajador condiciones menos favorables o contrarias a las disposiciones legales y convenios colectivos antes expresados.

d) Por los usos y costumbres locales y profesionales.

2. Las disposiciones legales y reglamentarias se aplicarán con sujeción estricta al principio de jerarquía normativa. Las disposiciones reglamentarias desarrollarán los preceptos que establecen las normas de rango superior, pero no podrán establecer condiciones de trabajo distintas a las establecidas por las leyes a desarrollar.

3. Los conflictos originados entre los preceptos de dos o más normas laborales, tanto estatales como pactadas, que deberán respetar en todo caso los mínimos de derecho necesario, se resolverán mediante la aplicación de lo más

---

[16]   RD 1146/2006, de 6 de octubre, sobre la relación laboral especial de residencia para al formación de especialistas en Ciencias de la Salud.

[17]   RD 1331/2006, de 17 de noviembre por el que se regula la relación laboral especial de los abogados que prestan servicios en despachos de abogados, individuales o colectivos.

[18]   RD 2205/1990, de 13 de junio sobre relaciones de trabajo del personal civil no funcionario de establecimientos militares. Vid., también, aunque no denominada de especial, el contenido pertinente de la Ley 23/1992, de 30 de julio, de seguridad privada. El RD 696/2007, de 1 de junio regula la relación laboral especial de los profesores de religión prevista en la DA 3ª LO 2/2006, de 3 de mayo, de Educación.

favorable para el trabajador apreciado en su conjunto, y en cómputo anual, respecto de los conceptos cuantificables.

4. Los usos y costumbres solo se aplicarán en defecto de disposiciones legales, convencionales o contractuales, a no ser que cuenten con una recepción o remisión expresa.

5. Los trabajadores no podrán disponer válidamente, antes o después de su adquisición, de los derechos que tengan reconocidos por disposiciones legales de derecho necesario. Tampoco podrán disponer válidamente de los derechos reconocidos como indisponibles por convenio colectivo.

Sección 2.ª Derechos y deberes laborales básicos

Artículo 4. Derechos laborales.– 1. Los trabajadores tienen como derechos básicos, con el contenido y alcance que para cada uno de los mismos disponga su específica normativa, los de:

a) Trabajo y libre elección de profesión u oficio[19].

b) Libre sindicación[20].

c) Negociación colectiva[21].

d) Adopción de medidas de conflicto colectivo[22].

e) Huelga[23].

f) Reunión[24].

g) Información, consulta y participación en la empresa[25].

2. En la relación de trabajo, los trabajadores tienen derecho:

a) A la ocupación efectiva[26].

b) A la promoción y formación profesional en el trabajo, incluida la dirigida a su adaptación a las modificaciones operadas en el puesto de trabajo, así

---

[19]   Art. 35 CE.

[20]   LO 11/1985, de 2 de agosto de Libertad Sindical.

[21]   Art. 37.1 CE y Título III ET.

[22]   Art. 37.2 CE y arts. 17 ss. RDLRT.

[23]   Art. 28.2 CE y arts. 1 ss. RDLRT.

[24]   Arts. 77 a 80 ET.

[25]   Arts. 61 ss. ET y Ley 10/2011, de 19 de mayo sobre derechos de información y consulta de los trabajadores en las empresas y grupos de dimensión comunitaria.

[26]   Arts. 30 y 50.1.c) ET.

como al desarrollo de planes y acciones formativas tendentes a favorecer su mayor empleabilidad[27].

c) A no ser discriminadas directa o indirectamente para el empleo o, una vez empleados, por razones de estado civil, edad dentro de los límites marcados por esta ley, origen racial o étnico, condición social, religión o convicciones, ideas políticas, orientación sexual, identidad sexual, expresión de género, características sexuales, afiliación o no a un sindicato, por razón de lengua dentro del Estado español, discapacidad, así como por razón de sexo, incluido el trato desfavorable dispensado a mujeres u hombres por el ejercicio de los derechos de conciliación o corresponsabilidad de la vida familiar y laboral[28].

d) A su integridad física y a una adecuada política de prevención de riesgos laborales[29].

e) Al respeto de su intimidad y a la consideración debida a su dignidad, comprendida la protección frente al acoso por razón de origen racial o étnico, religión o convicciones, discapacidad, edad u orientación sexual, y frente al acoso sexual y al acoso por razón de sexo[30].

f) A la percepción puntual de la remuneración pactada o legalmente establecida[31].

g) Al ejercicio individual de las acciones derivadas de su contrato de trabajo[32].

h) A cuantos otros se deriven específicamente del contrato de trabajo.

Artículo 5. Deberes laborales.– Los trabajadores tienen como deberes básicos:

---

[27] Arts. 35.1 CE y 23 a 25 ET.
[28] Arts. 14 CE y 17 ET. Véanse, también, LOI, LIITND y LILGTBI.
[29] LPRL.
[30] Arts. 10 y 18 CE. LLOO 1/1982, de 5 de mayo, de protección civil del derecho al honor, a la intimidad personal y familiar y a la propia imagen, y 15/1999, de 13 de diciembre de protección de datos de carácter personal. Vid., también, los Art. 27 a 43 de la Ley 62/2003, de 30 de diciembre de medidas fiscales, administrativas y del orden social que regulan medidas para la aplicación del principio de igualdad de trato. Asimismo art. 54.2 g) ET. Véase, también, art. 7 LOI.
[31] Arts. 29 y 50.1.b) ET.
[32] Art. 24 CE y LJS. Véanse también art. 12.3 y DA 3ª Ley Orgánica 5/2024, de 11 de noviembre, del Derecho de Defensa.

a) Cumplir con las obligaciones concretas de su puesto de trabajo, de conformidad con las reglas de la buena fe y diligencia.

b) Observar las medidas de prevención de riesgos laborales que se adopten.

c) Cumplir las órdenes e instrucciones del empresario en el ejercicio regular de sus facultades directivas.

d) No concurrir con la actividad de la empresa, en los términos fijados en esta ley.

e) Contribuir a la mejora de la productividad.

f) Cuantos se deriven, en su caso, de los respectivos contratos de trabajo.

Sección 3.ª Elementos y eficacia del contrato de trabajo

Artículo 6. Trabajo de los menores.– 1. Se prohíbe la admisión al trabajo a los menores de dieciséis años.

2. Los trabajadores menores de dieciocho años no podrán realizar trabajos nocturnos ni aquellas actividades o puestos de trabajo respecto a los que se establezcan limitaciones a su contratación conforme a lo dispuesto en la Ley 31/1995, de 8 de noviembre, de Prevención de Riesgos Laborales, y en las normas reglamentarias aplicables[33].

3. Se prohíbe realizar horas extraordinarias a los menores de dieciocho años[34].

4. La intervención de los menores de dieciséis años en espectáculos públicos solo se autorizará en casos excepcionales por la autoridad laboral, siempre que no suponga peligro para su salud ni para su formación profesional y humana. El permiso deberá constar por escrito y para actos determinados[35].

Artículo 7. Capacidad para contratar.– Podrán contratar la prestación de su trabajo:

---

[33] Directiva 94/333/CE del Consejo de 22 de junio sobre protección de los jóvenes en el trabajo. Art. 27 LPRL. D 26 de julio de 1957 por el que se fijan los trabajos prohibidos a menores.

[34] Art. 34, 3 y 4 ET.

[35] Art. 2 RD 1435/1985, de 1 de agosto, que regula la relación laboral especial de los artistas en espectáculos públicos.

a) Quienes tengan plena capacidad de obrar conforme a lo dispuesto en el Código Civil[36].

b) Los menores de dieciocho y mayores de dieciséis años, que vivan de forma independiente, con consentimiento de sus padres o tutores, o con autorización de la persona o institución que les tenga a su cargo[37].

Si el representante legal de una persona de capacidad limitada la autoriza expresa o tácitamente para realizar un trabajo, queda esta también autorizada para ejercitar los derechos y cumplir los deberes que se derivan de su contrato y para su cesación.

c) Los extranjeros, de acuerdo con lo dispuesto en la legislación específica sobre la materia[38].

Artículo 8. Forma del contrato.– 1. El contrato de trabajo se podrá celebrar por escrito o de palabra. Se presumirá existente entre todo el que presta un servicio por cuenta y dentro del ámbito de organización y dirección de otro y el que lo recibe a cambio de una retribución a aquel.

2. Deberán constar por escrito los contratos de trabajo cuando así lo exija una disposición legal y, en todo caso, los de prácticas y para la formación y el aprendizaje, los contratos a tiempo parcial, fijos-discontinuos y de relevo y los contratos para la realización de una obra o servicio determinado; también constarán por escrito los contratos por tiempo determinado cuya duración sea superior a cuatro semanas. Deberán constar igualmente por escrito los contratos de trabajo de los pescadores, de los trabajadores que trabajen a distancia y de los trabajadores contratados en España al servicio de empresas españolas en el extranjero. De no observarse la exigencia de forma escrita, el contrato de trabajo se presumirá celebrado por tiempo indefinido y a jornada completa, salvo prueba en contrario que acredite su naturaleza temporal o el carácter a tiempo parcial de los servicios. Cualquiera de las partes podrá exigir que el contrato se formalice por escrito, incluso durante el transcurso de la relación laboral.

---

[36]   Arts. 239, 240, 241, 242, 244 y 1263 CC.
[37]   Art. 243 CC.
[38]   LO 4/2000, de 11 de enero, sobre derechos y libertades de los extranjeros en España y su integración social, desarrollada por RD 557/2011, de 20 de abril. RD 240/2007, de 16 de febrero, sobre entrada y permanencia en España de nacionales de estados miembros de la Unión Europea y otros estados partes en el Acuerdo sobre Espacio Económico Europeo.

3. El empresario está obligado a comunicar a la oficina pública de empleo, en el plazo de los diez días siguientes a su concertación y en los términos que reglamentariamente se determinen, el contenido de los contratos de trabajo que celebre o las prórrogas de los mismos, deban o no formalizarse por escrito.

4[39]. El empresario entregará a la representación legal de los trabajadores una copia básica de todos los contratos que deban celebrarse por escrito, a excepción de los contratos de relación laboral especial de alta dirección sobre los que se establece el deber de notificación a la representación legal de los trabajadores.

Con el fin de comprobar la adecuación del contenido del contrato a la legalidad vigente, esta copia básica contendrá todos los datos del contrato a excepción del número del documento nacional de identidad o del número de identidad de extranjero, el domicilio, el estado civil, y cualquier otro que, de acuerdo con la Ley Orgánica 1/1982, de 5 de mayo, de protección civil del derecho al honor, a la intimidad personal y familiar y a la propia imagen, pudiera afectar a la intimidad personal. El tratamiento de la información facilitada estará sometido a los principios y garantías previstos en la normativa aplicable en materia de protección de datos.

La copia básica se entregará por el empresario, en plazo no superior a diez días desde la formalización del contrato, a los representantes legales de los trabajadores, quienes la firmarán a efectos de acreditar que se ha producido la entrega.

Posteriormente, dicha copia básica se enviará a la oficina de empleo. Cuando no exista representación legal de los trabajadores también deberá formalizarse copia básica y remitirse a la oficina de empleo.

Los representantes de la Administración, así como los de las organizaciones sindicales y de las asociaciones empresariales, que tengan acceso a la copia básica de los contratos en virtud de su pertenencia a los órganos de participación institucional que reglamentariamente tengan tales facultades, observarán sigilo profesional, no pudiendo utilizar dicha documentación para fines distintos de los que motivaron su conocimiento.

5. Cuando la relación laboral sea de duración superior a cuatro semanas, el empresario deberá informar por escrito al trabajador, en los términos y plazos que se establezcan reglamentariamente, sobre los elementos esenciales del

---

[39]   STC 142/1993 declara la constitucionalidad de este apartado.

contrato y las principales condiciones de ejecución de la prestación laboral, siempre que tales elementos y condiciones no figuren en el contrato de trabajo formalizado por escrito[40].

Artículo 9. Validez del contrato.– 1. Si resultase nula solo una parte del contrato de trabajo, este permanecerá válido en lo restante, y se entenderá completado con los preceptos jurídicos adecuados conforme a lo dispuesto en el artículo 3.1.

Si el trabajador tuviera asignadas condiciones o retribuciones especiales en virtud de contraprestaciones establecidas en la parte no válida del contrato, el órgano de la jurisdicción social que a instancia de parte declare la nulidad hará el debido pronunciamiento sobre la subsistencia o supresión en todo o en parte de dichas condiciones o retribuciones.

2. En caso de que el contrato resultase nulo, el trabajador podrá exigir, por el trabajo que ya hubiese prestado, la remuneración consiguiente a un contrato válido.

3. En caso de nulidad por discriminación salarial por razón de sexo, el trabajador tendrá derecho a la retribución correspondiente al trabajo igual o de igual valor.

Sección 4.ª Modalidades del contrato de trabajo

Artículo 10. Trabajo en común y contrato de grupo.– 1. Si el empresario diera un trabajo en común a un grupo de sus trabajadores, conservará respecto de cada uno, individualmente, sus derechos y deberes.

2. Si el empresario hubiese celebrado un contrato con un grupo de trabajadores considerado en su totalidad, no tendrá frente a cada uno de sus miembros los derechos y deberes que como tal le competen. El jefe del grupo ostentará la representación de los que lo integren, respondiendo de las obligaciones inherentes a dicha representación.

---

[40]   Directiva (UE) 2019/1152 del Parlamento Europeo y del Consejo, de 20 de junio de 2019, relativa a unas condiciones laborales transparentes y previsibles en la Unión Europea. RD 1659/1998, de 24 de julio, por el que se desarrolla el art. 8.5 del Estatuto de los Trabajadores en materia de información al trabajador sobre los elementos esenciales del contrato de trabajo.

3. Si el trabajador, conforme a lo pactado por escrito, asociare a su trabajo un auxiliar o ayudante, el empresario de aquel lo será también de este.

Artículo 11. Contratos formativos[41].– 1. El contrato formativo tendrá por objeto la formación en alternancia con el trabajo retribuido por cuenta ajena en los términos establecidos en el apartado 2, o el desempeño de una actividad laboral destinada a adquirir una práctica profesional adecuada a los correspondientes niveles de estudios, en los términos establecidos en el apartado 3:

2. El contrato de formación en alternancia, que tendrá por objeto compatibilizar la actividad laboral retribuida con los correspondientes procesos formativos en el ámbito de la formación profesional, los estudios universitarios o del Catálogo de especialidades formativas del Sistema Nacional de Empleo, se realizará de acuerdo con las siguientes reglas:

a) Se podrá celebrar con personas que carezcan de la cualificación profesional reconocida por las titulaciones o certificados requeridos para concertar un contrato formativo para la obtención de práctica profesional regulada en el apartado 3.

Sin perjuicio de lo anterior, se podrán realizar contratos vinculados a estudios de formación profesional o universitaria con personas que posean otra titulación siempre que no haya tenido otro contrato formativo previo en una formación del mismo nivel formativo y del mismo sector productivo.

b) En el supuesto de que el contrato se suscriba en el marco de certificados de profesionalidad de nivel 1 y 2, y programas públicos o privados de formación en alternancia de empleo-formación, que formen parte del Catálogo de especialidades formativas del Sistema Nacional de Empleo, el contrato solo podrá ser concertado con personas de hasta treinta años.

c) La actividad desempeñada por la persona trabajadora en la empresa deberá estar directamente relacionada con las actividades formativas que justifican la contratación laboral, coordinándose e integrándose en un programa de formación común, elaborado en el marco de los acuerdos y convenios de cooperación suscritos por las autoridades laborales o educativas de formación profesional o Universidades con empresas y entidades colaboradoras.

d) La persona contratada contará con una persona tutora designada por el centro o entidad de formación y otra designada por la empresa. Esta última,

---

[41]   En relación con la entrada en vigor de esta regulación y con el régimen aplicable a los contratos existentes en ese momento, véanse DF 8ª y DDTT 1ª y 2ª RDL 32/2021.

que deberá contar con la formación o experiencia adecuadas para tales tareas, tendrá como función dar seguimiento al plan formativo individual en la empresa, según lo previsto en el acuerdo de cooperación concertado con el centro o entidad formativa. Dicho centro o entidad deberá, a su vez, garantizar la coordinación con la persona tutora en la empresa.

e) Los centros de formación profesional, las entidades formativas acreditadas o inscritas y los centros universitarios, en el marco de los acuerdos y convenios de cooperación, elaborarán, con la participación de la empresa, los planes formativos individuales donde se especifique el contenido de la formación, el calendario y las actividades y los requisitos de tutoría para el cumplimiento de sus objetivos.

f) Son parte sustancial de este contrato tanto la formación teórica dispensada por el centro o entidad de formación o la propia empresa, cuando así se establezca, como la correspondiente formación práctica dispensada por la empresa y el centro. Reglamentariamente se desarrollarán el sistema de impartición y las características de la formación, así como los aspectos relacionados con la financiación de la actividad formativa.

g) La duración del contrato será la prevista en el correspondiente plan o programa formativo, con un mínimo de tres meses y un máximo de dos años, y podrá desarrollarse al amparo de un solo contrato de forma no continuada, a lo largo de diversos periodos anuales coincidentes con los estudios, de estar previsto en el plan o programa formativo. En caso de que el contrato se hubiera concertado por una duración inferior a la máxima legal establecida y no se hubiera obtenido el título, certificado, acreditación o diploma asociado al contrato formativo, podrá prorrogarse mediante acuerdo de las partes, hasta la obtención de dicho título, certificado, acreditación o diploma sin superar nunca la duración máxima de dos años.

h) Solo podrá celebrarse un contrato de formación en alternancia por cada ciclo formativo de formación profesional y titulación universitaria, certificado de profesionalidad o itinerario de especialidades formativas del Catálogo de Especialidades Formativas del Sistema Nacional de Empleo.

No obstante, podrán formalizarse contratos de formación en alternancia con varias empresas en base al mismo ciclo, certificado de profesionalidad o itinerario de especialidades del Catálogo citado, siempre que dichos contratos respondan a distintas actividades vinculadas al ciclo, al plan o al programa formativo y sin que la duración máxima de todos los contratos pueda exceder el límite previsto en el apartado anterior.

i) El tiempo de trabajo efectivo, que habrá de ser compatible con el tiempo dedicado a las actividades formativas en el centro de formación, no podrá ser superior al 65 por ciento, durante el primer año, o al 85 por ciento, durante el segundo, de la jornada máxima prevista en el convenio colectivo de aplicación en la empresa, o, en su defecto, de la jornada máxima legal.

j) No se podrán celebrar contratos formativos en alternancia cuando la actividad o puesto de trabajo correspondiente al contrato haya sido desempeñado con anterioridad por la persona trabajadora en la misma empresa bajo cualquier modalidad por tiempo superior a seis meses.

k) Las personas contratadas con contrato de formación en alternancia no podrán realizar horas complementarias ni horas extraordinarias, salvo en el supuesto previsto en el artículo 35.3. Tampoco podrán realizar trabajos nocturnos ni trabajo a turnos.

Excepcionalmente, podrán realizarse actividades laborales en los citados periodos cuando las actividades formativas para la adquisición de los aprendizajes previstos en el plan formativo no puedan desarrollarse en otros periodos, debido a la naturaleza de la actividad.

l) No podrá establecerse periodo de prueba en estos contratos.

m) La retribución será la establecida para estos contratos en el convenio colectivo de aplicación. En defecto de previsión convencional, la retribución no podrá ser inferior al sesenta por ciento el primer año ni al setenta y cinco por ciento el segundo, respecto de la fijada en convenio para el grupo profesional y nivel retributivo correspondiente a las funciones desempeñadas, en proporción al tiempo de trabajo efectivo. En ningún caso la retribución podrá ser inferior al salario mínimo interprofesional en proporción al tiempo de trabajo efectivo.

3. El contrato formativo para la obtención de la práctica profesional adecuada al nivel de estudios se regirá por las siguientes reglas:

a) Podrá concertarse con quienes estuviesen en posesión de un título universitario o de un título de grado medio o superior, especialista, máster profesional o certificado del sistema de formación profesional, de acuerdo con lo previsto en la Ley Orgánica 5/2002, de 19 de junio, de las Cualificaciones y de la Formación Profesional, así como con quienes posean un título equivalente de enseñanzas artísticas o deportivas del sistema educativo, que habiliten o capaciten para el ejercicio de la actividad laboral.

b) El contrato de trabajo para la obtención de práctica profesional deberá concertarse dentro de los tres años, o de los cinco años si se concierta con una persona con discapacidad, siguientes a la terminación de los correspondientes estudios. No podrá suscribirse con quien ya haya obtenido experiencia profesional o realizado actividad formativa en la misma actividad dentro de la empresa por un tiempo superior a tres meses, sin que se computen a estos efectos los periodos de formación o prácticas que formen parte del currículo exigido para la obtención de la titulación o certificado que habilita esta contratación.

c) La duración de este contrato no podrá ser inferior a seis meses ni exceder de un año. Dentro de estos límites los convenios colectivos de ámbito sectorial estatal o autonómico, o en su defecto, los convenios colectivos sectoriales de ámbito inferior podrán determinar su duración, atendiendo a las características del sector y de las prácticas profesionales a realizar.

d) Ninguna persona podrá ser contratada en la misma o distinta empresa por tiempo superior a los máximos previstos en el apartado anterior en virtud de la misma titulación o certificado profesional. Tampoco se podrá estar contratado en formación en la misma empresa para el mismo puesto de trabajo por tiempo superior a los máximos previstos en el apartado anterior, aunque se trate de distinta titulación o distinto certificado.

A los efectos de este artículo, los títulos de grado, máster y doctorado correspondientes a los estudios universitarios no se considerarán la misma titulación, salvo que al ser contratado por primera vez mediante un contrato para la realización de práctica profesional la persona trabajadora estuviera ya en posesión del título superior de que se trate.

e) Se podrá establecer un periodo de prueba que en ningún caso podrá exceder de un mes, salvo lo dispuesto en convenio colectivo.

f) El puesto de trabajo deberá permitir la obtención de la práctica profesional adecuada al nivel de estudios o de formación objeto del contrato. La empresa elaborará el plan formativo individual en el que se especifique el contenido de la práctica profesional, y asignará tutor o tutora que cuente con la formación o experiencia adecuadas para el seguimiento del plan y el correcto cumplimiento del objeto del contrato.

g) A la finalización del contrato la persona trabajadora tendrá derecho a la certificación del contenido de la práctica realizada.

h) Las personas contratadas con contrato de formación para la obtención de práctica profesional no podrán realizar horas extraordinarias, salvo en el supuesto previsto en el artículo 35.3.

i) La retribución por el tiempo de trabajo efectivo será la fijada en el convenio colectivo aplicable en la empresa para estos contratos o en su defecto la del grupo profesional y nivel retributivo correspondiente a las funciones desempeñadas. En ningún caso la retribución podrá ser inferior a la retribución mínima establecida para el contrato para la formación en alternancia ni al salario mínimo interprofesional en proporción al tiempo de trabajo efectivo.

j) Reglamentariamente se desarrollará el alcance de la formación correspondiente al contrato de formación para la obtención de prácticas profesionales, particularmente, en el caso de acciones formativas específicas dirigidas a la digitalización, la innovación o la sostenibilidad, incluyendo la posibilidad de microacreditaciones de los sistemas de formación profesional o universitaria.

4. Son normas comunes del contrato formativo las siguientes:

a) La acción protectora de la Seguridad Social de las personas que suscriban un contrato formativo comprenderá todas las contingencias protegibles y prestaciones, incluido el desempleo y la cobertura del Fondo de Garantía Salarial.

b) Las situaciones de incapacidad temporal, nacimiento, adopción, guarda con fines de adopción, acogimiento, riesgo durante el embarazo, riesgo durante la lactancia, violencia de género, interrumpirán el cómputo de la duración del contrato.

c) El contrato, que deberá formalizarse por escrito de conformidad con lo establecido en el artículo 8, incluirá obligatoriamente el texto del plan formativo individual al que se refieren los apartados 2. b), c), d), e), g), h) y k) y 3.e) y f), en el que se especifiquen el contenido de las prácticas o la formación y las actividades de tutoría para el cumplimiento de sus objetivos. Igualmente, incorporará el texto de los acuerdos y convenios a los que se refiere el apartado 2.e).

d) Los límites de edad y en la duración máxima del contrato formativo no serán de aplicación cuando se concierte con personas con discapacidad o con los colectivos en situación de exclusión social previstos en el artículo 2 de la Ley 44/2007, de 13 de diciembre, para la regulación del régimen de las empresas de inserción, en los casos en que sean contratados por parte de empresas de inserción que estén cualificadas y activas en el registro administrativo correspondiente. Reglamentariamente se establecerán dichos límites para adecuarlos a los estudios, al plan o programa formativo y al grado de discapacidad y características de estas personas.

e) Mediante convenio colectivo de ámbito sectorial estatal, autonómico o, en su defecto, en los convenios colectivos sectoriales de ámbito inferior, se podrán determinar los puestos de trabajo, actividades, niveles o grupos profesionales que podrán desempeñarse por medio de contrato formativo.

f) Las empresas que estén aplicando algunas de las medidas de flexibilidad interna reguladas en los artículos 47 y 47 bis podrán concertar contratos formativos siempre que las personas contratadas bajo esta modalidad no sustituyan funciones o tareas realizadas habitualmente por las personas afectadas por las medidas de suspensión o reducción de jornada.

g) Si al término del contrato la persona continuase en la empresa, no podrá concertarse un nuevo periodo de prueba, computándose la duración del contrato formativo a efectos de antigüedad en la empresa.

h) Los contratos formativos celebrados en fraude de ley o aquellos respecto de los cuales la empresa incumpla sus obligaciones formativas se entenderán concertados como contratos indefinidos de carácter ordinario.

i) Reglamentariamente se establecerán, previa consulta con las administraciones competentes en la formación objeto de realización mediante contratos formativos, los requisitos que deben cumplirse para la celebración de los mismos, tales como el número de contratos por tamaño de centro de trabajo, las personas en formación por tutor o tutora, o las exigencias en relación con la estabilidad de la plantilla.

5. La empresa pondrá en conocimiento de la representación legal de las personas trabajadoras los acuerdos de cooperación educativa o formativa que contemplen la contratación formativa, incluyendo la información relativa a los planes o programas formativos individuales, así como a los requisitos y las condiciones en las que se desarrollará la actividad de tutorización.

Asimismo, en el supuesto de diversos contratos vinculados a un único ciclo, certificado o itinerario en los términos referidos en el apartado 2.h), la empresa deberá trasladar a la representación legal de las personas trabajadoras toda la información de la que disponga al respecto de dichas contrataciones.

6. En la negociación colectiva se fijarán criterios y procedimientos tendentes a conseguir una presencia equilibrada de hombres y mujeres vinculados a la empresa mediante contratos formativos. Asimismo, podrán establecerse compromisos de conversión de los contratos formativos en contratos por tiempo indefinido.

7. Las empresas que pretendan suscribir contratos formativos, podrán solicitar por escrito al servicio público de empleo competente, información relativa a si las personas a las que pretenden contratar han estado previamente contratadas bajo dicha modalidad y la duración de estas contrataciones. Dicha

información deberá ser trasladada a la representación legal de las personas trabajadoras y tendrá valor liberatorio a efectos de no exceder la duración máxima de este contrato.

Artículo 12. Contrato a tiempo parcial y contrato de relevo[42].– 1. El contrato de trabajo se entenderá celebrado a tiempo parcial cuando se haya acordado la prestación de servicios durante un número de horas al día, a la semana, al mes o al año, inferior a la jornada de trabajo de un trabajador a tiempo completo comparable.

A efectos de lo dispuesto en el párrafo anterior, se entenderá por «trabajador a tiempo completo comparable» a un trabajador a tiempo completo de la misma empresa y centro de trabajo, con el mismo tipo de contrato de trabajo y que realice un trabajo idéntico o similar. Si en la empresa no hubiera ningún trabajador comparable a tiempo completo, se considerará la jornada a tiempo completo prevista en el convenio colectivo de aplicación o, en su defecto, la jornada máxima legal.

2. El contrato a tiempo parcial podrá concertarse por tiempo indefinido o por duración determinada en los supuestos en los que legalmente se permita la utilización de esta modalidad de contratación.

3. *(Derogado por RDL 32/2021)*

4. El contrato a tiempo parcial se regirá por las siguientes reglas:

a) El contrato, conforme a lo dispuesto en el artículo 8.2, se deberá formalizar necesariamente por escrito. En el contrato deberá figurar el número de horas ordinarias de trabajo al día, a la semana, al mes o al año contratadas, así como el modo de su distribución según lo previsto en convenio colectivo.

De no observarse estas exigencias, el contrato se presumirá celebrado a jornada completa, salvo prueba en contrario que acredite el carácter parcial de los servicios.

b) Cuando el contrato a tiempo parcial conlleve la ejecución de una jornada diaria inferior a la de los trabajadores a tiempo completo y esta se realice de forma partida, solo será posible efectuar una única interrupción en dicha jornada diaria, salvo que se disponga otra cosa mediante convenio colectivo.

---

[42] Directiva 97/81/CE del Consejo, de 15 de diciembre de 1997, relativa al Acuerdo marco sobre el trabajo a tiempo parcial concluido por la UNICE, el CEEP y la CES. RD 1131/2002, de 31 de octubre, por el que se regula la Seguridad Social de los Trabajadores a Tiempo Parcial.

c) Los trabajadores a tiempo parcial no podrán realizar horas extraordinarias, salvo en los supuestos a los que se refiere el artículo 35.3.

La realización de horas complementarias se regirá por lo dispuesto en el apartado 5.

En todo caso, la suma de las horas ordinarias y complementarias, incluidas las previamente pactadas y las voluntarias, no podrá exceder del límite legal del trabajo a tiempo parcial definido en el apartado 1.

A estos efectos, la jornada de los trabajadores a tiempo parcial se registrará día a día y se totalizará mensualmente, entregando copia al trabajador, junto con el recibo de salarios, del resumen de todas las horas realizadas en cada mes, tanto las ordinarias como las complementarias a que se refiere el apartado 5.

El empresario deberá conservar los resúmenes mensuales de los registros de jornada durante un periodo mínimo de cuatro años.

En caso de incumplimiento de las referidas obligaciones de registro, el contrato se presumirá celebrado a jornada completa, salvo prueba en contrario que acredite el carácter parcial de los servicios.

d) Las personas trabajadoras a tiempo parcial tendrán los mismos derechos que los trabajadores a tiempo completo. Cuando corresponda en atención a su naturaleza, tales derechos serán reconocidos en las disposiciones legales y reglamentarias y en los convenios colectivos de manera proporcional, en función del tiempo trabajado, debiendo garantizarse en todo caso la ausencia de discriminación, tanto directa como indirecta, entre mujeres y hombres.

e) La conversión de un trabajo a tiempo completo en un trabajo parcial y viceversa tendrá siempre carácter voluntario para el trabajador y no se podrá imponer de forma unilateral o como consecuencia de una modificación sustancial de condiciones de trabajo al amparo de lo dispuesto en el artículo 41.1.a). El trabajador no podrá ser despedido ni sufrir ningún otro tipo de sanción o efecto perjudicial por el hecho de rechazar esta conversión, sin perjuicio de las medidas que, de conformidad con lo dispuesto en los artículos 51 y 52.c), puedan adoptarse por causas económicas, técnicas, organizativas o de producción.

A fin de posibilitar la movilidad voluntaria en el trabajo a tiempo parcial, el empresario deberá informar a los trabajadores de la empresa sobre la existencia de puestos de trabajo vacantes, de manera que aquellos puedan formular solicitudes de conversión voluntaria de un trabajo a tiempo completo en un trabajo a tiempo parcial y viceversa, o para el incremento del tiempo de trabajo de los trabajadores a tiempo parcial, todo ello de conformidad con los procedimientos que se establezcan en convenio colectivo.

Con carácter general, las solicitudes a que se refiere el párrafo anterior deberán ser tomadas en consideración, en la medida de lo posible, por el empresario. La denegación de la solicitud deberá ser notificada por el empresario al trabajador por escrito y de manera motivada.

f) Los convenios colectivos establecerán medidas para facilitar el acceso efectivo de los trabajadores a tiempo parcial a la formación profesional continua, a fin de favorecer su progresión y movilidad profesionales.

5. Se consideran horas complementarias[43] las realizadas como adición a las horas ordinarias pactadas en el contrato a tiempo parcial, conforme a las siguientes reglas:

a) El empresario solo podrá exigir la realización de horas complementarias cuando así lo hubiera pactado expresamente con el trabajador. El pacto sobre horas complementarias podrá acordarse en el momento de la celebración del contrato a tiempo parcial o con posterioridad al mismo, pero constituirá, en todo caso, un pacto específico respecto al contrato. El pacto se formalizará necesariamente por escrito.

b) Solo se podrá formalizar un pacto de horas complementarias en el caso de contratos a tiempo parcial con una jornada de trabajo no inferior a diez horas semanales en cómputo anual.

c) El pacto de horas complementarias deberá recoger el número de horas complementarias cuya realización podrá ser requerida por el empresario.

El número de horas complementarias pactadas no podrá exceder del treinta por ciento de las horas ordinarias de trabajo objeto del contrato. Los convenios colectivos podrán establecer otro porcentaje máximo, que, en ningún caso, podrá ser inferior al citado treinta por ciento ni exceder del sesenta por ciento de las horas ordinarias contratadas.

d) El trabajador deberá conocer el día y la hora de realización de las horas complementarias pactadas con un preaviso mínimo de tres días, salvo que el convenio establezca un plazo de preaviso inferior.

e) El pacto de horas complementarias podrá quedar sin efecto por renuncia del trabajador, mediante un preaviso de quince días, una vez cumplido un año desde su celebración, cuando concurra alguna de las siguientes circunstancias:

---

43   Véase DT 6ª del presente texto refundido relativa al régimen de horas complementarias pactado con anterioridad al 22 de diciembre de 2013.

1.ª La atención de las responsabilidades familiares enunciadas en el artículo 37.6.

2.ª Necesidades formativas, siempre que se acredite la incompatibilidad horaria.

3.ª Incompatibilidad con otro contrato a tiempo parcial.

f) El pacto de horas complementarias y las condiciones de realización de las mismas estarán sujetos a las reglas previstas en las letras anteriores. En caso de incumplimiento de tales reglas, la negativa del trabajador a la realización de las horas complementarias, pese a haber sido pactadas, no constituirá conducta laboral sancionable.

g) Sin perjuicio del pacto de horas complementarias, en los contratos a tiempo parcial de duración indefinida con una jornada de trabajo no inferior a diez horas semanales en cómputo anual, el empresario podrá, en cualquier momento, ofrecer al trabajador la realización de horas complementarias de aceptación voluntaria, cuyo número no podrá superar el quince por ciento, ampliables al treinta por ciento por convenio colectivo, de las horas ordinarias objeto del contrato. La negativa del trabajador a la realización de estas horas no constituirá conducta laboral sancionable.

Estas horas complementarias no se computarán a efectos de los porcentajes de horas complementarias pactadas que se establecen en la letra c).

h) La realización de horas complementarias habrá de respetar, en todo caso, los límites en materia de jornada y descansos establecidos en los artículos 34.3 y 4; 36.1 y 37.1.

i) Las horas complementarias efectivamente realizadas se retribuirán como ordinarias, computándose a efectos de bases de cotización a la Seguridad Social y periodos de carencia y bases reguladoras de las prestaciones. A tal efecto, el número y retribución de las horas complementarias realizadas se deberá recoger en el recibo individual de salarios y en los documentos de cotización a la Seguridad Social.

6. Para que el trabajador pueda acceder a la jubilación parcial[44] antes de alcanzar la edad ordinaria de jubilación, en los términos establecidos en el texto refundido de la Ley General de la Seguridad Social y demás disposiciones concordantes, la empresa deberá concertar simultáneamente un contrato de relevo indefinido y a tiempo completo.

---

[44]   Art. 215 LGSS.

El contrato de relevo deberá mantenerse vigente desde la fecha de efectos de la jubilación parcial hasta, al menos, los dos años posteriores a la extinción de la jubilación parcial. En el supuesto de que el contrato se extinga antes de dicho plazo, el empresario estará obligado a celebrar un nuevo contrato de relevo en los mismos términos del extinguido. En caso de incumplimiento por parte del empresario de la presente obligación será responsable del reintegro de la pensión que haya percibido el pensionista a tiempo parcial.

El contrato de relevo se celebrará con un trabajador en situación de desempleo o que tuviese concertado con la empresa un contrato de duración determinada. También podrá celebrarse un contrato fijo-discontinuo en los términos que se establezca reglamentariamente.

El puesto de trabajo del trabajador relevista podrá ser el mismo o diferente al del trabajador sustituido. En todo caso, deberá existir una correspondencia entre las bases de cotización de ambos, en los términos previstos en el texto refundido de la Ley General de la Seguridad Social.

La compatibilidad efectiva entre trabajo y pensión permitirá la acumulación del tiempo de trabajo en periodos de días en la semana, semanas en el mes, meses en el año u otros periodos de tiempo, de conformidad con lo dispuesto en pacto individual o, en su caso, en la negociación colectiva, en todas sus expresiones, incluido el acuerdo de centro de trabajo, sin que en ningún ámbito se pueda limitar o impedir su uso.

7. Cuando el trabajador acceda a la jubilación parcial una vez alcanzada la edad ordinaria de jubilación, en los términos establecidos en el texto refundido de la Ley General de la Seguridad Social y demás disposiciones concordantes, se podrá celebrar un contrato de relevo, cuya jornada como mínimo será la dejada vacante por el jubilado parcial.

Dicho contrato de relevo podrá ser por tiempo indefinido o de duración determinada. En este último supuesto su duración será coincidente con el tiempo en que se mantenga la jubilación parcial y, en todo caso, con un mínimo de un año.

El contrato de relevo se celebrará con un trabajador en situación de desempleo o que tuviese concertado con la empresa un contrato de duración determinada.

El puesto de trabajo del trabajador relevista podrá ser el mismo o diferente del trabajador sustituido.

La compatibilidad efectiva entre trabajo y pensión permitirá la acumulación del tiempo de trabajo en periodos de días en la semana, semanas en el mes, meses en el año u otros periodos de tiempo, de conformidad con lo dispuesto en pacto individual o, en su caso, en la negociación colectiva, en todas sus expresiones, incluido el acuerdo de centro de trabajo, sin que en ningún ámbito se pueda limitar o impedir su uso.

8. La ejecución del contrato a tiempo parcial y retribución del jubilado parcial serán compatibles con la pensión que la Seguridad Social reconozca al trabajador en concepto de jubilación parcial.

El horario de trabajo del trabajador relevista podrá completar el del trabajador sustituido o simultanearse con él.

En la negociación colectiva se podrán establecer medidas para impulsar la celebración de contratos de relevo.

Artículo 13. Trabajo a distancia.– Las personas trabajadoras podrán prestar trabajo a distancia en los términos previstos en la Ley 10/2021 de trabajo a distancia.

CAPÍTULO II. Contenido del contrato de trabajo

Sección 1.ª Duración del contrato

Artículo 14. Periodo de prueba.– 1. Podrá concertarse por escrito un periodo de prueba, con sujeción a los límites de duración que, en su caso, se establezcan en los convenios colectivos. En defecto de pacto en convenio, la duración del periodo de prueba no podrá exceder de seis meses para los técnicos titulados, ni de dos meses para los demás trabajadores. En las empresas de menos de veinticinco trabajadores el periodo de prueba no podrá exceder de tres meses para los trabajadores que no sean técnicos titulados.

En el supuesto de los contratos temporales de duración determinada del artículo 15 concertados por tiempo no superior a seis meses, el periodo de prueba no podrá exceder de un mes, salvo que se disponga otra cosa en convenio colectivo.

El empresario y el trabajador están, respectivamente, obligados a realizar las experiencias que constituyan el objeto de la prueba.

Será nulo el pacto que establezca un periodo de prueba cuando el trabajador haya ya desempeñado las mismas funciones con anterioridad en la empresa, bajo cualquier modalidad de contratación.

2. Durante el periodo de prueba, la persona trabajadora tendrá los derechos y obligaciones correspondientes al puesto de trabajo que desempeñe como si

fuera de plantilla, excepto los derivados de la resolución de la relación laboral, que podrá producirse a instancia de cualquiera de las partes durante su transcurso.

La resolución a instancia empresarial será nula en el caso de las trabajadoras por razón de embarazo, desde la fecha de inicio del embarazo hasta el comienzo del período de suspensión a que se refiere el artículo 48.4, o maternidad, salvo que concurran motivos no relacionados con el embarazo o maternidad.

3. Transcurrido el periodo de prueba sin que se haya producido el desistimiento, el contrato producirá plenos efectos, computándose el tiempo de los servicios prestados en la antigüedad de la persona trabajadora en la empresa.

Las situaciones de incapacidad temporal, nacimiento, adopción, guarda con fines de adopción, acogimiento, riesgo durante el embarazo, riesgo durante la lactancia, violencia de género, que afecten a la persona trabajadora durante el periodo de prueba, interrumpen el cómputo del mismo siempre que se produzca acuerdo entre ambas partes.

Artículo 15. Duración del contrato de trabajo[45].– 1. El contrato de trabajo se presume concertado por tiempo indefinido[46].

El contrato de trabajo de duración determinada solo podrá celebrarse por circunstancias de la producción o por sustitución de persona trabajadora.

Para que se entienda que concurre causa justificada de temporalidad será necesario que se especifiquen con precisión en el contrato la causa habilitante de la contratación temporal, las circunstancias concretas que la justifican y su conexión con la duración prevista.

2. A efectos de lo previsto en este artículo, se entenderá por circunstancias de la producción el incremento ocasional e imprevisible de la actividad y las oscilaciones, que, aun tratándose de la actividad normal de la empresa, generan un desajuste temporal entre el empleo estable disponible y el que se requiere, siempre que no respondan a los supuestos incluidos en el artículo 16.1.

Entre las oscilaciones a que se refiere el párrafo anterior se entenderán incluidas aquellas que derivan de las vacaciones anuales.

---

[45]   En relación con la entrada en vigor de esta regulación y con el régimen aplicable a los contratos existentes en ese momento, véanse DF 8ª y DDTT 3ª y 4ª RDL 32/2021.

[46]   Sobre el contrato de trabajo indefinido adscrito a obra, véase DA 3ª Ley 32/2006, de 18 de octubre, reguladora de la subcontratación en el sector de la construcción.

Cuando el contrato de duración determinada obedezca a estas circunstancias de la producción, su duración no podrá ser superior a seis meses. Por convenio colectivo de ámbito sectorial se podrá ampliar la duración máxima del contrato hasta un año.

En caso de que el contrato se hubiera concertado por una duración inferior a la máxima legal o convencionalmente establecida, podrá prorrogarse, mediante acuerdo de las partes, por una única vez, sin que la duración total del contrato pueda exceder de dicha duración máxima.

Igualmente, las empresas podrán formalizar contratos por circunstancias de la producción para atender situaciones ocasionales, previsibles y que tengan una duración reducida y delimitada en los términos previstos en este párrafo, incluidas las campañas agrarias y agroalimentarias. Las empresas solo podrán utilizar este contrato un máximo de noventa días en el año natural, a excepción de las empresas del sector agrario y agroalimentario que podrán utilizar un total de 120 días en el año natural, independientemente de las personas trabajadoras que sean necesarias para atender en cada uno de dichos días las concretas situaciones, que deberán estar debidamente identificadas en el contrato.

Estos noventa días, o ciento veinte días en los supuestos de las explotaciones y empresas del sector agroalimentario, no podrán ser utilizados de manera continuada. Las empresas, en el último trimestre de cada año, deberán trasladar a la representación legal de las personas trabajadoras una previsión anual de uso de estos contratos.

Constituye causa para la celebración de este contrato en el sector agrícola, ganadero y forestal y la industria asociada a estos sectores, la cobertura de una o varias campañas de corta duración, con el límite anual de 120 jornadas reales.

No podrá identificarse como causa de este contrato la realización de los trabajos en el marco de contratas, subcontratas o concesiones administrativas que constituyan la actividad habitual u ordinaria de la empresa, sin perjuicio de su celebración cuando concurran las circunstancias de la producción en los términos anteriores.

3. Podrán celebrarse contratos de duración determinada para la sustitución de una persona trabajadora con derecho a reserva de puesto de trabajo, siempre que se especifique en el contrato el nombre de la persona sustituida y la causa de la sustitución. En tal supuesto, la prestación de servicios podrá iniciarse antes de que se produzca la ausencia de la persona sustituida, coin-

cidiendo en el desarrollo de las funciones el tiempo imprescindible para garantizar el desempeño adecuado del puesto y, como máximo, durante quince días.

Asimismo, el contrato de sustitución podrá concertarse para completar la jornada reducida por otra persona trabajadora, cuando dicha reducción se ampare en causas legalmente establecidas o reguladas en el convenio colectivo y se especifique en el contrato el nombre de la persona sustituida y la causa de la sustitución.

El contrato de sustitución podrá ser también celebrado para la cobertura temporal de un puesto de trabajo durante el proceso de selección o promoción para su cobertura definitiva mediante contrato fijo, sin que su duración pueda ser en este caso superior a tres meses, o el plazo inferior recogido en convenio colectivo, ni pueda celebrarse un nuevo contrato con el mismo objeto una vez superada dicha duración máxima.

4. Las personas contratadas incumpliendo lo establecido en este artículo adquirirán la condición de fijas.

También adquirirán la condición de fijas las personas trabajadoras temporales que no hubieran sido dadas de alta en la Seguridad Social una vez transcurrido un plazo igual al que legalmente se hubiera podido fijar para el periodo de prueba.

5. Sin perjuicio de lo anterior, las personas trabajadoras que en un periodo de veinticuatro meses hubieran estado contratadas durante un plazo superior a dieciocho meses, con o sin solución de continuidad, para el mismo o diferente puesto de trabajo con la misma empresa o grupo de empresas, mediante dos o más contratos por circunstancias de la producción, sea directamente o a través de su puesta a disposición por empresas de trabajo temporal, adquirirán la condición de personas trabajadoras fijas. Esta previsión también será de aplicación cuando se produzcan supuestos de sucesión o subrogación empresarial conforme a lo dispuesto legal y convencionalmente.

Asimismo, adquirirá la condición de fija la persona que ocupe un puesto de trabajo que haya estado ocupado con o sin solución de continuidad, durante más de dieciocho meses en un periodo de veinticuatro meses mediante contratos por circunstancias de la producción, incluidos los contratos de puesta a disposición realizados con empresas de trabajo temporal.

6. Las personas con contratos temporales y de duración determinada tendrán los mismos derechos que las personas con contratos de duración indefinida, sin perjuicio de las particularidades específicas de cada una de las modalidades contractuales en materia de extinción del contrato y de aquellas

expresamente previstas en la ley en relación con los contratos formativos. Cuando corresponda en atención a su naturaleza, tales derechos serán reconocidos en las disposiciones legales y reglamentarias y en los convenios colectivos de manera proporcional, en función del tiempo trabajado.

Cuando un determinado derecho o condición de trabajo esté atribuido en las disposiciones legales o reglamentarias y en los convenios colectivos en función de una previa antigüedad de la persona trabajadora, esta deberá computarse según los mismos criterios para todas las personas trabajadoras, cualquiera que sea su modalidad de contratación.

7. La empresa deberá informar a las personas con contratos de duración determinada o temporales, incluidos los contratos formativos, sobre la existencia de puestos de trabajo vacantes, a fin de garantizarles las mismas oportunidades de acceder a puestos permanentes que las demás personas trabajadoras. Esta información podrá facilitarse mediante un anuncio público en un lugar adecuado de la empresa o centro de trabajo, o mediante otros medios previstos en la negociación colectiva, que aseguren la transmisión de la información.

Dicha información será trasladada, además, a la representación legal de las personas trabajadoras.

Las empresas habrán de notificar, asimismo a la representación legal de las personas trabajadoras los contratos realizados de acuerdo con las modalidades de contratación por tiempo determinado previstas en este artículo, cuando no exista obligación legal de entregar copia básica de los mismos.

8. Los convenios colectivos podrán establecer planes de reducción de la temporalidad, así como fijar criterios generales relativos a la adecuada relación entre el volumen de la contratación de carácter temporal y la plantilla total de la empresa, criterios objetivos de conversión de los contratos de duración determinada o temporales en indefinidos, así como fijar porcentajes máximos de temporalidad y las consecuencias derivadas del incumplimiento de los mismos.

Asimismo, los convenios colectivos podrán establecer criterios de preferencia entre las personas con contratos de duración determinada o temporales, incluidas las personas puestas a disposición.

Los convenios colectivos establecerán medidas para facilitar el acceso efectivo de estas personas trabajadoras a las acciones incluidas en el sistema de formación profesional para el empleo, a fin de mejorar su cualificación y favorecer su progresión y movilidad profesionales.

9. En los supuestos previstos en los apartados 4 y 5, la empresa deberá facilitar por escrito a la persona trabajadora, en los diez días siguientes al

cumplimiento de los plazos indicados, un documento justificativo sobre su nueva condición de persona trabajadora fija de la empresa, debiendo informar a la representación legal de los trabajadores sobre dicha circunstancia.

En todo caso, la persona trabajadora podrá solicitar, por escrito al servicio público de empleo correspondiente un certificado de los contratos de duración determinada o temporales celebrados, a los efectos de poder acreditar su condición de persona trabajadora fija en la empresa.

El Servicio Público de Empleo emitirá dicho documento y lo pondrá en conocimiento de la empresa en la que la persona trabajadora preste sus servicios y de la Inspección de Trabajo y Seguridad Social, si advirtiera que se han sobrepasado los límites máximos temporales establecidos.

Artículo 16. Contrato fijo-discontinuo.– 1. El contrato por tiempo indefinido fijo-discontinuo se concertará para la realización de trabajos de naturaleza estacional o vinculados a actividades productivas de temporada, o para el desarrollo de aquellos que no tengan dicha naturaleza pero que, siendo de prestación intermitente, tengan periodos de ejecución ciertos, determinados o indeterminados.

El contrato fijo-discontinuo podrá concertarse para el desarrollo de trabajos consistentes en la prestación de servicios en el marco de la ejecución de contratas mercantiles o administrativas que, siendo previsibles, formen parte de la actividad ordinaria de la empresa.

Asimismo, podrá celebrarse un contrato fijo-discontinuo entre una empresa de trabajo temporal y una persona contratada para ser cedida, en los términos previstos en el artículo 10.3 de la Ley 14/1994, de 1 de junio, por la que se regulan las empresas de trabajo temporal.

2. El contrato de trabajo fijo-discontinuo, conforme a lo dispuesto en el artículo 8.2, se deberá formalizar necesariamente por escrito y deberá reflejar los elementos esenciales de la actividad laboral, entre otros, la duración del periodo de actividad, la jornada y su distribución horaria, si bien estos últimos podrán figurar con carácter estimado, sin perjuicio de su concreción en el momento del llamamiento.

3. Mediante convenio colectivo o, en su defecto, acuerdo de empresa, se establecerán los criterios objetivos y formales por los que debe regirse el llamamiento de las personas fijas-discontinuas. En todo caso, el llamamiento deberá realizarse por escrito o por otro medio que permita dejar constancia de

la debida notificación a la persona interesada con las indicaciones precisas de las condiciones de su incorporación y con una antelación adecuada.

Sin perjuicio de lo anterior, la empresa deberá trasladar a la representación legal de las personas trabajadoras, con la suficiente antelación, al inicio de cada año natural, un calendario con las previsiones de llamamiento anual, o, en su caso, semestral, así como los datos de las altas efectivas de las personas fijas discontinuas una vez se produzcan.

Las personas fijas-discontinuas podrán ejercer las acciones que procedan en caso de incumplimientos relacionados con el llamamiento, iniciándose el plazo para ello desde el momento de la falta de este o desde el momento en que la conociesen.

4. Cuando la contratación fija-discontinua se justifique por la celebración de contratas, subcontratas o con motivo de concesiones administrativas en los términos de este artículo, los periodos de inactividad solo podrán producirse como plazos de espera de recolocación entre subcontrataciones.

En estos supuestos, los convenios colectivos sectoriales podrán determinar un plazo máximo de inactividad entre subcontratas, que, en defecto de previsión convencional, será de tres meses. Una vez cumplido dicho plazo, la empresa adoptará las medidas coyunturales o definitivas que procedan, en los términos previstos en esta norma.

5. Los convenios colectivos de ámbito sectorial podrán establecer una bolsa sectorial de empleo en la que se podrán integrar las personas fijas-discontinuas durante los periodos de inactividad, con el objetivo de favorecer su contratación y su formación continua durante estos, todo ello sin perjuicio de las obligaciones en materia de contratación y llamamiento efectivo de cada una de las empresas en los términos previstos en este artículo.

Estos mismos convenios podrán acordar, cuando las peculiaridades de la actividad del sector así lo justifiquen, la celebración a tiempo parcial de los contratos fijos-discontinuos, y la obligación de las empresas de elaborar un censo anual del personal fijo-discontinuo.

Asimismo, podrán establecer un periodo mínimo de llamamiento anual y una cuantía por fin de llamamiento a satisfacer por las empresas a las personas trabajadoras, cuando este coincida con la terminación de la actividad y no se produzca, sin solución de continuidad, un nuevo llamamiento.

6. Las personas trabajadoras fijas-discontinuas no podrán sufrir perjuicios por el ejercicio de los derechos de conciliación, ausencias con derecho

a reserva de puesto de trabajo y otras causas justificadas en base a derechos reconocidos en la ley o los convenios colectivos.

Las personas trabajadoras fijas-discontinuas tienen derecho a que su antigüedad se calcule teniendo en cuenta toda la duración de la relación laboral y no el tiempo de servicios efectivamente prestados, con la excepción de aquellas condiciones que exijan otro tratamiento en atención a su naturaleza y siempre que responda a criterios de objetividad, proporcionalidad y transparencia.

7. La empresa deberá informar a las personas fijas-discontinuas y a la representación legal de las personas trabajadoras sobre la existencia de puestos de trabajo vacantes de carácter fijo ordinario, de manera que aquellas puedan formular solicitudes de conversión voluntaria, de conformidad con los procedimientos que establezca el convenio colectivo sectorial o, en su defecto, el acuerdo de empresa.

8. Las personas trabajadoras fijas-discontinuas tendrán la consideración de colectivo prioritario para el acceso a las iniciativas de formación del sistema de formación profesional para el empleo en el ámbito laboral durante los periodos de inactividad.

Sección 2.ª Derechos y deberes derivados del contrato

Artículo 17. No discriminación en las relaciones laborales.– 1. Se entenderán nulos y sin efecto los preceptos reglamentarios, las cláusulas de los convenios colectivos, los pactos individuales y las decisiones unilaterales del empresario que den lugar en el empleo, así como en materia de retribuciones, jornada y demás condiciones de trabajo, a situaciones de discriminación directa o indirecta desfavorables por razón de edad o discapacidad o a situaciones de discriminación directa o indirecta por razón de sexo, origen, incluido el racial o étnico, estado civil, condición social, religión o convicciones, ideas políticas, orientación e identidad sexual, expresión de género, características sexuales, adhesión o no a sindicatos y a sus acuerdos, vínculos de parentesco con personas pertenecientes a o relacionadas con la empresa y lengua dentro del Estado español.

Serán igualmente nulas las órdenes de discriminar y las decisiones del empresario que supongan un trato desfavorable de los trabajadores como reacción ante una reclamación efectuada en la empresa o ante una acción administrativa o judicial destinada a exigir el cumplimiento del principio de igualdad de trato y no discriminación.

El incumplimiento de la obligación de tomar medidas de protección frente a la discriminación y la violencia dirigida a las personas LGTBI a que se refiere el artículo 62.3 de la Ley para la igualdad real y efectiva de las personas trans y para la garantía de los derechos de las personas LGTBI dará lugar a la asunción de responsabilidad de las personas empleadoras en los términos del artículo 62.2 de la misma norma[47].

2. Podrán establecerse por ley las exclusiones, reservas y preferencias para ser contratado libremente[48].

3. No obstante lo dispuesto en el apartado anterior, el Gobierno podrá regular medidas de reserva, duración o preferencia en el empleo que tengan por objeto facilitar la colocación de trabajadores demandantes de empleo.

Asimismo, el Gobierno podrá otorgar subvenciones, desgravaciones y otras medidas para fomentar el empleo de grupos específicos de trabajadores que encuentren dificultades especiales para acceder al empleo. La regulación de las mismas se hará previa consulta a las organizaciones sindicales y asociaciones empresariales más representativas.

Las medidas a las que se refieren los párrafos anteriores se orientarán prioritariamente a fomentar el empleo estable de los trabajadores desempleados y la conversión de contratos temporales en contratos por tiempo indefinido.

4. Sin perjuicio de lo dispuesto en los apartados anteriores, la negociación colectiva podrá establecer medidas de acción positiva para favorecer el acceso de las mujeres a todas las profesiones. A tal efecto podrá establecer reservas y preferencias en las condiciones de contratación de modo que, en igualdad de condiciones de idoneidad, tengan preferencia para ser contratadas las personas del sexo menos representado en el grupo profesional de que se trate.

Asimismo, la negociación colectiva podrá establecer este tipo de medidas en las condiciones de clasificación profesional, promoción y formación, de modo que, en igualdad de condiciones de idoneidad, tengan preferencia las

---

[47]   Arts. 14 CE, 27 a 43 Ley 62/2003, 1 a 13 LOI, LIITND y LILGTBI. Arts. 177 a 184 LJS.
[48]   Art. 42 RDLeg. 1/2013 (TR de la Ley General de derechos de las personas con discapacidad y de su inclusión social), cuyo desarrollo se contiene en RD 27/2000, de 14 de enero. Véase también DA 1ª RDL 5/2006, de 9 de junio, en la que se regula el contrato temporal de fomento al empleo de personas con discapacidad.

personas del sexo menos representado para favorecer su acceso al grupo profesional o puesto de trabajo de que se trate[49].

5. El establecimiento de planes de igualdad en las empresas se ajustará a lo dispuesto en esta ley y en la Ley Orgánica 3/2007, de 22 de marzo, para la igualdad efectiva de mujeres y hombres[50].

Artículo 18. Inviolabilidad de la persona del trabajador.– Solo podrán realizarse registros sobre la persona del trabajador, en sus taquillas y efectos particulares, cuando sean necesarios para la protección del patrimonio empresarial y del de los demás trabajadores de la empresa, dentro del centro de trabajo y en horas de trabajo. En su realización se respetará al máximo la dignidad e intimidad del trabajador y se contará con la asistencia de un representante legal de los trabajadores o, en su ausencia del centro de trabajo, de otro trabajador de la empresa, siempre que ello fuera posible[51].

Artículo 19. Seguridad y salud en el trabajo[52].**–** 1. El trabajador, en la prestación de sus servicios, tendrá derecho a una protección eficaz en materia de seguridad y salud en el trabajo.

2. El trabajador está obligado a observar en su trabajo las medidas legales y reglamentarias de seguridad y salud en el trabajo.

3. En la inspección y control de dichas medidas que sean de observancia obligada por el empresario, el trabajador tiene derecho a participar por medio de sus representantes legales en el centro de trabajo, si no se cuenta con órganos o centros especializados competentes en la materia a tenor de la legislación vigente.

4. El empresario está obligado a garantizar que cada trabajador reciba una formación teórica y práctica, suficiente y adecuada, en materia preventiva tanto en el momento de su contratación, cualquiera que sea la modalidad o duración de esta, como cuando se produzcan cambios en las funciones que desempeñe o se introduzcan nuevas tecnologías o cambios en los equipos de trabajo. El trabajador está obligado a seguir la formación y a realizar las prácti-

---

[49]   Art. 43 LOI.
[50]   Arts. 45 a 49 LOI. Cfr. también RD 901/2020, de 13 de octubre, por el que se regulan los planes de igualdad y su registro.
[51]   Art. 18 CE
[52]   Art. 43 CE y LPRL

cas. Todo ello en los términos señalados en la Ley 31/1995, de 8 de noviembre, de Prevención de Riesgos Laborales, y en sus normas de desarrollo, en cuanto les sean de aplicación.

5. Los delegados de prevención y, en su defecto, los representantes legales de los trabajadores en el centro de trabajo, que aprecien una probabilidad seria y grave de accidente por la inobservancia de la legislación aplicable en la materia, requerirán al empresario por escrito para que adopte las medidas oportunas que hagan desaparecer el estado de riesgo; si la petición no fuese atendida en un plazo de cuatro días, se dirigirán a la autoridad competente; esta, si apreciase las circunstancias alegadas, mediante resolución fundada, requerirá al empresario para que adopte las medidas de seguridad apropiadas o que suspenda sus actividades en la zona o local de trabajo o con el material en peligro. También podrá ordenar, con los informes técnicos precisos, la paralización inmediata del trabajo si se estima un riesgo grave de accidente.

Si el riesgo de accidente fuera inminente, la paralización de las actividades podrá ser acordada por los representantes de los trabajadores, por mayoría de sus miembros. Tal acuerdo podrá ser adoptado por decisión mayoritaria de los delegados de prevención cuando no resulte posible reunir con la urgencia requerida al órgano de representación del personal. El acuerdo será comunicado de inmediato a la empresa y a la autoridad laboral, la cual, en veinticuatro horas, anulará o ratificará la paralización acordada[53].

Artículo 20. Dirección y control de la actividad laboral.– 1. El trabajador estará obligado a realizar el trabajo convenido bajo la dirección del empresario o persona en quien este delegue.

2. En el cumplimiento de la obligación de trabajar asumida en el contrato, el trabajador debe al empresario la diligencia y la colaboración en el trabajo que marquen las disposiciones legales, los convenios colectivos y las órdenes o instrucciones adoptadas por aquel en el ejercicio regular de sus facultades de dirección y, en su defecto, por los usos y costumbres. En cualquier caso, el trabajador y el empresario se someterán en sus prestaciones recíprocas a las exigencias de la buena fe.

3. El empresario podrá adoptar las medidas que estime más oportunas de vigilancia y control para verificar el cumplimiento por el trabajador de sus

---

[53]   Art. 21 LPRL.

obligaciones y deberes laborales, guardando en su adopción y aplicación la consideración debida a su dignidad y teniendo en cuenta, en su caso, la capacidad real de los trabajadores con discapacidad.

4. El empresario podrá verificar el estado de salud del trabajador que sea alegado por este para justificar sus faltas de asistencia al trabajo, mediante reconocimiento a cargo de personal médico. La negativa del trabajador a dichos reconocimientos podrá determinar la suspensión de los derechos económicos que pudieran existir a cargo del empresario por dichas situaciones.

Artículo 20 bis. Derechos de los trabajadores a la intimidad en relación con el entorno digital y a la desconexión.– Los trabajadores tienen derecho a la intimidad en el uso de los dispositivos digitales puestos a su disposición por el empleador, a la desconexión digital y a la intimidad frente al uso de dispositivos de videovigilancia y geolocalización en los términos establecidos en la legislación vigente en materia de protección de datos personales y garantía de los derechos digitales[54].

Artículo 21. Pacto de no concurrencia y de permanencia en la empresa.– 1. No podrá efectuarse la prestación laboral de un trabajador para diversos empresarios cuando se estime concurrencia desleal o cuando se pacte la plena dedicación mediante compensación económica expresa, en los términos que al efecto se convengan[55].

2. El pacto de no competencia para después de extinguido el contrato de trabajo, que no podrá tener una duración superior a dos años para los técnicos y de seis meses para los demás trabajadores, solo será válido si concurren los requisitos siguientes:

a) Que el empresario tenga un efectivo interés industrial o comercial en ello.

b) Que se satisfaga al trabajador una compensación económica adecuada.

3. En el supuesto de compensación económica por la plena dedicación, el trabajador podrá rescindir el acuerdo y recuperar su libertad de trabajo en otro empleo, comunicándolo por escrito al empresario con un preaviso de treinta

---

[54]   Véase, infra, Ley Orgánica de Protección de Datos Personales y garantía de los derechos digitales.

[55]   Art. 54.2.d) ET.

días, perdiéndose en este caso la compensación económica u otros derechos vinculados a la plena dedicación.

4. Cuando el trabajador haya recibido una especialización profesional con cargo al empresario para poner en marcha proyectos determinados o realizar un trabajo específico, podrá pactarse entre ambos la permanencia en dicha empresa durante cierto tiempo. El acuerdo no será de duración superior a dos años y se formalizará siempre por escrito. Si el trabajador abandona el trabajo antes del plazo, el empresario tendrá derecho a una indemnización de daños y perjuicios.

Sección 3.ª Clasificación profesional y promoción en el trabajo

Artículo 22. Sistema de clasificación profesional.– 1. Mediante la negociación colectiva o, en su defecto, acuerdo entre la empresa y los representantes de los trabajadores, se establecerá el sistema de clasificación profesional de los trabajadores por medio de grupos profesionales[56].

2. Se entenderá por grupo profesional el que agrupe unitariamente las aptitudes profesionales, titulaciones y contenido general de la prestación, y podrá incluir distintas tareas, funciones, especialidades profesionales o responsabilidades asignadas al trabajador.

3. La definición de los grupos profesionales se ajustará a criterios y sistemas que, basados en un análisis correlacional entre sesgos de género, puestos de trabajo, criterios de encuadramiento y retribuciones, tengan como objeto garantizar la ausencia de discriminación, tanto directa como indirecta, entre mujeres y hombres. Estos criterios y sistemas, en todo caso, cumplirán con lo previsto en el artículo 28.1.

4. Por acuerdo entre el trabajador y el empresario se asignará al trabajador un grupo profesional y se establecerá como contenido de la prestación laboral objeto del contrato de trabajo la realización de todas las funciones correspondientes al grupo profesional asignado o solamente de alguna de ellas. Cuando se acuerde la polivalencia funcional o la realización de funciones propias de más de un grupo, la equiparación se realizará en virtud de las funciones que se desempeñen durante mayor tiempo[57].

---

[56]   DA 9ª Ley 3/2012.
[57]   Art. 39 ET.

Artículo 23. Promoción y formación profesional en el trabajo.– 1. El trabajador tendrá derecho:

a) Al disfrute de los permisos necesarios para concurrir a exámenes, así como a una preferencia a elegir turno de trabajo y a acceder al trabajo a distancia, si tal es el régimen instaurado en la empresa, y el puesto o funciones son compatibles con esta forma de realización del trabajo, cuando curse con regularidad estudios para la obtención de un título académico o profesional[58].

b) A la adaptación de la jornada ordinaria de trabajo para la asistencia a cursos de formación profesional.

c) A la concesión de los permisos oportunos de formación o perfeccionamiento profesional con reserva del puesto de trabajo.

d) A la formación necesaria para su adaptación a las modificaciones operadas en el puesto de trabajo. La misma correrá a cargo de la empresa, sin perjuicio de la posibilidad de obtener a tal efecto los créditos destinados a la formación. El tiempo destinado a la formación se considerará en todo caso tiempo de trabajo efectivo.

2. En la negociación colectiva se pactarán los términos del ejercicio de estos derechos, que se acomodarán a criterios y sistemas que garanticen la ausencia de discriminación, tanto directa como indirecta, entre trabajadores de uno y otro sexo.

3. Los trabajadores con al menos un año de antigüedad en la empresa tienen derecho a un permiso retribuido de veinte horas anuales de formación profesional para el empleo, vinculada a la actividad de la empresa, acumulables por un periodo de hasta cinco años. El derecho se entenderá cumplido en todo caso cuando el trabajador pueda realizar las acciones formativas dirigidas a la obtención de la formación profesional para el empleo en el marco de un plan de formación desarrollado por iniciativa empresarial o comprometido por la negociación colectiva. Sin perjuicio de lo anterior, no podrá comprenderse en el derecho a que se refiere este apartado la formación que deba obligatoriamente impartir la empresa a su cargo conforme a lo previsto en otras leyes. En defecto de lo previsto en convenio colectivo, la concreción del modo de disfrute del permiso se fijará de mutuo acuerdo entre trabajador y empresario.

---

[58]   Convenio OIT 140 (1974).

Artículo 24. Ascensos.– 1. Los ascensos dentro del sistema de clasificación profesional se producirán conforme a lo que se establezca en convenio o, en su defecto, en acuerdo colectivo entre la empresa y los representantes de los trabajadores[59].

En todo caso los ascensos se producirán teniendo en cuenta la formación, méritos, antigüedad del trabajador, así como las facultades organizativas del empresario.

2. Los ascensos y la promoción profesional en la empresa se ajustarán a criterios y sistemas que tengan como objetivo garantizar la ausencia de discriminación, tanto directa como indirecta, entre mujeres y hombres, pudiendo establecerse medidas de acción positiva dirigidas a eliminar o compensar situaciones de discriminación[60].

Artículo 25. Promoción económica.– 1. El trabajador, en función del trabajo desarrollado, podrá tener derecho a una promoción económica en los términos fijados en convenio colectivo o contrato individual.

2. Lo dispuesto en el apartado anterior se entiende sin perjuicio de los derechos adquiridos o en curso de adquisición en el tramo temporal correspondiente.

Sección 4.ª Salarios y garantías salariales

Artículo 26. Del salario.– 1. Se considerará salario la totalidad de las percepciones económicas de los trabajadores, en dinero o en especie, por la prestación profesional de los servicios laborales por cuenta ajena, ya retribuyan el trabajo efectivo, cualquiera que sea la forma de remuneración, o los periodos de descanso computables como de trabajo[61].

En ningún caso, incluidas las relaciones laborales de carácter especial a que se refiere el artículo 2, el salario en especie podrá superar el treinta por ciento de las percepciones salariales del trabajador, ni dar lugar a la minoración de la cuantía íntegra en dinero del salario mínimo interprofesional.

2. No tendrán la consideración de salario las cantidades percibidas por el trabajador en concepto de indemnizaciones o suplidos por los gastos reali-

---

[59] Arts. 22 y 39 ET.
[60] Art. 14 CE y arts. 4.2.c) y 17 ET.
[61] Art. 147.1 LGSS.

zados como consecuencia de su actividad laboral, las prestaciones e indemnizaciones de la Seguridad Social y las indemnizaciones correspondientes a traslados, suspensiones o despidos[62].

3. Mediante la negociación colectiva o, en su defecto, el contrato individual, se determinará la estructura del salario, que deberá comprender el salario base, como retribución fijada por unidad de tiempo o de obra y, en su caso, complementos salariales fijados en función de circunstancias relativas a las condiciones personales del trabajador, al trabajo realizado o a la situación y resultados de la empresa, que se calcularán conforme a los criterios que a tal efecto se pacten. Igualmente se pactará el carácter consolidable o no de dichos complementos salariales, no teniendo el carácter de consolidables, salvo acuerdo en contrario, los que estén vinculados al puesto de trabajo o a la situación y resultados de la empresa[63].

4. Todas las cargas fiscales y de Seguridad Social a cargo del trabajador serán satisfechas por el mismo, siendo nulo todo pacto en contrario.

5. Operará la compensación y absorción cuando los salarios realmente abonados, en su conjunto y cómputo anual, sean más favorables para los trabajadores que los fijados en el orden normativo o convencional de referencia.

Artículo 27. Salario mínimo interprofesional.– 1. El Gobierno fijará, previa consulta con las organizaciones sindicales y asociaciones empresariales más representativas, anualmente, el salario mínimo interprofesional, teniendo en cuenta:

a) El índice de precios de consumo.

b) La productividad media nacional alcanzada.

c) El incremento de la participación del trabajo en la renta nacional.

d) La coyuntura económica general.

Igualmente se fijará una revisión semestral para el caso de que no se cumplan las previsiones sobre el índice de precios citado.

La revisión del salario mínimo interprofesional no afectará a la estructura ni a la cuantía de los salarios profesionales cuando estos, en su conjunto y cómputo anual, fueran superiores a aquel[64].

---

[62]   Art. 147.2 LGSS.
[63]   DA 4ª ET.
[64]   En relación con el impacto de la fijación del salario mínimo sobre las previsiones de convenios colectivos o acuerdos, arts. 12 y 13 Real Decreto-Ley 28/2018, de 28 de

2. El salario mínimo interprofesional, en su cuantía, tanto anual como mensual, es inembargable. A efectos de determinar lo anterior se tendrán en cuenta tanto el periodo de devengo como la forma de cómputo, se incluya o no el prorrateo de las pagas extraordinarias, garantizándose la inembargabilidad de la cuantía que resulte en cada caso. En particular, si junto con el salario mensual se percibiese una gratificación o paga extraordinaria, el límite de inembargabilidad estará constituido por el doble del importe del salario mínimo interprofesional mensual y en el caso de que en el salario mensual percibido estuviera incluida la parte proporcional de las pagas o gratificaciones extraordinarias, el límite de inembargabilidad estará constituido por el importe del salario mínimo interprofesional en cómputo anual prorrateado entre doce meses[65].

Artículo 28. Igualdad de remuneración por razón de sexo.– 1. El empresario está obligado a pagar por la prestación de un trabajo de igual valor la misma retribución, satisfecha directa o indirectamente, y cualquiera que sea la naturaleza de la misma, salarial o extrasalarial, sin que pueda producirse discriminación alguna por razón de sexo en ninguno de los elementos o condiciones de aquella.

Un trabajo tendrá igual valor que otro cuando la naturaleza de las funciones o tareas efectivamente encomendadas, las condiciones educativas, profesionales o de formación exigidas para su ejercicio, los factores estrictamente relacionados con su desempeño y las condiciones laborales en las que dichas actividades se llevan a cabo en realidad sean equivalentes.

2. El empresario está obligado a llevar un registro con los valores medios de los salarios, los complementos salariales y las percepciones extrasalariales de su plantilla, desagregados por sexo y distribuidos por grupos profesionales, categorías profesionales o puestos de trabajo iguales o de igual valor.

Las personas trabajadoras tienen derecho a acceder, a través de la representación legal de los trabajadores en la empresa, al registro salarial de su empresa.

3. Cuando en una empresa con al menos cincuenta trabajadores, el promedio de las retribuciones a los trabajadores de un sexo sea superior a los del otro

---

[65]   diciembre, para la revalorización de las pensiones públicas y otras medidas urgentes en materia social, laboral y de empleo.

        Arts. 607 y 608 LEC.

en un veinticinco por ciento o más, tomando el conjunto de la masa salarial o la media de las percepciones satisfechas, el empresario deberá incluir en el Registro salarial una justificación de que dicha diferencia responde a motivos no relacionados con el sexo de las personas trabajadoras[66].

Artículo 29. Liquidación y pago.– 1. La liquidación y el pago del salario se harán puntual y documentalmente en la fecha y lugar convenidos o conforme a los usos y costumbres. El periodo de tiempo a que se refiere el abono de las retribuciones periódicas y regulares no podrá exceder de un mes.

El trabajador y, con su autorización, sus representantes legales, tendrán derecho a percibir, sin que llegue el día señalado para el pago, anticipos a cuenta del trabajo ya realizado[67].

La documentación del salario se realizará mediante la entrega al trabajador de un recibo individual y justificativo del pago del mismo. El recibo de salarios se ajustará al modelo que apruebe el Ministerio de Empleo y Seguridad Social, salvo que por convenio colectivo o, en su defecto, por acuerdo entre la empresa y los representantes de los trabajadores, se establezca otro modelo que contenga con la debida claridad y separación las diferentes percepciones del trabajador, así como las deducciones que legalmente procedan[68].

La liquidación de los salarios que correspondan a quienes presten servicios en trabajos que tengan el carácter de fijos-discontinuos, en los supuestos de conclusión de cada periodo de actividad, se llevará a cabo con sujeción a los trámites y garantías establecidos en el artículo 49.2.

2. El derecho al salario a comisión nacerá en el momento de realizarse y pagarse el negocio, la colocación o venta en que hubiera intervenido el trabajador, liquidándose y pagándose, salvo que se hubiese pactado otra cosa, al finalizar el año[69].

---

[66] Art. 14 CE y arts. 4.2.c) y 17 ET. RD 902/2020, de 13 de octubre, de igualdad retributiva entre mujeres y hombres.

[67] D 3804/1974 de 11 de octubre, sobre anticipos de salarios en ofertas de empleo.

[68] Orden ESS/2098/2014, de 6 de noviembre, por la que se modifica el anexo de la Orden de 27 de diciembre de 1994, por la que se aprueba el modelo de recibo individual de salarios.

[69] Art. 8.3 del RD 1438/1985, de 1 de agosto que regula la relación laboral especial de las personas que intervengan en operaciones mercantiles por cuenta de uno o más empresarios, sin asumir el riesgo y ventura de aquéllas.

El trabajador y sus representantes legales pueden pedir en cualquier momento comunicaciones de la parte de los libros referentes a tales devengos.

3. El interés por mora en el pago del salario será el diez por ciento de lo adeudado.

4. El salario, así como el pago delegado de las prestaciones de la Seguridad Social, podrá efectuarlo el empresario en moneda de curso legal o mediante cheque u otra modalidad de pago similar a través de entidades de crédito, previo informe al comité de empresa o delegados de personal.

Artículo 30. Imposibilidad de la prestación.– Si el trabajador no pudiera prestar sus servicios una vez vigente el contrato porque el empresario se retrasare en darle trabajo por impedimentos imputables al mismo y no al trabajador, este conservará el derecho a su salario, sin que pueda hacérsele compensar el que perdió con otro trabajo realizado en otro tiempo.

Artículo 31. Gratificaciones extraordinarias.– El trabajador tiene derecho a dos gratificaciones extraordinarias al año, una de ellas con ocasión de las fiestas de Navidad y la otra en el mes que se fije por convenio colectivo o por acuerdo entre el empresario y los representantes legales de los trabajadores. Igualmente se fijará por convenio colectivo la cuantía de tales gratificaciones.

No obstante, podrá acordarse en convenio colectivo que las gratificaciones extraordinarias se prorrateen en las doce mensualidades.

Artículo 32. Garantías del salario[70]**.–** 1. Los créditos salariales por los últimos treinta días de trabajo y en cuantía que no supere el doble del salario mínimo interprofesional gozarán de preferencia sobre cualquier otro crédito, aunque este se encuentre garantizado por prenda o hipoteca.

2. Los créditos salariales gozarán de preferencia sobre cualquier otro crédito respecto de los objetos elaborados por los trabajadores mientras sean propiedad o estén en posesión del empresario.

3. Los créditos por salarios no protegidos en los apartados anteriores tendrán la condición de singularmente privilegiados en la cuantía que resulte de multiplicar el triple del salario mínimo interprofesional por el número de días del salario pendientes de pago, gozando de preferencia sobre cualquier otro

---

[70]   Para las preferencias una vez declarado el concurso, véase Ley Concursal (RDLeg 1/2020, 5 mayo).

crédito, excepto los créditos con derecho real, en los supuestos en los que estos, con arreglo a la ley, sean preferentes. La misma consideración tendrán las indemnizaciones por despido en la cuantía correspondiente al mínimo legal calculada sobre una base que no supere el triple del salario mínimo.

4. El plazo para ejercitar los derechos de preferencia del crédito salarial es de un año, a contar desde el momento en que debió percibirse el salario, transcurrido el cual prescribirán tales derechos.

5. Las preferencias reconocidas en los apartados precedentes serán de aplicación en todos los supuestos en los que, no hallándose el empresario declarado en concurso, los correspondientes créditos concurran con otro u otros sobre bienes de aquel. En caso de concurso, serán de aplicación las disposiciones de la Ley 22/2003, de 9 de julio, Concursal, relativas a la clasificación de los créditos y a las ejecuciones y apremios.

Artículo 33. El Fondo de Garantía Salarial[71].– 1. El Fondo de Garantía Salarial, organismo autónomo adscrito al Ministerio de Empleo y Seguridad Social, con personalidad jurídica y capacidad de obrar para el cumplimiento de sus fines, abonará a los trabajadores el importe de los salarios pendientes de pago a causa de insolvencia o concurso del empresario.

A los anteriores efectos, se considerará salario la cantidad reconocida como tal en acto de conciliación o en resolución judicial por todos los conceptos a que se refiere el artículo 26.1, así como los salarios de tramitación en los supuestos en que legalmente procedan, sin que pueda el Fondo abonar, por uno u otro concepto, conjunta o separadamente, un importe superior a la cantidad resultante de multiplicar el doble del salario mínimo interprofesional diario, incluyendo la parte proporcional de las pagas extraordinarias, por el número de días de salario pendiente de pago, con un máximo de ciento veinte días.

2. El Fondo de Garantía Salarial, en los casos del apartado anterior, abonará indemnizaciones reconocidas como consecuencia de sentencia, auto, acto de conciliación judicial o resolución administrativa a favor de los trabajadores a

---

[71] Directiva 80/987/CEE del Consejo, de 20 de octubre de 1980, sobre la aproximación de las legislaciones de los Estados miembros relativas a la protección de los trabajadores asalariados en caso de insolvencia del empresario. RD 505/1985, de 6 de marzo sobre organización y funcionamiento del Fondo de Garantía Salarial y OM de 20 de agosto de 1985 que lo desarrolla en materia de devolución de cantidades satisfechas por el Fondo de Garantía Salarial. Arts. 23, 24, 276 y 277 LJS. Art. 51.7 ET.

causa de despido o extinción de los contratos conforme a los artículos 50, 51, 52, 40.1 y 41.3, y de extinción de contratos conforme a los artículos 181 y 182 del texto refundido de la Ley Concursal, aprobado por el Real Decreto Legislativo 1/2020, de 5 de mayo, y al artículo 11.2 del Real Decreto 1620/2011, de 14 de noviembre, por el que se regula la relación laboral de carácter especial del servicio del hogar familiar, así como las indemnizaciones por extinción de contratos temporales o de duración determinada en los casos que legalmente procedan. En todos los casos, con el límite máximo de una anualidad, excepto en el supuesto del artículo 41.3 de esta norma, en que el límite máximo será de 9 mensualidades y en el del artículo 11.2 del Real Decreto 1620/2011, de 14 de noviembre, en que el límite será de 6 mensualidades, sin que el salario diario, base del cálculo, pueda exceder del doble del salario mínimo interprofesional, incluyendo la parte proporcional de las pagas extraordinarias.

El importe de la indemnización, a los solos efectos de abono por el Fondo de Garantía Salarial para los casos de despido o extinción de los contratos conforme a los artículos 50 y 56, se calculará sobre la base de treinta días por año de servicio, con el límite fijado en el párrafo anterior.

3. En caso de procedimientos concursales, desde el momento en que se tenga conocimiento de la existencia de créditos laborales o se presuma la posibilidad de su existencia, el juez, de oficio o a instancia de parte, citará al Fondo de Garantía Salarial, sin cuyo requisito no asumirá este las obligaciones señaladas en los apartados anteriores. El Fondo se personará en el expediente como responsable legal subsidiario del pago de los citados créditos, pudiendo instar lo que a su derecho convenga y sin perjuicio de que, una vez realizado, continúe como acreedor en el expediente. A los efectos del abono por el Fondo de las cantidades que resulten reconocidas a favor de los trabajadores, se tendrán en cuenta las reglas siguientes:

Primera. Sin perjuicio de los supuestos de responsabilidad directa del organismo en los casos legalmente establecidos, el reconocimiento del derecho a la prestación exigirá que los créditos de los trabajadores aparezcan incluidos en la lista de acreedores o, en su caso, reconocidos como deudas de la masa por el órgano del concurso competente para ello en cuantía igual o superior a la que se solicita del Fondo, sin perjuicio de la obligación de aquellos de reducir su solicitud o de reembolsar al Fondo la cantidad que corresponda cuando la cuantía reconocida en la lista definitiva fuese inferior a la solicitada o a la ya percibida.

Segunda. Las indemnizaciones a abonar a cargo del Fondo, con independencia de lo que se pueda pactar en el proceso concursal, se calcularán sobre la base de veinte días por año de servicio, con el límite máximo de una anualidad, sin que el salario diario, base del cálculo, pueda exceder del doble del salario mínimo interprofesional, incluyendo la parte proporcional de las pagas extraordinarias.

Tercera. En el supuesto de que los trabajadores perceptores de estas indemnizaciones solicitaran del Fondo el abono de la parte de indemnización no satisfecha por el empresario, el límite de la prestación indemnizatoria a cargo del Fondo se reducirá en la cantidad ya percibida por aquellos.

4. El Fondo asumirá las obligaciones especificadas en los apartados anteriores, previa instrucción de expediente para la comprobación de su procedencia.

Para el reembolso de las cantidades satisfechas, el Fondo de Garantía Salarial se subrogará obligatoriamente en los derechos y acciones de los trabajadores, conservando el carácter de créditos privilegiados que les confiere el artículo 32 de esta ley. Si dichos créditos concurriesen con los que puedan conservar los trabajadores por la parte no satisfecha por el Fondo, unos y otros se abonarán a prorrata de sus respectivos importes.

5. El Fondo de Garantía Salarial se financiará con las aportaciones efectuadas por todos los empresarios a que se refiere el artículo 1.2 de esta ley, tanto si son públicos como privados.

El tipo de cotización se fijará por el Gobierno sobre los salarios que sirvan de base para el cálculo de la cotización para atender las contingencias derivadas de accidentes de trabajo, enfermedad profesional y desempleo en el sistema de la Seguridad Social.

6. A los efectos de este artículo se entiende que existe insolvencia del empresario cuando, instada la ejecución en la forma establecida por la Ley 36/2011, de 10 de octubre, Reguladora de la Jurisdicción Social, no se consiga satisfacción de los créditos laborales. La resolución en que conste la declaración de insolvencia será dictada previa audiencia del Fondo de Garantía Salarial.

7. El derecho a solicitar del Fondo de Garantía Salarial el pago de las prestaciones que resultan de los apartados anteriores prescribirá al año de la fecha del acto de conciliación, sentencia, auto o resolución de la autoridad laboral en que se reconozca la deuda por salarios o se fijen las indemnizaciones.

Tal plazo se interrumpirá por el ejercicio de las acciones ejecutivas o de reconocimiento del crédito en procedimiento concursal y por las demás formas legales de interrupción de la prescripción.

8. El Fondo de Garantía Salarial tendrá la consideración de parte en la tramitación de los procedimientos arbitrales, a efectos de asumir las obligaciones previstas en este artículo.

9. El Fondo de Garantía Salarial dispensará la protección regulada en este artículo en relación con los créditos impagados de los trabajadores que ejerzan o hayan ejercido habitualmente su trabajo en España cuando pertenezcan a una empresa con actividad en el territorio de al menos dos Estados miembros de la Unión Europea, uno de los cuales sea España, cuando concurran, conjuntamente, las siguientes circunstancias:

a) Que se haya solicitado la apertura de un procedimiento colectivo basado en la insolvencia del empresario en un Estado miembro distinto de España, previsto por sus disposiciones legales y administrativas, que implique el desapoderamiento parcial o total del empresario y el nombramiento de un síndico o persona que ejerza una función similar.

b) Que se acredite que la autoridad competente, en virtud de dichas disposiciones, ha decidido la apertura del procedimiento; o bien que ha comprobado el cierre definitivo de la empresa o el centro de trabajo del empresario, así como la insuficiencia del activo disponible para justificar la apertura del procedimiento.

Cuando, de acuerdo con los términos establecidos en este apartado, la protección de los créditos impagados corresponda al Fondo de Garantía Salarial, este solicitará información de la institución de garantía del Estado miembro en el que se tramite el procedimiento colectivo de insolvencia sobre los créditos pendientes de pago de los trabajadores y sobre los satisfechos por dicha institución de garantía y pedirá su colaboración para garantizar que las cantidades abonadas a los trabajadores sean tenidas en cuenta en el procedimiento, así como para conseguir el reembolso de dichas cantidades.

10. En el supuesto de procedimiento concursal solicitado en España en relación con una empresa con actividad en el territorio de al menos otro Estado miembro de la Unión Europea, además de España, el Fondo de Garantía Salarial estará obligado a proporcionar información a la institución de garantía del Estado en cuyo territorio los trabajadores de la empresa en estado de insolvencia hayan ejercido o ejerzan habitualmente su trabajo, en particular, poniendo en

su conocimiento los créditos pendientes de pago de los trabajadores, así como los satisfechos por el propio Fondo de Garantía Salarial.

Asimismo, el Fondo de Garantía Salarial prestará a la institución de garantía competente la colaboración que le sea requerida en relación con su intervención en el procedimiento y con el reembolso de las cantidades abonadas a los trabajadores.

11. El Fondo procederá a la instrucción de un expediente para la comprobación de la procedencia de los salarios e indemnizaciones reclamados, respetando en todo caso los límites previstos en los apartados anteriores.

Concluida la instrucción del expediente, el órgano competente dictará resolución en el plazo máximo de tres meses contados desde la presentación en forma de la solicitud. La notificación al interesado deberá ser cursada dentro del plazo de 10 días a partir de la fecha en que el acto haya sido dictado.

Transcurrido dicho plazo sin que haya recaído resolución expresa, el solicitante podrá entender estimada por silencio administrativo la solicitud de reconocimiento de las obligaciones con cargo al Fondo, sin que en ningún caso pueda obtenerse por silencio el reconocimiento de obligaciones en favor de personas que no puedan ser legalmente beneficiarias o por cuantía superior a la que resulte por aplicación de los límites previstos en los apartados anteriores. La resolución expresa posterior al vencimiento del plazo solo podrá dictarse de ser confirmatoria del reconocimiento de la obligación, en favor de personas que puedan ser legalmente beneficiarias y dentro de los límites previstos en los apartados anteriores. En todo caso, a efectos probatorios, se podrá solicitar un certificado acreditativo del silencio producido, en el que se incluirán las obligaciones con cargo al Fondo que, dentro de los límites previstos en los apartados anteriores, deben entenderse reconocidas.

Contra dicha resolución podrá interponerse demanda ante el órgano jurisdiccional del orden social competente en el plazo de dos meses contados desde el día siguiente al de la notificación si el acto fuera expreso; si no lo fuera, dicho plazo se contará a partir del día siguiente a aquel en que deba entenderse estimada la solicitud conforme a lo establecido en el apartado anterior por silencio.

Sección 5.ª Tiempo de trabajo[72]

Artículo 34. Jornada.– 1. La duración de la jornada de trabajo será la pactada en los convenios colectivos o contratos de trabajo.

La duración máxima de la jornada ordinaria de trabajo será de cuarenta horas semanales de trabajo efectivo de promedio en cómputo anual.

2. Mediante convenio colectivo o, en su defecto, por acuerdo entre la empresa y los representantes de los trabajadores, se podrá establecer la distribución irregular de la jornada a lo largo del año. En defecto de pacto, la empresa podrá distribuir de manera irregular a lo largo del año el diez por ciento de la jornada de trabajo.

Dicha distribución deberá respetar en todo caso los periodos mínimos de descanso diario y semanal previstos en la ley y el trabajador deberá conocer con un preaviso mínimo de cinco días el día y la hora de la prestación de trabajo resultante de aquella.

La compensación de las diferencias, por exceso o por defecto, entre la jornada realizada y la duración máxima de la jornada ordinaria de trabajo legal o pactada será exigible según lo acordado en convenio colectivo o, a falta de previsión al respecto, por acuerdo entre la empresa y los representantes de los trabajadores. En defecto de pacto, las diferencias derivadas de la distribución irregular de la jornada deberán quedar compensadas en el plazo de doce meses desde que se produzcan.

3. Entre el final de una jornada y el comienzo de la siguiente mediarán, como mínimo, doce horas.

El número de horas ordinarias de trabajo efectivo no podrá ser superior a nueve diarias, salvo que por convenio colectivo o, en su defecto, acuerdo entre la empresa y los representantes de los trabajadores, se establezca otra distribución del tiempo de trabajo diario, respetando en todo caso el descanso entre jornadas.

Los trabajadores menores de dieciocho años no podrán realizar más de ocho horas diarias de trabajo efectivo, incluyendo, en su caso, el tiempo dedicado a la formación y, si trabajasen para varios empleadores, las horas realizadas con cada uno de ellos.

---

[72] Directiva 2003/88/CE de 4 de noviembre de 2003, relativa a determinados aspectos de la ordenación del tiempo de trabajo.

4. Siempre que la duración de la jornada diaria continuada exceda de seis horas, deberá establecerse un periodo de descanso durante la misma de duración no inferior a quince minutos. Este periodo de descanso se considerará tiempo de trabajo efectivo cuando así esté establecido o se establezca por convenio colectivo o contrato de trabajo.

En el caso de los trabajadores menores de dieciocho años, el periodo de descanso tendrá una duración mínima de treinta minutos, y deberá establecerse siempre que la duración de la jornada diaria continuada exceda de cuatro horas y media.

5. El tiempo de trabajo se computará de modo que tanto al comienzo como al final de la jornada diaria el trabajador se encuentre en su puesto de trabajo.

6. Anualmente se elaborará por la empresa el calendario laboral, debiendo exponerse un ejemplar del mismo en un lugar visible de cada centro de trabajo.

7. El Gobierno, a propuesta de la persona titular del Ministerio de Trabajo, Migraciones y Seguridad Social y previa consulta a las organizaciones sindicales y empresariales más representativas, podrá establecer ampliaciones o limitaciones en la ordenación y duración de la jornada de trabajo y de los descansos, así como especialidades en las obligaciones de registro de jornada, para aquellos sectores, trabajos y categorías profesionales que por sus peculiaridades así lo requieran[73].

8. Las personas trabajadoras tienen derecho a solicitar las adaptaciones de la duración y distribución de la jornada de trabajo, en la ordenación del tiempo de trabajo y en la forma de prestación, incluida la prestación de su trabajo a distancia, para hacer efectivo su derecho a la conciliación de la vida familiar y laboral. Dichas adaptaciones deberán ser razonables y proporcionadas en relación con las necesidades de la persona trabajadora y con las necesidades organizativas o productivas de la empresa.

En el caso de que tengan hijos o hijas, las personas trabajadoras tienen derecho a efectuar dicha solicitud hasta que los hijos o hijas cumplan doce años.

Asimismo, tendrán ese derecho aquellas que tengan necesidades de cuidado respecto de los hijos e hijas mayores de doce años, el cónyuge o pareja de hecho, familiares por consanguinidad hasta el segundo grado de la persona trabajadora, así como de otras personas dependientes cuando, en este último caso, convivan en el mismo domicilio, y que por razones de edad, accidente o

---

[73]   RD 1561/1995, de 21 de septiembre sobre jornadas especiales de trabajo y disposiciones vigentes del RD 2001/1983, de 28 de julio sobre regulación de jornada y descansos.

enfermedad no puedan valerse por sí mismos, debiendo justificar las circunstancias en las que fundamenta su petición.

En la negociación colectiva se podrán establecer, con respeto a lo dispuesto en este apartado, los términos de su ejercicio, que se acomodarán a criterios y sistemas que garanticen la ausencia de discriminación, tanto directa como indirecta, entre personas trabajadoras de uno y otro sexo. En su ausencia, la empresa, ante la solicitud de la persona trabajadora, abrirá un proceso de negociación con esta que tendrá que desarrollarse con la máxima celeridad y, en todo caso, durante un periodo máximo de quince días, presumiéndose su concesión si no concurre oposición motivada expresa en este plazo.

Finalizado el proceso de negociación, la empresa, por escrito, comunicará la aceptación de la petición. En caso contrario, planteará una propuesta alternativa que posibilite las necesidades de conciliación de la persona trabajadora o bien manifestará la negativa a su ejercicio. Cuando se plantee una propuesta alternativa o se deniegue la petición, se motivarán las razones objetivas en las que se sustenta la decisión.

La persona trabajadora tendrá derecho a regresar a la situación anterior a la adaptación una vez concluido el período acordado o previsto o cuando decaigan las causas que motivaron la solicitud.

En el resto de los supuestos, de concurrir un cambio de circunstancias que así lo justifique, la empresa sólo podrá denegar el regreso solicitado cuando existan razones objetivas motivadas para ello.

Lo dispuesto en los párrafos anteriores se entiende, en todo caso, sin perjuicio de los permisos a los que tenga derecho la persona trabajadora de acuerdo con lo establecido en el artículo 37 y 48 bis.

Las discrepancias surgidas entre la dirección de la empresa y la persona trabajadora serán resueltas por la jurisdicción social, a través del procedimiento establecido en el artículo 139 de la Ley 36/2011, de 10 de octubre, reguladora de la jurisdicción social.

9. La empresa garantizará el registro diario de jornada, que deberá incluir el horario concreto de inicio y finalización de la jornada de trabajo de cada persona trabajadora, sin perjuicio de la flexibilidad horaria que se establece en este artículo.

Mediante negociación colectiva o acuerdo de empresa o, en su defecto, decisión del empresario previa consulta con los representantes legales de los trabajadores en la empresa, se organizará y documentará este registro de jornada.

La empresa conservará los registros a que se refiere este precepto durante cuatro años y permanecerán a disposición de las personas trabajadoras, de sus representantes legales y de la Inspección de Trabajo y Seguridad Social.

Artículo 35. Horas extraordinarias.– 1. Tendrán la consideración de horas extraordinarias aquellas horas de trabajo que se realicen sobre la duración máxima de la jornada ordinaria de trabajo, fijada de acuerdo con el artículo anterior[74]. Mediante convenio colectivo o, en su defecto, contrato individual, se optará entre abonar las horas extraordinarias en la cuantía que se fije, que en ningún caso podrá ser inferior al valor de la hora ordinaria, o compensarlas por tiempos equivalentes de descanso retribuido. En ausencia de pacto al respecto, se entenderá que las horas extraordinarias realizadas deberán ser compensadas mediante descanso dentro de los cuatro meses siguientes a su realización[75].

2. El número de horas extraordinarias no podrá ser superior a ochenta al año, salvo lo previsto en el apartado 3. Para los trabajadores que por la modalidad o duración de su contrato realizasen una jornada en cómputo anual inferior a la jornada general en la empresa, el número máximo anual de horas extraordinarias se reducirá en la misma proporción que exista entre tales jornadas.

A los efectos de lo dispuesto en el párrafo anterior, no se computarán las horas extraordinarias que hayan sido compensadas mediante descanso dentro de los cuatro meses siguientes a su realización.

El Gobierno podrá suprimir o reducir el número máximo de horas extraordinarias por tiempo determinado, con carácter general o para ciertas ramas de actividad o ámbitos territoriales, para incrementar las oportunidades de colocación de los trabajadores en situación de desempleo[76].

3. No se tendrá en cuenta, a efectos de la duración máxima de la jornada ordinaria laboral, ni para el cómputo del número máximo de las horas extraordinarias autorizadas, el exceso de las trabajadas para prevenir o reparar siniestros y otros daños extraordinarios y urgentes, sin perjuicio de su compensación como horas extraordinarias.

---

[74]   Art. 153 LGSS.
[75]   Art. 12 ET.
[76]   Art. 28 RD 1561/1995, de 21 de septiembre, sobre jornadas especiales de trabajo relativo a la limitación en el trabajo en el interior de minas.

4. La prestación de trabajo en horas extraordinarias será voluntaria, salvo que su realización se haya pactado en convenio colectivo o contrato individual de trabajo, dentro de los límites del apartado 2.

5. A efectos del cómputo de horas extraordinarias, la jornada de cada trabajador se registrará día a día y se totalizará en el periodo fijado para el abono de las retribuciones, entregando copia del resumen al trabajador en el recibo correspondiente.

Artículo 36. Trabajo nocturno, trabajo a turnos y ritmo de trabajo.–
1.A los efectos de lo dispuesto en esta ley, se considera trabajo nocturno el realizado entre las diez de la noche y las seis de la mañana. El empresario que recurra regularmente a la realización de trabajo nocturno deberá informar de ello a la autoridad laboral.

La jornada de trabajo de los trabajadores nocturnos no podrá exceder de ocho horas diarias de promedio, en un periodo de referencia de quince días. Dichos trabajadores no podrán realizar horas extraordinarias[77].

Para la aplicación de lo dispuesto en el párrafo anterior, se considerará trabajador nocturno a aquel que realice normalmente en periodo nocturno una parte no inferior a tres horas de su jornada diaria de trabajo, así como a aquel que se prevea que puede realizar en tal periodo una parte no inferior a un tercio de su jornada de trabajo anual.

Resultará de aplicación a lo establecido en el párrafo segundo lo dispuesto en el artículo 34.7 Igualmente, el Gobierno podrá establecer limitaciones y garantías adicionales a las previstas en el presente artículo para la realización de trabajo nocturno en ciertas actividades o por determinada categoría de trabajadores, en función de los riesgos que comporten para su salud y seguridad[78].

2. El trabajo nocturno tendrá una retribución específica que se determinará en la negociación colectiva, salvo que el salario se haya establecido atendiendo a que el trabajo sea nocturno por su propia naturaleza o se haya acordado la compensación de este trabajo por descansos.

3. Se considera trabajo a turnos toda forma de organización del trabajo en equipo según la cual los trabajadores ocupan sucesivamente los mismos puestos de trabajo, según un cierto ritmo, continuo o discontinuo, implicando

---

[77]   Art. 32 del RD 1561/1995, de 21 de septiembre, sobre jornadas especiales de trabajo.
[78]   Art. 6.2 ET.

para el trabajador la necesidad de prestar sus servicios en horas diferentes en un periodo determinado de días o de semanas.

En las empresas con procesos productivos continuos durante las veinticuatro horas del día, en la organización del trabajo de los turnos se tendrá en cuenta la rotación de los mismos y que ningún trabajador esté en el de noche más de dos semanas consecutivas, salvo adscripción voluntaria.

Las empresas que por la naturaleza de su actividad realicen el trabajo en régimen de turnos, incluidos los domingos y días festivos, podrán efectuarlo bien por equipos de trabajadores que desarrollen su actividad por semanas completas, o contratando personal para completar los equipos necesarios durante uno o más días a la semana.

4. Los trabajadores nocturnos y quienes trabajen a turnos deberán gozar en todo momento de un nivel de protección en materia de salud y seguridad adaptado a la naturaleza de su trabajo, y equivalente al de los restantes trabajadores de la empresa.

El empresario deberá garantizar que los trabajadores nocturnos que ocupe dispongan de una evaluación gratuita de su estado de salud, antes de su afectación a un trabajo nocturno y, posteriormente, a intervalos regulares, en los términos establecidos en la Ley 31/1995, de 8 de noviembre, de Prevención de Riesgos Laborales, y en sus normas de desarrollo. Los trabajadores nocturnos a los que se reconozcan problemas de salud ligados al hecho de su trabajo nocturno tendrán derecho a ser destinados a un puesto de trabajo diurno que exista en la empresa y para el que sean profesionalmente aptos. El cambio de puesto de trabajo se llevará a cabo de conformidad con lo dispuesto en los artículos 39 y 41, en su caso, de la presente ley.

5. El empresario que organice el trabajo en la empresa según un cierto ritmo deberá tener en cuenta el principio general de adaptación del trabajo a la persona, especialmente de cara a atenuar el trabajo monótono y repetitivo en función del tipo de actividad y de las exigencias en materia de seguridad y salud de los trabajadores. Dichas exigencias deberán ser tenidas particularmente en cuenta a la hora de determinar los periodos de descanso durante la jornada de trabajo.

Artículo 37. Descanso semanal, fiestas y permisos.– 1. Los trabajadores tendrán derecho a un descanso mínimo semanal, acumulable por periodos de hasta catorce días, de día y medio ininterrumpido que, como regla general, comprenderá la tarde del sábado o, en su caso, la mañana del lunes y el día completo del domingo. La duración del descanso semanal de los menores de dieciocho años será, como mínimo, de dos días ininterrumpidos[79].

Resultará de aplicación al descanso semanal lo dispuesto en el artículo 34.7 en cuanto a ampliaciones y reducciones, así como para la fijación de regímenes de descanso alternativos para actividades concretas.

2. Las fiestas laborales, que tendrán carácter retribuido y no recuperable, no podrán exceder de catorce al año, de las cuales dos serán locales. En cualquier caso se respetarán como fiestas de ámbito nacional las de la Natividad del Señor, Año Nuevo, 1 de mayo, como Fiesta del Trabajo, y 12 de octubre, como Fiesta Nacional de España.

Respetando las expresadas en el párrafo anterior, el Gobierno podrá trasladar a los lunes todas las fiestas de ámbito nacional que tengan lugar entre semana, siendo, en todo caso, objeto de traslado al lunes inmediatamente posterior el descanso laboral correspondiente a las fiestas que coincidan con domingo[80].

Las comunidades autónomas, dentro del límite anual de catorce días festivos, podrán señalar aquellas fiestas que por tradición les sean propias, sustituyendo para ello las de ámbito nacional que se determinen reglamentariamente y, en todo caso, las que se trasladen a lunes. Asimismo, podrán hacer uso de la facultad de traslado a lunes prevista en el párrafo anterior.

Si alguna comunidad autónoma no pudiera establecer una de sus fiestas tradicionales por no coincidir con domingo un suficiente número de fiestas nacionales podrá, en el año que así ocurra, añadir una fiesta más, con carácter de recuperable, al máximo de catorce.

3. La persona trabajadora, previo aviso y justificación, podrá ausentarse del trabajo, con derecho a remuneración, por alguno de los motivos y por el tiempo siguiente:

a) Quince días naturales en caso de matrimonio o registro de pareja de hecho.

b) Cinco días por accidente o enfermedad graves, hospitalización o intervención quirúrgica sin hospitalización que precise reposo domiciliario del cónyuge, pareja de hecho o parientes hasta el segundo grado por consanguineidad o afinidad, incluido el familiar consanguíneo de la pareja a de hecho, así como de cualquier otra persona distinta de las anteriores, que conviva con

---

[79]   Art. 40.2 CE y RD 1561/1995, de 21 de septiembre sobre jornadas especiales de trabajo.
[80]   Art. 45 RD 2001/1983, de 28 de julio.

la persona trabajadora en el mismo domicilio y que requiera el cuidado efectivo de aquella.

b bis) Dos días por el fallecimiento del cónyuge, pareja de hecho o parientes hasta el segundo grado de consanguinidad o afinidad. Cuando con tal motivo la persona trabajadora necesite hacer un desplazamiento al efecto, el plazo se ampliará en dos días.

c) Un día por traslado del domicilio habitual.

d) Por el tiempo indispensable, para el cumplimiento de un deber inexcusable de carácter público y personal, comprendido el ejercicio del sufragio activo. Cuando conste en una norma legal o convencional un periodo determinado, se estará a lo que esta disponga en cuanto a duración de la ausencia y a su compensación económica.

Cuando el cumplimiento del deber antes referido suponga la imposibilidad de la prestación del trabajo debido en más del veinte por ciento de las horas laborables en un periodo de tres meses, podrá la empresa pasar al trabajador afectado a la situación de excedencia regulada en el artículo 46.1.

En el supuesto de que el trabajador, por cumplimiento del deber o desempeño del cargo, perciba una indemnización, se descontará el importe de la misma del salario a que tuviera derecho en la empresa[81].

e) Para realizar funciones sindicales o de representación del personal en los términos establecidos legal o convencionalmente[82].

f) Por el tiempo indispensable para la realización de exámenes prenatales y técnicas de preparación al parto y, en los casos de adopción, guarda con fines de adopción o acogimiento, para la asistencia a las preceptivas sesiones de información y preparación y para la realización de los preceptivos informes psicológicos y sociales previos a la declaración de idoneidad, siempre, en todos los casos, que deban tener lugar dentro de la jornada de trabajo.

g) Hasta cuatro días por imposibilidad de acceder al centro de trabajo o transitar por las vías de circulación necesarias para acudir al mismo, como consecuencia de las recomendaciones, limitaciones o prohibiciones al desplazamiento establecidas por las autoridades competentes, así como cuando concurra una situación de riesgo grave e inminente, incluidas las derivadas de una catástrofe o fenómeno meteorológico adverso. Transcurridos los cuatro días, el

---

[81]   Art. 7 LO 5/1995, de 22 de mayo del tribunal del Jurado. Arts. 28 y concordantes de la LO 5/1985, de 19 de junio, del Régimen Electoral General.
[82]   Art. 68 e) ET y arts. 9 y 10 LOLS.

permiso se prolongará hasta que desaparezcan las circunstancias que lo justificaron, sin perjuicio de la posibilidad de la empresa de aplicar una suspensión del contrato de trabajo o una reducción de jornada derivada de fuerza mayor en los términos previstos en el artículo 47.6.

Cuando la naturaleza de la prestación laboral sea compatible con el trabajo a distancia y el estado de las redes de comunicación permita su desarrollo, la empresa podrá establecerlo, observando el resto de las obligaciones formales y materiales recogidas en la Ley 10/2021, de 9 de julio, de trabajo a distancia, y, en particular, el suministro de medios, equipos y herramientas adecuados.

g) Por el tiempo indispensable para la realización de los actos preparatorios de la donación de órganos o tejidos siempre que deban tener lugar dentro de la jornada de trabajo[83].

4. En los supuestos de nacimiento, adopción, guarda con fines de adopción o acogimiento, de acuerdo con el artículo 45.1.d), las personas trabajadoras tendrán derecho a una hora de ausencia del trabajo, que podrán dividir en dos fracciones, para el cuidado del lactante hasta que este cumpla nueve meses. La duración del permiso se incrementará proporcionalmente en los casos de nacimiento, adopción, guarda con fines de adopción o acogimiento múltiples.

Quien ejerza este derecho, por su voluntad, podrá sustituirlo por una reducción de su jornada en media hora con la misma finalidad o acumularlo en jornadas completas.

La reducción de jornada contemplada en este apartado constituye un derecho individual de las personas trabajadoras sin que pueda transferirse su ejercicio a la otra persona progenitora, adoptante, guardadora o acogedora. No obstante, si dos personas trabajadoras de la misma empresa ejercen este derecho por el mismo sujeto causante, podrá limitarse su ejercicio simultáneo por razones fundadas y objetivas de funcionamiento de la empresa, debidamente motivadas por escrito, debiendo en tal caso la empresa ofrecer un plan alternativo que asegure el disfrute de ambas personas trabajadoras y que posibilite el ejercicio de los derechos de conciliación.

Cuando ambas personas progenitoras, adoptantes, guardadoras o acogedoras ejerzan este derecho con la misma duración y régimen, el periodo de

---

[83] La primera letra g) fue añadida por RDL 8/2024, de 28 de noviembre; la segunda, por la Ley 6/2024, de 20 de diciembre, para la mejora de la protección de las personas donantes en vivo de órganos o tejidos para su posterior trasplante.

disfrute podrá extenderse hasta que el lactante cumpla doce meses, con reducción proporcional del salario a partir del cumplimiento de los nueve meses[84].

5. Las personas trabajadoras tendrán derecho a ausentarse del trabajo durante una hora en el caso de nacimiento prematuro de hijo o hija, o que, por cualquier causa, deban permanecer hospitalizados a continuación del parto. Asimismo, tendrán derecho a reducir su jornada de trabajo hasta un máximo de dos horas, con la disminución proporcional del salario. Para el disfrute de este permiso se estará a lo previsto en el apartado 7.

6. Quien por razones de guarda legal tenga a su cuidado directo algún menor de doce años o una persona con discapacidad que no desempeñe una actividad retribuida tendrá derecho a una reducción de la jornada de trabajo diaria, con la disminución proporcional del salario entre, al menos, un octavo y un máximo de la mitad de la duración de aquella.

Tendrá el mismo derecho quien precise encargarse del cuidado directo del cónyuge o pareja de hecho, o un familiar hasta el segundo grado de consanguinidad y afinidad, incluido el familiar consanguíneo de la pareja de hecho, que por razones de edad, accidente o enfermedad no pueda valerse por sí mismo, y que no desempeñe actividad retribuida.

El progenitor, guardador con fines de adopción o acogedor permanente tendrá derecho a una reducción de la jornada de trabajo, con la disminución proporcional del salario de, al menos, la mitad de la duración de aquella, para el cuidado, durante la hospitalización y tratamiento continuado, del menor a su cargo afectado por cáncer (tumores malignos, melanomas y carcinomas), o por cualquier otra enfermedad grave, que implique un ingreso hospitalario de larga duración y requiera la necesidad de su cuidado directo, continuo y permanente, acreditado por el informe del servicio público de salud u órgano administrativo sanitario de la comunidad autónoma correspondiente y, como máximo, hasta que el hijo o persona que hubiere sido objeto de acogimiento permanente o de guarda con fines de adopción cumpla los veintitrés años.

En consecuencia, el mero cumplimiento de los dieciocho años de edad por el hijo o el menor sujeto a acogimiento permanente o a guarda con fines de adopción no será causa de extinción de la reducción de la jornada, si se mantiene la necesidad de cuidado directo, continuo y permanente.

---

[84]   Arts. 183 ss. LGSS.

No obstante, cumplidos los 18 años, se podrá reconocer el derecho a la reducción de jornada hasta que el causante cumpla 23 años en los supuestos en que el padecimiento de cáncer o enfermedad grave haya sido diagnosticado antes de alcanzar la mayoría de edad, siempre que en el momento de la solicitud se acrediten los requisitos establecidos en los párrafos anteriores, salvo la edad.

Asimismo, se mantendrá el derecho a esta reducción hasta que la persona cumpla 26 años si antes de alcanzar 23 años acreditara, además, un grado de discapacidad igual o superior al 65 por ciento.

Por convenio colectivo, se podrán establecer las condiciones y supuestos en los que esta reducción de jornada se podrá acumular en jornadas completas.

En los supuestos de nulidad, separación, divorcio, extinción de la pareja de hecho o cuando se acredite ser víctima de violencia de género, el derecho a la reducción de jornada se reconocerá a favor del progenitor, guardador o acogedor con quien conviva la persona enferma, siempre que cumpla el resto de los requisitos exigidos.

Cuando la persona enferma que se encuentre en los supuestos previstos en los párrafos tercero y cuarto de este apartado contraiga matrimonio o constituya una pareja de hecho, tendrá derecho a la reducción de jornada quien sea su cónyuge o pareja de hecho, siempre que acredite las condiciones para acceder al derecho a la misma[85].

Las reducciones de jornada contempladas en este apartado constituyen un derecho individual de los trabajadores, hombres o mujeres. No obstante, si dos o más trabajadores de la misma empresa generasen este derecho por el mismo sujeto causante, el empresario podrá limitar su ejercicio simultáneo por razones fundadas y objetivas de funcionamiento de la empresa, debidamente motivadas por escrito, debiendo en tal caso la empresa ofrecer un plan alternativo que asegure el disfrute de ambas personas trabajadoras y que posibilite el ejercicio de los derechos de conciliación.

En el ejercicio de este derecho se tendrá en cuenta el fomento de la corresponsabilidad entre mujeres y hombres y, asimismo, evitar la perpetuación de roles y estereotipos de género.

7. La concreción horaria y la determinación de los permisos y reducciones de jornada, previstos en los apartados 4, 5 y 6, corresponderán a la persona

---

[85]   Art. 190 LGSS.

trabajadora dentro de su jornada ordinaria. No obstante, los convenios colectivos podrán establecer criterios para la concreción horaria de la reducción de jornada a que se refiere el apartado 6, en atención a los derechos de conciliación de la vida personal, familiar y laboral de la persona trabajadora y las necesidades productivas y organizativas de las empresas. La persona trabajadora, salvo fuerza mayor, deberá preavisar al empresario con una antelación de quince días o la que se determine en el convenio colectivo aplicable, precisando la fecha en que iniciará y finalizará el permiso de cuidado del lactante o la reducción de jornada.

Las discrepancias surgidas entre empresario y trabajador sobre la concreción horaria y la determinación de los periodos de disfrute previstos en los apartados 4, 5 y 6 serán resueltas por la jurisdicción social a través del procedimiento establecido en el artículo 139 de la Ley 36/2011, de 10 de octubre, Reguladora de la Jurisdicción Social[86].

8. Las personas trabajadoras que tengan la consideración de víctimas de violencia de género, de violencia sexual o de víctimas del terrorismo tendrán derecho, para hacer efectiva su protección o su derecho a la asistencia social integral, a la reducción de la jornada de trabajo con disminución proporcional del salario o a la reordenación del tiempo de trabajo, a través de la adaptación del horario, de la aplicación del horario flexible o de otras formas de ordenación del tiempo de trabajo que se utilicen en la empresa. También tendrán derecho a realizar su trabajo total o parcialmente a distancia o a dejar de hacerlo si este fuera el sistema establecido, siempre en ambos casos que esta modalidad de prestación de servicios sea compatible con el puesto y funciones desarrolladas por la persona.

Estos derechos se podrán ejercitar en los términos que para estos supuestos concretos se establezcan en los convenios colectivos o en los acuerdos entre la empresa y los representantes legales de las personas trabajadoras, o conforme al acuerdo entre la empresa y las personas trabajadoras afectadas. En su defecto, la concreción de estos derechos corresponderá a estas, siendo de aplicación las reglas establecidas en el apartado anterior, incluidas las relativas a la resolución de discrepancias[87].

---

[86]   DA 18ª ET y art. 139 LJS.
[87]   Arts. 21 a 23 LO 1/2004, de 28 de diciembre, de Medidas de Protección Integral contra la Violencia de Género. También la DA 14ª ET relativa a consideración de víctimas del

9. La persona trabajadora tendrá derecho a ausentarse del trabajo por causa de fuerza mayor cuando sea necesario por motivos familiares urgentes relacionados con familiares o personas convivientes, en caso de enfermedad o accidente que hagan indispensable su presencia inmediata.

Las personas trabajadoras tendrán derecho a que sean retribuidas las horas de ausencia por las causas previstas en el presente apartado equivalentes a cuatro días al año, conforme a lo establecido en convenio colectivo o, en su defecto, en acuerdo entre la empresa y la representación legal de las personas trabajadoras aportando las personas trabajadoras, en su caso, acreditación del motivo de ausencia.

Artículo 38. Vacaciones anuales[88].– 1. El periodo de vacaciones anuales retribuidas, no sustituible por compensación económica, será el pactado en convenio colectivo o contrato individual. En ningún caso la duración será inferior a treinta días naturales.

2. El periodo o periodos de su disfrute se fijará de común acuerdo entre el empresario y el trabajador, de conformidad con lo establecido en su caso en los convenios colectivos sobre planificación anual de las vacaciones.

En caso de desacuerdo entre las partes, la jurisdicción social fijará la fecha que para el disfrute corresponda y su decisión será irrecurrible. El procedimiento será sumario y preferente[89].

3. El calendario de vacaciones se fijará en cada empresa. El trabajador conocerá las fechas que le correspondan dos meses antes, al menos, del comienzo del disfrute.

Cuando el periodo de vacaciones fijado en el calendario de vacaciones de la empresa al que se refiere el párrafo anterior coincida en el tiempo con una incapacidad temporal derivada del embarazo, el parto o la lactancia natural o con el periodo de suspensión del contrato de trabajo previsto en los apartados 4, 5 y 7 del artículo 48, se tendrá derecho a disfrutar las vacaciones en fecha distinta a la de la incapacidad temporal o a la del disfrute del permiso que por aplicación de dicho precepto le correspondiera, al finalizar el periodo de suspensión, aunque haya terminado el año natural a que correspondan.

---

terrorismo a efectos laborales. Arts. 12 y 38 LO 10/2022, de 6 de septiembre, de garantía integral de la libertad sexual.

[88]   Art. 40.2 CE. Convenios OIT 132 (1970) y 146 (1976).

[89]   Arts 125 y 126 LJS.

En el supuesto de que el periodo de vacaciones coincida con una incapacidad temporal por contingencias distintas a las señaladas en el párrafo anterior que imposibilite al trabajador disfrutarlas, total o parcialmente, durante el año natural a que corresponden, el trabajador podrá hacerlo una vez finalice su incapacidad y siempre que no hayan transcurrido más de dieciocho meses a partir del final del año en que se hayan originado.

CAPÍTULO III. Modificación, suspensión y extinción del contrato de trabajo

Sección 1.ª Movilidad funcional y geográfica

Artículo 39. Movilidad funcional.– 1. La movilidad funcional en la empresa se efectuará de acuerdo a las titulaciones académicas o profesionales precisas para ejercer la prestación laboral y con respeto a la dignidad del trabajador[90].

2. La movilidad funcional para la realización de funciones, tanto superiores como inferiores, no correspondientes al grupo profesional solo será posible si existen, además, razones técnicas u organizativas que lo justifiquen y por el tiempo imprescindible para su atención. El empresario deberá comunicar su decisión y las razones de esta a los representantes de los trabajadores[91].

En el caso de encomienda de funciones superiores a las del grupo profesional por un periodo superior a seis meses durante un año u ocho durante dos años, el trabajador podrá reclamar el ascenso, si a ello no obsta lo dispuesto en convenio colectivo o, en todo caso, la cobertura de la vacante correspondiente a las funciones por él realizadas conforme a las reglas en materia de ascensos aplicables en la empresa, sin perjuicio de reclamar la diferencia salarial correspondiente. Estas acciones serán acumulables. Contra la negativa de la empresa, y previo informe del comité o, en su caso, de los delegados de personal, el trabajador podrá reclamar ante la jurisdicción social[92]. Mediante la negociación colectiva se podrán establecer periodos distintos de los expresados en este artículo a efectos de reclamar la cobertura de vacantes.

---

[90]   Art. 22 ET.
[91]   Art. 64.1 ET.
[92]   Art. 137 LJS.

3. El trabajador tendrá derecho a la retribución correspondiente a las funciones que efectivamente realice, salvo en los casos de encomienda de funciones inferiores, en los que mantendrá la retribución de origen. No cabrá invocar como causa de despido objetivo la ineptitud sobrevenida o la falta de adaptación en los supuestos de realización de funciones distintas de las habituales como consecuencia de la movilidad funcional[93].

4. El cambio de funciones distintas de las pactadas no incluido en los supuestos previstos en este artículo requerirá el acuerdo de las partes o, en su defecto, el sometimiento a las reglas previstas para las modificaciones sustanciales de condiciones de trabajo o a las que a tal fin se hubieran establecido en convenio colectivo.

Artículo 40. Movilidad geográfica.– 1. El traslado de trabajadores que no hayan sido contratados específicamente para prestar sus servicios en empresas con centros de trabajo móviles o itinerantes a un centro de trabajo distinto de la misma empresa que exija cambios de residencia requerirá la existencia de razones económicas, técnicas, organizativas o de producción que lo justifiquen. Se consideraran tales las que estén relacionadas con la competitividad, productividad u organización técnica o del trabajo en la empresa, así como las contrataciones referidas a la actividad empresarial.

La decisión de traslado deberá ser notificada por el empresario al trabajador, así como a sus representantes legales, con una antelación mínima de treinta días a la fecha de su efectividad.

Notificada la decisión de traslado, el trabajador tendrá derecho a optar entre el traslado, percibiendo una compensación por gastos, o la extinción de su contrato, percibiendo una indemnización de veinte días de salario por año de servicio, prorrateándose por meses los periodos de tiempo inferiores a un año y con un máximo de doce mensualidades[94]. La compensación a que se refiere el primer supuesto comprenderá tanto los gastos propios como los de los familiares a su cargo, en los términos que se convengan entre las partes, y nunca será inferior a los límites mínimos establecidos en los convenios colectivos.

Sin perjuicio de la ejecutividad del traslado en el plazo de incorporación citado, el trabajador que, no habiendo optado por la extinción de su contrato, se muestre disconforme con la decisión empresarial podrá impugnarla ante la

---

[93]   Arts. 50.1.a) y 52.a) ET.
[94]   DA 19ª ET.

jurisdicción social[95]. La sentencia declarará el traslado justificado o injustificado y, en este último caso, reconocerá el derecho del trabajador a ser reincorporado al centro de trabajo de origen.

Cuando, con objeto de eludir las previsiones contenidas en el apartado siguiente, la empresa realice traslados en periodos sucesivos de noventa días en número inferior a los umbrales allí señalados, sin que concurran causas nuevas que justifiquen tal actuación, dichos nuevos traslados se considerarán efectuados en fraude de ley y serán declarados nulos y sin efecto.

2. El traslado a que se refiere el apartado anterior deberá ir precedido de un periodo de consultas con los representantes legales de los trabajadores de una duración no superior a quince días, cuando afecte a la totalidad del centro de trabajo, siempre que este ocupe a más de cinco trabajadores, o cuando, sin afectar a la totalidad del centro de trabajo, en un periodo de noventa días comprenda a un número de trabajadores de, al menos:

a) Diez trabajadores, en las empresas que ocupen menos de cien trabajadores.

b) El diez por ciento del número de trabajadores de la empresa en aquellas que ocupen entre cien y trescientos trabajadores.

c) Treinta trabajadores en las empresas que ocupen más de trescientos trabajadores.

Dicho periodo de consultas deberá versar sobre las causas motivadoras de la decisión empresarial y la posibilidad de evitar o reducir sus efectos, así como sobre las medidas necesarias para atenuar sus consecuencias para los trabajadores afectados. La consulta se llevará a cabo en una única comisión negociadora, si bien, de existir varios centros de trabajo, quedará circunscrita a los centros afectados por el procedimiento. La comisión negociadora estará integrada por un máximo de trece miembros en representación de cada una de las partes.

La intervención como interlocutores ante la dirección de la empresa en el procedimiento de consultas corresponderá a los sujetos indicados en el artículo 41.4, en el orden y condiciones señalados en el mismo.

La comisión representativa de los trabajadores deberá quedar constituida con carácter previo a la comunicación empresarial de inicio del procedimiento de consultas. A estos efectos, la dirección de la empresa deberá comunicar de

---

[95]   Art. 138 LJS.

manera fehaciente a los trabajadores o a sus representantes su intención de iniciar el procedimiento. El plazo máximo para la constitución de la comisión representativa será de siete días desde la fecha de la referida comunicación, salvo que alguno de los centros de trabajo que vaya a estar afectado por el procedimiento no cuente con representantes legales de los trabajadores, en cuyo caso el plazo será de quince días.

Transcurrido el plazo máximo para la constitución de la comisión representativa, la dirección de la empresa podrá comunicar el inicio del periodo de consultas a los representantes de los trabajadores. La falta de constitución de la comisión representativa no impedirá el inicio y transcurso del periodo de consultas, y su constitución con posterioridad al inicio del mismo no comportará, en ningún caso, la ampliación de su duración.

La apertura del periodo de consultas y las posiciones de las partes tras su conclusión deberán ser notificadas a la autoridad laboral para su conocimiento.

Durante el periodo de consultas, las partes deberán negociar de buena fe, con vistas a la consecución de un acuerdo. Dicho acuerdo requerirá la conformidad de la mayoría de los representantes legales de los trabajadores o, en su caso, de la mayoría de los miembros de la comisión representativa de los trabajadores siempre que, en ambos casos, representen a la mayoría de los trabajadores del centro o centros de trabajo afectados.

Tras la finalización del periodo de consultas el empresario notificará a los trabajadores su decisión sobre el traslado, que se regirá a todos los efectos por lo dispuesto en el apartado 1.

Contra las decisiones a que se refiere el presente apartado se podrá reclamar en conflicto colectivo, sin perjuicio de la acción individual prevista en el apartado 1. La interposición del conflicto paralizará la tramitación de las acciones individuales iniciadas, hasta su resolución.

El acuerdo con los representantes de los trabajadores en el periodo de consultas se entenderá sin perjuicio del derecho de los trabajadores afectados al ejercicio de la opción prevista en el párrafo tercero del apartado 1.

El empresario y la representación de los trabajadores podrán acordar en cualquier momento la sustitución del periodo de consultas a que se refiere este apartado por la aplicación del procedimiento de mediación o arbitraje que sea de aplicación en el ámbito de la empresa, que deberá desarrollarse dentro del plazo máximo señalado para dicho periodo.

3. Si por traslado uno de los cónyuges cambia de residencia, el otro, si fuera trabajador de la misma empresa, tendrá derecho al traslado a la misma localidad, si hubiera puesto de trabajo.

4. Las personas trabajadoras que tengan la consideración de víctimas de violencia de género, de víctimas de violencia sexual o de víctimas del terrorismo que se vean obligadas a abandonar el puesto de trabajo en la localidad donde venían prestando sus servicios, para hacer efectiva su protección o su derecho a la asistencia social integral, tendrán derecho preferente a ocupar otro puesto de trabajo, del mismo grupo profesional o categoría equivalente, que la empresa tenga vacante en cualquier otro de sus centros de trabajo.

En tales supuestos, la empresa estará obligada a comunicar a las personas trabajadoras las vacantes existentes en dicho momento o las que se pudieran producir en el futuro.

El traslado o el cambio de centro de trabajo tendrá una duración inicial de entre seis y doce meses, durante los cuales la empresa tendrá la obligación de reservar el puesto de trabajo que anteriormente ocupaban las personas trabajadoras.

Terminado este periodo, las personas trabajadoras podrán optar entre el regreso a su puesto de trabajo anterior o la continuidad en el nuevo, decayendo en este caso la obligación de reserva, o la extinción de su contrato, percibiendo una indemnización de veinte días de salario por año de servicio, prorrateándose por meses los periodos de tiempo inferiores a un año y con un máximo de doce mensualidades[96].

5. Para hacer efectivo su derecho de protección a la salud, los trabajadores con discapacidad que acrediten la necesidad de recibir fuera de su localidad un tratamiento de habilitación o rehabilitación médico-funcional o atención, tratamiento u orientación psicológica relacionado con su discapacidad, tendrán derecho preferente a ocupar otro puesto de trabajo, del mismo grupo profesional, que la empresa tuviera vacante en otro de sus centros de trabajo en una localidad en que sea más accesible dicho tratamiento, en los términos y condiciones establecidos en el apartado anterior para las trabajadoras víctimas de violencia de género o de violencia sexual y para las víctimas de terrorismo.

---

[96] Arts. 21 a 23 LO 1/2004, de 28 de diciembre, de Medidas de Protección Integral contra la Violencia de Género. Véase también DA 14ª ET en relación con el tratamiento de las víctimas del terrorismo a efectos laborales. Arts. 12 y 38 LO 10/2022, de 6 de septiembre, de garantía integral de la libertad sexual.

6. Por razones económicas, técnicas, organizativas o de producción, o bien por contrataciones referidas a la actividad empresarial, la empresa podrá efectuar desplazamientos temporales de sus trabajadores que exijan que estos residan en población distinta de la de su domicilio habitual, abonando, además de los salarios, los gastos de viaje y las dietas[97].

El trabajador deberá ser informado del desplazamiento con una antelación suficiente a la fecha de su efectividad, que no podrá ser inferior a cinco días laborables en el caso de desplazamientos de duración superior a tres meses; en este último supuesto, el trabajador tendrá derecho a un permiso de cuatro días laborables en su domicilio de origen por cada tres meses de desplazamiento, sin computar como tales los de viaje, cuyos gastos correrán a cargo del empresario.

Contra la orden de desplazamiento, sin perjuicio de su ejecutividad, podrá recurrir el trabajador en los mismos términos previstos en el apartado 1 para los traslados.

Los desplazamientos cuya duración en un periodo de tres años exceda de doce meses tendrán, a todos los efectos, el tratamiento previsto en esta ley para los traslados.

7. Los representantes legales de los trabajadores tendrán prioridad de permanencia en los puestos de trabajo a que se refiere este artículo[98]. Mediante convenio colectivo o acuerdo alcanzado durante el periodo de consultas se podrán establecer prioridades de permanencia a favor de trabajadores de otros colectivos, tales como trabajadores con cargas familiares, mayores de determinada edad o personas con discapacidad.

Artículo 41. Modificaciones sustanciales de condiciones de trabajo.–
1. La dirección de la empresa podrá acordar modificaciones sustanciales de las condiciones de trabajo cuando existan probadas razones económicas, técnicas, organizativas o de producción. Se considerarán tales las que estén relacionadas con la competitividad, productividad u organización técnica o del trabajo en la empresa.

Tendrán la consideración de modificaciones sustanciales de las condiciones de trabajo, entre otras, las que afecten a las siguientes materias:

---

[97]   Ley 45/1999, de 29 de noviembre, sobre desplazamiento de trabajadores en el marco de una prestación de servicios transnacional.
[98]   Arts. 68.b) ET y 10.3 LOLS.

a) Jornada de trabajo.

b) Horario y distribución del tiempo de trabajo.

c) Régimen de trabajo a turnos.

d) Sistema de remuneración y cuantía salarial.

e) Sistema de trabajo y rendimiento.

f) Funciones, cuando excedan de los límites que para la movilidad funcional prevé el artículo 39.

2. Las modificaciones sustanciales de las condiciones de trabajo podrán afectar a las condiciones reconocidas a los trabajadores en el contrato de trabajo, en acuerdos o pactos colectivos o disfrutadas por estos en virtud de una decisión unilateral del empresario de efectos colectivos.

Se considera de carácter colectivo la modificación que, en un periodo de noventa días, afecte al menos a:

a) Diez trabajadores, en las empresas que ocupen menos de cien trabajadores.

b) El diez por ciento del número de trabajadores de la empresa en aquellas que ocupen entre cien y trescientos trabajadores.

c) Treinta trabajadores, en las empresas que ocupen más de trescientos trabajadores.

Se considera de carácter individual la modificación que, en el periodo de referencia establecido, no alcance los umbrales señalados para las modificaciones colectivas.

3. La decisión de modificación sustancial de condiciones de trabajo de carácter individual deberá ser notificada por el empresario al trabajador afectado y a sus representantes legales con una antelación mínima de quince días a la fecha de su efectividad.

En los supuestos previstos en las letras a), b), c), d) y f) del apartado 1, si el trabajador resultase perjudicado por la modificación sustancial tendrá derecho a rescindir su contrato y percibir una indemnización de veinte días de salario por año de servicio prorrateándose por meses los periodos inferiores a un año y con un máximo de nueve meses[99].

Sin perjuicio de la ejecutividad de la modificación en el plazo de efectividad anteriormente citado, el trabajador que, no habiendo optado por la rescisión de su contrato, se muestre disconforme con la decisión empresarial podrá

---

[99]   DA 19ª ET.

impugnarla ante la jurisdicción social. La sentencia declarará la modificación justificada o injustificada y, en este último caso, reconocerá el derecho del trabajador a ser repuesto en sus anteriores condiciones[100].

Cuando con objeto de eludir las previsiones contenidas en el apartado siguiente, la empresa realice modificaciones sustanciales de las condiciones de trabajo en periodos sucesivos de noventa días en número inferior a los umbrales que establece el apartado 2 para las modificaciones colectivas, sin que concurran causas nuevas que justifiquen tal actuación, dichas nuevas modificaciones se considerarán efectuadas en fraude de ley y serán declaradas nulas y sin efecto.

4. Sin perjuicio de los procedimientos específicos que puedan establecerse en la negociación colectiva, la decisión de modificación sustancial de condiciones de trabajo de carácter colectivo deberá ir precedida de un periodo de consultas con los representantes legales de los trabajadores, de duración no superior a quince días, que versará sobre las causas motivadoras de la decisión empresarial y la posibilidad de evitar o reducir sus efectos, así como sobre las medidas necesarias para atenuar sus consecuencias para los trabajadores afectados. La consulta se llevará a cabo en una única comisión negociadora, si bien, de existir varios centros de trabajo, quedará circunscrita a los centros afectados por el procedimiento. La comisión negociadora estará integrada por un máximo de trece miembros en representación de cada una de las partes.

La intervención como interlocutores ante la dirección de la empresa en el procedimiento de consultas corresponderá a las secciones sindicales cuando estas así lo acuerden, siempre que tengan la representación mayoritaria en los comités de empresa o entre los delegados de personal de los centros de trabajo afectados, en cuyo caso representarán a todos los trabajadores de los centros afectados.

En defecto de lo previsto en el párrafo anterior, la intervención como interlocutores se regirá por las siguientes reglas:

a) Si el procedimiento afecta a un único centro de trabajo, corresponderá al comité de empresa o a los delegados de personal. En el supuesto de que en el centro de trabajo no exista representación legal de los trabajadores, estos podrán optar por atribuir su representación para la negociación del acuerdo, a su elección, a una comisión de un máximo de tres miembros integrada por

---

[100] Art. 138 LJS.

trabajadores de la propia empresa y elegida por estos democráticamente o a una comisión de igual número de componentes designados, según su representatividad, por los sindicatos más representativos y representativos del sector al que pertenezca la empresa y que estuvieran legitimados para formar parte de la comisión negociadora del convenio colectivo de aplicación a la misma.

En el supuesto de que la negociación se realice con la comisión cuyos miembros sean designados por los sindicatos, el empresario podrá atribuir su representación a las organizaciones empresariales en las que estuviera integrado, pudiendo ser las mismas más representativas a nivel autonómico, y con independencia de que la organización en la que esté integrado tenga carácter intersectorial o sectorial.

b) Si el procedimiento afecta a más de un centro de trabajo, la intervención como interlocutores corresponderá:

En primer lugar, al comité intercentros, siempre que tenga atribuida esa función en el convenio colectivo en que se hubiera acordado su creación.

En otro caso, a una comisión representativa que se constituirá de acuerdo con las siguientes reglas:

1.ª Si todos los centros de trabajo afectados por el procedimiento cuentan con representantes legales de los trabajadores, la comisión estará integrada por estos.

2.ª Si alguno de los centros de trabajo afectados cuenta con representantes legales de los trabajadores y otros no, la comisión estará integrada únicamente por representantes legales de los trabajadores de los centros que cuenten con dichos representantes. Y ello salvo que los trabajadores de los centros que no cuenten con representantes legales opten por designar la comisión a que se refiere la letra a), en cuyo caso la comisión representativa estará integrada conjuntamente por representantes legales de los trabajadores y por miembros de las comisiones previstas en dicho párrafo, en proporción al número de trabajadores que representen.

En el supuesto de que uno o varios centros de trabajo afectados por el procedimiento que no cuenten con representantes legales de los trabajadores opten por no designar la comisión de la letra a), se asignará su representación a los representantes legales de los trabajadores de los centros de trabajo afectados que cuenten con ellos, en proporción al número de trabajadores que representen.

3.ª Si ninguno de los centros de trabajo afectados por el procedimiento cuenta con representantes legales de los trabajadores, la comisión representativa estará integrada por quienes sean elegidos por y entre los miembros de las comisiones designadas en los centros de trabajo afectados conforme a lo dispuesto en la letra a), en proporción al número de trabajadores que representen.

En todos los supuestos contemplados en este apartado, si como resultado de la aplicación de las reglas indicadas anteriormente el número inicial de representantes fuese superior a trece, estos elegirán por y entre ellos a un máximo de trece, en proporción al número de trabajadores que representen.

La comisión representativa de los trabajadores deberá quedar constituida con carácter previo a la comunicación empresarial de inicio del procedimiento de consultas. A estos efectos, la dirección de la empresa deberá comunicar de manera fehaciente a los trabajadores o a sus representantes su intención de iniciar el procedimiento de modificación sustancial de condiciones de trabajo. El plazo máximo para la constitución de la comisión representativa será de siete días desde la fecha de la referida comunicación, salvo que alguno de los centros de trabajo que vaya a estar afectado por el procedimiento no cuente con representantes legales de los trabajadores, en cuyo caso el plazo será de quince días.

Transcurrido el plazo máximo para la constitución de la comisión representativa, la dirección de la empresa podrá comunicar el inicio del periodo de consultas a los representantes de los trabajadores. La falta de constitución de la comisión representativa no impedirá el inicio y transcurso del periodo de consultas, y su constitución con posterioridad al inicio del mismo no comportará, en ningún caso, la ampliación de su duración.

Durante el periodo de consultas, las partes deberán negociar de buena fe, con vistas a la consecución de un acuerdo. Dicho acuerdo requerirá la conformidad de la mayoría de los representantes legales de los trabajadores o, en su caso, de la mayoría de los miembros de la comisión representativa de los trabajadores siempre que, en ambos casos, representen a la mayoría de los trabajadores del centro o centros de trabajo afectados.

El empresario y la representación de los trabajadores podrán acordar en cualquier momento la sustitución del periodo de consultas por el procedimiento de mediación o arbitraje que sea de aplicación en el ámbito de la empresa, que deberá desarrollarse dentro del plazo máximo señalado para dicho periodo.

Cuando el periodo de consultas finalice con acuerdo se presumirá que concurren las causas justificativas a que alude el apartado 1 y solo podrá ser impugnado ante la jurisdicción social por la existencia de fraude, dolo, coacción o abuso de derecho en su conclusión. Ello sin perjuicio del derecho de los trabajadores afectados a ejercitar la opción prevista en el párrafo segundo del apartado 3.

5. La decisión sobre la modificación colectiva de las condiciones de trabajo será notificada por el empresario a los trabajadores una vez finalizado el periodo de consultas sin acuerdo y surtirá efectos en el plazo de los siete días siguientes a su notificación.

Contra las decisiones a que se refiere el presente apartado se podrá reclamar en conflicto colectivo, sin perjuicio de la acción individual prevista en el apartado 3. La interposición del conflicto paralizará la tramitación de las acciones individuales iniciadas hasta su resolución[101].

6. La modificación de las condiciones de trabajo establecidas en los convenios colectivos regulados en el título III deberá realizarse conforme a lo establecido en el artículo 82.3.

7. En materia de traslados se estará a lo dispuesto en las normas específicas establecidas en el artículo 40.

Sección 2.ª Garantías por cambio de empresario

Artículo 42. Subcontratación de obras y servicios[102].– 1. Las empresas que contraten o subcontraten con otras la realización de obras o servicios correspondientes a la propia actividad de aquellas deberán comprobar que dichas contratistas están al corriente en el pago de las cuotas de la Seguridad Social. Al efecto, recabarán por escrito, con identificación de la empresa afectada, certificación negativa por descubiertos en la Tesorería General de la Seguridad Social, que deberá librar inexcusablemente dicha certificación en el término de treinta días improrrogables y en los términos que reglamentariamente se establezcan. Transcurrido este plazo, quedará exonerada de responsabilidad la empresa solicitante.

2. La empresa principal, salvo el transcurso del plazo antes señalado respecto a la Seguridad Social, y durante los tres años siguientes a la terminación de su encargo, responderá solidariamente de las obligaciones referidas a la

---

[101]   Arts. 153 a 162 LJS.
[102]   Ley 32/2006, de 18 de octubre, reguladora de la subcontratación en el Sector de la Construcción.

Seguridad Social contraídas por los contratistas y subcontratistas durante el periodo de vigencia de la contrata.

De las obligaciones de naturaleza salarial contraídas por las contratistas y subcontratistas con las personas trabajadoras a su servicio responderá solidariamente durante el año siguiente a la finalización del encargo.

No habrá responsabilidad por los actos de la contratista cuando la actividad contratada se refiera exclusivamente a la construcción o reparación que pueda contratar una persona respecto de su vivienda, así como cuando el propietario o propietaria de la obra o industria no contrate su realización por razón de una actividad empresarial[103].

3. Las personas trabajadoras de la contratista o subcontratista deberán ser informadas por escrito por su empresa de la identidad de la empresa principal para la cual estén prestando servicios en cada momento. Dicha información deberá facilitarse antes del inicio de la respectiva prestación de servicios e incluirá el nombre o razón social de la empresa principal, su domicilio social y su número de identificación fiscal. Asimismo, la contratista o subcontratista deberán informar de la identidad de la empresa principal a la Tesorería General de la Seguridad Social en los términos que reglamentariamente se determinen.

4. Sin perjuicio de la información sobre previsiones en materia de subcontratación a la que se refiere el artículo 64, cuando la empresa concierte un contrato de prestación de obras o servicios con una empresa contratista o subcontratista, deberá informar a la representación legal de las personas trabajadoras sobre los siguientes extremos:

a) Nombre o razón social, domicilio y número de identificación fiscal de la empresa contratista o subcontratista.

b) Objeto y duración de la contrata.

c) Lugar de ejecución de la contrata.

d) En su caso, número de personas trabajadoras que serán ocupadas por la contrata o subcontrata en el centro de trabajo de la empresa principal.

e) Medidas previstas para la coordinación de actividades desde el punto de vista de la prevención de riesgos laborales[104].

Cuando las empresas principal, contratista o subcontratista compartan de forma continuada un mismo centro de trabajo, la primera deberá disponer de un libro registro en el que se refleje la información anterior respecto de todas

---

[103]   Arts. 142 y 168 LGSS. Arts. 24 LPRL y 42.3 LISOS.
[104]   Arts. 24 LPRL.

las empresas citadas. Dicho libro estará a disposición de la representación legal de las personas trabajadoras.

5. La empresa contratista o subcontratista deberá informar igualmente a la representación legal de las personas trabajadoras, antes del inicio de la ejecución de la contrata, sobre los mismos extremos a que se refieren el apartado 3 y las letras b) a e) del apartado 4.

6. El convenio colectivo de aplicación para las empresas contratistas y subcontratistas será el del sector de la actividad desarrollada en la contrata o subcontrata, con independencia de su objeto social o forma jurídica, salvo que exista otro convenio sectorial aplicable conforme a lo dispuesto en el título III.

No obstante, cuando la empresa contratista o subcontratista cuente con un convenio propio, se aplicará este, en los términos que resulten del artículo 84.

7. Las personas trabajadoras de las empresas contratistas y subcontratistas, cuando no tengan representación legal, tendrán derecho a formular a la representación legal de personas trabajadoras de la empresa principal cuestiones relativas a las condiciones de ejecución de la actividad laboral, mientras compartan centro de trabajo y carezcan de representación.

Lo dispuesto en el párrafo anterior no será de aplicación a las reclamaciones de la persona trabajadora respecto de la empresa de la que depende.

8. La representación legal de las personas trabajadoras de la empresa principal y de las empresas contratistas y subcontratistas, cuando compartan de forma continuada centro de trabajo, podrán reunirse a efectos de coordinación entre ellos y en relación con las condiciones de ejecución de la actividad laboral en los términos previstos en el artículo 81.

La capacidad de representación y ámbito de actuación de la representación de las personas trabajadoras, así como su crédito horario, vendrán determinados por la legislación vigente y, en su caso, por los convenios colectivos de aplicación.

Artículo 43. Cesión de trabajadores.– 1. La contratación de trabajadores para cederlos temporalmente a otra empresa solo podrá efectuarse a través de empresas de trabajo temporal debidamente autorizadas en los términos que legalmente se establezcan[105].

---

[105]   Ley 14/1994, de 1 de Junio que regula las Empresas de Trabajo Temporal.

2. En todo caso, se entiende que se incurre en la cesión ilegal de trabajadores contemplada en este artículo cuando se produzca alguna de las siguientes circunstancias: que el objeto de los contratos de servicios entre las
empresas se limite a una mera puesta a disposición de los trabajadores de la
empresa cedente a la empresa cesionaria, o que la empresa cedente carezca
de una actividad o de una organización propia y estable, o no cuente con los
medios necesarios para el desarrollo de su actividad, o no ejerza las funciones
inherentes a su condición de empresario.

3. Los empresarios, cedente y cesionario, que infrinjan lo señalado en los
apartados anteriores responderán solidariamente de las obligaciones contraídas con los trabajadores y con la Seguridad Social, sin perjuicio de las demás
responsabilidades, incluso penales, que procedan por dichos actos[106].

4. Los trabajadores sometidos al tráfico prohibido tendrán derecho a adquirir la condición de fijos, a su elección, en la empresa cedente o cesionaria. Los
derechos y obligaciones del trabajador en la empresa cesionaria serán los que
correspondan en condiciones ordinarias a un trabajador que preste servicios en
el mismo o equivalente puesto de trabajo, si bien la antigüedad se computará
desde el inicio de la cesión ilegal.

Artículo 44. La sucesión de empresa[107].– 1. El cambio de titularidad de
una empresa, de un centro de trabajo o de una unidad productiva autónoma
no extinguirá por sí mismo la relación laboral, quedando el nuevo empresario
subrogado en los derechos y obligaciones laborales y de Seguridad Social del
anterior, incluyendo los compromisos de pensiones, en los términos previstos
en su normativa específica, y, en general, cuantas obligaciones en materia de
protección social complementaria hubiere adquirido el cedente[108].

2. A los efectos de lo previsto en este artículo, se considerará que existe
sucesión de empresa cuando la transmisión afecte a una entidad económica
que mantenga su identidad, entendida como un conjunto de medios organizados a fin de llevar a cabo una actividad económica, esencial o accesoria.

---

[106]   Art. 312.1 CP. Art. 8.2 LISOS.
[107]   Directiva 2001/23/CE del Consejo, de 12 de marzo de 2001, sobre la aproximación de las
        legislaciones de los Estados miembros relativas al mantenimiento de los derechos de los
        trabajadores en caso de traspasos de empresas, de centros de actividad o de partes de
        empresas o de centros de actividad.
[108]   Art. 49.1.g) ET. Art. 168 LGSS.

3. Sin perjuicio de lo establecido en la legislación de Seguridad Social, el cedente y el cesionario, en las transmisiones que tengan lugar por actos inter vivos, responderán solidariamente durante tres años de las obligaciones laborales nacidas con anterioridad a la transmisión y que no hubieran sido satisfechas.

El cedente y el cesionario también responderán solidariamente de las obligaciones nacidas con posterioridad a la transmisión, cuando la cesión fuese declarada delito[109].

4. Salvo pacto en contrario, establecido mediante acuerdo de empresa entre el cesionario y los representantes de los trabajadores una vez consumada la sucesión, las relaciones laborales de los trabajadores afectados por la sucesión seguirán rigiéndose por el convenio colectivo que en el momento de la transmisión fuere de aplicación en la empresa, centro de trabajo o unidad productiva autónoma transferida.

Esta aplicación se mantendrá hasta la fecha de expiración del convenio colectivo de origen o hasta la entrada en vigor de otro convenio colectivo nuevo que resulte aplicable a la entidad económica transmitida.

5. Cuando la empresa, el centro de trabajo o la unidad productiva objeto de la transmisión conserve su autonomía, el cambio de titularidad del empresario no extinguirá por sí mismo el mandato de los representantes legales de los trabajadores, que seguirán ejerciendo sus funciones en los mismos términos y bajo las mismas condiciones que regían con anterioridad[110].

6. El cedente y el cesionario deberán informar a los representantes legales de sus trabajadores respectivos afectados por el cambio de titularidad, de los siguientes extremos:

a) Fecha prevista de la transmisión.

b) Motivos de la transmisión.

c) Consecuencias jurídicas, económicas y sociales, para los trabajadores, de la transmisión.

d) Medidas previstas respecto de los trabajadores.

7. De no haber representantes legales de los trabajadores, el cedente y el cesionario deberán facilitar la información mencionada en el apartado anterior a los trabajadores que pudieren resultar afectados por la transmisión.

---

[109]   Art. 311.3º CP.
[110]   Art. 67.3 ET.

8. El cedente vendrá obligado a facilitar la información mencionada en los apartados anteriores con la suficiente antelación, antes de la realización de la transmisión. El cesionario estará obligado a comunicar estas informaciones con la suficiente antelación y, en todo caso, antes de que sus trabajadores se vean afectados en sus condiciones de empleo y de trabajo por la transmisión.

En los supuestos de fusión y escisión de sociedades, el cedente y el cesionario habrán de proporcionar la indicada información, en todo caso, al tiempo de publicarse la convocatoria de las juntas generales que han de adoptar los respectivos acuerdos.

9. El cedente o el cesionario que previere adoptar, con motivo de la transmisión, medidas laborales en relación con sus trabajadores vendrá obligado a iniciar un periodo de consultas con los representantes legales de los trabajadores sobre las medidas previstas y sus consecuencias para los trabajadores. Dicho periodo de consultas habrá de celebrarse con la suficiente antelación, antes de que las medidas se lleven a efecto. Durante el periodo de consultas, las partes deberán negociar de buena fe, con vistas a la consecución de un acuerdo. Cuando las medidas previstas consistieren en traslados colectivos o en modificaciones sustanciales de las condiciones de trabajo de carácter colectivo, el procedimiento del periodo de consultas al que se refiere el párrafo anterior se ajustará a lo establecido en los artículos 40.2 y 41.4.

10. Las obligaciones de información y consulta establecidas en este artículo se aplicarán con independencia de que la decisión relativa a la transmisión haya sido adoptada por los empresarios cedente y cesionario o por las empresas que ejerzan el control sobre ellos. Cualquier justificación de aquellos basada en el hecho de que la empresa que tomó la decisión no les ha facilitado la información necesaria no podrá ser tomada en consideración a tal efecto.

Sección 3.ª Suspensión del contrato

Artículo 45. Causas y efectos de la suspensión.– 1. El contrato de trabajo podrá suspenderse por las siguientes causas:

a) Mutuo acuerdo de las partes.

b) Las consignadas válidamente en el contrato.

c) Incapacidad temporal de los trabajadores[111].

---

[111]   Art. 48.2 ET.

d) Nacimiento, adopción, guarda con fines de adopción o acogimiento, de conformidad con el Código Civil o las leyes civiles de las Comunidades Autónomas que lo regulen, siempre que su duración no sea inferior a un año, de menores de seis años o de menores de edad mayores de seis años con discapacidad o que por sus circunstancias y experiencias personales o por provenir del extranjero, tengan especiales dificultades de inserción social y familiar debidamente acreditadas por los servicios sociales competentes[112].

e) Riesgo durante el embarazo y riesgo durante la lactancia natural de un menor de nueve meses[113].

f) Ejercicio de cargo público representativo[114].

g) Privación de libertad del trabajador, mientras no exista sentencia condenatoria[115].

h) Suspensión de empleo y sueldo, por razones disciplinarias[116].

i) Fuerza mayor temporal[117].

j) Causas económicas, técnicas, organizativas o de producción[118].

k) Excedencia forzosa[119].

l) Ejercicio del derecho de huelga[120].

m) Cierre legal de la empresa[121].

n) Decisión de la trabajadora que se vea obligada a abandonar su puesto de trabajo como consecuencia de ser víctima de violencia de género o de violencia sexual[122].

o) Disfrute del permiso parental.

---

[112]   Art. 48, apartados 4, 5, 6 y 7 ET. Arts. 177 a 182 LGSS.
[113]   Art. 48.8 ET. Arts. 186 a 189 LGSS.
[114]   Art. 37.3.d) y 48.3 ET.
[115]   Art. 25.2 CE.
[116]   Art. 58 ET.
[117]   Art. 47 ET y RD 1483/2012, por el que se aprueba el Reglamento de los procedimientos de despido colectivo y de suspensión de contratos y reducción de jornada.
[118]   Art. 47 ET y RD 1483/2012, por el que se aprueba el Reglamento de los procedimientos de despido colectivo y de suspensión de contratos y reducción de jornada.
[119]   Art. 46.1 ET.
[120]   Arts. 28.2 CE y 1 ss. RDLRT.
[121]   Arts. 12 ss. RDLRT.
[122]   Arts. 21 a 23 LO 1/2004, de 28 de diciembre, de Medidas de Protección Integral contra la Violencia de Género. Arts. 12 y 38 LO 10/2022, de 6 de septiembre, de garantía integral de la libertad sexual.

2. La suspensión exonera de las obligaciones recíprocas de trabajar y remunerar el trabajo.

Artículo 46. Excedencias.– 1. La excedencia podrá ser voluntaria o forzosa. La forzosa, que dará derecho a la conservación del puesto y al cómputo de la antigüedad de su vigencia, se concederá por la designación o elección para un cargo público que imposibilite la asistencia al trabajo. El reingreso deberá ser solicitado dentro del mes siguiente al cese en el cargo público.

2. El trabajador con al menos una antigüedad en la empresa de un año tiene derecho a que se le reconozca la posibilidad de situarse en excedencia voluntaria por un plazo no menor a cuatro meses y no mayor a cinco años. Este derecho solo podrá ser ejercitado otra vez por el mismo trabajador si han transcurrido cuatro años desde el final de la anterior excedencia voluntaria.

3[123]. Los trabajadores tendrán derecho a un periodo de excedencia de duración no superior a tres años para atender al cuidado de cada hijo, tanto cuando lo sea por naturaleza, como por adopción, o en los supuestos de guarda con fines de adopción o acogimiento permanente, a contar desde la fecha de nacimiento o, en su caso, de la resolución judicial o administrativa.

También tendrán derecho a un periodo de excedencia, de duración no superior a dos años, salvo que se establezca una duración mayor por negociación colectiva, los trabajadores para atender al cuidado del cónyuge o pareja de hecho, o de un familiar hasta el segundo grado de consanguinidad y por afinidad, incluido el familiar consanguíneo de la pareja de hecho, que por razones de edad, accidente, enfermedad o discapacidad no pueda valerse por sí mismo, y no desempeñe actividad retribuida.

La excedencia contemplada en el presente apartado, cuyo periodo de duración podrá disfrutarse de forma fraccionada, constituye un derecho individual de los trabajadores y trabajadoras. No obstante, si dos o más personas trabajadoras de la misma empresa generasen este derecho por el mismo sujeto causante, la empresa podrá limitar su ejercicio simultáneo por razones fundadas y objetivas de funcionamiento debidamente motivadas por escrito debiendo en tal caso la empresa ofrecer un plan alternativo que asegure el disfrute de ambas personas trabajadoras y que posibilite el ejercicio de los derechos de conciliación. Cuando un nuevo sujeto causante diera derecho a un nuevo

---

[123]   DA 5ª Ley 39/1999, de 5 de noviembre para promover la conciliación de la vida familiar y laboral de las personas trabajadoras.

periodo de excedencia, el inicio de la misma dará fin al que, en su caso, se viniera disfrutando.

El periodo en que la persona trabajadora permanezca en situación de excedencia conforme a lo establecido en este artículo será computable a efectos de antigüedad y el trabajador tendrá derecho a la asistencia a cursos de formación profesional, a cuya participación deberá ser convocado por la empresa, especialmente con ocasión de su reincorporación. Durante el primer año tendrá derecho a la reserva de su puesto de trabajo. Transcurrido dicho plazo, la reserva quedará referida a un puesto de trabajo del mismo grupo profesional o categoría equivalente[124].

No obstante, cuando la persona trabajadora forme parte de una familia que tenga reconocida la condición de familia numerosa, la reserva de su puesto de trabajo se extenderá hasta un máximo de quince meses cuando se trate de una familia numerosa de categoría general, y hasta un máximo de dieciocho meses si se trata de categoría especial. Cuando la persona ejerza este derecho con la misma duración y régimen que el otro progenitor, la reserva de puesto de trabajo se extenderá hasta un máximo de dieciocho meses.

En el ejercicio de este derecho se tendrá en cuenta el fomento de la corresponsabilidad entre mujeres y hombres y, asimismo, evitar la perpetuación de roles y estereotipos de género.

4. Asimismo podrán solicitar su paso a la situación de excedencia en la empresa los trabajadores que ejerzan funciones sindicales de ámbito provincial o superior mientras dure el ejercicio de su cargo representativo[125].

5. El trabajador en excedencia voluntaria conserva solo un derecho preferente al reingreso en las vacantes de igual o similar categoría a la suya que hubiera o se produjeran en la empresa.

6. La situación de excedencia podrá extenderse a otros supuestos colectivamente acordados, con el régimen y los efectos que allí se prevean.

Artículo 47. Reducción de jornada o suspensión del contrato por causas económicas, técnicas, organizativas o de producción o derivadas de fuerza mayor[126].– 1. La empresa podrá reducir temporalmente la jornada de

---

[124] Art. 22 ET.
[125] Art. 9.1.b) LOLS.
[126] DA 17ª ET en relación con la suspensión del contrato de trabajo y reducción de jornada en las Administraciones Públicas. Art. 138 LJS. DDAA 39ª, 40ª y 41ª LGSS, en relación

trabajo de las personas trabajadoras o suspender temporalmente los contratos de trabajo, por causas económicas, técnicas, organizativas o de producción de carácter temporal, con arreglo a lo previsto en este artículo y al procedimiento que se determine reglamentariamente.

2. A efectos de lo previsto en este artículo, se entiende que concurren causas económicas cuando de los resultados de la empresa se desprenda una situación económica negativa, en casos tales como la existencia de pérdidas actuales o previstas, o la disminución persistente de su nivel de ingresos ordinarios o ventas. En todo caso, se entenderá que la disminución es persistente si durante dos trimestres consecutivos el nivel de ingresos ordinarios o ventas de cada trimestre es inferior al registrado en el mismo trimestre del año anterior.

Se entiende que concurren causas técnicas cuando se produzcan cambios, entre otros, en el ámbito de los medios o instrumentos de producción; causas organizativas cuando se produzcan cambios, entre otros, en el ámbito de los sistemas y métodos de trabajo del personal o en el modo de organizar la producción; y causas productivas cuando se produzcan cambios, entre otros, en la demanda de los productos o servicios que la empresa pretende colocar en el mercado.

3. El procedimiento, que será aplicable cualquiera que sea el número de personas trabajadoras de la empresa y el número de personas afectadas por la reducción o por la suspensión, se iniciará mediante comunicación a la autoridad laboral competente y la apertura simultánea de un periodo de consultas con la representación legal de las personas trabajadoras de duración no superior a quince días.

En el supuesto de empresas de menos de cincuenta personas de plantilla, la duración del periodo de consultas no será superior a siete días.

La consulta se llevará a cabo en una única comisión negociadora, si bien, de existir varios centros de trabajo, quedará circunscrita a los centros afectados por el procedimiento. La comisión negociadora estará integrada por un máximo de trece miembros en representación de cada una de las partes.

---

con el tratamiento de cotización y prestaciones durante estas situaciones. RD 1483/2012 de 29 de octubre por el que se aprueba el Reglamento de los procedimientos de despido colectivo y de suspensión de contratos y reducción de jornada.

La intervención como interlocutores ante la dirección de la empresa en el procedimiento de consultas corresponderá a los sujetos indicados en el artículo 41.4, en el orden y condiciones señalados en el mismo.

La comisión representativa de las personas trabajadoras deberá quedar constituida con carácter previo a la comunicación empresarial de apertura del periodo de consultas. A estos efectos, la dirección de la empresa deberá comunicar de manera fehaciente a las personas trabajadoras o a sus representantes su intención de iniciar el procedimiento. El plazo máximo para la constitución de la comisión representativa será de cinco días desde la fecha de la referida comunicación, salvo que alguno de los centros de trabajo que vaya a estar afectado por el procedimiento no cuente con representantes legales de los trabajadores, en cuyo caso el plazo será de diez días.

Transcurrido el plazo máximo para la constitución de la comisión representativa, la dirección de la empresa podrá comunicar formalmente a la representación de las personas trabajadoras y a la autoridad laboral el inicio del periodo de consultas. La falta de constitución de la comisión representativa no impedirá el inicio y transcurso del periodo de consultas, y su constitución con posterioridad al inicio del mismo no comportará, en ningún caso, la ampliación de su duración.

La autoridad laboral recabará informe preceptivo de la Inspección de Trabajo y Seguridad Social sobre los extremos de dicha comunicación y sobre el desarrollo del periodo de consultas. El informe deberá ser evacuado en el improrrogable plazo de quince días desde la notificación a la autoridad laboral de la finalización del periodo de consultas y quedará incorporado al procedimiento.

Cuando el periodo de consultas finalice con acuerdo se presumirá que concurren las causas justificativas a que alude el apartado 1 y solo podrá ser impugnado ante la jurisdicción social por la existencia de fraude, dolo, coacción o abuso de derecho en su conclusión.

Durante el periodo de consultas, las partes deberán negociar de buena fe, con vistas a la consecución de un acuerdo. Dicho acuerdo requerirá la conformidad de la mayoría de los representantes legales de los trabajadores o, en su caso, de la mayoría de miembros de la comisión representativa de las personas trabajadoras siempre que, en ambos casos, representen a la mayoría de las personas trabajadoras del centro o centros de trabajo afectados.

La empresa y la representación de las personas trabajadoras podrán acordar en cualquier momento la sustitución del periodo de consultas por el procedimiento de mediación o arbitraje que sea de aplicación en el ámbito de la empresa, que deberá desarrollarse dentro del plazo máximo señalado para dicho periodo.

Tras la finalización del periodo de consultas, la empresa notificará a las personas trabajadoras y a la autoridad laboral su decisión sobre la reducción de jornada o la suspensión de contratos, que deberá incluir el periodo dentro del cual se va a llevar a cabo la aplicación de estas medidas.

La decisión empresarial surtirá efectos a partir de la fecha de su comunicación a la autoridad laboral, salvo que en ella se contemple una posterior.

Si en el plazo de quince días desde la fecha de la última reunión celebrada en el periodo de consultas, la empresa no hubiera comunicado a los representantes de los trabajadores y a la autoridad laboral su decisión sobre la suspensión de contratos o reducción temporal de jornada, se producirá la caducidad del procedimiento en los términos que reglamentariamente se establezcan.

La decisión empresarial podrá ser impugnada por la autoridad laboral a petición de la entidad gestora de la prestación por desempleo cuando aquella pudiera tener por objeto la obtención indebida de las prestaciones por parte de las personas trabajadoras, por inexistencia de la causa motivadora de la situación legal de desempleo.

Contra las decisiones a que se refiere el presente apartado podrá reclamar la persona trabajadora ante la jurisdicción social que declarará la medida justificada o injustificada. En este último caso, la sentencia declarará la inmediata reanudación del contrato de trabajo y condenará a la empresa al pago de los salarios dejados de percibir por la persona trabajadora hasta la fecha de la reanudación del contrato o, en su caso, al abono de las diferencias que procedan respecto del importe recibido en concepto de prestaciones por desempleo durante el periodo de suspensión, sin perjuicio del reintegro que proceda realizar por el empresario del importe de dichas prestaciones a la entidad gestora del pago de las mismas, así como del ingreso de las diferencias de cotización a la Seguridad Social. Cuando la decisión empresarial afecte a un número de personas igual o superior a los umbrales previstos en el artículo 51.1 se podrá reclamar en conflicto colectivo, sin perjuicio de la acción individual. La interposición del conflicto colectivo paralizará la tramitación de las acciones individuales iniciadas, hasta su resolución.

4. En cualquier momento durante la vigencia de la medida de reducción de jornada o suspensión de contratos basada en causas económicas, organizativas, técnicas o de producción, la empresa podrá comunicar a la representación

de las personas trabajadoras con la que hubiera desarrollado el periodo de consultas una propuesta de prórroga de la medida. La necesidad de esta prórroga deberá ser tratada en un periodo de consultas de duración máxima de cinco días, y la decisión empresarial será comunicada a la autoridad laboral en un plazo de siete días, surtiendo efectos desde el día siguiente a la finalización del periodo inicial de reducción de jornada o suspensión de la relación laboral.

Salvo en los plazos señalados, resultarán de aplicación a este periodo de consultas las previsiones recogidas en el apartado 3.

5. Las empresas podrán aplicar la reducción de la jornada de trabajo o la suspensión de los contratos de trabajo por causa derivada de fuerza mayor temporal, previo procedimiento tramitado conforme a lo dispuesto en este apartado, en el artículo 51.7 y en sus disposiciones reglamentarias de aplicación.

El procedimiento se iniciará mediante solicitud de la empresa dirigida a la autoridad laboral competente, acompañada de los medios de prueba que estime necesarios, y simultánea comunicación a la representación legal de las personas trabajadoras.

La existencia de fuerza mayor temporal como causa motivadora de la suspensión o reducción de jornada de los contratos de trabajo, deberá ser constatada por la autoridad laboral, cualquiera que sea el número de personas trabajadoras afectadas.

La autoridad laboral solicitará informe preceptivo de la Inspección de Trabajo y Seguridad Social antes de dictar resolución. Este informe deberá pronunciarse sobre la concurrencia de la fuerza mayor.

La resolución de la autoridad laboral se dictará, previas las actuaciones e informes indispensables, en el plazo de cinco días desde la solicitud, y deberá limitarse, en su caso, a constatar la existencia de la fuerza mayor alegada por la empresa, correspondiendo a esta la decisión sobre la reducción de las jornadas de trabajo o suspensión de los contratos de trabajo. La resolución surtirá efectos desde la fecha del hecho causante de la fuerza mayor, y hasta la fecha determinada en la misma resolución.

Si no se emite resolución expresa en el plazo indicado, se entenderá autorizado el expediente de regulación temporal de empleo.

En el supuesto de que se mantenga la fuerza mayor a la finalización del período determinado en la resolución del expediente, se deberá solicitar una nueva autorización.

6. La fuerza mayor temporal podrá estar determinada por impedimentos o limitaciones en la actividad normalizada de la empresa que sean consecuencia de decisiones adoptadas por la autoridad pública competente, incluidas aquellas orientadas a la protección de la salud pública.

También estará determinada por el mantenimiento, transcurridos los cuatro días previstos en el artículo 37.3.g), de la imposibilidad de acceder al centro de trabajo o a las vías de circulación necesarias para acudir al mismo, salvo que sea posible el trabajo a distancia en los términos recogidos en dicho precepto.

Por el contrario, las circunstancias del párrafo anterior no serán constitutivas de fuerza mayor durante la duración del permiso del artículo 37.3.g). Durante la misma, solo podrá justificarse la fuerza mayor en base a otras circunstancias, en cuyo caso los efectos se retrotraerán al momento del hecho causante correspondiente.

Será de aplicación el procedimiento previsto para los expedientes por causa de fuerza mayor temporal a que se refiere el apartado anterior, con las siguientes particularidades:

a) La solicitud de informe por parte de la autoridad laboral a la Inspección de Trabajo y Seguridad Social no será preceptiva.

b) La empresa deberá justificar, en la documentación remitida junto con la solicitud, la existencia de las concretas limitaciones o del impedimento a su actividad como consecuencia de la decisión de la autoridad competente.

c) La autoridad laboral autorizará el expediente si se entienden justificadas las limitaciones o impedimento referidos.

7. Serán normas comunes aplicables a los expedientes de regulación temporal de empleo por causas económicas, técnicas, organizativas y de producción, y a los que estén basados en una causa de fuerza mayor temporal, las siguientes:

a) La reducción de jornada podrá ser de entre un diez y un setenta por ciento y computarse sobre la base de la jornada diaria, semanal, mensual o anual.

En la medida en que ello sea viable, se priorizará la adopción de medidas de reducción de jornada frente a las de suspensión de contratos.

b) La empresa junto con la notificación, comunicación o solicitud, según proceda, a la autoridad laboral sobre su decisión de reducir la jornada de trabajo o suspender los contratos de trabajo, a que se refieren los apartados 3, 4, 5 y 6, comunicará, a través de los procedimientos automatizados que se establezcan:

1.º El período dentro del cual se va a llevar a cabo la aplicación de la suspensión del contrato o la reducción de jornada.

2.º La identificación de las personas trabajadoras incluidas en el expediente de regulación temporal de empleo.

3.º El tipo de medida a aplicar respecto de cada una de las personas trabajadoras y el porcentaje máximo de reducción de jornada o el número máximo de días de suspensión de contrato a aplicar.

c) Durante el periodo de aplicación del expediente, la empresa podrá desafectar y afectar a las personas trabajadoras en función de las alteraciones de las circunstancias señaladas como causa justificativa de las medidas, informando previamente de ello a la representación legal de las personas trabajadoras y previa comunicación a la entidad gestora de las prestaciones sociales y, conforme a los plazos establecidos reglamentariamente, a la Tesorería General de la Seguridad Social, a través de los procedimientos automatizados que establezcan dichas entidades.

d) Dentro del periodo de aplicación del expediente no podrán realizarse horas extraordinarias, establecerse nuevas externalizaciones de actividad ni concertarse nuevas contrataciones laborales. Esta prohibición no resultará de aplicación en el supuesto en que las personas en suspensión contractual o reducción de jornada que presten servicios en el centro de trabajo afectado por nuevas contrataciones o externalizaciones no puedan, por formación, capacitación u otras razones objetivas y justificadas, desarrollar las funciones encomendadas a aquellas, previa información al respecto por parte de la empresa a la representación legal de las personas trabajadoras.

Las empresas que desarrollen las acciones formativas a las que se refiere la disposición adicional vigesimoquinta, a favor de las personas afectadas por el expediente de regulación temporal de empleo, tendrán derecho a un incremento de crédito para la financiación de acciones en el ámbito de la formación programada, en los términos previstos en el artículo 9.7 de la Ley 30/2015, de 9 de septiembre, por la que se regula el Sistema de Formación Profesional para el empleo en el ámbito laboral.

e) Los beneficios en materia de cotización vinculados a los expedientes de regulación temporal de empleo, de carácter voluntario para la empresa, estarán condicionados, asimismo, al mantenimiento en el empleo de las personas trabajadoras afectadas con el contenido y requisitos previstos en el apartado 10 de la disposición adicional cuadragésima cuarta del texto refundido de la

Ley General de la Seguridad Social, aprobado por el Real Decreto Legislativo 8/2015, de 30 de octubre.

f) La prestación a percibir por las personas trabajadoras se regirá por lo establecido en el artículo 267 del texto refundido de la Ley General de la Seguridad Social y sus normas de desarrollo.

Artículo 47 bis. Mecanismo RED de Flexibilidad y Estabilización del Empleo[127].– 1. El Mecanismo RED de Flexibilidad y Estabilización del Empleo es un instrumento de flexibilidad y estabilización del empleo que, una vez activado por el Consejo de Ministros, permitirá a las empresas la solicitud de medidas de reducción de jornada y suspensión de contratos de trabajo.

Este Mecanismo RED tendrá dos modalidades:

a) Cíclica, cuando se aprecie una coyuntura macroeconómica general que aconseje la adopción de instrumentos adicionales de estabilización, con una duración máxima de un año.

b) Sectorial, cuando en un determinado sector o sectores de actividad se aprecien cambios permanentes que generen necesidades de recualificación y de procesos de transición profesional de las personas trabajadoras, con una duración máxima inicial de un año y la posibilidad de dos prórrogas de seis meses cada una.

2. La activación del Mecanismo se realizará a propuesta conjunta de las personas titulares de los Ministerios de Trabajo y Economía Social, de Asuntos Económicos y Transformación Digital, y de Inclusión, Seguridad Social y Migraciones, previo informe de la Comisión Delegada del Gobierno para Asuntos Económicos.

En el ámbito de la modalidad sectorial, las organizaciones sindicales y empresariales más representativas a nivel estatal podrán solicitar a los Ministerios referidos la convocatoria de la Comisión tripartita del Mecanismo RED. Esta Comisión deberá reunirse en el plazo de quince días desde dicha solicitud y analizará la existencia de los cambios referidos en el apartado 1.b), así como la necesidad, en su caso, de elevar una solicitud de activación del Mecanismo RED sectorial al Consejo de Ministros.

---

[127]   RD 608/2023, de 11 de julio, por el que se desarrolla el Mecanismo RED de Flexibilidad y Estabilización del Empleo.

En todo caso, con carácter previo a su elevación al Consejo de Ministros, resultará imprescindible informar a las organizaciones sindicales y empresariales más representativas a nivel estatal.

La decisión y las consideraciones que se incorporen al Acuerdo del Consejo de Ministros no serán por sí mismas causas para la adopción en el ámbito empresarial de las medidas previstas en esta norma en relación con el empleo o las condiciones de trabajo.

3. Una vez activado el Mecanismo, las empresas podrán solicitar voluntariamente a la autoridad laboral la reducción de la jornada o la suspensión de los contratos de trabajo, mientras esté activado el Mecanismo, en cualquiera de sus centros de trabajo y en los términos previstos en este artículo.

El procedimiento se iniciará mediante solicitud por parte de la empresa dirigida a la autoridad laboral competente y comunicación simultánea a la representación de las personas trabajadoras, y se tramitará de acuerdo con lo previsto en el artículo 47.5, previo desarrollo de un periodo de consultas en los términos regulados en el 47.3, con las particularidades recogidas en este artículo.

En el caso de la modalidad sectorial, además, la solicitud deberá ir acompañada de un plan de recualificación de las personas afectadas.

4. La autoridad laboral deberá remitir el contenido de la solicitud empresarial a la Inspección de Trabajo y Seguridad Social y recabar informe preceptivo de esta sobre la concurrencia de los requisitos correspondientes. Este informe será evacuado en el improrrogable plazo de siete días desde la notificación de inicio por parte de la empresa a la autoridad laboral.

La autoridad laboral procederá a dictar resolución en el plazo de siete días naturales a partir de la comunicación de la conclusión del periodo de consultas. Si transcurrido dicho plazo no hubiera recaído pronunciamiento expreso, se entenderá autorizada la medida, siempre dentro de los límites legal y reglamentariamente establecidos.

Cuando el período de consultas concluya con acuerdo, la autoridad laboral autorizará la aplicación del mecanismo, pudiendo la empresa proceder a las reducciones de jornada o suspensiones de contrato en las condiciones acordadas.

Cuando el período de consultas concluya sin acuerdo, la autoridad laboral dictará resolución estimando o desestimando la solicitud empresarial. La autoridad laboral estimará la solicitud en caso de entender que de la documentación aportada se deduce que la situación cíclica o sectorial temporal concurre en la empresa en los términos previstos en este artículo.

5. Serán normas comunes aplicables a las dos modalidades del Mecanismo RED, las siguientes:

a) Las previsiones recogidas en el artículo 47.4 y 7.

b) Las personas trabajadoras cubiertas por un Mecanismo RED se beneficiarán de las medidas en materia de protección social previstas en la disposición adicional cuadragésima primera del texto refundido de la Ley General de la Seguridad Social, y tendrán la consideración de colectivo prioritario para el acceso a las iniciativas de formación del sistema de formación profesional para el empleo en el ámbito laboral.

c) La Inspección de Trabajo y Seguridad Social y el Servicio Público de Empleo Estatal colaborarán para el desarrollo de actuaciones efectivas de control de la aplicación del Mecanismo, mediante la programación de actuaciones periódicas y de ejecución continuada.

Asimismo, la Inspección de Trabajo y Seguridad Social tendrá acceso a los datos incorporados mediante procedimientos automatizados y aplicaciones que le permitan conocer los extremos relativos a la aplicación de los Mecanismos, las condiciones especiales en materia de cotización a la Seguridad Social para las empresas y prestaciones correspondientes, con el objetivo de desarrollar las debidas actuaciones de control.

6. Se constituirá como fondo sin personalidad jurídica, adscrito al Ministerio de Trabajo y Economía Social, un Fondo RED de Flexibilidad y Estabilización del Empleo, que tendrá como finalidad atender a las necesidades futuras de financiación derivadas de la modalidad cíclica y sectorial del Mecanismo RED en materia de prestaciones y exenciones a las empresas del pago de las cotizaciones a la Seguridad Social, incluidos los costes asociados a la formación, en la forma y condiciones previstas en su normativa de desarrollo.

Serán recursos de este Fondo los excedentes de ingresos que financian las prestaciones por desempleo en su nivel contributivo y asistencial, las aportaciones que se consignen en los Presupuestos Generales del Estado, las aportaciones procedentes de los instrumentos de financiación de la Unión Europea orientados al cumplimiento del objeto y fines del Fondo, así como los rendimientos de cualquier naturaleza que genere el Fondo.

Artículo 48. Suspensión con reserva de puesto de trabajo.– 1. Al cesar las causas legales de suspensión, el trabajador tendrá derecho a la reincorporación al puesto de trabajo reservado, en todos los supuestos a que se refiere el artículo 45.1 excepto en los señalados en las letras a) y b), en que se estará a lo pactado.

2. En el supuesto de incapacidad temporal, producida la extinción de esta situación con declaración de incapacidad permanente en los grados de incapacidad permanente total para la profesión habitual, absoluta para todo trabajo o gran incapacidad, cuando, a juicio del órgano de calificación, la situación de incapacidad del trabajador vaya a ser previsiblemente objeto de revisión por mejoría que permita su reincorporación al puesto de trabajo, subsistirá la suspensión de la relación laboral, con reserva de puesto de trabajo, durante un periodo de dos años a contar desde la fecha de la resolución por la que se declare la incapacidad permanente[128].

En los supuestos previstos en la letra n) del artículo 49.1 se considerará también que subsiste la suspensión de la relación laboral, con reserva del puesto de trabajo, durante el tiempo en que se resuelven los ajustes razonables o el cambio a un puesto vacante y disponible.

3. En los supuestos de suspensión por ejercicio de cargo público representativo o funciones sindicales de ámbito provincial o superior, el trabajador deberá reincorporarse en el plazo máximo de treinta días naturales a partir de la cesación en el cargo o función.

4. El nacimiento, que comprende el parto y el cuidado de menor, suspenderá el contrato de trabajo de la madre biológica y el del progenitor distinto de la madre biológica durante diecinueve semanas[129].

En el supuesto de monoparentalidad, por existir una única persona progenitora, el periodo de suspensión será de treinta y dos semanas.

En los casos de parto prematuro con falta de peso y en aquellos otros en que el neonato precise, por alguna condición clínica, hospitalización a continuación del parto, por un periodo superior a siete días, el periodo de suspensión se ampliará en tantos días como el nacido se encuentre hospitalizado, con un máximo de trece semanas adicionales, y en los términos en que reglamentariamente se desarrolle.

En el supuesto de fallecimiento del hijo o hija, el periodo de suspensión no se verá reducido, salvo que, una vez finalizadas las seis semanas de descanso obligatorio, se solicite la reincorporación al puesto de trabajo.

---

[128]   Art. 200 LGSS.
[129]   Arts. 177 a 182 LGSS.

En caso de fallecimiento de uno de los progenitores, el otro progenitor podrá hacer uso de la totalidad o, en su caso, de la parte que reste de permiso.

La suspensión del contrato de cada uno de los progenitores por el cuidado de menor se distribuye de la siguiente manera:

a) Seis semanas ininterrumpidas inmediatamente posteriores al parto serán obligatorias y habrán de disfrutarse a jornada completa.

b) Once semanas, veintidós en el caso de monoparentalidad, que podrán distribuirse a voluntad de la persona trabajadora, en períodos semanales a disfrutar de forma acumulada o interrumpida y ejercitarse desde la finalización de la suspensión obligatoria posterior al parto hasta que el hijo o la hija cumpla doce meses. No obstante, la madre biológica podrá anticipar su ejercicio hasta cuatro semanas antes de la fecha previsible del parto.

c) Dos semanas, cuatro en el caso de monoparentalidad, para el cuidado del menor que podrán distribuirse a voluntad de la persona trabajadora, en períodos semanales de forma acumulada o interrumpida hasta que el hijo o la hija cumpla los ocho años.

Este derecho es individual de la persona trabajadora sin que pueda transferirse su ejercicio al otro progenitor.

Las suspensiones previstas en las letras b) y c) podrán disfrutarse en régimen de jornada completa o de jornada parcial, previo acuerdo entre la empresa y la persona trabajadora, y conforme se determine reglamentariamente. La persona trabajadora deberá comunicar a la empresa, con una antelación mínima de quince días, el ejercicio de este derecho en los términos establecidos, en su caso, en los convenios colectivos. Cuando los dos progenitores que ejerzan este derecho trabajen para la misma empresa, la dirección empresarial podrá limitar su ejercicio simultáneo por razones fundadas y objetivas, debidamente motivadas por escrito.

A efectos de lo dispuesto en este apartado, el término de madre biológica incluye también a las personas trans gestantes.

5. En los supuestos de adopción, de guarda con fines de adopción y de acogimiento, de acuerdo con el artículo 45.1.d), la suspensión tendrá una duración de diecinueve semanas para cada adoptante, guardador o acogedor[130].

---

[130]   Arts. 177 ss. LGSS.

En el supuesto de monoparentalidad, por existir una única persona adoptante, guardadora con fines de adopción o acogedora, el periodo de suspensión
será de treinta y dos semanas.

En el supuesto de fallecimiento del menor, el periodo de suspensión no
se verá reducido, salvo que, una vez finalizadas las seis semanas de descanso
obligatorio, se solicite la reincorporación al puesto de trabajo.

En caso de fallecimiento de una de las personas adoptantes, guardadoras
con fines de adopción o acogedoras, la otra persona podrá hacer uso de la
totalidad o, en su caso, de la parte que reste de permiso.

La suspensión del contrato de cada persona adoptante, guardador o acogedora por el cuidado de menor se distribuye de la siguiente manera:

a) Seis semanas deberán disfrutarse a jornada completa de forma obligatoria e ininterrumpida, inmediatamente después de la resolución judicial por la
que se constituye la adopción o bien de la decisión administrativa de guarda
con fines de adopción o de acogimiento.

b) Once semanas, veintidós en el caso de monoparentalidad, que podrán
distribuirse, a voluntad de la persona trabajadora, en períodos semanales a
disfrutar de forma acumulada o interrumpida y ejercitarse dentro de los doce
meses siguientes a la resolución judicial por la que se constituya la adopción
o bien a la decisión administrativa de guarda con fines de adopción o de acogimiento.

c) Dos semanas, cuatro en el caso de monoparentalidad, para el cuidado
del menor que podrán distribuirse, a voluntad de la persona trabajadora, en
períodos semanales de forma acumulada o interrumpida hasta que el menor
cumpla los ocho años.

En ningún caso un mismo menor dará derecho a varios periodos de suspensión en la misma persona trabajadora.

En los supuestos de adopción internacional, cuando sea necesario el desplazamiento previo de los progenitores al país de origen del adoptado, el
periodo de suspensión previsto para cada caso en este apartado podrá iniciarse hasta cuatro semanas antes de la resolución por la que se constituye la
adopción.

Este derecho es individual de la persona trabajadora sin que pueda transferirse su ejercicio al otro adoptante, guardador con fines de adopción o acogedor.

Las suspensiones previstas en las letras b) y c) podrán disfrutarse en régimen de jornada completa o de jornada parcial, previo acuerdo entre la empresa

y la persona trabajadora, y conforme se determine reglamentariamente. La persona trabajadora deberá comunicar a la empresa, con una antelación mínima de quince días, el ejercicio de este derecho en los términos establecidos, en su caso, en los convenios colectivos. Cuando los dos adoptantes, guardadores o acogedores que ejerzan este derecho trabajen para la misma empresa, la dirección empresarial podrá limitar su ejercicio simultáneo por razones fundadas y objetivas, debidamente motivadas por escrito.

6. En el supuesto de discapacidad del hijo o hija en el nacimiento, adopción, en situación de guarda con fines de adopción o de acogimiento, la suspensión del contrato a que se refieren los apartados 4 y 5 tendrá una duración adicional de dos semanas, una para cada una de las personas progenitoras. Igual ampliación procederá en el supuesto de nacimiento, adopción, guarda con fines de adopción o acogimiento múltiple por cada hijo o hija distinta del primero. En caso de haber una única persona progenitora, esta podrá disfrutar de las ampliaciones completas previstas en este apartado para el caso de familias con dos personas progenitoras.

7. En el supuesto de riesgo durante el embarazo[131] o de riesgo durante la lactancia natural[132], en los términos previstos en el artículo 26 de la Ley 31/1995, de 8 de noviembre, de Prevención de Riesgos Laborales, la suspensión del contrato finalizará el día en que se inicie la suspensión del contrato por parto o el lactante cumpla nueve meses, respectivamente, o, en ambos casos, cuando desaparezca la imposibilidad de la trabajadora de reincorporarse a su puesto anterior o a otro compatible con su estado.

8. En el supuesto previsto en el artículo 45.1.n), el periodo de suspensión tendrá una duración inicial que no podrá exceder de seis meses, salvo que de las actuaciones de tutela judicial resultase que la efectividad del derecho de protección de la víctima requiriese la continuidad de la suspensión. En este caso, el juez podrá prorrogar la suspensión por periodos de tres meses, con un máximo de dieciocho meses[133].

9. Los trabajadores se beneficiarán de cualquier mejora en las condiciones de trabajo a la que hubieran podido tener derecho durante la suspensión del contrato en los supuestos a que se refieren los apartados 4 a 8.

---

[131]   Arts. 186-187 LGSS.
[132]   Arts. 188-189 LGSS.
[133]   Arts. 21 a 23 LO 1/2004, de 28 de diciembre, de Medidas de Protección Integral contra la Violencia de Género.

Artículo 48 bis.– 1. Las personas trabajadoras tendrán derecho a un permiso parental, para el cuidado de hijo, hija o menor acogido por tiempo superior a un año, hasta el momento en que el menor cumpla ocho años.

Este permiso, que tendrá una duración no superior a ocho semanas, continuas o discontinuas, podrá disfrutarse a tiempo completo, o en régimen de jornada a tiempo parcial conforme a lo establecido reglamentariamente.

2. Este permiso constituye un derecho individual de las personas trabajadoras, hombres o mujeres, sin que pueda transferirse su ejercicio.

Corresponderá a la persona trabajadora especificar la fecha de inicio y fin del disfrute o, en su caso, de los períodos de disfrute, debiendo comunicarlo a la empresa con una antelación de diez días o la concretada por los convenios colectivos, salvo fuerza mayor, teniendo en cuenta la situación de aquella y las necesidades organizativas de la empresa.

En caso de que dos o más personas trabajadoras generasen este derecho por el mismo sujeto causante o en otros supuestos definidos por los convenios colectivos en los que el disfrute del permiso parental en el período solicitado altere seriamente el correcto funcionamiento de la empresa, ésta podrá aplazar la concesión del permiso por un período razonable, justificándolo por escrito y después de haber ofrecido una alternativa de disfrute igual de flexible.

Sección 4.ª Extinción del contrato

Artículo 49. Extinción del contrato.– 1. El contrato de trabajo se extinguirá:

a) Por mutuo acuerdo de las partes.

b) Por las causas consignadas válidamente en el contrato salvo que las mismas constituyan abuso de derecho manifiesto por parte del empresario.

c) Por expiración del tiempo convenido. A la finalización del contrato, excepto en los contratos formativos y el contrato de duración determinada por causa de sustitución, la persona trabajadora tendrá derecho a recibir una indemnización de cuantía equivalente a la parte proporcional de la cantidad que resultaría de abonar doce días de salario por cada año de servicio, o la establecida, en su caso, en la normativa específica que sea de aplicación[134].

---

[134]   DT 8ª relativa a las indemnizaciones por finalización de contrato temporal. En el ámbito del empleo público, téngase en cuenta la DA 17ª EBEP.

Los contratos de duración determinada que tengan establecido plazo máximo de duración, incluidos los contratos formativos, concertados por una duración inferior a la máxima legalmente establecida, se entenderán prorrogados automáticamente hasta dicho plazo cuando no medie denuncia o prórroga expresa y el trabajador continúe prestando servicios.

Expirada dicha duración máxima, si no hubiera denuncia y se continuara en la prestación laboral, el contrato se considerará prorrogado tácitamente por tiempo indefinido, salvo prueba en contrario que acredite la naturaleza temporal de la prestación.

Si el contrato de trabajo de duración determinada es superior a un año, la parte del contrato que formule la denuncia está obligada a notificar a la otra la terminación del mismo con una antelación mínima de quince días.

d) Por dimisión del trabajador, debiendo mediar el preaviso que señalen los convenios colectivos o la costumbre del lugar.

e) Por muerte de la persona trabajadora.

f) Por jubilación del trabajador[135].

g) Por muerte, jubilación en los casos previstos en el régimen correspondiente de la Seguridad Social[136], o incapacidad del empresario, sin perjuicio de lo dispuesto en el artículo 44, o por extinción de la personalidad jurídica del contratante[137].

En los casos de muerte, jubilación o incapacidad del empresario, el trabajador tendrá derecho al abono de una cantidad equivalente a un mes de salario[138].

En los casos de extinción de la personalidad jurídica del contratante deberán seguirse los trámites del artículo 51.

h) Por fuerza mayor que imposibilite definitivamente la prestación de trabajo, siempre que su existencia haya sido debidamente constatada conforme a lo dispuesto en el artículo 51.7.

---

[135]   DA 10ª ET sobre cláusulas de los convenios colectivos referidas al cumplimiento de la edad ordinaria de jubilación. Para los problemas transitorios de aplicación de esta disposición, D.T. 9ª ET. Arts. 204 y ss. LGSS.

[136]   Arts. 305 y ss. LGSS.

[137]   La STC 37/1986 de 20 de marzo declaró la constitucionalidad de esta causa extintiva referida al empresario individual.

[138]   La STC 304/1993 de 25 de octubre consideró constitucional la indemnización prevista en el precepto.

i) Por despido colectivo fundado en causas económicas, técnicas, organizativas o de producción[139].

j) Por voluntad del trabajador, fundamentada en un incumplimiento contractual del empresario[140].

k) Por despido del trabajador[141].

l) Por causas objetivas legalmente procedentes[142].

m) Por decisión de la trabajadora que se vea obligada a abandonar definitivamente su puesto de trabajo como consecuencia de ser víctima de violencia de género o de violencia sexual[143].

n) Por declaración de gran incapacidad, incapacidad permanente absoluta o total de la persona trabajadora, sin perjuicio de lo dispuesto en el artículo 48.2[144], cuando no sea posible realizar los ajustes razonables por constituir una carga excesiva para la empresa, cuando no exista un puesto de trabajo vacante y disponible, acorde con el perfil profesional y compatible con la nueva situación de la persona trabajadora o cuando existiendo dicha posibilidad la persona trabajadora rechace el cambio de puesto de trabajo adecuadamente propuesto.

Para determinar si la carga es excesiva se tendrá particularmente en cuenta el coste de las medidas de adaptación en relación con el tamaño, los recursos económicos, la situación económica y el volumen de negocios total de la empresa. La carga no se considerará excesiva cuando sea paliada en grado suficiente mediante medidas, ayudas o subvenciones públicas.

Sin perjuicio de lo anterior, en las empresas que empleen a menos de 25 personas trabajadoras se considerará excesiva la carga cuando el coste de adaptación del puesto de trabajo, sin tener en cuenta la parte que pueda ser sufragada con ayudas o subvenciones públicas, supere la cuantía mayor de entre las siguientes:

1.ª La indemnización que correspondiera a la persona trabajadora en virtud de lo establecido en el artículo 56.1.

---

[139]   Art. 51 ET.
[140]   Art. 50 ET.
[141]   Arts. 54 a 57 ET.
[142]   Arts. 52 y 53 ET.
[143]   Arts. 21 a 23 LO 1/2004, de 28 de diciembre, de Medidas de Protección Integral contra la Violencia de Género. Arts. 12 y 38 LO 10/2022, de 6 de septiembre, de garantía integral de la libertad sexual.
[144]   Art. 194 y DT 26ª LGSS.

2.ª Seis meses de salario de la persona trabajadora que solicita la adaptación.

La persona trabajadora dispondrá de un plazo de diez días naturales desde la fecha en que se le notifique la resolución en la que se califique la incapacidad permanente en alguno de los grados citados en el párrafo primero de esta letra n) para manifestar por escrito a la empresa su voluntad de mantener la relación laboral.

La empresa dispondrá de un plazo máximo de tres meses, contados desde la fecha en que se le notifique la resolución en la que se califique la incapacidad permanente, para realizar los ajustes razonables o el cambio de puesto de trabajo. Cuando el ajuste suponga una carga excesiva o no exista puesto de trabajo vacante, la empresa dispondrá del mismo plazo para proceder a la extinción del contrato. La decisión será motivada y deberá comunicarse por escrito a la persona trabajadora.

Los servicios de prevención determinarán, de conformidad con lo establecido en la normativa aplicable y previa consulta con la representación de las personas trabajadoras en materia de prevención de riesgos laborales, el alcance y las características de las medidas de ajuste, incluidas las relativas a la formación, información y vigilancia de la salud de la persona trabajadora, e identificarán los puestos de trabajo compatibles con la nueva situación de la persona trabajadora.

2. El empresario, con ocasión de la extinción del contrato, al comunicar a los trabajadores la denuncia, o, en su caso, el preaviso de la extinción del mismo, deberá acompañar una propuesta del documento de liquidación de las cantidades adeudadas.

El trabajador podrá solicitar la presencia de un representante legal de los trabajadores en el momento de proceder a la firma del recibo del finiquito, haciéndose constar en el mismo el hecho de su firma en presencia de un representante legal de los trabajadores, o bien que el trabajador no ha hecho uso de esta posibilidad. Si el empresario impidiese la presencia del representante en el momento de la firma, el trabajador podrá hacerlo constar en el propio recibo, a los efectos oportunos.

Artículo 50. Extinción por voluntad del trabajador.– 1. Serán causas justas para que el trabajador pueda solicitar la extinción del contrato:

a) Las modificaciones sustanciales en las condiciones de trabajo llevadas a cabo sin respetar lo previsto en el artículo 41 y que redunden en menoscabo de la dignidad del trabajador.

b) La falta de pago o retrasos continuados en el abono del salario pactado[145].

Sin perjuicio de otros supuestos que por el juez, la jueza o el tribunal puedan considerarse causa justa a estos efectos, se entenderá que hay retraso cuando se supere en quince días la fecha fijada para el abono del salario, concurriendo la causa cuando se adeuden al trabajador o la trabajadora, en el período de un año, tres mensualidades completas de salario, aún no consecutivas, o cuando concurra retraso en el pago del salario durante seis meses, aún no consecutivos.

c) Cualquier otro incumplimiento grave de sus obligaciones por parte del empresario, salvo los supuestos de fuerza mayor, así como la negativa del mismo a reintegrar al trabajador o la trabajadora en sus anteriores condiciones de trabajo en los supuestos previstos en los artículos 40 y 41, cuando una sentencia judicial haya declarado los mismos injustificados[146].

2. En tales casos, el trabajador tendrá derecho a las indemnizaciones señaladas para el despido improcedente.

Artículo 51. Despido colectivo[147].– 1. A efectos de lo dispuesto en esta ley se entenderá por despido colectivo la extinción de contratos de trabajo fundada en causas económicas, técnicas, organizativas o de producción cuando, en un periodo de noventa días, la extinción afecte al menos a:

a) Diez trabajadores, en las empresas que ocupen menos de cien trabajadores.

b) El diez por ciento del número de trabajadores de la empresa en aquellas que ocupen entre cien y trescientos trabajadores.

c) Treinta trabajadores en las empresas que ocupen más de trescientos trabajadores.

Se entiende que concurren causas económicas cuando de los resultados de la empresa se desprenda una situación económica negativa, en casos tales

---

[145]   Art. 29 ET.
[146]   Art. 138 LJS.
[147]   Directiva 98/59/CE del Consejo, de 20 de julio de 1998, referente a la aproximación de las legislaciones de los Estados miembros que se refieren a los despidos colectivos. Desarrollado reglamentariamente por el RD 1483/2012, de 29 de octubre, por el que se aprueba el Reglamento de los procedimientos de despido colectivo y de suspensión de contratos y reducción de jornada Art. 124 LJS. Arts. 208 y ss. LGSS.

como la existencia de pérdidas actuales o previstas, o la disminución persistente de su nivel de ingresos ordinarios o ventas. En todo caso, se entenderá que la disminución es persistente si durante tres trimestres consecutivos el nivel de ingresos ordinarios o ventas de cada trimestre es inferior al registrado en el mismo trimestre del año anterior.

Se entiende que concurren causas técnicas cuando se produzcan cambios, entre otros, en el ámbito de los medios o instrumentos de producción; causas organizativas cuando se produzcan cambios, entre otros, en el ámbito de los sistemas y métodos de trabajo del personal o en el modo de organizar la producción y causas productivas cuando se produzcan cambios, entre otros, en la demanda de los productos o servicios que la empresa pretende colocar en el mercado.

Se entenderá igualmente como despido colectivo la extinción de los contratos de trabajo que afecten a la totalidad de la plantilla de la empresa, siempre que el número de trabajadores afectados sea superior a cinco, cuando aquel se produzca como consecuencia de la cesación total de su actividad empresarial fundada en las mismas causas anteriormente señaladas.

Para el cómputo del número de extinciones de contratos a que se refiere el párrafo primero de este apartado, se tendrán en cuenta asimismo cualesquiera otras producidas en el periodo de referencia por iniciativa del empresario en virtud de otros motivos no inherentes a la persona del trabajador distintos de los previstos en el artículo 49.1.c), siempre que su número sea, al menos, de cinco.

Cuando en periodos sucesivos de noventa días y con el objeto de eludir las previsiones contenidas en este artículo, la empresa realice extinciones de contratos al amparo de lo dispuesto en el artículo 52.c) en un número inferior a los umbrales señalados, y sin que concurran causas nuevas que justifiquen tal actuación, dichas nuevas extinciones se considerarán efectuadas en fraude de ley, y serán declaradas nulas y sin efecto.

2. El despido colectivo deberá ir precedido de un periodo de consultas con los representantes legales de los trabajadores de una duración no superior a treinta días naturales, o de quince en el caso de empresas de menos de cincuenta trabajadores. La consulta con los representantes legales de los trabajadores deberá versar, como mínimo, sobre las posibilidades de evitar o reducir los despidos colectivos y de atenuar sus consecuencias mediante el recurso a medidas sociales de acompañamiento, tales como medidas de recolocación o acciones de formación o reciclaje profesional para la mejora de la emplea-

bilidad. La consulta se llevará a cabo en una única comisión negociadora, si bien, de existir varios centros de trabajo, quedará circunscrita a los centros afectados por el procedimiento. La comisión negociadora estará integrada por un máximo de trece miembros en representación de cada una de las partes.

La intervención como interlocutores ante la dirección de la empresa en el procedimiento de consultas corresponderá a los sujetos indicados en el artículo 41.4, en el orden y condiciones señalados en el mismo.

La comisión representativa de los trabajadores deberá quedar constituida con carácter previo a la comunicación empresarial de apertura del periodo de consultas. A estos efectos, la dirección de la empresa deberá comunicar de manera fehaciente a los trabajadores o a sus representantes su intención de iniciar el procedimiento de despido colectivo. El plazo máximo para la constitución de la comisión representativa será de siete días desde la fecha de la referida comunicación, salvo que alguno de los centros de trabajo que vaya a estar afectado por el procedimiento no cuente con representantes legales de los trabajadores, en cuyo caso el plazo será de quince días.

Transcurrido el plazo máximo para la constitución de la comisión representativa, la dirección de la empresa podrá comunicar formalmente a los representantes de los trabajadores y a la autoridad laboral el inicio del periodo de consultas. La falta de constitución de la comisión representativa no impedirá el inicio y transcurso del periodo de consultas, y su constitución con posterioridad al inicio del mismo no comportará, en ningún caso, la ampliación de su duración.

La comunicación de la apertura del periodo de consultas se realizará mediante escrito dirigido por el empresario a los representantes legales de los trabajadores, una copia del cual se hará llegar a la autoridad laboral. En dicho escrito se consignarán los siguientes extremos:

a) La especificación de las causas del despido colectivo conforme a lo establecido en el apartado 1.

b) Número y clasificación profesional de los trabajadores afectados por el despido.

c) Número y clasificación profesional de los trabajadores empleados habitualmente en el último año.

d) Periodo previsto para la realización de los despidos.

e) Criterios tenidos en cuenta para la designación de los trabajadores afectados por los despidos.

f) Copia de la comunicación dirigida a los trabajadores o a sus representan-tes por la dirección de la empresa de su intención de iniciar el procedimiento de despido colectivo.

g) Representantes de los trabajadores que integrarán la comisión negocia-dora o, en su caso, indicación de la falta de constitución de esta en los plazos legales.

La comunicación a los representantes legales de los trabajadores y a la au-toridad laboral deberá ir acompañada de una memoria explicativa de las causas del despido colectivo y de los restantes aspectos señalados en el párrafo an-terior, así como de la documentación contable y fiscal y los informes técnicos, todo ello en los términos que reglamentariamente se establezcan.

Recibida la comunicación, la autoridad laboral dará traslado de la misma a la entidad gestora de las prestaciones por desempleo y recabará, con carácter preceptivo, informe de la Inspección de Trabajo y Seguridad Social que deberá ser evacuado en el improrrogable plazo de quince días desde la notificación a la autoridad laboral de la finalización del periodo de consultas y quedará incorporado al procedimiento.

El informe de la inspección, además de comprobar los extremos de la co-municación y el desarrollo del periodo de consultas, se pronunciará sobre la concurrencia de las causas especificadas por la empresa en la comunicación inicial, y constatará que la documentación presentada por esta se ajusta a la exigida en función de la causa concreta alegada para despedir.

Durante el periodo de consultas, las partes deberán negociar de buena fe, con vistas a la consecución de un acuerdo.

Dicho acuerdo requerirá la conformidad de la mayoría de los representantes legales de los trabajadores o, en su caso, de la mayoría de los miembros de la comisión representativa de los trabajadores siempre que, en ambos casos, representen a la mayoría de los trabajadores del centro o centros de trabajo afectados.

El empresario y la representación de los trabajadores podrán acordar en cualquier momento la sustitución del periodo de consultas por el procedimien-to de mediación o arbitraje que sea de aplicación en el ámbito de la empresa, que deberá desarrollarse dentro del plazo máximo señalado para dicho periodo.

La autoridad laboral velará por la efectividad del periodo de consultas pu-diendo remitir, en su caso, advertencias y recomendaciones a las partes que no supondrán, en ningún caso, la paralización ni la suspensión del procedimiento. Igualmente y sin perjuicio de lo establecido en el párrafo anterior, la autoridad laboral podrá realizar durante el periodo de consultas, a petición conjunta de las partes, las actuaciones de mediación que resulten convenientes con el fin de buscar soluciones a los problemas planteados por el despido colectivo. Con la misma finalidad también podrá realizar funciones de asistencia a petición de cualquiera de las partes o por propia iniciativa.

Transcurrido el periodo de consultas el empresario comunicará a la autoridad laboral el resultado del mismo. Si se hubiera alcanzado acuerdo, trasladará copia íntegra del mismo. En caso contrario, remitirá a los representantes de los trabajadores y a la autoridad laboral la decisión final de despido colectivo que haya adoptado y las condiciones del mismo.

Si en el plazo de quince días desde la fecha de la última reunión celebrada en el periodo de consultas, el empresario no hubiera comunicado a los representantes de los trabajadores y a la autoridad laboral su decisión sobre el despido colectivo, se producirá la caducidad del procedimiento de despido colectivo en los términos que reglamentariamente se establezcan.

3. Cuando la extinción afectase a más del cincuenta por ciento de los trabajadores, se dará cuenta por el empresario de la venta de los bienes de la empresa, excepto de aquellos que constituyen el tráfico normal de la misma, a los representantes legales de los trabajadores y, asimismo, a la autoridad competente.

4. Alcanzado el acuerdo o comunicada la decisión a los representantes de los trabajadores, el empresario podrá notificar los despidos individualmente a los trabajadores afectados, lo que deberá realizar conforme a lo establecido en el artículo 53.1. En todo caso, deberán haber transcurrido como mínimo treinta días entre la fecha de la comunicación de la apertura del periodo de consultas a la autoridad laboral y la fecha de efectos del despido.

5. Los representantes legales de los trabajadores tendrán prioridad de permanencia en la empresa en los supuestos a que se refiere este artículo. Mediante convenio colectivo o acuerdo alcanzado durante el periodo de consultas se podrán establecer prioridades de permanencia a favor de otros colectivos, tales como trabajadores con cargas familiares, mayores de determinada edad o personas con discapacidad.

6. La decisión empresarial podrá impugnarse a través de las acciones previstas para este despido[148]. La interposición de la demanda por los represen-

---

[148]   Véase art. 124 LJS.

tantes de los trabajadores paralizará la tramitación de las acciones individuales iniciadas, hasta la resolución de aquella.

La autoridad laboral podrá impugnar los acuerdos adoptados en el periodo de consultas cuando estime que estos se han alcanzado mediante fraude, dolo, coacción o abuso de derecho a efectos de su posible declaración de nulidad, así como cuando la entidad gestora de las prestaciones por desempleo hubiese informado de que la decisión extintiva empresarial pudiera tener por objeto la obtención indebida de las prestaciones por parte de los trabajadores afectados por inexistencia de la causa motivadora de la situación legal de desempleo.

7. La existencia de fuerza mayor, como causa motivadora de la extinción de los contratos de trabajo, deberá ser constatada por la autoridad laboral, cualquiera que sea el número de los trabajadores afectados, previo procedimiento tramitado conforme a lo dispuesto en este apartado y en sus disposiciones de desarrollo reglamentario.

El procedimiento se iniciará mediante solicitud de la empresa, acompañada de los medios de prueba que estime necesarios y simultánea comunicación a los representantes legales de los trabajadores, quienes ostentarán la condición de parte interesada en la totalidad de la tramitación del procedimiento.

La resolución de la autoridad laboral se dictará, previas las actuaciones e informes indispensables, en el plazo de cinco días desde la solicitud y deberá limitarse, en su caso, a constatar la existencia de la fuerza mayor alegada por la empresa, correspondiendo a esta la decisión sobre la extinción de los contratos, que surtirá efectos desde la fecha del hecho causante de la fuerza mayor. La empresa deberá dar traslado de dicha decisión a los representantes de los trabajadores y a la autoridad laboral.

La autoridad laboral que constate la fuerza mayor podrá acordar que la totalidad o una parte de la indemnización que corresponda a los trabajadores afectados por la extinción de sus contratos sea satisfecha por el Fondo de Garantía Salarial, sin perjuicio del derecho de este a resarcirse del empresario.

8. Las obligaciones de información y documentación previstas en este artículo se aplicarán con independencia de que la decisión relativa a los despidos colectivos haya sido tomada por el empresario o por la empresa que ejerza el control sobre él. Cualquier justificación del empresario basada en el hecho de que la empresa que tomó la decisión no le ha facilitado la información necesaria no podrá ser tomada en consideración a tal efecto.

9. Cuando se trate de procedimientos de despidos colectivos de empresas no incursas en procedimiento concursal, que incluyan trabajadores con cin-

cuenta y cinco o más años de edad que no tuvieren la condición de mutualistas el 1 de enero de 1967, existirá la obligación de abonar las cuotas destinadas a la financiación de un convenio especial respecto de los trabajadores anteriormente señalados en los términos previstos en el texto refundido de la Ley General de la Seguridad Social.

10. La empresa que lleve a cabo un despido colectivo que afecte a más de cincuenta trabajadores deberá ofrecer a los trabajadores afectados un plan de recolocación externa a través de empresas de recolocación autorizadas. Dicho plan, diseñado para un periodo mínimo de seis meses, deberá incluir medidas de formación y orientación profesional, atención personalizada al trabajador afectado y búsqueda activa de empleo. En todo caso, lo anterior no será de aplicación en las empresas que se hubieran sometido a un procedimiento concursal. El coste de la elaboración e implantación de dicho plan no recaerá en ningún caso sobre los trabajadores.

La autoridad laboral, a través del servicio público de empleo competente, verificará la acreditación del cumplimiento de esta obligación y, en su caso, requerirá a la empresa para que proceda a su cumplimiento.

Sin perjuicio de lo establecido en el párrafo anterior y de las responsabilidades administrativas correspondientes[149], el incumplimiento de la obligación establecida en este apartado o de las medidas sociales de acompañamiento asumidas por el empresario, podrá dar lugar a la reclamación de su cumplimiento por parte de los trabajadores.

11. Las empresas que realicen despidos colectivos de acuerdo con lo establecido en este artículo, y que incluyan a trabajadores de cincuenta o más años de edad, deberán efectuar una aportación económica al Tesoro Público de acuerdo con lo establecido legalmente[150].

Artículo 52. Extinción del contrato por causas objetivas.– El contrato podrá extinguirse:

a) Por ineptitud del trabajador conocida o sobrevenida con posterioridad a su colocación efectiva en la empresa. La ineptitud existente con anterioridad al cumplimiento de un periodo de prueba no podrá alegarse con posterioridad a dicho cumplimiento.

---

[149]   Art. 8.14 LISOS.
[150]   DA 16ª Ley 27/2011 y RD 1484/2012, de 29 de octubre.

b) Por falta de adaptación del trabajador a las modificaciones técnicas operadas en su puesto de trabajo, cuando dichos cambios sean razonables. Previamente el empresario deberá ofrecer al trabajador un curso dirigido a facilitar la adaptación a las modificaciones operadas. El tiempo destinado a la formación se considerará en todo caso tiempo de trabajo efectivo y el empresario abonará al trabajador el salario medio que viniera percibiendo. La extinción no podrá ser acordada por el empresario hasta que hayan transcurrido, como mínimo, dos meses desde que se introdujo la modificación o desde que finalizó la formación dirigida a la adaptación.

c) Cuando concurra alguna de las causas previstas en el artículo 51.1 y la extinción afecte a un número inferior al establecido en el mismo.

Los representantes de los trabajadores tendrán prioridad de permanencia en la empresa en el supuesto al que se refiere este apartado[151].

d) (Sin contenido).

e) En el caso de contratos por tiempo indefinido concertados directamente por entidades sin ánimo de lucro para la ejecución de planes y programas públicos determinados, sin dotación económica estable y financiados por las Administraciones Públicas mediante consignaciones presupuestarias o extrapresupuestarias anuales consecuencia de ingresos externos de carácter finalista, por la insuficiencia de la correspondiente consignación para el mantenimiento del contrato de trabajo de que se trate.

Cuando la extinción afecte a un número de trabajadores igual o superior al establecido en el artículo 51.1 se deberá seguir el procedimiento previsto en dicho artículo.

Artículo 53. Forma y efectos de la extinción por causas objetivas.– 1. La adopción del acuerdo de extinción al amparo de lo prevenido en el artículo anterior exige la observancia de los requisitos siguientes:

a) Comunicación escrita al trabajador expresando la causa.

b) Poner a disposición del trabajador, simultáneamente a la entrega de la comunicación escrita, la indemnización de veinte días por año de servicio, prorrateándose por meses los periodos de tiempo inferiores a un año y con un máximo de doce mensualidades[152].

---

[151]   Art. 68. b) ET.
[152]   DA 19ª ET.

Cuando la decisión extintiva se fundase en el artículo 52.c), con alegación de causa económica, y como consecuencia de tal situación económica no se pudiera poner a disposición del trabajador la indemnización a que se refiere el párrafo anterior, el empresario, haciéndolo constar en la comunicación escrita, podrá dejar de hacerlo, sin perjuicio del derecho del trabajador de exigir de aquel su abono cuando tenga efectividad la decisión extintiva.

c) Concesión de un plazo de preaviso de quince días, computado desde la entrega de la comunicación personal al trabajador hasta la extinción del contrato de trabajo. En el supuesto contemplado en el artículo 52.c), del escrito de preaviso se dará copia a la representación legal de los trabajadores para su conocimiento.

2. Durante el periodo de preaviso el trabajador, o su representante legal si se trata de una persona con discapacidad que lo tuviera, tendrá derecho, sin pérdida de su retribución, a una licencia de seis horas semanales con el fin de buscar nuevo empleo.

3. Contra la decisión extintiva podrá recurrir como si se tratase de despido disciplinario[153].

4. Cuando la decisión extintiva del empresario tuviera como móvil algunas de las causas de discriminación prohibidas en la Constitución o en la ley o bien se hubiera producido con violación de derechos fundamentales y libertades públicas del trabajador, la decisión extintiva será nula, debiendo la autoridad judicial hacer tal declaración de oficio.

Será también nula la decisión extintiva en los siguientes supuestos:

a) El de las personas trabajadoras durante los periodos de suspensión del contrato de trabajo por nacimiento, adopción, guarda con fines de adopción, acogimiento, riesgo durante el embarazo, riesgo durante la lactancia natural, a que se refiere el artículo 45.1.d) y e), disfrute del permiso parental a que se refiere el artículo 48 bis, o por enfermedades causadas por embarazo, parto o lactancia natural, o cuando se notifique la decisión en una fecha tal que el plazo de preaviso concedido finalice dentro de dichos periodos.

b) El de las trabajadoras embarazadas, desde la fecha de inicio del embarazo hasta el comienzo del periodo de suspensión a que se refiere la letra a); el de las personas trabajadoras que hayan solicitado uno de los permisos a los que se refieren los apartados 3.b), 4, 5 y 6 del artículo 37, o estén disfrutando

---

[153]   Arts. 120 a 123 LJS.

de ellos, o hayan solicitado o estén disfrutando de las adaptaciones de jornada previstas en el artículo 34.8 o la excedencia prevista en el artículo 46.3; y el de las personas trabajadoras víctimas de violencia de género o de violencia sexual, por el ejercicio de su derecho a la tutela judicial efectiva o de los derechos reconocidos en esta ley para hacer efectiva su protección o su derecho a la asistencia social integral.

c) El de las personas trabajadoras después de haberse reintegrado al trabajo al finalizar los periodos de suspensión del contrato por nacimiento, adopción, guarda con fines de adopción o acogimiento, a que se refiere el artículo 45.1.d), siempre que no hubieran transcurrido más de doce meses desde la fecha del nacimiento, la adopción, la guarda con fines de adopción o el acogimiento.

Lo establecido en las letras anteriores será de aplicación, salvo que, en esos casos, se declare la procedencia de la decisión extintiva por motivos no relacionados con el embarazo o con el ejercicio del derecho a los permisos y excedencia señalados. Para considerarse procedente deberá acreditarse suficientemente que la causa objetiva que sustenta el despido requiere concretamente la extinción del contrato de la persona referida.

En el resto de los supuestos, la decisión extintiva se considerará procedente cuando se acredite la concurrencia de la causa en que se fundamentó la decisión extintiva y se hubiesen cumplido los requisitos establecidos en el apartado 1. En otro caso se considerará improcedente.

No obstante, la no concesión del preaviso o el error excusable en el cálculo de la indemnización no determinará la improcedencia del despido, sin perjuicio de la obligación del empresario de abonar los salarios correspondientes a dicho periodo o al pago de la indemnización en la cuantía correcta, con independencia de los demás efectos que procedan.

5. La calificación por la autoridad judicial de la nulidad, procedencia o improcedencia de la decisión extintiva producirá iguales efectos que los indicados para el despido disciplinario, con las siguientes modificaciones:

a) En caso de procedencia, el trabajador tendrá derecho a la indemnización prevista en el apartado 1, consolidándola de haberla recibido, y se entenderá en situación de desempleo por causa a él no imputable.

b) Si la extinción se declara improcedente y el empresario procede a la readmisión, el trabajador habrá de reintegrarle la indemnización percibida. En caso de sustitución de la readmisión por compensación económica, se deducirá de esta el importe de dicha indemnización[154].

Artículo 54. Despido disciplinario.– 1. El contrato de trabajo podrá extinguirse por decisión del empresario, mediante despido basado en un incumplimiento grave y culpable del trabajador.

2. Se considerarán incumplimientos contractuales[155]:

a) Las faltas repetidas e injustificadas de asistencia o puntualidad al trabajo.

b) La indisciplina o desobediencia en el trabajo.

c) Las ofensas verbales o físicas al empresario o a las personas que trabajan en la empresa o a los familiares que convivan con ellos.

d) La transgresión de la buena fe contractual, así como el abuso de confianza en el desempeño del trabajo.

e) La disminución continuada y voluntaria en el rendimiento de trabajo normal o pactado.

f) La embriaguez habitual o toxicomanía si repercuten negativamente en el trabajo.

g) El acoso por razón de origen racial o étnico, religión o convicciones, discapacidad, edad u orientación sexual y el acoso sexual o por razón de sexo al empresario o a las personas que trabajan en la empresa[156].

Artículo 55. Forma y efectos del despido disciplinario[157].– 1. El despido deberá ser notificado por escrito al trabajador, haciendo figurar los hechos que lo motivan y la fecha en que tendrá efectos.

Por convenio colectivo podrán establecerse otras exigencias formales para el despido.

Cuando el trabajador fuera representante legal de los trabajadores o delegado sindical procederá la apertura de expediente contradictorio, en el que serán oídos, además del interesado, los restantes miembros de la representación a que perteneciere, si los hubiese[158].

---

[154] Téngase en cuenta la DA 1ª Ley 12/2001, en la redacción dada por la Ley 35/2010.
[155] Arts. 6 y 33 RDLRT.
[156] Arts 28 Ley 62/2003, y 7 LOI.
[157] Arts. 103 a 113, 278 a 286 y 297 a 302 LJS.
[158] Art. 68.a) ET.

Si el trabajador estuviera afiliado a un sindicato y al empresario le constase, deberá dar audiencia previa a los delegados sindicales de la sección sindical correspondiente a dicho sindicato[159].

2. Si el despido se realizara inobservando lo establecido en el apartado anterior, el empresario podrá realizar un nuevo despido en el que cumpla los requisitos omitidos en el precedente. Dicho nuevo despido, que solo surtirá efectos desde su fecha, solo cabrá efectuarlo en el plazo de veinte días, a contar desde el siguiente al del primer despido. Al realizarlo, el empresario pondrá a disposición del trabajador los salarios devengados en los días intermedios, manteniéndole durante los mismos en alta en la Seguridad Social.

3. El despido será calificado como procedente, improcedente o nulo.

4. El despido se considerará procedente cuando quede acreditado el incumplimiento alegado por el empresario en su escrito de comunicación. Será improcedente en caso contrario o cuando en su forma no se ajustara a lo establecido en el apartado 1.

5. Será nulo el despido que tenga por móvil alguna de las causas de discriminación prohibidas en la Constitución Española o en la ley, o bien se produzca con violación de derechos fundamentales y libertades públicas de la persona trabajadora.

Será también nulo el despido, en los siguientes supuestos:

a) El de las personas trabajadoras durante los periodos de suspensión del contrato de trabajo por nacimiento, adopción, guarda con fines de adopción, acogimiento, riesgo durante el embarazo, riesgo durante la lactancia natural a que se refiere el artículo 45.1.d) y e), disfrute del permiso parental a que se refiere el artículo 48 bis, o por enfermedades causadas por embarazo, parto o lactancia natural, o cuando se notifique la decisión en una fecha tal que el plazo de preaviso concedido finalice dentro de dichos periodos.

b) El de las trabajadoras embarazadas, desde la fecha de inicio del embarazo hasta el comienzo del periodo de suspensión a que se refiere la letra a); el de las personas trabajadoras que hayan solicitado uno de los permisos a los que se refieren los apartados 3.b), 4, 5 y 6 del artículo 37, o estén disfrutando de ellos, o hayan solicitado o estén disfrutando de las adaptaciones de jornada previstas en el artículo 34.8 o la excedencia prevista en el artículo 46.3; y el de las personas trabajadoras víctimas de violencia de género o de violencia sexual,

---

[159]   Art. 10.3.3 LOLS.

por el ejercicio de su derecho a la tutela judicial efectiva o de los derechos reconocidos en esta ley para hacer efectiva su protección o su derecho a la asistencia social integral.

c) El de las personas trabajadoras después de haberse reintegrado al trabajo al finalizar los periodos de suspensión del contrato por nacimiento, adopción, guarda con fines de adopción o acogimiento, a que se refiere el artículo 45.1.d), siempre que no hubieran transcurrido más de doce meses desde la fecha del nacimiento, la adopción, la guarda con fines de adopción o el acogimiento.

Lo establecido en las letras anteriores será de aplicación, salvo que, en esos casos, se declare la procedencia del despido por motivos no relacionados con el embarazo o con el ejercicio del derecho a los permisos y excedencia señalados.

6. El despido nulo tendrá el efecto de la readmisión inmediata del trabajador, con abono de los salarios dejados de percibir.

7. El despido procedente convalidará la extinción del contrato de trabajo que con aquel se produjo, sin derecho a indemnización ni a salarios de tramitación.

Artículo 56. Despido improcedente[160].– 1. Cuando el despido sea declarado improcedente, el empresario, en el plazo de cinco días desde la notificación de la sentencia, podrá optar entre la readmisión del trabajador o el abono de una indemnización equivalente a treinta y tres días de salario por año de servicio, prorrateándose por meses los periodos de tiempo inferiores a un año, hasta un máximo de veinticuatro mensualidades[161]. La opción por la indemnización determinará la extinción del contrato de trabajo, que se entenderá producida en la fecha del cese efectivo en el trabajo.

2. En caso de que se opte por la readmisión, el trabajador tendrá derecho a los salarios de tramitación. Estos equivaldrán a una cantidad igual a la suma de los salarios dejados de percibir desde la fecha de despido hasta la notificación de la sentencia que declarase la improcedencia o hasta que hubiera encontrado otro empleo, si tal colocación fuera anterior a dicha sentencia y se probase por el empresario lo percibido, para su descuento de los salarios de tramitación.

---

[160]   Arts. 103 a 113 y 278 a 288 de la LJS.
[161]   DT 11ª ET.

3. En el supuesto de no optar el empresario por la readmisión o la indemnización, se entiende que procede la primera.

4. Si el despedido fuera un representante legal de los trabajadores o un delegado sindical, la opción corresponderá siempre a este[162]. De no efectuar la opción, se entenderá que lo hace por la readmisión. Cuando la opción, expresa o presunta, sea en favor de la readmisión, esta será obligada. Tanto si opta por la indemnización como si lo hace por la readmisión, tendrá derecho a los salarios de tramitación a los que se refiere el apartado 2.

5. Cuando la sentencia que declare la improcedencia del despido se dicte transcurridos más de noventa días hábiles desde la fecha en que se presentó la demanda, el empresario podrá reclamar del Estado el abono de la percepción económica a la que se refiere el apartado 2, correspondiente al tiempo que exceda de dichos noventa días hábiles[163].

En los casos de despido en que, con arreglo a este apartado, sean por cuenta del Estado los salarios de tramitación, serán con cargo al mismo las cuotas de la Seguridad Social correspondientes a dichos salarios.

Sección 5.ª Procedimiento concursal

Artículo 57. Procedimiento concursal.– En caso de concurso, a los supuestos de modificación, suspensión y extinción colectivas de los contratos de trabajo y de sucesión de empresa, se aplicarán las especialidades previstas en la Ley 22/2003, de 9 de julio, Concursal[164].

CAPÍTULO IV. Faltas y sanciones de los trabajadores

Artículo 58. Faltas y sanciones de los trabajadores[165].**–** 1. Los trabajadores podrán ser sancionados por la dirección de las empresas en virtud de incumplimientos laborales, de acuerdo con la graduación de faltas y sanciones que se establezcan en las disposiciones legales o en el convenio colectivo que sea aplicable.

---

[162] Art. 30.4 LPRL.
[163] Arts. 116 a119 LJS. DT 18ª ET.
[164] Art. 64 Ley 22/2003, de 9 de julio, Concursal.
[165] Arts. 114 y 115 LJS. Arts. 68 a) ET y 10.3 LOLS.

2. La valoración de las faltas y las correspondientes sanciones impuestas por la dirección de la empresa serán siempre revisables ante la jurisdicción social. La sanción de las faltas graves y muy graves requerirá comunicación escrita al trabajador, haciendo constar la fecha y los hechos que la motivan.

3. No se podrán imponer sanciones que consistan en la reducción de la duración de las vacaciones u otra minoración de los derechos al descanso del trabajador o multa de haber.

CAPÍTULO V. Plazos de prescripción

Sección 1.ª Prescripción de acciones derivadas del contrato

Artículo 59. Prescripción y caducidad.– 1. Las acciones derivadas del contrato de trabajo que no tengan señalado plazo especial prescribirán al año de su terminación.

A estos efectos, se considerará terminado el contrato:

a) El día en que expire el tiempo de duración convenido o fijado por disposición legal o convenio colectivo.

b) El día en que termine la prestación de servicios continuados, cuando se haya dado esta continuidad por virtud de prórroga expresa o tácita.

2. Si la acción se ejercita para exigir percepciones económicas o para el cumplimiento de obligaciones de tracto único, que no puedan tener lugar después de extinguido el contrato, el plazo de un año se computará desde el día en que la acción pudiera ejercitarse.

3. El ejercicio de la acción contra el despido o resolución de contratos temporales caducará a los veinte días siguientes de aquel en que se hubiera producido. Los días serán hábiles y el plazo de caducidad a todos los efectos[166].

El plazo de caducidad quedará interrumpido por la presentación de la solicitud de conciliación ante el órgano público de mediación, arbitraje y conciliación competente[167].

4. Lo previsto en el apartado anterior será de aplicación a las acciones contra las decisiones empresariales en materia de movilidad geográfica y modificación sustancial de condiciones de trabajo. El plazo se computará desde

---

[166]   Art. 103 LJS.
[167]   Arts. 63 a 68 LJS.

el día siguiente a la fecha de notificación de la decisión empresarial, tras la finalización, en su caso, del periodo de consultas[168].

Sección 2.ª Prescripción de las infracciones y faltas

Artículo 60. Prescripción.– 1. Las infracciones cometidas por el empresario prescribirán conforme a lo establecido en el texto refundido de la Ley sobre Infracciones y Sanciones en el Orden Social, aprobado por el Real Decreto Legislativo 5/2000, de 4 de agosto[169].

2. Respecto a los trabajadores, las faltas leves prescribirán a los diez días; las graves, a los veinte días, y las muy graves, a los sesenta días a partir de la fecha en que la empresa tuvo conocimiento de su comisión y, en todo caso, a los seis meses de haberse cometido.

TÍTULO II. De los derechos de representación colectiva y de reunión de los trabajadores en la empresa

CAPÍTULO I. Del derecho de representación colectiva[170]

Artículo 61. Participación.– De conformidad con lo dispuesto en el artículo 4 y sin perjuicio de otras formas de participación, los trabajadores tienen derecho a participar en la empresa a través de los órganos de representación regulados en este título[171].

Sección 1.ª Órganos de representación

Artículo 62. Delegados de personal.– 1. La representación de los trabajadores en la empresa o centro de trabajo que tengan menos de cincuenta y más de diez trabajadores corresponde a los delegados de personal. Igualmente podrá haber un delegado de personal en aquellas empresas o centros que cuenten entre seis y diez trabajadores, si así lo decidieran estos por mayoría.

---

[168]   Art. 138 LJS.
[169]   Art. 4 LISOS.
[170]   RD 1844/1994, de 8 de septiembre por el que se aprueba el Reglamento de elecciones a órganos de representación de los trabajadores en la empresa.
[171]   Art. 129 CE.

Los trabajadores elegirán, mediante sufragio libre, personal, secreto y directo a los delegados de personal en el número siguiente: hasta treinta trabajadores, uno; de treinta y uno a cuarenta y nueve, tres.

2. Los delegados de personal ejercerán mancomunadamente ante el empresario la representación para la que fueron elegidos y tendrán las mismas competencias establecidas para los comités de empresa[172].

Los delegados de personal observarán las normas que sobre sigilo profesional están establecidas para los miembros de comités de empresa en el artículo 65.

Artículo 63. Comités de empresa[173].– 1. El comité de empresa es el órgano representativo y colegiado del conjunto de los trabajadores en la empresa o centro de trabajo para la defensa de sus intereses, constituyéndose en cada centro de trabajo cuyo censo sea de cincuenta o más trabajadores[174].

2. En la empresa que tenga en la misma provincia, o en municipios limítrofes, dos o más centros de trabajo cuyos censos no alcancen los cincuenta trabajadores, pero que en su conjunto lo sumen, se constituirá un comité de empresa conjunto. Cuando unos centros tengan cincuenta trabajadores y otros de la misma provincia no, en los primeros se constituirán comités de empresa propios y con todos los segundos se constituirá otro.

3. Solo por convenio colectivo podrá pactarse la constitución y funcionamiento de un comité intercentros con un máximo de trece miembros, que serán designados de entre los componentes de los distintos comités de centro.

En la constitución del comité intercentros se guardará la proporcionalidad de los sindicatos según los resultados electorales considerados globalmente.

Tales comités intercentros no podrán arrogarse otras funciones que las que expresamente se les conceda en el convenio colectivo en que se acuerde su creación.

Artículo 64. Derechos de información y consulta y competencias.– 1. El comité de empresa tendrá derecho a ser informado y consultado por el empresario sobre aquellas cuestiones que puedan afectar a los trabajadores, así

---

[172]   Art. 64 ET.
[173]   Ley 10/2011, de 19 de mayo sobre derechos de información y consulta de los trabajadores en las empresas y grupos de empresas de dimensión comunitaria.
[174]   Art. 1.5 ET.

como sobre la situación de la empresa y la evolución del empleo en la misma, en los términos previstos en este artículo.

Se entiende por información la transmisión de datos por el empresario al comité de empresa, a fin de que este tenga conocimiento de una cuestión determinada y pueda proceder a su examen. Por consulta se entiende el intercambio de opiniones y la apertura de un diálogo entre el empresario y el comité de empresa sobre una cuestión determinada, incluyendo, en su caso, la emisión de informe previo por parte del mismo.

En la definición o aplicación de los procedimientos de información y consulta, el empresario y el comité de empresa actuarán con espíritu de cooperación, en cumplimiento de sus derechos y obligaciones recíprocas, teniendo en cuenta tanto los intereses de la empresa como los de los trabajadores.

2. El comité de empresa tendrá derecho a ser informado trimestralmente:

a) Sobre la evolución general del sector económico a que pertenece la empresa.

b) Sobre la situación económica de la empresa y la evolución reciente y probable de sus actividades, incluidas las actuaciones medioambientales que tengan repercusión directa en el empleo, así como sobre la producción y ventas, incluido el programa de producción.

c) Sobre las previsiones del empresario de celebración de nuevos contratos, con indicación del número de estos y de las modalidades y tipos que serán utilizados, incluidos los contratos a tiempo parcial, la realización de horas complementarias por los trabajadores contratados a tiempo parcial y de los supuestos de subcontratación[175].

d) De las estadísticas sobre el índice de absentismo y las causas, los accidentes de trabajo y enfermedades profesionales y sus consecuencias, los índices de siniestralidad, los estudios periódicos o especiales del medio ambiente laboral y los mecanismos de prevención que se utilicen[176].

e) Ser informado por la empresa de las medidas de actuación previstas con motivo de la activación de alertas por catástrofes y otros fenómenos meteorológicos adversos, sin perjuicio de los derechos de información, consulta y participación previstos en la Ley de Prevención de Riesgos Laborales. Todo ello a los efectos de la adopción de las respectivas medidas y decisiones,

---

[175]   Art. 42 ET.
[176]   Art. 18 LPRL.

incluidas, entre otras, las previstas en el artículo 21 de la Ley 31/1995, de 8 de noviembre.

3. También tendrá derecho a recibir información, al menos anualmente, relativa a la aplicación en la empresa del derecho de igualdad de trato y de oportunidades entre mujeres y hombres, en la que deberá incluirse el registro previsto en el artículo 28.2 y los datos sobre la proporción de mujeres y hombres en los diferentes niveles profesionales, así como, en su caso, sobre las medidas que se hubieran adoptado para fomentar la igualdad entre mujeres y hombres en la empresa y, de haberse establecido un plan de igualdad, sobre la aplicación del mismo.

4. El comité de empresa, con la periodicidad que proceda en cada caso, tendrá derecho a:

a) Conocer el balance, la cuenta de resultados, la memoria y, en el caso de que la empresa revista la forma de sociedad por acciones o participaciones, los demás documentos que se den a conocer a los socios, y en las mismas condiciones que a estos.

b) Conocer los modelos de contrato de trabajo escrito que se utilicen en la empresa así como los documentos relativos a la terminación de la relación laboral[177].

c) Ser informado de todas las sanciones impuestas por faltas muy graves.

d) Ser informado por la empresa de los parámetros, reglas e instrucciones en que se basan los algoritmos o sistemas de inteligencia artificial que afectan a la toma de decisiones que pueden incidir en las condiciones de trabajo, el acceso y mantenimiento del empleo, incluida la elaboración de perfiles.

Asimismo, el comité de empresa tendrá derecho a recibir la copia básica de los contratos así como la notificación de las prórrogas y de las denuncias correspondientes a los mismos en el plazo de diez días siguientes a que tuvieran lugar.

5. El comité de empresa tendrá derecho a ser informado y consultado sobre la situación y estructura del empleo en la empresa o en el centro de trabajo, así como a ser informado trimestralmente sobre la evolución probable del mismo, incluyendo la consulta cuando se prevean cambios al respecto.

---

[177]   Arts. 8 y 49 ET.

Asimismo, tendrá derecho a ser informado y consultado sobre todas las decisiones de la empresa que pudieran provocar cambios relevantes en cuanto a la organización del trabajo y a los contratos de trabajo en la empresa. Igualmente tendrá derecho a ser informado y consultado sobre la adopción de eventuales medidas preventivas, especialmente en caso de riesgo para el empleo.

El comité de empresa tendrá derecho a emitir informe, con carácter previo a la ejecución por parte del empresario de las decisiones adoptadas por este, sobre las siguientes cuestiones:

a) Las reestructuraciones de plantilla y ceses totales o parciales, definitivos o temporales, de aquella[178].

b) Las reducciones de jornada.

c) El traslado total o parcial de las instalaciones.

d) Los procesos de fusión, absorción o modificación del estatus jurídico de la empresa que impliquen cualquier incidencia que pueda afectar al volumen de empleo[179].

e) Los planes de formación profesional en la empresa.

f) La implantación y revisión de sistemas de organización y control del trabajo, estudios de tiempos, establecimiento de sistemas de primas e incentivos y valoración de puestos de trabajo.

6. La información se deberá facilitar por el empresario al comité de empresa, sin perjuicio de lo establecido específicamente en cada caso, en un momento, de una manera y con un contenido apropiados, que permitan a los representantes de los trabajadores proceder a su examen adecuado y preparar, en su caso, la consulta y el informe.

La consulta deberá realizarse, salvo que expresamente esté establecida otra cosa, en un momento y con un contenido apropiados, en el nivel de dirección y representación correspondiente de la empresa, y de tal manera que permita a los representantes de los trabajadores, sobre la base de la información recibida, reunirse con el empresario, obtener una respuesta justificada a su eventual informe y poder contrastar sus puntos de vista u opiniones con objeto, en su caso, de poder llegar a un acuerdo sobre las cuestiones indicadas en el apartado 5, y ello sin perjuicio de las facultades que se reconocen al empresario al respecto en relación con cada una de dichas cuestiones. En todo

---

[178]   Art. 51 ET.
[179]   Art. 44 ET.

caso, la consulta deberá permitir que el criterio del comité pueda ser conocido por el empresario a la hora de adoptar o de ejecutar las decisiones.

Los informes que deba emitir el comité de empresa tendrán que elaborarse en el plazo máximo de quince días desde que hayan sido solicitados y remitidas las informaciones correspondientes.

7. El comité de empresa tendrá también las siguientes competencias:

a) Ejercer una labor:

1.º De vigilancia en el cumplimiento de las normas vigentes en materia laboral, de seguridad social y de empleo, así como del resto de los pactos, condiciones y usos de empresa en vigor, formulando, en su caso, las acciones legales oportunas ante el empresario y los organismos o tribunales competentes.

2.º De vigilancia y control de las condiciones de seguridad y salud en el desarrollo del trabajo en la empresa, con las particularidades previstas en este orden por el artículo 19[180].

3.º De vigilancia del respeto y aplicación del principio de igualdad de trato y de oportunidades entre mujeres y hombres, especialmente en materia salarial.

b) Participar, como se determine por convenio colectivo, en la gestión de obras sociales establecidas en la empresa en beneficio de los trabajadores o de sus familiares.

c) Colaborar con la dirección de la empresa para conseguir el establecimiento de cuantas medidas procuren el mantenimiento y el incremento de la productividad, así como la sostenibilidad ambiental de la empresa, si así está pactado en los convenios colectivos.

d) Colaborar con la dirección de la empresa en el establecimiento y puesta en marcha de medidas de conciliación.

e) Informar a sus representados en todos los temas y cuestiones señalados en este artículo en cuanto directa o indirectamente tengan o puedan tener repercusión en las relaciones laborales.

8. Lo dispuesto en el presente artículo se entenderá sin perjuicio de las disposiciones específicas previstas en otros artículos de esta ley o en otras normas legales o reglamentarias.

9. Respetando lo establecido legal o reglamentariamente, en los convenios colectivos se podrán establecer disposiciones específicas relativas al conteni-

---

[180]   Arts. 33 y 34 de la LPRL.

do y a las modalidades de ejercicio de los derechos de información y consulta previstos en este artículo, así como al nivel de representación más adecuado para ejercerlos.

Artículo 65. Capacidad y sigilo profesional.– 1. Se reconoce al comité de empresa capacidad, como órgano colegiado, para ejercer acciones administrativas o judiciales en todo lo relativo al ámbito de sus competencias, por decisión mayoritaria de sus miembros.

2. Los miembros del comité de empresa y este en su conjunto, así como, en su caso, los expertos que les asistan, deberán observar el deber de sigilo con respecto a aquella información que, en legítimo y objetivo interés de la empresa o del centro de trabajo, les haya sido expresamente comunicada con carácter reservado.

3. En todo caso, ningún tipo de documento entregado por la empresa al comité podrá ser utilizado fuera del estricto ámbito de aquella ni para fines distintos de los que motivaron su entrega[181].

El deber de sigilo subsistirá incluso tras la expiración de su mandato e independientemente del lugar en que se encuentren.

4. Excepcionalmente, la empresa no estará obligada a comunicar aquellas informaciones específicas relacionadas con secretos industriales, financieros o comerciales cuya divulgación pudiera, según criterios objetivos, obstaculizar el funcionamiento de la empresa o del centro de trabajo u ocasionar graves perjuicios en su estabilidad económica.

Esta excepción no abarca aquellos datos que tengan relación con el volumen de empleo en la empresa.

5. La impugnación de las decisiones de la empresa de atribuir carácter reservado o de no comunicar determinadas informaciones a los representantes de los trabajadores se tramitará conforme al proceso de conflictos colectivos regulado en el capítulo VIII del título II del libro segundo de la Ley 36/2011, de 10 de octubre, reguladora de la Jurisdicción Social.

Asimismo, se tramitarán conforme a este proceso los litigios relativos al cumplimiento por los representantes de los trabajadores y por los expertos que les asistan de su obligación de sigilo.

---

[181]   Art. 37 LPRL.

Lo dispuesto en este apartado se entiende sin perjuicio de lo previsto en el texto refundido de la Ley sobre Infracciones y Sanciones en el Orden Social, aprobado por el Real Decreto Legislativo 5/2000, de 4 de agosto, para los casos de negativa injustificada de la información a que tienen derecho los representantes de los trabajadores.

Artículo 66. Composición.– 1. El número de miembros del comité de empresa se determinará de acuerdo con la siguiente escala:

a) De cincuenta a cien trabajadores, cinco.

b) De ciento uno a doscientos cincuenta trabajadores, nueve.

c) De doscientos cincuenta y uno a quinientos trabajadores, trece.

d) De quinientos uno a setecientos cincuenta trabajadores, diecisiete.

e) De setecientos cincuenta y uno a mil trabajadores, veintiuno.

f) De mil en adelante, dos por cada mil o fracción, con el máximo de setenta y cinco.

2. Los comités de empresa o centro de trabajo elegirán de entre sus miembros un presidente y un secretario del comité, y elaborarán su propio reglamento de procedimiento, que no podrá contravenir lo dispuesto en la ley, remitiendo copia del mismo a la autoridad laboral, a efectos de registro, y a la empresa.

Los comités deberán reunirse cada dos meses o siempre que lo solicite un tercio de sus miembros o un tercio de los trabajadores representados[182].

Artículo 67. Promoción de elecciones y mandato electoral.– 1. Podrán promover elecciones a delegados de personal y miembros de comités de empresa las organizaciones sindicales más representativas, las que cuenten con un mínimo de un diez por ciento de representantes en la empresa o los trabajadores del centro de trabajo por acuerdo mayoritario. Los sindicatos con capacidad de promoción de elecciones tendrán derecho a acceder a los registros de las Administraciones Públicas que contengan datos relativos a la inscripción de empresas y altas de trabajadores, en la medida necesaria para llevar a cabo tal promoción en sus respectivos ámbitos.

Los promotores comunicarán a la empresa y a la oficina pública dependiente de la autoridad laboral su propósito de celebrar elecciones con un plazo mínimo de, al menos, un mes de antelación al inicio del proceso electoral[183].

---

[182]   Art. 10.3.2. LOLS.
[183]   DA 12ª ET.

En dicha comunicación los promotores deberán identificar con precisión la empresa y el centro de trabajo de esta en que se desea celebrar el proceso electoral y la fecha de inicio de este, que será la de constitución de la mesa electoral y que, en todo caso, no podrá comenzar antes de un mes ni más allá de tres meses contabilizados a partir del registro de la comunicación en la oficina pública dependiente de la autoridad laboral. Esta oficina pública, dentro del siguiente día hábil, expondrá en el tablón de anuncios los preavisos presentados, facilitando copia de los mismos a los sindicatos que así lo soliciten.

Solo previo acuerdo mayoritario entre los sindicatos más representativos o representativos de conformidad con la Ley Orgánica 11/1985, de 2 de agosto, de Libertad Sindical, podrá promoverse la celebración de elecciones de manera generalizada en uno o varios ámbitos funcionales o territoriales. Dichos acuerdos deberán comunicarse a la oficina pública dependiente de la autoridad laboral para su depósito y publicidad.

Cuando se promuevan elecciones para renovar la representación por conclusión de la duración del mandato, tal promoción solo podrá efectuarse a partir de la fecha en que falten tres meses para el vencimiento del mandato.

Podrán promoverse elecciones parciales por dimisiones, revocaciones o ajustes de la representación por incremento de plantilla. Los convenios colectivos podrán prever lo necesario para acomodar la representación de los trabajadores a las disminuciones significativas de plantilla que puedan tener lugar en la empresa. En su defecto, dicha acomodación deberá realizarse por acuerdo entre la empresa y los representantes de los trabajadores.

2. El incumplimiento de cualquiera de los requisitos establecidos en este artículo para la promoción de elecciones determinará la falta de validez del correspondiente proceso electoral; ello no obstante, la omisión de la comunicación a la empresa podrá suplirse por medio del traslado a la misma de una copia de la comunicación presentada a la oficina pública dependiente de la autoridad laboral, siempre que el traslado de la copia se produzca con una anterioridad mínima de veinte días respecto de la fecha de iniciación del proceso electoral fijado en el escrito de promoción.

La renuncia a la promoción con posterioridad a la comunicación de la oficina pública dependiente de la autoridad laboral no impedirá el desarrollo del proceso electoral, siempre que se cumplan todos los requisitos que permitan la validez del mismo.

En caso de concurrencia de promotores para la realización de elecciones en una empresa o centro de trabajo se considerará válida, a efectos de iniciación del proceso electoral, la primera convocatoria registrada, excepto en los supuestos en los que la mayoría sindical de la empresa o centro de trabajo con comité de empresa hayan presentado otra fecha distinta, en cuyo caso prevalecerá esta última, siempre y cuando dichas convocatorias cumplan con los requisitos establecidos. En este último supuesto la promoción deberá acompañarse de una comunicación fehaciente de dicha promoción de elecciones a los que hubieran realizado otra u otras con anterioridad.

3. La duración del mandato de los delegados de personal y de los miembros del comité de empresa será de cuatro años, entendiéndose que se mantendrán en funciones en el ejercicio de sus competencias y de sus garantías hasta tanto no se hubiesen promovido y celebrado nuevas elecciones[184].

Solamente podrán ser revocados los delegados de personal y miembros del comité durante su mandato, por decisión de los trabajadores que los hayan elegido, mediante asamblea convocada al efecto a instancia de un tercio, como mínimo, de los electores y por mayoría absoluta de estos, mediante sufragio personal, libre, directo y secreto. No obstante, esta revocación no podrá efectuarse durante la tramitación de un convenio colectivo, ni replantearse hasta transcurridos, por lo menos, seis meses.

4. En el caso de producirse vacante por cualquier causa en los comités de empresa o de centros de trabajo, aquella se cubrirá automáticamente por el trabajador siguiente en la lista a la que pertenezca el sustituido. Cuando la vacante se refiera a los delegados de personal, se cubrirá automáticamente por el trabajador que hubiera obtenido en la votación un número de votos inmediatamente inferior al último de los elegidos. El sustituto lo será por el tiempo que reste del mandato.

5. Las sustituciones, revocaciones, dimisiones y extinciones de mandato se comunicarán a la oficina pública dependiente de la autoridad laboral y al empresario, publicándose asimismo en el tablón de anuncios.

Artículo 68. Garantías.– Los miembros del comité de empresa y los delegados de personal, como representantes legales de los trabajadores, tendrán, a salvo de lo que se disponga en los convenios colectivos, las siguientes garantías[185]:

---

[184]   No obstante, art. 44.5 ET para algunos supuestos de transmisión de empresa.
[185]   Arts. 10.3 de la LOLS y 30 y 37 LPRL

a) Apertura de expediente contradictorio en el supuesto de sanciones por faltas graves o muy graves, en el que serán oídos, aparte del interesado, el comité de empresa o restantes delegados de personal[186].

b) Prioridad de permanencia en la empresa o centro de trabajo respecto de los demás trabajadores, en los supuestos de suspensión o extinción por causas tecnológicas o económicas[187].

c) No ser despedido ni sancionado durante el ejercicio de sus funciones ni dentro del año siguiente a la expiración de su mandato, salvo en caso de que esta se produzca por revocación o dimisión, siempre que el despido o sanción se base en la acción del trabajador en el ejercicio de su representación, sin perjuicio, por tanto, de lo establecido en el artículo 54. Asimismo no podrá ser discriminado en su promoción económica o profesional en razón, precisamente, del desempeño de su representación.

d) Expresar, colegiadamente si se trata del comité, con libertad sus opiniones en las materias concernientes a la esfera de su representación, pudiendo publicar y distribuir, sin perturbar el normal desenvolvimiento del trabajo, las publicaciones de interés laboral o social, comunicándolo a la empresa.

e) Disponer de un crédito de horas mensuales retribuidas cada uno de los miembros del comité o delegado de personal en cada centro de trabajo, para el ejercicio de sus funciones de representación, de acuerdo con la siguiente escala:

1.º Hasta cien trabajadores, quince horas.

2.º De ciento uno a doscientos cincuenta trabajadores, veinte horas.

3.º De doscientos cincuenta y uno a quinientos trabajadores, treinta horas.

4.º De quinientos uno a setecientos cincuenta trabajadores, treinta y cinco horas.

5.º De setecientos cincuenta y uno en adelante, cuarenta horas.

Podrá pactarse en convenio colectivo la acumulación de horas de los distintos miembros del comité de empresa y, en su caso, de los delegados de personal, en uno o varios de sus componentes, sin rebasar el máximo total, pudiendo quedar relevado o relevados del trabajo, sin perjuicio de su remuneración.

---

[186]   Arts. 55.1 ET y 106.2, 114.2 y 115.1.d) de la LJS.
[187]   Arts. 40.5, 51.5 y 52.c) ET.

Sección 2.ª Procedimiento electoral

Artículo 69. Elección.– 1. Los delegados de personal y los miembros del comité de empresa se elegirán por todos los trabajadores mediante sufragio personal, directo, libre y secreto, que podrá emitirse por correo en la forma que establezcan las disposiciones de desarrollo de esta ley.

2. Serán electores todos los trabajadores de la empresa o centro de trabajo mayores de dieciséis años y con una antigüedad en la empresa de, al menos, un mes, y elegibles los trabajadores que tengan dieciocho años cumplidos y una antigüedad en la empresa de, al menos, seis meses, salvo en aquellas actividades en que, por movilidad de personal, se pacte en convenio colectivo un plazo inferior, con el límite mínimo de tres meses de antigüedad.

Los trabajadores extranjeros podrán ser electores y elegibles cuando reúnan las condiciones a que se refiere el párrafo anterior

3. Se podrán presentar candidatos para las elecciones de delegados de personal y miembros del comité de empresa por los sindicatos de trabajadores legalmente constituidos o por las coaliciones formadas por dos o más de ellos, que deberán tener una denominación concreta atribuyéndose sus resultados a la coalición. Igualmente podrán presentarse los trabajadores que avalen su candidatura con un número de firmas de electores de su mismo centro y colegio, en su caso, equivalente al menos a tres veces el número de puestos a cubrir.

Artículo 70. Votación para delegados.– En la elección para delegados de personal, cada elector podrá dar su voto a un número máximo de aspirantes equivalente al de puestos a cubrir entre los candidatos proclamados. Resultarán elegidos los que obtengan el mayor número de votos. En caso de empate, resultará elegido el trabajador de mayor antigüedad en la empresa.

Artículo 71. Elección para el comité de empresa.– 1. En las empresas de más de cincuenta trabajadores, el censo de electores y elegibles se distribuirá en dos colegios, uno integrado por los técnicos y administrativos y otro por los trabajadores especialistas y no cualificados.

Por convenio colectivo, y en función de la composición profesional del sector de actividad productiva o de la empresa, podrá establecerse un nuevo colegio que se adapte a dicha composición. En tal caso, las normas electorales de este título se adaptarán a dicho número de colegios. Los puestos del comité serán repartidos proporcionalmente en cada empresa según el número de trabajadores que formen los colegios electorales mencionados. Si en la división resultaren cocientes con fracciones, se adjudicará la unidad fraccionaria al grupo al que correspondería la fracción más alta; si fueran iguales, la adjudicación será por sorteo.

2. En las elecciones a miembros del comité de empresa la elección se ajustará a las siguientes reglas:

a) Cada elector podrá dar su voto a una sola de las listas presentadas para los del comité que corresponda a su colegio. Estas listas deberán contener, como mínimo, tantos nombres como puestos a cubrir. No obstante, la renuncia de cualquier candidato presentado en algunas de las listas para las elecciones antes de la fecha de la votación no implicará la suspensión del proceso electoral ni la anulación de dicha candidatura aun cuando sea incompleta, siempre y cuando la lista afectada permanezca con un número de candidatos, al menos, del sesenta por ciento de los puestos a cubrir. En cada lista deberán figurar las siglas del sindicato o grupo de trabajadores que la presenten.

b) No tendrán derecho a la atribución de representantes en el comité de empresa aquellas listas que no hayan obtenido como mínimo el cinco por ciento de los votos por cada colegio.

Mediante el sistema de representación proporcional se atribuirá a cada lista el número de puestos que le corresponda, de conformidad con el cociente que resulte de dividir el número de votos válidos por el de puestos a cubrir. Si hubiese puesto o puestos sobrantes se atribuirán a la lista o listas que tengan un mayor resto de votos.

c) Dentro de cada lista resultarán elegidos los candidatos por el orden en que figuren en la candidatura.

3. La inobservancia de cualquiera de las reglas anteriores determinará la anulabilidad de la elección del candidato o candidatos afectados.

Artículo 72. Representantes de quienes presten servicios en trabajos fijos-discontinuos y de trabajadores no fijos[188].– 1. Quienes presten servicios en trabajos fijos-discontinuos y los trabajadores vinculados por contrato de duración determinada estarán representados por los órganos que se establecen en este título conjuntamente con los trabajadores fijos de plantilla.

---

[188]   Arts. 12 y 16 ET.

2. Por tanto, a efectos de determinar el número de representantes, se estará a lo siguiente:

a) Quienes presten servicios en trabajos fijos-discontinuos y los trabajadores vinculados por contrato de duración determinada superior a un año se computarán como trabajadores fijos de plantilla.

b) Los contratados por término de hasta un año se computarán según el número de días trabajados en el periodo de un año anterior a la convocatoria de la elección. Cada doscientos días trabajados o fracción se computará como un trabajador más.

Artículo 73. Mesa electoral.– 1. En la empresa o centro de trabajo se constituirá una mesa por cada colegio de doscientos cincuenta trabajadores electores o fracción.

2. La mesa será la encargada de vigilar todo el proceso electoral, presidir la votación, realizar el escrutinio, levantar el acta correspondiente y resolver cualquier reclamación que se presente.

3. La mesa estará formada por el presidente, que será el trabajador de más antigüedad en la empresa, y dos vocales, que serán los electores de mayor y menor edad. Este último actuará de secretario. Se designarán suplentes a aquellos trabajadores que sigan a los titulares de la mesa en el orden indicado de antigüedad o edad.

4. Ninguno de los componentes de la mesa podrá ser candidato y, de serlo, le sustituirá en ella su suplente.

5. Cada candidato o candidatura, en su caso, podrá nombrar un interventor por mesa. Asimismo, el empresario podrá designar un representante suyo que asista a la votación y al escrutinio.

Artículo 74. Funciones de la mesa.– 1. Comunicado a la empresa el propósito de celebrar elecciones, esta, en el término de siete días, dará traslado de la comunicación a los trabajadores que deban constituir la mesa, así como a los representantes de los trabajadores, poniéndolo simultáneamente en conocimiento de los promotores.

La mesa electoral se constituirá formalmente, mediante acta otorgada al efecto, en la fecha fijada por los promotores en su comunicación del propósito de celebrar elecciones, que será la fecha de iniciación del proceso electoral.

2. Cuando se trate de elecciones a delegados de personal, el empresario, en el mismo término, remitirá a los componentes de la mesa electoral el censo laboral, que se ajustará, a estos efectos, a modelo normalizado.

La mesa electoral cumplirá las siguientes funciones:

a) Hará público entre los trabajadores el censo laboral con indicación de quiénes son electores.

b) Fijará el número de representantes y la fecha tope para la presentación de candidaturas.

c) Recibirá y proclamará las candidaturas que se presenten.

d) Señalará la fecha de votación.

e) Redactará el acta de escrutinio en un plazo no superior a tres días naturales.

Los plazos para cada uno de los actos serán señalados por la mesa con criterios de razonabilidad y según lo aconsejen las circunstancias, pero, en todo caso, entre su constitución y la fecha de las elecciones no mediarán más de diez días.

En el caso de elecciones en centros de trabajo de hasta treinta trabajadores en los que se elige un solo delegado de personal, desde la constitución de la mesa hasta los actos de votación y proclamación de candidatos electos habrán de transcurrir veinticuatro horas, debiendo en todo caso la mesa hacer pública con la suficiente antelación la hora de celebración de la votación. Si se hubiera presentado alguna reclamación se hará constar en el acta, así como la resolución que haya tomado la mesa.

3. Cuando se trate de elecciones a miembros del comité de empresa, constituida la mesa electoral solicitará al empresario el censo laboral y confeccionará, con los medios que le habrá de facilitar este, la lista de electores. Esta se hará pública en los tablones de anuncios mediante su exposición durante un tiempo no inferior a setenta y dos horas.

La mesa resolverá cualquier incidencia o reclamación relativa a inclusiones, exclusiones o correcciones que se presenten hasta veinticuatro horas después de haber finalizado el plazo de exposición de la lista. Publicará la lista definitiva dentro de las veinticuatro horas siguientes. A continuación, la mesa, o el conjunto de ellas, determinará el número de miembros del comité que hayan de ser elegidos en aplicación de lo dispuesto en el artículo 66.

Las candidaturas se presentarán durante los nueve días siguientes a la publicación de la lista definitiva de electores. La proclamación se hará en los dos días laborables después de concluido dicho plazo, publicándose en los tablones referidos. Contra el acuerdo de proclamación se podrá reclamar dentro del día laborable siguiente, resolviendo la mesa en el posterior día hábil.

Entre la proclamación de candidatos y la votación mediarán al menos cinco días.

Artículo 75. Votación para delegados y comités de empresa.– 1. El acto de la votación se efectuará en el centro o lugar de trabajo y durante la jornada laboral, teniéndose en cuenta las normas que regulen el voto por correo.

El empresario facilitará los medios precisos para el normal desarrollo de la votación y de todo el proceso electoral.

2. El voto será libre, secreto, personal y directo, depositándose las papeletas, que en tamaño, color, impresión y calidad del papel serán de iguales características, en urnas cerradas.

3. Inmediatamente después de celebrada la votación, la mesa electoral procederá públicamente al recuento de votos mediante la lectura por el presidente, en voz alta, de las papeletas.

4. Del resultado del escrutinio se levantará acta según modelo normalizado en la que se incluirán las incidencias y protestas habidas en su caso. Una vez redactada el acta será firmada por los componentes de la mesa, los interventores y el representante del empresario, si lo hubiere. Acto seguido, las mesas electorales de una misma empresa o centro, en reunión conjunta, extenderán el acta del resultado global de la votación.

5. El presidente de la mesa remitirá copias del acta de escrutinio al empresario y a los interventores de las candidaturas, así como a los representantes electos.

El resultado de la votación se publicará en los tablones de anuncios.

6. El original del acta, junto con las papeletas de votos nulos o impugnados por los interventores y el acta de constitución de la mesa, serán presentadas en el plazo de tres días a la oficina pública dependiente de la autoridad laboral por el presidente de la mesa, quien podrá delegar por escrito en algún miembro de la mesa. La oficina pública dependiente de la autoridad laboral procederá en el inmediato día hábil a la publicación en los tablones de anuncios de una copia del acta, entregando copia a los sindicatos que así se lo soliciten y dará traslado a la empresa de la presentación en dicha oficina pública del acta correspondiente al proceso electoral que ha tenido lugar en aquella, con indicación de la fecha en que finaliza el plazo para impugnarla y mantendrá el depósito de las papeletas hasta cumplirse los plazos de impug-

nación. La oficina pública dependiente de la autoridad laboral, transcurridos los diez días hábiles desde la publicación, procederá o no al registro de las actas electorales.

7. Corresponde a la oficina pública dependiente de la autoridad laboral el registro de las actas, así como la expedición de copias auténticas de las mismas y, a requerimiento del sindicato interesado, de las certificaciones acreditativas de su capacidad representativa a los efectos de los artículos 6 y 7 de la Ley Orgánica 11/1985, de 2 de agosto, de Libertad Sindical. Dichas certificaciones consignarán si el sindicato tiene o no la condición de más representativo o representativo, salvo que el ejercicio de las funciones o facultades correspondientes requiera la precisión de la concreta representatividad ostentada. Asimismo, y a los efectos que procedan, la oficina pública dependiente de la autoridad laboral podrá extender certificaciones de los resultados electorales a las organizaciones sindicales que las soliciten.

La denegación del registro de un acta por la oficina pública dependiente de la autoridad laboral solo podrá hacerse cuando se trate de actas que no vayan extendidas en el modelo oficial normalizado, falta de comunicación de la promoción electoral a la oficina pública, falta de la firma del presidente de la mesa electoral u omisión o ilegibilidad en las actas de alguno de los datos que impida el cómputo electoral.

En estos supuestos, la oficina pública dependiente de la autoridad laboral requerirá, dentro del siguiente día hábil, al presidente de la mesa electoral para que en el plazo de diez días hábiles proceda a la subsanación correspondiente. Dicho requerimiento será comunicado a los sindicatos que hayan obtenido representación y al resto de las candidaturas. Una vez efectuada la subsanación, esta oficina pública procederá al registro del acta electoral correspondiente. Transcurrido dicho plazo sin que se haya efectuado la subsanación o no realizada esta en forma, la oficina pública dependiente de la autoridad laboral procederá, en el plazo de diez días hábiles, a denegar el registro, comunicándolo a los sindicatos que hayan obtenido representación y al presidente de la mesa. En el caso de que la denegación del registro se deba a la ausencia de comunicación de la promoción electoral a la oficina pública dependiente de la autoridad laboral no cabrá requerimiento de subsanación, por lo que, comprobada la falta por dicha oficina pública, esta procederá sin más trámite a la denegación del registro, comunicándolo al presidente de la mesa electoral, a los sindicatos que hayan obtenido representación y al resto de las candidaturas.

La resolución denegatoria del registro podrá ser impugnada ante el orden jurisdiccional social[189].

Artículo 76. Reclamaciones en materia electoral.– 1. Las impugnaciones en materia electoral se tramitarán conforme al procedimiento arbitral regulado en este artículo, con excepción de las denegaciones de inscripción, cuyas reclamaciones podrán plantearse directamente ante la jurisdicción social.

2. Todos los que tengan interés legítimo, incluida la empresa cuando en ella concurra dicho interés, podrán impugnar la elección, las decisiones que adopte la mesa, así como cualquier otra actuación de la misma a lo largo del proceso electoral, fundándose para ello en la existencia de vicios graves que pudieran afectar a las garantías del proceso electoral y que alteren su resultado, en la falta de capacidad o legitimidad de los candidatos elegidos, en la discordancia entre el acta y el desarrollo del proceso electoral y en la falta de correlación entre el número de trabajadores que figuran en el acta de elecciones y el número de representantes elegidos. La impugnación de actos de la mesa electoral requerirá haber efectuado reclamación dentro del día laborable siguiente al acto y deberá ser resuelta por la mesa en el posterior día hábil, salvo lo previsto en el último párrafo del artículo 74.2.

3. Serán árbitros los designados conforme al procedimiento que se regula en este apartado, salvo en el caso de que las partes de un procedimiento arbitral se pusieran de acuerdo en la designación de un árbitro distinto.

El árbitro o árbitros serán designados, con arreglo a los principios de neutralidad y profesionalidad, entre licenciados en Derecho, graduados sociales, así como titulados equivalentes, por acuerdo unánime de los sindicatos más representativos, a nivel estatal o de comunidades autónomas según proceda y de los que ostenten el diez por ciento o más de los delegados y de los miembros de los comités de empresa en el ámbito provincial, funcional o de empresa correspondiente. Si no existiera acuerdo unánime entre los sindicatos señalados anteriormente, la autoridad laboral competente establecerá la forma de designación, atendiendo a los principios de imparcialidad de los árbitros, posibilidad de ser recusados y participación de los sindicatos en su nombramiento.

La duración del mandato de los árbitros será de cinco años, siendo susceptible de renovación.

---

[189]   Arts. 133 a 136 LJS.

La Administración laboral facilitará la utilización de sus medios personales y materiales por los árbitros en la medida necesaria para que estos desarrollen sus funciones.

4. Los árbitros deberán abstenerse y, en su defecto, ser recusados, en los casos siguientes:

a) Tener interés personal en el asunto de que se trate.

b) Ser administrador de sociedad o entidad interesada, o tener cuestión litigiosa con alguna de las partes.

c) Tener parentesco de consanguinidad dentro del cuarto grado o de afinidad dentro del segundo, con cualquiera de los interesados, con los administradores de entidades o sociedades interesadas y también con los asesores, representantes legales o mandatarios que intervengan en el arbitraje, así como compartir despacho profesional o estar asociado con estos para el asesoramiento, la representación o el mandato.

d) Tener amistad íntima o enemistad manifiesta con alguna de las personas mencionadas en la letra c).

e) Tener relación de servicio con persona natural o jurídica interesada directamente en el asunto o haberle prestado en los últimos dos años servicios profesionales de cualquier tipo y en cualquier circunstancia o lugar.

5. El procedimiento arbitral se iniciará mediante escrito dirigido a la oficina pública dependiente de la autoridad laboral, a quien promovió las elecciones y, en su caso, a quienes hayan presentado candidatos a las elecciones objeto de impugnación. Este escrito, en el que figurarán los hechos que se tratan de impugnar, deberá presentarse en un plazo de tres días hábiles, contados desde el siguiente a aquel en que se hubieran producido los hechos o resuelto la reclamación por la mesa; en el caso de impugnaciones promovidas por sindicatos que no hubieran presentado candidaturas en el centro de trabajo en el que se hubiera celebrado la elección, los tres días se computarán desde el día en que se conozca el hecho impugnable. Si se impugnasen actos del día de la votación o posteriores al mismo, el plazo será de diez días hábiles, contados a partir de la entrada de las actas en la oficina pública dependiente de la autoridad laboral.

Hasta que no finalice el procedimiento arbitral y, en su caso, la posterior impugnación judicial, quedará paralizada la tramitación de un nuevo procedimiento arbitral. El planteamiento del arbitraje interrumpirá los plazos de prescripción.

6. La oficina pública dependiente de la autoridad laboral dará traslado al árbitro del escrito en el día hábil posterior a su recepción así como de una copia del expediente electoral administrativo. Si se hubieran presentado actas electorales para registro, se suspenderá su tramitación.

A las veinticuatro horas siguientes, el árbitro convocará a las partes interesadas para que comparezcan ante él, lo que habrá de tener lugar en los tres días hábiles siguientes. Si las partes, antes de comparecer ante el árbitro designado de conformidad a lo establecido en el apartado 3, se pusieran de acuerdo y designaran uno distinto, lo notificarán a la oficina pública dependiente de la autoridad laboral para que dé traslado a este árbitro del expediente administrativo electoral, continuando con el mismo el resto del procedimiento.

El árbitro, dentro de los tres días hábiles siguientes a la comparecencia y previa práctica de las pruebas procedentes o conformes a derecho, que podrán incluir la personación en el centro de trabajo y la solicitud de la colaboración necesaria del empresario y las Administraciones Públicas, dictará laudo. El laudo será escrito y razonado, resolviendo en derecho sobre la impugnación del proceso electoral y, en su caso, sobre el registro del acta, y se notificará a los interesados y a la oficina pública dependiente de la autoridad laboral. Si se hubiese impugnado la votación, la oficina procederá al registro del acta o a su denegación, según el contenido del laudo.

El laudo arbitral podrá impugnarse ante el orden jurisdiccional social a través de la modalidad procesal correspondiente[190].

CAPÍTULO II. Del derecho de reunión[191]

Artículo 77. Las asambleas de trabajadores.– 1. De conformidad con lo dispuesto en el artículo 4, los trabajadores de una misma empresa o centro de trabajo tienen derecho a reunirse en asamblea.

La asamblea podrá ser convocada por los delegados de personal, el comité de empresa o centro de trabajo, o por un número de trabajadores no inferior al treinta y tres por ciento de la plantilla. La asamblea será presidida, en todo caso, por el comité de empresa o por los delegados de personal mancomunadamente, que serán responsables del normal desarrollo de la misma, así como de la presencia en la asamblea de personas no pertenecientes a la empresa.

---

[190]   Arts. 127 a 132 LJS.
[191]   Arts. 21 CE, 4.1 f) y g) ET y 8 LOLS.

Solo podrá tratarse en ella de asuntos que figuren previamente incluidos en el orden del día. La presidencia comunicará al empresario la convocatoria y los nombres de las personas no pertenecientes a la empresa que vayan a asistir a la asamblea y acordará con este las medidas oportunas para evitar perjuicios en la actividad normal de la empresa.

2. Cuando por trabajarse en turnos, por insuficiencia de los locales o por cualquier otra circunstancia, no pueda reunirse simultáneamente toda la plantilla sin perjuicio o alteración en el normal desarrollo de la producción, las diversas reuniones parciales que hayan de celebrarse se considerarán como una sola y fechadas en el día de la primera.

Artículo 78. Lugar de reunión.– 1. El lugar de reunión será el centro de trabajo, si las condiciones del mismo lo permiten, y la misma tendrá lugar fuera de las horas de trabajo, salvo acuerdo con el empresario.

2. El empresario deberá facilitar el centro de trabajo para la celebración de la asamblea, salvo en los siguientes casos:

a) Si no se cumplen las disposiciones de esta ley.

b) Si hubiesen transcurrido menos de dos meses desde la última reunión celebrada.

c) Si aún no se hubiese resarcido o afianzado el resarcimiento por los daños producidos en alteraciones ocurridas en alguna reunión anterior.

d) Cierre legal de la empresa[192].

Las reuniones informativas sobre convenios colectivos que les sean de aplicación no estarán afectadas por lo establecido en la letra b).

Artículo 79. Convocatoria.– La convocatoria, con expresión del orden del día propuesto por los convocantes, se comunicará al empresario con cuarenta y ocho horas de antelación, como mínimo, debiendo este acusar recibo.

Artículo 80. Votaciones.– Cuando se someta a la asamblea por parte de los convocantes la adopción de acuerdos que afecten al conjunto de los trabajadores, se requerirá para la validez de aquellos el voto favorable personal, libre, directo y secreto, incluido el voto por correo, de la mitad más uno de los trabajadores de la empresa o centro de trabajo.

---

[192]   Art. 12 RDLRT.

Artículo 81. Locales y tablón de anuncios.– En las empresas o centros de trabajo, siempre que sus características lo permitan, se pondrá a disposición de los delegados de personal o del comité de empresa un local adecuado en el que puedan desarrollar sus actividades y comunicarse con los trabajadores, así como uno o varios tablones de anuncios. La representación legal de los trabajadores de las empresas contratistas y subcontratistas que compartan de forma continuada centro de trabajo podrán hacer uso de dichos locales en los términos que acuerden con la empresa. Las posibles discrepancias se resolverán por la autoridad laboral, previo informe de la Inspección de Trabajo y Seguridad Social[193].

TÍTULO III. De la negociación colectiva y de los convenios colectivos[194]

CAPÍTULO I. Disposiciones generales

Sección 1.ª Naturaleza y efectos de los convenios

Artículo 82. Concepto y eficacia.– 1. Los convenios colectivos, como resultado de la negociación desarrollada por los representantes de los trabajadores y de los empresarios, constituyen la expresión del acuerdo libremente adoptado por ellos en virtud de su autonomía colectiva.

2. Mediante los convenios colectivos, y en su ámbito correspondiente, los trabajadores y empresarios regulan las condiciones de trabajo y de productividad. Igualmente podrán regular la paz laboral a través de las obligaciones que se pacten.

3. Los convenios colectivos regulados por esta ley obligan a todos los empresarios y trabajadores incluidos dentro de su ámbito de aplicación y durante todo el tiempo de su vigencia.

Sin perjuicio de lo anterior, cuando concurran causas económicas, técnicas, organizativas o de producción, por acuerdo entre la empresa y los representantes de los trabajadores legitimados para negociar un convenio colectivo conforme a lo previsto en el artículo 87.1, se podrá proceder, previo desarrollo de un periodo de consultas en los términos del artículo 41.4, a inaplicar en la

---

[193]   Art. 8.2 a) y c) LOLS.
[194]   Art. 37.1 CE.

empresa las condiciones de trabajo previstas en el convenio colectivo aplicable, sea este de sector o de empresa, que afecten a las siguientes materias:

a) Jornada de trabajo.

b) Horario y distribución del tiempo de trabajo.

c) Régimen de trabajo a turnos.

d) Sistema de remuneración y cuantía salarial.

e) Sistema de trabajo y rendimiento.

f) Funciones, cuando excedan de los límites que para la movilidad funcional prevé el artículo 39.

g) Mejoras voluntarias de la acción protectora de la Seguridad Social.

Se entiende que concurren causas económicas cuando de los resultados de la empresa se desprenda una situación económica negativa, en casos tales como la existencia de pérdidas actuales o previstas, o la disminución persistente de su nivel de ingresos ordinarios o ventas. En todo caso, se entenderá que la disminución es persistente si durante dos trimestres consecutivos el nivel de ingresos ordinarios o ventas de cada trimestre es inferior al registrado en el mismo trimestre del año anterior.

Se entiende que concurren causas técnicas cuando se produzcan cambios, entre otros, en el ámbito de los medios o instrumentos de producción; causas organizativas cuando se produzcan cambios, entre otros, en el ámbito de los sistemas y métodos de trabajo del personal o en el modo de organizar la producción, y causas productivas cuando se produzcan cambios, entre otros, en la demanda de los productos o servicios que la empresa pretende colocar en el mercado.

La intervención como interlocutores ante la dirección de la empresa en el procedimiento de consultas corresponderá a los sujetos indicados en el artículo 41.4, en el orden y condiciones señalados en el mismo.

Cuando el periodo de consultas finalice con acuerdo se presumirá que concurren las causas justificativas a que alude el párrafo segundo, y solo podrá ser impugnado ante la jurisdicción social por la existencia de fraude, dolo, coacción o abuso de derecho en su conclusión. El acuerdo deberá determinar con exactitud las nuevas condiciones de trabajo aplicables en la empresa y su duración, que no podrá prolongarse más allá del momento en que resulte aplicable un nuevo convenio en dicha empresa. El acuerdo de inaplicación no podrá dar lugar al incumplimiento de las obligaciones establecidas en convenio relativas a la eliminación de las discriminaciones por razones de género o de las que estuvieran previstas, en su caso, en el plan de igualdad aplicable en la empresa. Asimismo, el acuerdo deberá ser notificado a la comisión paritaria del convenio colectivo.

En caso de desacuerdo durante el periodo de consultas cualquiera de las partes podrá someter la discrepancia a la comisión del convenio, que dispondrá de un plazo máximo de siete días para pronunciarse, a contar desde que la discrepancia le fuera planteada. Cuando no se hubiera solicitado la intervención de la comisión o esta no hubiera alcanzado un acuerdo, las partes deberán recurrir a los procedimientos que se hayan establecido en los acuerdos interprofesionales de ámbito estatal o autonómico, previstos en el artículo 83, para solventar de manera efectiva las discrepancias surgidas en la negociación de los acuerdos a que se refiere este apartado, incluido el compromiso previo de someter las discrepancias a un arbitraje vinculante, en cuyo caso el laudo arbitral tendrá la misma eficacia que los acuerdos en periodo de consultas y solo será recurrible conforme al procedimiento y en base a los motivos establecidos en el artículo 91.

Cuando el periodo de consultas finalice sin acuerdo y no fueran aplicables los procedimientos a los que se refiere el párrafo anterior o estos no hubieran solucionado la discrepancia, cualquiera de las partes podrá someter la solución de la misma a la Comisión Consultiva Nacional de Convenios Colectivos[195] cuando la inaplicación de las condiciones de trabajo afectase a centros de trabajo de la empresa situados en el territorio de más de una comunidad autónoma, o a los órganos correspondientes de las comunidades autónomas en los demás casos[196]. La decisión de estos órganos, que podrá ser adoptada en su propio seno o por un árbitro designado al efecto por ellos mismos con las debidas garantías para asegurar su imparcialidad, habrá de dictarse en plazo no superior a veinticinco días a contar desde la fecha del sometimiento del conflicto ante dichos órganos. Tal decisión tendrá la eficacia de los acuerdos alcanzados en periodo de consultas y solo será recurrible conforme al procedimiento y en base a los motivos establecidos en el artículo 91.

El resultado de los procedimientos a que se refieren los párrafos anteriores que haya finalizado con la inaplicación de condiciones de trabajo deberá ser comunicado a la autoridad laboral a los solos efectos de depósito.

---

[195]   DA 9ª ET. RD 1362/2012, de 27 de septiembre por el que se regula la Comisión Consultiva Nacional de Convenios Colectivos.
[196]   Si en la CA no existiera organismos a estos efectos, DA 9ª.5 ET.

4. El convenio colectivo que sucede a uno anterior puede disponer sobre los derechos reconocidos en aquel. En dicho supuesto se aplicará, íntegramente, lo regulado en el nuevo convenio[197].

Artículo 83. Unidades de negociación.– 1. Los convenios colectivos tendrán el ámbito de aplicación que las partes acuerden.

2[198]. Las organizaciones sindicales y asociaciones empresariales más representativas, de carácter estatal o de comunidad autónoma, podrán establecer, mediante acuerdos interprofesionales, cláusulas sobre la estructura de la negociación colectiva, fijando, en su caso, las reglas que han de resolver los conflictos de concurrencia entre convenios de distinto ámbito.

Estas cláusulas podrán igualmente pactarse en convenios o acuerdos colectivos sectoriales, de ámbito estatal o autonómico, por aquellos sindicatos y asociaciones empresariales que cuenten con la legitimación necesaria, de conformidad con lo establecido en esta ley.

3. Dichas organizaciones de trabajadores y empresarios podrán igualmente elaborar acuerdos sobre materias concretas. Estos acuerdos, así como los acuerdos interprofesionales a que se refiere el apartado 2, tendrán el tratamiento de esta ley para los convenios colectivos[199].

Artículo 84. Concurrencia.– 1. Un convenio colectivo, durante su vigencia, no podrá ser afectado por lo dispuesto en convenios de ámbito distinto salvo pacto en contrario, negociado conforme a lo dispuesto en el artículo 83.2, y salvo lo previsto en el apartado siguiente.

2. La regulación de las condiciones establecidas en un convenio de empresa, que podrá negociarse en cualquier momento de la vigencia de convenios colectivos de ámbito superior, tendrá prioridad aplicativa respecto del convenio sectorial estatal, autonómico o de ámbito inferior en las siguientes materias:

a) El abono o la compensación de las horas extraordinarias y la retribución específica del trabajo a turnos.

---

[197]   Art. 86.4 ET.
[198]   DDAA 6ª y 11ª ET sobre representación institucional de empresarios y acreditación de la capacidad representativa de las organizaciones sindicales.
[199]   DA 13ª ET.

b) El horario y la distribución del tiempo de trabajo, el régimen de trabajo a turnos y la planificación anual de las vacaciones.

c) La adaptación al ámbito de la empresa del sistema de clasificación profesional de las personas trabajadoras.

d) La adaptación de los aspectos de las modalidades de contratación que se atribuyen por esta ley a los convenios de empresa.

e) Las medidas para favorecer la corresponsabilidad y la conciliación entre la vida laboral, familiar y personal.

f) Aquellas otras que dispongan los acuerdos y convenios colectivos a que se refiere el artículo 83.2.

Igual prioridad aplicativa tendrán en estas materias los convenios colectivos para un grupo de empresas o una pluralidad de empresas vinculadas por razones organizativas o productivas y nominativamente identificadas a que se refiere el artículo 87.1.

Los acuerdos y convenios colectivos a que se refiere el artículo 83.2 no podrán disponer de la prioridad aplicativa prevista en este apartado[200].

3. No obstante lo establecido en el artículo anterior, en el ámbito de una comunidad autónoma, los sindicatos y las asociaciones empresariales que reúnan los requisitos de legitimación de los artículos 87 y 88, podrán negociar convenios colectivos y acuerdos interprofesionales de comunidad autónoma que tendrán prioridad aplicativa sobre cualquier otro convenio sectorial o acuerdo de ámbito estatal, siempre que dichos convenios y acuerdos obtengan el respaldo de las mayorías exigidas para constituir la comisión negociadora en la correspondiente unidad de negociación y su regulación resulte más favorable para las personas trabajadoras que la fijada en los convenios o acuerdos estatales.

4. Podrán tener la misma prioridad aplicativa prevista en el apartado anterior los convenios colectivos provinciales cuando así se prevea en acuerdos interprofesionales de ámbito autonómico suscritos de acuerdo con el articulo 83.2 y siempre que su regulación resulte más favorable para las personas trabajadoras que la fijada en los convenios o acuerdos estatales.

5. En los supuestos previstos en los dos apartados anteriores, se considerarán materias no negociables el periodo de prueba, las modalidades de contratación, la clasificación profesional, la jornada máxima anual de trabajo, el

---

[200]   En relación con la entrada en vigor de este precepto y su aplicación a los convenios existentes, véanse DT 6ª RDL 32/2021.

régimen disciplinario, las normas mínimas en materia de prevención de riesgos laborales y la movilidad geográfica.

Artículo 85. Contenido.– 1. Dentro del respeto a las leyes, los convenios colectivos podrán regular materias de índole económica, laboral, sindical y, en general, cuantas otras afecten a las condiciones de empleo y al ámbito de relaciones de los trabajadores y sus organizaciones representativas con el empresario y las asociaciones empresariales, incluidos procedimientos para resolver las discrepancias surgidas en los periodos de consulta previstos en los artículos 40, 41, 47 y 51; los laudos arbitrales que a estos efectos puedan dictarse tendrán la misma eficacia y tramitación que los acuerdos en el periodo de consultas, siendo susceptibles de impugnación en los mismos términos que los laudos dictados para la solución de las controversias derivadas de la aplicación de los convenios[201].

Sin perjuicio de la libertad de las partes para determinar el contenido de los convenios colectivos, en la negociación de los mismos existirá, en todo caso, el deber de negociar medidas dirigidas a promover la igualdad de trato y de oportunidades entre mujeres y hombres en el ámbito laboral o, en su caso, planes de igualdad con el alcance y contenido previsto en el capítulo III del título IV de la Ley Orgánica 3/2007, de 22 de marzo, para la igualdad efectiva de mujeres y hombres[202].

Igualmente, a través de la negociación colectiva se negociarán protocolos de actuación que recojan medidas de prevención de riesgos específicamente referidas a la actuación frente a catástrofes y otros fenómenos meteorológicos adversos.

2. A través de la negociación colectiva se podrán articular procedimientos de información y seguimiento de los despidos objetivos, en el ámbito correspondiente.

Asimismo, sin perjuicio de la libertad de contratación que se reconoce a las partes, a través de la negociación colectiva se articulará el deber de negociar planes de igualdad en las empresas de más de doscientos cincuenta trabajadores de la siguiente forma:

---

[201]   Acuerdo sobre solución autónoma de conflictos laborales (ASAC-V). Art. 11 LOLS.
[202]   RD 901/2020, de 13 de octubre, por el que se regulan los planes de igualdad y su registro.

a) En los convenios colectivos de ámbito empresarial, el deber de negociar se formalizará en el marco de la negociación de dichos convenios.

b) En los convenios colectivos de ámbito superior a la empresa, el deber de negociar se formalizará a través de la negociación colectiva que se desarrolle en la empresa en los términos y condiciones que se hubieran establecido en los indicados convenios para cumplimentar dicho deber de negociar a través de las oportunas reglas de complementariedad.

3. Sin perjuicio de la libertad de contratación a que se refieren los apartados anteriores, los convenios colectivos habrán de expresar como contenido mínimo lo siguiente:

a) Determinación de las partes que los conciertan.

b) Ámbito personal, funcional, territorial y temporal.

c) Procedimientos para solventar de manera efectiva las discrepancias que puedan surgir para la no aplicación de las condiciones de trabajo a que se refiere el artículo 82.3, adaptando, en su caso, los procedimientos que se establezcan a este respecto en los acuerdos interprofesionales de ámbito estatal o autonómico conforme a lo dispuesto en tal artículo.

d) Forma y condiciones de denuncia del convenio, así como plazo mínimo para dicha denuncia antes de finalizar su vigencia.

e) Designación de una comisión paritaria de la representación de las partes negociadoras para entender de aquellas cuestiones establecidas en la ley y de cuantas otras le sean atribuidas, así como establecimiento de los procedimientos y plazos de actuación de esta comisión, incluido el sometimiento de las discrepancias producidas en su seno a los sistemas no judiciales de solución de conflictos establecidos mediante los acuerdos interprofesionales de ámbito estatal o autonómico previstos en el artículo 83.

Artículo 86. Vigencia.– 1. Corresponde a las partes negociadoras establecer la duración de los convenios, pudiendo eventualmente pactarse distintos periodos de vigencia para cada materia o grupo homogéneo de materias dentro del mismo convenio.

Durante la vigencia del convenio colectivo, los sujetos que reúnan los requisitos de legitimación previstos en los artículos 87 y 88 podrán negociar su revisión.

2. Salvo pacto en contrario, los convenios colectivos se prorrogarán de año en año si no mediara denuncia expresa de las partes.

3. La vigencia de un convenio colectivo, una vez denunciado y concluida la duración pactada, se producirá en los términos que se hubiesen establecido en el propio convenio.

Durante las negociaciones para la renovación de un convenio colectivo, en defecto de pacto, se mantendrá su vigencia, si bien las cláusulas convencionales por las que se hubiera renunciado a la huelga durante la vigencia de un convenio decaerán a partir de su denuncia. Las partes podrán adoptar acuerdos parciales para la modificación de alguno o algunos de sus contenidos prorrogados con el fin de adaptarlos a las condiciones en las que, tras la terminación de la vigencia pactada, se desarrolle la actividad en el sector o en la empresa. Estos acuerdos tendrán la vigencia que las partes determinen.

4. Transcurrido un año desde la denuncia del convenio colectivo sin que se haya acordado un nuevo convenio, las partes deberán someterse a los procedimientos de mediación regulados en los acuerdos interprofesionales de ámbito estatal o autonómico previstos en el artículo 83, para solventar de manera efectiva las discrepancias existentes.

Asimismo, siempre que exista pacto expreso, previo o coetáneo, las partes se someterán a los procedimientos de arbitraje regulados por dichos acuerdos interprofesionales, en cuyo caso el laudo arbitral tendrá la misma eficacia jurídica que los convenios colectivos y solo será recurrible conforme al procedimiento y en base a los motivos establecidos en el artículo 91.

Sin perjuicio del desarrollo y solución final de los citados procedimientos de mediación y arbitraje, en defecto de pacto, cuando hubiere transcurrido el proceso de negociación sin alcanzarse un acuerdo, se mantendrá la vigencia del convenio colectivo[203].

5. El convenio que sucede a uno anterior deroga en su integridad a este último, salvo los aspectos que expresamente se mantengan[204].

Sección 2.ª Legitimación

Artículo 87. Legitimación[205].– 1. En representación de los trabajadores estarán legitimados para negociar en los convenios de empresa y de ámbito

---

[203]   En relación con la entrada en vigor de este precepto y su aplicación a los convenios existentes, véase DT 7ª RDL 32/2021.
[204]   Art. 82.4 ET.
[205]   Arts. 6.3. b), 7.1, párrafo segundo y 8 LOLS.

inferior, el comité de empresa, los delegados de personal, en su caso, o las secciones sindicales si las hubiere que, en su conjunto, sumen la mayoría de los miembros del comité.

La intervención en la negociación corresponderá a las secciones sindicales cuando estas así lo acuerden, siempre que sumen la mayoría de los miembros del comité de empresa o entre los delegados de personal.

Cuando se trate de convenios para un grupo de empresas, así como en los convenios que afecten a una pluralidad de empresas vinculadas por razones organizativas o productivas y nominativamente identificadas en su ámbito de aplicación, la legitimación para negociar en representación de los trabajadores será la que se establece en el apartado 2 para la negociación de los convenios sectoriales.

En los convenios dirigidos a un grupo de trabajadores con perfil profesional específico, estarán legitimadas para negociar las secciones sindicales que hayan sido designadas mayoritariamente por sus representados a través de votación personal, libre, directa y secreta.

2. En los convenios sectoriales estarán legitimados para negociar en representación de los trabajadores:

a) Los sindicatos que tengan la consideración de más representativos a nivel estatal, así como, en sus respectivos ámbitos, las organizaciones sindicales afiliadas, federadas o confederadas a los mismos.

b) Los sindicatos que tengan la consideración de más representativos a nivel de comunidad autónoma respecto de los convenios que no trasciendan de dicho ámbito territorial, así como, en sus respectivos ámbitos, las organizaciones sindicales afiliadas, federadas o confederadas a los mismos.

c) Los sindicatos que cuenten con un mínimo del diez por ciento de los miembros de los comités de empresa o delegados de personal en el ámbito geográfico y funcional al que se refiera el convenio.

3. En representación de los empresarios estarán legitimados para negociar:

a) En los convenios de empresa o ámbito inferior, el propio empresario.

b) En los convenios de grupo de empresas y en los que afecten a una pluralidad de empresas vinculadas por razones organizativas o productivas y nominativamente identificadas en su ámbito de aplicación, la representación de dichas empresas.

c) En los convenios colectivos sectoriales, las asociaciones empresariales que en el ámbito geográfico y funcional del convenio cuenten con el diez por ciento de los empresarios, en el sentido del artículo 1.2, y siempre que estas den ocupación a igual porcentaje de los trabajadores afectados, así como aquellas asociaciones empresariales que en dicho ámbito den ocupación al quince por ciento de los trabajadores afectados.

En aquellos sectores en los que no existan asociaciones empresariales que cuenten con la suficiente representatividad, según lo previsto en el párrafo anterior, estarán legitimadas para negociar los correspondientes convenios colectivos de sector las asociaciones empresariales de ámbito estatal que cuenten con el diez por ciento o más de las empresas o trabajadores en el ámbito estatal, así como las asociaciones empresariales de comunidad autónoma que cuenten en esta con un mínimo del quince por ciento de las empresas o trabajadores.

4. Asimismo estarán legitimados en los convenios de ámbito estatal los sindicatos de comunidad autónoma que tengan la consideración de más representativos conforme a lo previsto en el artículo 7.1 de la Ley Orgánica 11/1985, de 2 de agosto, de Libertad Sindical, y las asociaciones empresariales de la comunidad autónoma que reúnan los requisitos señalados en la disposición adicional sexta de la presente ley.

5. Todo sindicato, federación o confederación sindical, y toda asociación empresarial que reúna el requisito de legitimación, tendrá derecho a formar parte de la comisión negociadora.

Artículo 88. Comisión negociadora.– 1. El reparto de miembros con voz y voto en el seno de la comisión negociadora se efectuará con respeto al derecho de todos los legitimados según el artículo anterior y en proporción a su representatividad.

2. La comisión negociadora quedará válidamente constituida cuando los sindicatos, federaciones o confederaciones y las asociaciones empresariales a que se refiere el artículo anterior representen como mínimo, respectivamente, a la mayoría absoluta de los miembros de los comités de empresa y delegados de personal, en su caso, y a empresarios que ocupen a la mayoría de los trabajadores afectados por el convenio.

En aquellos sectores en los que no existan órganos de representación de los trabajadores, se entenderá válidamente constituida la comisión negociadora cuando la misma esté integrada por las organizaciones sindicales que ostenten la condición de más representativas en el ámbito estatal o de comunidad autónoma.

En aquellos sectores en los que no existan asociaciones empresariales que cuenten con la suficiente representatividad, se entenderá válidamente constituida la comisión negociadora cuando la misma esté integrada por las organizaciones empresariales estatales o autonómicas referidas en el párrafo segundo del artículo 87.3.c).

En los supuestos a que se refieren los dos párrafos anteriores, el reparto de los miembros de la comisión negociadora se efectuará en proporción a la representatividad que ostenten las organizaciones sindicales o empresariales en el ámbito territorial de la negociación.

3. La designación de los componentes de la comisión corresponderá a las partes negociadoras, quienes de mutuo acuerdo podrán designar un presidente y contar con la asistencia en las deliberaciones de asesores, que intervendrán, igual que el presidente, con voz pero sin voto.

4. En los convenios sectoriales el número de miembros en representación de cada parte no excederá de quince. En el resto de los convenios no se superará el número de trece.

5. Si la comisión negociadora optara por la no elección de un presidente, las partes deberán consignar en el acta de la sesión constitutiva de la comisión los procedimientos a emplear para moderar las sesiones y deberá firmar las actas que correspondan a las mismas un representante de cada una de ellas, junto con el secretario.

CAPÍTULO II. Procedimiento

Sección 1.ª Tramitación, aplicación e interpretación

Artículo 89. Tramitación.– 1. La representación de los trabajadores, o de los empresarios, que promueva la negociación, lo comunicará a la otra parte, expresando detalladamente en la comunicación, que deberá hacerse por escrito, la legitimación que ostenta de conformidad con los artículos anteriores, los ámbitos del convenio y las materias objeto de negociación. En el supuesto de que la promoción sea el resultado de la denuncia de un convenio colectivo vigente, la comunicación deberá efectuarse simultáneamente con el acto de la denuncia. De esta comunicación se enviará copia, a efectos de registro, a la autoridad laboral correspondiente en función del ámbito territorial del convenio.

La parte receptora de la comunicación solo podrá negarse a la iniciación de las negociaciones por causa legal o convencionalmente establecida, o cuando no se trate de revisar un convenio ya vencido, sin perjuicio de lo establecido en los artículos 83 y 84; en cualquier caso se deberá contestar por escrito y motivadamente.

Ambas partes estarán obligadas a negociar bajo el principio de la buena fe.

En los supuestos de que se produjera violencia, tanto sobre las personas como sobre los bienes y ambas partes comprobaran su existencia, quedará suspendida de inmediato la negociación en curso hasta la desaparición de aquella.

2. En el plazo máximo de un mes a partir de la recepción de la comunicación, se procederá a constituir la comisión negociadora; la parte receptora de la comunicación deberá responder a la propuesta de negociación y ambas partes establecerán un calendario o plan de negociación.

3. Los acuerdos de la comisión requerirán, en cualquier caso, el voto favorable de la mayoría de cada una de las dos representaciones.

4. En cualquier momento de las deliberaciones, las partes podrán acordar la intervención de un mediador designado por ellas.

Artículo 90. Validez.– 1. Los convenios colectivos a que se refiere esta ley han de formalizarse por escrito, bajo sanción de nulidad.

2. Los convenios deberán ser presentados ante la autoridad laboral competente, a los solos efectos de registro, dentro del plazo de quince días a partir del momento en que las partes negociadoras lo firmen. Una vez registrado, el convenio será remitido al órgano público competente para su depósito[206].

3. En el plazo máximo de veinte días desde la presentación del convenio en el registro se dispondrá por la autoridad laboral su publicación obligatoria y gratuita en el «Boletín Oficial del Estado» o en el correspondiente boletín oficial de la comunidad autónoma o de la provincia, en función del ámbito territorial del convenio.

4. El convenio entrará en vigor en la fecha en que acuerden las partes[207].

5. Si la autoridad laboral estimase que algún convenio conculca la legalidad vigente o lesiona gravemente el interés de terceros, se dirigirá de oficio a la jurisdicción social, la cual resolverá sobre las posibles deficiencias previa

---

[206]   RD 713/2010, de 28 de mayo, sobre registro y depósito de convenios y acuerdos colectivos de trabajo.
[207]   Art. 86.1 ET.

audiencia de las partes, conforme a lo establecido en la Ley 36/2011, de 10 de octubre, Reguladora de la Jurisdicción Social[208].

6. Sin perjuicio de lo establecido en el apartado anterior, la autoridad laboral velará por el respeto al principio de igualdad en los convenios colectivos que pudieran contener discriminaciones, directas o indirectas, por razón de sexo.

A tales efectos, podrá recabar el asesoramiento del Instituto de la Mujer y para la Igualdad de Oportunidades o de los organismos de igualdad de las comunidades autónomas, según proceda por su ámbito territorial. Cuando la autoridad laboral se haya dirigido a la jurisdicción social por entender que el convenio colectivo pudiera contener cláusulas discriminatorias, lo pondrá en conocimiento del Instituto de la Mujer y para la Igualdad de Oportunidades o de los organismos de igualdad de las comunidades autónomas, según su ámbito territorial, sin perjuicio de lo establecido en el artículo 95.3 de la Ley 36/2011, de 10 de octubre, reguladora de la Jurisdicción Social.

Artículo 91. Aplicación e interpretación del convenio colectivo.– 1. Sin perjuicio de las competencias legalmente atribuidas a la jurisdicción social, el conocimiento y resolución de las cuestiones derivadas de la aplicación e interpretación de los convenios colectivos corresponderá a la comisión paritaria de los mismos.

2. No obstante lo establecido en el apartado anterior, en los convenios colectivos y en los acuerdos a que se refiere el artículo 83.2 y 3, se podrán establecer procedimientos, como la mediación y el arbitraje, para la solución de las controversias colectivas derivadas de la aplicación e interpretación de los convenios colectivos. El acuerdo logrado a través de la mediación y el laudo arbitral tendrán la misma eficacia jurídica y tramitación que los convenios colectivos regulados en esta ley, siempre que quienes hubiesen adoptado el acuerdo o suscrito el compromiso arbitral tuviesen la legitimación que les permita acordar, en el ámbito del conflicto, un convenio colectivo conforme a lo previsto en los artículos 87, 88 y 89[209].

Estos acuerdos y laudos serán susceptibles de impugnación por los motivos y conforme a los procedimientos previstos para los convenios colectivos. Específicamente cabrá el recurso contra el laudo arbitral en el caso de que no

---

[208]   Arts. 163, 164 y 166 de la LJS.
[209]   DA 13ª ET y V Acuerdo sobre solución autónoma de conflictos laborales (ASAC).

se hubiesen observado en el desarrollo de la actuación arbitral los requisitos y formalidades establecidos al efecto, o cuando el laudo hubiese resuelto sobre puntos no sometidos a su decisión[210].

3. En los supuestos de conflicto colectivo relativo a la interpretación o aplicación del convenio deberá intervenir la comisión paritaria del mismo con carácter previo al planteamiento formal del conflicto en el ámbito de los procedimientos no judiciales a que se refiere el apartado anterior o ante el órgano judicial competente.

4. Las resoluciones de la comisión paritaria sobre interpretación o aplicación del convenio tendrán la misma eficacia jurídica y tramitación que los convenios colectivos regulados en esta ley.

5. Los procedimientos de solución de conflictos a que se refiere este artículo serán, asimismo, de aplicación en las controversias de carácter individual, cuando las partes expresamente se sometan a ellos.

Sección 2.ª Adhesión y extensión

Artículo 92. Adhesión y extensión.– 1. En las respectivas unidades de negociación, las partes legitimadas para negociar podrán adherirse, de común acuerdo, a la totalidad de un convenio colectivo en vigor, siempre que no estuvieran afectadas por otro, comunicándolo a la autoridad laboral competente a efectos de registro.

2. El Ministerio de Empleo y Seguridad Social, o el órgano correspondiente de las comunidades autónomas con competencia en la materia, podrán extender, con los efectos previstos en el artículo 82.3, las disposiciones de un convenio colectivo en vigor a una pluralidad de empresas y trabajadores o a un sector o subsector de actividad, por los perjuicios derivados para los mismos de la imposibilidad de suscribir en dicho ámbito un convenio colectivo de los previstos en este título III, debida a la ausencia de partes legitimadas para ello.

La decisión de extensión se adoptará siempre a instancia de parte y mediante la tramitación del procedimiento que reglamentariamente se determine, cuya duración no podrá exceder de tres meses, teniendo la ausencia de resolución expresa en el plazo establecido efectos desestimatorios de la solicitud.

---

[210]   Arts. 65.3, 65.4, 68.2 y 163 ss. LJS.

Tendrán capacidad para iniciar el procedimiento de extensión quienes se hallen legitimados para promover la negociación colectiva en el ámbito correspondiente conforme a lo dispuesto en el artículo 87.2 y 3[211].

DISPOSICIONES ADICIONALES

Primera. Trabajo por cuenta propia.– El trabajo realizado por cuenta propia no estará sometido a la legislación laboral, excepto en aquellos aspectos que por precepto legal se disponga expresamente.

Segunda. Contratos para la formación y el aprendizaje.– 1. El límite de edad y de duración para los contratos para la formación y el aprendizaje establecidos en las letras a) y b) del artículo 11.2 no será de aplicación cuando se suscriban en el marco de los programas públicos de empleo y formación contemplados en el texto refundido de la Ley de Empleo.

Asimismo, en estos contratos las situaciones de incapacidad temporal, riesgo durante el embarazo, maternidad, adopción, guarda con fines de adopción, acogimiento, riesgo durante la lactancia y paternidad no interrumpirán el cómputo de la duración del contrato.

2. *(Derogado por RDL 28/2018).*

Tercera. Negociación colectiva y contrato fijo de obra.– Lo dispuesto en el artículo 15.1.a) y 5 y en el artículo 49.1.c) se entiende sin perjuicio de lo que se establece o pueda establecerse sobre la regulación del contrato fijo de obra, incluida su indemnización por cese, en la negociación colectiva de conformidad con la disposición adicional tercera de la Ley 32/2006, de 18 de octubre, reguladora de la subcontratación en el sector de la construcción.

Cuarta. Conceptos retributivos.– Las modificaciones introducidas por la Ley 11/1994, de 19 de mayo, por la que se modifican determinados artículos del Estatuto de los Trabajadores, y del texto articulado de la Ley de Procedimiento Laboral y de la Ley sobre Infracciones y Sanciones en el Orden Social, en la regulación legal del salario no afectarán a los conceptos retributivos que tuvieran reconocidos los trabajadores hasta el 12 de junio de 1994, que se mantendrán en los mismos términos que rigieran en ese momento hasta

---

[211]   RD 718/2005, de 20 de julio.

que por convenio colectivo se establezca un régimen salarial que conlleve la desaparición o modificación de dichos conceptos.

Quinta. Personal de alta dirección.– Las retribuciones del personal de alta dirección gozarán de las garantías del salario establecidas en los artículos 27.2, 29, 32 y 33.

Sexta. Representación institucional de los empresarios.– A efectos de ostentar representación institucional en defensa de intereses generales de los empresarios ante las Administraciones Públicas y otras entidades u organismos de carácter estatal o de comunidad autónoma que la tengan prevista, se entenderá que gozan de esta capacidad representativa las asociaciones empresariales que cuenten con el diez por ciento o más de las empresas y trabajadores en el ámbito estatal.

Asimismo, podrán también estar representadas las asociaciones empresariales de comunidad autónoma que cuenten en esta con un mínimo del quince por ciento de los empresarios y trabajadores. No estarán comprendidas en este supuesto las asociaciones empresariales que estén integradas en federaciones o confederaciones de ámbito estatal.

Las organizaciones empresariales que tengan la condición de más representativas con arreglo a esta disposición adicional gozarán de capacidad para obtener cesiones temporales del uso de inmuebles patrimoniales públicos en los términos que se establezcan legalmente.

Séptima. Regulación de condiciones por rama de actividad.– La regulación de condiciones de trabajo por rama de actividad para los sectores económicos de la producción y demarcaciones territoriales en que no exista convenio colectivo podrá realizarse por el Gobierno, a propuesta del Ministerio de Empleo y Seguridad Social, previas las consultas que considere oportunas a las asociaciones empresariales y organizaciones sindicales, sin perjuicio de lo dispuesto en el artículo 92, que será siempre procedimiento prioritario.

Octava. Código de Trabajo.– El Gobierno, a propuesta del Ministerio de Empleo y Seguridad Social, recogerá en un texto único denominado Código de Trabajo, las distintas leyes orgánicas y ordinarias que, junto con la presente, regulan las materias laborales, ordenándolas en títulos separados, uno por ley, con numeración correlativa, respetando íntegramente su texto literal.

Asimismo se incorporarán sucesiva y periódicamente a dicho Código de Trabajo todas las disposiciones generales laborales mediante el procedimiento que se fije por el Gobierno en cuanto a la técnica de incorporación, según el rango de las normas incorporadas.

Novena. Comisión Consultiva Nacional de Convenios Colectivos[212].– 1. La Comisión Consultiva Nacional de Convenios Colectivos, como órgano colegiado, adscrito al Ministerio de Empleo y Seguridad Social a través de la Dirección General de Empleo, de carácter tripartito y paritario e integrado por representantes de la Administración General del Estado, así como de las organizaciones empresariales y sindicales más representativas, tendrá las siguientes funciones:

a) El asesoramiento y consulta sobre el ámbito funcional de los convenios colectivos y sobre el convenio colectivo de aplicación a una empresa, así como la consulta en el supuesto de extensión de un convenio colectivo regulado en el artículo 92.

b) El estudio, información y elaboración de documentación sobre la negociación colectiva, así como la difusión de la misma mediante el Observatorio de la Negociación Colectiva.

c) La intervención en los procedimientos de solución de discrepancias en los casos de desacuerdo en el periodo de consultas para la inaplicación de las condiciones de trabajo establecidas en los convenios colectivos de acuerdo con el artículo 82.3.

2. Reglamentariamente se establecerá la composición y organización de la Comisión Consultiva Nacional de Convenios Colectivos, así como sus procedimientos de actuación.

3. El funcionamiento y las decisiones de la Comisión Consultiva Nacional de Convenios Colectivos se entenderán siempre sin perjuicio de las atribuciones que correspondan a la jurisdicción y a la autoridad laboral en los términos establecidos por las leyes.

4. Para el desarrollo de las funciones establecidas en esta ley, la Comisión Consultiva Nacional de Convenios Colectivos será reforzada en sus actuaciones por la Dirección General de Empleo de acuerdo con las medidas de apoyo que

---

[212]   RD 1362/2012, de 27 de septiembre, por el que se regula la Comisión Consultiva Nacional de Convenios Colectivos.

se establezcan en las normas de desarrollo reglamentario, previa consulta con las organizaciones sindicales y empresariales más representativas.

5. Si alguna comunidad autónoma no tuviera constituido y en funcionamiento un órgano tripartito equivalente a la Comisión Consultiva Nacional de Convenios Colectivos ni mantuviera convenio de colaboración en vigor con el Ministerio de Empleo y Seguridad Social acordando la actuación de la Comisión en el ámbito territorial de esa comunidad, la Comisión Consultiva Nacional de Convenios Colectivos podrá, subsidiariamente y en tanto en cuanto no se constituyan y estén en funcionamiento dichos órganos tripartitos equivalentes, conocer de las solicitudes presentadas por las empresas y los representantes legales de los trabajadores para dar solución a las discrepancias surgidas por falta de acuerdo sobre la inaplicación de las condiciones de trabajo, presentes en el convenio colectivo de aplicación, cuando dicha inaplicación afecte a centros de trabajo de la empresa situados en el territorio de dicha comunidad autónoma.

Décima. Cláusulas de los convenios colectivos referidas al cumplimiento de la edad ordinaria de jubilación.– 1. En aras de favorecer la prolongación de la vida laboral, los convenios colectivos podrán establecer cláusulas que posibiliten la extinción del contrato de trabajo por el cumplimiento por el trabajador de una edad igual o superior a 68 años, siempre que cumplan los siguientes requisitos:

a) La persona trabajadora afectada por la extinción del contrato de trabajo deberá reunir los requisitos exigidos por la normativa de Seguridad Social para tener derecho al cien por ciento de la pensión ordinaria de jubilación en su modalidad contributiva.

b) La medida deberá vincularse, como objetivo coherente de política de empleo expresado en el convenio colectivo, al relevo generacional a través de la contratación indefinida y a tiempo completo de, al menos, un nuevo trabajador o trabajadora.

2. Excepcionalmente, con el objetivo de alcanzar la igualdad real y efectiva entre mujeres y hombres coadyuvando a superar la segregación ocupacional por género, el límite del apartado anterior podrá rebajarse hasta la edad ordinaria de jubilación fijada por la normativa de Seguridad Social cuando la tasa de ocupación de las mujeres trabajadoras por cuenta ajena afiliadas a la Seguridad Social en alguna de las actividades económicas correspondientes al

ámbito funcional del convenio sea inferior al 20 por ciento de las personas ocupadas en las mismas.

Las actividades económicas que se tomarán como referencia para determinar el cumplimiento de esta condición estará definida por los códigos de la Clasificación Nacional de Actividades Económicas (CNAE) en vigor en cada momento, incluidos en el ámbito del convenio aplicable según los datos facilitados al realizar su inscripción en el Registro y depósito de convenios y acuerdos colectivos de trabajo y planes de igualdad (REGCON), de conformidad con el artículo 6.2 y el anexo 1 del Real Decreto 713/2010, de 28 de mayo, sobre registro y depósito de convenios y acuerdos colectivos de trabajo. La Administración de la Seguridad Social facilitará la tasa de ocupación de las trabajadoras respecto de la totalidad de trabajadores por cuenta ajena en cada una de las CNAE correspondientes en la fecha de constitución de la comisión negociadora del convenio.

La aplicación de esta excepción exigirá, además, el cumplimiento de los siguientes requisitos:

a) La persona afectada por la extinción del contrato de trabajo deberá reunir los requisitos exigidos por la normativa de Seguridad Social para tener derecho al cien por ciento de la pensión ordinaria de jubilación en su modalidad contributiva.

b) En el CNAE al que esté adscrita la persona afectada por la aplicación de esta cláusula concurra una tasa de ocupación de empleadas inferior al 20 por ciento sobre el total de personas trabajadoras a la fecha de efectos de la decisión extintiva. Este CNAE será el que resulte aplicable para la determinación de los tipos de cotización para la cobertura de las contingencias de accidentes de trabajo y enfermedades profesionales.

c) Cada extinción contractual en aplicación de esta previsión deberá llevar aparejada simultáneamente la contratación indefinida y a tiempo completo de, al menos, una mujer en la mencionada actividad.

La decisión extintiva de la relación laboral será con carácter previo comunicada por la empresa a los representantes legales de los trabajadores y a la propia persona trabajadora afectada.

Undécima. Acreditación de la capacidad representativa de las organizaciones sindicales.– A los efectos de expedición de las certificaciones acreditativas de la capacidad representativa de las organizaciones sindicales en el ámbito estatal prevista en el artículo 75.7, las comunidades autónomas deberán remitir mensualmente copia de las actas electorales registradas a la oficina pública estatal.

Duodécima. Preavisos.– El Gobierno podrá reducir el plazo mínimo de preaviso de un mes previsto en el párrafo segundo del artículo 67.1, en los sectores de actividad con alta movilidad del personal, previa consulta con las organizaciones sindicales que en ese ámbito funcional ostenten, al menos, el diez por ciento de los representantes de los trabajadores, y con las asociaciones empresariales que cuenten con el diez por ciento de los empresarios y de los trabajadores afectados por el mismo ámbito funcional.

Decimotercera. Solución no judicial de conflictos[213].– En el supuesto de que, aun no habiéndose pactado en el convenio colectivo aplicable un procedimiento para resolver las discrepancias en los periodos de consultas, se hubieran establecido, conforme al artículo 83, órganos o procedimientos no judiciales de solución de conflictos en el ámbito territorial correspondiente, quienes sean parte en dichos periodos de consultas podrán someter de común acuerdo su controversia a dichos órganos.

Decimocuarta. Consideración de víctimas del terrorismo a efectos laborales.– Se consideran incluidas a efectos de lo dispuesto en los artículos 37.8 y 40.4 las personas a las que se refieren los artículos 5 y 33 de la Ley 29/2011, de 22 de septiembre, de Reconocimiento y Protección Integral a las Víctimas del Terrorismo.

Decimoquinta. Aplicación de los límites de duración del contrato por obra o servicio determinados y al encadenamiento de contratos en las Administraciones Públicas.– 1. Derogado por RDL 32/2021.

2. *(Derogado por RDL 32/2021).*

3. Para la aplicación del límite al encadenamiento de contratos previsto en el artículo 15.5, solo se tendrán en cuenta los contratos celebrados en el ámbito de cada una de las Administraciones Públicas sin que formen parte de ellas, a estos efectos, los organismos públicos, agencias y demás entidades de derecho público con personalidad jurídica propia vinculadas o dependientes de las mismas. En todo caso, lo dispuesto en dicho artículo 15.5 no será de

---

[213]   Acuerdo sobre solución autónoma de conflictos laborales (ASAC V).

aplicación respecto de las modalidades particulares de contrato de trabajo contempladas en la Ley Orgánica 6/2001, de 21 de diciembre, de Universidades o en cualesquiera otras normas con rango de ley.

Decimosexta. *(Derogada por RDL 32/2021).*

Decimoséptima. Suspensión del contrato de trabajo y reducción de jornada en las Administraciones Públicas.– Lo previsto en el artículo 47 no será de aplicación a las Administraciones Públicas y a las entidades de derecho público vinculadas o dependientes de una o varias de ellas y de otros organismos públicos, salvo a aquellas que se financien mayoritariamente con ingresos obtenidos como contrapartida de operaciones realizadas en el mercado.

Decimoctava. Discrepancias en materia de conciliación.– Las discrepancias que surjan entre empresarios y trabajadores en relación con el ejercicio de los derechos de conciliación de la vida personal, familiar y laboral reconocidos legal o convencionalmente se resolverán por la jurisdicción social a través del procedimiento establecido en el artículo 139 de la Ley 36/2011, de 10 de octubre, Reguladora de la Jurisdicción Social.

Decimonovena. Cálculo de indemnizaciones en determinados supuestos de jornada reducida.– 1. En los supuestos de reducción de jornada contemplados en el artículo 37.4 en su párrafo final, así como en sus apartados 5, 6 y 8, el salario a tener en cuenta a efectos del cálculo de las indemnizaciones previstas en esta ley será el que hubiera correspondido a la persona trabajadora sin considerar la reducción de jornada efectuada, siempre y cuando no hubiera transcurrido el plazo máximo legalmente establecido para dicha reducción.

2. Igualmente, será de aplicación lo dispuesto en el párrafo anterior en los supuestos de ejercicio a tiempo parcial de los derechos según lo establecido en el séptimo párrafo del artículo 48.4, en el segundo párrafo del artículo 48.5 y en el artículo 48 bis.

Vigésima. Contratos formativos celebrados con trabajadores con discapacidad.– 1. Las empresas que celebren contratos formativos con trabajadores con discapacidad tendrán derecho a una bonificación de cuotas con cargo a los presupuestos del Servicio Público de Empleo Estatal, durante la vigencia del contrato, del cincuenta por ciento de la cuota empresarial de la Seguridad Social correspondiente a contingencias comunes, previstas para estos contratos.

2. Continuarán siendo de aplicación a los contratos formativos que se celebren con trabajadores con discapacidad que trabajen en centros especiales de empleo las peculiaridades que para dichos contratos se prevén en el artículo 7 del Real Decreto 1368/1985, de 17 de julio, por el que se regula la relación laboral de carácter especial de las personas con discapacidad que trabajen en los Centros Especiales de Empleo.

3. Las bonificaciones de cuotas a las que se refiere el apartado 1 se aplicarán por la Tesorería General de la Seguridad Social conforme a los datos, aplicaciones y programas de los que disponga para la gestión liquidatoria y recaudatoria de recursos del sistema de la Seguridad Social. La Inspección de Trabajo y Seguridad Social vigilará su procedencia.

Vigesimoprimera. *(Derogada por RDL 32/2021).*

Vigesimosegunda. Permisos de nacimiento, adopción, del progenitor diferente de la madre biológica y lactancia del personal laboral al servicio de las Administraciones públicas.– Resultarán de aplicación al personal laboral de las Administraciones públicas los permisos de nacimiento, adopción, del progenitor diferente de la madre biológica y lactancia regulados en el texto refundido de la Ley del Estatuto Básico del Empleado Público, aprobado por Real Decreto Legislativo 5/2015, de 30 de octubre, no siendo de aplicación a este personal, por tanto, las previsiones de la presente Ley sobre las suspensiones de los contratos de trabajo que, en su caso, corresponderían por los mismos supuestos de hecho.

Vigesimotercera. Presunción de laboralidad en el ámbito de las plataformas digitales de reparto.– Por aplicación de lo establecido en el artículo 8.1, se presume incluida en el ámbito de esta ley la actividad de las personas que presten servicios retribuidos consistentes en el reparto o distribución de cualquier producto de consumo o mercancía, por parte de empleadoras que ejercen las facultades empresariales de organización, dirección y control de forma directa, indirecta o implícita, mediante la gestión algorítmica del servicio o de las condiciones de trabajo, a través de una plataforma digital.

Esta presunción no afecta a lo previsto en el artículo 1.3 de la presente norma.

Vigesimocuarta. Compromiso de reducción de la tasa de temporalidad.– 1. El Gobierno efectuará una evaluación de los resultados obtenidos por las medidas previstas en el Real Decreto-ley 32/2021, de 28 de diciembre, de medidas urgentes para la reforma laboral, la garantía de la estabilidad en el empleo y la transformación del mercado de trabajo, mediante el análisis de los datos de contratación temporal e indefinida en enero del año 2025, procediendo a la publicación oficial, a estos efectos, de la tasa de temporalidad general y por sectores.

Dicha evaluación deberá repetirse cada dos años.

2. En el caso de que los resultados de la evaluación anterior demuestren que no se avanza en la reducción de la tasa de temporalidad, ya sea en la general o en la de los diferentes sectores, el Gobierno elevará a la mesa de diálogo social una propuesta de medidas adicionales que permitan la consecución de dicho objetivo, general o sectorial, para su discusión y eventual acuerdo con los interlocutores sociales.

Vigesimoquinta. Acciones formativas en los expedientes de regulación temporal de empleo regulados en los artículos 47 y 47 bis.– Durante las reducciones de jornada de trabajo o suspensiones de contratos de trabajo a las que se refieren los artículos 47 y 47 bis, las empresas podrán desarrollar acciones formativas para cada una de las personas afectadas, que tendrán como objetivo la mejora de las competencias profesionales y la empleabilidad de las personas trabajadoras.

A través de estas acciones se priorizará el desarrollo de acciones formativas dirigidas a atender las necesidades formativas reales de las empresas y los trabajadores incluyendo las vinculadas a la adquisición de competencias digitales, así como aquellas que permitan recualificar a las personas trabajadoras, aunque no tengan relación directa con la actividad desarrollada en la empresa.

Las acciones formativas se desarrollarán a través de cualquiera de los tipos de formación previstos en la Ley Orgánica 5/2002, de 19 de junio, de las Cualificaciones y de la Formación Profesional y en la Ley 30/2015, de 9 de septiembre, por la que se regula el sistema de formación profesional, de acuerdo con los requisitos y procedimientos establecidos en dichas normas, o a través de cualquier otro sistema de formación acreditada.

Las acciones formativas deberán desarrollarse durante la aplicación de la reducción de la jornada o suspensión del contrato, en el ámbito de un expediente de regulación temporal de empleo, o en tiempo de trabajo. En cualquier caso, deberán respetarse los descansos legalmente establecidos y el derecho a la conciliación de la vida laboral, personal y familiar.

Vigesimosexta. Acceso a los datos de los expedientes de regulación temporal de empleo por la Tesorería General de la Seguridad Social, el Servicio Público de Empleo Estatal y la Inspección de Trabajo y Seguridad Social.– La Tesorería General de la Seguridad Social, el Servicio Público de Empleo Estatal y la Inspección de Trabajo y Seguridad Social tendrán acceso, a través de los procedimientos automatizados que se establezcan, a todos los datos necesarios para la identificación y tipo del expediente de regulación temporal de empleo, de la empresa y de las personas trabajadoras incluidas en el expediente, el tipo de medida a aplicar, el período en el que se puede producir la reducción de jornada de trabajo o suspensión de los contratos de trabajo y el porcentaje máximo de reducción de jornada o periodo máximo de suspensión de contrato previsto respecto de cada persona trabajadora.

Vigesimoséptima. Régimen jurídico aplicable en los casos de contratas y subcontratas suscritas con centros especiales de empleo.– En los casos de contratas y subcontratas suscritas con los centros especiales de empleo regulados en el texto refundido de la Ley General de derechos de las personas con discapacidad y de su inclusión social, aprobado por el Real Decreto Legislativo 1/2013, de 29 de noviembre, no será de aplicación el artículo 42.6 del texto refundido de la Ley del Estatuto de los Trabajadores.

Vigesimoctava. Elecciones a órganos de representación en el ámbito de las personas artistas que desarrollan su actividad en las artes escénicas, audiovisuales y musicales, así como de las personas que realizan actividades técnicas o auxiliares necesarias para el desarrollo de dicha actividad.– Como excepción a lo dispuesto en el artículo 69.2, las personas dedicadas a las actividades artísticas, así como a las actividades técnicas y auxiliares necesarias para su desarrollo, incluidas en el ámbito de aplicación del Real Decreto 1435/1985, de 1 de agosto, por el que se regula la relación laboral especial de las personas artistas que desarrollan su actividad en las artes escénicas, audiovisuales y musicales, así como de las personas que realizan actividades técnicas o auxiliares necesarias para el desarrollo de dicha actividad, serán electoras cuando sean mayores de dieciséis años y elegibles cuando tengan dieciocho años cumplidos y siempre que, en ambos casos, cuenten con una antigüedad en la empresa de, al menos, veinte días.

Vigesimonovena.– Los órganos de representación, gobierno y administración de las asociaciones empresariales a las que hace referencia el artículo 87 de esta ley se nombrarán atendiendo al principio de representación paritaria y presencia equilibrada entre mujeres y hombres, de tal manera que las personas de cada sexo no superen el sesenta por ciento ni sean menos del cuarenta por ciento.

Si el porcentaje de miembros del sexo menos representado no alcanza el cuarenta por ciento se proporcionará una explicación motivada de las causas, así como de las medidas adoptadas para alcanzar ese porcentaje.

DISPOSICIONES TRANSITORIAS

Primera. Contratos celebrados antes de la entrada en vigor de esta ley.– Continuarán siendo de aplicación a los contratos celebrados antes de la entrada en vigor de esta ley las normas específicas aplicables a cada una de las modalidades contractuales que estuvieran vigentes en el momento en que dichos contratos se concertaron, salvo que otra cosa se hubiera establecido legalmente.

Segunda. Contratos para la formación y el aprendizaje.– 1. Hasta que la tasa de desempleo en nuestro país se sitúe por debajo del quince por ciento podrán realizarse contratos para la formación y el aprendizaje con trabajadores menores de treinta años sin que sea de aplicación el límite máximo de edad establecido en el párrafo primero del artículo 11.2.a)[214].

2. Las referencias realizadas en las disposiciones legales, reglamentarias o en los convenios colectivos al contrato para la formación deberán entenderse realizadas, a partir del 31 de agosto de 2011, al contrato para la formación y el aprendizaje a que se refiere el artículo 11.2 en la medida en que no se opongan o contradigan lo establecido en el mismo.

---

[214] Norma derogada por la disp. der. única RDL 28/2018. Para el alcance de esta derogación, véase infra Normas transitorias en materia de contratación.

Tercera. Contratos a tiempo parcial por jubilación parcial y de relevo y edad de jubilación.– A efectos de lo establecido los artículos 12.6 y 7, se tendrán en cuenta las edades previstas en el texto refundido de la Ley General de la Seguridad Social.

Cuarta. Negociación colectiva y modalidades contractuales.– Lo dispuesto en el artículo 15.1.a) en materia de duración máxima del contrato se entiende sin perjuicio de lo que estuviera establecido en los convenios colectivos sectoriales vigentes a 19 de septiembre de 2010 sobre la duración máxima del contrato por obra o servicio determinados.

Quinta. Limitación del encadenamiento de modalidades contractuales.– 1. Lo previsto en el artículo 15.5 será de aplicación a los contratos de trabajo suscritos a partir del 18 de junio de 2010.

2. Respecto a los contratos suscritos por el trabajador antes del 18 de junio de 2010, seguirá siendo de aplicación, a los efectos del cómputo del número de contratos, lo establecido en el artículo 15.5 según la redacción dada al mismo por la Ley 43/2006, de 29 de diciembre, para la mejora del crecimiento y del empleo, siempre que los contratos se hubieran celebrado a partir del 15 de junio de 2006.

Respecto a los contratos suscritos por el trabajador antes de 15 de junio de 2006, a los efectos del cómputo del número de contratos, del periodo y del plazo previsto en el citado artículo 15.5, se tomará en consideración el vigente a 15 de junio de 2006.

3. A los efectos de lo establecido en el artículo 15.5, quedará excluido del cómputo del plazo de veinticuatro meses y del periodo de treinta meses a que se refiere el citado artículo el tiempo transcurrido entre el 31 de agosto de 2011 y el 31 de diciembre de 2012, haya existido o no prestación de servicios por el trabajador entre dichas fechas, computándose en todo caso a los efectos de lo indicado en dicho artículo los periodos de servicios transcurridos, respectivamente, con anterioridad o posterioridad a las mismas.

Sexta. Horas complementarias.– El régimen de horas complementarias pactado con anterioridad al 22 de diciembre de 2013 continuará siendo de aplicación en los contratos vigentes a dicha fecha, salvo que las partes acuerden modificarlo en los términos establecidos en la actual redacción de los apartados 4 y 5 del artículo 12.

Séptima. Duración del permiso de paternidad en los casos de nacimiento, adopción, guarda con fines de adopción o acogimiento hasta la entrada en vigor de la Ley 9/2009, de 6 de octubre[215].– En tanto no entre en vigor la Ley 9/2009, de 6 de octubre, de ampliación de la duración del permiso de paternidad en los casos de nacimiento, adopción o acogida, la duración del permiso de paternidad a que se refiere el primer párrafo del artículo 48.7 será de trece días ininterrumpidos ampliables en los supuestos de parto, adopción, guarda con fines de adopción o acogimiento múltiples en dos días más por cada hijo a partir del segundo.

De conformidad con la disposición adicional sexta de la Ley 2/2008, de 23 de diciembre, de Presupuestos Generales del Estado para 2009, dicho permiso tendrá una duración de veinte días cuando el nuevo nacimiento, adopción, guarda con fines de adopción o acogimiento se produzca en una familia numerosa, cuando la familia adquiera dicha condición con el nuevo nacimiento, adopción, guarda con fines de adopción o acogimiento o cuando en la familia haya una persona con discapacidad. La duración indicada se ampliará en los supuestos de parto, adopción, guarda con fines de adopción o acogimiento múltiples en dos días más por cada hijo o menor a partir del segundo, o si uno de ellos es una persona con discapacidad.

Octava. Indemnización por finalización de contrato temporal.– 1. La indemnización prevista a la finalización del contrato temporal establecida en el artículo 49.1.c) se aplicará de modo gradual conforme al siguiente calendario:

Ocho días de salario por cada año de servicio para los contratos temporales celebrados hasta el 31 de diciembre de 2011.

Nueve días de salario por cada año de servicio para los contratos temporales celebrados a partir del 1 de enero de 2012.

Diez días de salario por cada año de servicio para los contratos temporales celebrados a partir del 1 de enero de 2013.

Once días de salario por cada año de servicio para los contratos temporales celebrados a partir del 1 de enero de 2014.

Doce días de salario por cada año de servicio para los contratos temporales celebrados a partir del 1 de enero de 2015.

---

[215]   De acuerdo con la DF 11ª Ley 48/2015, PGE para 2016, la entrada en vigor de la Ley 9/2009 se produjo el 1 de enero de 2017.

2. La indemnización por finalización del contrato a la que se refiere el citado artículo 49.1.c) no será de aplicación a las extinciones de contratos celebrados con anterioridad al 4 de marzo de 2001, cualquiera que sea la fecha de su extinción.

Novena. Aplicación temporal de lo establecido en la disposición adicional décima.– Lo establecido en la disposición adicional décima sólo se aplicará a los convenios colectivos suscritos desde el 1 de enero de 2022. En los convenios colectivos suscritos con anterioridad a esta fecha, las cláusulas de jubilación forzosa podrán ser aplicadas hasta tres años después de la finalización de la vigencia inicial pactada del convenio en cuestión.

Décima. Régimen aplicable a expedientes de regulación de empleo iniciados conforme a la normativa anterior.– 1. Los expedientes de regulación de empleo para la extinción o suspensión de los contratos de trabajo para la reducción de jornada que estuvieran en tramitación a 12 de febrero de 2012 se regirán por la normativa vigente en el momento de su inicio.

2. Los expedientes de regulación de empleo para la extinción o la suspensión de los contratos de trabajo o para la reducción de jornada resueltos por la autoridad laboral y con vigencia en su aplicación a 12 de febrero de 2012 se regirán por la normativa en vigor cuando se dictó la resolución del expediente.

Undécima. Indemnizaciones por despido improcedente.– 1. La indemnización por despido prevista en el artículo 56.1 será de aplicación a los contratos suscritos a partir del 12 de febrero de 2012.

2. La indemnización por despido improcedente de los contratos formalizados con anterioridad al 12 de febrero de 2012 se calculará a razón de cuarenta y cinco días de salario por año de servicio por el tiempo de prestación de servicios anterior a dicha fecha, prorrateándose por meses los periodos de tiempo inferiores a un año, y a razón de treinta y tres días de salario por año de servicio por el tiempo de prestación de servicios posterior, prorrateándose igualmente por meses los periodos de tiempo inferiores a un año. El importe indemnizatorio resultante no podrá ser superior a setecientos veinte días de salario, salvo que del cálculo de la indemnización por el periodo anterior al 12 de febrero de 2012 resultase un número de días superior, en cuyo caso se aplicará este como importe indemnizatorio máximo, sin que dicho importe pueda ser superior a cuarenta y dos mensualidades, en ningún caso.

3. A efectos de indemnización por extinción por causas objetivas, los contratos de fomento de la contratación indefinida celebrados con anterioridad al 12 de febrero de 2012 continuarán rigiéndose por la normativa a cuyo amparo se concertaron.

En caso de despido disciplinario, la indemnización por despido improcedente se calculará conforme a lo dispuesto en el apartado 2.

Duodécima. Salarios de tramitación.– Lo dispuesto en el artículo 56.5 será de aplicación a los expedientes de reclamación al Estado de salarios de tramitación en los que no hubiera recaído sentencia firme de despido el 15 de julio de 2012.

Decimotercera. Aplicación paulatina del artículo 48 en la redacción por el Real Decreto-ley 6/2019, de 1 de marzo, de medidas urgentes para garantía de la igualdad de trato y de oportunidades entre mujeres y hombres en el empleo y la ocupación.– 1. Los apartados 4, 5, y 6 del artículo 48, en la redacción dada por el Real Decreto-ley 6/2019, de 1 de marzo, de medidas urgentes para garantía de la igualdad de trato y de oportunidades entre mujeres y hombres en el empleo y la ocupación, serán de aplicación gradual conforme a las siguientes reglas:

a) En el caso de nacimiento, la madre biológica disfrutará completamente de los periodos de suspensión regulados en el Real Decreto-ley 6/2019, de 1 de marzo, desde su entrada en vigor.

b) A partir de la entrada en vigor del Real Decreto-ley 6/2019, de 1 de marzo, en el caso de nacimiento, el otro progenitor contará con un periodo de suspensión total de ocho semanas, de las cuales las dos primeras, deberá disfrutarlas de forma ininterrumpida inmediatamente tras el parto.

La madre biológica podrá ceder al otro progenitor un periodo de hasta cuatro semanas de su periodo de suspensión de disfrute no obligatorio. El disfrute de este periodo por el otro progenitor, así como el de las restantes seis semanas, se adecuará a lo dispuesto en el artículo 48.4.

c) A partir de la entrada en vigor del Real Decreto-ley 6/2019, de 1 de marzo, en el caso de adopción, guarda con fines de adopción o acogimiento, cada progenitor dispondrá de un periodo de suspensión de seis semanas a disfrutar a tiempo completo de forma obligatoria e ininterrumpida inmediatamente después de la resolución judicial por la que se constituye la adopción o bien de la decisión administrativa de guarda con fines de adopción o de acogimiento.

Junto a las seis semanas de disfrute obligatorio, los progenitores/as podrán disponer de un total de doce semanas de disfrute voluntario que deberán disfrutar de forma ininterrumpida dentro de los doce meses siguientes a la resolución judicial por la que se constituya la adopción o bien a la decisión administrativa de guarda con fines de adopción o de acogimiento, de conformidad con lo previsto en el artículo 48.5. Cada progenitor podrá disfrutar individualmente de un máximo de diez semanas sobre las doce semanas totales de disfrute voluntario, quedando las restantes sobre el total de las doce semanas a disposición del otro progenitor. Cuando los dos progenitores que ejerzan este derecho trabajen para la misma empresa, ésta podrá limitar el disfrute simultáneo de las doce semanas voluntarias por razones fundadas y objetivas, debidamente motivadas por escrito.

d) A partir de 1 de enero de 2020, en el caso de nacimiento, el otro progenitor contará con un periodo de suspensión total de doce semanas, de las cuales las cuatro primeras deberá disfrutarlas de forma ininterrumpida inmediatamente tras el parto. La madre biológica podrá ceder al otro progenitor un periodo de hasta dos semanas de su periodo de suspensión de disfrute no obligatorio El disfrute de este periodo por el otro progenitor, así como el de las restantes ocho semanas, se adecuará a lo dispuesto en el artículo 48.4.

e) A partir de 1 de enero de 2020, en el caso de adopción, guarda con fines de adopción o acogimiento, cada progenitor dispondrá de un periodo de suspensión de seis semanas a disfrutar a tiempo completo de forma obligatoria e ininterrumpida inmediatamente después de la resolución judicial por la que se constituye la adopción o bien de la decisión administrativa de guarda con fines de adopción o de acogimiento. Junto a las seis semanas de disfrute obligatorio, los progenitores/as podrán disponer de un total de dieciséis semanas de disfrute voluntario que deberán disfrutar de forma ininterrumpida dentro de los doce meses siguientes a la resolución judicial por la que se constituya la adopción o bien a la decisión administrativa de guarda con fines de adopción o de acogimiento, de conformidad con lo previsto en el artículo 48.5. Cada progenitor podrá disfrutar individualmente de un máximo de diez semanas sobre las dieciséis semanas totales de disfrute voluntario, quedando las restantes sobre el total de las dieciséis semanas a disposición del otro progenitor. Cuando los dos progenitores que ejerzan este derecho trabajen para la misma empresa, ésta podrá limitar el disfrute simultáneo de las dieciséis semanas voluntarias por razones fundadas y objetivas, debidamente motivadas por escrito.

f) A partir de 1 de enero de 2021, cada progenitor disfrutará de igual periodo de suspensión del contrato de trabajo, incluyendo seis semanas de permiso obligatorio para cada uno de ellos, siendo de aplicación íntegra la nueva regulación dispuesta en el Real Decreto-ley 6/2019, de 1 de marzo.

2. En tanto no se produzca la total equiparación en los periodos de suspensión de ambos progenitores, y en el periodo de aplicación paulatina, el nuevo sistema se aplicará con las siguientes particularidades:

a) En caso de fallecimiento de la madre biológica, con independencia de que ésta realizara o no algún trabajo, el otro progenitor tendrá derecho a la totalidad de 16 semanas de suspensión previstas para la madre biológica de conformidad con el artículo 48.4.

b) En el caso de nacimiento, el otro progenitor podrá seguir haciendo uso del periodo de suspensión inicialmente cedido por la madre biológica aunque, en el momento previsto para la reincorporación de la madre al trabajo, ésta se encuentre en situación de incapacidad temporal.

c) En el caso de que un progenitor no tuviese derecho a suspender su actividad profesional con derecho a prestaciones de acuerdo con las normas que regulen dicha actividad, el otro progenitor tendrá derecho a suspender su contrato de trabajo por la totalidad de 16 semanas, sin que le sea aplicable ninguna limitación del régimen transitorio.

d) En los supuestos de adopción, de guarda con fines de adopción y de acogimiento, de acuerdo con el artículo 45.1.d), en caso de que ambos progenitores trabajen, el periodo de suspensión se distribuirá a opción de los interesados, que podrán disfrutarlo de forma simultánea o sucesiva, dentro de los límites de disfrute compartido establecidos para cada año del periodo transitorio. Los periodos a los que se refieren dichos apartados podrán disfrutarse en régimen de jornada completa o a tiempo parcial, previo acuerdo entre los empresarios y los trabajadores afectados, en los términos que reglamentariamente se determinen.

DISPOSICIONES FINALES

Primera. Título competencial.– Esta ley se dicta de acuerdo con lo establecido en el artículo 149.1.7.ª de la Constitución Española, que atribuye al Estado la competencia exclusiva en materia de legislación laboral sin perjuicio de su ejecución por los órganos de las comunidades autónomas.

Segunda. Desarrollo reglamentario.– 1. El Gobierno dictará las disposiciones que sean precisas para el desarrollo de esta ley.

2. El Gobierno, previas las consultas que considere oportunas a las asociaciones empresariales y organizaciones sindicales, dictará las normas necesarias para la aplicación del título II en aquellas empresas pertenecientes a sectores de actividad en las que sea relevante el número de trabajadores no fijos o el de trabajadores menores de dieciocho años, así como a los colectivos en los que, por la naturaleza de sus actividades, se ocasione una movilidad permanente, una acusada dispersión o unos desplazamientos de localidad, ligados al ejercicio normal de sus actividades, y en los que concurran otras circunstancias que hagan aconsejable su inclusión en el ámbito de aplicación del título II citado. En todo caso, dichas normas respetarán el contenido básico de esos procedimientos de representación en la empresa.

LEY DE TRABAJO A DISTANCIA
(selección de disposiciones)[1]

CAPÍTULO I. Disposiciones generales

Artículo 1. Ámbito de aplicación.– Las relaciones de trabajo a las que resultará de aplicación la presente Ley serán aquellas en las que concurran las condiciones descritas en el artículo 1.1 del texto refundido de la Ley del Estatuto de los Trabajadores aprobado por el Real Decreto Legislativo 2/2015, de 23 de octubre, que se desarrollen a distancia con carácter regular.

Se entenderá que es regular el trabajo a distancia que se preste, en un periodo de referencia de tres meses, un mínimo del treinta por ciento de la jornada, o el porcentaje proporcional equivalente en función de la duración del contrato de trabajo.

Artículo 2. Definiciones.– A los efectos de lo establecido en esta Ley, se entenderá por:

a) «Trabajo a distancia»: forma de organización del trabajo o de realización de la actividad laboral conforme a la cual esta se presta en el domicilio de la persona trabajadora o en el lugar elegido por esta, durante toda su jornada o parte de ella, con carácter regular.

b) «Teletrabajo»: aquel trabajo a distancia que se lleva a cabo mediante el uso exclusivo o prevalente de medios y sistemas informáticos, telemáticos y de telecomunicación.

c) «Trabajo presencial»: aquel trabajo que se presta en el centro de trabajo o en el lugar determinado por la empresa.

Artículo 3. Limitaciones en el trabajo a distancia.– En los contratos de trabajo celebrados con menores y en los contratos en prácticas y para la formación y el aprendizaje, solo cabrá un acuerdo de trabajo a distancia que garantice, como mínimo, un porcentaje del cincuenta por ciento de prestación de servicios presencial, sin perjuicio del desarrollo telemático, en su caso, de la formación teórica vinculada a estos últimos.

---

[1] Ley 10/2021, de 9 de julio, de trabajo a distancia.

Artículo 4. Igualdad de trato y de oportunidades y no discriminación.–
1. Las personas que desarrollan trabajo a distancia tendrán los mismos derechos que hubieran ostentado si prestasen servicios en el centro de trabajo de la empresa, salvo aquellos que sean inherentes a la realización de la prestación laboral en el mismo de manera presencial, y no podrán sufrir perjuicio en ninguna de sus condiciones laborales, incluyendo retribución, estabilidad en el empleo, tiempo de trabajo, formación y promoción profesional.

Sin perjuicio de lo previsto en el párrafo anterior, las personas que desarrollan total o parcialmente trabajo a distancia tendrán derecho a percibir, como mínimo, la retribución total establecida conforme a su grupo profesional, nivel, puesto y funciones, así como los complementos establecidos para las personas trabajadoras que solo prestan servicios de forma presencial, particularmente aquellos vinculados a las condiciones personales, los resultados de la empresa o las características del puesto de trabajo.

2. Las personas que desarrollan trabajo a distancia no podrán sufrir perjuicio alguno ni modificación en las condiciones pactadas, en particular en materia de tiempo de trabajo o de retribución, por las dificultades, técnicas u otras no imputables a la persona trabajadora, que eventualmente pudieran producirse, sobre todo en caso de teletrabajo.

3. Las empresas están obligadas a evitar cualquier discriminación, directa o indirecta, particularmente por razón de sexo, edad, antigüedad o grupo profesional o discapacidad, de las personas trabajadoras que prestan servicios a distancia, asegurando la igualdad de trato y la prestación de apoyos, y realizando los ajustes razonables que resulten procedentes.

Igualmente, las empresas están obligadas a tener en cuenta a las personas teletrabajadoras o trabajadoras a distancia y sus características laborales en el diagnóstico, implementación, aplicación, seguimiento y evaluación de medidas y planes de igualdad.

4. De conformidad con lo previsto en la normativa aplicable, las empresas deberán tener en cuenta las particularidades del trabajo a distancia, especialmente del teletrabajo, en la configuración y aplicación de medidas contra el acoso sexual, acoso por razón de sexo, acoso por causa discriminatoria y acoso laboral.

En la elaboración de medidas para la protección de las víctimas de violencia de género, deberán tenerse especialmente en cuenta, dentro de la capacidad de actuación empresarial en este ámbito, las posibles consecuencias y particularidades de esta forma de prestación de servicios en aras a la protección y garantía de derechos sociolaborales de estas personas.

5. Las personas que realizan trabajo a distancia tienen los mismos derechos que las personas trabajadoras presenciales en materia de conciliación y corresponsabilidad, incluyendo el derecho de adaptación a la jornada establecido en el artículo 34.8 del Estatuto de los Trabajadores, a fin de que no interfiera el trabajo con la vida personal y familiar.

CAPÍTULO II. El acuerdo de trabajo a distancia

Sección 1.ª Voluntariedad del trabajo a distancia

Artículo 5. Voluntariedad del trabajo a distancia y acuerdo de trabajo a distancia.– 1. El trabajo a distancia será voluntario para la persona trabajadora y para la empleadora y requerirá la firma del acuerdo de trabajo a distancia regulado en esta Ley, que podrá formar parte del contrato inicial o realizarse en un momento posterior, sin que pueda ser impuesto en aplicación del artículo 41 del Estatuto de los Trabajadores, todo ello sin perjuicio del derecho al trabajo a distancia que pueda reconocer la legislación o la negociación colectiva.

2. La negativa de la persona trabajadora a trabajar a distancia, el ejercicio de la reversibilidad al trabajo presencial y las dificultades para el desarrollo adecuado de la actividad laboral a distancia que estén exclusivamente relacionadas con el cambio de una prestación presencial a otra que incluya trabajo a distancia, no serán causas justificativas de la extinción de la relación laboral ni de la modificación sustancial de las condiciones de trabajo.

3. La decisión de trabajar a distancia desde una modalidad de trabajo presencial será reversible para la empresa y la persona trabajadora. El ejercicio de esta reversibilidad podrá ejercerse en los términos establecidos en la negociación colectiva o, en su defecto, en los fijados en el acuerdo de trabajo a distancia al que se refiere el artículo 7.

Sección 2.ª El acuerdo de trabajo a distancia

Artículo 6. Obligaciones formales del acuerdo de trabajo a distancia.– 1. El acuerdo de trabajo a distancia deberá realizarse por escrito. Este acuerdo podrá estar incorporado al contrato de trabajo inicial o realizarse en un momento posterior, pero en todo caso deberá formalizarse antes de que se inicie el trabajo a distancia.

2. La empresa deberá entregar a la representación legal de las personas trabajadoras una copia de todos los acuerdos de trabajo a distancia que se realicen y de sus actualizaciones, excluyendo aquellos datos que, de acuerdo con la Ley Orgánica 1/1982, de 5 de mayo, de protección civil del derecho al honor, a la intimidad personal y familiar y a la propia imagen, pudieran afectar a la intimidad personal, de conformidad con lo previsto en el artículo 8.4 del Estatuto de los Trabajadores. El tratamiento de la información facilitada estará sometido a los principios y garantías previstos en la normativa aplicable en materia de protección de datos.

Esta copia se entregará por la empresa, en un plazo no superior a diez días desde su formalización, a la representación legal de las personas trabajadoras, que la firmarán a efectos de acreditar que se ha producido la entrega.

Posteriormente, dicha copia se enviará a la oficina de empleo. Cuando no exista representación legal de las personas trabajadoras también deberá formalizarse copia básica y remitirse a la oficina de empleo.

Artículo 7. Contenido del acuerdo de trabajo a distancia.– Será contenido mínimo obligatorio del acuerdo de trabajo a distancia, sin perjuicio de la regulación recogida al respecto en los convenios o acuerdos colectivos, el siguiente:

a) Inventario de los medios, equipos y herramientas que exige el desarrollo del trabajo a distancia concertado, incluidos los consumibles y los elementos muebles, así como de la vida útil o periodo máximo para la renovación de estos.

b) Enumeración de los gastos que pudiera tener la persona trabajadora por el hecho de prestar servicios a distancia, así como forma de cuantificación de la compensación que obligatoriamente debe abonar la empresa y momento y forma para realizar la misma, que se corresponderá, de existir, con la previsión recogida en el convenio o acuerdo colectivo de aplicación.

c) Horario de trabajo de la persona trabajadora y dentro de él, en su caso, reglas de disponibilidad.

d) Porcentaje y distribución entre trabajo presencial y trabajo a distancia, en su caso.

e) Centro de trabajo de la empresa al que queda adscrita la persona trabajadora a distancia y donde, en su caso, desarrollará la parte de la jornada de trabajo presencial.

f) Lugar de trabajo a distancia elegido por la persona trabajadora para el desarrollo del trabajo a distancia.

g) Duración de plazos de preaviso para el ejercicio de las situaciones de reversibilidad, en su caso.

h) Medios de control empresarial de la actividad.

i) Procedimiento a seguir en el caso de producirse dificultades técnicas que impidan el normal desarrollo del trabajo a distancia.

j) Instrucciones dictadas por la empresa, con la participación de la representación legal de las personas trabajadoras, en materia de protección de datos, específicamente aplicables en el trabajo a distancia.

k) Instrucciones dictadas por la empresa, previa información a la representación legal de las personas trabajadoras, sobre seguridad de la información, específicamente aplicables en el trabajo a distancia.

l) Duración del acuerdo de trabajo a distancia.

Artículo 8. Modificación del acuerdo de trabajo a distancia y ordenación de prioridades.– 1. La modificación de las condiciones establecidas en el acuerdo de trabajo a distancia, incluido el porcentaje de presencialidad, deberá ser objeto de acuerdo entre la empresa y la persona trabajadora, formalizándose por escrito con carácter previo a su aplicación. Esta modificación será puesta en conocimiento de la representación legal de las personas trabajadoras.

2. Las personas que realizan trabajo a distancia desde el inicio de la relación laboral durante la totalidad de su jornada, tendrán prioridad para ocupar puestos de trabajo que se realizan total o parcialmente de manera presencial. A estos efectos, la empresa informará a estas personas que trabajan a distancia y a la representación legal de las personas trabajadoras de los puestos de trabajo vacantes de carácter presencial que se produzcan.

3. Los convenios o acuerdos colectivos podrán establecer los mecanismos y criterios por los que la persona que desarrolla trabajo presencial puede pasar a trabajo a distancia o viceversa, así como preferencias vinculadas a determinadas circunstancias, como las relacionadas con la formación, la promoción y estabilidad en el empleo de personas con diversidad funcional o con riesgos específicos, la existencia de pluriempleo o pluriactividad o la concurrencia de

determinadas circunstancias personales o familiares, así como la ordenación de las prioridades establecidas en la presente Ley.

En el diseño de estos mecanismos se deberá evitar la perpetuación de roles y estereotipos de género y se deberá tener en cuenta el fomento de la corresponsabilidad entre mujeres y hombres, debiendo ser objeto de diagnóstico y tratamiento por parte del plan de igualdad que, en su caso, corresponda aplicar en la empresa.

CAPÍTULO III. Derechos de las personas trabajadoras a distancia

Sección 1.ª Derecho a la carrera profesional

Artículo 9. Derecho a la formación.– 1. Las empresas deberán adoptar las medidas necesarias para garantizar la participación efectiva en las acciones formativas de las personas que trabajan a distancia, en términos equivalentes a las de las personas que prestan servicios en el centro de trabajo de la empresa, debiendo atender el desarrollo de estas acciones, en lo posible, a las características de su prestación de servicios a distancia.

2. La empresa deberá garantizar a las personas que trabajan a distancia la formación necesaria para el adecuado desarrollo de su actividad tanto al momento de formalizar el acuerdo de trabajo a distancia como cuando se produzcan cambios en los medios o tecnologías utilizadas.

Artículo 10. Derecho a la promoción profesional.– Las personas que trabajan a distancia tendrán derecho, en los mismos términos que las que prestan servicios de forma presencial, a la promoción profesional, debiendo la empresa informar a aquellas, de manera expresa y por escrito, de las posibilidades de ascenso que se produzcan, ya se trate de puestos de desarrollo presencial o a distancia.

Sección 2.ª Derechos relativos a la dotación y mantenimiento de medios y al abono y compensación de gastos

Artículo 11. Derecho a la dotación suficiente y mantenimiento de medios, equipos y herramientas.– 1. Las personas que trabajan a distancia tendrán derecho a la dotación y mantenimiento adecuado por parte de la empresa de todos los medios, equipos y herramientas necesarios para el desarrollo de la actividad, de conformidad con el inventario incorporado en el acuerdo referido en el artículo 7 y con los términos establecidos, en su caso, en el convenio o acuerdo colectivo de aplicación. En el caso de personas con discapacidad trabajadoras, la empresa asegurará que esos medios, equipos y herramientas, incluidos los digitales, sean universalmente accesibles, para evitar cualquier exclusión por esta causa.

2. Asimismo, se garantizará la atención precisa en el caso de dificultades técnicas, especialmente en el caso de teletrabajo.

Artículo 12. El derecho al abono y compensación de gastos.– 1. El desarrollo del trabajo a distancia deberá ser sufragado o compensado por la empresa, y no podrá suponer la asunción por parte de la persona trabajadora de gastos relacionados con los equipos, herramientas y medios vinculados al desarrollo de su actividad laboral.

2. Los convenios o acuerdos colectivos podrán establecer el mecanismo para la determinación, y compensación o abono de estos gastos.

Sección 3.ª Derechos con repercusión en el tiempo de trabajo

Artículo 13. Derecho al horario flexible en los términos del acuerdo.– De conformidad con los términos establecidos en el acuerdo de trabajo a distancia y la negociación colectiva, respetando los tiempos de disponibilidad obligatoria y la normativa sobre tiempo de trabajo y descanso, la persona que desarrolla trabajo a distancia podrá flexibilizar el horario de prestación de servicios establecido.

Artículo 14. Derecho al registro horario adecuado.– El sistema de registro horario que se regula en el artículo 34.9 del Estatuto de los Trabajadores, de conformidad con lo establecido en la negociación colectiva, deberá reflejar fielmente el tiempo que la persona trabajadora que realiza trabajo a distancia dedica a la actividad laboral, sin perjuicio de la flexibilidad horaria, y deberá incluir, entre otros, el momento de inicio y finalización de la jornada.

Sección 4.ª Derecho a la prevención de riesgos laborales

Artículo 15. Aplicación de la normativa preventiva en el trabajo a distancia.– Las personas que trabajan a distancia tienen derecho a una adecuada protección en materia de seguridad y salud en el trabajo, de conformidad con lo establecido en la Ley 31/1995, de 8 de noviembre, de Prevención de Riesgos Laborales, y su normativa de desarrollo.

Artículo 16. Evaluación de riesgos y planificación de la actividad preventiva.– 1. La evaluación de riesgos y la planificación de la actividad preventiva del trabajo a distancia deberán tener en cuenta los riesgos característicos de esta modalidad de trabajo, poniendo especial atención en los factores psicosociales, ergonómicos y organizativos y de accesibilidad del entorno laboral efectivo. En particular, deberá tenerse en cuenta la distribución de la jornada, los tiempos de disponibilidad y la garantía de los descansos y desconexiones durante la jornada.

La evaluación de riesgos únicamente debe alcanzar a la zona habilitada para la prestación de servicios, no extendiéndose al resto de zonas de la vivienda o del lugar elegido para el desarrollo del trabajo a distancia.

2. La empresa deberá obtener toda la información acerca de los riesgos a los que está expuesta la persona que trabaja a distancia mediante una metodología que ofrezca confianza respecto de sus resultados, y prever las medidas de protección que resulten más adecuadas en cada caso.

Cuando la obtención de dicha información exigiera la visita por parte de quien tuviera competencias en materia preventiva al lugar en el que, conforme a lo recogido en el acuerdo al que se refiere el artículo 7, se desarrolla el trabajo a distancia, deberá emitirse informe escrito que justifique dicho extremo que se entregará a la persona trabajadora y a las delegadas y delegados de prevención.

La referida visita requerirá, en cualquier caso, el permiso de la persona trabajadora, de tratarse de su domicilio o del de una tercera persona física.

De no concederse dicho permiso, el desarrollo de la actividad preventiva por parte de la empresa podrá efectuarse en base a la determinación de los riesgos que se derive de la información recabada de la persona trabajadora según las instrucciones del servicio de prevención.

Sección 5.ª Derechos relacionados con el uso de medios digitales.

Artículo 17. Derecho a la intimidad y a la protección de datos.– 1. La utilización de los medios telemáticos y el control de la prestación laboral mediante dispositivos automáticos garantizará adecuadamente el derecho a la intimidad y a la protección de datos, en los términos previstos en la Ley Orgánica 3/2018, de 5 de diciembre, de Protección de Datos Personales y garantía de los derechos digitales, de acuerdo con los principios de idoneidad, necesidad y proporcionalidad de los medios utilizados.

2. La empresa no podrá exigir la instalación de programas o aplicaciones en dispositivos propiedad de la persona trabajadora, ni la utilización de estos dispositivos en el desarrollo del trabajo a distancia.

3. Las empresas deberán establecer criterios de utilización de los dispositivos digitales respetando en todo caso los estándares mínimos de protección de su intimidad de acuerdo con los usos sociales y los derechos reconocidos legal y constitucionalmente. En su elaboración deberá participar la representación legal de las personas trabajadoras.

Los convenios o acuerdos colectivos podrán especificar los términos dentro de los cuales las personas trabajadoras pueden hacer uso por motivos personales de los equipos informáticos puestos a su disposición por parte de la empresa para el desarrollo del trabajo a distancia, teniendo en cuenta los usos sociales de dichos medios y las particularidades del trabajo a distancia.

Artículo 18. Derecho a la desconexión digital.– 1. Las personas que trabajan a distancia, particularmente en teletrabajo, tienen derecho a la desconexión digital fuera de su horario de trabajo en los términos establecidos en el artículo 88 de la Ley Orgánica 3/2018, de 5 de diciembre.

El deber empresarial de garantizar la desconexión conlleva una limitación del uso de los medios tecnológicos de comunicación empresarial y de trabajo durante los periodos de descanso, así como el respeto a la duración máxima de la jornada y a cualesquiera límites y precauciones en materia de jornada que dispongan la normativa legal o convencional aplicables.

2. La empresa, previa audiencia de la representación legal de las personas trabajadoras, elaborará una política interna dirigida a personas trabajadoras, incluidas los que ocupen puestos directivos, en la que definirán las modalidades de ejercicio del derecho a la desconexión y las acciones de formación y de sensibilización del personal sobre un uso razonable de las herramientas tecnológicas que evite el riesgo de fatiga informática. En particular, se preservará el derecho a la desconexión digital en los supuestos de realización total o parcial del trabajo a distancia, así como en el domicilio de la persona empleada vinculado al uso con fines laborales de herramientas tecnológicas.

Los convenios o acuerdos colectivos de trabajo podrán establecer los medios y medidas adecuadas para garantizar el ejercicio efectivo del derecho a la desconexión en el trabajo a distancia y la organización adecuada de la jornada de forma que sea compatible con la garantía de tiempos de descanso.

Sección 6.ª Derechos colectivos

Artículo 19. Derechos colectivos de las personas que trabajan a distancia.– 1. Las personas trabajadoras a distancia tendrán derecho a ejercitar sus derechos de naturaleza colectiva con el mismo contenido y alcance que el resto de las personas trabajadoras del centro al que están adscritas.

A estos efectos, la negociación colectiva podrá establecer las condiciones para garantizar el ejercicio de los derechos colectivos de las personas trabajadoras a distancia, en atención a las singularidades de su prestación, con respeto pleno al principio de igualdad de trato y de oportunidades entre la persona trabajadora a distancia y la que desempeñe tareas en el establecimiento de la empresa.

2. La empresa deberá suministrar a la representación legal de las personas trabajadoras los elementos precisos para el desarrollo de su actividad representativa, entre ellos, el acceso a las comunicaciones y direcciones electrónicas de uso en la empresa y la implantación del tablón virtual, cuando sea compatible con la forma de prestación del trabajo a distancia.

Deberá asegurarse que no existen obstáculos para la comunicación entre las personas trabajadoras a distancia y sus representantes legales, así como con el resto de personas trabajadoras.

3. Deberá garantizarse que las personas trabajadoras a distancia pueden participar de manera efectiva en las actividades organizadas o convocadas por su representación legal o por el resto de las personas trabajadoras en defensa de sus intereses laborales, en particular, su participación efectiva presencial para el ejercicio del derecho a voto en las elecciones a representantes legales.

CAPÍTULO IV. Facultades de organización, dirección y control empresarial en el trabajo a distancia

Artículo 20. Protección de datos y seguridad de la información.– 1. Las personas trabajadoras, en el desarrollo del trabajo a distancia, deberán cumplir las instrucciones que haya establecido la empresa en el marco de la legislación sobre protección de datos, previa participación de la representación legal de las personas trabajadoras.

2. Las personas trabajadoras deberán cumplir las instrucciones sobre seguridad de la información específicamente fijadas por la empresa, previa información a su representación legal, en el ámbito del trabajo a distancia.

Artículo 21. Condiciones e instrucciones de uso y conservación de equipos o útiles informáticos.– Las personas trabajadoras deberán cumplir las condiciones e instrucciones de uso y conservación establecidas en la empresa en relación con los equipos o útiles informáticos, dentro de los términos que, en su caso, se establezcan en la negociación colectiva.

Artículo 22. Facultades de control empresarial.– La empresa podrá adoptar las medidas que estime más oportunas de vigilancia y control para verificar el cumplimiento por la persona trabajadora de sus obligaciones y deberes laborales, incluida la utilización de medios telemáticos, guardando en su adopción y aplicación la consideración debida a su dignidad y teniendo en cuenta, en su caso, sus circunstancias personales, como la concurrencia de una discapacidad.

DISPOSICIONES ADICIONALES

Primera. El trabajo a distancia en la negociación colectiva.– 1. Los convenios o acuerdos colectivos podrán establecer, en atención a la especificidad de la actividad concreta de su ámbito, la identificación de los puestos de trabajo y funciones susceptibles de ser realizados a través del trabajo a distancia, las condiciones de acceso y desarrollo de la actividad laboral mediante esta modalidad, la duración máxima del trabajo a distancia, así como contenidos adicionales en el acuerdo de trabajo a distancia y cuantas otras cuestiones se consideren necesario regular.

2. Los convenios o acuerdos colectivos podrán regular una jornada mínima presencial en el trabajo a distancia, el ejercicio de la reversibilidad al trabajo en los locales de la empresa, un porcentaje o periodo de referencia inferiores a los fijados en el presente real decreto-ley a los efectos de calificar como «regular» esta modalidad de ejecución de la actividad laboral, un porcentaje de trabajo presencial de los contratos formativos diferente al previsto en el

mismo, siempre que no se celebren con menores de edad, así como las posibles circunstancias extraordinarias de modulación del derecho a la desconexión.

Segunda. Personal laboral al servicio de las Administraciones Públicas.– Las previsiones contenidas en esta Ley no serán de aplicación al personal laboral al servicio de las Administraciones Públicas, que se regirá en esta materia por su normativa específica.

Tercera. Domicilio a efectos de considerar la Autoridad Laboral competente y los servicios y programas públicos de fomento de marzo,empleo aplicables.– En el trabajo a distancia, se considerará como domicilio de referencia a efectos de considerar la Autoridad Laboral competente y los servicios y programas públicos de fomento del empleo aplicables, aquel que figure como tal en el contrato de trabajo y, en su defecto, el domicilio de la empresa o del centro o lugar físico de trabajo.

(…)

DISPOSICIONES TRANSITORIAS

Primera. Situaciones de trabajo a distancia existentes a la entrada en vigor de esta Ley.– 1. Esta Ley será íntegramente aplicable a las relaciones de trabajo vigentes y que estuvieran reguladas, con anterioridad a su publicación, por convenios o acuerdos colectivos sobre condiciones de prestación de servicios a distancia, desde el momento en el que estos pierdan su vigencia.

En caso de que los convenios o acuerdos referidos en el apartado anterior no prevean un plazo de duración, esta norma resultará de aplicación íntegramente una vez transcurrido un año desde su publicación en el «Boletín Oficial del Estado», salvo que las partes firmantes de estos acuerden expresamente un plazo superior, que como máximo podrá ser de tres años.

2. En ningún caso la aplicación de esta Ley podrá tener como consecuencia la compensación, absorción o desaparición de cualesquiera derechos o condiciones más beneficiosas que vinieran disfrutando las personas que prestasen con carácter previo sus servicios a distancia que se reflejarán en el acuerdo de trabajo a distancia, de conformidad con lo previsto en el artículo 7.

3. El acuerdo de trabajo a distancia regulado en la sección segunda del capítulo II de esta Ley deberá formalizarse en el plazo de tres meses desde que esta norma resulte de aplicación a la relación laboral concreta. En idéntico

plazo deberán efectuarse adaptaciones o modificaciones de los acuerdos de trabajo a distancia de carácter individual vigentes a la fecha de publicación de esta Ley, no derivados de convenios o acuerdos colectivos.

Segunda. Personal laboral al servicio de las Administraciones Públicas.– Hasta que se apruebe la normativa prevista en la disposición adicional segunda, se mantendrá en vigor para el personal laboral al servicio de las Administraciones Públicas lo previsto por el artículo 13 del texto refundido de la Ley del Estatuto de los Trabajadores en la redacción vigente antes de la entrada en vigor del presente real decreto-ley.

Tercera. Trabajo a distancia como medida de contención sanitaria derivada de la COVID-19.– Al trabajo a distancia implantado excepcionalmente en aplicación del artículo 5 del Real Decreto-ley 8/2020, de 17 de marzo, o como consecuencia de las medidas de contención sanitaria derivadas de la COVID-19, y mientras estas se mantengan, le seguirá resultando de aplicación la normativa laboral ordinaria.

En todo caso, las empresas estarán obligadas a dotar de los medios, equipos, herramientas y consumibles que exige el desarrollo del trabajo a distancia, así como al mantenimiento que resulte necesario.

En su caso, la negociación colectiva establecerá la forma de compensación de los gastos derivados para la persona trabajadora de esta forma de trabajo a distancia, si existieran y no hubieran sido ya compensados.

LEY ORGÁNICA PARA LA IGUALDAD EFECTIVA DE MUJERES Y HOMBRES
(selección de disposiciones)[1]

TÍTULO IV. El derecho al trabajo en igualdad de oportunidades

CAPÍTULO I. Igualdad de trato y de oportunidades en el ámbito laboral

Artículo 42. Programas de mejora de la empleabilidad de las mujeres.– 1. Las políticas de empleo tendrán como uno de sus objetivos prioritarios aumentar la participación de las mujeres en el mercado de trabajo y avanzar en la igualdad efectiva entre mujeres y hombres. Para ello, se mejorará la empleabilidad y la permanencia en el empleo de las mujeres, potenciando su nivel formativo y su adaptabilidad a los requerimientos del mercado de trabajo.

2. Los Programas de inserción laboral activa comprenderán todos los niveles educativos y edad de las mujeres, incluyendo los de Formación Profesional, Escuelas Taller y Casas de Oficios, dirigidos a personas en desempleo, se podrán destinar prioritariamente a colectivos específicos de mujeres o contemplar una determinada proporción de mujeres.

Artículo 43. Promoción de la igualdad en la negociación colectiva.– De acuerdo con lo establecido legalmente, mediante la negociación colectiva se podrán establecer medidas de acción positiva para favorecer el acceso de las mujeres al empleo y la aplicación efectiva del principio de igualdad de trato y no discriminación en las condiciones de trabajo entre mujeres y hombres.

CAPÍTULO II. Igualdad y conciliación

Artículo 44. Los derechos de conciliación de la vida personal, familiar y laboral.– 1. Los derechos de conciliación de la vida personal, familiar y laboral se reconocerán a los trabajadores y las trabajadoras en forma que

---

[1]   Ley Orgánica 3/2007, de 22 de marzo, para la igualdad efectiva de mujeres y hombres (BOE 23 de marzo)

fomenten la asunción equilibrada de las responsabilidades familiares, evitando toda discriminación basada en su ejercicio.

2. El permiso y la prestación por maternidad se concederán en los términos previstos en la normativa laboral y de Seguridad Social.

3. Para contribuir a un reparto más equilibrado de las responsabilidades familiares, se reconoce a los padres el derecho a un permiso y una prestación por paternidad, en los términos previstos en la normativa laboral y de Seguridad Social.

CAPÍTULO III. Los planes de igualdad de las empresas y otras medidas de promoción de la igualdad[2]

Artículo 45. Elaboración y aplicación de los planes de igualdad.– 1. Las empresas están obligadas a respetar la igualdad de trato y de oportunidades en el ámbito laboral y, con esta finalidad, deberán adoptar medidas dirigidas a evitar cualquier tipo de discriminación laboral entre mujeres y hombres, medidas que deberán negociar, y en su caso acordar, con los representantes legales de los trabajadores en la forma que se determine en la legislación laboral.

2. En el caso de las empresas de cincuenta o más trabajadores, las medidas de igualdad a que se refiere el apartado anterior deberán dirigirse a la elaboración y aplicación de un plan de igualdad, con el alcance y contenido establecidos en este capítulo, que deberá ser asimismo objeto de negociación en la forma que se determine en la legislación laboral[3].

3. Sin perjuicio de lo dispuesto en el apartado anterior, las empresas deberán elaborar y aplicar un plan de igualdad cuando así se establezca en el convenio colectivo que sea aplicable, en los términos previstos en el mismo.

4. Las empresas también elaborarán y aplicarán un plan de igualdad, previa negociación o consulta, en su caso, con la representación legal de los trabajadores y trabajadoras, cuando la autoridad laboral hubiera acordado en un procedimiento sancionador la sustitución de las sanciones accesorias por la elaboración y aplicación de dicho plan, en los términos que se fijen en el indicado acuerdo.

---

[2]   Cfr. RRDD 901/2020, de 13 de octubre, por el que se regulan los planes de igualdad y su registro y 902/2020, de 13 de octubre, de igualdad retributiva entre mujeres y hombres.

[3]   Téngase en cuenta la DT 12ª LOI en relación con la aplicación paulatina de esta regla.

5. La elaboración e implantación de planes de igualdad será voluntaria para las demás empresas, previa consulta a la representación legal de los trabajadores y trabajadoras.

Artículo 46. Concepto y contenido de los planes de igualdad de las empresas[4].– 1. Los planes de igualdad de las empresas son un conjunto ordenado de medidas, adoptadas después de realizar un diagnóstico de situación, tendentes a alcanzar en la empresa la igualdad de trato y de oportunidades entre mujeres y hombres y a eliminar la discriminación por razón de sexo.

Los planes de igualdad fijarán los concretos objetivos de igualdad a alcanzar, las estrategias y prácticas a adoptar para su consecución, así como el establecimiento de sistemas eficaces de seguimiento y evaluación de los objetivos fijados.

2. Los planes de igualdad contendrán un conjunto ordenado de medidas evaluables dirigidas a remover los obstáculos que impiden o dificultan la igualdad efectiva de mujeres y hombres. Con carácter previo se elaborará un diagnóstico negociado, en su caso, con la representación legal de las personas trabajadoras, que contendrá al menos las siguientes materias:

a) Proceso de selección y contratación.

b) Clasificación profesional.

c) Formación.

d) Promoción profesional.

e) Condiciones de trabajo, incluida la auditoría salarial entre mujeres y hombres.

f) Ejercicio corresponsable de los derechos de la vida personal, familiar y laboral.

g) Infrarrepresentación femenina.

h) Retribuciones.

i) Prevención del acoso sexual y por razón de sexo.

La elaboración del diagnóstico se realizará en el seno de la Comisión Negociadora del Plan de Igualdad, para lo cual, la dirección de la empresa facilitará todos los datos e información necesaria para elaborar el mismo en relación con las materias enumeradas en este apartado, así como los datos del Registro regulados en el artículo 28, apartado 2 del Estatuto de los Trabajadores.

---

[4]   Téngase en cuenta la DT 12ª LOI en relación con la aplicación paulatina de las reglas de los apartados 2, 3, 4, 5 y 6.

3. Los planes de igualdad incluirán la totalidad de una empresa, sin perjuicio del establecimiento de acciones especiales adecuadas respecto a determinados centros de trabajo.

4. Se crea un Registro de Planes de Igualdad de las Empresas, como parte de los Registros de convenios y acuerdos colectivos de trabajo dependientes de la Dirección General de Trabajo del Ministerio de Trabajo, Migraciones y Seguridad Social y de las Autoridades Laborales de las Comunidades Autónomas.

5. Las empresas están obligadas a inscribir sus planes de igualdad en el citado registro.

6. Reglamentariamente se desarrollará el diagnóstico, los contenidos, las materias, las auditorías salariales, los sistemas de seguimiento y evaluación de los planes de igualdad; así como el Registro de Planes de Igualdad, en lo relativo a su constitución, características y condiciones para la inscripción y acceso.

Artículo 47. Transparencia en la implantación del plan de igualdad.– Se garantiza el acceso de la representación legal de los trabajadores y trabajadoras o, en su defecto, de los propios trabajadores y trabajadoras, a la información sobre el contenido de los Planes de igualdad y la consecución de sus objetivos.

Lo previsto en el párrafo anterior se entenderá sin perjuicio del seguimiento de la evolución de los acuerdos sobre planes de igualdad por parte de las comisiones paritarias de los convenios colectivos a las que éstos atribuyan estas competencias.

Artículo 48. Medidas específicas para prevenir la comisión de delitos y otras conductas contra la libertad sexual y la integridad moral en el trabajo[5].– 1. Las empresas deberán promover condiciones de trabajo que eviten la comisión de delitos y otras conductas contra la libertad sexual y la integridad moral en el trabajo, incidiendo especialmente en el acoso sexual y el acoso por razón de sexo, incluidos los cometidos en el ámbito digital.

Con esta finalidad se podrán establecer medidas que deberán negociarse con los representantes de los trabajadores, tales como la elaboración y difusión de códigos de buenas prácticas, la realización de campañas informativas o acciones de formación.

---

[5]   Art. 12 LO 10/2022, de 6 de septiembre, de garantía integral de la libertad sexual

2. Los representantes de los trabajadores deberán contribuir a prevenir la comisión de delitos y otras conductas contra la libertad sexual y la integridad moral en el trabajo, con especial atención al acoso sexual y el acoso por razón de sexo, incluidos los cometidos en el ámbito digital, mediante la sensibilización de los trabajadores y trabajadoras frente al mismo y la información a la dirección de la empresa de las conductas o comportamientos de que tuvieran conocimiento y que pudieran propiciarlo.

Artículo 49. Apoyo para la implantación voluntaria de planes de igualdad.– Para impulsar la adopción voluntaria de planes de igualdad, el Gobierno establecerá medidas de fomento, especialmente dirigidas a las pequeñas y las medianas empresas, que incluirán el apoyo técnico necesario.

CAPÍTULO IV. Distintivo empresarial en materia de igualdad

Artículo 50. Distintivo para las empresas en materia de igualdad.– 1. El Ministerio de Trabajo y Asuntos Sociales creará un distintivo para reconocer a aquellas empresas que destaquen por la aplicación de políticas de igualdad de trato y de oportunidades con sus trabajadores y trabajadoras, que podrá ser utilizado en el tráfico comercial de la empresa y con fines publicitarios.

2. Con el fin de obtener este distintivo, cualquier empresa, sea de capital público o privado, podrá presentar al Ministerio de Trabajo y Asuntos Sociales un balance sobre los parámetros de igualdad implantados respecto de las relaciones de trabajo y la publicidad de los productos y servicios prestados.

3. Reglamentariamente, se determinarán la denominación de este distintivo, el procedimiento y las condiciones para su concesión, las facultades derivadas de su obtención y las condiciones de difusión institucional de las empresas que lo obtengan y de las políticas de igualdad aplicadas por ellas.

4. Para la concesión de este distintivo se tendrán en cuenta, entre otros criterios, la presencia equilibrada de mujeres y hombres en los órganos de dirección y en los distintos grupos y categorías profesionales de la empresa, la adopción de planes de igualdad u otras medidas innovadoras de fomento de la igualdad, así como la publicidad no sexista de los productos o servicios de la empresa.

5. El Ministerio de Trabajo y Asuntos Sociales controlará que las empresas que obtengan el distintivo mantengan permanentemente la aplicación de po-

líticas de igualdad de trato y de oportunidades con sus trabajadores y trabajadoras y, en caso de incumplirlas, les retirará el distintivo.

LEY INTEGRAL PARA LA IGUALDAD DE TRATO Y LA NO DISCRIMINACIÓN
(selección de disposiciones)[1]

TÍTULO PRELIMINAR

Artículo 2. Ámbito subjetivo de aplicación.– 1. Se reconoce el derecho de toda persona a la igualdad de trato y no discriminación con independencia de su nacionalidad, de si son menores o mayores de edad o de si disfrutan o no de residencia legal. Nadie podrá ser discriminado por razón de nacimiento, origen racial o étnico, sexo, religión, convicción u opinión, edad, discapacidad, orientación o identidad sexual, expresión de género, enfermedad o condición de salud, estado serológico y/o predisposición genética a sufrir patologías y trastornos, lengua, situación socioeconómica, o cualquier otra condición o circunstancia personal o social.

2. No obstante lo previsto en el apartado anterior, y de acuerdo con lo establecido en el apartado 2 del artículo 4 de esta ley, podrán establecerse diferencias de trato cuando los criterios para tal diferenciación sean razonables y objetivos y lo que se persiga es lograr un propósito legítimo o así venga autorizado por norma con rango de ley, o cuando resulten de disposiciones normativas o decisiones generales de las administraciones públicas destinadas a proteger a las personas, o a grupos de población necesitados de acciones específicas para mejorar sus condiciones de vida o favorecer su incorporación al trabajo o a distintos bienes y servicios esenciales y garantizar el ejercicio de sus derechos y libertades en condiciones de igualdad.

3. La enfermedad no podrá amparar diferencias de trato distintas de las que deriven del propio proceso de tratamiento de la misma, de las limitaciones objetivas que imponga para el ejercicio de determinadas actividades o de las exigidas por razones de salud pública.

4. Las obligaciones establecidas en la presente ley serán de aplicación al sector público. También lo serán a las personas físicas o jurídicas de carácter privado que residan, se encuentren o actúen en territorio español, cualquiera

---

[1]   Ley 15/2022, de 12 de julio, integral para la igualdad de trato y la no discriminación (BOE de 13 de julio),

que fuese su nacionalidad, domicilio o residencia, en los términos y con el alcance que se contemplan en la presente ley y en el resto del ordenamiento jurídico.

A los efectos de esta ley se entenderá comprendido en el sector público:

a) La Administración General del Estado.

b) Las Administraciones de las comunidades autónomas.

c) Las entidades que integran la Administración Local.

d) La Administración de Justicia.

e) El sector público institucional, en los términos establecidos en el artículo 2.2 de la Ley 39/2015, de 1 de octubre, del Procedimiento Administrativo Común de las Administraciones Públicas.

f) Las asociaciones y fundaciones constituidas por las Administraciones, entes, organismos y entidades que integran el sector público.

TÍTULO I. Derecho a la igualdad de trato y no discriminación

CAPÍTULO I. Disposiciones generales

Artículo 4. El derecho a la igualdad de trato y no discriminación.– 1. El derecho protegido por la presente ley implica la ausencia de toda discriminación por razón de las causas previstas en el apartado 1 del artículo 2.

En consecuencia, queda prohibida toda disposición, conducta, acto, criterio o práctica que atente contra el derecho a la igualdad. Se consideran vulneraciones de este derecho la discriminación, directa o indirecta, por asociación y por error, la discriminación múltiple o interseccional, la denegación de ajustes razonables, el acoso, la inducción, orden o instrucción de discriminar o de cometer una acción de intolerancia, las represalias o el incumplimiento de las medidas de acción positiva derivadas de obligaciones normativas o convencionales, la inacción, dejación de funciones, o incumplimiento de deberes.

2. No se considera discriminación la diferencia de trato basada en alguna de las causas previstas en el apartado 1 del artículo 2 de esta ley derivada de una disposición, conducta, acto, criterio o práctica que pueda justificarse objetivamente por una finalidad legítima y como medio adecuado, necesario y proporcionado para alcanzarla.

3. El derecho a la igualdad de trato y la no discriminación es un principio informador del ordenamiento jurídico y, como tal, se integrará y observará con carácter transversal en la interpretación y aplicación de las normas jurídicas.

4. En las políticas contra la discriminación se tendrá en cuenta la perspectiva de género y se prestará especial atención a su impacto en las mujeres y las niñas como obstáculo al acceso a derechos como la educación, el empleo, la salud, el acceso a la justicia y el derecho a una vida libre de violencias, entre otros.

Artículo 6. Definiciones.– 1. Discriminación directa e indirecta.

a) La discriminación directa es la situación en que se encuentra una persona o grupo en que se integra que sea, haya sido o pudiera ser tratada de manera menos favorable que otras en situación análoga o comparable por razón de las causas previstas en el apartado 1 del artículo 2.

Se considerará discriminación directa la denegación de ajustes razonables a las personas con discapacidad. A tal efecto, se entiende por ajustes razonables las modificaciones y adaptaciones necesarias y adecuadas del ambiente físico, social y actitudinal que no impongan una carga desproporcionada o indebida, cuando se requieran en un caso particular de manera eficaz y práctica, para facilitar la accesibilidad y la participación y garantizar a las personas con discapacidad el goce o ejercicio, en igualdad de condiciones con las demás, de todos los derechos.

b) La discriminación indirecta se produce cuando una disposición, criterio o práctica aparentemente neutros ocasiona o puede ocasionar a una o varias personas una desventaja particular con respecto a otras por razón de las causas previstas en el apartado 1 del artículo 2.

2. Discriminación por asociación y discriminación por error.

a) Existe discriminación por asociación cuando una persona o grupo en que se integra, debido a su relación con otra sobre la que concurra alguna de las causas previstas en el apartado primero del artículo 2 de esta ley, es objeto de un trato discriminatorio.

b) La discriminación por error es aquella que se funda en una apreciación incorrecta acerca de las características de la persona o personas discriminadas.

3. Discriminación múltiple e interseccional.

a) Se produce discriminación múltiple cuando una persona es discriminada de manera simultánea o consecutiva por dos o más causas de las previstas en esta ley.

b) Se produce discriminación interseccional cuando concurren o interactúan diversas causas de las previstas en esta ley, generando una forma específica de discriminación.

c) En supuestos de discriminación múltiple e interseccional la motivación de la diferencia de trato, en los términos del apartado segundo del artículo 4, debe darse en relación con cada uno de los motivos de discriminación.

d) Igualmente, en supuestos de discriminación múltiple e interseccional las medidas de acción positiva contempladas en el apartado 7 de este artículo deberán atender a la concurrencia de las diferentes causas de discriminación.

4. Acoso discriminatorio.

Constituye acoso, a los efectos de esta ley, cualquier conducta realizada por razón de alguna de las causas de discriminación previstas en la misma, con el objetivo o la consecuencia de atentar contra la dignidad de una persona o grupo en que se integra y de crear un entorno intimidatorio, hostil, degradante, humillante u ofensivo.

5. Inducción, orden o instrucción de discriminar.

Es discriminatoria toda inducción, orden o instrucción de discriminar por cualquiera de las causas establecidas en esta ley.

La inducción ha de ser concreta, directa y eficaz para hacer surgir en otra persona una actuación discriminatoria.

6. Represalias.

A los efectos de esta ley se entiende por represalia cualquier trato adverso o consecuencia negativa que pueda sufrir una persona o grupo en que se integra por intervenir, participar o colaborar en un procedimiento administrativo o proceso judicial destinado a impedir o hacer cesar una situación discriminatoria, o por haber presentado una queja, reclamación, denuncia, demanda o recurso de cualquier tipo con el mismo objeto.

Quedan excluidos de lo dispuesto en el párrafo anterior los supuestos que pudieran ser constitutivos de ilícito penal.

7. Medidas de acción positiva.

Se consideran acciones positivas las diferencias de trato orientadas a prevenir, eliminar y, en su caso, compensar cualquier forma de discriminación o desventaja en su dimensión colectiva o social. Tales medidas serán aplicables en tanto subsistan las situaciones de discriminación o las desventajas que las justifican y habrán de ser razonables y proporcionadas en relación con los medios para su desarrollo y los objetivos que persigan.

8. Segregación escolar.

Se entiende por segregación toda práctica, acción u omisión que tiene el efecto de separar al alumnado por motivos socioeconómicos o sobre la base de cualquiera de los motivos enumerados en el artículo 2.1 de la presente ley sin una justificación objetiva y razonable.

Artículo 7. Interpretación.– La interpretación del contenido de esta ley, así como la actuación de los poderes públicos, se ajustará con los instrumentos internacionales aplicables de los que el Estado sea parte en materia de derechos humanos, así como con la jurisprudencia emitida por los órganos jurisdiccionales internacionales y demás legislación aplicable, y tendrá en cuenta las recomendaciones y resoluciones adoptadas por los organismos internacionales multilaterales y regionales.

Para los efectos del apartado anterior, cuando se presenten diferentes interpretaciones, se deberá preferir aquella que proteja con mayor eficacia a las personas o a los grupos que sean afectados por conductas discriminatorias o intolerantes. La presente ley consagra los niveles mínimos de protección y no perjudica las disposiciones más favorables establecidas en otras normas, debiendo prevalecer el régimen jurídico que mejor garantice la no discriminación.

Artículo 8. Inducción, orden o instrucción de discriminar o de cometer una acción de intolerancia.– Es discriminatoria toda inducción, orden o instrucción de discriminar o de cometer una acción de intolerancia por cualquiera de las causas establecidas en esta ley.

CAPÍTULO II. El derecho a la igualdad de trato y no discriminación en determinados ámbitos de la vida política, económica, cultural y social

Artículo 9. Derecho a la igualdad de trato y no discriminación en el empleo por cuenta ajena.– 1. No podrán establecerse limitaciones, segregaciones o exclusiones por razón de las causas previstas en esta ley para el acceso al empleo por cuenta ajena, público o privado, incluidos los criterios de selección, en la formación para el empleo, en la promoción profesional, en la retribución, en la jornada y demás condiciones de trabajo, así como en la suspensión, el despido u otras causas de extinción del contrato de trabajo.

2. Se entenderán discriminatorios los criterios y sistemas de acceso al empleo, público o privado, o en las condiciones de trabajo que produzcan situaciones de discriminación indirecta por razón de las causas previstas en esta ley.

3. Los servicios públicos de empleo, sus entidades colaboradoras y las agencias de colocación o entidades autorizadas deberán velar específicamente por el respeto del derecho a la igualdad de trato y no discriminación indirecta por razón de las causas previstas en esta ley, favoreciendo la aplicación de medidas para la consecución de tal fin como el currículo de vida anónimo.

4. La Inspección de Trabajo y Seguridad Social, en los términos previstos en la normativa aplicable, deberá velar particularmente por el respeto del derecho a la igualdad de trato y no discriminación en el acceso al empleo y en las condiciones de trabajo.

Para ello, en el ejercicio de su función de vigilancia y exigencia del cumplimiento de las normas de orden social, la Inspección de Trabajo y Seguridad Social incluirá en su plan anual integrado de actuación con carácter de objetivo de alcance general, el desarrollo de planes específicos sobre igualdad de trato y no discriminación en el acceso al empleo y en las condiciones de trabajo.

Asimismo, en los centros de trabajo y establecimientos militares esta labor se llevará a cabo por los organismos competentes del Ministerio de Defensa. En el ámbito del empleo público, la misma se llevará a cabo por la inspección general de servicios y los órganos equivalentes de las comunidades autónomas.

5. El empleador no podrá preguntar sobre las condiciones de salud del aspirante al puesto.

6. Por vía reglamentaria, se podrá exigir a los empleadores cuyas empresas tengan más de 250 trabajadores, que publiquen la información salarial necesaria para analizar los factores de las diferencias salariales, teniendo en cuenta las condiciones o circunstancias del artículo 2.1.

Artículo 10. Negociación colectiva.– 1. Sin perjuicio de la libertad de las partes para determinar el contenido de los convenios colectivos, la negociación colectiva no podrá establecer limitaciones, segregaciones o exclusiones para el acceso al empleo, incluidos los criterios de selección, en la formación para el empleo, en la promoción profesional, en la retribución, en la jornada y demás condiciones de trabajo, así como en la suspensión, el despido u otras causas de extinción del contrato de trabajo, por las causas previstas en esta ley.

Los poderes públicos fomentarán el diálogo con los interlocutores sociales, a fin de promover la existencia de códigos de conducta y buenas prácticas.

2. De acuerdo con lo dispuesto en esta ley y en la legislación laboral, mediante la negociación colectiva se podrán establecer medidas de acción

positiva para prevenir, eliminar y corregir toda forma de discriminación en el ámbito del empleo y las condiciones de trabajo por las causas previstas en esta ley. Como parte de las medidas que, en su caso, pudieran acordarse en el marco de la negociación colectiva, podrán establecerse conjuntamente por las empresas y la representación legal de los trabajadores, objetivos y mecanismos de información y evaluación periódica.

3. La representación legal de los trabajadores y la propia empresa velarán por el cumplimiento del derecho a la igualdad de trato y no discriminación en la empresa por las causas previstas en esta ley y, en particular, en materia de medidas de acción positiva y de la consecución de sus objetivos.

Artículo 11. Derecho a la igualdad de trato y no discriminación en el trabajo por cuenta propia.– 1. No podrán establecerse limitaciones, segregaciones o exclusiones por las causas previstas en esta ley en el acceso al ejercicio y en el desarrollo de una actividad por cuenta propia.

2. Lo dispuesto en el apartado anterior será igualmente de aplicación a los pactos establecidos individualmente entre el trabajador autónomo y el cliente para el que desarrolle su actividad profesional, así como a los acuerdos de interés profesional concertados entre las asociaciones o sindicatos que representen a los trabajadores autónomos económicamente dependientes y las empresas para las que ejecuten su actividad.

3. Los acuerdos de interés profesional a que se refiere el apartado anterior podrán establecer medidas de acción positiva para prevenir, eliminar y corregir toda forma de discriminación por las causas previstas en esta ley en el ámbito del trabajo por cuenta propia.

Artículo 12. Derecho a la igualdad de trato, a la no discriminación e intolerancia en organizaciones políticas, sindicales, empresariales, profesionales y de interés social o económico.– 1. Las organizaciones políticas, sindicales y empresariales, las asociaciones profesionales de trabajadores autónomos, los colegios profesionales y cualquier otra organización de interés social o económico cuyos miembros ejerzan una profesión concreta o que se constituya para la defensa de los intereses de un colectivo profesional, estarán obligadas a respetar el derecho a la igualdad de trato y no discriminación por las causas descritas en el apartado 1 del artículo 2 de esta ley en la adhesión, inscripción o afiliación, su estructura orgánica y funcionamiento, la participación y el disfrute de cualquiera de las ventajas que ofrezcan a sus miembros, de acuerdo con lo dispuesto en el apartado 2 del artículo 4 de esta ley.

2. Los poderes públicos desarrollarán políticas activas de apoyo a colectivos y organizaciones legalmente constituidas que realicen actividades de sensibilización, asesoramiento y formación en defensa de la dignidad de la persona y la igualdad de trato frente a la discriminación, intolerancia e incidente de odio, así como de asistencia a víctimas y personación judicial en procedimientos.

3. Los poderes públicos promoverán, fomentarán y apoyarán a las organizaciones sociales en las actividades de celebración de fechas conmemorativas, actos y eventos que contribuyan a promover los derechos humanos, la igualdad, la libertad, la tolerancia y la no discriminación, así como la incorporación de códigos deontológicos congruentes con estos valores.

TÍTULO II. Defensa y promoción del derecho a la igualdad de trato y no discriminación

CAPÍTULO I. Garantías del derecho a la igualdad de trato y no discriminación

Artículo 25. Medidas de protección y reparación frente a la discriminación.– 1. La protección frente a la discriminación obliga a la aplicación de métodos o instrumentos suficientes para su detección, la adopción de medidas preventivas, y la articulación de medidas adecuadas para el cese de las situaciones discriminatorias.

2. El incumplimiento de las obligaciones previstas en el apartado anterior dará lugar a responsabilidades administrativas, así como, en su caso, penales y civiles por los daños y perjuicios que puedan derivarse, y que podrán incluir tanto la restitución como la indemnización, hasta lograr la reparación plena y efectiva para las víctimas.

3. Ante un incidente discriminatorio, las autoridades encargadas de hacer cumplir esta ley tomarán las medidas oportunas para garantizar que los hechos no vuelvan a repetirse, especialmente en los casos en los que el agente discriminador sea una administración pública.

Artículo 26. Nulidad de pleno derecho.– Son nulos de pleno derecho las disposiciones, actos o cláusulas de los negocios jurídicos que constituyan o causen discriminación por razón de alguno de los motivos previstos en el apartado primero del artículo 2 de esta ley.

Artículo 27. Atribución de responsabilidad patrimonial y reparación del daño.– 1. La persona física o jurídica que cause discriminación por alguno de los motivos previstos en el apartado 1 del artículo 2 de esta ley reparará el daño causado proporcionando una indemnización y restituyendo a la víctima a la situación anterior al incidente discriminatorio, cuando sea posible. Acreditada la discriminación se presumirá la existencia de daño moral, que se valorará atendiendo a las circunstancias del caso, a la concurrencia o interacción de varias causas de discriminación previstas en la ley y a la gravedad de la lesión efectivamente producida, para lo que se tendrá en cuenta, en su caso, la difusión o audiencia del medio a través del que se haya producido.

2. Serán igualmente responsables del daño causado las personas empleadoras o prestadoras de bienes y servicios cuando la discriminación, incluido el acoso, se produzca en su ámbito de organización o dirección y no hayan cumplido las obligaciones previstas en el apartado 1 del artículo 25.

Artículo 28. Tutela judicial del derecho a la igualdad de trato y no discriminación.– La tutela judicial frente a las vulneraciones del derecho a la igualdad de trato y no discriminación comprenderá, en los términos establecidos por las leyes procesales, la adopción de todas las medidas necesarias para poner fin a la discriminación de que se trate y, en particular, las dirigidas al cese inmediato de la discriminación, pudiendo acordar la adopción de medidas cautelares dirigidas a la prevención de violaciones inminentes o ulteriores, la indemnización de los daños y perjuicios causados y el restablecimiento de la persona perjudicada en el pleno ejercicio de su derecho, con independencia de su nacionalidad, de si son mayores o menores de edad o de si disfrutan o no de residencia legal.

Artículo 29. Legitimación para la defensa del derecho a la igualdad de trato y no discriminación.– 1. Sin perjuicio de la legitimación individual de las personas afectadas, los partidos políticos, los sindicatos, las asociaciones profesionales de trabajadores autónomos, las organizaciones de personas consumidoras y usuarias y las asociaciones y organizaciones legalmente constituidas que tengan entre sus fines la defensa y promoción de los derechos humanos estarán legitimadas, en los términos establecidos por las leyes procesales, para defender los derechos e intereses de las personas afiliadas o asociadas o usuarias de sus servicios en procesos judiciales civiles, contencioso-administrativos y sociales, siempre que cuenten con su autorización expresa.

2. A los efectos de lo establecido en el apartado anterior, las asociaciones y organizaciones legalmente constituidas que tengan entre sus fines la defensa y promoción de los derechos humanos tienen que acreditar los siguientes requisitos:

a) Que se hubieran constituido legalmente al menos dos años antes de la iniciación del proceso judicial y que vengan ejerciendo de modo activo las actividades necesarias para alcanzar los fines previstos en sus estatutos, salvo que ejerciten las acciones administrativas o judiciales en defensa de los miembros que la integran.

b) Que según sus estatutos desarrollen su actividad en el ámbito estatal o, en su caso, en un ámbito territorial que resulte afectado por la posible situación de discriminación.

Artículo 30. Reglas relativas a la carga de la prueba.– 1. De acuerdo con lo previsto en las leyes procesales y reguladoras de los procedimientos administrativos, cuando la parte actora o el interesado alegue discriminación y aporte indicios fundados sobre su existencia, corresponderá a la parte demandada o a quien se impute la situación discriminatoria la aportación de una justificación objetiva y razonable, suficientemente probada, de las medidas adoptadas y de su proporcionalidad.

2. A los efectos de lo dispuesto en el párrafo primero, el órgano judicial o administrativo, de oficio o a instancia de parte, podrá recabar informe de los organismos públicos competentes en materia de igualdad.

3. Lo establecido en el apartado primero no será de aplicación a los procesos penales ni a los procedimientos administrativos sancionadores, ni a las medidas adoptadas y los procedimientos tramitados al amparo de las normas de organización, convivencia y disciplina de los centros docentes.

Artículo 31. Actuación administrativa contra la discriminación.– 1. Cuando una autoridad pública, con ocasión del ejercicio de sus competencias, tenga conocimiento de un supuesto de discriminación de los previstos en esta ley, deberá, si es competente, incoar el correspondiente procedimiento administrativo, en el que se podrán acordar las medidas necesarias para investigar las circunstancias del caso y adoptar las medidas oportunas y proporcionadas para su eliminación o, en caso de no serlo, comunicar estos hechos de forma inmediata a la Administración competente, de acuerdo con lo establecido en las leyes administrativas.

2. A los efectos de lo establecido en el artículo 4.2 de la Ley 39/2015, de 1 de octubre, del Procedimiento Administrativo Común de las Administraciones Públicas, los sindicatos, las asociaciones profesionales de trabajadores autónomos, las organizaciones de personas consumidoras y usuarias y las asociaciones y organizaciones legalmente constituidas que tengan entre sus fines la defensa y promoción de los derechos humanos y cumplan los requisitos fijados en el artículo 29 de la presente ley, podrán tener la consideración de interesado en los procedimientos administrativos en los que la Administración tenga que pronunciarse en relación con una situación de discriminación prevista en esta ley, siempre que cuenten con la autorización de la persona o personas afectadas. No será necesaria esta autorización cuando las personas afectadas sean una pluralidad indeterminada o de difícil determinación, sin perjuicio de que quienes se consideren afectados puedan también participar en el procedimiento.

Artículo 32. Del Ministerio Fiscal.– 1. Las secciones especializadas en delitos de odio y discriminación de las fiscalías provinciales promoverán y coordinarán, en su ámbito respectivo, las actuaciones penales dirigidas a la investigación y persecución de comportamientos discriminatorios.

2. Las administraciones públicas podrán dar traslado al Ministerio Fiscal de cualquier hecho o actuación de que tengan conocimiento en el que se haya acreditado trato discriminatorio y del que, en su caso, pudiera derivarse responsabilidad penal.

3. Los miembros del Ministerio Fiscal recibirán de manera obligatoria formación especializada en relación con los colectivos amparados en la presente ley, de acuerdo con las directrices fijadas por la Fiscalía General del Estado

LEY ORGÁNICA DE PROTECCIÓN DE DATOS PERSONALES Y GARANTÍA DE LOS DERECHOS DIGITALES

(selección de disposiciones)[1]

Artículo 87. Derecho a la intimidad y uso de dispositivos digitales en el ámbito laboral.– 1. Los trabajadores y los empleados públicos tendrán derecho a la protección de su intimidad en el uso de los dispositivos digitales puestos a su disposición por su empleador.

2. El empleador podrá acceder a los contenidos derivados del uso de medios digitales facilitados a los trabajadores a los solos efectos de controlar el cumplimiento de las obligaciones laborales o estatutarias y de garantizar la integridad de dichos dispositivos.

3. Los empleadores deberán establecer criterios de utilización de los dispositivos digitales respetando en todo caso los estándares mínimos de protección de su intimidad de acuerdo con los usos sociales y los derechos reconocidos constitucional y legalmente. En su elaboración deberán participar los representantes de los trabajadores.

El acceso por el empleador al contenido de dispositivos digitales respecto de los que haya admitido su uso con fines privados requerirá que se especifiquen de modo preciso los usos autorizados y se establezcan garantías para preservar la intimidad de los trabajadores, tales como, en su caso, la determinación de los períodos en que los dispositivos podrán utilizarse para fines privados.

Los trabajadores deberán ser informados de los criterios de utilización a los que se refiere este apartado.

Artículo 88. Derecho a la desconexión digital en el ámbito laboral.– 1. Los trabajadores y los empleados públicos tendrán derecho a la desconexión digital a fin de garantizar, fuera del tiempo de trabajo legal o convencionalmente

---

[1]   Ley Orgánica 3/2018, de 5 de diciembre, de Protección de Datos Personales y garantía de los derechos digitales (BOE 6 de diciembre).

establecido, el respeto de su tiempo de descanso, permisos y vacaciones, así como de su intimidad personal y familiar.

2. Las modalidades de ejercicio de este derecho atenderán a la naturaleza y objeto de la relación laboral, potenciarán el derecho a la conciliación de la actividad laboral y la vida personal y familiar y se sujetarán a lo establecido en la negociación colectiva o, en su defecto, a lo acordado entre la empresa y los representantes de los trabajadores.

3. El empleador, previa audiencia de los representantes de los trabajadores, elaborará una política interna dirigida a trabajadores, incluidos los que ocupen puestos directivos, en la que definirán las modalidades de ejercicio del derecho a la desconexión y las acciones de formación y de sensibilización del personal sobre un uso razonable de las herramientas tecnológicas que evite el riesgo de fatiga informática. En particular, se preservará el derecho a la desconexión digital en los supuestos de realización total o parcial del trabajo a distancia así como en el domicilio del empleado vinculado al uso con fines laborales de herramientas tecnológicas.

Artículo 89. Derecho a la intimidad frente al uso de dispositivos de videovigilancia y de grabación de sonidos en el lugar de trabajo.– 1. Los empleadores podrán tratar las imágenes obtenidas a través de sistemas de cámaras o videocámaras para el ejercicio de las funciones de control de los trabajadores o los empleados públicos previstas, respectivamente, en el artículo 20.3 del Estatuto de los Trabajadores y en la legislación de función pública, siempre que estas funciones se ejerzan dentro de su marco legal y con los límites inherentes al mismo. Los empleadores habrán de informar con carácter previo, y de forma expresa, clara y concisa, a los trabajadores o los empleados públicos y, en su caso, a sus representantes, acerca de esta medida.

En el supuesto de que se haya captado la comisión flagrante de un acto ilícito por los trabajadores o los empleados públicos se entenderá cumplido el deber de informar cuando existiese al menos el dispositivo al que se refiere el artículo 22.4 de esta ley orgánica.

2. En ningún caso se admitirá la instalación de sistemas de grabación de sonidos ni de videovigilancia en lugares destinados al descanso o esparcimiento de los trabajadores o los empleados públicos, tales como vestuarios, aseos, comedores y análogos.

3. La utilización de sistemas similares a los referidos en los apartados anteriores para la grabación de sonidos en el lugar de trabajo se admitirá

únicamente cuando resulten relevantes los riesgos para la seguridad de las instalaciones, bienes y personas derivados de la actividad que se desarrolle en el centro de trabajo y siempre respetando el principio de proporcionalidad, el de intervención mínima y las garantías previstas en los apartados anteriores. La supresión de los sonidos conservados por estos sistemas de grabación se realizará atendiendo a lo dispuesto en el apartado 3 del artículo 22 de esta ley.

Artículo 90. Derecho a la intimidad ante la utilización de sistemas de geolocalización en el ámbito laboral.– 1. Los empleadores podrán tratar los datos obtenidos a través de sistemas de geolocalización para el ejercicio de las funciones de control de los trabajadores o los empleados públicos previstas, respectivamente, en el artículo 20.3 del Estatuto de los Trabajadores y en la legislación de función pública, siempre que estas funciones se ejerzan dentro de su marco legal y con los límites inherentes al mismo.

2. Con carácter previo, los empleadores habrán de informar de forma expresa, clara e inequívoca a los trabajadores o los empleados públicos y, en su caso, a sus representantes, acerca de la existencia y características de estos dispositivos. Igualmente deberán informarles acerca del posible ejercicio de los derechos de acceso, rectificación, limitación del tratamiento y supresión.

Artículo 91. Derechos digitales en la negociación colectiva.– Los convenios colectivos podrán establecer garantías adicionales de los derechos y libertades relacionados con el tratamiento de los datos personales de los trabajadores y la salvaguarda de derechos digitales en el ámbito laboral.

LEY DE EMPRESAS DE TRABAJO TEMPORAL[1]

CAPÍTULO I. Empresas de trabajo temporal

Artículo 1. Concepto.– Se denomina empresa de trabajo temporal a aquella cuya actividad fundamental consiste en poner a disposición de otra empresa usuaria, con carácter temporal, trabajadores por ella contratados. La contratación de trabajadores para cederlos temporalmente a otra empresa solo podrá efectuarse a través de empresas de trabajo temporal debidamente autorizadas en los términos previstos en esta ley.

Las empresas de trabajo temporal podrán, además, actuar como agencias de colocación cuando cumplan los requisitos establecidos en la Ley 56/2003, de 16 de diciembre, de Empleo, y su normativa de desarrollo. Asimismo, podrán desarrollar actividades de formación para la cualificación profesional conforme a la normativa específica de aplicación, así como de asesoramiento y consultoría de recursos humanos.

En su relación tanto con los trabajadores como con las empresas clientes las empresas de trabajo temporal deberán informar expresamente y en cada caso si su actuación lo es en la condición de empresa de trabajo temporal o en el ejercicio de cualquier otra de las actividades permitidas.

Los centros portuarios de empleo que puedan crearse al amparo de lo establecido en el Real Decreto-ley 8/2017, de 12 de mayo, operarán como empresas de trabajo temporal específicas del sector de la estiba portuaria, con las particularidades previstas en el capítulo V de esta ley y en su reglamento de desarrollo.

Artículo 2. Autorización administrativa.– 1. Las personas físicas o jurídicas que pretendan realizar la actividad constitutiva de empresa de trabajo temporal deberán obtener autorización administrativa previa.

La autorización será única, tendrá eficacia en todo el territorio nacional y se concederá sin límite de duración.

---

[1] Ley 14/1994, de 1 de junio, por la que se regulan las empresas de trabajo temporal (BOE de 2 de junio). RD 417/2015, de 29 de mayo, por el que se aprueba el Reglamento de las empresas de trabajo temporal. Téngase en cuenta la Directiva 2008/104/CE de 19 de noviembre de 2008 relativa al trabajo a través de empresas de trabajo temporal.

2. Para obtener la autorización, la empresa deberá justificar ante el órgano administrativo competente el cumplimiento de los requisitos siguientes:

a) Disponer de una estructura organizativa que le permita cumplir las obligaciones que asume como empleador en relación con el objeto social.

b) Dedicarse exclusivamente a la actividad constitutiva de empresa de trabajo temporal, sin perjuicio de lo establecido en el artículo 1.

c) Encontrarse al corriente en el cumplimiento de sus obligaciones tributarias y con la Seguridad Social.

d) Garantizar, en los términos previstos en el artículo siguiente, el cumplimiento de las obligaciones salariales, indemnizatorias y con la Seguridad Social.

e) No haber sido sancionada con suspensión de actividad en dos o más ocasiones.

f) Incluir en su denominación los términos «empresa de trabajo temporal» o su abreviatura «ETT».

3. A efectos de apreciar el cumplimiento del requisito relativo a la estructura organizativa, se valorará la adecuación y suficiencia de los elementos de la empresa para desarrollar la actividad planteada como objeto de la misma, particularmente en lo que se refiere a la selección de los trabajadores, su formación y las restantes obligaciones laborales. Para esta valoración se tendrán en cuenta factores tales como la dimensión y equipamiento de los centros de trabajo; el número, dedicación, cualificación profesional y estabilidad en el empleo de los trabajadores contratados para prestar servicios bajo la dirección de la empresa de trabajo temporal; y el sistema organizativo y los procesos tecnológicos utilizados para la selección y formación de los trabajadores contratados para su puesta a disposición en empresas usuarias.

La empresa de trabajo temporal deberá contar con un número mínimo de doce trabajadores, o el que corresponda proporcionalmente, contratados para prestar servicios bajo su dirección con contratos de duración indefinida, a tiempo completo o parcial, por cada mil trabajadores contratados en el año inmediatamente anterior, computados teniendo en cuenta el número de días totales de puesta a disposición del conjunto de los trabajadores cedidos, dividido por trescientos sesenta y cinco; o, cuando el número de trabajadores cedidos, computados conforme a la regla anterior, fuera superior a cinco mil, al menos sesenta trabajadores.

Este requisito mínimo deberá mantenerse durante todo el tiempo de actividad de la empresa de trabajo temporal, adaptándolo anualmente a la evolución del número de contratos gestionados.

Sin perjuicio de lo indicado en los párrafos anteriores, para poder iniciar su actividad de puesta a disposición de trabajadores, la empresa deberá contar al menos con tres trabajadores con contrato de duración indefinida, a tiempo completo o parcial, mínimo que deberá mantenerse durante todo el tiempo de actividad.

4. (Anulado)[2].

5. La solicitud de autorización presentada conforme a lo previsto en este artículo se resolverá en el plazo de un mes desde su presentación.

Transcurrido dicho plazo sin que haya recaído resolución expresa, la solicitud se entenderá estimada.

6. La autorización expirará cuando se deje de realizar la actividad durante un año ininterrumpido.

7. La empresa de trabajo temporal estará obligada a mantener una estructura organizativa que responda a la actividad efectivamente desarrollada así como a actualizar anualmente la garantía financiera.

Si, como consecuencia de la vigilancia del cumplimiento de la normativa laboral, la autoridad laboral que concedió la autorización apreciase el incumplimiento de alguna de estas obligaciones, procederá a iniciar de oficio el oportuno procedimiento de extinción de la autorización.

La apertura de este procedimiento se notificará a la empresa de trabajo temporal, a fin de que pueda efectuar las alegaciones que considere oportunas, recabándose informe preceptivo y no vinculante de la Inspección de Trabajo y Seguridad Social e informe de los representantes de los trabajadores de la empresa de trabajo temporal.

Si en el expediente quedase acreditado el incumplimiento, la resolución declarará la extinción de la autorización, especificando las carencias o deficiencias que la justifican. La reanudación de la actividad de la empresa requerirá una nueva autorización.

---

[2] El art. 2.4 (competencia para la concesión de la autorización administrativa) fue considerado inconstitucional por STC 69/2018.

Artículo 3. Garantía financiera.– 1. Las empresas de trabajo temporal deberán constituir una garantía, a disposición de la autoridad laboral que conceda la autorización administrativa, que podrá consistir en:

a) Depósito en dinero efectivo o en valores públicos en la Caja General de Depósitos o en sus sucursales.

b) Aval o fianza de carácter solidario prestado por un Banco, Caja de Ahorros, Cooperativa de Crédito, Sociedad de Garantía Recíproca o mediante póliza de seguros contratada al efecto.

2. Para obtener la autorización y durante el primer año de ejercicio, la garantía debe alcanzar un importe igual a veinticinco veces el salario mínimo interprofesional vigente en ese momento, en cómputo anual.

En los ejercicios subsiguientes, esta garantía deberá alcanzar un importe igual al diez por ciento de la masa salarial del ejercicio económico inmediato anterior, sin que en ningún caso dicho importe pueda ser inferior al indicado en el párrafo anterior tomando en consideración la cuantía del salario mínimo interprofesional vigente en cada momento.

3. Mientras desarrolle su actividad, la empresa deberá actualizar anualmente la garantía financiera en los términos previstos en el apartado anterior.

4. La garantía constituida responderá, en la forma prevista reglamentariamente, de las deudas por indemnizaciones, salariales y de Seguridad Social.

5. La garantía constituida será devuelta cuando la empresa de trabajo temporal haya cesado en su actividad y no tenga obligaciones indemnizatorias, salariales o de Seguridad Social pendientes, extremos que deberán acreditarse ante la autoridad laboral competente.

Artículo 4. Registro.– 1. La autoridad laboral que, de conformidad con lo establecido en el artículo 2 de esta ley, conceda la autorización administrativa llevará un Registro de las Empresas de Trabajo Temporal, en el que se inscribirán las empresas autorizadas, haciendo constar los datos relativos a la identificación de la empresa, nombre de quienes ostenten cargos de dirección o sean miembros de los órganos de administración de las empresas que revistan la forma jurídica de sociedad, domicilio y número de autorización administrativa, así como si la empresa de trabajo temporal actúa también como agencia de colocación.

Asimismo será objeto de inscripción la suspensión de actividades que se acuerde por la autoridad laboral conforme a lo previsto en esta ley así como el cese en la condición de empresa de trabajo temporal.

2. Reglamentariamente se determinarán los datos que obren en los Registros de las autoridades competentes que deban incorporarse a una base de datos cuya gestión, en soporte electrónico, corresponderá a la Dirección General de Empleo del Ministerio de Empleo y Seguridad Social.

3. La empresa de trabajo temporal deberá hacer constar su identificación como tal empresa y el número de autorización administrativa y autoridad que la ha concedido en la publicidad y ofertas de empleo que efectúe.

Artículo 5. Obligaciones de información a la autoridad laboral.– 1. La empresa de trabajo temporal deberá remitir a la autoridad laboral que haya concedido la autorización administrativa una relación de los contratos de puesta a disposición celebrados, así como los datos relativos a la masa salarial del ejercicio económico inmediato anterior, todo ello en los términos que reglamentariamente se establezcan.

La relación de contratos de puesta a disposición será remitida por la autoridad laboral a los órganos de participación institucional a los que se refiere el artículo 8.3.b) del texto refundido de la Ley del Estatuto de los Trabajadores, aprobado por el Real Decreto Legislativo 1/1995, de 24 de marzo, resultando igualmente de aplicación lo dispuesto en el mismo en materia de sigilo profesional.

2. Igualmente, la empresa de trabajo temporal deberá informar a dicha autoridad laboral sobre todo cambio de titularidad, apertura y cierre de centros de trabajo y cese de la actividad.

3. La autoridad laboral que reciba cualquiera de las informaciones referidas en el apartado anterior deberá a su vez comunicarla a la autoridad laboral de las Comunidades Autónomas afectadas, así como, en su caso, a la Dirección General de Empleo del Ministerio de Empleo y Seguridad Social.

A efectos de transmitir la información, las autoridades laborales podrán utilizar la base de datos a que se refiere el artículo 4.2.

CAPÍTULO II. Contrato de puesta a disposición

Artículo 6. Supuestos de utilización.– 1. El contrato de puesta a disposición es el celebrado entre la empresa de trabajo temporal y la empresa usuaria teniendo por objeto la cesión del trabajador para prestar servicios en la empresa usuaria, a cuyo poder de dirección quedará sometido aquél.

2. Podrán celebrarse contratos de puesta a disposición entre una empresa de trabajo temporal y una empresa usuaria en los mismos supuestos y bajo las mismas condiciones y requisitos en que la empresa usuaria podría celebrar un contrato de duración determinada conforme a lo dispuesto en el artículo 15 del Estatuto de los Trabajadores.

Asimismo, podrán celebrarse contratos de puesta a disposición entre una empresa de trabajo temporal y una empresa usuaria en los mismos supuestos y bajo las mismas condiciones y requisitos en que la empresa usuaria podría celebrar un contrato de trabajo en prácticas o un contrato para la formación y el aprendizaje conforme a lo dispuesto en el artículo 11 del Estatuto de los Trabajadores[3].

3. El contrato de puesta a disposición se formalizará por escrito en los términos que reglamentariamente se establezcan[4].

Artículo 7. Duración.– 1. En materia de duración del contrato de puesta a disposición, se estará a lo dispuesto en los artículos 11 y 15 del Estatuto de los Trabajadores y en sus disposiciones de desarrollo para la modalidad de contratación correspondiente al supuesto del contrato de puesta a disposición, sin perjuicio de lo dispuesto en el artículo 12.3 de esta ley en cuanto a los eventuales períodos de formación previos a la prestación efectiva de servicios.

2. Si a la finalización del plazo de puesta a disposición el trabajador continuara prestando servicios en la empresa usuaria, se le considerará vinculado a la misma por un contrato indefinido.

3. Será nula la cláusula del contrato de puesta a disposición que prohíba la contratación del trabajador por la empresa usuaria a la finalización del contrato de puesta a disposición.

Artículo 8. Exclusiones.– Las empresas no podrán celebrar contratos de puesta a disposición en los siguientes casos:

a) Para sustituir a trabajadores en huelga en la empresa usuaria[5].

---

[3]   DA 5ª Ley 11/2013 permitía hacer contratos de puesta a disposición en relación con el contrato de primer empleo joven regulado en su art. 12. Pero téngase en cuenta que el RDL 28/2018 ha derogado este precepto.

[4]   Art. 15 Real Decreto 417/2015, de 29 de mayo, por el que se aprueba el Reglamento de las empresas de trabajo temporal.

[5]   Art. 6.5 RDLRT.

b) Para la realización de trabajos u ocupaciones especialmente peligrosos para la seguridad y la salud en el trabajo, en los términos previstos en la disposición adicional segunda de esta Ley y, de conformidad con ésta, en los convenios o acuerdos colectivos.

c) Cuando en los doce meses inmediatamente anteriores a la contratación la empresa haya amortizado los puestos de trabajo que se pretendan cubrir por despido improcedente o por las causas previstas en los artículos 50, 51 y 52, apartado c), del Estatuto de los Trabajadores, excepto en los supuestos de fuerza mayor.

d) Para ceder trabajadores a otras empresas de trabajo temporal.

Artículo 9. Información a los representantes de los trabajadores en la empresa.– La empresa usuaria deberá informar a los representantes de los trabajadores sobre cada contrato de puesta a disposición y motivo de utilización, dentro de los diez días siguientes a la celebración. En el mismo plazo deberá entregarles una copia básica del contrato de trabajo o de la orden de servicio, en su caso, del trabajador puesto a disposición, que le deberá haber facilitado la empresa de trabajo temporal.

CAPÍTULO III. Relaciones laborales en la empresa de trabajo temporal

Artículo 10. Forma[6] y duración.– 1. El contrato de trabajo celebrado entre la empresa de trabajo temporal y el trabajador para prestar servicios en empresas usuarias podrá concertarse por tiempo indefinido o por duración determinada coincidente con la del contrato de puesta a disposición.

Dichos contratos se deberán formalizar por escrito de acuerdo a lo establecido para cada modalidad. Asimismo, la empresa de trabajo temporal deberá de comunicar su contenido a la oficina pública de empleo, en los términos que reglamentariamente se determinen, en el plazo de los diez días siguientes a su celebración.

2. Las empresas de trabajo temporal podrán celebrar contratos de trabajo en prácticas y contratos para la formación y el aprendizaje con los trabajadores contratados para ser puestos a disposición de las empresas usuarias de acuerdo con lo previsto en la normativa reguladora de dichos contratos.

---

[6]   Art. 16 RD 417/2015, de 29 de mayo, por el que se aprueba el Reglamento de las empresas de trabajo temporal.

3. La empresa de trabajo temporal podrá celebrar también con el trabajador un contrato de trabajo para la cobertura de varios contratos de puesta a disposición sucesivos con empresas usuarias diferentes, siempre que tales contratos de puesta a disposición estén plenamente determinados en el momento de la firma del contrato de trabajo y respondan en todos los casos a un supuesto de contratación de los contemplados en el artículo 15.2 del Estatuto de los Trabajadores, debiendo formalizarse en el contrato de trabajo cada puesta a disposición con los mismos requisitos previstos en el apartado 1 y en sus normas de desarrollo reglamentario.

Igualmente, las empresas de trabajo temporal podrán celebrar contratos de carácter fijo-discontinuo para la cobertura de contratos de puesta a disposición vinculados a necesidades temporales de diversas empresas usuarias, en los términos previstos en el artículo 15 del Estatuto de los Trabajadores, coincidiendo en este caso los periodos de inactividad con el plazo de espera entre dichos contratos. En este supuesto, las referencias efectuadas en el artículo 16 del Estatuto de los Trabajadores a la negociación colectiva se entenderán efectuadas a los convenios colectivos sectoriales o de empresa de las empresas de trabajo temporal. Estos convenios colectivos podrán, asimismo, fijar una garantía de empleo para las personas contratadas bajo esta modalidad.

Artículo 11. Derechos de los trabajadores.– 1. Los trabajadores contratados para ser cedidos a empresas usuarias tendrán derecho durante los períodos de prestación de servicios en las mismas a la aplicación de las condiciones esenciales de trabajo y empleo que les corresponderían de haber sido contratados directamente por la empresa usuaria para ocupar el mismo puesto.

A estos efectos, se considerarán condiciones esenciales de trabajo y empleo las referidas a la remuneración, la duración de la jornada, las horas extraordinarias, los períodos de descanso, el trabajo nocturno, las vacaciones y los días festivos.

La remuneración comprenderá todas las retribuciones económicas, fijas o variables, establecidas para el puesto de trabajo a desarrollar en el convenio colectivo aplicable a la empresa usuaria que estén vinculadas a dicho puesto de trabajo. Deberá incluir, en todo caso, la parte proporcional correspondiente al descanso semanal, las pagas extraordinarias, los festivos y las vacaciones. Será responsabilidad de la empresa usuaria la cuantificación de las percepciones finales del trabajador y, a tal efecto, dicha empresa usuaria deberá consignar las retribuciones a que se refiere este párrafo en el contrato de puesta a disposición del trabajador.

Asimismo, los trabajadores contratados para ser cedidos tendrán derecho a que se les apliquen las mismas disposiciones que a los trabajadores de la empresa usuaria en materia de protección de las mujeres embarazadas y en período de lactancia, y de los menores, así como a la igualdad de trato entre hombres y mujeres y a la aplicación de las mismas disposiciones adoptadas con vistas a combatir las discriminaciones basadas en el sexo, la raza o el origen étnico, la religión o las creencias, la discapacidad, la edad, la orientación e identidad sexual, la expresión de género o las características sexuales.

2. Cuando el contrato se haya concertado por tiempo determinado, y en los mismos supuestos a que hace referencia el artículo 49.1.c) del Estatuto de los Trabajadores, el trabajador tendrá derecho, además, a recibir una indemnización económica a la finalización del contrato de puesta a disposición equivalente a la parte proporcional de la cantidad que resultaría de abonar doce días de salario por cada año de servicio, o a la establecida en su caso, en la normativa específica que sea de aplicación. La indemnización podrá ser prorrateada durante la vigencia del contrato.

Artículo 12. Obligaciones de la empresa.– 1. Corresponde a la empresa de trabajo temporal el cumplimiento de las obligaciones salariales y de Seguridad Social en relación con los trabajadores contratados para ser puestos a disposición de la empresa usuaria.

2. Las empresas de trabajo temporal estarán obligadas a destinar anualmente el 1 por 100 de la masa salarial a la formación de los trabajadores contratados para ser cedidos a empresas usuarias, sin perjuicio de la obligación legal de cotizar por formación profesional.

3. La empresa de trabajo temporal deberá asegurarse de que el trabajador, previamente a su puesta a disposición de la empresa usuaria, posee la formación teórica y práctica en materia de prevención de riesgos laborales necesaria para el puesto de trabajo a desempeñar, teniendo en cuenta su cualificación y experiencia profesional y los riesgos a los que vaya a estar expuesto. En caso contrario deberá facilitar dicha formación al trabajador, con medios propios o concertados, y durante el tiempo necesario, que formará parte de la duración del contrato de puesta a disposición, pero será en todo caso previo a la prestación efectiva de los servicios. A tal efecto, la celebración de un contrato de puesta a disposición sólo será posible para la cobertura de un puesto de traba-

jo respecto del que se haya realizado previamente la preceptiva evaluación de riesgos laborales, conforme a lo dispuesto en los artículos 15.1 b) y 16 de la Ley 31/1995, de 8 de noviembre, de Prevención de Riesgos Laborales[7].

El gasto de formación en materia preventiva será computado a efectos de lo dispuesto en el apartado 2 anterior, pero el montante establecido en dicho apartado no constituye en ningún caso un límite a las necesidades de formación en materia preventiva.

3 bis. Las empresas de trabajo temporal que celebren contratos para la formación y el aprendizaje con trabajadores contratados para ser puestos a disposición de las empresas usuarias deberán cumplir las obligaciones en materia formativa establecidas en el artículo 11.2 del Estatuto de los Trabajadores y sus normas de desarrollo.

4. Será nula toda cláusula del contrato de trabajo temporal que obligue al trabajador a pagar a la empresa de trabajo temporal cualquier cantidad a título de gasto de selección, formación o contratación.

Artículo 13. Negociación colectiva.– En ausencia de órganos de representación legal de los trabajadores, estarán legitimados para negociar los convenios colectivos que afecten a las empresas de trabajo temporal las Organizaciones sindicales más representativas, entendiéndose válidamente constituida la representación de los trabajadores en la Comisión negociadora cuando de ella formen parte tales Organizaciones.

Artículo 14. Aplicación de la normativa laboral común.– Lo previsto en el presente capítulo, excepto en el artículo 13, no será de aplicación a los trabajadores contratados por la empresa de trabajo temporal para prestar servicios exclusivamente bajo su dirección y control.

CAPÍTULO IV. Relación del trabajador con la empresa usuaria

Artículo 15. Dirección y control de la actividad laboral.– 1. Cuando los trabajadores desarrollen tareas en el ámbito de la empresa usuaria, de acuerdo con lo previsto en esta norma, las facultades de dirección y control de la ac-

---

[7]   Art. 28.5 LPRL y arts. 2 y 3 RD 216/1999, de 5 de febrero, sobre disposiciones mínimas de seguridad y salud en el trabajo en el ámbito de las empresas de trabajo temporal.

tividad laboral serán ejercidas por aquélla durante el tiempo de prestación de servicios en su ámbito.

2. En tales supuestos, y sin perjuicio del ejercicio por la empresa de trabajo temporal de la facultad disciplinaria atribuida por el artículo 58 del Estatuto de los Trabajadores, cuando una empresa usuaria considere que por parte del trabajador se hubiera producido un incumplimiento contractual lo pondrá en conocimiento de la empresa de trabajo temporal a fin de que por ésta se adopten las medidas sancionadoras correspondientes.

Artículo 16. Obligaciones de la empresa usuaria.– 1. Con carácter previo al inicio de la prestación de servicios, la empresa usuaria deberá informar al trabajador sobre los riesgos derivados de su puesto de trabajo así como las medidas de protección y prevención contra los mismos[8].

2. La empresa usuaria es responsable de la protección en materia de seguridad e higiene en el trabajo[9] así como del recargo de prestaciones de Seguridad Social a que se refiere el artículo 93 del Decreto 2.060/1974, de 30 de mayo, por el que se aprueba el texto refundido de la Ley General de la Seguridad Social en caso de accidente de trabajo o enfermedad profesional que tenga lugar en su centro de trabajo durante la vigencia del contrato de puesta a disposición y traigan su causa de falta de medidas de seguridad e higiene.

3. La empresa usuaria responderá subsidiariamente de las obligaciones salariales y de Seguridad Social contraídas con el trabajador durante la vigencia del contrato de puesta a disposición, así como de la indemnización económica derivada de la extinción del contrato de trabajo. Dicha responsabilidad será solidaria en el caso de que el referido contrato se haya realizado incumpliendo lo dispuesto en los artículos 6 y 8 de la presente Ley.

Reglamentariamente se determinará la información que la empresa de trabajo temporal debe suministrar a la empresa usuaria[10].

---

[8]   Arts. 28 LPRL y 4 RD 216/1999, de 5 de febrero, sobre disposiciones mínimas de seguridad y salud en el trabajo en el ámbito de las empresas de trabajo temporal.

[9]   Arts. 28 LPRL y 5 RD 216/1999, de 5 de febrero, sobre disposiciones mínimas de seguridad y salud en el trabajo en el ámbito de las empresas de trabajo temporal.

[10]   Art. 18 RD 417/2015, de 29 de mayo, por el que se aprueba el Reglamento de las empresas de trabajo temporal.

Artículo 17. Derechos de los trabajadores en la empresa usuaria.– 1. Los trabajadores puestos a disposición tendrán derecho a presentar a través de los representantes de los trabajadores de la empresa usuaria reclamaciones en relación con las condiciones de ejecución de su actividad laboral.

Los representantes de los trabajadores de la empresa usuaria tendrán atribuida la representación de los trabajadores en misión, mientras esta dure, a efectos de formular cualquier reclamación en relación con las condiciones de ejecución de la actividad laboral, en todo aquello que atañe a la prestación de sus servicios en estas, sin que ello pueda suponer una ampliación del crédito de horas mensuales retribuidas a que tengan derecho dichos representantes, conforme a lo dispuesto en el apartado e) del artículo 68 del Estatuto de los Trabajadores.

Lo dispuesto en los párrafos anteriores no será de aplicación a las reclamaciones del trabajador respecto de la empresa de trabajo temporal de la cual depende.

2. Igualmente, tendrán derecho a la utilización de los servicios de transporte, de comedor, de guardería y otros servicios comunes e instalaciones colectivas de la empresa usuaria durante el plazo de duración del contrato de puesta a disposición en las mismas condiciones que los trabajadores contratados directamente por la empresa usuaria[11].

3. La empresa usuaria deberá informar a los trabajadores cedidos por empresas de trabajo temporal, sobre la existencia de puestos de trabajo vacantes, a fin de garantizarles las mismas oportunidades de acceder a puestos permanentes que a los trabajadores contratados directamente por aquélla. Esta información podrá facilitarse mediante un anuncio público en un lugar adecuado de la empresa o centro de trabajo, o mediante otros medios previstos en la negociación colectiva, que aseguren la transmisión de la información.

4. Mediante la negociación colectiva se adoptarán las medidas adecuadas para facilitar el acceso de los trabajadores cedidos por empresas de trabajo temporal a la formación disponible para los trabajadores de las empresas usuarias.

---

[11]   En relación con los aspectos preventivos, art. 6.3 RD 216/1999, de 5 de febrero, sobre disposiciones mínimas de seguridad y salud en el trabajo en el ámbito de las empresas de trabajo temporal.

CAPÍTULO V. Centros portuarios de empleo[12]

Artículo 18. Centros portuarios de empleo.– 1. Los centros portuarios de empleo son empresas de propiedad conjunta de base mutualista, constituidas voluntariamente, con arreglo a cualquiera de las formas societarias previstas en las leyes y con respeto de la competencia efectiva entre las empresas, para satisfacer de forma óptima la necesidad común de los socios de disponer de trabajadoras y trabajadores portuarios especializados en número y capacitación suficiente para prestar de forma eficiente el servicio portuario de manipulación de mercancías.

A tal efecto, tendrán por objeto social el empleo de personas trabajadoras de la estiba portuaria para su puesta a disposición, de forma temporal, de empresas titulares de licencia de prestación del servicio portuario de manipulación de mercancías o de autorización de servicios comerciales portuarios, así como la formación de aquellos, sin perjuicio de la que pueda desarrollarse en otros ámbitos. A través de los estatutos o de un contrato marco de prestación de servicios se determinará el régimen de la puesta a disposición de trabajadores.

2. Los centros portuarios de empleo también podrán contratar la puesta a disposición de su personal con terceras empresas no socias siempre que estas sean titulares de la licencia o de la autorización correspondiente.

Los socios de un centro portuario de empleo podrán contratar la prestación de los servicios de estiba y de formación de las trabajadoras y trabajadores portuarios con otros operadores.

3. Podrán ser socias de los centros portuarios de empleo las empresas titulares de la licencia del servicio portuario de manipulación de mercancías.

Los centros portuarios de empleo deben obtener la autorización administrativa previa prevista en el artículo 2, con las siguientes peculiaridades:

a) En su denominación incluirán los términos «centro portuario de empleo» o su abreviatura «CPE», en lugar de los términos «empresa de trabajo temporal» o su abreviatura «ETT».

b) A efectos de lo establecido en el apartado 3 del artículo 2, el número mínimo de personas con contrato de duración indefinida con que deberá contar el centro portuario de empleo para prestar servicios como personal de estruc-

---

[12]   Nueva redacción de este capítulo debida al RDL 9/2019, de 29 de marzo, que contiene asimismo reglas adicionales sobre el trabajo en el sector de la estiba portuaria.

tura bajo la dirección del mismo, se calculará en función del número de días de puesta a disposición del personal de estiba contratado temporalmente en el año anterior. En todo caso, al inicio de su actividad deberá contar al menos con dos personas de estructura con contrato de duración indefinida, mínimo que deberá mantenerse durante todo el tiempo de actividad del centro portuario de empleo.

4. Para la consecución del objeto social de los centros portuarios de empleo y con el fin de favorecer la eficiencia en la gestión de la actividad portuaria y la calidad del empleo en la estiba portuaria, las empresas socias:

a) Contribuirán al mantenimiento del empleo y garantizarán la ocupación efectiva del personal del centro portuario de empleo, solicitando la cesión temporal de trabajadores portuarios para las actividades del servicio portuario de manipulación de mercancías, definidas en el artículo 130 del Real Decreto Legislativo 2/2011, de 5 de septiembre, por el que se aprueba el Texto Refundido de la Ley de Puertos del Estado y de la Marina Mercante, no realizadas por personal propio de la empresa socia, en los términos que se establezca en el contrato marco de prestación de servicios.

La negociación colectiva podrá establecer las especificaciones necesarias para el desarrollo de esta obligación, particularmente mediante orientaciones en el ámbito de la organización y distribución del trabajo, incluida la fijación nombramientos y turnos, sistemas de rotación y otros que contribuyan a la estabilidad y calidad en el empleo y a una mayor eficiencia en la prestación del servicio.

b) En régimen de no exclusividad, colaborarán en la formación, perfeccionamiento y promoción profesional del personal del centro portuario de empleo. Para ello, las empresas pondrán a disposición de los centros portuarios de empleo de los que sean socias los nuevos medios y sistemas de trabajo para la impartición de la formación necesaria y simultánea del personal contratado por las empresas y del puesto a disposición por el centro portuario de empleo.

c) Participarán en la puesta en práctica de las medidas dirigidas a evitar o reducir los despidos colectivos y en las medidas sociales de acompañamiento, como las de recolocación que, conforme a lo previsto en el artículo 51 del Estatuto de los Trabajadores, pudieran acordarse en el Centro Portuario de Empleo.

5. Los socios de un centro portuario de empleo podrán transmitir su participación en el capital social a otra empresa titular de licencia del servicio de manipulación de mercancías o ejercitar el derecho de separación en los supuestos, formas y condiciones establecidas en la ley reguladora de la forma

societaria bajo la cual se haya constituido el centro portuario de empleo y, en su caso, en sus estatutos, todo ello sin perjuicio de lo previsto en la letra c) del apartado anterior y de aquellos mecanismos e instrumentos de estabilidad en el empleo que resulten de aplicación de conformidad con el Estatuto de los Trabajadores y su normativa de desarrollo.

6. La garantía financiera que los centros portuarios de empleo deberán constituir y mantener actualizada, en los términos y a los fines previstos en el artículo 3 de esta ley y en sus normas de desarrollo, deberá alcanzar el diez por ciento de la masa salarial del ejercicio económico inmediato anterior correspondiente al personal de estiba portuaria que haya sido empleado bajo una modalidad de contratación temporal para ser puesto a disposición de las empresas a que se refiere el apartado 1, sin que en ningún caso dicho importe pueda ser inferior a veinticinco veces el salario mínimo interprofesional, en cómputo anual, vigente en cada momento.

7. La obligación de remitir a la autoridad laboral la relación de contratos de puesta a disposición celebrados a que se refiere el artículo 5.1, así como la obligación de entrega de documentación a los representantes de los trabajadores, establecida en el artículo 9, se entenderán referidas únicamente a los trabajadores portuarios contratados temporalmente.

8. Las facultades de dirección y organización del personal puesto a disposición por un centro portuario de empleo se ejercerán en los términos y con el alcance previstos en las leyes y convenios de aplicación.

Artículo 19. Contratos de puesta a disposición de trabajadores portuarios.– 1. Los contratos de puesta a disposición celebrados por los centros portuarios de empleo con empresas titulares de licencia de prestación del servicio portuario de manipulación de mercancías o de autorización de servicios comerciales, para poner a disposición de estas últimas trabajadores portuarios contratados por los primeros, se regirán por lo dispuesto en el capítulo II de esta ley con las particularidades que se establecen en los apartados siguientes.

2. Los contratos de puesta a disposición de trabajadores portuarios podrán celebrarse para cubrir necesidades de personal de estiba propias del servicio de manipulación de mercancías de las empresas titulares de licencia de prestación del servicio portuario de mercancías o de autorización de servicios comerciales.

3. Se entenderán como necesidades del servicio portuario de manipulación de mercancías y de los servicios comerciales portuarios las que demande la atención, de modo estable o de forma temporal, de las actividades definidas

dentro de dichos servicios en la Ley de Puertos del Estado y de la Marina Mercante.

Artículo 20. Relaciones laborales en los centros portuarios de empleo.- 1. Los contratos de trabajo celebrados por los centros portuarios de empleo con trabajadores portuarios para ser puestos a disposición de las empresas a que se refiere el artículo anterior, podrán concertarse por tiempo indefinido o por duración determinada.

2. Los contratos de trabajo por tiempo indefinido se concertarán por escrito en los términos previstos en el artículo 8 del Estatuto de los Trabajadores y con sujeción a las formalidades y al modelo que se establezcan en la negociación colectiva.

En estos casos, las correspondientes órdenes de servicio podrán ser remitidas a los trabajadores portuarios a través de medios electrónicos en los términos que se acuerden en la negociación colectiva. Del mismo modo se podrá hacer llegar la comunicación de las órdenes de servicio a las empresas usuarias.

3. Los contratos de trabajo de duración determinada que se suscriban por los centros portuarios de empleo se regirán por lo dispuesto en el capítulo III de esta ley con las particularidades siguientes:

a) Los contratos temporales de estibadores portuarios se formalizarán por escrito, de acuerdo con lo establecido para la modalidad de contratación de que se trate.

b) Mediante la negociación colectiva se podrán determinar criterios de conversión de contratos temporales en indefinidos.

4. Las menciones a la negociación colectiva contenidas en este artículo deben entenderse exclusivamente referidas a la realizada en el sector de estiba, siguiendo en todo caso la prioridad aplicativa de los convenios prevista en el artículo 84.2 del Estatuto de los Trabajadores y teniendo en cuenta lo previsto en la disposición adicional segunda del Real Decreto-ley 8/2017, de 12 de mayo.

Artículo 21. Relación del trabajador portuario con las empresas usuarias.- 1. Las facultades de dirección, organización y control de la actividad laboral de los trabajadores portuarios contratados por los centros portuarios de empleo corresponderán a la empresa titular de la licencia de prestación del servicio portuario de manipulación de mercancías o de autorización de servicios comerciales portuarios durante el período de puesta a disposición.

2. Las empresas titulares de licencias de prestación del servicio portuario de manipulación de mercancías o de autorización de servicios comerciales portuarios a cuya disposición sean puestos trabajadores portuarios ocuparán el mismo lugar que las demás usuarias respecto de las empresas de trabajo temporal, y deberán cumplir las obligaciones que establece el capítulo IV de esta ley y las restantes normas que les resulten de aplicación.

3. Los trabajadores portuarios cedidos por centros portuarios de empleo ostentarán frente a las empresas usuarias todos los derechos que les reconoce esta ley, así como los que se puedan establecer mediante la negociación colectiva.

4. Lo dispuesto en el artículo 15.5 del Estatuto de los Trabajadores no será de aplicación respecto de las empresas usuarias titulares de licencias de prestación del servicio portuario de manipulación de mercancías o de autorización de servicios comerciales portuarios.

CAPÍTULO VI. Actividad transnacional de las empresas de trabajo temporal

Sección 1.ª Actividad en España de empresas de trabajo temporal de la Unión Europea y del Espacio Económico Europeo

Artículo 22. Requisitos de la actividad en España de empresas de trabajo temporal de la Unión Europea y del Espacio Económico Europeo.– 1. Las empresas de trabajo temporal establecidas en otros Estados miembros de la Unión Europea o en Estados signatarios del Acuerdo sobre el Espacio Económico Europeo podrán desplazar temporalmente a sus trabajadores para su puesta a disposición de empresas usuarias establecidas o que ejerzan su actividad en España cuando se cumplan los siguientes requisitos:

a) La empresa de trabajo temporal deberá, de conformidad con la legislación de su Estado de establecimiento, estar válidamente constituida y reunir los requisitos para poner a disposición de empresas usuarias, con carácter temporal, trabajadores por ellos contratados, no siendo de aplicación el capítulo I de la presente Ley.

b) El contrato de puesta a disposición entre la empresa de trabajo temporal y la empresa usuaria, sin perjuicio de la legislación aplicable al mismo, deberá formalizarse por escrito y adecuarse a lo dispuesto en el capítulo II de la presente Ley, a excepción de la obligación de formalización en el modelo reglamentariamente establecido.

c) La empresa de trabajo temporal estará sujeta a lo establecido en la Ley sobre el desplazamiento de trabajadores en el marco de una prestación de servicios transnacional y deberá garantizar a sus trabajadores desplazados las condiciones de trabajo previstas en la misma, no siendo de aplicación el capítulo III de la presente Ley a excepción de lo dispuesto en el apartado 1 de su artículo 11.

2. Lo dispuesto en el presente artículo se entiende sin perjuicio del cumplimiento de la normativa sobre entrada, permanencia, trabajo y establecimiento de los extranjeros en España y de las obligaciones tributarias de las empresas a que se refiere el apartado 1.

Artículo 23. Disposiciones aplicables a las empresas usuarias.– 1. Las empresas usuarias establecidas o que ejerzan su actividad en España podrán celebrar contratos de puesta a disposición con las empresas de trabajo temporal a que se refiere el artículo 22 cuando estas, de conformidad con la legislación de su Estado de establecimiento, estén válidamente constituidas y reúnan los requisitos para poner a disposición de empresas usuarias, con carácter temporal, personas trabajadoras por ellas contratadas.

En los supuestos a que se refiere el párrafo anterior, la relación entre la persona trabajadora desplazada a España y la empresa usuaria se ajustará a lo establecido en el capítulo IV de la presente Ley.

2. Las empresas usuarias establecidas o que ejerzan su actividad en España que envíen temporalmente a las personas trabajadoras que le sean cedidas por las empresas de trabajo temporal españolas o por las referidas en el artículo 22 a otro Estado miembro de la Unión Europea u otro Estado signatario del Acuerdo sobre el Espacio Económico Europeo para realizar un trabajo en el marco de una prestación de servicios transnacional, deberán indicar en el contrato de puesta a disposición las fechas estimadas de inicio y finalización del envío, ya sea en el momento de su firma o a través de una adenda al mismo en caso de necesidad sobrevenida de efectuar el envío, así como informar sobre el inicio del envío a la empresa de trabajo temporal con tiempo suficiente antes del mismo para que la empresa de trabajo temporal pueda comunicar el desplazamiento al otro Estado al que es enviada la persona trabajadora, dentro del plazo que ese otro Estado prevé a tal efecto.

3. En los desplazamientos a que se refiere el artículo 2.2 de la Ley 45/1999, de 29 de noviembre, sobre el desplazamiento de trabajadores en el marco de una prestación de servicios transnacional, las empresas usuarias establecidas en otros Estados de la Unión Europea o signatarias del Acuerdo del Espacio Económico Europeo que envíen temporalmente a las personas trabajadoras que le sean cedidas por las empresas de trabajo temporal a España para realizar un trabajo en el marco de una prestación de servicios transnacional, deberán informar a la empresa de trabajo temporal sobre el inicio del envío con tiempo suficiente para que dicha empresa pueda comunicar el desplazamiento a las autoridades españolas.

Dichas empresas usuarias serán también responsables ante las autoridades españolas del incumplimiento de dicha obligación una vez que se haya producido el desplazamiento.

Asimismo, deberán cumplir con lo previsto en el artículo 3.7 de la Ley 45/1999, de 29 de noviembre.

Artículo 24. (Sin contenido).

Artículo 25. (Sin contenido).

SECCIÓN 2.ª Actividad en la Unión Europea o en el Espacio Económico Europeo de empresas de trabajo temporal españolas

Artículo 26. Disposiciones aplicables a la actividad transnacional de empresas de trabajo temporal españolas.– 1. Las empresas de trabajo temporal que dispongan de autorización administrativa de acuerdo con lo dispuesto en la presente Ley podrán poner a sus trabajadores a disposición de empresas usuarias establecidas o que ejerzan su actividad en otros Estados miembros de la Unión Europea o en Estados signatarios del Acuerdo sobre el Espacio Económico Europeo en los términos previstos en la legislación de tales Estados y en la presente Ley.

El contrato de puesta a disposición entre la empresa usuaria se regirá por lo dispuesto en el capítulo II, a excepción de lo dispuesto en los artículos 8.c) y 9, que no serán de aplicación.

2. En los supuestos a que se refiere el apartado anterior, las relaciones laborales en la empresa de trabajo temporal se regirán por lo dispuesto en el capítulo III de la presente Ley. En todo caso, las empresas de trabajo temporal

españolas deberán garantizar a sus personas trabajadoras las condiciones de trabajo previstas en el país de desplazamiento por las normas nacionales de transposición de la Directiva 96/71/CE, del Parlamento Europeo y del Consejo, de 16 de diciembre, sobre el desplazamiento de trabajadores efectuado en el marco de una prestación de servicios, quedando sujetas a lo dispuesto en la disposición adicional primera de la Ley 45/1999, de 29 de noviembre, sobre el desplazamiento de trabajadores en el marco de una prestación de servicios transnacional.

Sin perjuicio de lo dispuesto en el párrafo anterior, las empresas de trabajo temporal cuyas personas trabajadoras sean enviadas temporalmente por las empresas usuarias establecidas o que ejerzan su actividad en España o en otros Estados miembros de la Unión Europea o en Estados signatarios del Acuerdo sobre el Espacio Económico Europeo a otro de tales Estados para realizar un trabajo en el marco de una prestación de servicios transnacional, deberán garantizar a sus personas trabajadoras las condiciones de trabajo previstas en este último Estado por las normas nacionales de transposición de la Directiva 96/71/CE, del Parlamento Europeo y del Consejo, de 16 de diciembre, sobre el desplazamiento de trabajadores efectuado en el marco de una prestación de servicios y cumplir con las obligaciones previstas en dicho Estado para las empresas que desplacen temporalmente a sus personas trabajadoras en el marco de una prestación de servicios transnacional.

Las obligaciones de las empresas de trabajo temporal de acuerdo con el párrafo anterior deben entenderse sin perjuicio de las responsabilidades que correspondan a las empresas usuarias establecidas o que ejerzan su actividad en España de acuerdo con la legislación española, o a las empresas usuarias establecidas o que ejerzan su actividad en otros Estados miembros de la Unión Europea o en Estados signatarios del Acuerdo sobre el Espacio Económico Europeo de acuerdo con lo previsto en las normas nacionales de transposición de la Directiva 2008/104/CE del Parlamento Europeo y del Consejo de 19 de noviembre de 2008, relativa al trabajo a través de empresas de trabajo temporal y la Directiva del Consejo de 25 de junio de 1991 por la que se completan las medidas tendentes a promover la mejora de la seguridad y de la salud en el trabajo de los trabajadores con una relación laboral de duración determinada o de empresas de trabajo temporal (91/383/CEE).

Artículo 27. (Sin contenido).

DISPOSICIONES ADICIONALES

Primera.– En todo lo no previsto en la presente Ley se aplicará la legislación laboral y de seguridad social a las relaciones existentes entre la empresa de trabajo temporal y el trabajador, y entre éste y la empresa usuaria, y la legislación civil y mercantil a las relaciones entre la empresa de trabajo temporal y la empresa usuaria.

Segunda. Trabajos u ocupaciones de especial peligrosidad para la seguridad y la salud en el trabajo.– 1. De conformidad con lo dispuesto en el artículo 8 b) de esta Ley, no podrán celebrarse contratos de puesta a disposición para la realización de los siguientes trabajos en actividades de especial peligrosidad:

a) Trabajos que impliquen la exposición a radiaciones ionizantes en zonas controladas según el Real Decreto 783/2001, de 6 de julio, por el que se aprueba el Reglamento sobre protección sanitaria contra radiaciones ionizantes.

b) Trabajos que impliquen la exposición a agentes cancerígenos, mutagénicos o tóxicos para la reproducción, de primera y segunda categoría, según el Real Decreto 363/1995, de 10 de marzo, por el que se aprueba el Reglamento sobre notificación de sustancias nuevas y clasificación, envasado y etiquetado de sustancias peligrosas, y el Real Decreto 255/2003, de 28 de febrero, por el que se aprueba el Reglamento sobre clasificación, envasado y etiquetado de preparados peligrosos, así como sus respectivas normas de desarrollo y de adaptación al progreso técnico.

c) Trabajos que impliquen la exposición a agentes biológicos de los grupos 3 y 4, según el Real Decreto 664/1997, de 12 de mayo, sobre la protección de los trabajadores contra los riesgos relacionados con la exposición a agentes biológicos durante el trabajo, así como sus normas de modificación, desarrollo y adaptación al progreso técnico.

2. Con anterioridad al 31 de marzo de 2011, mediante los acuerdos interprofesionales o convenios colectivos a que se refiere el artículo 83 del texto refundido de la Ley del Estatuto de los Trabajadores, aprobado por Real Decreto Legislativo 1/1995, de 24 de marzo, o la negociación colectiva sectorial de ámbito estatal en las actividades de la construcción, la minería a cielo abierto y de interior, las industrias extractivas por sondeos en superficie terrestre, los trabajos en plataformas marinas, la fabricación, manipulación y utilización de explosivos, incluidos los artículos pirotécnicos y otros objetos o instrumentos que contengan explosivos y los trabajos con riesgos eléctricos en alta tensión

podrán determinarse, por razones de seguridad y salud en el trabajo, limitaciones para la celebración de contratos de puesta a disposición, siempre que cumplan los siguientes requisitos:

a) Deberán referirse a ocupaciones o puestos de trabajo concretos o a tareas determinadas.

b) Habrán de justificarse por razón de los riesgos para la seguridad y salud en el trabajo asociados a los puestos o trabajos afectados.

c) Deberán fundamentarse en un informe razonado que se acompañará a la documentación exigible para el registro, depósito y publicación del convenio o acuerdo colectivo por la autoridad laboral.

3. Desde el 1 de abril de 2011, respetando las limitaciones que, en su caso, hubieran podido establecerse mediante la negociación colectiva conforme a lo señalado en el apartado anterior, podrán celebrarse contratos de puesta a disposición en el ámbito de las actividades antes señaladas. Sin perjuicio del cumplimiento de los requisitos establecidos legal y reglamentariamente, la celebración de contratos de puesta a disposición estará sujeta a los siguientes requisitos:

a) La empresa de trabajo temporal deberá organizar de forma total o parcial sus actividades preventivas con recursos propios debidamente auditados conforme a la normativa de prevención de riesgos laborales y tener constituido un comité de seguridad y salud en el trabajo del que formen parte un número no inferior a cuatro delegados de prevención.

b) El trabajador deberá poseer las aptitudes, competencias, cualificaciones y formación específica requeridas para el desempeño del puesto de trabajo, debiendo acreditarse las mismas documentalmente por la empresa de trabajo temporal.

4. Lo establecido en los convenios o acuerdos colectivos conforme a lo señalado en el apartado 2 se entiende sin perjuicio de las reglas sobre vigencia, prórroga, denuncia y renegociación de los convenios colectivos en el Título III del texto refundido del Estatuto de los Trabajadores.

Tercera.– 1. Las cooperativas, debidamente constituidas e inscritas de acuerdo con su legislación específica podrán obtener la correspondiente autorización administrativa para operar como empresas de trabajo temporal, en los términos establecidos en la presente Ley.

A tal efecto, las cooperativas de trabajo asociado podrán contratar a cuantos trabajadores precisen para ponerlos a disposición de las empresas usuarias, de conformidad con lo establecido en los artículos 6, 8 y 10 de esta Ley, aunque el número de asalariados con contrato por tiempo indefinido supere el 10 por 100 del total de sus socios.

2. Las relaciones entre la cooperativa que actúe como empresa de trabajo temporal y sus socios trabajadores o socios de trabajo cuya actividad consista en prestar servicios en empresas usuarias, así como las correspondientes obligaciones de Seguridad Social, se regirán por lo previsto en la legislación aplicable a dicho tipo de sociedades.

Cuarta. Validez de limitaciones o prohibiciones de recurrir a empresas de trabajo temporal.– A partir del 1 de abril de 2011, se suprimen todas las limitaciones o prohibiciones actualmente vigentes para la celebración de contratos de puesta a disposición por las empresas de trabajo temporal, incluida la establecida en la Disposición adicional quinta de la Ley 30/2007, de 30 de octubre, de contratos del sector público, con la única excepción de lo establecido en la presente Ley. A partir de esa fecha, las limitaciones o prohibiciones que puedan ser establecidas sólo serán válidas cuando se justifiquen por razones de interés general relativas a la protección de los trabajadores cedidos por empresas de trabajo temporal, a la necesidad de garantizar el buen funcionamiento del mercado de trabajo y a evitar posibles abusos.

Antes de la fecha señalada en el párrafo anterior, previa negociación en la Mesa General de Negociación de las Administraciones Públicas, el Gobierno establecerá los criterios funcionales de aplicación de lo dispuesto en dicho párrafo en el ámbito de dichas Administraciones.

Las empresas de trabajo temporal no podrán realizar con las Administraciones Públicas contratos de puesta a disposición de trabajadores para la realización de tareas que, por una norma con rango de Ley, estén reservadas a los funcionarios públicos.

Quinta. Autoridad laboral competente en determinados supuestos. –1. En el caso de que la empresa dejara de disponer de centros de trabajo en la Comunidad Autónoma cuya autoridad laboral hubiera concedido la autorización, será autoridad laboral competente, a los efectos establecidos en esta ley, la de la Comunidad Autónoma en la que disponga de centro de trabajo o la Dirección General de Empleo del Ministerio de Empleo y Seguridad Social si dispone de centros en dos o más Comunidades Autónomas.

2. En el supuesto de empresas de trabajo temporal que solo tengan centros de trabajo en las ciudades de Ceuta o Melilla, será autoridad laboral competente, a los efectos establecidos en esta ley, la respectiva Delegación del Gobierno.

Sexta. Ventanilla única.– A los efectos de garantizar lo dispuesto en el artículo 22 de la Ley 20/2013, de 9 de diciembre, de garantía de la unidad de mercado, se adoptarán las medidas necesarias para su cumplimiento y en particular para garantizar la interoperabilidad de los distintos sistemas que dependan del Ministerio de Empleo y Seguridad Social, de acuerdo con el Esquema Nacional de Interoperabilidad.

Séptima. Normas específicas para el sector de la estiba portuaria.– A las empresas de trabajo temporal que realicen la actividad de puesta a disposición de personal de estiba portuaria les serán de aplicación las normas previstas para los centros portuarios de empleo en el artículo 18.3.b) y 7, respecto de esos trabajadores.

DISPOSICIÓN TRANSITORIA

Única. Disposiciones aplicables a las empresas de trabajo temporal con autorización vigente a 5 de julio de 2014.– 1. Las empresas que tuvieran autorización, provisional o definitiva, vigente a 5 de julio de 2014 para el ejercicio de la actividad de empresa de trabajo temporal podrán desarrollar su actividad, por tiempo ilimitado, y en todo el territorio nacional, con sujeción a lo establecido en esta ley, sin necesidad de nueva autorización.

2. En los supuestos a que se refiere el apartado anterior, será autoridad laboral competente a los efectos establecidos en esta ley la que hubiera concedido la autorización inicial o, en caso de que esta hubiera sido objeto de ampliación o reducción, la que hubiera concedido la última autorización.

DISPOSICIÓN FINAL

Única.– Se faculta al Gobierno para dictar cuantas disposiciones sean necesarias para la aplicación y desarrollo de esta Ley.

LEY DE PREVENCIÓN DE RIESGOS LABORALES[1]

CAPÍTULO I. Objeto, ámbito de aplicación y definiciones

Artículo 1. Normativa sobre prevención de riesgos laborales[2].– La normativa sobre prevención de riesgos laborales está constituida por la presente Ley, sus disposiciones de desarrollo o complementarias y cuantas otras normas, legales o convencionales, contengan prescripciones relativas a la adopción de medidas preventivas en el ámbito laboral o susceptibles de producirlas en dicho ámbito.

Artículo 2. Objeto y carácter de la norma[3].– 1. La presente Ley tiene por objeto promover la seguridad y la salud de los trabajadores mediante la aplicación de medidas y el desarrollo de las actividades necesarias para la prevención de riesgos derivados del trabajo.

A tales efectos, esta Ley establece los principios generales relativos a la prevención de los riesgos profesionales para la protección de la seguridad y de la salud, la eliminación o disminución de los riesgos derivados del trabajo, la información, la consulta, la participación equilibrada y la formación de los trabajadores en materia preventiva, en los términos señalados en la presente disposición.

Para el cumplimiento de dichos fines, la presente Ley regula las actuaciones a desarrollar por las Administraciones públicas, así como por los empresarios, los trabajadores y sus respectivas organizaciones representativas.

2. Las disposiciones de carácter laboral contenidas en esta Ley y en sus normas reglamentarias tendrán en todo caso el carácter de Derecho necesario mínimo indisponible, pudiendo ser mejoradas y desarrolladas en los convenios colectivos.

---

[1]   Ley 31/1995, de 8 de noviembre, de Prevención de Riesgos Laborales.
[2]   Directiva 89/391/CEE del Consejo, de 12 de junio de 1989, relativa a la aplicación de medidas para promover la mejora de la seguridad y de la salud de los trabajadores en el trabajo. Art. 19 ET.
[3]   Arts. 3 y 85.1 ET.

Artículo 3. Ámbito de aplicación[4].– 1. Esta Ley y sus normas de desarrollo serán de aplicación tanto en el ámbito de las relaciones laborales reguladas en el texto refundido de la Ley del Estatuto de los Trabajadores, como en el de las relaciones de carácter administrativo o estatutario del personal al servicio de las Administraciones públicas, con las peculiaridades que, en este caso, se contemplan en la presente Ley o en sus normas de desarrollo. Ello sin perjuicio del cumplimiento de las obligaciones específicas que se establecen para fabricantes, importadores y suministradores, y de los derechos y obligaciones que puedan derivarse para los trabajadores autónomos[5]. Igualmente serán aplicables a las sociedades cooperativas, constituidas de acuerdo con la legislación que les sea de aplicación, en las que existan socios cuya actividad consista en la prestación de su trabajo personal, con las particularidades derivadas de su normativa específica.

Cuando en la presente Ley se haga referencia a trabajadores y empresarios, se entenderán también comprendidos en estos términos, respectivamente, de una parte, el personal con relación de carácter administrativo o estatutario y la Administración pública para la que presta servicios, en los términos expresados en la disposición adicional tercera de esta Ley, y, de otra, los socios de las cooperativas a que se refiere el párrafo anterior y las sociedades cooperativas para las que prestan sus servicios.

2. La presente Ley no será de aplicación en aquellas actividades cuyas particularidades lo impidan en el ámbito de las funciones públicas de:

– Policía, seguridad y resguardo aduanero.

– Servicios operativos de protección civil y peritaje forense en los casos de grave riesgo, catástrofe y calamidad pública.

– Fuerzas Armadas y actividades militares de la Guardia Civil.

No obstante, esta Ley inspirará la normativa específica que se dicte para regular la protección de la seguridad y la salud de los trabajadores que prestan sus servicios en las indicadas actividades.

---

[4]   RD 1932/1998 de adaptación de la Ley de Prevención de Riesgos Laborales a establecimientos militares; RD 179/2005, de 18 de febrero, sobre prevención de riesgos laborales en la Guardia Civil; RD 1755/2007, de 28 de diciembre, sobre prevención de riesgos laborales del personal militar de las Fuerzas Armadas y de la organización de los servicios de prevención del Ministerio de Defensa; RD 67/2010, de adaptación de la legislación de Prevención de Riesgos Laborales a la Administración General del Estado; Disposición Adicional 8ª LPRL y Disposición Adicional 10ª de la Ley 27/1999 de Cooperativas.

[5]   Art. 8 LETA.

3. En los centros y establecimientos militares será de aplicación lo dispuesto en la presente Ley, con las particularidades previstas en su normativa específica.

En los establecimientos penitenciarios, se adaptarán a la presente Ley aquellas actividades cuyas características justifiquen una regulación especial, lo que se llevará a efecto en los términos señalados en la Ley 7/1990, de 19 de julio, sobre negociación colectiva y participación en la determinación de las condiciones de trabajo de los empleados públicos.

4.(Suprimido)[6].

Artículo 4. Definiciones[7].– A efectos de la presente Ley y de las normas que la desarrollen:

1º. Se entenderá por «prevención» el conjunto de actividades o medidas adoptadas o previstas en todas las fases de actividad de la empresa con el fin de evitar o disminuir los riesgos derivados del trabajo.

2º. Se entenderá como «riesgo laboral» la posibilidad de que un trabajador sufra un determinado daño derivado del trabajo. Para calificar un riesgo desde el punto de vista de su gravedad, se valorarán conjuntamente la probabilidad de que se produzca el daño y la severidad del mismo.

3º. Se considerarán como «daños derivados del trabajo» las enfermedades, patologías o lesiones sufridas con motivo u ocasión del trabajo.

4º. Se entenderá como «riesgo laboral grave e inminente» aquel que resulte probable racionalmente que se materialice en un futuro inmediato y pueda suponer un daño grave para la salud de los trabajadores[8].

En el caso de exposición a agentes susceptibles de causar daños graves a la salud de los trabajadores, se considerará que existe un riesgo grave e inminente cuando sea probable racionalmente que se materialice en un futuro inmediato una exposición a dichos agentes de la que puedan derivarse daños graves para la salud, aun cuando éstos no se manifiesten de forma inmediata.

5º. Se entenderán como procesos, actividades, operaciones, equipos o productos «potencialmente peligrosos» aquellos que, en ausencia de medidas

---

[6]   Suprimido por RDL 16/2022, de 6 de septiembre, para la mejora de las condiciones de trabajo y de Seguridad Social de las personas trabajadoras al servicio del hogar.

[7]   RSP; art. 2 RD 1627/1997 de seguridad y salud en las obras de construcción; art. 2 RD 485/1997, de señalización de seguridad y salud.

[8]   Art. 21 LPRL.

preventivas específicas, originen riesgos para la seguridad y la salud de los trabajadores que los desarrollan o utilizan.

6º. Se entenderá como «equipo de trabajo» cualquier máquina, aparato, instrumento o instalación utilizada en el trabajo.

7º. Se entenderá como «condición de trabajo» cualquier característica del mismo que pueda tener una influencia significativa en la generación de riesgos para la seguridad y la salud del trabajador. Quedan específicamente incluidas en esta definición:

a) Las características generales de los locales, instalaciones, equipos, productos y demás útiles existentes en el centro de trabajo.

b) La naturaleza de los agentes físicos, químicos y biológicos presentes en el ambiente de trabajo y sus correspondientes intensidades, concentraciones o niveles de presencia.

c) Los procedimientos para la utilización de los agentes citados anteriormente que influyan en la generación de los riesgos mencionados.

d) Todas aquellas otras características del trabajo, incluidas las relativas a su organización y ordenación, que influyan en la magnitud de los riesgos a que esté expuesto el trabajador.

8º. Se entenderá por «equipo de protección individual» cualquier equipo destinado a ser llevado o sujetado por el trabajador para que le proteja de uno o varios riesgos que puedan amenazar su seguridad o su salud en el trabajo, así como cualquier complemento o accesorio destinado a tal fin[9].

CAPÍTULO II. Política en materia de prevención de riesgos para proteger la seguridad y la salud en el trabajo

Artículo 5. Objetivos de la política.– 1. La política en materia de prevención tendrá por objeto la promoción de la mejora de las condiciones de trabajo dirigida a elevar el nivel de protección de la seguridad y la salud de los trabajadores en el trabajo.

Dicha política se llevará a cabo por medio de las normas reglamentarias y de las actuaciones administrativas que correspondan y, en particular, las que se regulan en este capítulo, que se orientarán a la coordinación de las distintas Administraciones públicas competentes en materia preventiva y a que se

---

[9]   Art. 17.2 LPRL. RD 773/1997, de 30 de mayo, sobre disposiciones mínimas de seguridad y salud relativas a la utilización por los trabajadores de equipos de protección individual.

armonicen con ellas las actuaciones que conforme a esta Ley correspondan a sujetos públicos y privados, a cuyo fin:

a) La Administración General del Estado, las Administraciones de las Comunidades Autónomas y las entidades que integran la Administración local se prestarán cooperación y asistencia para el eficaz ejercicio de sus respectivas competencias en el ámbito de lo previsto en este artículo.

b) La elaboración de la política preventiva se llevará a cabo con la participación de los empresarios y de los trabajadores a través de sus organizaciones empresariales y sindicales más representativas.

2. A los fines previstos en el apartado anterior las Administraciones públicas promoverán la mejora de la educación en materia preventiva en los diferentes niveles de enseñanza y de manera especial en la oferta formativa correspondiente al sistema nacional de cualificaciones profesionales, así como la adecuación de la formación de los recursos humanos necesarios para la prevención de los riesgos laborales.

En el ámbito de la Administración General del Estado se establecerá una colaboración permanente entre el Ministerio de Trabajo y Seguridad Social y los Ministerios que correspondan, en particular los de Educación y Ciencia y de Sanidad y Consumo, al objeto de establecer los niveles formativos y especializaciones idóneas, así como la revisión permanente de estas enseñanzas, con el fin de adaptarlas a las necesidades existentes en cada momento.

3. Del mismo modo, las Administraciones públicas fomentarán aquellas actividades desarrolladas por los sujetos a que se refiere el apartado 1 del artículo segundo, en orden a la mejora de las condiciones de seguridad y salud en el trabajo y la reducción de los riesgos laborales, la investigación o fomento de nuevas formas de protección y la promoción de estructuras eficaces de prevención.

Para ello podrán adoptar programas específicos dirigidos a promover la mejora del ambiente de trabajo y el perfeccionamiento de los niveles de protección. Los programas podrán instrumentarse a través de la concesión de los incentivos que reglamentariamente se determinen que se destinarán especialmente a las pequeñas y medianas empresas.

4. Las Administraciones públicas promoverán la efectividad del principio de igualdad entre mujeres y hombres, considerando las variables relacionadas con el sexo tanto en los sistemas de recogida y tratamiento de datos como en el estudio e investigación generales en materia de prevención de riesgos laborales, con el objetivo de detectar y prevenir posibles situaciones en las

que los daños derivados del trabajo puedan aparecer vinculados con el sexo de los trabajadores.

5. La política en materia de prevención de riesgos laborales deberá promover la integración eficaz de la prevención de riesgos laborales en el sistema de gestión de la empresa.

Igualmente, la política en materia de seguridad y salud en el trabajo tendrá en cuenta las necesidades y dificultades específicas de las pequeñas y medianas empresas. A tal efecto, en el procedimiento de elaboración de las disposiciones de carácter general en materia de prevención de riesgos laborales deberá incorporarse un informe sobre su aplicación en las pequeñas y medianas empresas que incluirá, en su caso, las medidas particulares que para éstas se contemplen.

Artículo 6. Normas reglamentarias.– 1. El Gobierno, a través de las correspondientes normas reglamentarias y previa consulta a las organizaciones sindicales y empresariales más representativas, regulará las materias que a continuación se relacionan:

a) Requisitos mínimos que deben reunir las condiciones de trabajo para la protección de la seguridad y la salud de los trabajadores.

b) Limitaciones o prohibiciones que afectarán a las operaciones, los procesos y las exposiciones laborales a agentes que entrañen riesgos para la seguridad y la salud de los trabajadores. Específicamente podrá establecerse el sometimiento de estos procesos u operaciones a trámites de control administrativo, así como, en el caso de agentes peligrosos, la prohibición de su empleo.

c) Condiciones o requisitos especiales para cualquiera de los supuestos contemplados en el apartado anterior, tales como la exigencia de un adiestramiento o formación previa o la elaboración de un plan en el que se contengan las medidas preventivas a adoptar.

d) Procedimientos de evaluación de los riesgos para la salud de los trabajadores, normalización de metodologías y guías de actuación preventiva.

e) Modalidades de organización, funcionamiento y control de los servicios de prevención, considerando las peculiaridades de las pequeñas empresas con el fin de evitar obstáculos innecesarios para su creación y desarrollo, así como capacidades y aptitudes que deban reunir los mencionados servicios y los trabajadores designados para desarrollar la acción preventiva.

f) Condiciones de trabajo o medidas preventivas específicas en trabajos especialmente peligrosos, en particular si para los mismos están previstos controles médicos especiales, o cuando se presenten riesgos derivados de determinadas características o situaciones especiales de los trabajadores.

g) Procedimiento de calificación de las enfermedades profesionales, así como requisitos y procedimientos para la comunicación e información a la autoridad competente de los daños derivados del trabajo.

2. Las normas reglamentarias indicadas en el apartado anterior se ajustarán, en todo caso, a los principios de política preventiva establecidos en esta Ley, mantendrán la debida coordinación con la normativa sanitaria y de seguridad industrial y serán objeto de evaluación y, en su caso, de revisión periódica, de acuerdo con la experiencia en su aplicación y el progreso de la técnica.

Artículo 7. Actuaciones de las Administraciones públicas competentes en materia laboral[10].– 1. En cumplimiento de lo dispuesto en la presente Ley, las Administraciones Públicas competentes en materia laboral desarrollarán funciones de promoción de la prevención, asesoramiento técnico, vigilancia y control del cumplimiento por los sujetos comprendidos en su ámbito de aplicación de la normativa de prevención de riesgos laborales, y sancionarán las infracciones a dicha normativa, en los siguientes términos:

a) Promoviendo la prevención y el asesoramiento a desarrollar por los órganos técnicos en materia preventiva, incluidas la asistencia y cooperación técnica, la información, divulgación, formación e investigación en materia preventiva, así como el seguimiento de las actuaciones preventivas que se realicen en las empresas para la consecución de los objetivos previstos en esta Ley.

b) Velando por el cumplimiento de la normativa sobre prevención de riesgos laborales mediante las actuaciones de vigilancia y control. A estos efectos, prestarán el asesoramiento y la asistencia técnica necesarios para el mejor cumplimiento de dicha normativa y desarrollarán programas específicos dirigidos a lograr una mayor eficacia en el control.

c) Sancionando el incumplimiento de la normativa de prevención de riesgos laborales por los sujetos comprendidos en el ámbito de aplicación de la presente Ley, con arreglo a lo previsto en el capítulo VII de la misma.

2. Las funciones de las Administraciones Públicas competentes en materia laboral que se señalan en el apartado 1 continuarán siendo desarrolladas, en lo

---

[10]   Arts. 8, 9, 10, 11, 13 y 42 LPRL; art. 12.1.b) LIT; arts. 11, 12 13 y 42 LISOS.

referente a los trabajos en minas, canteras y túneles que exijan la aplicación de técnica minera, a los que impliquen fabricación, transporte, almacenamiento, manipulación y utilización de explosivos o el empleo de energía nuclear, por los órganos específicos contemplados en su normativa reguladora.

Las competencias previstas en el apartado anterior se entienden sin perjuicio de lo establecido en la legislación específica sobre productos e instalaciones industriales.

Artículo 8. Instituto Nacional de Seguridad e Higiene en el Trabajo[11].–

1. El Instituto Nacional de Seguridad e Higiene en el Trabajo es el órgano científico técnico especializado de la Administración General del Estado que tiene como misión el análisis y estudio de las condiciones de seguridad y salud en el trabajo, así como la promoción y apoyo a la mejora de las mismas. Para ello establecerá la cooperación necesaria con los órganos de las Comunidades Autónomas con competencias en esta materia.

El Instituto, en cumplimiento de esta misión, tendrá las siguientes funciones:

a) Asesoramiento técnico en la elaboración de la normativa legal y en el desarrollo de la normalización, tanto a nivel nacional como internacional.

b) Promoción y, en su caso, realización de actividades de formación, información, investigación, estudio y divulgación en materia de prevención de riesgos laborales, con la adecuada coordinación y colaboración, en su caso, con los órganos técnicos en materia preventiva de las Comunidades Autónomas en el ejercicio de sus funciones en esta materia.

c) Apoyo técnico y colaboración con la Inspección de Trabajo y Seguridad Social en el cumplimiento de su función de vigilancia y control, prevista en el artículo 9 de la presente Ley, en el ámbito de las Administraciones públicas.

d) Colaboración con organismos internacionales y desarrollo de programas de cooperación internacional en este ámbito, facilitando la participación de las Comunidades Autónomas.

e) Cualesquiera otras que sean necesarias para el cumplimiento de sus fines y le sean encomendadas en el ámbito de sus competencias, de acuerdo con la Comisión Nacional de Seguridad y Salud en el Trabajo regulada en el artículo

---

[11]   RD 577/1982, de 17 de marzo, sobre estructura y competencias del Instituto de Seguridad e Higiene en el Trabajo, actualizado por RD 404/2010, de 4 de marzo.

13 de esta Ley, con la colaboración, en su caso, de los órganos técnicos de las Comunidades Autónomas con competencias en la materia.

2. El Instituto Nacional de Seguridad e Higiene en el Trabajo, en el marco de sus funciones, velará por la coordinación, apoyará el intercambio de información y las experiencias entre las distintas Administraciones públicas y especialmente fomentará y prestará apoyo a la realización de actividades de promoción de la seguridad y de la salud por las Comunidades Autónomas.

Asimismo, prestará, de acuerdo con las Administraciones competentes, apoyo técnico especializado en materia de certificación, ensayo y acreditación.

3. En relación con las Instituciones de la Unión Europea, el Instituto Nacional de Seguridad e Higiene en el Trabajo actuará como centro de referencia nacional, garantizando la coordinación y transmisión de la información que deberá facilitar a escala nacional, en particular respecto a la Agencia Europea para la Seguridad y la Salud en el Trabajo y su Red.

4. El Instituto Nacional de Seguridad e Higiene en el Trabajo ejercerá la Secretaría General de la Comisión Nacional de Seguridad y Salud en el Trabajo, prestándole la asistencia técnica y científica necesaria para el desarrollo de sus competencias.

Artículo 9. Inspección de Trabajo y Seguridad Social[12].– 1. Corresponde a la Inspección de Trabajo y Seguridad Social la función de la vigilancia y control de la normativa sobre prevención de riesgos laborales.

En cumplimiento de esta misión, tendrá las siguientes funciones:

a) Vigilar el cumplimiento de la normativa sobre prevención de riesgos laborales, así como de las normas jurídico-técnicas que incidan en las condiciones de trabajo en materia de prevención, aunque no tuvieran la calificación directa de normativa laboral, proponiendo a la autoridad laboral competente la sanción correspondiente, cuando comprobase una infracción a la normativa sobre prevención de riesgos laborales, de acuerdo con lo previsto en el capítulo VII de la presente Ley.

b) Asesorar e informar a las empresas y a los trabajadores sobre la manera más efectiva de cumplir las disposiciones cuya vigilancia tiene encomendada.

---

[12]   Cfr. LIT. RD 138/2000, de 4 de febrero.

c) Elaborar los informes solicitados por los Juzgados de lo Social en las demandas deducidas ante los mismos en los procedimientos de accidentes de trabajo y enfermedades profesionales[13].

d) Informar a la autoridad laboral sobre los accidentes de trabajo mortales, muy graves o graves, y sobre aquellos otros en que, por sus características o por los sujetos afectados, se considere necesario dicho informe, así como sobre las enfermedades profesionales en las que concurran dichas calificaciones y, en general, en los supuestos en que aquélla lo solicite respecto del cumplimiento de la normativa legal en materia de prevención de riesgos laborales.

e) Comprobar y favorecer el cumplimiento de las obligaciones asumidas por los servicios de prevención establecidos en la presente Ley.

f) Ordenar la paralización inmediata de trabajos cuando, a juicio del inspector, se advierta la existencia de riesgo grave e inminente para la seguridad o salud de los trabajadores.

2. Las Administraciones General del Estado y de las comunidades autónomas adoptarán, en sus respectivos ámbitos de competencia, las medidas necesarias para garantizar la colaboración pericial y el asesoramiento técnico necesarios a la Inspección de Trabajo y Seguridad Social que, en el ámbito de la Administración General del Estado serán prestados por el Instituto Nacional de Seguridad e Higiene en el Trabajo.

Estas Administraciones públicas elaborarán y coordinarán planes de actuación, en sus respectivos ámbitos competenciales y territoriales, para contribuir al desarrollo de las actuaciones preventivas en las empresas, especialmente las de mediano y pequeño tamaño y las de sectores de actividad con mayor nivel de riesgo o de siniestralidad, a través de acciones de asesoramiento, de información, de formación y de asistencia técnica.

En el ejercicio de tales cometidos, los funcionarios públicos de las citadas Administraciones que ejerzan labores técnicas en materia de prevención de riesgos laborales a que se refiere el párrafo anterior, podrán desempeñar funciones de asesoramiento, información y comprobatorias de las condiciones de seguridad y salud en las empresas y centros de trabajo, con el alcance señalado en el apartado 3 de este artículo y con la capacidad de requerimiento a que se refiere el artículo 43 de esta Ley, todo ello en la forma que se determine reglamentariamente.

---

[13]   Art. 142.2 LJS.

Las referidas actuaciones comprobatorias se programarán por la respectiva Comisión Territorial de la Inspección de Trabajo y Seguridad Social a que se refiere el artículo 17.2 de la Ley 42/1997, de 14 de noviembre, Ordenadora de la Inspección de Trabajo y Seguridad Social para su integración en el plan de acción en Seguridad y Salud Laboral de la Inspección de Trabajo y Seguridad Social.

3. Cuando de las actuaciones de comprobación a que se refiere el apartado anterior, se deduzca la existencia de infracción, y siempre que haya mediado incumplimiento de previo requerimiento, el funcionario actuante remitirá informe a la Inspección de Trabajo y Seguridad Social, en el que se recogerán los hechos comprobados, a efectos de que se levante la correspondiente acta de infracción, si así procediera.

A estos efectos, los hechos relativos a las actuaciones de comprobación de las condiciones materiales o técnicas de seguridad y salud recogidos en tales informes gozarán de la presunción de certeza a que se refiere la disposición adicional cuarta, apartado 2, de la Ley 42/1997, de 14 de noviembre, Ordenadora de la Inspección de Trabajo y Seguridad Social.

4. Las actuaciones previstas en los dos apartados anteriores, estarán sujetas a los plazos establecidos en el artículo 14, apartado 2, de la Ley 42/1997, de 14 de noviembre, Ordenadora de la Inspección de Trabajo y Seguridad Social.

Artículo 10. Actuaciones de las Administraciones públicas competentes en materia sanitaria[14].– Las actuaciones de las Administraciones públicas competentes en materia sanitaria referentes a la salud laboral se llevarán a cabo a través de las acciones y en relación con los aspectos señalados en el capítulo IV del Título I de la Ley 14/1986, de 25 de abril, General de Sanidad, y disposiciones dictadas para su desarrollo.

En particular, corresponderá a las Administraciones públicas citadas:

a) El establecimiento de medios adecuados para la evaluación y control de las actuaciones de carácter sanitario que se realicen en las empresas por los servicios de prevención actuantes[15]. Para ello, establecerán las pautas y protocolos de actuación, oídas las sociedades científicas, a los que deberán someterse los citados servicios.

---

[14]   Arts. 11, 22 y 23 LPRL. Arts. 37 a 39 RSP.
[15]   Art. 11 RD 843/2011, de 17 de junio, que establece los criterios básicos sobre la organización de recursos para desarrollar la actividad sanitaria de los servicios de prevención.

b) La implantación de sistemas de información adecuados que permitan la elaboración, junto con las autoridades laborales competentes, de mapas de riesgos laborales, así como la realización de estudios epidemiológicos para la identificación y prevención de las patologías que puedan afectar a la salud de los trabajadores, así como hacer posible un rápido intercambio de información.

c) La supervisión de la formación que, en materia de prevención y promoción de la salud laboral, deba recibir el personal sanitario actuante en los servicios de prevención autorizados.

d) La elaboración y divulgación de estudios, investigaciones y estadísticas relacionados con la salud de los trabajadores.

Artículo 11. Coordinación administrativa.– La elaboración de normas preventivas y el control de su cumplimiento, la promoción de la prevención, la investigación y la vigilancia epidemiológica sobre riesgos laborales, accidentes de trabajo y enfermedades profesionales determinan la necesidad de coordinar las actuaciones de las Administraciones competentes en materia laboral, sanitaria y de industria para una más eficaz protección de la seguridad y la salud de los trabajadores.

En el marco de dicha coordinación, la Administración competente en materia laboral velará, en particular, para que la información obtenida por la Inspección de Trabajo y Seguridad Social en el ejercicio de las funciones atribuidas a la misma en el apartado 1 del artículo 9 de esta Ley sea puesta en conocimiento de la autoridad sanitaria competente a los fines dispuestos en el artículo 10 de la presente Ley y en el artículo 21 de la Ley 14/1986, de 25 de abril, General de Sanidad, así como de la Administración competente en materia de industria a los efectos previstos en la Ley 21/1992, de 16 de julio, de Industria.

Artículo 12. Participación de empresarios y trabajadores.– La participación de empresarios y trabajadores, a través de las organizaciones empresariales y sindicales más representativas, en la planificación, programación, organización y control de la gestión relacionada con la mejora de las condiciones de trabajo y la protección de la seguridad y salud de los trabajadores en el trabajo es principio básico de la política de prevención de riesgos laborales, a desarrollar por las Administraciones públicas competentes en los distintos niveles territoriales.

Artículo 13. Comisión Nacional de Seguridad y Salud en el Trabajo[16].–

1. Se crea la Comisión Nacional de Seguridad y Salud en el Trabajo como órgano colegiado asesor de las Administraciones públicas en la formulación de las políticas de prevención y órgano de participación institucional en materia de seguridad y salud en el trabajo.

2. La Comisión estará integrada por un representante de cada una de las Comunidades Autónomas y por igual número de miembros de la Administración General del Estado y, paritariamente con todos los anteriores, por representantes de las organizaciones empresariales y sindicales más representativas.

3. La Comisión conocerá las actuaciones que desarrollen las Administraciones públicas competentes en materia de promoción de la prevención de riesgos laborales, de asesoramiento técnico y de vigilancia y control a que se refieren los artículos 7, 8, 9 y 11 de esta Ley y podrá informar y formular propuestas en relación con dichas actuaciones, específicamente en lo referente a:

– Criterios y programas generales de actuación.

– Proyectos de disposiciones de carácter general.

– Coordinación de las actuaciones desarrolladas por las Administraciones públicas competentes en materia laboral.

– Coordinación entre las Administraciones públicas competentes en materia laboral, sanitaria y de industria.

4. La Comisión adoptará sus acuerdos por mayoría. A tal fin, los representantes de las Administraciones públicas tendrán cada uno un voto y dos los de las organizaciones empresariales y sindicales.

5. La Comisión contará con un Presidente y cuatro Vicepresidentes, uno por cada uno de los grupos que la integran. La Presidencia de la Comisión corresponderá al Secretario general de Empleo y Relaciones Laborales, recayendo la Vicepresidencia atribuida a la Administración General del Estado en el Subsecretario de Sanidad y Consumo.

6. La Secretaría de la Comisión, como órgano de apoyo técnico y administrativo, recaerá en la Dirección del Instituto Nacional de Seguridad e Higiene en el Trabajo.

7. La Comisión Nacional de Seguridad y Salud en el Trabajo funcionará en Pleno, en Comisión Permanente o en Grupos de Trabajo, conforme a la normativa que establezca el Reglamento interno que elaborará la propia Comisión.

---

[16]   RD 1879/1996 de 2 de agosto por el que se regula la composición de la Comisión Nacional de Seguridad y Salud en el Trabajo.

En lo no previsto en la presente Ley y en el Reglamento interno a que hace referencia el párrafo anterior la Comisión se regirá por la Ley 30/1992, de Régimen Jurídico de las Administraciones Públicas y del Procedimiento Administrativo Común.

CAPÍTULO III. Derechos y obligaciones

Artículo 14. Derecho a la protección frente a los riesgos laborales[17].–
1. Los trabajadores tienen derecho a una protección eficaz en materia de seguridad y salud en el trabajo.

El citado derecho supone la existencia de un correlativo deber del empresario de protección de los trabajadores frente a los riesgos laborales.

Este deber de protección constituye, igualmente, un deber de las Administraciones públicas respecto del personal a su servicio.

Los derechos de información, consulta y participación, formación en materia preventiva, paralización de la actividad en caso de riesgo grave e inminente y vigilancia de su estado de salud, en los términos previstos en la presente Ley, forman parte del derecho de los trabajadores a una protección eficaz en materia de seguridad y salud en el trabajo.

2. En cumplimiento del deber de protección, el empresario deberá garantizar la seguridad y la salud de los trabajadores a su servicio en todos los aspectos relacionados con el trabajo. A estos efectos, en el marco de sus responsabilidades, el empresario realizará la prevención de los riesgos laborales mediante la integración de la actividad preventiva en la empresa y la adopción de cuantas medidas sean necesarias para la protección de la seguridad y la salud de los trabajadores, con las especialidades que se recogen en los artículos siguientes en materia de plan de prevención de riesgos laborales, evaluación de riesgos, información, consulta y participación y formación de los trabajadores, actuación en casos de emergencia y de riesgo grave e inminente, vigilancia de la salud, y mediante la constitución de una organización y de los medios necesarios en los términos establecidos en el capítulo IV de esta Ley.

El empresario desarrollará una acción permanente de seguimiento de la actividad preventiva con el fin de perfeccionar de manera continua las actividades de identificación, evaluación y control de los riesgos que no se hayan

---

[17]   Arts. 15, 40.2 y 45.1 CE; arts, 4.2 b), 5 b) y 19 ET.

podido evitar y los niveles de protección existentes y dispondrá lo necesario para la adaptación de las medidas de prevención señaladas en el párrafo anterior a las modificaciones que puedan experimentar las circunstancias que incidan en la realización del trabajo.

3. El empresario deberá cumplir las obligaciones establecidas en la normativa sobre prevención de riesgos laborales.

4. Las obligaciones de los trabajadores establecidas en esta Ley, la atribución de funciones en materia de protección y prevención a trabajadores o servicios de la empresa y el recurso al concierto con entidades especializadas para el desarrollo de actividades de prevención complementarán las acciones del empresario, sin que por ello le eximan del cumplimiento de su deber en esta materia, sin perjuicio de las acciones que pueda ejercitar, en su caso, contra cualquier otra persona[18].

5. El coste de las medidas relativas a la seguridad y la salud en el trabajo no deberá recaer en modo alguno sobre los trabajadores.

Artículo 15. Principios de la acción preventiva[19].– 1. El empresario aplicará las medidas que integran el deber general de prevención previsto en el artículo anterior, con arreglo a los siguientes principios generales:

a) Evitar los riesgos.

b) Evaluar los riesgos que no se puedan evitar.

c) Combatir los riesgos en su origen.

d) Adaptar el trabajo a la persona, en particular en lo que respecta a la concepción de los puestos de trabajo, así como a la elección de los equipos y los métodos de trabajo y de producción, con miras, en particular, a atenuar el trabajo monótono y repetitivo y a reducir los efectos del mismo en la salud.

e) Tener en cuenta la evolución de la técnica.

f) Sustituir lo peligroso por lo que entrañe poco o ningún peligro.

g) Planificar la prevención, buscando un conjunto coherente que integre en ella la técnica, la organización del trabajo, las condiciones de trabajo, las relaciones sociales y la influencia de los factores ambientales en el trabajo.

h) Adoptar medidas que antepongan la protección colectiva a la individual.

i) Dar las debidas instrucciones a los trabajadores.

---

[18]   Arts. 29 a 31 LPRL.
[19]   Arts. 19 y 39 ET.

2. El empresario tomará en consideración las capacidades profesionales de los trabajadores en materia de seguridad y de salud en el momento de encomendarles las tareas.

3. El empresario adoptará las medidas necesarias a fin de garantizar que sólo los trabajadores que hayan recibido información suficiente y adecuada puedan acceder a las zonas de riesgo grave y específico.

4. La efectividad de las medidas preventivas deberá prever las distracciones o imprudencias no temerarias que pudiera cometer el trabajador. Para su adopción se tendrán en cuenta los riesgos adicionales que pudieran implicar determinadas medidas preventivas, las cuales sólo podrán adoptarse cuando la magnitud de dichos riesgos sea sustancialmente inferior a la de los que se pretende controlar y no existan alternativas más seguras.

5. Podrán concertar operaciones de seguro que tengan como fin garantizar como ámbito de cobertura la previsión de riesgos derivados del trabajo, la empresa respecto de sus trabajadores, los trabajadores autónomos respecto a ellos mismos y las sociedades cooperativas respecto a sus socios cuya actividad consista en la prestación de su trabajo personal.

Artículo 16. Plan de prevención de riesgos laborales, evaluación de los riesgos y planificación de la actividad preventiva.– 1. La prevención de riesgos laborales deberá integrarse en el sistema general de gestión de la empresa, tanto en el conjunto de sus actividades como en todos los niveles jerárquicos de ésta, a través de la implantación y aplicación de un plan de prevención de riesgos laborales a que se refiere el párrafo siguiente.

Este plan de prevención de riesgos laborales deberá incluir la estructura organizativa, las responsabilidades, las funciones, las prácticas, los procedimientos, los procesos y los recursos necesarios para realizar la acción de prevención de riesgos en la empresa, en los términos que reglamentariamente se establezcan.

2. Los instrumentos esenciales para la gestión y aplicación del plan de prevención de riesgos, que podrán ser llevados a cabo por fases de forma programada, son la evaluación de riesgos laborales y la planificación de la actividad preventiva a que se refieren los párrafos siguientes:

El empresario deberá realizar una evaluación inicial de los riesgos para la seguridad y salud de los trabajadores, teniendo en cuenta, con carácter general, la naturaleza de la actividad, las características de los puestos de trabajo existentes y de los trabajadores que deban desempeñarlos. Igual evaluación deberá hacerse con ocasión de la elección de los equipos de trabajo, de las sustancias o preparados químicos y del acondicionamiento de los lugares de trabajo. La evaluación inicial tendrá en cuenta aquellas otras actuaciones que deban desarrollarse de conformidad con lo dispuesto en la normativa sobre protección de riesgos específicos y actividades de especial peligrosidad. La evaluación será actualizada cuando cambien las condiciones de trabajo y, en todo caso, se someterá a consideración y se revisará, si fuera necesario, con ocasión de los daños para la salud que se hayan producido.

Cuando el resultado de la evaluación lo hiciera necesario, el empresario realizará controles periódicos de las condiciones de trabajo y de la actividad de los trabajadores en la prestación de sus servicios, para detectar situaciones potencialmente peligrosas.

Si los resultados de la evaluación prevista en el párrafo a pusieran de manifiesto situaciones de riesgo, el empresario realizará aquellas actividades preventivas necesarias para eliminar o reducir y controlar tales riesgos. Dichas actividades serán objeto de planificación por el empresario, incluyendo para cada actividad preventiva el plazo para llevarla a cabo, la designación de responsables y los recursos humanos y materiales necesarios para su ejecución.

El empresario deberá asegurarse de la efectiva ejecución de las actividades preventivas incluidas en la planificación, efectuando para ello un seguimiento continuo de la misma.

Las actividades de prevención deberán ser modificadas cuando se aprecie por el empresario, como consecuencia de los controles periódicos previstos en el párrafo a anterior, su inadecuación a los fines de protección requeridos.

2 bis. Las empresas, en atención al número de trabajadores y a la naturaleza y peligrosidad de las actividades realizadas, podrán realizar el plan de prevención de riesgos laborales, la evaluación de riesgos y la planificación de la actividad preventiva de forma simplificada, siempre que ello no suponga una reducción del nivel de protección de la seguridad y salud de los trabajadores y en los términos que reglamentariamente se determinen.

3. Cuando se haya producido un daño para la salud de los trabajadores o cuando, con ocasión de la vigilancia de la salud prevista en el artículo 22, aparezcan indicios de que las medidas de prevención resultan insuficientes, el empresario llevará a cabo una investigación al respecto, a fin de detectar las causas de estos hechos.

Artículo 17. Equipos de trabajo y medios de protección[20].– 1. El empresario adoptará las medidas necesarias con el fin de que los equipos de trabajo sean adecuados para el trabajo que deba realizarse y convenientemente adaptados a tal efecto, de forma que garanticen la seguridad y la salud de los trabajadores al utilizarlos.

Cuando la utilización de un equipo de trabajo pueda presentar un riesgo específico para la seguridad y la salud de los trabajadores, el empresario adoptará las medidas necesarias con el fin de que:

a) La utilización del equipo de trabajo quede reservada a los encargados de dicha utilización.

b) Los trabajos de reparación, transformación, mantenimiento o conservación sean realizados por los trabajadores específicamente capacitados para ello.

2. El empresario deberá proporcionar a sus trabajadores equipos de protección individual adecuados para el desempeño de sus funciones y velar por el uso efectivo de los mismos cuando, por la naturaleza de los trabajos realizados, sean necesarios.

Los equipos de protección individual deberán utilizarse cuando los riesgos no se puedan evitar o no puedan limitarse suficientemente por medios técnicos de protección colectiva o mediante medidas, métodos o procedimientos de organización del trabajo.

Artículo 18. Información, consulta y participación de los trabajadores[21].– 1. A fin de dar cumplimiento al deber de protección establecido en la presente Ley, el empresario adoptará las medidas adecuadas para que los trabajadores reciban todas las informaciones necesarias en relación con:

a) Los riesgos para la seguridad y la salud de los trabajadores en el trabajo, tanto aquellos que afecten a la empresa en su conjunto como a cada tipo de puesto de trabajo o función.

b) Las medidas y actividades de protección y prevención aplicables a los riesgos señalados en el apartado anterior.

c) Las medidas adoptadas de conformidad con lo dispuesto en el artículo 20 de la presente Ley.

---

[20]   RRDD 1215/1997, de 18 de julio, sobre equipos de trabajo, y 773/1997, de 30 de mayo, sobre equipos de protección individual.
[21]   Art. 64.1.8 ET.

En las empresas que cuenten con representantes de los trabajadores, la información a que se refiere el presente apartado se facilitará por el empresario a los trabajadores a través de dichos representantes; no obstante, deberá informarse directamente a cada trabajador de los riesgos específicos que afecten a su puesto de trabajo o función y de las medidas de protección y prevención aplicables a dichos riesgos.

2. El empresario deberá consultar a los trabajadores, y permitir su participación, en el marco de todas las cuestiones que afecten a la seguridad y a la salud en el trabajo, de conformidad con lo dispuesto en el capítulo V de la presente Ley.

Los trabajadores tendrán derecho a efectuar propuestas al empresario, así como a los órganos de participación y representación previstos en el capítulo V de esta Ley, dirigidas a la mejora de los niveles de protección de la seguridad y la salud en la empresa.

Artículo 19. Formación de los trabajadores[22].– 1. En cumplimiento del deber de protección, el empresario deberá garantizar que cada trabajador reciba una formación teórica y práctica, suficiente y adecuada, en materia preventiva, tanto en el momento de su contratación, cualquiera que sea la modalidad o duración de ésta, como cuando se produzcan cambios en las funciones que desempeñe o se introduzcan nuevas tecnologías o cambios en los equipos de trabajo.

La formación deberá estar centrada específicamente en el puesto de trabajo o función de cada trabajador, adaptarse a la evolución de los riesgos y a la aparición de otros nuevos y repetirse periódicamente, si fuera necesario.

2. La formación a que se refiere el apartado anterior deberá impartirse, siempre que sea posible, dentro de la jornada de trabajo o, en su defecto, en otras horas pero con el descuento en aquélla del tiempo invertido en la misma.

La formación se podrá impartir por la empresa mediante medios propios o concertándola con servicios ajenos, y su coste no recaerá en ningún caso sobre los trabajadores.

Artículo 20. Medidas de emergencia.– El empresario, teniendo en cuenta el tamaño y la actividad de la empresa, así como la posible presencia de perso-

---

[22]   Art. 19.4 ET.

nas ajenas a la misma, deberá analizar las posibles situaciones de emergencia y adoptar las medidas necesarias en materia de primeros auxilios, lucha contra incendios y evacuación de los trabajadores, designando para ello al personal encargado de poner en práctica estas medidas y comprobando periódicamente, en su caso, su correcto funcionamiento. El citado personal deberá poseer la formación necesaria, ser suficiente en número y disponer del material adecuado, en función de las circunstancias antes señaladas.

Para la aplicación de las medidas adoptadas, el empresario deberá organizar las relaciones que sean necesarias con servicios externos a la empresa, en particular en materia de primeros auxilios, asistencia médica de urgencia, salvamento y lucha contra incendios, de forma que quede garantizada la rapidez y eficacia de las mismas.

Artículo 21. Riesgo grave e inminente[23].– 1. Cuando los trabajadores estén o puedan estar expuestos a un riesgo grave e inminente con ocasión de su trabajo, el empresario estará obligado a:

a) Informar lo antes posible a todos los trabajadores afectados acerca de la existencia de dicho riesgo y de las medidas adoptadas o que, en su caso, deban adoptarse en materia de protección.

b) Adoptar las medidas y dar las instrucciones necesarias para que, en caso de peligro grave, inminente e inevitable, los trabajadores puedan interrumpir su actividad y, si fuera necesario, abandonar de inmediato el lugar de trabajo. En este supuesto no podrá exigirse a los trabajadores que reanuden su actividad mientras persista el peligro, salvo excepción debidamente justificada por razones de seguridad y determinada reglamentariamente.

c) Disponer lo necesario para que el trabajador que no pudiera ponerse en contacto con su superior jerárquico, ante una situación de peligro grave e inminente para su seguridad, la de otros trabajadores o la de terceros a la empresa, esté en condiciones, habida cuenta de sus conocimientos y de los medios técnicos puestos a su disposición, de adoptar las medidas necesarias para evitar las consecuencias de dicho peligro.

2. De acuerdo con lo previsto en el apartado 1 del artículo 14 de la presente Ley, el trabajador tendrá derecho a interrumpir su actividad y abandonar

---

[23]   Art. 19.5 ET.

el lugar de trabajo, en caso necesario, cuando considere que dicha actividad entraña un riesgo grave e inminente para su vida o su salud.

3. Cuando en el caso a que se refiere el apartado 1 de este artículo el empresario no adopte o no permita la adopción de las medidas necesarias para garantizar la seguridad y la salud de los trabajadores, los representantes legales de éstos podrán acordar, por mayoría de sus miembros, la paralización de la actividad de los trabajadores afectados por dicho riesgo. Tal acuerdo será comunicado de inmediato a la empresa y a la autoridad laboral, la cual, en el plazo de veinticuatro horas, anulará o ratificará la paralización acordada.

El acuerdo a que se refiere el párrafo anterior podrá ser adoptado por decisión mayoritaria de los Delegados de Prevención cuando no resulte posible reunir con la urgencia requerida al órgano de representación del personal.

4. Los trabajadores o sus representantes no podrán sufrir perjuicio alguno derivado de la adopción de las medidas a que se refieren los apartados anteriores, a menos que hubieran obrado de mala fe o cometido negligencia grave.

Artículo 22. Vigilancia de la salud[24].– 1. El empresario garantizará a los trabajadores a su servicio la vigilancia periódica de su estado de salud en función de los riesgos inherentes al trabajo.

Esta vigilancia sólo podrá llevarse a cabo cuando el trabajador preste su consentimiento. De este carácter voluntario sólo se exceptuarán, previo informe de los representantes de los trabajadores, los supuestos en los que la realización de los reconocimientos sea imprescindible para evaluar los efectos de las condiciones de trabajo sobre la salud de los trabajadores o para verificar si el estado de salud del trabajador puede constituir un peligro para el mismo, para los demás trabajadores o para otras personas relacionadas con la empresa o cuando así esté establecido en una disposición legal en relación con la protección de riesgos específicos y actividades de especial peligrosidad.

En todo caso se deberá optar por la realización de aquellos reconocimientos o pruebas que causen las menores molestias al trabajador y que sean proporcionales al riesgo.

2. Las medidas de vigilancia y control de la salud de los trabajadores se llevarán a cabo respetando siempre el derecho a la intimidad y a la dignidad

---

[24]   Art. 37.3 RSP; RD 843/2011, de 17 de junio, que establece los criterios básicos sobre la organización de recursos para desarrollar la actividad sanitaria de los servicios de prevención.

de la persona del trabajador y la confidencialidad de toda la información relacionada con su estado de salud.

3. Los resultados de la vigilancia a que se refiere el apartado anterior serán comunicados a los trabajadores afectados.

4. Los datos relativos a la vigilancia de la salud de los trabajadores no podrán ser usados con fines discriminatorios ni en perjuicio del trabajador.

El acceso a la información médica de carácter personal se limitará al personal médico y a las autoridades sanitarias que lleven a cabo la vigilancia de la salud de los trabajadores, sin que pueda facilitarse al empresario o a otras personas sin consentimiento expreso del trabajador.

No obstante lo anterior, el empresario y las personas u órganos con responsabilidades en materia de prevención serán informados de las conclusiones que se deriven de los reconocimientos efectuados en relación con la aptitud del trabajador para el desempeño del puesto de trabajo o con la necesidad de introducir o mejorar las medidas de protección y prevención, a fin de que puedan desarrollar correctamente sus funciones en materia preventiva.

5. En los supuestos en que la naturaleza de los riesgos inherentes al trabajo lo haga necesario, el derecho de los trabajadores a la vigilancia periódica de su estado de salud deberá ser prolongado más allá de la finalización de la relación laboral, en los términos que reglamentariamente se determinen.

6. Las medidas de vigilancia y control de la salud de los trabajadores se llevarán a cabo por personal sanitario con competencia técnica, formación y capacidad acreditada.

Artículo 23. Documentación[25].– 1. El empresario deberá elaborar y conservar a disposición de la autoridad laboral la siguiente documentación relativa a las obligaciones establecidas en los artículos anteriores:

a) Plan de prevención de riesgos laborales, conforme a lo previsto en el apartado 1 del artículo 16 de esta Ley.

b) Evaluación de los riesgos para la seguridad y la salud en el trabajo, incluido el resultado de los controles periódicos de las condiciones de trabajo y de la actividad de los trabajadores, de acuerdo con lo dispuesto en el párrafo a del apartado 2 del artículo 16 de esta Ley.

---

[25]   Art. 7 RSP.

c) Planificación de la actividad preventiva, incluidas las medidas de protección y de prevención a adoptar y, en su caso, material de protección que deba utilizarse, de conformidad con el párrafo b del apartado 2 del artículo 16 de esta Ley.

d) Práctica de los controles del estado de salud de los trabajadores previstos en el artículo 22 de esta Ley y conclusiones obtenidas de los mismos en los términos recogidos en el último párrafo del apartado 4 del citado artículo.

e) Relación de accidentes de trabajo y enfermedades profesionales que hayan causado al trabajador una incapacidad laboral superior a un día de trabajo. En estos casos el empresario realizará, además, la notificación a que se refiere el apartado 3 del presente artículo.

2. En el momento de cesación de su actividad, las empresas deberán remitir a la autoridad laboral la documentación señalada en el apartado anterior.

3. El empresario estará obligado a notificar por escrito a la autoridad laboral los daños para la salud de los trabajadores a su servicio que se hubieran producido con motivo del desarrollo de su trabajo, conforme al procedimiento que se determine reglamentariamente.

4. La documentación a que se hace referencia en el presente artículo deberá también ser puesta a disposición de las autoridades sanitarias al objeto de que éstas puedan cumplir con lo dispuesto en el artículo 10 de la presente Ley y en el artículo 21 de la Ley 14/1986, de 25 de abril, General de Sanidad.

Artículo 24. Coordinación de actividades empresariales[26].– 1. Cuando en un mismo centro de trabajo desarrollen actividades trabajadores de dos o más empresas, éstas deberán cooperar en la aplicación de la normativa sobre prevención de riesgos laborales. A tal fin, establecerán los medios de coordinación que sean necesarios en cuanto a la protección y prevención de riesgos laborales y la información sobre los mismos a sus respectivos trabajadores, en los términos previstos en el apartado 1 del artículo 18 de esta Ley.

2. El empresario titular del centro de trabajo adoptará las medidas necesarias para que aquellos otros empresarios que desarrollen actividades en su centro de trabajo reciban la información y las instrucciones adecuadas, en relación con los riesgos existentes en el centro de trabajo y con las medidas

---

[26]   Desarrollado por RD 171/2004. Véanse, además, arts. 42 ET y 42 LISOS.

de protección y prevención correspondientes, así como sobre las medidas de emergencia a aplicar, para su traslado a sus respectivos trabajadores.

3. Las empresas que contraten o subcontraten con otras la realización de obras o servicios correspondientes a la propia actividad de aquéllas y que se desarrollen en sus propios centros de trabajo deberán vigilar el cumplimiento por dichos contratistas y subcontratistas de la normativa de prevención de riesgos laborales.

4. Las obligaciones consignadas en el último párrafo del apartado 1 del artículo 41 de esta Ley serán también de aplicación, respecto de las operaciones contratadas, en los supuestos en que los trabajadores de la empresa contratista o subcontratista no presten servicios en los centros de trabajo de la empresa principal, siempre que tales trabajadores deban operar con maquinaria, equipos, productos, materias primas o útiles proporcionados por la empresa principal.

5. Los deberes de cooperación y de información e instrucción recogidos en los apartados 1 y 2 serán de aplicación respecto de los trabajadores autónomos que desarrollen actividades en dichos centros de trabajo[27].

6. Las obligaciones previstas en este artículo serán desarrolladas reglamentariamente.

Artículo 25. Protección de trabajadores especialmente sensibles a determinados riesgos.– 1. El empresario garantizará de manera específica la protección de los trabajadores que, por sus propias características personales o estado biológico conocido, incluidos aquellos que tengan reconocida la situación de discapacidad física, psíquica o sensorial, sean especialmente sensibles a los riesgos derivados del trabajo. A tal fin, deberá tener en cuenta dichos aspectos en las evaluaciones de los riesgos y, en función de éstas, adoptará las medidas preventivas y de protección necesarias.

Los trabajadores no serán empleados en aquellos puestos de trabajo en los que, a causa de sus características personales, estado biológico o por su discapacidad física, psíquica o sensorial debidamente reconocida, puedan ellos, los demás trabajadores u otras personas relacionadas con la empresa ponerse en situación de peligro o, en general, cuando se encuentren manifiestamente en estados o situaciones transitorias que no respondan a las exigencias psicofísicas de los respectivos puestos de trabajo.

---

[27]   Art. 8 LETA.

2. Igualmente, el empresario deberá tener en cuenta en las evaluaciones los factores de riesgo que puedan incidir en la función de procreación de los trabajadores y trabajadoras, en particular por la exposición a agentes físicos, químicos y biológicos que puedan ejercer efectos mutagénicos o de toxicidad para la procreación, tanto en los aspectos de la fertilidad, como del desarrollo de la descendencia, con objeto de adoptar las medidas preventivas necesarias.

Artículo 26. Protección de la maternidad[28].– 1. La evaluación de los riesgos a que se refiere el artículo 16 de la presente Ley deberá comprender la determinación de la naturaleza, el grado y la duración de la exposición de las trabajadoras en situación de embarazo o parto reciente a agentes, procedimientos o condiciones de trabajo que puedan influir negativamente en la salud de las trabajadoras o del feto, en cualquier actividad susceptible de presentar un riesgo específico. Si los resultados de la evaluación revelasen un riesgo para la seguridad y la salud o una posible repercusión sobre el embarazo o la lactancia de las citadas trabajadoras, el empresario adoptará las medidas necesarias para evitar la exposición a dicho riesgo, a través de una adaptación de las condiciones o del tiempo de trabajo de la trabajadora afectada. Dichas medidas incluirán, cuando resulte necesario, la no realización de trabajo nocturno o de trabajo a turnos.

2. Cuando la adaptación de las condiciones o del tiempo de trabajo no resultase posible o, a pesar de tal adaptación, las condiciones de un puesto de trabajo pudieran influir negativamente en la salud de la trabajadora embarazada o del feto, y así lo certifiquen los Servicios Médicos del Instituto Nacional de la Seguridad Social o de las Mutuas, en función de la Entidad con la que la empresa tenga concertada la cobertura de los riesgos profesionales, con el informe del médico del Servicio Nacional de Salud que asista facultativamente a la trabajadora, ésta deberá desempeñar un puesto de trabajo o función diferente y compatible con su estado. El empresario deberá determinar, previa consulta con los representantes de los trabajadores, la relación de los puestos de trabajo exentos de riesgos a estos efectos.

El cambio de puesto o función se llevará a cabo de conformidad con las reglas y criterios que se apliquen en los supuestos de movilidad funcional y

---

[28]   Arts. 37.4 y 6, 45.1 d), 48.5, 52 d), 53.4 y 55.5 ET; arts. 108.2 y 122.2 LJS.

tendrá efectos hasta el momento en que el estado de salud de la trabajadora permita su reincorporación al anterior puesto.

En el supuesto de que, aun aplicando las reglas señaladas en el párrafo anterior, no existiese puesto de trabajo o función compatible, la trabajadora podrá ser destinada a un puesto no correspondiente a su grupo o categoría equivalente, si bien conservará el derecho al conjunto de retribuciones de su puesto de origen.

3. Si dicho cambio de puesto no resultara técnica u objetivamente posible, o no pueda razonablemente exigirse por motivos justificados, podrá declararse el paso de la trabajadora afectada a la situación de suspensión del contrato por riesgo durante el embarazo, contemplada en el artículo 45.1.d del Estatuto de los Trabajadores, durante el período necesario para la protección de su seguridad o de su salud y mientras persista la imposibilidad de reincorporarse a su puesto anterior o a otro puesto compatible con su estado.

4. Lo dispuesto en los números 1 y 2 de este artículo será también de aplicación durante el período de lactancia natural, si las condiciones de trabajo pudieran influir negativamente en la salud de la mujer o del hijo y así lo certifiquen los Servicios Médicos del Instituto Nacional de la Seguridad Social o de las Mutuas, en función de la Entidad con la que la empresa tenga concertada la cobertura de los riesgos profesionales, con el informe del médico del Servicio Nacional de Salud que asista facultativamente a la trabajadora o a su hijo. Podrá, asimismo, declararse el pase de la trabajadora afectada a la situación de suspensión del contrato por riesgo durante la lactancia natural de hijos menores de nueve meses contemplada en el artículo 45.1.d) del Estatuto de los Trabajadores, si se dan las circunstancias previstas en el número 3 de este artículo.

5. Las trabajadoras embarazadas tendrán derecho a ausentarse del trabajo, con derecho a remuneración, para la realización de exámenes prenatales y técnicas de preparación al parto, previo aviso al empresario y justificación de la necesidad de su realización dentro de la jornada de trabajo.

Artículo 27. Protección de los menores[29].– 1. Antes de la incorporación al trabajo de jóvenes menores de dieciocho años, y previamente a cualquier modificación importante de sus condiciones de trabajo, el empresario deberá

---

[29]   Directiva 94/333/CE del Consejo de 22 de junio sobre protección de los jóvenes en el trabajo.

efectuar una evaluación de los puestos de trabajo a desempeñar por los mismos, a fin de determinar la naturaleza, el grado y la duración de su exposición, en cualquier actividad susceptible de presentar un riesgo específico al respecto, a agentes, procesos o condiciones de trabajo que puedan poner en peligro la seguridad o la salud de estos trabajadores.

A tal fin, la evaluación tendrá especialmente en cuenta los riesgos específicos para la seguridad, la salud y el desarrollo de los jóvenes derivados de su falta de experiencia, de su inmadurez para evaluar los riesgos existentes o potenciales y de su desarrollo todavía incompleto.

En todo caso, el empresario informará a dichos jóvenes y a sus padres o tutores que hayan intervenido en la contratación, conforme a lo dispuesto en la letra b del artículo 7 del texto refundido de la Ley del Estatuto de los Trabajadores aprobado por el Real Decreto legislativo 1/1995, de 24 de marzo, de los posibles riesgos y de todas las medidas adoptadas para la protección de su seguridad y salud.

2. Teniendo en cuenta los factores anteriormente señalados, el Gobierno establecerá las limitaciones a la contratación de jóvenes menores de dieciocho años en trabajos que presenten riesgos específicos.

Artículo 28. Relaciones de trabajo temporales, de duración determinada y en empresas de trabajo temporal[30].–

1. Los trabajadores con relaciones de trabajo temporales o de duración determinada, así como los contratados por empresas de trabajo temporal, deberán disfrutar del mismo nivel de protección en materia de seguridad y salud que los restantes trabajadores de la empresa en la que prestan sus servicios.

La existencia de una relación de trabajo de las señaladas en el párrafo anterior no justificará en ningún caso una diferencia de trato por lo que respecta a las condiciones de trabajo, en lo relativo a cualquiera de los aspectos de la protección de la seguridad y la salud de los trabajadores.

La presente Ley y sus disposiciones de desarrollo se aplicarán plenamente a las relaciones de trabajo señaladas en los párrafos anteriores.

2. El empresario adoptará las medidas necesarias para garantizar que, con carácter previo al inicio de su actividad, los trabajadores a que se refiere el apartado anterior reciban información acerca de los riesgos a los que vayan a

---

30   Arts 15 y 17 ET; art. 13 LETT y RD 216/1999 de 5 de febrero sobre disposiciones mínimas de seguridad y salud en el ámbito de las empresas de trabajo temporal.

estar expuestos, en particular en lo relativo a la necesidad de cualificaciones o aptitudes profesionales determinadas, la exigencia de controles médicos especiales o la existencia de riesgos específicos del puesto de trabajo a cubrir, así como sobre las medidas de protección y prevención frente a los mismos.

Dichos trabajadores recibirán, en todo caso, una formación suficiente y adecuada a las características del puesto de trabajo a cubrir, teniendo en cuenta su cualificación y experiencia profesional y los riesgos a los que vayan a estar expuestos.

3. Los trabajadores a que se refiere el presente artículo tendrán derecho a una vigilancia periódica de su estado de salud, en los términos establecidos en el artículo 22 de esta Ley y en sus normas de desarrollo.

4. El empresario deberá informar a los trabajadores designados para ocuparse de las actividades de protección y prevención o, en su caso, al servicio de prevención previsto en el artículo 31 de esta Ley de la incorporación de los trabajadores a que se refiere el presente artículo, en la medida necesaria para que puedan desarrollar de forma adecuada sus funciones respecto de todos los trabajadores de la empresa.

5. En las relaciones de trabajo a través de empresas de trabajo temporal, la empresa usuaria será responsable de las condiciones de ejecución del trabajo en todo lo relacionado con la protección de la seguridad y la salud de los trabajadores. Corresponderá, además, a la empresa usuaria el cumplimiento de las obligaciones en materia de información previstas en los apartados 2 y 4 del presente artículo.

La empresa de trabajo temporal será responsable del cumplimiento de las obligaciones en materia de formación y vigilancia de la salud que se establecen en los apartados 2 y 3 de este artículo. A tal fin, y sin perjuicio de lo dispuesto en el párrafo anterior, la empresa usuaria deberá informar a la empresa de trabajo temporal, y ésta a los trabajadores afectados, antes de la adscripción de los mismos, acerca de las características propias de los puestos de trabajo a desempeñar y de las cualificaciones requeridas.

La empresa usuaria deberá informar a los representantes de los trabajadores en la misma de la adscripción de los trabajadores puestos a disposición por la empresa de trabajo temporal. Dichos trabajadores podrán dirigirse a estos representantes en el ejercicio de los derechos reconocidos en la presente Ley.

Artículo 29. Obligaciones de los trabajadores en materia de prevención de riesgos[31].– 1. Corresponde a cada trabajador velar, según sus posibilidades y mediante el cumplimiento de las medidas de prevención que en cada caso sean adoptadas, por su propia seguridad y salud en el trabajo y por la de aquellas otras personas a las que pueda afectar su actividad profesional, a causa de sus actos y omisiones en el trabajo, de conformidad con su formación y las instrucciones del empresario.

2. Los trabajadores, con arreglo a su formación y siguiendo las instrucciones del empresario, deberán en particular:

1º. Usar adecuadamente, de acuerdo con su naturaleza y los riesgos previsibles, las máquinas, aparatos, herramientas, sustancias peligrosas, equipos de transporte y, en general, cualesquiera otros medios con los que desarrollen su actividad.

2º. Utilizar correctamente los medios y equipos de protección facilitados por el empresario, de acuerdo con las instrucciones recibidas de éste.

3º. No poner fuera de funcionamiento y utilizar correctamente los dispositivos de seguridad existentes o que se instalen en los medios relacionados con su actividad o en los lugares de trabajo en los que ésta tenga lugar.

4º. Informar de inmediato a su superior jerárquico directo, y a los trabajadores designados para realizar actividades de protección y de prevención o, en su caso, al servicio de prevención, acerca de cualquier situación que, a su juicio, entrañe, por motivos razonables, un riesgo para la seguridad y la salud de los trabajadores.

5º. Contribuir al cumplimiento de las obligaciones establecidas por la autoridad competente con el fin de proteger la seguridad y la salud de los trabajadores en el trabajo.

6º. Cooperar con el empresario para que éste pueda garantizar unas condiciones de trabajo que sean seguras y no entrañen riesgos para la seguridad y la salud de los trabajadores.

3. El incumplimiento por los trabajadores de las obligaciones en materia de prevención de riesgos a que se refieren los apartados anteriores tendrá la consideración de incumplimiento laboral a los efectos previstos en el artículo 58.1 del Estatuto de los Trabajadores o de falta, en su caso, conforme a lo establecido en la correspondiente normativa sobre régimen disciplinario de los funcio-

---

[31]   Arts. 5 b) y 19.2 ET.

narios públicos o del personal estatutario al servicio de las Administraciones públicas. Lo dispuesto en este apartado será igualmente aplicable a los socios de las cooperativas cuya actividad consista en la prestación de su trabajo, con las precisiones que se establezcan en sus Reglamentos de Régimen Interno.

CAPÍTULO IV. Servicios de prevención

Artículo 30. Protección y prevención de riesgos profesionales[32].– 1. En cumplimiento del deber de prevención de riesgos profesionales, el empresario designará uno o varios trabajadores para ocuparse de dicha actividad, constituirá un servicio de prevención o concertará dicho servicio con una entidad especializada ajena a la empresa.

2. Los trabajadores designados deberán tener la capacidad necesaria, disponer del tiempo y de los medios precisos y ser suficientes en número, teniendo en cuenta el tamaño de la empresa, así como los riesgos a que están expuestos los trabajadores y su distribución en la misma, con el alcance que se determine en las disposiciones a que se refiere la letra e del apartado 1 del artículo 6 de la presente Ley.

Los trabajadores a que se refiere el párrafo anterior colaborarán entre sí y, en su caso, con los servicios de prevención.

3. Para la realización de la actividad de prevención, el empresario deberá facilitar a los trabajadores designados el acceso a la información y documentación a que se refieren los artículos 18 y 23 de la presente Ley.

4. Los trabajadores designados no podrán sufrir ningún perjuicio derivado de sus actividades de protección y prevención de los riesgos profesionales en la empresa. En ejercicio de esta función, dichos trabajadores gozarán, en particular, de las garantías que para los representantes de los trabajadores establecen las letras a), b) y c) del artículo 68 y el apartado 4 del artículo 56 del texto refundido de la Ley del Estatuto de los Trabajadores.

Esta garantía alcanzará también a los trabajadores integrantes del servicio de prevención, cuando la empresa decida constituirlo de acuerdo con lo dispuesto en el artículo siguiente.

---

[32] RSP y OM de 27 de junio de 1997 que lo desarrolla. RD 843/2011, de 17 de junio, que establece los criterios básicos sobre la organización de recursos para desarrollar la actividad sanitaria de los servicios de prevención.

Los trabajadores a que se refieren los párrafos anteriores deberán guardar sigilo profesional sobre la información relativa a la empresa a la que tuvieran acceso como consecuencia del desempeño de sus funciones.

5. En las empresas de hasta diez trabajadores, el empresario podrá asumir personalmente las funciones señaladas en el apartado 1, siempre que desarrolle de forma habitual su actividad en el centro de trabajo y tenga la capacidad necesaria, en función de los riesgos a que estén expuestos los trabajadores y la peligrosidad de las actividades, con el alcance que se determine en las disposiciones a que se refiere el artículo 6.1.e) de esta Ley. La misma posibilidad se reconoce al empresario que, cumpliendo tales requisitos, ocupe hasta 25 trabajadores, siempre y cuando la empresa disponga de un único centro de trabajo.

6. El empresario que no hubiere concertado el Servicio de prevención con una entidad especializada ajena a la empresa deberá someter su sistema de prevención al control de una auditoría o evaluación externa, en los términos que reglamentariamente se determinen.

7. Las personas o entidades especializadas que pretendan desarrollar la actividad de auditoría del sistema de prevención habrán de contar con una única autorización de la autoridad laboral, que tendrá validez en todo el territorio español. El vencimiento del plazo máximo del procedimiento de autorización sin haberse notificado resolución expresa al interesado permitirá entender desestimada la solicitud por silencio administrativo, con el objeto de garantizar una adecuada protección de los trabajadores.

Artículo 31. Servicios de prevención[33].– 1. Si la designación de uno o varios trabajadores fuera insuficiente para la realización de las actividades de prevención, en función del tamaño de la empresa, de los riesgos a que están expuestos los trabajadores o de la peligrosidad de las actividades desarrolladas, con el alcance que se establezca en las disposiciones a que se refiere la letra e del apartado 1 del artículo 6 de la presente Ley, el empresario deberá recurrir a uno o varios servicios de prevención propios o ajenos a la empresa, que colaborarán cuando sea necesario.

---

[33]   RSP y OM de 27 de junio de 1997 que lo desarrolla. RD 843/2011, de 17 de junio, que establece los criterios básicos sobre la organización de recursos para desarrollar la actividad sanitaria de los servicios de prevención.

Para el establecimiento de estos servicios en las Administraciones públicas se tendrá en cuenta su estructura organizativa y la existencia, en su caso, de ámbitos sectoriales y descentralizados.

2. Se entenderá como servicio de prevención el conjunto de medios humanos y materiales necesarios para realizar las actividades preventivas a fin de garantizar la adecuada protección de la seguridad y la salud de los trabajadores, asesorando y asistiendo para ello al empresario, a los trabajadores y a sus representantes y a los órganos de representación especializados. Para el ejercicio de sus funciones, el empresario deberá facilitar a dicho servicio el acceso a la información y documentación a que se refiere el apartado 3 del artículo anterior.

3. Los servicios de prevención deberán estar en condiciones de proporcionar a la empresa el asesoramiento y apoyo que precise en función de los tipos de riesgo en ella existentes y en lo referente a:

a) El diseño, implantación y aplicación de un plan de prevención de riesgos laborales que permita la integración de la prevención en la empresa.

b) La evaluación de los factores de riesgo que puedan afectar a la seguridad y la salud de los trabajadores en los términos previstos en el artículo 16 de esta Ley.

c) La planificación de la actividad preventiva y la determinación de las prioridades en la adopción de las medidas preventivas y la vigilancia de su eficacia.

d) La información y formación de los trabajadores, en los términos previstos en los artículos 18 y 19 de esta Ley.

e) La prestación de los primeros auxilios y planes de emergencia.

f) La vigilancia de la salud de los trabajadores en relación con los riesgos derivados del trabajo.

Si la empresa no llevara a cabo las actividades preventivas con recursos propios, la asunción de las funciones respecto de las materias descritas en este apartado sólo podrá hacerse por un servicio de prevención ajeno. Lo anterior se entenderá sin perjuicio de cualquiera otra atribución legal o reglamentaria de competencia a otras entidades u organismos respecto de las materias indicadas.

4. El servicio de prevención tendrá carácter interdisciplinario, debiendo sus medios ser apropiados para cumplir sus funciones. Para ello, la formación, especialidad, capacitación, dedicación y número de componentes de estos servicios, así como sus recursos técnicos, deberán ser suficientes y adecuados a

las actividades preventivas a desarrollar, en función de las siguientes circunstancias:

a) Tamaño de la empresa.

b) Tipos de riesgo a los que puedan encontrarse expuestos los trabajadores.

c) Distribución de riesgos en la empresa.

5. Para poder actuar como servicios de prevención, las entidades especializadas deberán ser objeto de una acreditación por la autoridad laboral, que será única y con validez en todo el territorio español, mediante la comprobación de que reúnen los requisitos que se establezcan reglamentariamente y previa aprobación de la autoridad sanitaria en cuanto a los aspectos de carácter sanitario.

Entre estos requisitos, las entidades especializadas deberán suscribir una póliza de seguro que cubra su responsabilidad en la cuantía que se determine reglamentariamente y sin que aquella constituya el límite de la responsabilidad del servicio.

6. El vencimiento del plazo máximo del procedimiento de acreditación sin haberse notificado resolución expresa al interesado permitirá entender desestimada la solicitud por silencio administrativo, con el objeto de garantizar una adecuada protección de los trabajadores.

Artículo 32. Prohibición de participación en actividades mercantiles de prevención[34].– Las Mutuas Colaboradoras con la Seguridad Social no podrán desarrollar las funciones correspondientes a los servicios de prevención ajenos, ni participar con cargo a su patrimonio histórico en el capital social de una sociedad mercantil en cuyo objeto figure la actividad de prevención.

Artículo 32 bis. Presencia de los recursos preventivos.– 1. La presencia en el centro de trabajo de los recursos preventivos, cualquiera que sea la modalidad de organización de dichos recursos, será necesaria en los siguientes casos:

a) Cuando los riesgos puedan verse agravados o modificados en el desarrollo del proceso o la actividad, por la concurrencia de operaciones diversas que se desarrollan sucesiva o simultáneamente y que hagan preciso el control de la correcta aplicación de los métodos de trabajo.

---

[34]   DT 3ª Ley 35/2014, de 26 de diciembre, por la que se modifica el texto refundido de la Ley General de la Seguridad Social en relación con el régimen jurídico de las Mutuas de Accidentes de Trabajo y Enfermedades Profesionales de la Seguridad Social.

b) Cuando se realicen actividades o procesos que reglamentariamente sean considerados como peligrosos o con riesgos especiales.

c) Cuando la necesidad de dicha presencia sea requerida por la Inspección de Trabajo y Seguridad Social, si las circunstancias del caso así lo exigieran debido a las condiciones de trabajo detectadas.

2. Se consideran recursos preventivos, a los que el empresario podrá asignar la presencia, los siguientes:

a) Uno o varios trabajadores designados de la empresa.

b) Uno o varios miembros del servicio de prevención propio de la empresa.

c) Uno o varios miembros del o los servicios de prevención ajenos concertados por la empresa.

Cuando la presencia sea realizada por diferentes recursos preventivos éstos deberán colaborar entre sí.

3. Los recursos preventivos a que se refiere el apartado anterior deberán tener la capacidad suficiente, disponer de los medios necesarios y ser suficientes en número para vigilar el cumplimiento de las actividades preventivas, debiendo permanecer en el centro de trabajo durante el tiempo en que se mantenga la situación que determine su presencia.

4. No obstante lo señalado en los apartados anteriores, el empresario podrá asignar la presencia de forma expresa a uno o varios trabajadores de la empresa que, sin formar parte del servicio de prevención propio ni ser trabajadores designados, reúnan los conocimientos, la cualificación y la experiencia necesarios en las actividades o procesos a que se refiere el apartado 1 y cuenten con la formación preventiva correspondiente, como mínimo, a las funciones del nivel básico.

En este supuesto, tales trabajadores deberán mantener la necesaria colaboración con los recursos preventivos del empresario.

CAPÍTULO V. Consulta y participación de los trabajadores

Artículo 33. Consulta de los trabajadores[35].– 1. El empresario deberá consultar a los trabajadores, con la debida antelación, la adopción de las decisiones relativas a:

---

[35]   Art. 64.1 ET.

a) La planificación y la organización del trabajo en la empresa y la introducción de nuevas tecnologías, en todo lo relacionado con las consecuencias que éstas pudieran tener para la seguridad y la salud de los trabajadores, derivadas de la elección de los equipos, la determinación y la adecuación de las condiciones de trabajo y el impacto de los factores ambientales en el trabajo.

b) La organización y desarrollo de las actividades de protección de la salud y prevención de los riesgos profesionales en la empresa, incluida la designación de los trabajadores encargados de dichas actividades o el recurso a un servicio de prevención externo.

c) La designación de los trabajadores encargados de las medidas de emergencia.

d) Los procedimientos de información y documentación a que se refieren los artículos 18, apartado 1, y 23, apartado 1, de la presente Ley.

e) El proyecto y la organización de la formación en materia preventiva.

f) Cualquier otra acción que pueda tener efectos sustanciales sobre la seguridad y la salud de los trabajadores.

2. En las empresas que cuenten con representantes de los trabajadores, las consultas a que se refiere el apartado anterior se llevarán a cabo con dichos representantes.

Artículo 34. Derechos de participación y representación[36].‒ 1. Los trabajadores tienen derecho a participar en la empresa en las cuestiones relacionadas con la prevención de riesgos en el trabajo.

En las empresas o centros de trabajo que cuenten con seis o más trabajadores, la participación de éstos se canalizará a través de sus representantes y de la representación especializada que se regula en este capítulo.

2. A los Comités de Empresa, a los Delegados de Personal y a los representantes sindicales les corresponde, en los términos que, respectivamente, les reconocen el Estatuto de los Trabajadores, la Ley de Órganos de Representación del Personal al Servicio de las Administraciones Públicas y la Ley Orgánica de Libertad Sindical, la defensa de los intereses de los trabajadores en materia de prevención de riesgos en el trabajo. Para ello, los representantes del personal ejercerán las competencias que dichas normas establecen en materia de in-

---

[36]   Arts. 19.3, 62 y 64 ET y 10 LOLS.

formación, consulta y negociación, vigilancia y control y ejercicio de acciones ante las empresas y los órganos y tribunales competentes.

3[37]. El derecho de participación que se regula en este capítulo se ejercerá en el ámbito de las Administraciones públicas con las adaptaciones que procedan en atención a la diversidad de las actividades que desarrollan y las diferentes condiciones en que éstas se realizan, la complejidad y dispersión de su estructura organizativa y sus peculiaridades en materia de representación colectiva, en los términos previstos en la Ley 7/1990, de 19 de julio, sobre negociación colectiva y participación en la determinación de las condiciones de trabajo de los empleados públicos, pudiéndose establecer ámbitos sectoriales y descentralizados en función del número de efectivos y centros.

Para llevar a cabo la indicada adaptación en el ámbito de la Administración General del Estado, el Gobierno tendrá en cuenta los siguientes criterios:

a) En ningún caso dicha adaptación podrá afectar a las competencias, facultades y garantías que se reconocen en esta Ley a los Delegados de Prevención y a los Comités de Seguridad y Salud.

b) Se deberá establecer el ámbito específico que resulte adecuado en cada caso para el ejercicio de la función de participación en materia preventiva dentro de la estructura organizativa de la Administración. Con carácter general, dicho ámbito será el de los órganos de representación del personal al servicio de las Administraciones públicas, si bien podrán establecerse otros distintos en función de las características de la actividad y frecuencia de los riesgos a que puedan encontrarse expuestos los trabajadores.

c) Cuando en el indicado ámbito existan diferentes órganos de representación del personal, se deberá garantizar una actuación coordinada de todos ellos en materia de prevención y protección de la seguridad y la salud en el trabajo, posibilitando que la participación se realice de forma conjunta entre unos y otros, en el ámbito específico establecido al efecto.

---

[37]   RRDD 67/2010, de 29 de enero, de adaptación de la legislación de prevención de riesgos laborales a la Administración General del Estado, 1932/1998, de 11 de septiembre, de adaptación de la Ley de Prevención de Riesgos Laborales, al ámbito de los centros y establecimientos militares, 179/2005, de 18 de febrero, sobre prevención de riesgos laborales en la Guardia Civil, 1755/2007, de 28 de diciembre, sobre prevención de riesgos laborales del personal militar de las Fuerzas Armadas y de la organización de los servicios de prevención del Ministerio de Defensa.

d) Con carácter general, se constituirá un único Comité de Seguridad y Salud en el ámbito de los órganos de representación previstos en la Ley de órganos de Representación del Personal al Servicio de las Administraciones Públicas, que estará integrado por los Delegados de Prevención designados en dicho ámbito, tanto para el personal con relación de carácter administrativo o estatutario como para el personal laboral, y por representantes de la Administración en número no superior al de Delegados. Ello no obstante, podrán constituirse Comités de Seguridad y Salud en otros ámbitos cuando las razones de la actividad y el tipo y frecuencia de los riesgos así lo aconsejen.

Artículo 35. Delegados de Prevención[38].– 1. Los Delegados de Prevención son los representantes de los trabajadores con funciones específicas en materia de prevención de riesgos en el trabajo.

2. Los Delegados de Prevención serán designados por y entre los representantes del personal, en el ámbito de los órganos de representación previstos en las normas a que se refiere el artículo anterior, con arreglo a la siguiente escala:

– De 50 a 100 trabajadores: 2 Delegados de Prevención.
– De 101 a 500 trabajadores: 3 Delegados de Prevención.
– De 501 a 1.000 trabajadores: 4 Delegados de Prevención.
– De 1.001 a 2.000 trabajadores: 5 Delegados de Prevención.
– De 2.001 a 3.000 trabajadores: 6 Delegados de Prevención.
– De 3.001 a 4.000 trabajadores: 7 Delegados de Prevención.
– De 4.001 en adelante: 8 Delegados de Prevención.

En las empresas de hasta treinta trabajadores el Delegado de Prevención será el Delegado de Personal. En las empresas de treinta y uno a cuarenta y nueve trabajadores habrá un Delegado de Prevención que será elegido por y entre los Delegados de Personal.

3. A efectos de determinar el número de Delegados de Prevención se tendrán en cuenta los siguientes criterios:

a) Los trabajadores vinculados por contratos de duración determinada superior a un año se computarán como trabajadores fijos de plantilla.

b) Los contratados por término de hasta un año se computarán según el número de días trabajados en el período de un año anterior a la designación.

---

[38]   Arts. 61 ss. ET y DDAA 4ª y 10ª LPRL.

Cada doscientos días trabajados o fracción se computarán como un trabajador más.

4. No obstante lo dispuesto en el presente artículo, en los convenios colectivos podrán establecerse otros sistemas de designación de los Delegados de Prevención, siempre que se garantice que la facultad de designación corresponde a los representantes del personal o a los propios trabajadores.

Asimismo, en la negociación colectiva o mediante los acuerdos a que se refiere el artículo 83, apartado 3, del Estatuto de los Trabajadores podrá acordarse que las competencias reconocidas en esta Ley a los Delegados de Prevención sean ejercidas por órganos específicos creados en el propio convenio o en los acuerdos citados. Dichos órganos podrán asumir, en los términos y conforme a las modalidades que se acuerden, competencias generales respecto del conjunto de los centros de trabajo incluidos en el ámbito de aplicación del convenio o del acuerdo, en orden a fomentar el mejor cumplimiento en los mismos de la normativa sobre prevención de riesgos laborales.

Igualmente, en el ámbito de las Administraciones públicas se podrán establecer, en los términos señalados en la Ley 7/1990, de 19 de julio, sobre negociación colectiva y participación en la determinación de las condiciones de trabajo de los empleados públicos, otros sistemas de designación de los Delegados de Prevención y acordarse que las competencias que esta Ley atribuye a éstos puedan ser ejercidas por órganos específicos.

Artículo 36. Competencias y facultades de los Delegados de Prevención[39].– 1. Son competencias de los Delegados de Prevención:

a) Colaborar con la dirección de la empresa en la mejora de la acción preventiva.

b) Promover y fomentar la cooperación de los trabajadores en la ejecución de la normativa sobre prevención de riesgos laborales.

c) Ser consultados por el empresario, con carácter previo a su ejecución, acerca de las decisiones a que se refiere el artículo 33 de la presente Ley.

d) Ejercer una labor de vigilancia y control sobre el cumplimiento de la normativa de prevención de riesgos laborales.

En las empresas que, de acuerdo con lo dispuesto en el apartado 2 del artículo 38 de esta Ley, no cuenten con Comité de Seguridad y Salud por no

---

[39]   Arts. 19.3 y 64 ET y DT 1ª LPRL.

alcanzar el número mínimo de trabajadores establecido al efecto, las competencias atribuidas a aquél en la presente Ley serán ejercidas por los Delegados de Prevención.

2. En el ejercicio de las competencias atribuidas a los Delegados de Prevención, éstos estarán facultados para:

a) Acompañar a los técnicos en las evaluaciones de carácter preventivo del medio ambiente de trabajo, así como, en los términos previstos en el artículo 40 de esta Ley, a los Inspectores de Trabajo y Seguridad Social en las visitas y verificaciones que realicen en los centros de trabajo para comprobar el cumplimiento de la normativa sobre prevención de riesgos laborales, pudiendo formular ante ellos las observaciones que estimen oportunas.

b) Tener acceso, con las limitaciones previstas en el apartado 4 del artículo 22 de esta Ley, a la información y documentación relativa a las condiciones de trabajo que sean necesarias para el ejercicio de sus funciones y, en particular, a la prevista en los artículos 18 y 23 de esta Ley. Cuando la información esté sujeta a las limitaciones reseñadas, sólo podrá ser suministrada de manera que se garantice el respeto de la confidencialidad.

c) Ser informados por el empresario sobre los daños producidos en la salud de los trabajadores una vez que aquél hubiese tenido conocimiento de ellos, pudiendo presentarse, aún fuera de su jornada laboral, en el lugar de los hechos para conocer las circunstancias de los mismos.

d) Recibir del empresario las informaciones obtenidas por éste procedentes de las personas u órganos encargados de las actividades de protección y prevención en la empresa, así como de los organismos competentes para la seguridad y la salud de los trabajadores, sin perjuicio de lo dispuesto en el artículo 40 de esta Ley en materia de colaboración con la Inspección de Trabajo y Seguridad Social.

e) Realizar visitas a los lugares de trabajo para ejercer una labor de vigilancia y control del estado de las condiciones de trabajo, pudiendo, a tal fin, acceder a cualquier zona de los mismos y comunicarse durante la jornada con los trabajadores, de manera que no se altere el normal desarrollo del proceso productivo.

f) Recabar del empresario la adopción de medidas de carácter preventivo y para la mejora de los niveles de protección de la seguridad y la salud de los trabajadores, pudiendo a tal fin efectuar propuestas al empresario, así como al Comité de Seguridad y Salud para su discusión en el mismo.

g) Proponer al órgano de representación de los trabajadores la adopción del acuerdo de paralización de actividades a que se refiere el apartado 3 del artículo 21.

3. Los informes que deban emitir los Delegados de Prevención a tenor de lo dispuesto en la letra c) del apartado 1 de este artículo deberán elaborarse en un plazo de quince días, o en el tiempo imprescindible cuando se trate de adoptar medidas dirigidas a prevenir riesgos inminentes. Transcurrido el plazo sin haberse emitido el informe, el empresario podrá poner en práctica su decisión.

4. La decisión negativa del empresario a la adopción de las medidas propuestas por el Delegado de Prevención a tenor de lo dispuesto en la letra f) del apartado 2 de este artículo deberá ser motivada.

Artículo 37. Garantías y sigilo profesional de los Delegados de Prevención[40].– 1. Lo previsto en el artículo 68 del Estatuto de los Trabajadores en materia de garantías será de aplicación a los Delegados de Prevención en su condición de representantes de los trabajadores.

El tiempo utilizado por los Delegados de Prevención para el desempeño de las funciones previstas en esta Ley será considerado como de ejercicio de funciones de representación a efectos de la utilización del crédito de horas mensuales retribuidas previsto en la letra e del citado artículo 68 del Estatuto de los Trabajadores.

No obstante lo anterior, será considerado en todo caso como tiempo de trabajo efectivo, sin imputación al citado crédito horario, el correspondiente a las reuniones del Comité de Seguridad y Salud y a cualesquiera otras convocadas por el empresario en materia de prevención de riesgos, así como el destinado a las visitas previstas en las letras a y c del número 2 del artículo anterior.

2. El empresario deberá proporcionar a los Delegados de Prevención los medios y la formación en materia preventiva que resulten necesarios para el ejercicio de sus funciones.

La formación se deberá facilitar por el empresario por sus propios medios o mediante concierto con organismos o entidades especializadas en la materia y deberá adaptarse a la evolución de los riesgos y a la aparición de otros nuevos, repitiéndose periódicamente si fuera necesario.

---

[40]   Art. 65 ET.

El tiempo dedicado a la formación será considerado como tiempo de trabajo a todos los efectos y su coste no podrá recaer en ningún caso sobre los Delegados de Prevención.

3. A los Delegados de Prevención les será de aplicación lo dispuesto en el apartado 2 del artículo 65 del Estatuto de los Trabajadores en cuanto al sigilo profesional debido respecto de las informaciones a que tuviesen acceso como consecuencia de su actuación en la empresa.

4. Lo dispuesto en el presente artículo en materia de garantías y sigilo profesional de los Delegados de Prevención se entenderá referido, en el caso de las relaciones de carácter administrativo o estatutario del personal al servicio de las Administraciones públicas, a la regulación contenida en los artículos 10, párrafo segundo, y 11 de la Ley 9/1987, de 12 de junio, de Organos de Representación, Determinación de las Condiciones de Trabajo y Participación del Personal al Servicio de las Administraciones Públicas.

Artículo 38. Comité de Seguridad y Salud.– 1. El Comité de Seguridad y Salud es el órgano paritario y colegiado de participación destinado a la consulta regular y periódica de las actuaciones de la empresa en materia de prevención de riesgos.

2. Se constituirá un Comité de Seguridad y Salud en todas las empresas o centros de trabajo que cuenten con 50 o más trabajadores.

El Comité estará formado por los Delegados de Prevención, de una parte, y por el empresario y/o sus representantes en número igual al de los Delegados de Prevención, de la otra.

En las reuniones del Comité de Seguridad y Salud participarán, con voz pero sin voto, los Delegados Sindicales y los responsables técnicos de la prevención en la empresa que no estén incluidos en la composición a la que se refiere el párrafo anterior. En las mismas condiciones podrán participar trabajadores de la empresa que cuenten con una especial cualificación o información respecto de concretas cuestiones que se debatan en este órgano y técnicos en prevención ajenos a la empresa, siempre que así lo solicite alguna de las representaciones en el Comité.

3. El Comité de Seguridad y Salud se reunirá trimestralmente y siempre que lo solicite alguna de las representaciones en el mismo. El Comité adoptará sus propias normas de funcionamiento.

Las empresas que cuenten con varios centros de trabajo dotados de Comité de Seguridad y Salud podrán acordar con sus trabajadores la creación de un Comité Intercentros, con las funciones que el acuerdo le atribuya.

Artículo 39. Competencias y facultades del Comité de Seguridad y Salud.– 1. El Comité de Seguridad y Salud tendrá las siguientes competencias:

a) Participar en la elaboración, puesta en práctica y evaluación de los planes y programas de prevención de riesgos de la empresa. A tal efecto, en su seno se debatirán, antes de su puesta en práctica y en lo referente a su incidencia en la prevención de riesgos, la elección de la modalidad organizativa de la empresa y, en su caso, la gestión realizada por las entidades especializadas con las que la empresa hubiera concertado la realización de actividades preventivas; los proyectos en materia de planificación, organización del trabajo e introducción de nuevas tecnologías, organización y desarrollo de las actividades de protección y prevención a que se refiere el artículo 16 de esta Ley y proyecto y organización de la formación en materia preventiva.

b) Promover iniciativas sobre métodos y procedimientos para la efectiva prevención de los riesgos, proponiendo a la empresa la mejora de las condiciones o la corrección de las deficiencias existentes.

2. En el ejercicio de sus competencias, el Comité de Seguridad y Salud estará facultado para:

a) Conocer directamente la situación relativa a la prevención de riesgos en el centro de trabajo, realizando a tal efecto las visitas que estime oportunas.

b) Conocer cuantos documentos e informes relativos a las condiciones de trabajo sean necesarios para el cumplimiento de sus funciones, así como los procedentes de la actividad del servicio de prevención, en su caso.

c) Conocer y analizar los daños producidos en la salud o en la integridad física de los trabajadores, al objeto de valorar sus causas y proponer las medidas preventivas oportunas.

d) Conocer e informar la memoria y programación anual de servicios de prevención.

3. A fin de dar cumplimiento a lo dispuesto en esta Ley respecto de la colaboración entre empresas en los supuestos de desarrollo simultáneo de actividades en un mismo centro de trabajo, se podrá acordar la realización de reuniones conjuntas de los Comités de Seguridad y Salud o, en su defecto, de los Delegados de Prevención y empresarios de las empresas que carezcan de dichos Comités, u otras medidas de actuación coordinada.

Artículo 40. Colaboración con la Inspección de Trabajo y Seguridad Social[41].– 1. Los trabajadores y sus representantes podrán recurrir a la Inspección de Trabajo y Seguridad Social si consideran que las medidas adoptadas y los medios utilizados por el empresario no son suficientes para garantizar la seguridad y la salud en el trabajo.

2. En las visitas a los centros de trabajo para la comprobación del cumplimiento de la normativa sobre prevención de riesgos laborales, el Inspector de Trabajo y Seguridad Social comunicará su presencia al empresario o a su representante o a la persona inspeccionada, al Comité de Seguridad y Salud, al Delegado de Prevención o, en su ausencia, a los representantes legales de los trabajadores, a fin de que puedan acompañarle durante el desarrollo de su visita y formularle las observaciones que estimen oportunas, a menos que considere que dichas comunicaciones puedan perjudicar el éxito de sus funciones.

3. La Inspección de Trabajo y Seguridad Social informará a los Delegados de Prevención sobre los resultados de las visitas a que hace referencia el apartado anterior y sobre las medidas adoptadas como consecuencia de las mismas, así como al empresario mediante diligencia en el Libro de Visitas de la Inspección de Trabajo y Seguridad Social que debe existir en cada centro de trabajo.

4. Las organizaciones sindicales y empresariales más representativas serán consultadas con carácter previo a la elaboración de los planes de actuación de la Inspección de Trabajo y Seguridad Social en materia de prevención de riesgos en el trabajo, en especial de los programas específicos para empresas de menos de seis trabajadores, e informadas del resultado de dichos planes.

CAPÍTULO VI. Obligaciones de los fabricantes, importadores y suministradores

Artículo 41. Obligaciones de los fabricantes, importadores y suministradores.– 1. Los fabricantes, importadores y suministradores de maquinaria, equipos, productos y útiles de trabajo están obligados a asegurar que éstos no constituyan una fuente de peligro para el trabajador, siempre que sean instalados y utilizados en las condiciones, forma y para los fines recomendados por ellos.

---

[41]   Art. 20 LIT.

Los fabricantes, importadores y suministradores de productos y sustancias químicas de utilización en el trabajo están obligados a envasar y etiquetar los mismos de forma que se permita su conservación y manipulación en condiciones de seguridad y se identifique claramente su contenido y los riesgos para la seguridad o la salud de los trabajadores que su almacenamiento o utilización comporten.

Los sujetos mencionados en los dos párrafos anteriores deberán suministrar la información que indique la forma correcta de utilización por los trabajadores, las medidas preventivas adicionales que deban tomarse y los riesgos laborales que conlleven tanto su uso normal, como su manipulación o empleo inadecuado.

Los fabricantes, importadores y suministradores de elementos para la protección de los trabajadores están obligados a asegurar la efectividad de los mismos, siempre que sean instalados y usados en las condiciones y de la forma recomendada por ellos. A tal efecto, deberán suministrar la información que indique el tipo de riesgo al que van dirigidos, el nivel de protección frente al mismo y la forma correcta de su uso y mantenimiento.

Los fabricantes, importadores y suministradores deberán proporcionar a los empresarios, y éstos recabar de aquéllos, la información necesaria para que la utilización y manipulación de la maquinaria, equipos, productos, materias primas y útiles de trabajo se produzca sin riesgos para la seguridad y la salud de los trabajadores, así como para que los empresarios puedan cumplir con sus obligaciones de información respecto de los trabajadores.

2. El empresario deberá garantizar que las informaciones a que se refiere el apartado anterior sean facilitadas a los trabajadores en términos que resulten comprensibles para los mismos.

CAPÍTULO VII. Responsabilidades y sanciones

Artículo 42. Responsabilidades y su compatibilidad.– 1. El incumplimiento por los empresarios de sus obligaciones en materia de prevención de riesgos laborales dará lugar a responsabilidades administrativas, así como, en su caso, a responsabilidades penales y a las civiles por los daños y perjuicios que puedan derivarse de dicho incumplimiento.

2. *(Derogado)*

3. Las responsabilidades administrativas que se deriven del procedimiento sancionador serán compatibles con las indemnizaciones por los daños y perjui-

cios causados y de recargo de prestaciones económicas del sistema de la Seguridad Social que puedan ser fijadas por el órgano competente de conformidad con lo previsto en la normativa reguladora de dicho sistema.

4. *(Derogado)*

5. *(Derogado)*

Artículo 43. Requerimientos de la Inspección de Trabajo y Seguridad Social[42].— 1. Cuando el Inspector de Trabajo y Seguridad Social comprobase la existencia de una infracción a la normativa sobre prevención de riesgos laborales, requerirá al empresario para la subsanación de las deficiencias observadas, salvo que por la gravedad e inminencia de los riesgos procediese acordar la paralización prevista en el artículo 44. Todo ello sin perjuicio de la propuesta de sanción correspondiente, en su caso.

2. El requerimiento formulado por el Inspector de Trabajo y Seguridad Social se hará saber por escrito al empresario presuntamente responsable señalando las anomalías o deficiencias apreciadas con indicación del plazo para su subsanación. Dicho requerimiento se pondrá, asimismo, en conocimiento de los Delegados de Prevención.

Si se incumpliera el requerimiento formulado, persistiendo los hechos infractores, el Inspector de Trabajo y Seguridad Social, de no haberlo efectuado inicialmente, levantará la correspondiente acta de infracción por tales hechos.

3. Los requerimientos efectuados por los funcionarios públicos a que se refiere el artículo 9.2 de esta Ley, en ejercicio de sus funciones de apoyo y colaboración con la Inspección de Trabajo y Seguridad Social, se practicarán con los requisitos y efectos establecidos en el apartado anterior, pudiendo reflejarse en el Libro de Visitas de la Inspección de Trabajo y Seguridad Social, en la forma que se determine reglamentariamente.

Artículo 44. Paralización de trabajos[43].— 1. Cuando el Inspector de Trabajo y Seguridad Social compruebe que la inobservancia de la normativa sobre prevención de riesgos laborales implica, a su juicio, un riesgo grave e inminente para la seguridad y la salud de los trabajadores podrá ordenar la paralización inmediata de tales trabajos o tareas. Dicha medida será comunicada a la empresa responsable, que la pondrá en conocimiento inmediato de los trabaja-

---

[42]   Arts. 22.1 LIT, 48 LISOS y arts. 11.2 y 5 RSOS.
[43]   Art. 7.10 LIT, 30 ET y 11.3 RSOS.

dores afectados, del Comité de Seguridad y Salud, del Delegado de Prevención o, en su ausencia, de los representantes del personal. La empresa responsable dará cuenta al Inspector de Trabajo y Seguridad Social del cumplimiento de esta notificación.

El Inspector de Trabajo y Seguridad Social dará traslado de su decisión de forma inmediata a la autoridad laboral. La empresa, sin perjuicio del cumplimiento inmediato de tal decisión, podrá impugnarla ante la autoridad laboral en el plazo de tres días hábiles, debiendo resolverse tal impugnación en el plazo máximo de veinticuatro horas. Tal resolución será ejecutiva, sin perjuicio de los recursos que procedan.

La paralización de los trabajos se levantará por la Inspección de Trabajo y Seguridad Social que la hubiera decretado, o por el empresario tan pronto como se subsanen las causas que la motivaron, debiendo, en este último caso, comunicarlo inmediatamente a la Inspección de Trabajo y Seguridad Social.

2. Los supuestos de paralización regulados en este artículo, así como los que se contemplen en la normativa reguladora de las actividades previstas en el apartado 2 del artículo 7 de la presente Ley, se entenderán, en todo caso, sin perjuicio del pago del salario o de las indemnizaciones que procedan y de las medidas que puedan arbitrarse para su garantía.

Artículo 45. Infracciones administrativas.– No obstante lo anterior[44], en el ámbito de las relaciones del personal civil al servicio de las Administraciones Públicas, las infracciones serán objeto de responsabilidades a través de la imposición, por la autoridad competente, de la realización de las medidas correctoras de los correspondientes incumplimientos, conforme al procedimiento que al efecto se establezca.

En el ámbito de la Administración General del Estado, corresponderá al Gobierno la regulación de dicho procedimiento que se ajustará a los siguientes principios[45]:

El procedimiento se iniciará por el órgano competente de la Inspección de Trabajo y Seguridad Social, por orden superior, bien por propia iniciativa o a petición de los representantes del personal.

---

[44]   La parte anterior del precepto fue derogada por la LISOS.
[45]   El RD 707/2002 de 19 de julio aprueba el reglamento del procedimiento administrativo especial previsto en este artículo.

Tras su actuación, la Inspección efectuará un requerimiento sobre las medidas a adoptar y plazo de ejecución de las mismas, del que se dará traslado a la unidad administrativa inspeccionada a efectos de formular alegaciones.

En caso de discrepancia entre los Ministros competentes como consecuencia de la aplicación de este procedimiento, se elevarán las actuaciones al Consejo de Ministros para su decisión final.

Artículos 46 a 52.– (Derogados)

Artículo 53. Suspensión o cierre del centro de trabajo[46].– El Gobierno o, en su caso, los órganos de gobierno de las Comunidades Autónomas con competencias en la materia, cuando concurran circunstancias de excepcional gravedad en las infracciones en materia de seguridad y salud en el trabajo, podrán acordar la suspensión de las actividades laborales por un tiempo determinado o, en caso extremo, el cierre del centro de trabajo correspondiente, sin perjuicio, en todo caso, del pago del salario o de las indemnizaciones que procedan y de las medidas que puedan arbitrarse para su garantía.

Artículo 54. Limitaciones a la facultad de contratar con la Administración.– Las limitaciones a la facultad de contratar con la Administración por la comisión de delitos o por infracciones administrativas muy graves en materia de seguridad y salud en el trabajo, se regirán por lo establecido en la Ley 13/1995, de 18 de mayo, de Contratos de las Administraciones Públicas[47].

DISPOSICIONES ADICIONALES

Primera. Definiciones a efectos de Seguridad Social.– Sin perjuicio de la utilización de las definiciones contenidas en esta Ley en el ámbito de la normativa sobre prevención de riesgos laborales, tanto la definición de los conceptos de accidente de trabajo, enfermedad profesional, accidente no laboral y enfermedad común, como el régimen jurídico establecido para estas contingencias en la normativa de Seguridad Social, continuarán siendo de aplicación en los términos y con los efectos previstos en dicho ámbito normativo.

---

[46]   Art. 26 RSOS.
[47]   La referencia debe entenderse hecha al texto refundido de la Ley de Contratos del Sector Público aprobado por RD Leg. 3/2011, de 14 de noviembre.

Segunda. Reordenación orgánica.– Queda extinguida la Organización de los Servicios Médicos de Empresa, cuyas funciones pasarán a ser desempeñadas por la Administración sanitaria competente en los términos de la presente Ley.

Los recursos y funciones que actualmente tienen atribuidos el Instituto Nacional de Medicina y Seguridad del Trabajo y la Escuela Nacional de Medicina del Trabajo se adscriben y serán desarrollados por las unidades, organismos o entidades del Ministerio de Sanidad y Consumo conforme a su organización y distribución interna de competencias.

El Instituto Nacional de Silicosis mantendrá su condición de centro de referencia nacional de prevención técnico-sanitaria de las enfermedades profesionales que afecten al sistema cardiorrespiratorio.

Tercera. Carácter básico.– 1. Esta Ley, así como las normas reglamentarias que dicte el Gobierno en virtud de lo establecido en el artículo 6, constituyen legislación laboral, dictada al amparo del artículo 149.1.7 de la Constitución.

2. Respecto del personal civil con relación de carácter administrativo o estatutario al servicio de las Administraciones públicas, la presente Ley será de aplicación en los siguientes términos:

Los artículos que a continuación se relacionan constituyen normas básicas en el sentido previsto en el artículo 149.1.18 de la Constitución: 2, 3, apartados 1 y 2, excepto el párrafo segundo, 4, 5, apartado 1, 12, 14, apartados 1, 2, excepto la remisión al capítulo IV, 3, 4 y 5, 15, 16, 17, 18, apartados 1 y 2, excepto remisión al capítulo V, 19, apartados 1 y 2, excepto referencia a la impartición por medios propios o concertados, 20, 21, 22, 23, 24, apartados 1, 2, 3 y 6, 25, 26, 28, apartados 1, párrafos primero y segundo, 2, 3 y 4, excepto en lo relativo a las empresas de trabajo temporal, 29, 30, apartados 1, 2, excepto la remisión al artículo 6.1.a, 3 y 4, excepto la remisión al texto refundido de la Ley del Estatuto de los Trabajadores, 31, apartados 1, excepto remisión al artículo 6.1.a, 2, 3 y 4, 32 bis, 33, 34, apartados 1, párrafo primero, 2 y 3, excepto párrafo segundo, 35, apartados 1, 2, párrafo primero, 4, párrafo tercero, 36, excepto las referencias al Comité de Seguridad y Salud, 37, apartados 2 y 4, 42, apartado 1, 45, apartado 1, párrafo tercero.

Cuarta. Designación de Delegados de Prevención en supuestos especiales.– En los centros de trabajo que carezcan de representantes de los trabajadores por no existir trabajadores con la antigüedad suficiente para ser electores o elegibles en las elecciones para representantes del personal, los trabajadores podrán elegir por mayoría a un trabajador que ejerza las competencias del Delegado de Prevención, quién tendrá las facultades, garantías y obligaciones de sigilo profesional de tales Delegados. La actuación de éstos cesará en el momento en que se reúnan los requisitos de antigüedad necesarios para poder celebrar la elección de representantes del personal, prorrogándose por el tiempo indispensable para la efectiva celebración de la elección.

Quinta. Fundación Estatal para la Prevención de Riesgos Laborales, FSP.– 1.- La Fundación Estatal para la Prevención de Riesgos Laborales, FSP, de acuerdo con lo previsto en el artículo 7.1.a), tendrá como finalidad la promoción de las condiciones de seguridad y salud en el trabajo, especialmente en las pequeñas empresas, a través de la gestión y el fomento de acciones de información, asistencia técnica, formación e impulso del cumplimiento de la normativa de prevención de riesgos.

A la Fundación Estatal para la Prevención de Riesgos Laborales, FSP, le corresponde la gestión de las acciones ordinarias de impulso de la prevención de riesgos laborales de ámbito estatal, cuyo importe será del 33 % del presupuesto total de las mismas, y en las ciudades de Ceuta y Melilla, así como todas las acciones que se deriven de la Estrategia Española de Seguridad y Salud en el Trabajo.

2. La Fundación quedará adscrita al Ministerio de Trabajo y Economía Social. Su Patronato se conformará por una mayoría de representantes de la Administración General del Estado, y se integrará asimismo por las restantes administraciones y organizaciones presentes en la Comisión Nacional de Seguridad y Salud en el Trabajo.

3. En garantía del cumplimiento de los objetivos señalados en el apartado 1, se observarán las siguientes reglas:

a) Las acciones, tanto de la Fundación como de los correspondientes órganos de las comunidades autónomas, se financiarán con cargo al Fondo de Contingencias Profesionales de la Seguridad Social.

Con el fin de garantizar la regularidad en el cumplimiento de los fines de la Fundación y de los correspondientes órganos de las comunidades autónomas, la Secretaría de Estado de la Seguridad Social y Pensiones determinará anualmente la cuantía del Fondo de Contingencias Profesionales de la Seguridad Social que se destinará a la realización de las acciones de impulso de la prevención de riesgos laborales, conforme a los criterios que se establezcan reglamentariamente.

La Tesorería General de la Seguridad Social, en los términos que se determinen reglamentariamente, transferirá con carácter anual al Ministerio de Trabajo y Economía Social, con cargo al Fondo de Contingencias Profesionales de la Seguridad Social, los créditos destinados a la realización de las acciones señaladas en el párrafo anterior, correspondiendo al Ministerio de Trabajo y Economía Social efectuar la procedente dotación a la Fundación Estatal para la Prevención de Riesgos Laborales, FSP, así como las transferencias a los órganos competentes de las comunidades autónomas. En relación con las comunidades autónomas, las transferencias tendrán carácter finalista y los créditos recibidos se regirán por lo previsto en la Ley 47/2003, de 26 de noviembre, General Presupuestaria.

El Ministerio de Trabajo y Economía Social, en aplicación de lo previsto en el párrafo anterior, aprobará las bases reguladoras de todas las subvenciones, para lo cual tendrá en consideración las observaciones y necesidades manifestadas por cada comunidad autónoma.

En relación con las acciones ordinarias de ámbito estatal, las correspondientes a las ciudades de Ceuta y Melilla y las que se deriven de la Estrategia de Seguridad y Salud en el Trabajo, corresponderá al Ministerio de Trabajo y Economía Social, asimismo, la autorización previa de la concesión, las funciones derivadas de la exigencia del reintegro y de la imposición de sanciones, las de control y las demás que comporten el ejercicio de potestades administrativas.

b) La distribución de los créditos presupuestarios para la planificación, desarrollo y financiación de acciones de ámbito territorial autonómico se realizará a través de la Conferencia Sectorial de Empleo y Asuntos Laborales.

Anualmente, el Patronato de la Fundación Estatal para la Prevención de Riesgos Laborales, FSP, propondrá al Ministerio de Trabajo y Economía Social la distribución territorial de estos créditos, para lo cual tendrá en consideración la población ocupada, el tamaño de las empresas, los índices de siniestralidad laboral o cualesquiera otros parámetros de cuantificación objetiva.

c) De acuerdo con el reparto competencial previsto en el texto constitucional y en los estatutos de autonomía, la gestión de las acciones que sean competencia de las comunidades autónomas se realizará a través de los instrumentos, organismos y centros directivos que estas determinen, debiendo garantizarse, en cualquier caso, la participación de los interlocutores sociales más representativos a nivel estatal y de comunidad autónoma en el seguimiento de las acciones, la calidad de estas y el cumplimiento de los objetivos previstos.

d) La Comisión Nacional para la Seguridad y Salud en el Trabajo propondrá orientaciones materiales tanto al Ministerio de Trabajo y Economía Social como a las comunidades autónomas, para la elaboración y aprobación de las correspondientes convocatorias de subvenciones en sus respectivos ámbitos competenciales.

4. La calidad, eficacia y efectividad de las acciones reguladas en la presente disposición se garantizará mediante su desarrollo por las organizaciones a las que se refiere el artículo 12, por las organizaciones empresariales y sindicales representativas en su ámbito sectorial correspondiente, así como por las fundaciones u otras entidades constituidas por estas y aquellas para la consecución de cualquiera de sus fines.

Sexta. Constitución de la Comisión Nacional de Seguridad y Salud en el Trabajo.– El Gobierno, en el plazo de tres meses a partir de la vigencia de esta Ley, regulará la composición de la Comisión Nacional de Seguridad y Salud en el Trabajo. La Comisión se constituirá en el plazo de los treinta días siguientes.

Séptima. Cumplimiento de la normativa de transporte de mercancías peligrosas.– Lo dispuesto en la presente Ley se entiende sin perjuicio del cumplimiento de las obligaciones derivadas de la regulación en materia de transporte de mercancías peligrosas.

Octava. Planes de organización de actividades preventivas.– Cada Departamento Ministerial, en el plazo de seis meses desde la entrada en vigor de esta Ley y previa consulta con las organizaciones sindicales más representativas, elevará al Consejo de Ministros una propuesta de acuerdo en la que se establezca un plan de organización de las actividades preventivas en el departamento correspondiente y en los centros, organismos y establecimientos de todo tipo dependientes del mismo.

A la propuesta deberá acompañarse necesariamente una memoria explicativa del coste económico de la organización propuesta, así como el calendario de ejecución del plan, con las previsiones presupuestarias adecuadas a éste.

Novena. Establecimientos militares.– 1. El Gobierno, en el plazo de seis meses, previa consulta con las organizaciones sindicales más representativas y a propuesta de los Ministros de Defensa y de Trabajo y Seguridad Social, adaptará las normas de los capítulos III y V de esta Ley a las exigencias de la defensa nacional, a las peculiaridades orgánicas y al régimen vigente de representación del personal en los establecimientos militares.

2. Continuarán vigentes las disposiciones sobre organización y competencia de la autoridad laboral e Inspección de Trabajo en el ámbito de la Administración Militar contenidas en el Real Decreto 2205/1980, de 13 de junio, dictado en desarrollo de la disposición final séptima del Estatuto de los Trabajadores[48].

Novena bis. Personal militar.– Lo previsto en los capítulos III, V y VII de esta Ley se aplicará de acuerdo con la normativa específica militar[49].

Décima. Sociedades cooperativas.– El procedimiento para la designación de los Delegados de Prevención regulados en el artículo 35 de esta Ley en las sociedades cooperativas que no cuenten con asalariados deberá estar previsto en sus Estatutos o ser objeto de acuerdo en Asamblea General.

Cuando, además de los socios que prestan su trabajo personal, existan asalariados se computarán ambos colectivos a efectos de lo dispuesto en el número 2 del artículo 35. En este caso, la designación de los Delegados de Prevención se realizará conjuntamente por los socios que prestan trabajo y los trabajadores asalariados o, en su caso, los representantes de éstos.

Undécima. Modificación del Estatuto de los Trabajadores en materia de permisos retribuidos.– Se añade una letra f al apartado 3 del artículo 37 del texto refundido de la Ley del Estatuto de los Trabajadores aprobado por el Real Decreto legislativo 1/1995, de 24 de marzo, del siguiente tenor:

Por el tiempo indispensable para la realización de exámenes prenatales y técnicas de preparación al parto que deban realizarse dentro de la jornada de trabajo.

---

[48]   RD 1932/1998 de adaptación de la Ley de Prevención de Riesgos Laborales a establecimientos militares.

[49]   RRDD 179/2005, de 18 de febrero, sobre prevención de riesgos laborales en la Guardia Civil, y 1755/2007, de 28 de diciembre, sobre prevención de riesgos laborales del personal militar de las Fuerzas Armadas y de la organización de los servicios de prevención del Ministerio de Defensa.

Duodécima. Participación institucional en las Comunidades Autónomas.- En las Comunidades Autónomas, la participación institucional, en cuanto a su estructura y organización, se llevará a cabo de acuerdo con las competencias que las mismas tengan en materia de seguridad y salud laboral.

Decimotercera. Fondo de Prevención y Rehabilitación.- Los recursos del Fondo de Prevención y Rehabilitación procedentes del exceso de excedentes de la gestión realizada por las Mutuas de Accidentes de Trabajo y Enfermedades Profesionales de la Seguridad Social a que se refiere el artículo 73 del texto refundido de la Ley General de la Seguridad Social se destinarán en la cuantía que se determine reglamentariamente, a las actividades que puedan desarrollar como servicios de prevención las Mutuas de Accidentes de Trabajo y Enfermedades Profesionales de la Seguridad Social, de acuerdo con lo previsto en el artículo 32 de esta Ley.

Decimocuarta. Presencia de recursos preventivos en las obras de construcción.- 1. Lo dispuesto en el artículo 32 bis de la Ley de Prevención de Riesgos Laborales será de aplicación en las obras de construcción reguladas por el Real Decreto 1627/1997, de 24 de octubre, por el que se establecen las disposiciones mínimas de seguridad y salud en las obras de construcción, con las siguientes especialidades:

La preceptiva presencia de recursos preventivos se aplicará a cada contratista.

En el supuesto previsto en el apartado 1, párrafo a, del artículo 32 bis, la presencia de los recursos preventivos de cada contratista será necesaria cuando, durante la obra, se desarrollen trabajos con riesgos especiales, tal y como se definen en el citado Real Decreto.

La preceptiva presencia de recursos preventivos tendrá como objeto vigilar el cumplimiento de las medidas incluidas en el plan de seguridad y salud en el trabajo y comprobar la eficacia de éstas.

2. Lo dispuesto en el apartado anterior se entiende sin perjuicio de las obligaciones del coordinador en materia de seguridad y salud durante la ejecución de la obra.

Decimoquinta. Habilitación de funcionarios públicos.- Para poder ejercer las funciones establecidas en el apartado 2 del artículo 9 de esta Ley, los funcionarios públicos de las comunidades autónomas deberán contar con una habilitación específica expedida por su propia comunidad autónoma, en los términos que se determinen reglamentariamente.

En todo caso, tales funcionarios deberán pertenecer a los grupos de titulación A o B y acreditar formación específica en materia de prevención de riesgos laborales.

Decimosexta. Acreditación de la formación.– Las entidades públicas o privadas que pretendan desarrollar actividades formativas en materia de prevención de riesgos laborales de las previstas en la Disposición transitoria tercera del Real Decreto 39/1997, de 17 de enero, por el que se aprueba el Reglamento de los Servicios de Prevención, deberán acreditar su capacidad mediante una declaración responsable ante la autoridad laboral competente sobre el cumplimiento de los requisitos que se determinen reglamentariamente.

Decimoséptima. Asesoramiento técnico a las empresas de hasta veinticinco trabajadores.– En cumplimiento del apartado 5 del artículo 5 y de los artículos 7 y 8 de esta Ley, el Ministerio de Empleo y Seguridad Social y el Instituto Nacional de Seguridad e Higiene en el Trabajo, en colaboración con las Comunidades Autónomas y los agentes sociales, prestarán un asesoramiento técnico específico en materia de seguridad y salud en el trabajo a las empresas de hasta veinticinco trabajadores.

Esta actuación consistirá en el diseño y puesta en marcha de un sistema dirigido a facilitar al empresario el asesoramiento necesario para la organización de sus actividades preventivas, impulsando el cumplimiento efectivo de las obligaciones preventivas de forma simplificada.

Decimoctava. Protección de la seguridad y la salud de las personas trabajadoras en el ámbito de la relación laboral de carácter especial del servicio del hogar familiar.- En el ámbito de la relación laboral de carácter especial del servicio del hogar familiar, las personas trabajadoras tienen derecho a una protección eficaz en materia de seguridad y salud en el trabajo, especialmente en el ámbito de la prevención de la violencia contra las mujeres, teniendo en cuenta las características específicas del trabajo doméstico, en los términos y con las garantías que se prevean reglamentariamente a fin de asegurar su salud y seguridad.

DISPOSICIONES TRANSITORIAS

Primera. Aplicación de disposiciones más favorables.– 1. Lo dispuesto en los artículos 36 y 37 de esta Ley en materia de competencias, facultades y garantías de los Delegados de Prevención se entenderá sin perjuicio del respeto a las disposiciones más favorables para el ejercicio de los derechos de información, consulta y participación de los trabajadores en la prevención de riesgos laborales previstas en los convenios colectivos vigentes en la fecha de su entrada en vigor.

2. Los órganos específicos de representación de los trabajadores en materia de prevención de riesgos laborales que, en su caso, hubieran sido previstos en los convenios colectivos a que se refiere el apartado anterior y que estén dotados de un régimen de competencias, facultades y garantías que respete el contenido mínimo establecido en los artículos 36 y 37 de esta Ley, podrán continuar en el ejercicio de sus funciones, en sustitución de los Delegados de Prevención, salvo que por el órgano de representación legal de los trabajadores se decida la designación de estos Delegados conforme al procedimiento del artículo 35.

3. Lo dispuesto en los apartados anteriores será también de aplicación a los acuerdos concluidos en el ámbito de la función pública al amparo de lo dispuesto en la Ley 7/1990, de 19 de julio, sobre negociación colectiva y participación en la determinación de las condiciones de trabajo de los empleados públicos.

Segunda.– En tanto se aprueba el Reglamento regulador de los Servicios de Prevención de Riesgos Laborales, se entenderá que las Mutuas de Accidentes de Trabajo y Enfermedades Profesionales de la Seguridad Social cumplen el requisito previsto en el artículo 31.5 de la presente Ley.

DISPOSICIÓN DEROGATORIA

Única. Alcance de la derogación.– Quedan derogadas cuantas disposiciones se opongan a la presente Ley y específicamente:

a) Los artículos 9, 10, 11, 36, apartado 2, 39 y 40, párrafo segundo, de la Ley 8/1988, de 7 de abril, sobre infracciones y sanciones en el orden social.

b) El Decreto de 26 de julio de 1957, por el que se fijan los trabajos prohibidos a mujeres y menores, en los aspectos de su normativa relativos al trabajo de las mujeres, manteniéndose en vigor las relativas al trabajo de los menores hasta que el Gobierno desarrolle las previsiones contenidas en el apartado 2 del artículo 27.

c) El Decreto de 11 de marzo de 1971, sobre constitución, composición y funciones de los Comités de Seguridad e Higiene en el Trabajo.

d) Los Títulos I y III de la Ordenanza General de Seguridad e Higiene en el Trabajo, aprobados por Orden de 9 de marzo de 1971.

En lo que no se oponga a lo previsto en esta Ley, y hasta que se dicten los Reglamentos a los que se hace referencia en el artículo 6, continuará siendo de aplicación la regulación de las materias comprendidas en dicho artículo que se contienen en el Título II de la Ordenanza General de Seguridad e Higiene en el Trabajo o en otras normas que contengan previsiones específicas sobre tales materias, así como la Orden del Ministerio de Trabajo de 16 de diciembre de 1987, que establece los modelos para la notificación de los accidentes de trabajo. Igualmente, continuarán vigentes las disposiciones reguladoras de los servicios médicos de empresa hasta tanto se desarrollen reglamentariamente las previsiones de esta Ley sobre servicios de prevención. El personal perteneciente a dichos servicios en la fecha de entrada en vigor de esta Ley se integrará en los servicios de prevención de las correspondientes empresas, cuando éstos se constituyan, sin perjuicio de que continúen efectuando aquellas funciones que tuvieren atribuidas distintas de las propias del servicio de prevención.

La presente Ley no afecta a la vigencia de las disposiciones especiales sobre prevención de riesgos profesionales en las explotaciones mineras, contenidas en el capítulo IV del Real Decreto 3255/1983, de 21 de diciembre, por el que se aprueba el Estatuto del Minero, y en sus normas de desarrollo, así como las del Real Decreto 2857/1978, de 25 de agosto, por el que se aprueba el Reglamento General para el Régimen de la Minería, y el Real Decreto 863/1985, de 2 de abril, por el que se aprueba el Reglamento General de Normas Básicas de Seguridad Minera, y sus disposiciones complementarias.

DISPOSICIONES FINALES

Primera. Actualización de sanciones.– La cuantía de las sanciones a que se refiere el apartado 4 del artículo 49 podrá ser actualizada por el Gobierno a propuesta del Ministro de Trabajo y Seguridad Social, adaptando a la misma la atribución de competencias prevista en el apartado 1 del artículo 52, de esta Ley.

Segunda. Entrada en vigor.– La presente Ley entrará en vigor tres meses después de su publicación en el Boletín Oficial del Estado.

LEY ORGÁNICA DE LIBERTAD SINDICAL[1]

TÍTULO PRIMERO. De la libertad sindical

Artículo 1.– 1. Todos los trabajadores tienen derecho a sindicarse libremente para la promoción y defensa de sus intereses económicos y sociales[2].

2. A los efectos de esta Ley, se consideran trabajadores tanto aquellos que sean sujetos de una relación laboral como aquellos que lo sean de una relación de carácter administrativo o estatutario al servicio de las Administraciones Públicas[3].

3. Quedan exceptuados del ejercicio de este derecho los miembros de las Fuerzas Armadas y de los Institutos Armados de carácter militar[4].

4. De acuerdo con lo dispuesto en el artículo 127.1 de la Constitución, los jueces, Magistrados y Fiscales no podrán pertenecer a sindicato alguno mientras estén en activo[5].

---

[1]   Ley Orgánica 11/1985, de 2 de agosto, de Libertad Sindical (BOE de 8 de agosto). La STC 98/1985, de 29 de julio, desestimó los recursos previos de inconstitucionalidad contra ella.

[2]   Arts. 7 y 28.1 CE. Se trata de un derecho profusamente reconocido en el Derecho Internacional: con base en la previsión del art. 23.4 Declaración Universal de Derechos Humanos de 10 de diciembre de 1948, se encuentra presente en múltiples instrumentos de ámbito mundial entre los que destaca el Convenio OIT núm. 87, 1948, sobre la libertad sindical y la protección del derecho de sindicación. En el ámbito europeo, arts. 5 Carta Social europea (1961) y 12.1 Carta de los derechos fundamentales de la Unión Europea (2010).

[3]   La noción de trabajadores en régimen laboral en arts. 1 y 2 ET. Respecto de funcionarios y asimilados, véase arts. 8 ss. EBEP.

[4]   Los miembros de las FFAA vienen definidos por el art. 3 Ley 39/2007, de 19 de noviembre, de la carrera militar. La LO 9/2011, de 27 de julio, de derechos y deberes de los miembros de las Fuerzas Armadas, aunque los excluye de la sindicación (art. 7), establece un régimen específico de asociación profesional (arts. 33 ss.). Instituto armado de carácter militar es la Guardia Civil (cfr. arts. 9.b) y 13 ss. LO 2/1986, de 13 de marzo, de Fuerzas y Cuerpos de Seguridad; en relación con su exclusión de la sindicación véase también art. 11 LO 11/2007, de 22 de octubre, reguladora de los derechos y deberes de los miembros de la Guardia Civil.

[5]   Para Jueces y Magistrados, art. 395 LOPJ, sin perjuicio del derecho de asociación profesional regulado en arts. 401 ss. LOPJ. Para los Fiscales, art. 59 Ley 50/1981, de 30 de diciembre, por la que se regula el Estatuto Orgánico del Ministerio Fiscal.

5. El ejercicio del derecho de sindicación de los miembros de Cuerpos y Fuerzas de Seguridad que no tengan carácter militar, se regirá por su normativa específica, dado el carácter armado y la organización jerarquizada de estos institutos[6].

Artículo 2.– 1. La libertad sindical comprende:

a) El derecho a fundar sindicatos sin autorización previa, así como el derecho a suspenderlos o extinguirlos, por procedimientos democráticos[7].

b) El derecho del trabajador a afiliarse al sindicato de su elección con la sola condición de observar los estatutos del mismo o a separarse del que estuviese afiliado, no pudiendo nadie ser obligado a afiliarse a un sindicato.

c) El derecho de los afiliados a elegir libremente a sus representantes dentro de cada sindicato.

d) El derecho a la actividad sindical[8].

2. Las organizaciones sindicales en el ejercicio de la libertad sindical, tienen derecho a:

a) Redactar sus estatutos y reglamentos, organizar su administración interna y sus actividades y formular su programa de acción.

b) Constituir federaciones, confederaciones y organizaciones internacionales, así como afiliarse a ellas y retirarse de las mismas.

c) No ser suspendidas ni disueltas sino mediante resolución firme de la autoridad judicial, fundada en incumplimiento grave de las Leyes.

d) El ejercicio de la actividad sindical en la empresa o fuera de ella, que comprenderá, en todo caso, el derecho a la negociación colectiva, al ejercicio del derecho de huelga, al planteamiento de conflictos individuales y colectivos y a la presentación de candidaturas para la elección de Comités de Empresas y Delegados de Personal, y de los correspondientes órganos de las Administraciones Públicas, en los términos previstos en las normas correspondientes[9].

---

[6]   Arts. 18 ss. LO 2/1986, de 13 de marzo, de Fuerzas y Cuerpos de Seguridad.
[7]   Art. 4 LOLS.
[8]   Art. 8 ss. LOLS.
[9]   Véanse arts. 8 ss. LOLS. Asimismo para las concretas facultades de la libertad sindical que se citan, ténganse en cuenta arts. 28.2 CE y 1 ss. RDLRT (huelga), arts. 37.1 CE y 82 ss. ET (negociación colectiva), arts. 37.2 CE, 17 ss. RDLRT y 153 ss. LJS (conflictos colectivos) y arts. 62 ss. ET y 39 ss. EBEP (órganos de representación de los trabajadores en las empresas y en las Administraciones públicas, respectivamente).

Artículo 3.– 1. No obstante lo dispuesto en el artículo 1.2, los trabajadores por cuenta propia que no tengan trabajadores a su servicio, los trabajadores en paro y los que hayan cesado en su actividad laboral, como consecuencia de su incapacidad o jubilación, podrán afiliarse a las organizaciones sindicales constituidas con arreglo a lo dispuesto en la presente Ley, pero no fundar sindicatos que tengan precisamente por objeto la tutela de sus intereses singulares, sin perjuicio de su capacidad para constituir asociaciones al amparo de la legislación específica[10].

2. Quienes ostenten cargos directivos o de representación en el sindicato en que estén afiliados, no podrán desempeñar, simultáneamente, en las Administraciones públicas cargos de libre designación de categoría de Director General o asimilados, así como cualquier otro de rango superior.

TÍTULO II. Del régimen jurídico sindical

Artículo 4.– 1. Los sindicatos constituidos al amparo de esta Ley, para adquirir la personalidad jurídica y plena capacidad de obrar, deberán depositar, por medio de sus promotores o dirigentes, sus estatutos en la oficina pública establecida al efecto[11].

2. Las normas estatutarias contendrán al menos:

a) La denominación de la organización que no podrá coincidir ni inducir a confusión con otra legalmente registrada.

b) El domicilio y ámbito territorial y funcional de actuación del sindicato.

c) Los órganos de representación, gobierno y administración y su funcionamiento, así como el régimen de provisión electiva de sus cargos, que habrán de ajustarse a principios democráticos.

d) Los requisitos y procedimientos para la adquisición y pérdida de la condición de afiliados, así como el régimen de modificación de estatutos, de fusión y disolución del sindicato.

e) El régimen económico de la organización que establezca el carácter, procedencia y destino de sus recursos, así como los medios que permitan a los afiliados conocer la situación económica.

---

[10]   Arts. 19 ss. LETA.
[11]   Real Decreto 416/2015, de 29 de mayo, sobre depósito de estatutos de las organizaciones sindicales y empresariales. En relación con la oficina en la que se lleva a cabo, disp. final 1.ª2 LOLS.

3. La oficina pública dispondrá en el plazo de diez días, la publicidad del depósito, o el requerimiento a sus promotores, por una sola vez, para que en plazo máximo de otros diez días subsanen los defectos observados. Transcurrido este plazo, la oficina pública dispondrá la publicidad o rechazará el depósito mediante resolución exclusivamente fundada en la carencia de alguno de los requisitos mínimos a que se refiere el número anterior[12].

4. La oficina pública dará publicidad al depósito en el tablón de anuncios de la misma, en el Boletín Oficial del Estado y, en su caso, en el Boletín Oficial correspondiente indicando, al menos, la denominación, el ámbito territorial y funcional, la identificación de los promotores y firmantes del acta de constitución del sindicato.

La inserción en los respectivos Boletines será dispuesta por la oficina pública en el plazo de diez días y tendrá carácter gratuito.

5. Cualquier persona estará facultada para examinar los estatutos depositados, debiendo además la oficina facilitar a quien así lo solicite, copia autentificada de los mismos.

6. Tanto la Autoridad Pública, como quienes acrediten un interés directo, personal y legítimo, podrán promover ante la Autoridad Judicial la declaración de no conformidad a derecho de cualesquiera estatutos que hayan sido objeto de depósito y publicación[13].

7. El sindicato adquirirá personalidad jurídica y plena capacidad de obrar, transcurridos veinte días hábiles desde el depósito de los estatutos.

8. La modificación de los estatutos de las organizaciones sindicales ya constituidas se ajustará al mismo procedimiento de depósito y publicidad regulado en este artículo.

Artículo 5.– 1. Los sindicatos constituidos al amparo de la presente Ley responderán por los actos o acuerdos adoptados por sus órganos estatutarios en la esfera de sus respectivas consecuencias.

2. El sindicato no responderá por actos individuales de sus afiliados, salvo que aquellos se produzcan en el ejercicio regular de las funciones representativas o se pruebe que dichos afiliados actuaban por cuenta del sindicato.

3. Las cuotas sindicales no podrán ser objeto de embargo.

---

[12] Impugnación de la resolución denegatoria del depósito: arts. 167 ss. LJS.
[13] Impugnación de estatutos sindicales: arts. 173 ss. LJS.

4. Los sindicatos constituidos al amparo de esta Ley podrán beneficiarse de las exenciones y bonificaciones fiscales que legalmente se establezcan.

TÍTULO III. De la representatividad sindical

Artículo 6.– 1. La mayor representatividad reconocida a determinados sindicatos les confiere una singular posición jurídica a efectos, tanto de participación institucional como de acción sindical.

2. Tendrán la consideración de sindicatos más representativos a nivel estatal:

a) Los que acrediten una especial audiencia, expresada en la obtención, en dicho ámbito del 10 por 100 o más del total de delegados de personal de los miembros de los comités de empresa y de los correspondientes órganos de las Administraciones públicas[14].

b) Los sindicatos o entes sindicales afiliados, federados o confederados a una organización sindical de ámbito estatal que tenga la consideración de más representativa de acuerdo con lo previsto en la letra a).

3. Las organizaciones que tengan la consideración de sindicato más representativo según el número anterior, gozarán de capacidad representativa a todos los niveles territoriales y funcionales para:

a) Ostentar representación institucional ante las Administraciones públicas u otras entidades y organismos de carácter estatal o de Comunidad autónoma que la tengan prevista.

b) La negociación colectiva, en los términos previstos en el Estatuto de los Trabajadores[15].

c) Participar como interlocutores en la determinación de las condiciones de trabajo en las Administraciones públicas a través de los oportunos procedimientos de consulta o negociación[16].

d) Participar en los sistemas no jurisdiccionales de solución de conflictos de trabajo.

---

[14] Los arts. 62 ss. ET regulan, respectivamente, los delegados de personal y comités de empresa y las elecciones a ellos en el ámbito laboral. Para los órganos representativos de los funcionarios públicos, arts. 39 ss. EBEP.

[15] Arts. 87 ss. ET.

[16] Arts. 34 ss. EBEP.

e) Promover elecciones para delegados de personal y comités de empresa y órganos correspondientes de las Administraciones públicas[17].

f) Obtener cesiones temporales del uso de inmuebles patrimoniales públicos en los términos que se establezcan legalmente[18].

g) Cualquier otra función representativa que se establezca.

Artículo 7.– 1. Tendrán la consideración de sindicatos más representativos a nivel de Comunidad Autónoma: a) Los sindicatos de dicho ámbito que acrediten en el mismo una especial audiencia expresada en la obtención de, al menos, el 15 por 100 de los delegados de personal y de los representantes de los trabajadores en los comités de empresa, y en los órganos correspondientes de las Administraciones públicas, siempre que cuenten con un mínimo de 1.500 representantes y no estén federados o confederados con organizaciones sindicales de ámbito estatal; b) los sindicatos o entes sindicales afiliados, federados o confederados a una organización sindical de ámbito de Comunidad Autónoma que tenga la consideración de más representativa de acuerdo con lo previsto en la letra a).

Estas organizaciones gozarán de capacidad representativa para ejercer en el ámbito específico de la Comunidad Autónoma las funciones y facultades enumeradas en el número 3 del artículo anterior, así como la capacidad para ostentar representación institucional ante las Administraciones públicas u otras entidades u organismos de carácter estatal.

2. Las organizaciones sindicales que aun no teniendo la condición de más representativas, hayan obtenido en un ámbito territorial y funcional específico, el 10 por 100 o más de delegados de personal y miembros de comités de empresa y de los correspondientes órganos de las Administraciones públicas, estarán legitimadas para ejercitar en dicho ámbito funcional y territorial las funciones y facultades a que se refieren los apartados b), c), d), e) y g) del número 3 del artículo 6º, de acuerdo con la normativa aplicable a cada caso.

---

[17]   Cfr. art. art. 67.1 ET, en general, y art. 43.1.a) EBEP, en relación con las Administraciones Públicas. Véase también arts. 1 ss. RD 1844/1994, de 9 de septiembre, por el que se aprueba el Reglamento de elecciones a órganos de representación de los trabajadores en la empresa.

[18]   Ley 4/1986, de 8 de enero, de cesión de bienes del patrimonio sindical acumulado.

TÍTULO IV. De la acción sindical

Artículo 8.– 1. Los trabajadores afiliados a un sindicato podrán, en el ámbito de la empresa o centro de trabajo:

a) Constituir secciones sindicales de conformidad con lo establecido en los Estatutos del Sindicato.

b) Celebrar reuniones, previa notificación al empresario, recaudar cuotas y distribuir información sindical, fuera de las horas de trabajo y sin perturbar la actividad normal en la empresa.

c) Recibir la información que le remita su sindicato.

2. Sin perjuicio de lo que se establezca mediante convenio colectivo, las Secciones Sindicales de los sindicatos más representativos y de los que tengan representación en los comités de empresa y en los órganos de representación que se establezcan en las Administraciones públicas o cuenten con delegados de personal, tendrán los siguientes derechos:

a) Con la finalidad de facilitar la difusión de aquellos avisos que puedan interesar a los afiliados al sindicato y a los trabajadores en general, la empresa pondrá a su disposición un tablón de anuncios que deberá situarse dentro del centro de trabajo y en lugar donde se garantice un adecuado acceso al mismo de los trabajadores.

b) A la negociación colectiva, en los términos establecidos en su legislación específica[19].

c) A la utilización de un local adecuado en el que puedan desarrollar sus actividades en aquellas empresas o centros de trabajo con más de 250 trabajadores.

Artículo 9.– 1. Quienes ostenten cargos electivos a nivel provincial, autonómico o estatal en las organizaciones sindicales más representativas, tendrán derecho:

a) Al disfrute de los permisos no retribuidos necesarios para el desarrollo de las funciones sindicales propias de su cargo, pudiéndose establecer, por acuerdo, limitaciones al disfrute de los mismos en función de las necesidades del proceso productivo.

---

[19]   Art. 87.1 ET.

b) A la excedencia forzosa, o a la situación equivalente en el ámbito de la función pública, con derecho a reserva del puesto de trabajo y al cómputo de antigüedad mientras dure el ejercicio de su cargo representativo debiendo reincorporarse a su puesto de trabajo dentro del mes siguiente a la fecha del cese[20].

c) A la asistencia y el acceso a los centros de trabajo, para participar en actividades propias de su sindicato o del conjunto de los trabajadores, previa comunicación al empresario, y sin que el ejercicio de ese derecho pueda interrumpir el desarrollo normal del proceso productivo.

2. Los representantes sindicales que participen en las comisiones negociadoras de convenios colectivos manteniendo su vinculación como trabajador en activo en alguna empresa, tendrán derecho a la concesión de los permisos retribuidos que sean necesarios para el adecuado ejercicio de su labor como negociadores, siempre que la empresa esté afectada por la negociación.

Artículo 10.– 1. En las empresas o, en su caso, en los centros de trabajo que ocupen a más de 250 trabajadores cualquiera que sea la clase de su contrato, las secciones sindicales que puedan constituirse por los trabajadores afiliados a los sindicatos con presencia en los comités de empresa o en los órganos de representación que se establezcan en las Administraciones públicas, estarán representadas, a todos los efectos, por delegados sindicales elegidos por y entre sus afiliados en la Empresa o en el centro de trabajo.

2. Bien por acuerdo, bien a través de la negociación colectiva, se podrá ampliar el número de delegados establecido en la escala a la que hace referencia este apartado, que atendiendo a la plantilla de la empresa o, en su caso, de los centros de trabajo, corresponden a cada uno de éstos.

A falta de acuerdos específicos al respecto, el número de delegados sindicales por cada sección sindical de los sindicatos que hayan obtenido el 10 por 100 de los votos en la elección al Comité de empresa o al órgano de representación en las Administraciones Públicas, se determinará según la siguiente escala:

De 250 a 750 trabajadores 1
De 751 a 2.000 trabajadores 2
De 2.001 a 5.000 trabajadores 3

---

[20]   Arts. 45.1.k), 46.1 y 48.3 ET.

De 5.001 en adelante 4

Las secciones sindicales de aquellos sindicatos que no hayan obtenido el 10 por 100 de los votos, estarán representadas por un sólo delegado sindical.

3. Los delegados sindicales, en el supuesto de que no formen parte del comité de empresa, tendrán las mismas garantías que las establecidas legalmente para los miembros de los comités de empresa o de los órganos de representación que se establezcan en las Administraciones públicas, así como los siguientes derechos a salvo de lo que se pudiera establecer por convenio colectivo:

1º Tener acceso a la misma información y documentación que la empresa ponga a disposición del Comité de empresa, estando obligados los Delegados sindicales a guardar sigilo profesional en aquellas materias en las que legalmente proceda[21].

2º Asistir a las reuniones de los comités de empresa y de los órganos internos de la empresa en materia de seguridad e higiene o de los órganos de representación que se establezcan en las Administraciones públicas, con voz, pero sin voto.

3º Ser oídos por la empresa previamente a la adopción de medidas de carácter colectivo que afecten a los trabajadores en general, y a los afiliados a su sindicato, en particular, y especialmente en los despidos y sanciones de estos últimos[22].

Artículo 11.– 1. En los convenios colectivos podrán establecerse cláusulas por las que los trabajadores incluidos en su ámbito de aplicación atiendan económicamente la gestión de los sindicatos representados en la comisión negociadora, fijando un canon económico y regulando las modalidades de su abono. En todo caso, se respetará la voluntad individual del trabajador, que deberá expresarse por escrito en la forma y plazo que se determinen en la negociación colectiva.

2. El empresario procederá al descuento de la cuota sindical sobre los salarios y a la correspondiente transferencia a solicitud del sindicato del trabajador afiliado y previa conformidad, siempre, de éste.

---

[21]   Art. 64 ET.
[22]   Arts. 55.1 y 55.4 ET.

TÍTULO V. De la tutela de la libertad sindical y represión de las conductas antisindicales

Artículo 12.– Serán nulos y sin efecto los preceptos reglamentarios, las cláusulas de los convenios colectivos, los pactos individuales y las decisiones unilaterales del empresario que contengan o supongan cualquier tipo de discriminación en el trabajo, sean favorables o adversas, por razón de la adhesión o no a un sindicato, a sus acuerdos o al ejercicio, en general, de actividades sindicales[23].

Artículo 13.– Cualquier trabajador o sindicato que considere lesionados los derechos de libertad sindical, por actuación del empleador, asociación patronal, Administraciones públicas, o cualquier otra persona, entidad o corporación pública o privada, podrá recabar la tutela del derecho ante la jurisdicción competente a través del proceso de protección jurisdiccional de los derechos fundamentales de la persona[24].

Expresamente serán consideradas lesiones a la libertad sindical los actos de injerencia consistentes en fomentar la constitución de sindicatos dominados o controlados por un empleador o una asociación empresarial, o en sostener económicamente o en otra forma sindicatos con el mismo propósito de control[25].

Artículo 14.– El sindicato a que pertenezca el trabajador presuntamente lesionado, así como cualquier sindicato que ostente la condición de más representativo, podrá personarse como coadyuvante en el proceso incoado por aquel.

Artículo 15.– Si el órgano judicial entendiese probada la violación del derecho de libertad sindical, decretará el cese inmediato del comportamiento antisindical, así como la reparación consiguiente de sus consecuencias ilícitas, remitiendo las actuaciones al Ministerio Fiscal a los efectos de depuración de eventuales conductas delictivas.

---

[23]   Arts. 14 CE y 4.2.c.) y 17.1 ET.
[24]   Art. 53.2 CE. Arts. 2.f) y 3.c) LJS. Arts. 114 ss. Ley 29/1998, de 13 de julio, reguladora de la Jurisdicción Contencioso-Administrativa. Arts. 177 ss. LJS.
[25]   Art. 2 convenio OIT núm. 98 (1949).

DISPOSICIONES ADICIONALES

Primera.– 1. Conforme a lo previsto en los artículos 6 y 7 de esta Ley y 75.7 del Estatuto de los Trabajadores, la condición de más representativo o representativo de un sindicato se comunicará en el momento de ejercer las funciones o facultades correspondientes, aportando el sindicato interesado la oportuna certificación expedida a su requerimiento por la oficina pública establecida al efecto.

En materia de participación institucional se entenderá por momento de ejercicio el de constitución del órgano y, en su caso, el de renovación de sus miembros. En el supuesto de que el órgano correspondiente no tenga prevista una renovación periódica de los representantes sindicales, el sindicato interesado podrá solicitar en el mes de enero, y cada tres años a partir de esa fecha, su participación en el órgano correspondiente, aportando certificación acreditativa de su capacidad representativa.

2. El Gobierno dictará las disposiciones que sean precisas para el desarrollo del apartado a) del artículo 6.3 y del artículo 7.1 de esta Ley y de lo previsto en la disposición adicional sexta del Estatuto de los Trabajadores, siendo de aplicación a su capacidad representativa lo previsto en el segundo párrafo del número anterior.

Segunda.– 1. La duración del mandato de los delegados de personal, de los miembros de los comités de empresa y de quienes formen parte de los órganos de representación que se establezcan en las Administraciones públicas será de cuatro años, pudiendo ser reelegidos en sucesivos períodos electorales.

2. En el plazo de un año y en desarrollo de lo previsto en el artículo 103.3 de la Constitución, el Gobierno remitirá a las Cortes un proyecto de Ley en el que se regulen los órganos de representación de los funcionarios de las Administraciones públicas.

Tercera.– El personal civil que ejerza el derecho reconocido en el artículo 2.1.d) en unidades, buques y demás establecimientos militares deberá tener en cuenta y respetar el principio de neutralidad política y sindical de los miembros de las Fuerzas Armadas y ajustarse a las normas sobre actividad sindical de los empleados públicos.

Cuarta.– Los delegados de personal y los miembros del Comité de empresa con el mandato prorrogado no se computarán a efectos de determinar la capacidad representativa de los artículos 6 y 7 de la presente Ley.

Quinta.– Los órganos de representación, gobierno y administración de los sindicatos constituidos al amparo de esta ley se nombrarán atendiendo al principio de representación paritaria y presencia equilibrada entre mujeres y hombres, de tal manera que las personas de cada sexo no superen el sesenta por ciento ni sean menos del cuarenta por ciento.

Si el porcentaje de miembros del sexo menos representado no alcanza el cuarenta por ciento se proporcionará una explicación motivada de las causas, así como de las medidas adoptadas para alcanzar ese porcentaje.

DISPOSICIÓN DEROGATORIA

Única.– Quedan derogados la Ley 19/1977, de 1 de abril, y el Real Decreto 873/77, de 22 de abril, en todo cuanto se oponga a la presente Ley, permaneciendo vigente la regulación que contienen dichas normas referidas a asociaciones profesionales y, en particular, a las asociaciones empresariales cuya libertad de sindicación se reconoce a efectos de lo dispuesto en el artículo 28.1 de la Constitución española y de los convenios internacionales suscritos por España.

DISPOSICIONES FINALES

Primera.– 1. Las organizaciones sindicales constituidas en aplicación de la Ley 19/1977, de 1 de abril, y que gocen de personalidad jurídica en la fecha de entrada en vigor de esta Ley conservarán el derecho a la denominación sin que, en ningún caso, se produzca solución de continuidad en su personalidad, quedando automáticamente convalidadas.

2. La oficina pública a que se refiere el artículo 4º de esta Ley queda establecida orgánicamente en el Instituto de Mediación, Arbitraje y Conciliación y en los órganos correspondientes de las comunidades Autónomas en su respectivo ámbito territorial, cuando tengan atribuida esta competencia. En todo caso, éstas deberán remitir, en el plazo previsto en el artículo 4º. 4, un ejemplar de la documentación depositada al Instituto de Mediación, Arbitraje y conciliación.

Segunda.– Los preceptos contenidos en las Disposiciones adicionales primera y segunda, en la Disposición transitoria y en la Disposición final primera, no tienen carácter de Ley Orgánica.

Tercera.– La presente Ley entrará en vigor al día siguiente de su publicación en el «Boletín Oficial del Estado».

REAL DECRETO-LEY SOBRE RELACIONES DE TRABAJO[1]

TÍTULO PRIMERO. El derecho de huelga

CAPÍTULO PRIMERO. La huelga

Artículo 1.– El derecho de huelga, en el ámbito de las relaciones laborales, podrá ejercerse en los términos previstos en este Real Decreto-Ley[2].

Artículo 2.– Son nulos los pactos establecidos en contratos individuales de trabajo que contengan la renuncia o cualquier otra restricción al derecho de huelga.

Artículo 3.– 1. [La declaración de huelga, cualquiera que sea su ámbito, exige, en todo caso, la adopción de acuerdo expreso, en tal sentido, en cada centro de trabajo][3].

2. Están facultados para acordar la declaración de huelga:

a) Los trabajadores a través de sus representantes. El acuerdo será adoptado en reunión conjunta de dichos representantes, por decisión mayoritaria de los mismos. De la reunión *[, a la que habrán de asistir al menos el 75% de los representantes,]*[4] se levantará acta, que deberán firmar los asistentes.

b) Directamente los propios trabajadores del centro de trabajo, afectados por el conflicto, *[cuando el 25% de la plantilla decida se someta a votación*

---

[1] Real Decreto-Ley 17/1977, de 4 de marzo, sobre Relaciones de Trabajo. Fue objeto de recurso de inconstitucionalidad resuelto por la STC 11/1981, de 8 de abril. En el texto que sigue se mantienen los preceptos declarados inconstitucionales, debidamente señalados. Téngase presente, además, que la indicada sentencia contiene declaraciones interpretativas de sumo interés.

[2] Art. 28.2 CE. En relación con los funcionarios públicos, art. 15.c) EBEP. Véase art. 1 LOLS en relación con los empleados públicos con peculiaridades en sus derechos sindicales que se extienden al derecho de huelga.

[3] Declarado inconstitucional por la STC 11/1981, de 8 de abril.

[4] Declarado inconstitucional por la STC 11/1981, de 8 de abril.

dicho acuerdo][5]. La votación habrá de ser secreta y se decidirá por mayoría simple. El resultado de ésta se hará constar en acta.

3. El acuerdo de declaración de huelga habrá de ser comunicado al empresario o empresarios afectados y a la autoridad laboral por los representantes de los trabajadores.

La comunicación de huelga deberá hacerse por escrito y notificada con cinco días naturales de antelación, al menos, a la fecha de iniciación. Cuando el acuerdo de declaración de huelga lo adopten directamente los trabajadores mediante votación, el plazo de preaviso comenzará a contarse desde que los representantes de los trabajadores comuniquen al empresario la celebración de la misma. La comunicación de huelga habrá de contener los objetivos de ésta, gestiones realizadas para resolver las diferencias, fecha de su inicio y composición del comité de huelga.

Artículo 4.– Cuando la huelga afecte a empresas encargadas de cualquier clase de servicios públicos, el preaviso del comienzo de huelga al empresario y a la autoridad laboral habrá de ser, al menos, de diez días naturales. Los representantes de los trabajadores deberán dar a la huelga, antes de su iniciación, la publicidad necesaria para que sea conocida por los usuarios del servicio.

Artículo 5.– [Sólo podrán ser elegidos miembros del comité de huelga los trabajadores del propio centro de trabajo afectado por el conflicto.][6]
La composición del comité de huelga no podrá exceder de doce personas.
Corresponde al comité de huelga participar en cuantas actuaciones sindicales, administrativas o judiciales se realicen para la solución del conflicto.

Artículo 6.– 1. El ejercicio del derecho de huelga no extingue la relación de trabajo, ni puede dar lugar a sanción alguna, salvo que el trabajador, durante la misma, incurriera en falta laboral.

2. Durante la huelga se entenderá suspendido el contrato de trabajo y el trabajador no tendrá derecho al salario[7].

3. El trabajador en huelga permanecerá en situación de alta especial en la seguridad social, con suspensión de la obligación de cotización por parte

---

[5]   Declarado inconstitucional por la STC 11/1981, de 8 de abril.
[6]   Declarado inconstitucional por la STC 11/1981, de 8 de abril.
[7]   Art. 45.1.l) ET.

del empresario y del propio trabajador. El trabajador en huelga no tendrá derecho a la prestación por desempleo, ni a la económica por incapacidad laboral transitoria[8].

4. Se respetará la libertad de trabajo de aquellos trabajadores que no quisieran sumarse a la huelga.

5. En tanto dure la huelga, el empresario no podrá sustituir a los huelguistas por trabajadores que no estuviesen vinculados a la empresa al tiempo de ser comunicada la misma, salvo caso de incumplimiento de las obligaciones contenidas en el apartado número siete de este artículo.

6. Los trabajadores en huelga podrán efectuar publicidad de la misma, en forma pacífica, y llevar a efecto recogida de fondos sin coacción alguna.

7. El comité de huelga habrá de garantizar durante la misma la prestación de los servicios necesarios para la seguridad de las personas y de las cosas, mantenimiento de los locales, maquinaria, instalaciones, materias primas y cualquier otra atención que fuese precisa para la ulterior reanudación de las tareas de la empresa. *[Corresponde al empresario la designación de los trabajadores que deban efectuar dichos servicios.]*[9]

Artículo 7.– 1. El ejercicio del derecho de huelga habrá de realizarse, precisamente, mediante la cesación de la prestación de servicios por los trabajadores afectados y sin ocupación por los mismos del centro de trabajo o de cualquiera de sus dependencias.

2. Las huelgas rotatorias, las efectuadas por los trabajadores que presten servicios en sectores estratégicos con la finalidad de interrumpir el proceso productivo, las de celo o reglamento y, en general, cualquier forma de alteración colectiva en el régimen de trabajo distinta a la huelga, se considerarán actos ilícitos o abusivos.

Artículo 8.– 1. Los convenios colectivos podrán establecer normas complementarias relacionadas con los procedimientos de solución de los conflictos que den origen a la huelga, así como la renuncia, durante su vigencia, al ejercicio de tal derecho.

2. Desde el momento del preaviso y durante la huelga, el Comité de huelga y el empresario, y en su caso los representantes designados por los distintos

---

8   Cfr. Orden de 30 de abril de 1977 y art. 18 Orden TAS/2865/2003, de 13 de octubre.
9   Declarado inconstitucional por la STC 11/1981, de 8 de abril.

Comités de huelga, deberán negociar para llegar a un acuerdo, sin perjuicio de que en cualquier momento los trabajadores puedan dar por terminada aquélla. El pacto que ponga fin a la huelga tendrá la misma eficacia que lo acordado en Convenio Colectivo.

Artículo 9.– La inspección de trabajo podrá ejercer su función de mediación desde que se comunique la huelga hasta la solución del conflicto[10].

Artículo 10.– El Gobierno, a propuesta del Ministerio de Trabajo, teniendo en cuenta la duración o las consecuencias de la huelga, las posiciones de las partes y el perjuicio grave de la economía nacional podrá acordar [la reanudación de la actividad laboral en el plazo que determine, por un período máximo de dos meses o, de modo definitivo, mediante el establecimiento de][11] un arbitraje obligatorio. El incumplimiento de este acuerdo podrá dar lugar a la aplicación de lo dispuesto en los artículos 15 y 16.

Cuando la huelga se declare en empresas de cualquier género de servicios públicos o de reconocida e inaplazable necesidad y concurran circunstancias de especial gravedad, la Autoridad gubernativa podrá acordar las medidas necesarias para asegurar el funcionamiento de los servicios[12]. El Gobierno, asimismo, podrá adoptar a tales fines las medidas de intervención adecuadas[13].

Artículo 11.– La huelga es ilegal:

a) Cuando se inicie o sostenga por motivos políticos o con cualquier otra finalidad ajena al interés profesional de los trabajadores afectados.

---

[10]   Art. 12.3 LIT.
[11]   De acuerdo con la STC 11/1981, «es inconstitucional el párrafo 1.º del art. 10 en cuanto faculta al Gobierno para imponer la reanudación del trabajo, pero no en cuanto le faculta para instituir un arbitraje obligatorio, siempre que en él se respete el requisito de imparcialidad de los árbitros».
[12]   De acuerdo con la STC 11/1981, «no es inconstitucional el párrafo 2.º del art 10 que atribuye a la autoridad gubernativa la potestad de dictar las medidas necesarias para determinar el mantenimiento de los servicios esenciales a la comunidad, en cuanto que el ejercicio de esta potestad está sometido a la jurisdicción de los tribunales de justicia y al recurso de amparo ante este Tribunal».
[13]   Cfr. LO 4/1981, de 1 de junio, de los Estados de Alarma, Excepción y Sitio.

b) Cuando sea de solidaridad o apoyo, salvo que afecte *[directamente]*[14] al interés profesional de quienes la promuevan o sostengan.

c) Cuando tenga por objeto alterar, dentro de su período de vigencia[15], lo pactado en un Convenio Colectivo o lo establecido por laudo.

d) Cuando se produzca contraviniendo lo dispuesto en el presente Real Decreto-Ley o lo expresamente pactado en Convenio Colectivo para la solución de conflictos.

CAPÍTULO SEGUNDO. Cierre patronal

Artículo 12.- 1. Los empresarios sólo podrán proceder al cierre del centro de trabajo en caso de huelga o cualquier otra modalidad de irregularidad colectiva en el régimen de trabajo, cuando concurra alguna de las circunstancias que siguen:

a) Existencia de notorio peligro de violencia para las personas o de daños graves para las cosas.

b) Ocupación ilegal del centro o de cualquiera de sus dependencias, o peligro cierto de que ésta se produzca.

c) Que el volumen de la inasistencia o irregularidades en el trabajo impidan gravemente el proceso normal de producción.

2. El cierre patronal, efectuado dentro de los términos establecidos en el presente Real Decreto-Ley, producirá respecto al personal afectado los efectos previstos en los párrafos 1, 2 y 3 del artículo 6 del mismo.

Artículo 13.- 1. El empresario que al amparo de lo prevenido en el artículo anterior procediera al cierre del centro de trabajo, deberá ponerlo en conocimiento de la Autoridad laboral en el término de doce horas.

2. El cierre de los centros de trabajo se limitará al tiempo indispensable para asegurar la reanudación de la actividad de la empresa, o para la remoción de las causas que lo motivaron.

Artículo 14.- El empresario que hubiera acordado el cierre del centro de trabajo al amparo de lo prevenido en el artículo 12 y que no lo hubiera reabierto a iniciativa propia o a instancias de los trabajadores, deberá hacerlo,

---

[14]   Declarado inconstitucional por la STC 11/1981, de 8 de abril.
[15]   Véase art. 86 ET.

dando opción a su personal a reintegrarse a la actividad laboral, cuando fuera requerido a tales fines por la Autoridad laboral, en el plazo que establezca el propio requerimiento, incurriendo en caso contrario en las sanciones previstas en el artículo 15.

CAPÍTULO TERCERO. Sanciones

Artículo 15.– El empresario que procediere al cierre del centro de trabajo, salvo en los supuestos previstos en el artículo 12, será sancionado en la forma y por los órganos que establece el artículo 33 de la Ley de Relaciones Laborales[16].

Las sanciones que establece dicho artículo se entienden sin perjuicio de la obligación empresarial de reabrir el centro de trabajo ilícitamente cerrado y de abono a los trabajadores que hayan dejado de prestar sus servicios como consecuencia del cierre del centro de trabajo los salarios devengados durante el período de cierre ilegal.

Artículo 16[17].– Los trabajadores que participaren en huelga ilegal o cualquier otra forma de alteración colectiva en el régimen normal de trabajo, incurrirán en la falta prevista en el apartado j) del artículo 33 de este Real Decreto-Ley.

Los trabajadores que, de acuerdo con el artículo 6, párrafo 7, fuesen designados para el mantenimiento de los servicios previstos y se negasen a ello, incurrirán en la causa justa de despido establecida en el apartado k) del artículo 33 del presente Real Decreto-Ley, sin perjuicio de las demás responsabilidades que procedieran.

TÍTULO II. Conflictos colectivos de trabajo

CAPÍTULO PRIMERO. Disposiciones generales

Artículo 17.– 1. La solución de situaciones conflictivas que afecten a intereses generales de los trabajadores podrán tener lugar por el procedimiento de Conflicto Colectivo que se regula en este título.

---

[16]   La remisión debe entenderse hecha a la LISOS y normas concordantes.
[17]   Las remisiones deben entenderse hecha al art. 54 ET.

2. Cuando los trabajadores utilicen el procedimiento de Conflicto Colectivo no podrán ejercer el derecho de huelga.

3. Declarada la huelga, podrán, no obstante, los trabajadores desistir de la misma y someterse al procedimiento de Conflicto Colectivo de Trabajo.

Artículo 18.– 1. Sólo podrán instar la iniciación de Conflicto Colectivo de Trabajo:

a) Los representantes de los trabajadores en el ámbito correspondiente al conflicto, por iniciativa propia o a instancia de sus representados.

b) Los empresarios o sus representantes legales, según el ámbito del conflicto.

2. Cuando el procedimiento de conflicto colectivo se inicie a instancia de los empresarios, y los trabajadores ejerzan el derecho de huelga, se suspenderá dicho procedimiento, archivándose las actuaciones.

Artículo 19.– La competencia para conocer de los Conflictos Colectivos de Trabajo corresponde, según su naturaleza:

a) Al Delegado de Trabajo de la provincia en que se plantee el conflicto. La Dirección General de Trabajo será competente en los conflictos colectivos laborales que afecten a trabajadores de varias provincias.

b) Al Orden Jurisdiccional Laboral, de acuerdo con lo establecido en esta disposición y en la Ley de Procedimiento Laboral.

Artículo 20.– No podrá plantearse Conflicto Colectivo de Trabajo para modificar lo pactado en Convenio Colectivo o establecido por laudo.

CAPÍTULO SEGUNDO. Procedimiento

Artículo 21.– El planteamiento de Conflicto Colectivo de trabajo se formalizará por escrito, firmado y fechado, en el que consten nombre, apellidos, domicilio y carácter de las personas que lo planteen y determinación de los trabajadores y empresarios afectados; hechos sobre los que verse el conflicto, peticiones concretas que se formulen, así como los demás datos que procedan.

Artículo 22.– El escrito a que se refiere el artículo anterior habrá de presentarse ante la Delegación de Trabajo de la provincia en que se plantee el conflicto, cuando el conflicto afectase a trabajadores de varias provincias, dicho escrito seré presentado ante la Dirección General de Trabajo.

Artículo 23.– En las veinticuatro horas siguientes al día de la presentación del escrito citado en el artículo 21, la Autoridad laboral remitirá copia del mismo a la parte frente a la que se plantee el conflicto y convocará a las partes de comparecencia ante ella, la que habrá de tener lugar dentro de los tres días siguientes.

Artículo 24.– En la comparecencia, la Autoridad laboral intentará la avenencia entre las partes. Los acuerdos serán adoptados por mayoría simple de las representaciones de cada una de las mismas. Dicho acuerdo tendrá la misma eficacia que lo pactado en Convenio Colectivo.

Las partes podrán designar a uno o varios árbitros. En tal caso, éstos, que cuando sean varios habrán de actuar conjuntamente, deberán dictar su laudo en el término de cinco días. La decisión que adopten tendrá la misma eficacia que si hubiera habido acuerdo entre las partes.

Artículo 25.– Si las partes no llegaran a un acuerdo, ni designaren uno o varios árbitros, la Autoridad laboral procederá del siguiente modo:

a) Si el conflicto derivara de discrepancias relativas a la interpretación de una norma preexistente, estatal o convenida colectivamente, remitirá las actuaciones practicadas, con su informe, a la Magistratura de Trabajo, que procederá conforme a lo dispuesto en la Ley de Procedimiento Laboral.

[b) Si el conflicto se planteara para modificar las condiciones de trabajo, la Autoridad laboral dictará laudo de obligado cumplimiento resolviendo sobre las cuestiones planteadas.][18]

DISPOSICIÓN FINAL

Primera.– Quedan derogados el Decreto-ley 5/1975, de 22 de mayo, sobre Regulación de los Conflictos Colectivos de Trabajo; el artículo 77 de la Ley de Contratos de Trabajo; el artículo 10 del Real Decreto-ley 18/1976, de 8 de

---

[18]   Este apartado, junto con el siguiente art. 26 RDLRT en el que se regulaba el regimen del laudo de obligado cumplimiento, fueron declarados inconstitucionales por la STC 11/1981, de 8 de abril.

octubre, sobre Medidas Económicas; el artículo 35 de la Ley 16/1976, de 8 de abril, de Relaciones Laborales, y cuantas Leyes y disposiciones se opongan a lo establecido en este Real Decreto-ley.

DISPOSICIÓN ADICIONAL

Primera.– Lo dispuesto en el presente Real Decreto-Ley en materia de huelga no es de aplicación al personal civil dependiente de establecimientos militares.

LEY SOBRE INFRACCIONES Y SANCIONES EN EL ORDEN SOCIAL[1]

CAPÍTULO I. Disposiciones generales

Artículo 1. Infracciones en el orden social.– 1. Constituyen infracciones administrativas en el orden social las acciones u omisiones de los distintos sujetos responsables tipificadas y sancionadas en la presente Ley y en las leyes del orden social[2].

2. Las infracciones no podrán ser objeto de sanción sin previa instrucción del oportuno expediente, de conformidad con el procedimiento administrativo especial en esta materia, a propuesta de la Inspección de Trabajo y Seguridad Social, sin perjuicio de las responsabilidades de otro orden que puedan concurrir[3].

3. Las infracciones se califican como leves, graves y muy graves en atención a la naturaleza del deber infringido y la entidad del derecho afectado, de conformidad con lo establecido en la presente Ley.

Artículo 2. Sujetos responsables de la infracción.– Son sujetos responsables de la infracción las personas físicas o jurídicas y las comunidades de bienes que incurran en las acciones u omisiones tipificadas como infracción en la presente Ley y, en particular, las siguientes:

1. El empresario en la relación laboral.

2. Los empresarios, trabajadores por cuenta propia o ajena o asimilados, perceptores y solicitantes de las prestaciones de Seguridad Social, las entidades de formación o aquellas que asuman la organización de las acciones de formación profesional para el empleo programada por las empresas, de forma individual o en agrupación de empresas y los solicitantes y beneficiarios de las ayudas y subvenciones públicas de formación profesional para el empleo, las Mutuas Colaboradoras con la Seguridad Social y demás entidades colaboradoras en la gestión, en el ámbito de la relación jurídica de Seguridad Social, así

---

[1]   Texto Refundido de la Ley sobre Infracciones y sanciones en el orden social, aprobado por RDLeg. 5/2000, de 4 de agosto.

[2]   Art. 25.1 CE. Arts. 127 ss. y DA 1ª.2.c) LPAC.

[3]   RSOS.

como las entidades o empresas responsables de la gestión de prestaciones en cuanto a sus obligaciones en relación con el Registro de Prestaciones Sociales Públicas y demás sujetos obligados a facilitar información de trascendencia recaudatoria en materia de Seguridad Social.

3. Los empresarios, los trabajadores, los solicitantes de ayudas y subvenciones públicas y, en general, las personas físicas o jurídicas, respecto de la normativa de colocación, fomento del empleo y de formación profesional para el empleo.

4. Los transportistas, agentes consignatarios, representantes, trabajadores y, en general, las personas físicas o jurídicas que intervengan en movimientos migratorios.

5. Los empresarios y trabajadores por cuenta propia respecto de la normativa sobre trabajo de extranjeros.

6. Las cooperativas con respecto a sus socios trabajadores y socios de trabajo, conforme a la Ley 27/1999, de 16 de julio, de Cooperativas.

7. Las agencias de colocación, las empresas de trabajo temporal y las empresas usuarias respecto de las obligaciones que se establecen en su legislación específica y en la de prevención de riesgos laborales, sin perjuicio de lo establecido en otros números de este artículo.

8. Los empresarios titulares de centro de trabajo, los promotores y propietarios de obra y los trabajadores por cuenta propia que incumplan las obligaciones que se deriven de la normativa de prevención de riesgos laborales.

9. Las entidades especializadas que actúen como servicios de prevención ajenos a las empresas, las personas o entidades que desarrollen la actividad de auditoría del sistema de prevención de las empresas y las entidades acreditadas para desarrollar y certificar la formación en materia de prevención de riesgos laborales que incumplan las obligaciones establecidas en la normativa sobre dicha materia.

10. Las personas físicas o jurídicas y las comunidades de bienes titulares de los centros de trabajo y empresas de dimensión comunitaria situadas en territorio español, respecto de los derechos de información y consulta de los trabajadores en los términos establecidos en su legislación específica.

11. Los empresarios incluidos en el ámbito de aplicación de la normativa legal reguladora del desplazamiento de trabajadores en el marco de una prestación de servicios transnacional, respecto de las obligaciones establecidas en dicha normativa.

12. Las sociedades europeas y las sociedades cooperativas europeas con domicilio social en España, las sociedades, entidades jurídicas y, en su caso, las personas físicas domiciliadas en España que participen directamente en la constitución de una sociedad europea o de una sociedad cooperativa europea, así como las personas físicas o jurídicas o comunidades de bienes titulares de los centros de trabajo situados en España de las sociedades europeas y de las sociedades cooperativas europeas y de sus empresas filiales y de las sociedades y entidades jurídicas participantes, cualquiera que sea el Estado miembro en que se encuentren domiciliadas, respecto de los derechos de información, consulta y participación de los trabajadores, en los términos establecidos en su legislación específica.

13. Las empresas de inserción, respecto de las obligaciones que se establecen en su legislación específica, sin perjuicio de lo establecido en otros números de este artículo.

14. Las fundaciones y asociaciones de utilidad pública beneficiarias de donaciones y acciones de patrocinio para el desarrollo de actividades de inserción y de creación de empleo de personas con discapacidad, como medida alternativa al cumplimiento de la obligación de reserva de empleo a favor de las personas con discapacidad.

Artículo 3. Concurrencia con el orden jurisdiccional penal[4].– 1. No podrán sancionarse los hechos que hayan sido sancionados penal o administrativamente, en los casos en que se aprecie identidad de sujeto, de hecho y de fundamento.

Los desplazamientos temporales de personas trabajadoras por las empresas establecidas en España al territorio de Estados miembros de la Unión Europea o de Estados signatarios del Acuerdo sobre el Espacio Económico en el marco de una prestación de servicios transnacional, no podrán dar lugar a que se sancionen las acciones u omisiones de los sujetos responsables que hayan sido ya sancionadas penal o administrativamente en el país de desplazamiento en los casos en que se aprecie identidad de sujeto, hecho y fundamento.

2. En los supuestos en que las infracciones pudieran ser constitutivas de ilícito penal, la Administración pasará el tanto de culpa al órgano judicial competente o al Ministerio Fiscal y se abstendrá de seguir el procedimiento san-

---

[4]   Art. 5 RSOS.

cionador mientras la autoridad judicial no dicte sentencia firme o resolución que ponga fin al procedimiento o mientras el Ministerio Fiscal no comunique la improcedencia de iniciar o proseguir actuaciones.

3. De no haberse estimado la existencia de ilícito penal, o en el caso de haberse dictado resolución de otro tipo que ponga fin al procedimiento penal, la Administración continuará el expediente sancionador en base a los hechos que los Tribunales hayan considerado probados.

4. La comunicación del tanto de culpa al órgano judicial o al Ministerio Fiscal o el inicio de actuaciones por parte de éstos, no afectará al inmediato cumplimiento de las medidas de paralización de trabajos adoptadas en los casos de riesgo grave e inminente para la seguridad o salud del trabajador, a la efectividad de los requerimientos de subsanación formulados, ni a los expedientes sancionadores sin conexión directa con los que sean objeto de las eventuales actuaciones jurisdiccionales del orden penal.

Artículo 4. Prescripción de las infracciones[5].– 1. Las infracciones en el orden social a que se refiere la presente Ley prescriben a los tres años contados desde la fecha de la infracción, salvo lo dispuesto en los números siguientes.

2. Las infracciones en materia de Seguridad Social prescribirán a los cuatro años, contados desde la fecha de la infracción.

3. En materia de prevención de riesgos laborales, las infracciones prescribirán: al año las leves, a los tres años las graves y a los cinco años las muy graves, contados desde la fecha de la infracción.

4. Las infracciones a la legislación de sociedades cooperativas prescribirán: las leves, a los tres meses las graves, a los seis meses; y las muy graves, al año, contados desde la fecha de la infracción.

CAPÍTULO II. Infracciones laborales

Artículo 5. Concepto.– 1. Son infracciones laborales las acciones u omisiones de los empresarios contrarias a las normas legales, reglamentarias y cláusulas normativas de los convenios colectivos en materia de relaciones laborales, tanto individuales como colectivas, de colocación, empleo, formación profesional para el empleo, de trabajo temporal y de inserción sociolaboral,

---

[5]   Art. 7 RSOS. Véase también art. 21.4 LIT y 17 y 18 de su reglamento aprobado por RD 138/2000, de 4 de febrero.

tipificadas y sancionadas de conformidad con la presente ley. Asimismo, tendrán dicha consideración las demás acciones u omisiones de los sujetos responsables en las materias que se regulan en el presente capítulo.

2. Son infracciones laborales en materia de prevención de riesgos laborales las acciones u omisiones de los diferentes sujetos responsables que incumplan las normas legales, reglamentarias y cláusulas normativas de los convenios colectivos en materia de seguridad y salud en el trabajo sujetas a responsabilidad conforme a esta Ley.

3. Son infracciones laborales en materia de derechos de implicación de los trabajadores en las sociedades europeas las acciones u omisiones de los distintos sujetos responsables contrarias a la Ley 31/2006, de 18 de octubre, sobre implicación de los trabajadores en las sociedades anónimas y cooperativas europeas, o a sus normas reglamentarias de desarrollo, a las disposiciones de otros Estados miembros con eficacia en España, a los acuerdos celebrados conforme a la Ley o a las disposiciones citadas, y a las cláusulas normativas de los convenios colectivos que complementan los derechos reconocidos en las mismas, tipificadas y sancionadas de conformidad con esta ley.

Asimismo, son infracciones laborales en materia de derechos de implicación de los trabajadores en las sociedades participantes o resultantes de modificaciones estructurales transfronterizas intraeuropeas consistentes en fusiones, transformaciones o escisiones las acciones u omisiones de los distintos sujetos responsables contrarias al título IV de la Ley 31/2006, de 18 de octubre. A estos efectos, las infracciones laborales previstas en el artículo 10 bis se entenderán aplicables en caso de incumplimientos de dicha ley relativos a dichas modificaciones estructurales, aunque no den lugar a la constitución de una sociedad.

SECCIÓN 1.ª Infracciones en materia de relaciones laborales

Subsección 1.ª Infracciones en materia de relaciones laborales individuales y colectivas

Artículo 6. Infracciones leves.– Son infracciones leves:

1. No exponer en lugar visible del centro de trabajo el calendario laboral vigente.

2. No entregar puntualmente al trabajador el recibo de salarios o no utilizar el modelo de recibo de salarios aplicable, oficial o pactado.

3. *(Derogado)*.

4. No informar por escrito al trabajador sobre los elementos esenciales del contrato y las principales condiciones de ejecución de la prestación laboral, en los términos y plazos establecidos reglamentariamente.

4 bis. La falta de entrega al trabajador por parte del empresario del documento justificativo al que se refiere el artículo 15.9 del Estatuto de los Trabajadores.

5. No informar a los trabajadores a tiempo parcial, a los trabajadores a distancia, a los trabajadores con contratos de duración determinada o temporales, incluidos los formativos, y a los trabajadores fijos-discontinuos sobre las vacantes existentes en la empresa, en los términos previstos en los artículos 12.4, 13.3, 15.7 y 16.7 del Estatuto de los Trabajadores.

6. Cualesquiera otros incumplimientos que afecten a obligaciones meramente formales o documentales.

Artículo 7. Infracciones graves.– Son infracciones graves:

1. No formalizar por escrito el contrato de trabajo, cuando este requisito sea exigible o lo haya solicitado la persona trabajadora, o no formalizar el acuerdo de trabajo a distancia en los términos y con los requisitos legal y convencionalmente previstos.

2. La transgresión de la normativa sobre modalidades contractuales, contratos de duración determinada y temporales, mediante su utilización en fraude de ley o respecto a personas, finalidades, supuestos y límites temporales distintos de los previstos legal, reglamentariamente, o mediante convenio colectivo cuando dichos extremos puedan ser determinados por la negociación colectiva. A estos efectos se considerará una infracción por cada una de las personas trabajadoras afectadas.

3. No consignar en el recibo de salarios las cantidades realmente abonadas al trabajador.

4. El incumplimiento de las obligaciones establecidas en materia de tramitación de los recibos de finiquito.

5. La transgresión de las normas y los límites legales o pactados en materia de jornada, trabajo nocturno, horas extraordinarias, horas complementarias, descansos, vacaciones, permisos, registro de jornada y, en general, el tiempo de trabajo a que se refieren los artículos 12, 23 y 34 a 38 del Estatuto de los Trabajadores.

6. La modificación de las condiciones sustanciales de trabajo impuesta unilateralmente por el empresario, sin acudir a los procedimientos establecidos en el artículo 41 o en el artículo 82.3 del Estatuto de los Trabajadores.

7. La transgresión de los derechos de información, audiencia y consulta de los representantes de los trabajadores y de los delegados sindicales, en los términos en que legal o convencionalmente estuvieren establecidos.

8. La transgresión de los derechos de los representantes de los trabajadores y de las secciones sindicales en materia de crédito de horas retribuidas y locales adecuados para el desarrollo de sus actividades, así como de tablones de anuncios, en los términos en que legal o convencionalmente estuvieren establecidos.

9. La vulneración de los derechos de las secciones sindicales en orden a la recaudación de cuotas, distribución y recepción de información sindical, en los términos en que legal o convencionalmente estuvieren establecidos.

10. Establecer condiciones de trabajo inferiores a las establecidas legalmente o por convenio colectivo, así como los actos u omisiones que fueren contrarios a los derechos de los trabajadores reconocidos en el artículo 4 de la Ley del Estatuto de los Trabajadores, salvo que proceda su calificación como muy graves, de acuerdo con el artículo siguiente.

11. El incumplimiento del deber de información a los trabajadores en los supuestos de contratas al que se refiere el artículo 42.3 del Estatuto de los Trabajadores, así como del deber de información a los trabajadores afectados por una sucesión de empresa establecido en el artículo 44.7 del mismo texto legal.

12. No disponer la empresa principal del libro registro de las empresas contratistas o subcontratistas que compartan de forma continuada un mismo centro de trabajo a que se refiere el artículo 42.4 del Estatuto de los Trabajadores, cuando ello comporte la ausencia de información a los representantes legales de los trabajadores.

13. No cumplir las obligaciones que en materia de planes y medidas de igualdad establecen la Ley Orgánica 3/2007, de 22 de marzo, para la igualdad efectiva de mujeres y hombres, el Estatuto de los Trabajadores o el convenio colectivo que sea de aplicación.

14. La formalización de nuevas contrataciones laborales incumpliendo la prohibición establecida en el artículo 47.7.d) del Estatuto de los Trabajadores.

Se considerará una infracción por cada persona trabajadora contratada.

Artículo 8. Infracciones muy graves.– Son infracciones muy graves:

1. El impago y los retrasos reiterados en el pago del salario debido.

2. La cesión de trabajadores en los términos prohibidos por la legislación vigente.

3. Proceder al despido colectivo de trabajadores o a la aplicación de medidas de suspensión de contratos o reducción de jornada por causas económicas, técnicas, organizativas o de producción o derivadas de fuerza mayor o del Mecanismo RED en cualquiera de sus modalidades, sin acudir a los procedimientos establecidos en los artículos 51, 47 y 47 bis del Estatuto de los Trabajadores.

4. La transgresión de las normas sobre trabajo de menores contempladas en la legislación laboral.

5. Las acciones u omisiones que impidan el ejercicio del derecho de reunión de los trabajadores, de sus representantes y de las secciones sindicales, en los términos en que legal o convencionalmente estuvieran establecidos.

6. La vulneración del derecho de asistencia y acceso a los centros de trabajo, en los términos establecidos por el artículo 9.1.c, de la Ley Orgánica 11/1985, de 2 de agosto, de Libertad Sindical, de quienes ostenten cargos electivos a nivel provincial, autonómico o estatal en las organizaciones sindicales más representativas.

7. La transgresión de los deberes materiales de colaboración que impongan al empresario las normas reguladoras de los procesos electorales a representantes de los trabajadores.

8. La transgresión de las cláusulas normativas sobre materia sindical establecidas en los convenios colectivos.

9. La negativa del empresario a la reapertura del centro de trabajo en el plazo establecido, cuando fuera requerida por la autoridad laboral competente en los casos de cierre patronal.

10. Los actos del empresario lesivos del derecho de huelga de los trabajadores consistentes en la sustitución de los trabajadores en huelga por otros no vinculados al centro de trabajo al tiempo de su ejercicio, salvo en los casos justificados por el ordenamiento.

11. Los actos del empresario que fueren contrarios al respeto de la intimidad y consideración debida a la dignidad de los trabajadores.

12. Las decisiones unilaterales de la empresa que impliquen discriminaciones directas o indirectas desfavorables por razón de edad o discapacidad o favorables o adversas en materia de retribuciones, jornadas, formación, promoción y demás condiciones de trabajo, por circunstancias de sexo, origen, incluido el racial o étnico, estado civil, condición social, religión o convic-

ciones, ideas políticas, orientación e identidad sexual, expresión de género, características sexuales, adhesión o no a sindicatos y a sus acuerdos, vínculos de parentesco con otros trabajadores en la empresa o lengua dentro del Estado español, así como las decisiones del empresario que supongan un trato desfavorable de los trabajadores como reacción ante una reclamación efectuada en la empresa o ante una acción administrativa o judicial destinada a exigir el cumplimiento del principio de igualdad de trato y no discriminación.

13. El acoso sexual, cuando se produzca dentro del ámbito a que alcanzan las facultades de dirección empresarial, cualquiera que sea el sujeto activo de la misma.

13 bis. El acoso por razón de origen racial o étnico, religión o convicciones, discapacidad, edad y orientación e identidad sexual, expresión de género o características sexuales y el acoso por razón de sexo, cuando se produzcan dentro del ámbito a que alcanzan las facultades de dirección empresarial, cualquiera que sea el sujeto activo del mismo, siempre que, conocido por el empresario, éste no hubiera adoptado las medidas necesarias para impedirlo.

14. El incumplimiento por el empresario de la obligación establecida en el apartado 10 del artículo 51 del Estatuto de los Trabajadores o de las medidas sociales de acompañamiento asumidas por el empresario en el marco de los procedimientos de despido colectivo.

15. El incumplimiento por la empresa de la obligación de instrumentar los compromisos por pensiones con el personal de la empresa en los términos establecidos en la normativa reguladora de los planes y fondos de pensiones.

16. El incumplimiento de la normativa sobre limitación de la proporción mínima de trabajadores contratados con carácter indefinido contenida en la Ley reguladora de la subcontratación en el sector de la construcción y en su reglamento de aplicación.

17. No elaborar o no aplicar el plan de igualdad, o hacerlo incumpliendo manifiestamente los términos previstos, cuando la obligación de realizar dicho plan responda a lo establecido en el apartado 2 del artículo 46 bis de esta Ley.

18. No presentar, en tiempo y forma, ante la entidad competente para la gestión de las prestaciones, la certificación a que se refiere el apartado 7 de la disposición adicional decimosexta de la Ley 27/2011, de 1 de agosto, sobre actualización, adecuación y modernización del sistema de Seguridad Social, así como presentar información que resulte falsa o inexacta.

19. Incumplir las obligaciones establecidas en el artículo 57.3 de la Ley Orgánica de Protección Integral de la Infancia y la Adolescencia frente a la Violencia.

20. Establecer nuevas externalizaciones de actividad incumpliendo la prohibición establecida en el artículo 47.7.d) del Estatuto de los Trabajadores.

Subsección 2.ª Infracciones en materia de derechos de información y consulta de los trabajadores en las empresas y grupos de empresas de dimensión comunitaria

Artículo 9. Infracciones graves y muy graves.– 1. Son infracciones graves, salvo que proceda su calificación como muy graves de conformidad con lo dispuesto en el apartado siguiente de este artículo:

a. No facilitar la información solicitada sobre el número de trabajadores a efectos de definir la existencia de una empresa o grupo de empresas de dimensión comunitaria con el fin de constituir un comité de empresa europeo o de establecer un procedimiento alternativo de información y consulta a los trabajadores.

b. No dar traslado a la dirección central de la petición de inicio de las negociaciones para la constitución de un comité de empresa europeo o el establecimiento de un procedimiento alternativo de información y consulta.

c. La transgresión de los derechos de reunión de la comisión negociadora, del comité de empresa europeo, y, en su caso, de los representantes de los trabajadores en el marco de un procedimiento alternativo de información y consulta, así como de su derecho a ser asistidos por expertos de su elección.

d. La transgresión de los derechos de la comisión negociadora, del comité de empresa europeo y, en su caso, de los representantes de los trabajadores en el marco de un procedimiento alternativo de información y consulta, en materia de recursos financieros y materiales para el adecuado funcionamiento y desarrollo de sus actividades.

e. La falta de convocatoria, en tiempo y forma, de las reuniones, ordinarias y extraordinarias, del comité de empresa europeo con la dirección central.

f. La transgresión de los derechos y garantías de los miembros de la comisión negociadora, del comité de empresa europeo y de los representantes de los trabajadores en el marco de un procedimiento alternativo de información y consulta, en los términos legal o convencionalmente establecidos.

2. Son infracciones muy graves:

a. Las acciones u omisiones que impidan el inicio y desarrollo de la negociación para la constitución de un comité de empresa europeo o el establecimiento de un procedimiento alternativo de información y consulta a los trabajadores.

b. Las acciones u omisiones que impidan el funcionamiento de la comisión negociadora, del comité de empresa europeo y del procedimiento alternativo de información y consulta, en los términos legal o convencionalmente establecidos.

c. Las acciones u omisiones que impidan el ejercicio efectivo de los derechos de información y consulta de los representantes de los trabajadores, incluido el abuso en el establecimiento de la obligación de confidencialidad en la información proporcionada o en el recurso a la dispensa de la obligación de comunicar aquellas informaciones de carácter secreto.

d. Las decisiones adoptadas en aplicación de la Ley 10/1997, de 24 de abril, sobre derechos de información y consulta de los trabajadores en las empresas y grupos de empresas de dimensión comunitaria, que contengan o supongan cualquier tipo de discriminación, favorable o adversa, por razón del sexo, nacionalidad, lengua, estado civil, condición social, ideas religiosas o políticas y adhesión o no a un sindicato, a sus acuerdos o al ejercicio, en general, de las actividades sindicales.

Subsección 3.ª Infracciones de las obligaciones establecidas en la normativa que regula el desplazamiento a España de trabajadores en el marco de una prestación de servicios transnacional

Artículo 10. Infracciones.– 1. Son infracciones leves:

a) Los defectos formales de la comunicación de desplazamiento de trabajadores a España en el marco de una prestación de servicios transnacional, en los términos legalmente establecidos.

b) No dar cuenta, en tiempo y forma, a la autoridad laboral competente, conforme a las disposiciones vigentes, de los accidentes de trabajo ocurridos y de las enfermedades profesionales declaradas, cuando tengan la calificación de leves.

2. Son infracciones graves:

a) La presentación de la comunicación de desplazamiento con posterioridad a su inicio o sin designar ya sea al representante de la empresa que sirva de enlace con las autoridades competentes españolas y para envío y recepción de documentos o notificaciones, ya sea a una persona que pueda actuar en

España en representación de la empresa prestadora de servicios en los procedimientos de información y consulta de las personas trabajadoras, y negociación, que afecten a las personas trabajadoras desplazadas a España, así como dar cuenta a las autoridades competentes de los motivos de la ampliación del desplazamiento alegando hechos y circunstancias que se demuestre que son falsos o inexactos.

b) No tener disponible en España, durante el desplazamiento, la documentación relativa al mismo, en los términos legalmente establecidos.

c) No dar cuenta, en tiempo y forma, a la autoridad laboral competente, conforme a las disposiciones vigentes, de los accidentes de trabajo ocurridos y de las enfermedades profesionales declaradas, cuando tengan la calificación de graves, muy graves o mortales.

d) No presentar la documentación requerida por la Inspección de Trabajo y Seguridad Social o presentar alguno de los documentos sin traducir.

3. Son infracciones muy graves:

a) La ausencia de comunicación de desplazamiento, así como la falsedad o la ocultación de los datos contenidos en la misma.

b) El desplazamiento fraudulento de personas trabajadoras por empresas que no desarrollan actividades sustantivas en su Estado de establecimiento, así como el desplazamiento fraudulento de personas trabajadoras que no desempeñen normalmente su trabajo en el Estado Miembro de origen según lo dispuesto en el artículo 8 bis de la Ley 45/1999, de 29 de noviembre, sobre el desplazamiento de los trabajadores en el marco de una prestación de servicios transnacional.

4. Sin perjuicio de lo anterior, constituye infracción administrativa no garantizar a los trabajadores desplazados a España, cualquiera que sea la legislación aplicable al contrato de trabajo, las condiciones de trabajo previstas por la legislación laboral española en los términos definidos por el artículo 3 de la Ley 45/1999, de 29 de noviembre, sobre el desplazamiento de trabajadores en el marco de una prestación de servicios transnacional, disposiciones reglamentarias para su aplicación, y en los convenios colectivos y laudos arbitrales aplicables en el lugar y en el sector o rama de la actividad de que se trate, así como el incumplimiento de las obligaciones a que se refiere la disposición adicional octava de la misma ley. La tipificación de dichas infracciones, su calificación como leves, graves o muy graves, las sanciones y los criterios para su graduación se ajustarán a lo dispuesto en la presente ley.

Subsección 4.ª Infracciones en materia de derechos de información, consulta y participación de los trabajadores en las sociedades anónimas y sociedades cooperativas europeas

Artículo 10 bis. Infracciones graves y muy graves.– 1. Son infracciones graves, salvo que proceda su calificación como muy graves de conformidad con lo dispuesto en el apartado siguiente:

a) No facilitar a los representantes de los trabajadores las informaciones necesarias para la adecuada constitución de la comisión negociadora, en particular en lo relativo a la identidad de las sociedades o entidades jurídicas y, en su caso, personas físicas, participantes y de sus centros de trabajo y empresas filiales, el número de sus trabajadores, el domicilio social propuesto, así como sobre los sistemas de participación existentes en las sociedades o entidades jurídicas participantes, en los términos legalmente establecidos.

b) La trasgresión de los derechos de reunión de la comisión negociadora, del órgano de representación de los trabajadores de la SE o de la SCE o de los representantes de los trabajadores en el marco de un procedimiento de información y consulta, así como de su derecho a ser asistido por expertos de su elección.

c) La trasgresión de los derechos de la comisión negociadora, del órgano de representación y, en su caso, de los representantes de los trabajadores en el marco de un procedimiento de información y consulta, en materia de recursos financieros y materiales para el adecuado funcionamiento y desarrollo de sus actividades.

d) La falta de convocatoria, en tiempo y forma, de la comisión negociadora y de las reuniones, ordinarias y extraordinarias, del órgano de representación de los trabajadores con el órgano competente de la sociedad europea o de la sociedad cooperativa europea.

e) La trasgresión de los derechos y garantías de los miembros de la comisión negociadora, de los miembros del órgano de representación, de los representantes de los trabajadores que ejerzan sus funciones en el marco de un procedimiento de información y consulta y de los representantes de los trabajadores que formen parte del órgano de control o de administración de una sociedad europea, o de una sociedad cooperativa europea, en los términos legal o convencionalmente establecidos.

2. Son infracciones muy graves:

a) Las acciones u omisiones que impidan el inicio y desarrollo de la ne-gociación con los representantes de los trabajadores sobre las disposiciones relativas a la implicación de los trabajadores en la sociedad europea o en la sociedad cooperativa europea.

b) Las acciones u omisiones que impidan el funcionamiento de la comisión negociadora, del órgano de representación de los trabajadores o, en su caso, del procedimiento de información y consulta acordado, en los términos legal o convencionalmente establecidos.

c) Las acciones u omisiones que impidan el ejercicio efectivo de los de-rechos de información, consulta y participación de los trabajadores en la so-ciedad europea, o en la sociedad cooperativa europea, incluido el abuso en el establecimiento de la obligación de confidencialidad en la información propor-cionada o en el recurso a la dispensa de la obligación de comunicar aquellas informaciones de carácter secreto.

d) Las decisiones adoptadas en aplicación de la Ley sobre implicación de los trabajadores en las sociedades anónimas y cooperativas europeas, que contengan o supongan cualquier tipo de discriminaciones directas o indirectas desfavorables por razón de edad o discapacidad o favorables o adversas por razón de sexo, nacionalidad, origen, incluido el racial o étnico, estado civil, religión o convicciones, ideas políticas, orientación e identidad sexual, expre-sión de género, características sexuales, adhesión o no a un sindicato, a sus acuerdos o al ejercicio, en general, de las actividades sindicales, o lengua.

e) El recurso indebido a la constitución de una sociedad europea o de una sociedad cooperativa europea con el propósito de privar a los trabajadores de los derechos de información, consulta y participación que tuviesen, o de hacerlos ineficaces.

SECCIÓN 2.ª Infracciones en materia de prevención de riesgos laborales

Artículo 11. Infracciones leves.– Son infracciones leves:

1. La falta de limpieza del centro de trabajo de la que no se derive riesgo para la integridad física o salud de los trabajadores.

2. No dar cuenta, en tiempo y forma, a la autoridad laboral competente, conforme a las disposiciones vigentes, de los accidentes de trabajo ocurridos y de las enfermedades profesionales declaradas cuando tengan la calificación de leves.

3. No comunicar a la autoridad laboral competente la apertura del centro de trabajo o la reanudación o continuación de los trabajos después de efectuar alteraciones o ampliaciones de importancia, o consignar con inexactitud los datos que debe declarar o cumplimentar, siempre que no se trate de industria calificada por la normativa vigente como peligrosa, insalubre o nociva por los elementos, procesos o sustancias que se manipulen.

4. Las que supongan incumplimientos de la normativa de prevención de riesgos laborales, siempre que carezcan de trascendencia grave para la integridad física o la salud de los trabajadores.

5. Cualesquiera otras que afecten a obligaciones de carácter formal o documental exigidas en la normativa de prevención de riesgos laborales y que no estén tipificadas como graves o muy graves.

6. No disponer el contratista en la obra de construcción del Libro de Subcontratación exigido por el artículo 8 de la Ley Reguladora de la subcontratación en el sector de la construcción.

7. No disponer el contratista o subcontratista de la documentación o título que acredite la posesión de la maquinaria que utiliza, y de cuanta documentación sea exigida por las disposiciones legales vigentes.

Artículo 12. Infracciones graves.– Son infracciones graves:

1. a. Incumplir la obligación de integrar la prevención de riesgos laborales en la empresa a través de la implantación y aplicación de un plan de prevención, con el alcance y contenido establecidos en la normativa de prevención de riesgos laborales.

b. No llevar a cabo las evaluaciones de riesgos y, en su caso, sus actualizaciones y revisiones, así como los controles periódicos de las condiciones de trabajo y de la actividad de los trabajadores que procedan, o no realizar aquellas actividades de prevención que hicieran necesarias los resultados de las evaluaciones, con el alcance y contenido establecidos en la normativa sobre prevención de riesgos laborales.

2. No realizar los reconocimientos médicos y pruebas de vigilancia periódica del estado de salud de los trabajadores que procedan conforme a la normativa sobre prevención de riesgos laborales, o no comunicar su resultado a los trabajadores afectados.

3. No dar cuenta en tiempo y forma a la autoridad laboral, conforme a las disposiciones vigentes, de los accidentes de trabajo ocurridos y de las enfermedades profesionales declaradas cuando tengan la calificación de graves, muy

graves o mortales, o no llevar a cabo una investigación en caso de producirse daños a la salud de los trabajadores o de tener indicios de que las medidas preventivas son insuficientes.

4. No registrar y archivar los datos obtenidos en las evaluaciones, controles, reconocimientos, investigaciones o informes a que se refieren los artículos 16, 22 y 23 de la Ley 31/1995, de 8 de noviembre, de Prevención de Riesgos Laborales.

5. No comunicar a la autoridad laboral competente la apertura del centro de trabajo o la reanudación o continuación de los trabajos después de efectuar alteraciones o ampliaciones de importancia, o consignar con inexactitud los datos que debe declarar o cumplimentar, siempre que se trate de industria calificada por la normativa vigente como peligrosa, insalubre o nociva por los elementos, procesos o sustancias que se manipulen.

6. Incumplir la obligación de efectuar la planificación de la actividad preventiva que derive como necesaria de la evaluación de riesgos, o no realizar el seguimiento de la misma, con el alcance y contenido establecidos en la normativa de prevención de riesgos laborales.

7. La adscripción de trabajadores a puestos de trabajo cuyas condiciones fuesen incompatibles con sus características personales o de quienes se encuentren manifiestamente en estados o situaciones transitorias que no respondan a las exigencias psicofísicas de los respectivos puestos de trabajo, así como la dedicación de aquéllos a la realización de tareas sin tomar en consideración sus capacidades profesionales en materia de seguridad y salud en el trabajo, salvo que se trate de infracción muy grave conforme al artículo siguiente.

8. El incumplimiento de las obligaciones en materia de formación e información suficiente y adecuada a los trabajadores acerca de los riesgos del puesto de trabajo susceptibles de provocar daños para la seguridad y salud y sobre las medidas preventivas aplicables, salvo que se trate de infracción muy grave conforme al artículo siguiente.

9. La superación de los límites de exposición a los agentes nocivos que, conforme a la normativa sobre prevención de riesgos laborales, origine riesgo de daños graves para la seguridad y salud de los trabajadores, sin adoptar las medidas preventivas adecuadas, salvo que se trate de infracción muy grave conforme al artículo siguiente.

10. No adoptar las medidas previstas en el artículo 20 de la Ley de Prevención de Riesgos Laborales en materia de primeros auxilios, lucha contra incendios y evacuación de los trabajadores.

11. El incumplimiento de los derechos de información, consulta y participación de los trabajadores reconocidos en la normativa sobre prevención de riesgos laborales.

12. No proporcionar la formación o los medios adecuados para el desarrollo de sus funciones a los trabajadores designados para las actividades de prevención y a los delegados de prevención.

13. No adoptar los empresarios y los trabajadores por cuenta propia que desarrollen actividades en un mismo centro de trabajo, o los empresarios a que se refiere el artículo 24.4 de la Ley de Prevención de Riesgos Laborales, las medidas de cooperación y coordinación necesarias para la protección y prevención de riesgos laborales.

14. No adoptar el empresario titular del centro de trabajo las medidas necesarias para garantizar que aquellos otros que desarrollen actividades en el mismo reciban la información y las instrucciones adecuadas sobre los riesgos existentes y las medidas de protección, prevención y emergencia, en la forma y con el contenido establecidos en la normativa de prevención de riesgos laborales.

15. a. No designar a uno o varios trabajadores para ocuparse de las actividades de protección y prevención en la empresa o no organizar o concertar un servicio de prevención cuando ello sea preceptivo, o no dotar a los recursos preventivos de los medios que sean necesarios para el desarrollo de las actividades preventivas.

b. La falta de presencia de los recursos preventivos cuando ello sea preceptivo o el incumplimiento de las obligaciones derivadas de su presencia.

16. Las que supongan incumplimiento de la normativa de prevención de riesgos laborales, siempre que dicho incumplimiento cree un riesgo grave para la integridad física o la salud de los trabajadores afectados y especialmente en materia de:

a. Comunicación a la autoridad laboral, cuando legalmente proceda, de las sustancias, agentes físicos, químicos y biológicos, o procesos utilizados en las empresas.

b. Diseño, elección, instalación, disposición, utilización y mantenimiento de los lugares de trabajo, herramientas, maquinaria y equipos.

c. Prohibiciones o limitaciones respecto de operaciones, procesos y uso de agentes físicos, químicos y biológicos en los lugares de trabajo.

d. Limitaciones respecto del número de trabajadores que puedan quedar expuestos a determinados agentes físicos, químicos y biológicos.

e. Utilización de modalidades determinadas de muestreo, medición y evaluación de resultados.

f. Medidas de protección colectiva o individual.

g. Señalización de seguridad y etiquetado y envasado de sustancias peligrosas, en cuanto éstas se manipulen o empleen en el proceso productivo.

h. Servicios o medidas de higiene personal.

i. Registro de los niveles de exposición a agentes físicos, químicos y biológicos, listas de trabajadores expuestos y expedientes médicos.

17. La falta de limpieza del centro o lugar de trabajo, cuando sea habitual o cuando de ello se deriven riesgos para la integridad física y salud de los trabajadores.

18. El incumplimiento del deber de información a los trabajadores designados para ocuparse de las actividades de prevención o, en su caso, al servicio de prevención de la incorporación a la empresa de trabajadores con relaciones de trabajo temporales, de duración determinada o proporcionados por empresas de trabajo temporal.

19. No facilitar a los trabajadores designados o al servicio de prevención el acceso a la información y documentación señaladas en el apartado 1 del artículo 18 y en el apartado 1 del artículo 23 de la Ley de Prevención de Riesgos Laborales.

20. No someter, en los términos reglamentariamente establecidos, el sistema de prevención de la empresa al control de una auditoría o evaluación externa cuando no se hubiera concertado el servicio de prevención con una entidad especializada ajena a la empresa.

21. Facilitar a la autoridad laboral competente, las entidades especializadas que actúen como servicios de prevención ajenos a las empresas, las personas o entidades que desarrollen la actividad de auditoría del sistema de prevención de las empresas o las entidades acreditadas para desarrollar y certificar la formación en materia de prevención de riesgos laborales, datos de forma o con contenido inexactos, omitir los que hubiera debido consignar, así como no comunicar cualquier modificación de sus condiciones de acreditación o autorización.

22. Incumplir las obligaciones derivadas de actividades correspondientes a servicios de prevención ajenos respecto de sus empresarios concertados, de acuerdo con la normativa aplicable.

23. En el ámbito de aplicación del Real Decreto 1627/1997, de 24 de octubre, por el que se establecen las disposiciones mínimas de seguridad y salud en las obras de construcción:

a. Incumplir la obligación de elaborar el plan de seguridad y salud en el trabajo con el alcance y contenido establecidos en la normativa de prevención de riesgos laborales, en particular por carecer de un contenido real y adecuado a los riesgos específicos para la seguridad y la salud de los trabajadores de la obra o por no adaptarse a las características particulares de las actividades o los procedimientos desarrollados o del entorno de los puestos de trabajo.

b. Incumplir la obligación de realizar el seguimiento del plan de seguridad y salud en el trabajo, con el alcance y contenido establecidos en la normativa de prevención de riesgos laborales.

24. En el ámbito de aplicación del Real Decreto 1627/1997, de 24 de octubre, por el que se establecen las disposiciones mínimas de seguridad y salud en las obras de construcción, el incumplimiento de las siguientes obligaciones correspondientes al promotor:

a. No designar los coordinadores en materia de seguridad y salud cuando ello sea preceptivo.

b. Incumplir la obligación de que se elabore el estudio o, en su caso, el estudio básico de seguridad y salud, cuando ello sea preceptivo, con el alcance y contenido establecidos en la normativa de prevención de riesgos laborales, o cuando tales estudios presenten deficiencias o carencias significativas y graves en relación con la seguridad y la salud en la obra.

c. No adoptar las medidas necesarias para garantizar, en la forma y con el alcance y contenido previstos en la normativa de prevención, que los empresarios que desarrollan actividades en la obra reciban la información y las instrucciones adecuadas sobre los riesgos y las medidas de protección, prevención y emergencia.

d. No cumplir los coordinadores en materia de seguridad y salud las obligaciones establecidas en el artículo 9 del Real Decreto 1627/1997 como consecuencia de su falta de presencia, dedicación o actividad en la obra.

e. No cumplir los coordinadores en materia de seguridad y salud las obligaciones, distintas de las citadas en los párrafos anteriores, establecidas en la normativa de prevención de riesgos laborales cuando tales incumplimientos tengan o puedan tener repercusión grave en relación con la seguridad y salud en la obra.

25. Incumplir las obligaciones derivadas de actividades correspondientes a las personas o entidades que desarrollen la actividad de auditoría del sistema de prevención de las empresas, de acuerdo con la normativa aplicable.

26. Incumplir las obligaciones derivadas de actividades correspondientes a entidades acreditadas para desarrollar y certificar la formación en materia de prevención de riesgos laborales, de acuerdo con la normativa aplicable.

27. En el ámbito de la Ley Reguladora de la subcontratación en el sector de la construcción, los siguientes incumplimientos del subcontratista:

a) El incumplimiento del deber de acreditar, en la forma establecida legal o reglamentariamente, que dispone de recursos humanos, tanto en su nivel directivo como productivo, que cuentan con la formación necesaria en prevención de riesgos laborales, y que dispone de una organización preventiva adecuada, y la inscripción en el registro correspondiente, o del deber de verificar dicha acreditación y registro por los subcontratistas con los que contrate, salvo que proceda su calificación como infracción muy grave, de acuerdo con el artículo siguiente.

b) No comunicar los datos que permitan al contratista llevar en orden y al día el Libro de Subcontratación exigido en la Ley Reguladora de la subcontratación en el sector de la construcción.

c) Proceder a subcontratar con otro u otros subcontratistas o trabajadores autónomos superando los niveles de subcontratación permitidos legalmente, sin disponer de la expresa aprobación de la dirección facultativa, o permitir que en el ámbito de ejecución de su subcontrato otros subcontratistas o trabajadores autónomos incurran en el supuesto anterior y sin que concurran en este caso las circunstancias previstas en la letra c) del apartado 15 del artículo siguiente, salvo que proceda su calificación como infracción muy grave, de acuerdo con el mismo artículo siguiente.

28. Se consideran infracciones graves del contratista, de conformidad con lo previsto en la Ley Reguladora de la subcontratación en el sector de la construcción:

a) No llevar en orden y al día el Libro de Subcontratación exigido, o no hacerlo en los términos establecidos reglamentariamente.

b) Permitir que, en el ámbito de ejecución de su contrato, intervengan empresas subcontratistas o trabajadores autónomos superando los niveles de subcontratación permitidos legalmente, sin disponer de la expresa aprobación de la dirección facultativa, y sin que concurran las circunstancias previstas en la letra c) del apartado 15 del artículo siguiente, salvo que proceda su calificación como infracción muy grave, de acuerdo con el mismo artículo siguiente.

c) El incumplimiento del deber de acreditar, en la forma establecida legal o reglamentariamente, que dispone de recursos humanos, tanto en su nivel directivo como productivo, que cuentan con la formación necesaria en prevención de riesgos laborales, y que dispone de una organización preventiva adecuada, y la inscripción en el registro correspondiente, o del deber de verificar dicha acreditación y registro por los subcontratistas con los que contrate, y salvo que proceda su calificación como infracción muy grave, de acuerdo con el artículo siguiente.

d) La vulneración de los derechos de información de los representantes de los trabajadores sobre las contrataciones y subcontrataciones que se realicen en la obra, y de acceso al Libro de Subcontratación, en los términos establecidos en la Ley Reguladora de la subcontratación en el sector de la construcción.

29. En el ámbito de la Ley Reguladora de la subcontratación en el sector de la construcción, es infracción grave del promotor de la obra permitir, a través de la actuación de la dirección facultativa, la aprobación de la ampliación excepcional de la cadena de subcontratación cuando manifiestamente no concurran las causas motivadoras de la misma prevista en dicha Ley, salvo que proceda su calificación como infracción muy grave, de acuerdo con el artículo siguiente.

Artículo 13. Infracciones muy graves.– Son infracciones muy graves:

1. No observar las normas específicas en materia de protección de la seguridad y la salud de las trabajadoras durante los períodos de embarazo y lactancia.

2. No observar las normas específicas en materia de protección de la seguridad y la salud de los menores.

3. No paralizar ni suspender de forma inmediata, a requerimiento de la Inspección de Trabajo y Seguridad Social, los trabajos que se realicen sin observar la normativa sobre prevención de riesgos laborales y que, a juicio de la Inspección, impliquen la existencia de un riesgo grave e inminente para la seguridad y salud de los trabajadores, o reanudar los trabajos sin haber subsanado previamente las causas que motivaron la paralización.

4. La adscripción de los trabajadores a puestos de trabajo cuyas condiciones fuesen incompatibles con sus características personales conocidas o que

se encuentren manifiestamente en estados o situaciones transitorias que no respondan a las exigencias psicofísicas de los respectivos puestos de trabajo, así como la dedicación de aquéllos a la realización de tareas sin tomar en consideración sus capacidades profesionales en materia de seguridad y salud en el trabajo, cuando de ello se derive un riesgo grave e inminente para la seguridad y salud de los trabajadores.

5. Incumplir el deber de confidencialidad en el uso de los datos relativos a la vigilancia de la salud de los trabajadores, en los términos previstos en el apartado 4 del artículo 22 de la Ley de Prevención de Riesgos Laborales.

6. Superar los límites de exposición a los agentes nocivos que, conforme a la normativa sobre prevención de riesgos laborales, originen riesgos de daños para la salud de los trabajadores sin adoptar las medidas preventivas adecuadas, cuando se trate de riesgos graves e inminentes.

7. No adoptar, los empresarios y los trabajadores por cuenta propia que desarrollen actividades en un mismo centro de trabajo, las medidas de cooperación y coordinación necesarias para la protección y prevención de riesgos laborales, cuando se trate de actividades reglamentariamente consideradas como peligrosas o con riesgos especiales.

8.

a. No adoptar el promotor o el empresario titular del centro de trabajo, las medidas necesarias para garantizar que aquellos otros que desarrollen actividades en el mismo reciban la información y las instrucciones adecuadas, en la forma y con el contenido y alcance establecidos en la normativa de prevención de riesgos laborales, sobre los riesgos y las medidas de protección, prevención y emergencia cuando se trate de actividades reglamentariamente consideradas como peligrosas o con riesgos especiales.

b. La falta de presencia de los recursos preventivos cuando ello sea preceptivo o el incumplimiento de las obligaciones derivadas de su presencia, cuando se trate de actividades reglamentariamente consideradas como peligrosas o con riesgos especiales.

9. Las acciones u omisiones que impidan el ejercicio del derecho de los trabajadores a paralizar su actividad en los casos de riesgo grave e inminente, en los términos previstos en el artículo 21 de la Ley de Prevención de Riesgos Laborales.

10. No adoptar cualesquiera otras medidas preventivas aplicables a las condiciones de trabajo en ejecución de la normativa sobre prevención de ries-

gos laborales de las que se derive un riesgo grave e inminente para la seguridad y salud de los trabajadores.

11. Ejercer sus actividades las entidades especializadas que actúen como servicios de prevención ajenos a las empresas, las personas o entidades que desarrollen la actividad de auditoría del sistema de prevención de las empresas o las que desarrollen y certifiquen la formación en materia de prevención de riesgos laborales, sin contar con la preceptiva acreditación o autorización, cuando ésta hubiera sido suspendida o extinguida, cuando hubiera caducado la autorización provisional, así como cuando se excedan en su actuación del alcance de la misma.

12. Mantener las entidades especializadas que actúen como servicios de prevención ajenos a las empresas o las personas o entidades que desarrollen la actividad de auditoría del sistema de prevención de las empresas, vinculaciones comerciales, financieras o de cualquier otro tipo, con las empresas auditadas o concertadas, distintas a las propias de su actuación como tales, así como certificar, las entidades que desarrollen o certifiquen la formación preventiva, actividades no desarrolladas en su totalidad.

13. La alteración o el falseamiento, por las personas o entidades que desarrollen la actividad de auditoría del sistema de prevención de las empresas, del contenido del informe de la empresa auditada.

14. La suscripción de pactos que tengan por objeto la elusión, en fraude de ley, de las responsabilidades establecidas en el apartado 3 del artículo 42 de esta Ley.

15. En el ámbito de la Ley Reguladora de la subcontratación en el sector de la construcción, los siguientes incumplimientos del subcontratista:

a) El incumplimiento del deber de acreditar, en la forma establecida legal o reglamentariamente, que dispone de recursos humanos, tanto en su nivel directivo como productivo, que cuentan con la formación necesaria en prevención de riesgos laborales, y que dispone de una organización preventiva adecuada, y la inscripción en el registro correspondiente, o del deber de verificar dicha acreditación y registro por los subcontratistas con los que contrate, cuando se trate de trabajos con riesgos especiales conforme a la regulación reglamentaria de los mismos para las obras de construcción.

b) Proceder a subcontratar con otro u otros subcontratistas o trabajadores autónomos superando los niveles de subcontratación permitidos legalmente, sin que disponga de la expresa aprobación de la dirección facultativa, o permitir que en el ámbito de ejecución de su subcontrato otros subcontratistas o trabajadores autónomos incurran en el supuesto anterior y sin que concurran en este caso las circunstancias previstas en la letra c) de este apartado, cuando se trate de trabajos con riesgos especiales conforme a la regulación reglamentaria de los mismos para las obras de construcción.

c) El falseamiento en los datos comunicados al contratista o a su subcontratista comitente, que dé lugar al ejercicio de actividades de construcción incumpliendo el régimen de la subcontratación o los requisitos legalmente establecidos.

16. En el ámbito de la Ley Reguladora de la subcontratación en el sector de la construcción, los siguientes incumplimientos del contratista:

a) Permitir que, en el ámbito de ejecución de su contrato, intervengan subcontratistas o trabajadores autónomos superando los niveles de subcontratación permitidos legalmente, sin que se disponga de la expresa aprobación de la dirección facultativa, y sin que concurran las circunstancias previstas en la letra c) del apartado anterior, cuando se trate de trabajos con riesgos especiales conforme a la regulación reglamentaria de los mismos para las obras de construcción.

b) El incumplimiento del deber de acreditar, en la forma establecida legal o reglamentariamente, que dispone de recursos humanos, tanto en su nivel directivo como productivo, que cuentan con la formación necesaria en prevención de riesgos laborales, y que dispone de una organización preventiva adecuada, y la inscripción en el registro correspondiente, o del deber de verificar dicha acreditación y registro por los subcontratistas con los que contrate, cuando se trate de trabajos con riesgos especiales conforme a la regulación reglamentaria de los mismos para las obras de construcción.

17. En el ámbito de la Ley Reguladora de la subcontratación en el sector de la construcción, es infracción muy grave del promotor de la obra permitir, a través de la actuación de la dirección facultativa, la aprobación de la ampliación excepcional de la cadena de subcontratación cuando manifiestamente no concurran las causas motivadoras de la misma previstas en dicha Ley, cuando se trate de trabajos con riesgos especiales conforme a la regulación reglamentaria de los mismos para las obras de construcción.

SECCIÓN 3.ª Infracciones en materia de empleo

Subsección 1.ª Infracciones de los empresarios, de las agencias de colocación, de las entidades de formación o aquellas

que asuman la organización de las acciones de formación profesional para el empleo programada por las empresas y de los beneficiarios de ayudas y subvenciones en materia de empleo y ayudas al fomento del empleo en general

Artículo 14. Infracciones leves.– Son infracciones leves:

1. No comunicar a la oficina de empleo las contrataciones realizadas en los supuestos en que estuviere establecida esa obligación.

2. No comunicar a la oficina de empleo la terminación de los contratos de trabajo, en los supuestos en que estuviere prevista tal obligación.

3. La falta de registro en la oficina de empleo del contrato de trabajo y de sus prórrogas en los casos en que estuviere establecida la obligación de registro.

4. Incumplir, los empresarios, las entidades de formación o aquellas que asuman la organización de las acciones formativas programadas por las empresas y los solicitantes y beneficiarios de las ayudas y subvenciones públicas, las obligaciones de carácter formal o documental exigidas en la normativa específica sobre formación profesional para el empleo, siempre que no estén tipificadas como graves o muy graves.

Artículo 15. Infracciones graves.– Son infracciones graves:

1. (Suprimido)[6].

2. El incumplimiento de las medidas de reserva, duración o preferencia en el empleo dictadas en virtud de lo dispuesto en el artículo 17, apartados 2 y 3, de la Ley del Estatuto de los Trabajadores.

3. El incumplimiento en materia de integración laboral de personas con discapacidad de la obligación legal de reserva de puestos de trabajo para personas con discapacidad, o de la aplicación de sus medidas alternativas de carácter excepcional.

4. No notificar a los representantes legales de los trabajadores las contrataciones de duración determinada que se celebren, o no entregarles en plazo la copia básica de los contratos cuando exista dicha obligación.

5. La publicidad por cualquier medio de difusión de ofertas de empleo que no respondan a las reales condiciones del puesto ofertado, o que contengan

---

[6]   Suprimido por DF 1.1 Ley 3/2023, de 28 de febrero.

condiciones contrarias a la normativa de aplicación, sin perjuicio de lo establecido en el artículo siguiente.

6. Incumplir, los empresarios, las entidades de formación o aquellas que asuman la organización de las acciones formativas programadas por las empresas y los beneficiarios de ayudas y subvenciones públicas, las obligaciones establecidas en la normativa específica sobre formación profesional para el empleo, salvo que haya dado lugar al disfrute indebido de bonificaciones en el pago de las cuotas sociales, mediante cualquiera de las acciones siguientes:

a. Ejecutar acciones formativas en los términos, forma y contenido distintos a los previamente preavisados, cuando no se hubiera notificado en tiempo y forma su cancelación o modificación al órgano competente.

b. Ejecutar acciones formativas que no guarden relación con la actividad empresarial.

c. Incumplir las obligaciones en materia de control de asistencia de los participantes en las acciones formativas, así como incumplir la obligación de seguimiento de la participación de los alumnos, su aprendizaje y evaluación.

d. Expedir certificaciones de asistencia o diplomas sin el contenido mínimo exigido, que no se ajusten a las acciones formativas, aprobadas y/ o realizadas o cuando no se hayan impartido las mismas, así como negar su entrega o realizar su remisión fuera de plazo, a pesar de haber sido requerido en tal sentido por los órganos de vigilancia y control.

e. Incumplir las obligaciones relativas a la comunicación del inicio y finalización de cada acción formativa en los plazos, forma o contenidos previstos en su normativa aplicable así como no comunicar las transformaciones, fusiones, escisiones o cambios de titularidad que se produzcan en la empresa.

f. No identificar en cuenta separada o epígrafe específico de su contabilidad todos los gastos de ejecución de las acciones formativas, así como las bonificaciones que se apliquen y la cofinanciación, en su caso, del Fondo Social Europeo u otras ayudas e iniciativas europeas, bajo la denominación de Formación profesional para el Empleo.

g. Incumplir las obligaciones relativas a la custodia y entrega de la documentación relacionada con la organización, gestión e impartición de las acciones formativas.

h. Imputar como coste objeto de financiación pública los bienes, productos, materiales o servicios que sean entregados, puestos a disposición o prestados por las entidades de formación o las entidades organizadoras de la formación y que no resulten estrictamente necesarios para la impartición de la actividad formativa.

i. Incumplir las obligaciones relativas al derecho de información y consulta de la representación legal de los trabajadores.

Se entenderá una infracción por cada empresa y por cada acción formativa para los supuestos previstos en las letras a), b) y c) de este apartado

Artículo 16. Infracciones muy graves.– 1. Son infracciones muy graves:

a. Ejercer actividades de intermediación laboral, de cualquier clase y ámbito funcional, que tengan por objeto la colocación de trabajadores sin haber presentado, con carácter previo a la actuación como agencia de colocación, una declaración responsable, de reunir los requisitos establecidos en la Ley 56/2003, de 16 de diciembre, de Empleo, y su normativa de desarrollo, o exigir a los trabajadores precio o contraprestación por los servicios prestados.

b. (Suprimido)[7].

c. Solicitar datos de carácter personal en cualquier proceso de intermediación o colocación o establecer condiciones, mediante la publicidad, difusión o por cualquier otro medio, que constituyan discriminaciones para el acceso al empleo por motivos de edad, sexo, discapacidad, salud, orientación sexual, identidad de género, expresión de género, características sexuales, nacionalidad, origen racial o étnico, religión o creencias, opinión política, afiliación sindical, así como por razón de lengua, dentro del Estado español, o cualquier otra condición o circunstancia personal o social[8].

c. Solicitar datos de carácter personal en los procesos de selección o establecer condiciones, mediante la publicidad, difusión o por cualquier otro medio, que constituyan discriminaciones para el acceso al empleo por motivos de sexo, origen, incluido el racial o étnico, edad, estado civil, discapacidad, religión o convicciones, opinión política, orientación e identidad sexual, expresión de género, características sexuales, afiliación sindical, condición social y lengua dentro del Estado[9].

d. Obtener o disfrutar indebidamente de incentivos a las políticas activas de empleo concedidos, financiados o garantizados, en todo o en parte, por el Estado, las Comunidades Autónomas o el Fondo Social Europeo u otras ayudas

---

[7]   Suprimido por DF 1.2 Ley 3/2023, de 28 de febrero.
[8]   Redacción dada por DF 1.2 Ley 3/2023, de 28 de febrero.
[9]   Redacción dada por DF 6 Ley 4/2023, de 28 de febrero.

e iniciativas europeas, en el marco de la ejecución de la legislación laboral, ajenas al régimen económico de la Seguridad Social.

e. La no aplicación o las desviaciones en la aplicación de los incentivos a de las políticas activas de empleo concedidos, financiados o garantizados, en todo o en parte, por el Estado, las Comunidades Autónomas o el Fondo Social Europeo u otras ayudas e iniciativas europeas, en el marco de la ejecución de la legislación laboral, ajenas al régimen económico de la Seguridad Social[10].

f. Incumplir los empresarios, las entidades de formación o aquellas que asuman la organización de las acciones formativas programadas por las empresas y los beneficiarios de ayudas y subvenciones públicas, las obligaciones establecidas en la normativa específica sobre formación profesional para el empleo, salvo que haya dado lugar al disfrute indebido de bonificaciones en el pago de cuotas sociales, mediante cualquiera de las acciones siguientes:

1.º Solicitar cantidades a los participantes para pagar total o parcialmente las iniciativas de formación profesional para el empleo, cuando las acciones formativas sean financiables con fondos públicos y gratuitas para los mismos.

2.º Simular la contratación laboral con la finalidad de que los trabajadores participen en acciones formativas.

3.º El falseamiento de documentos, así como la simulación de la ejecución de la acción formativa, incluida la teleformación, para la obtención o disfrute indebido de ayudas o subvenciones públicas para sí o para un tercero en materia de formación profesional para el empleo.

4.º Impartir formación sin estar acreditadas o, en su caso, sin haber presentado la declaración responsable de acuerdo con la normativa específica.

5.º Realizar subcontrataciones indebidas, tanto en lo que respecta a la impartición como a la organización de las acciones formativas.

g. La aplicación indebida o la no aplicación a los fines previstos legal o reglamentariamente de las donaciones y acciones de patrocinio recibidas de las empresas por fundaciones y asociaciones de utilidad pública, como medida alternativa al cumplimiento de la obligación de reserva de empleo a favor de las personas con discapacidad.

En las infracciones señaladas en los párrafos 2.º, 3.º, 4.º y 5.º de la letra f), las entidades que asuman la organización de las acciones formativas programadas por las empresas, las entidades que impartan formación, y los

---

[10]   Redacción dada por DF 6 Ley 4/2023, de 28 de febrero, errata incluida (incentivos a (de) las políticas).

beneficiarios de ayudas y subvenciones públicas, responderán solidariamente de la devolución de las cantidades indebidamente obtenidas por cada empresa y acción formativa.

Se entenderá una infracción por cada empresa y acción formativa para los supuestos previstos en las letras d), e) y párrafos 2.º, 3.º, 4.º y 5.º de la letra f).

Subsección 2.ª Infracciones de los trabajadores por cuenta ajena y propia

Artículo 17. Infracciones de los trabajadores por cuenta ajena y propia.– Constituyen infracciones de los trabajadores:

1. Leves.

a) No comparecer presencialmente, o bien telemáticamente cuando se haya aceptado expresa y voluntariamente este medio, previo requerimiento, ante los servicios públicos de empleo o las agencias de colocación cuando desarrollen actividades en el ámbito de la colaboración con aquéllos y así se recoja en el convenio de colaboración.

b) No devolver en plazo, salvo causa justificada, a los servicios públicos de empleo o, en su caso, a las agencias de colocación cuando desarrollen actividades en el ámbito de la colaboración con aquéllos y así se recoja en el convenio de colaboración, el correspondiente justificante de haber comparecido en el lugar y fecha indicados para cubrir las ofertas de empleo facilitadas por aquéllos.

c) No cumplir las exigencias del acuerdo de actividad, salvo causa justificada o de fuerza mayor, siempre que la conducta no esté tipificada como otra infracción leve o grave en este artículo.

2. Graves: Rechazar una oferta de empleo adecuada, ya sea ofrecida por los servicios públicos de empleo o por las agencias de colocación cuando desarrollen actividades en el ámbito de la colaboración con aquellos, o negarse a participar, salvo causa justificada, en aquellas actividades para la mejora de la empleabilidad propuestas en el itinerario o plan personalizado.

A los efectos previstos en esta Ley, se entenderá por colocación adecuada la que reúna los requisitos establecidos en el artículo 231.3 del texto refundido de la Ley General de la Seguridad Social, aprobado por Real Decreto Legislativo 1/1994, de 20 de junio, en aquellos aspectos en los que sea de aplicación a los demandantes de empleo no solicitantes ni beneficiarios de prestaciones por desempleo.

3. Muy graves: la no aplicación, o la desviación en la aplicación de las ayudas, en general, de fomento del empleo percibidas por los trabajadores, así como la connivencia con los empresarios y los beneficiarios de ayudas y subvenciones, para la acreditación o justificación de acciones formativas inexistentes o no realizadas.

SECCIÓN 4.ª Infracciones en materia de empresas de trabajo temporal y empresas usuarias

Artículo 18. Infracciones de las empresas de trabajo temporal.– 1. Infracciones leves:

a. No cumplimentar, en los términos que reglamentariamente se determine, los contratos a que se refiere el artículo 10 de la Ley 14/1994, de 1 de junio, que regula las empresas de trabajo temporal y los contratos de puesta a disposición.

b. No incluir en la publicidad de sus actividades u ofertas de empleo su identificación como empresa de trabajo temporal y el número de autorización.

c. No entregar a la empresa usuaria la copia básica del contrato de trabajo o la orden de servicio de los trabajadores puestos a disposición de la misma; así como la restante documentación que esté obligada a suministrarle.

2. Infracciones graves:

a. No formalizar por escrito los contratos de trabajo o contratos de puesta a disposición, previstos en la Ley por la que se regulan las empresas de trabajo temporal.

b. No remitir a la autoridad laboral competente, en los términos que reglamentariamente se establezcan, la información a que se refiere el artículo 5 de la Ley por la que se regulan las empresas de trabajo temporal, o no comunicar la actualización anual de la garantía financiera.

c. Formalizar contratos de puesta a disposición para supuestos distintos de los previstos en el apartado 2 del artículo 6 de la Ley 14/1994, de 1 de junio, por la que se regulan las empresas de trabajo temporal.

A estos efectos, se considerará una infracción por cada persona trabajadora afectada.

d. No destinar a la formación de los trabajadores temporales las cantidades a que se refiere el artículo 12.2 de la Ley por la que se regulan las empresas de trabajo temporal.

e. Cobrar al trabajador cualquier cantidad en concepto de selección, formación o contratación.

f. Formalizar contratos de puesta a disposición para la cobertura de puestos de trabajo respecto de los que no se haya realizado previamente la preceptiva evaluación de riesgos.

3. Infracciones muy graves:

a. No actualizar el valor de la garantía financiera en los términos legalmente previstos.

b. Formalizar contratos de puesta a disposición para la realización de trabajos u ocupaciones de especial peligrosidad para la seguridad o la salud en el trabajo o formalizarlos sin haber cumplido los requisitos previstos para ello conforme a lo establecido legal o convencionalmente.

c. No dedicarse exclusivamente a las actividades a que se refiere el artículo 1 de la Ley 14/1994, de 1 de junio, por la que se regulan las Empresas de Trabajo Temporal.

d. La falsedad documental u ocultación en la información facilitada a la autoridad laboral sobre sus actividades.

e. Ceder trabajadores con contrato temporal a otra empresa de trabajo temporal o a otras empresas para su posterior cesión a terceros.

Artículo 19. Infracciones de las empresas usuarias.– 1. Son infracciones leves:

a. No cumplimentar, en los términos que reglamentariamente se determine, el contrato de puesta a disposición.

b. No facilitar los datos relativos a la retribución total establecida en el convenio colectivo aplicable para el puesto de trabajo en cuestión, a efectos de su consignación en el contrato de puesta a disposición.

2. Son infracciones graves:

a. No formalizar por escrito el contrato de puesta a disposición.

b. Formalizar contratos de puesta a disposición para supuestos distintos de los previstos en el apartado 2 del artículo 6 de la Ley 14/1994, de 1 de junio, por la que se regulan las empresas de trabajo temporal.

A estos efectos, se considerará una infracción por cada persona trabajadora afectada.

c. Las acciones u omisiones que impidan el ejercicio por los trabajadores puestos a su disposición de los derechos establecidos en el artículo 17 de la Ley por la que se regulan las empresas de trabajo temporal.

d. La falta de información al trabajador temporal en los términos previstos en el artículo 16.1 de la Ley por la que se regulan las empresas de trabajo temporal, y en la normativa de prevención de riesgos laborales.

e. Formalizar contratos de puesta a disposición para la cobertura de puestos o funciones que, en los doce meses anteriores, hayan sido objeto de amortización por despido improcedente, despido colectivo o por causas objetivas, o para la cobertura de puestos que en los dieciocho meses anteriores hubieran estado ya cubiertos por más de doce meses, de forma continua o discontinua, por trabajadores puestos a disposición por empresas de trabajo temporal, entendiéndose en ambos casos cometida una infracción por cada trabajador afectado.

f. Permitir el inicio de la prestación de servicios de los trabajadores puestos a disposición sin tener constancia documental de que han recibido las informaciones relativas a los riesgos y medidas preventivas, poseen la formación específica necesaria y cuentan con un estado de salud compatible con el puesto de trabajo a desempeñar.

g. Formalizar contratos de puesta a disposición para la cobertura de puestos de trabajo respecto de los que no se haya realizado previamente la preceptiva evaluación de riesgos.

3. Son infracciones muy graves:

a. Los actos del empresario lesivos del derecho de huelga, consistentes en la sustitución de trabajadores en huelga por otros puestos a su disposición por una empresa de trabajo temporal.

b. La formalización de contratos de puesta a disposición para la realización de trabajos u ocupaciones de especial peligrosidad para la seguridad o la salud en el trabajo o formalizarlos sin haber cumplido los requisitos previstos para ello conforme a lo establecido legal o convencionalmente, entendiéndose cometida una infracción por cada contrato en estas circunstancias.

SECCIÓN 5.ª Infracciones de las empresas de trabajo temporal establecidas en otros estados miembros de la unión europea o en estados signatarios del acuerdo sobre el espacio económico europeo, así como de las empresas usuarias

Artículo 19 bis. Infracciones de las empresas de trabajo temporal establecidas en otros estados miembros de la Unión Europea o en Estados

signatarios del Acuerdo sobre el Espacio Económico Europeo.– 1. Constituyen infracciones graves de las empresas de trabajo temporal:

a) No formalizar por escrito el contrato de puesta a disposición.

b) Formalizar contratos de puesta a disposición para supuestos distintos de los previstos en el artículo 6.2 de la Ley 14/1994, de 1 de junio.

A estos efectos, se considerará una infracción por cada persona trabajadora afectada.

2. Constituyen infracciones muy graves de las empresas de trabajo temporal:

a) Formalizar contratos de puesta a disposición sin estar válidamente constituidas como empresa de trabajo temporal según la legislación del Estado de establecimiento o sin reunir los requisitos exigidos por la citada legislación para poner a disposición de empresas usuarias, con carácter temporal, personas trabajadoras por ella contratadas.

b) Formalizar contratos de puesta a disposición para la realización de actividades y trabajos que por su especial peligrosidad para la seguridad o la salud se determinen reglamentariamente.

c) Ceder personas trabajadoras con contrato temporal a otra empresa de trabajo temporal o a otras empresas para su posterior cesión a terceros.

Artículo 19 ter. Infracciones de las empresas usuarias establecidas o que ejerzan su actividad en España.– 1. Constituye infracción leve no facilitar a la empresa de trabajo temporal los datos relativos a la retribución total establecida en el convenio colectivo aplicable para el puesto de trabajo en cuestión, a efectos de su consignación en el contrato de puesta a disposición.

2. Infracciones graves:

a) No formalizar por escrito el contrato de puesta a disposición.

b) Formalizar contratos de puesta a disposición para supuestos distintos de los previstos en el artículo 6.2 de la Ley 14/1994, de 1 de junio.

A estos efectos, se considerará una infracción por cada persona trabajadora afectada.

c) Las acciones u omisiones que impidan el ejercicio por las personas trabajadoras puestas a su disposición de los derechos establecidos en el artículo 17 de la Ley 14/1994, de 1 de junio.

d) La falta de información a la persona trabajadora temporal en los términos previstos en el artículo 16.1 de la Ley 14/1994, de 1 de junio.

e) Formalizar contratos de puesta a disposición para la cobertura de puestos o funciones que, en los doce meses anteriores, hayan sido objeto de amortización por despido improcedente, despido colectivo o por causas objetivas, o para la cobertura de puestos que en los dieciocho meses anteriores hubieran estado ya cubiertos por más de trece meses y medio, de forma continua o discontinua, por personas trabajadoras puestas a disposición por empresas de trabajo temporal, entendiéndose en ambos casos cometida una infracción por cada persona trabajadora afectado.

f) Permitir el inicio de la prestación de servicios de las personas trabajadoras puestas a disposición sin tener constancia documental de que han recibido las informaciones relativas a los riesgos y medidas preventivas, poseen la formación específica necesaria y cuentan con un estado de salud compatible con el puesto de trabajo a desempeñar.

g) La ausencia de información de la empresa usuaria a la empresa de trabajo temporal con la antelación suficiente sobre el inicio de un envío temporal de una persona trabajadora desplazada a otro Estado miembro de la Unión Europea o signatario del Acuerdo del Espacio Económico Europeo en los términos previstos legalmente.

h) Formalizar contratos de puesta a disposición para la cobertura de puestos de trabajo respecto de los que no se haya realizado previamente la preceptiva evaluación de riesgos.

3. Infracciones muy graves:

a) Los actos de la empresa lesivos del derecho de huelga, consistentes en la sustitución de personas trabajadoras en huelga por otros puestos a su disposición por una empresa de trabajo temporal.

b) La formalización de contratos de puesta a disposición para la realización de aquellas actividades y trabajos que por su especial peligrosidad para la seguridad o la salud se determinen reglamentariamente, entendiéndose cometida una infracción por cada contrato en tales circunstancias.

c) Formalizar contratos de puesta a disposición con empresas de trabajo temporal que no estén válidamente constituidas como tales según la legislación del Estado de establecimiento o que no reúnan los requisitos exigidos por la citada legislación para poner a disposición de empresas usuarias, con carácter temporal, personas trabajadoras por ellas contratadas.

Artículo 19 quater. Infracciones de las empresas usuarias establecidas en otro Estado miembro de la Unión Europea o signatario del Acuerdo so-

bre el Espacio Económico Europeo.– Constituye infracción grave la ausencia de información de la empresa usuaria a la empresa de trabajo temporal establecida en otro Estado miembro de la Unión Europea o signatario del Acuerdo sobre el Espacio Económico Europeo sobre el inicio del envío temporal de una persona trabajadora desplazada a España, con la antelación suficiente para que dicha empresa pueda comunicar el desplazamiento a las autoridades españolas.

SECCIÓN 6.ª Infracciones en materia de empresas de inserción

Artículo 19 quinquies. Infracciones de las empresas de inserción.– Infracciones de las empresas de inserción.

1. Son infracciones graves:

a) El incumplimiento de cualquiera de los requisitos establecidos para la creación de las empresas de inserción en la normativa aplicable.

b) Ocultar o falsear la documentación acreditativa de las modificaciones estatutarias que afectan a la calificación como empresa de inserción.

c) No facilitar el plan de actividades y el presupuesto de cada año, así como las cuentas anuales, el informe de gestión y el balance social correspondientes al cierre de cada ejercicio económico.

d) No facilitar a los Servicios Sociales Públicos competentes y a los Servicios Públicos de Empleo la información a que se refieren los artículos 12, 13, 14 y 15 de la Ley para la regulación del régimen de las empresas de inserción.

e) Incumplir las obligaciones asumidas en el contrato de trabajo en relación con el proceso personal de inserción de cada trabajador o no poner en práctica las medidas concretas previstas en dicho proceso.

2. Son infracciones muy graves:

a) Desarrollar las actividades sin cumplir el fin primordial de las empresas de inserción de integración sociolaboral de las personas en situación de exclusión social.

b) Obtener o disfrutar indebidamente subvenciones o ayudas establecidas en los programas de apoyo a la inserción sociolaboral, financiadas o garantizadas en todo o en parte por el Estado o por las Comunidades Autónomas en el marco de la ejecución de la legislación laboral ajenas al régimen económico de la Seguridad Social

CAPÍTULO III. Infracciones en materia de seguridad social

Artículo 20. Concepto.– 1. Son infracciones en materia de Seguridad Social las acciones y omisiones de los distintos sujetos responsables a que se refiere el artículo 2.2 de la presente Ley, contrarias a las disposiciones legales y reglamentarias que regulan el sistema de la Seguridad Social, tipificadas y sancionadas como tales en la presente Ley.

2. A los efectos de la presente Ley se asimilan a las infracciones y sanciones en materia de Seguridad Social las producidas respecto de otras cotizaciones que recaude el sistema de Seguridad Social.

SECCIÓN 1.ª Infracciones de los empresarios, entidades de formación, entidades que asuman la organización de las acciones de formación profesional para el empleo programada por las empresas, trabajadores por cuenta propia y asimilados

Artículo 21. Infracciones leves.– Son infracciones leves:

1. No exponer, en lugar destacado del centro de trabajo, o no poner a disposición de los trabajadores, dentro del mes siguiente al que corresponda el ingreso de las cuotas, el ejemplar del documento de cotización o copia autorizada del mismo en el que conste la cotización efectuada correspondiente a aquellos o, en su caso, no facilitar la documentación aludida a los delegados de personal o comités de empresa, en los términos legal y reglamentariamente establecidos.

2. No exponer, en lugar destacado del centro de trabajo, o no poner a disposición de los trabajadores, dentro del mes siguiente al que corresponda el ingreso de las cuotas, el ejemplar del documento de cotización o copia autorizada del mismo o, en su caso, no facilitar la documentación aludida a los delegados de personal o comités de empresa.

3. No comunicar en tiempo y forma las bajas de los trabajadores que cesen en el servicio de la empresa así como las demás variaciones que les afecten o su no transmisión por los obligados o acogidos a la utilización de sistema de presentación por medios informáticos, electrónicos o telemáticos.

4. No facilitar o comunicar fuera de plazo a las entidades correspondientes los datos, certificaciones y declaraciones que estén obligados a proporcionar, u omitirlos, o consignarlos inexactamente.

5. No comunicar a la entidad correspondiente cualquier cambio en los documentos de asociación o de adhesión para la cobertura de las contingencias de accidentes de trabajo y enfermedades profesionales, o en su caso, para las contingencias comunes.

6. No remitir a la Entidad correspondiente las copias de los partes médicos de baja, confirmación de la baja o alta de incapacidad temporal facilitadas por los trabajadores, o su no transmisión por los obligados o acogidos a la utilización del sistema de presentación de tales copias, por medios informáticos, electrónicos o telemáticos.

Artículo 22. Infracciones graves.– Se consideran infracciones graves las siguientes:

1. Iniciar su actividad sin haber solicitado su inscripción en la Seguridad Social; no comunicar la apertura y cese de actividad de los centros de trabajo a efectos de su identificación; no comunicar las variaciones de datos u otras obligaciones establecidas legal o reglamentariamente en materia de inscripción de empresas, incluida la sucesión en la titularidad de la misma, e identificación de centros de trabajo, así como en materia de comunicación en tiempo y forma de los conceptos retributivos abonados a sus trabajadores, o su no transmisión por los obligados o acogidos al uso de sistemas de presentación por medios informáticos, electrónicos o telemáticos.

2. No solicitar la afiliación inicial o el alta de los trabajadores que ingresen a su servicio, o solicitar la misma, como consecuencia de actuación inspectora, fuera del plazo establecido. A estos efectos se considerará una infracción por cada uno de los trabajadores afectados.

3. No ingresar, en la forma y plazos reglamentarios, las cuotas correspondientes que por todos los conceptos recauda la Tesorería General de la Seguridad Social o no efectuar el ingreso en la cuantía debida, habiendo cumplido dentro de plazo las obligaciones establecidas en los apartados 1 y 2 del artículo 26 del texto refundido de la Ley General de la Seguridad Social, siempre que la falta de ingreso no obedezca a una declaración concursal de la empresa, ni a un supuesto de fuerza mayor, ni se haya solicitado aplazamiento para el pago de las cuotas con carácter previo al inicio de la actuación inspectora, salvo que haya recaído resolución denegatoria.

4. Incumplir las obligaciones económicas derivadas de su colaboración obligatoria en la gestión de la Seguridad Social.

5. Formalizar la protección por accidentes de trabajo y enfermedades profesionales, y en su caso, de la incapacidad temporal del personal a su servicio, así como los trabajadores autónomos la protección por cese de actividad en entidad distinta de la que legalmente corresponda.

6. No entregar al trabajador en tiempo y forma, cuantos documentos sean precisos para la solicitud y tramitación de cualesquiera prestaciones, incluido el certificado de empresa, o la no transmisión de dicho certificado, en el caso de sujetos obligados o acogidos a la utilización de sistemas de presentación por medios electrónicos, informáticos o telemáticos, conforme al procedimiento establecido.

7. No solicitar los trabajadores por cuenta propia:

a) Su afiliación y hasta tres altas dentro de cada año natural, en el correspondiente régimen especial de la Seguridad Social, o solicitar las mismas fuera del plazo establecido, como consecuencia de actuación inspectora.

b) Su afiliación y hasta tres altas dentro de cada año natural, en el correspondiente régimen especial de la Seguridad Social, o solicitar las mismas fuera del plazo establecido, sin que medie actuación inspectora.

c) El resto de las altas que, en su caso, se produzcan dentro de cada año natural o solicitarlo fuera de plazo, cuando la omisión genere impago de la cotización que corresponda.

8. No abonar a las entidades correspondientes las prestaciones satisfechas por éstas a los trabajadores cuando la empresa hubiera sido declarada responsable de la obligación.

9. Obtener o disfrutar indebidamente cualquier tipo de reducciones, bonificaciones o incentivos en relación con el importe de las cuotas sociales que corresponda, entendiendo producida una infracción por cada trabajador afectado, salvo que se trate de bonificaciones de formación profesional para el empleo y reducciones de las cotizaciones por contingencias profesionales a las empresas que hayan contribuido especialmente a la disminución y prevención de la siniestralidad laboral, en la que se entenderá producida una infracción por cada empresa y acción formativa.

10. La solicitud de afiliación o del alta de los trabajadores que ingresen a su servicio fuera del plazo establecido al efecto, cuando no mediare actuación inspectora, o su no transmisión por los obligados o acogidos a la utilización de sistemas de presentación por medios informáticos, electrónicos o telemáticos.

11. No comprobar por los empresarios que contraten o subcontraten con otros la realización de obras o servicios correspondientes a la propia actividad

de aquéllos o que se presten de forma continuada en sus centros de trabajo, con carácter previo al inicio de la prestación de la actividad contratada o subcontratada, la afiliación o alta en la Seguridad Social de cada uno de los trabajadores que estos ocupen en los mismos durante el periodo de ejecución de la contrata o subcontrata, considerándose una infracción por cada uno de los trabajadores afectados.

12. No proceder dentro del plazo reglamentario al alta y cotización por los salarios de tramitación y por las vacaciones devengadas y no disfrutadas antes de la extinción de la relación laboral. A estos efectos se considerará una infracción por cada uno de los trabajadores afectados.

13. El incumplimiento de la obligación de comunicar a la entidad gestora de la prestación por desempleo, con carácter previo a su efectividad, las medidas de despido colectivo o de suspensión o reducción de jornada, en la forma y con el contenido establecido reglamentariamente, así como la no comunicación, con antelación a que se produzcan, de las variaciones que se originen sobre el calendario inicialmente dispuesto, en relación con la concreción e individualización por trabajador de los días de suspensión o reducción de jornada, así como en este último caso, el horario de trabajo afectado por la reducción.

14. Dar ocupación, habiendo comunicado el alta en la Seguridad Social, a trabajadores, solicitantes o beneficiarios de pensiones u otras prestaciones periódicas de Seguridad Social, cuyo disfrute sea incompatible con el trabajo por cuenta ajena.

15. Incumplir, las entidades de formación o aquellas que asuman la organización de las acciones formativas programadas por las empresas, los requisitos de cada acción formativa establecidos por la normativa específica sobre formación profesional para el empleo, cuando haya dado lugar al disfrute indebido de bonificaciones en el pago de cuotas, salvo cuando la infracción sea calificada como muy grave de acuerdo con el artículo siguiente.

Dichas entidades responderán solidariamente de la devolución de las cantidades indebidamente bonificadas por cada empresa y acción formativa.

Se entenderá una infracción por cada empresa y por cada acción formativa.

16. Comunicar la baja en un régimen de la Seguridad Social de trabajadores por cuenta ajena pese a que continúen la misma actividad laboral o mantengan idéntica prestación de servicios, sirviéndose de un alta indebida en un régimen de trabajadores por cuenta propia. A estos efectos se considerará una infracción por cada uno de los trabajadores afectados.

Artículo 23. Infracciones muy graves.– 1. Son infracciones muy graves:

a. Dar ocupación como trabajadores a beneficiarios o solicitantes de pensiones u otras prestaciones periódicas de la Seguridad Social, cuyo disfrute sea incompatible con el trabajo por cuenta ajena, cuando no se les haya dado de alta en la Seguridad Social con carácter previo al inicio de su actividad.

b. No ingresar, en la forma y plazos reglamentarios, las cuotas correspondientes que por todos los conceptos recauda la Tesorería General de la Seguridad Social, no habiendo cumplido dentro de plazo las obligaciones establecidas en los apartados 1 y 2 del artículo 26 del texto refundido de la Ley General de la Seguridad Social, así como actuar fraudulentamente al objeto de eludir la responsabilidad solidaria, subsidiaria o mortis causa en el cumplimiento de la obligación de cotizar o en el pago de los demás recursos de la Seguridad Social.

c. Efectuar declaraciones, o facilitar, comunicar o consignar datos falsos o inexactos que den lugar a que las personas trabajadoras obtengan o disfruten indebidamente prestaciones, así como la connivencia con sus trabajadores/as o con las demás personas beneficiarias para la obtención de prestaciones indebidas o superiores a las que procedan en cada caso, o para eludir el cumplimiento de las obligaciones que a cualquiera de ellos corresponda en materia de prestaciones.

d. Pactar con sus trabajadores de forma individual o colectiva la obligación por parte de ellos de pagar total o parcialmente la prima o parte de cuotas a cargo del empresario, o bien su renuncia a los derechos que les confiere el sistema de la Seguridad Social.

e. Incrementar indebidamente la base de cotización del trabajador de forma que provoque un aumento en las prestaciones que procedan, así como la simulación de la contratación laboral para la obtención indebida de prestaciones.

f. Efectuar declaraciones o facilitar, comunicar o consignar datos falsos o inexactos, que ocasionen liquidaciones, deducciones o compensaciones fraudulentas en las cuotas a satisfacer a la Seguridad Social, o incentivos relacionados con las mismas.

g. No facilitar al Organismo público correspondiente, en tiempo y forma, los datos identificativos de titulares de prestaciones sociales económicas, así como, en cuanto determinen o condicionen el derecho a percibirlas, los de los beneficiarios, cónyuges y otros miembros de la unidad familiar, o los de sus importes, clase de las prestaciones y fecha de efectos de su concesión.

h. Incurrir los empresarios, las entidades de formación o aquellas que asuman la organización de las acciones formativas programadas por las empresas, en el falseamiento de documentos o en la simulación de la ejecución de la acción formativa, incluida la teleformación, para la obtención o disfrute indebido de bonificaciones en materia de formación profesional para el empleo.

Se entenderá una infracción por cada empresa y por cada acción formativa.

i. Incumplir la obligación de suscribir el convenio especial en los supuestos establecidos en el artículo 51.9 del Estatuto de los Trabajadores

j. Dar ocupación a los trabajadores afectados por la suspensión de contratos o reducción de jornada, en el período de aplicación de las medidas de suspensión de contratos o en el horario de reducción de jornada comunicado a la autoridad laboral o a la entidad gestora de las prestaciones por desempleo, en su caso.

k. Retener indebidamente, no ingresándola dentro de plazo, la parte de cuota de Seguridad Social descontada a sus trabajadores o efectuar descuentos superiores a los legalmente establecidos, no ingresándolos en el plazo reglamentario.

l) Incumplir lo dispuesto en los Reglamentos de la Unión Europea sobre Coordinación de Sistemas de Seguridad Social, respecto a la determinación de la legislación de seguridad social aplicable, cuando dicho incumplimiento dé lugar a la inscripción o alta en el sistema de seguridad social español de empresas, trabajadores por cuenta ajena o por cuenta propia.

m) Incumplir lo dispuesto en los Reglamentos de la Unión Europea sobre Coordinación de Sistemas de Seguridad Social, respecto a la determinación de la legislación de seguridad social aplicable, cuando dicho incumplimiento dé lugar a la falta de alta y cotización en el sistema de seguridad social español de personas desplazadas a España desde otro Estado Miembro de la Unión Europea, ya se trate de una empresa que desplace trabajadores para prestar servicios por cuenta ajena o de personas que se desplacen para prestar servicios por cuenta propia.

2. En el supuesto de infracciones muy graves, se entenderá que el empresario incurre en una infracción por cada uno de los trabajadores que hayan solicitado, obtenido o disfruten fraudulentamente de las prestaciones de Seguridad Social.

3. Las infracciones de este artículo, además de a las sanciones que correspondan por aplicación del Capítulo VI, darán lugar a las sanciones accesorias previstas en el artículo 46 de esta Ley.

SECCIÓN 2.ª Infracciones de los trabajadores o asimilados, beneficiarios y solicitantes de prestaciones

Artículo 24. Infracciones leves.– Son infracciones leves:

1. No facilitar a la entidad correspondiente o a la empresa, cuando le sean requeridos, los datos necesarios para su afiliación o su alta en la Seguridad Social y, en su caso, las alteraciones que en ellos se produjeran, los de la situación de pluriempleo, y, en general, el incumplimiento de los deberes de carácter informativo.

2. No comparecer, previo requerimiento, ante la entidad gestora de las prestaciones en la forma y fecha que se determinen, salvo causa justificada.

3. En el caso de los solicitantes o beneficiarios de prestaciones por desempleo de nivel contributivo o asistencial, o de trabajadores por cuenta propia solicitantes o beneficiarios de la prestación por cese de actividad:

a) No comparecer, previo requerimiento, ante los servicios públicos de empleo o las agencias de colocación cuando desarrollen actividades en el ámbito de la colaboración con aquellos, salvo causa justificada.

b) No devolver en plazo, salvo causa justificada, al servicio público de empleo o, en su caso, a las agencias de colocación sin fines lucrativos el correspondiente justificante de haber comparecido en el lugar y fecha indicados para cubrir las ofertas de empleo facilitadas por aquéllos.

c) No cumplir las exigencias del acuerdo de actividad en los términos establecidos en el artículo 3 de la Ley 3/2023, de 28 de febrero, de Empleo, salvo causa justificada, siempre que la conducta no esté tipificada como otra infracción leve o grave en los artículos 24 o 25 de esta ley.

d) No facilitar a los servicios públicos de empleo, la información necesaria para garantizar la recepción de sus notificaciones y comunicaciones.

Las citaciones o comunicaciones efectuadas por medios electrónicos se entenderán validas a efectos de notificaciones siempre que los trabajadores hayan expresado previamente su consentimiento.

4. En el caso de solicitantes o beneficiarios de prestaciones por desempleo de nivel contributivo o asistencial, no facilitar a la entidad gestora de dichas prestaciones la información necesaria para garantizar la recepción de sus notificaciones y comunicaciones. Las citaciones o comunicaciones efectuadas por medios electrónicos se entenderán validas a efectos de notificaciones siempre que los trabajadores hayan expresado previamente su consentimiento o esté obligados a recibirlas por una norma con rango de Ley.

Artículo 25. Infracciones graves.– Son infracciones graves:

1. Efectuar trabajos por cuenta propia o ajena durante la percepción de prestaciones, cuando exista incompatibilidad legal o reglamentariamente establecida, sin perjuicio de lo dispuesto en el apartado 2 del artículo siguiente.

2. No comparecer, salvo causa justificada, a los reconocimientos médicos ordenados por las entidades gestoras o colaboradoras, en los supuestos así establecidos, así como no presentar ante las mismas los antecedentes, justificantes o datos que no obren en la entidad, cuando a ello sean requeridos y afecten al derecho a la continuidad en la percepción de la prestación.

3. No comunicar, salvo causa justificada, las bajas en las prestaciones en el momento en que se produzcan situaciones determinantes de incompatibilidad, suspensión o extinción del derecho, excepto la de no figurar inscritos como demandantes de empleo en el servicio público de empleo competente, o cuando se dejen de reunir los requisitos para el derecho a su percepción siempre que por cualquiera de dichas causas se haya percibido indebidamente la prestación.

4. En el caso de solicitantes o beneficiarios de prestaciones por desempleo de nivel contributivo o asistencial, o de trabajadores por cuenta propia solicitantes o beneficiarios de la prestación por cese de actividad:

a) Rechazar una oferta de empleo adecuada, ya sea ofrecida por los servicios públicos de empleo o por las agencias de colocación cuando desarrollen actividades en el ámbito de la colaboración con aquéllos, salvo causa justificada.

b) Negarse a participar en acciones, programas o actividades señalados en el itinerario o plan personalizado para la mejora de la empleabilidad y el acceso al mercado de trabajo, salvo causa justificada, ofrecidos por los servicios públicos de empleo o entidades colaboradoras.

A los efectos previstos en esta ley, se entenderá por colocación adecuada la que reúna los requisitos establecidos en el artículo 3.g) de la Ley 3/2023, de 28 de febrero.

Artículo 26. Infracciones muy graves.– Son infracciones muy graves:

1. Actuar fraudulentamente con el fin de obtener prestaciones indebidas o superiores a las que correspondan, o prolongar indebidamente su disfrute mediante la aportación de datos o documentos falsos; la simulación de la relación laboral; y la omisión de declaraciones legalmente obligatorias u otros incumplimientos que puedan ocasionar percepciones fraudulentas.

2. Compatibilizar la solicitud o el percibo de prestaciones o subsidio por desempleo, así como la prestación por cese de actividad de los trabajadores autónomos, con el trabajo por cuenta propia o con el trabajo por cuenta ajena, salvo en los casos expresamente previstos en la normativa correspondiente.

3. La connivencia con el empresario para la obtención indebida de cualesquiera prestaciones de la Seguridad Social.

4. La no aplicación o la desviación en la aplicación de las prestaciones por desempleo, que se perciban según lo que establezcan programas de fomento de empleo.

SECCIÓN 3.ª Infracciones de las mutuas de accidentes de trabajo y enfermedades profesionales de la seguridad social

Artículo 27. Infracciones leves.– Son infracciones leves:

1. No cumplir las obligaciones formales relativas a diligencia, remisión y conservación de libros, registros, documentos y relaciones de trabajadores, así como de los boletines estadísticos.

2. Incumplir las obligaciones formales establecidas sobre inscripción, registro y conservación de documentos y certificados, en materia de reconocimientos médicos obligatorios.

3. No remitir al organismo competente, dentro del plazo y debidamente cumplimentados, los partes de accidentes de trabajo cuando éstos tengan carácter leve.

4. No informar a los empresarios asociados, trabajadores y órganos de representación del personal, y a las personas que acrediten un interés personal y directo, acerca de los datos a ellos referentes que obren en la entidad.

Artículo 28. Infracciones graves.– Son infracciones graves:

1. No llevar al día y en la forma establecida los libros obligatorios, así como los libros oficiales de contabilidad o sistema contable autorizado, de conformidad con el plan general de contabilidad y normas presupuestarias de la Seguridad Social.

2. Aceptar la asociación de empresas no incluidas en el ámbito territorial o funcional de la entidad sin estar autorizadas; no aceptar toda proposición de asociación que formulen las empresas comprendidas en su ámbito de actuación; concertar convenios de asociación de duración superior a un año; y no proteger a la totalidad de los trabajadores de una empresa asociada

correspondientes a centros de trabajo situados en la misma provincia, y no atender a las solicitudes de cobertura de la protección por cese de actividad de los trabajadores autónomos con los que tengan formalizada la cobertura por contingencias profesionales.

3. No observar las normas relativas a la denominación y su utilización, y a la constitución y funcionamiento de sus órganos de gobierno y de participación.

4. No remitir al organismo competente, dentro del plazo y debidamente cumplimentados, los partes de accidentes de trabajo y enfermedad profesional, cuando tengan carácter grave, muy grave o produzcan la muerte del trabajador.

5. No cumplir la normativa establecida respecto de constitución y cuantía en materia de fianza, gastos de administración, reservas obligatorias, así como la falta de remisión dentro de plazo al organismo competente del balance anual, memoria y cuenta de resultados, y presupuesto de ingresos y gastos debidamente aprobados y confeccionados.

6. No facilitar al organismo competente y, en todo caso, a los Servicios comunes y Entidades gestoras, cuantos datos soliciten en materia de colaboración, ni coordinar la actuación de la entidad con dichos organismos y con las Administraciones competentes en materia de gestión de servicios sociales u otras materias en las que colaboren las Mutuas de Accidentes de Trabajo y Enfermedades Profesionales, así como la negativa a expedir a los empresarios asociados los certificados del cese de la asociación.

7. Dar publicidad o difundir públicamente informaciones y datos referentes a su actuación, sin la previa autorización del órgano superior de vigilancia y tutela, cuando la misma se requiera.

8. No solicitar en tiempo y forma establecidos las autorizaciones preceptivas en materia de inversiones, contratación con terceros, revalorización de activos y actualización de balances, y cualesquiera otras en materia económico financiera en que así lo exijan las disposiciones en vigor.

9. No cumplir con la normativa relativa al reconocimiento, suspensión, extinción y reanudación derivada de la gestión de la prestación por cese de actividad de los trabajadores autónomos.

10. Incumplir la normativa de la prestación por cese de actividad de los trabajadores autónomos respecto a la gestión del desarrollo de convocatorias y acciones específicas de formación, orientación profesional, información, motivación, reconversión o inserción profesional del trabajador autónomo que se determinen.

11. La declaración o denegación de la fuerza mayor como situación legal del cese de actividad de los trabajadores autónomos sin tener en consideración la documentación aportada por el solicitante.

Artículo 29. Infracciones muy graves.– Son infracciones muy graves:

1. Llevar a cabo operaciones distintas a aquellas a las que deben limitar su actividad o insertar en los convenios de asociación condiciones que se opongan a las normas de la Seguridad Social y de las que regulan la colaboración en la gestión de las Mutuas de Accidentes de Trabajo y Enfermedades Profesionales.

2. No contribuir en la medida que proceda al sostenimiento económico de los Servicios comunes de la Seguridad Social y no cumplir las obligaciones que procedan en materia de reaseguro o del sistema establecido de compensación de resultados.

3. Aplicar epígrafes de la tarifa de primas o, en su caso, las adicionales que procedan, distintas de las que sean perceptivamente obligatorias, según las actividades y trabajos de cada empresa, así como promover u obtener el ingreso de cantidades equivalentes o sustitutorias de las cuotas de la Seguridad Social por procedimientos diferentes a los reglamentarios.

4. Concertar, utilizar o establecer servicios sanitarios, de prevención de accidentes, de recuperación o de rehabilitación propios o de terceros, sin la previa autorización del organismo competente.

5. Exigir a las empresas asociadas, al convenir la asociación, el ingreso de cantidades superiores al importe anticipado de un trimestre de las correspondientes cuotas en concepto de garantía, o bien exigir dicho ingreso más de una vez.

6. Ejercer la colaboración en la gestión con ánimo de lucro; no aplicar el patrimonio estrictamente al fin social de la entidad; distribuir beneficios económicos entre los asociados, con independencia de su naturaleza afectar los excedentes anuales a fines distintos de los reglamentarios; continuar en el ejercicio de la colaboración cuando concurran causas de disolución obligatoria sin comunicarlo al órgano competente; y no diferenciar las actividades desarrolladas como servicios de prevención, o no imputar a las mismas los costes derivados de tales actividades.

7. Incumplir el régimen de incompatibilidades y prohibiciones establecido en el artículo 75 del texto refundido de la Ley General de la Seguridad Social.

8. El falseamiento de la declaración de fuerza mayor para que los trabajadores autónomos obtengan o disfruten fraudulentamente la prestación por

cese de actividad, así como la connivencia con los trabajadores autónomos para la obtención de prestaciones indebidas, o para eludir el cumplimiento de las obligaciones que a cualquiera de ellos corresponda en materia de la prestación por cese de actividad.

9. Falta de diligencia suficiente en la supervisión de la gestión de la prestación, de forma reiterada y prolongada en el tiempo.

SECCIÓN 4.ª Infracciones de las empresas que colaboran voluntariamente en la gestión

Artículo 30. Infracciones leves.– Son infracciones leves:

1. No llevar en orden y al día la documentación reglamentariamente exigida.

2. No dar cuenta, semestralmente, al comité de empresa de la aplicación de las cantidades percibidas para el ejercicio de la colaboración.

Artículo 31. Infracciones graves.– Son infracciones graves

1. No mantener las instalaciones sanitarias propias en las condiciones exigidas para la prestación de la asistencia.

2. No coordinar la prestación de asistencia sanitaria con los servicios sanitarios de la Seguridad Social.

3. Prestar la asistencia sanitaria con personal ajeno a los servicios de la Seguridad Social, salvo autorización al efecto.

4. Conceder prestaciones en tiempo, cuantía o forma distintos a los reglamentariamente establecidos.

5. No ingresar las aportaciones establecidas para el sostenimiento de los Servicios comunes.

6. No llevar en su contabilidad una cuenta específica que recoja todas las operaciones relativas a la colaboración.

Artículo 32. Infracciones muy graves.– Son infracciones muy graves:

1. Ejercer las funciones propias del objeto de la colaboración sin previa autorización.

2. Continuar en el ejercicio de la colaboración después de la pérdida de los requisitos mínimos exigibles.

3. Destinar los excedentes de la colaboración a fines distintos de la mejora de las prestaciones.

4. No aplicar a los fines exclusivos de la colaboración, incluyendo en ella la mejora de las prestaciones, las cantidades deducidas de la cuota reglamentaria.

SECCIÓN 5.ª Infracciones de las mutualidades de previsión social autorizadas para actuar como alternativas al Régimen Especial de los Trabajadores por Cuenta Propia o Autónomos

Artículo 32 bis. Infracción grave.– No poner a disposición de la Tesorería General de la Seguridad Social la relación telemática de los profesionales colegiados integrados en las mismas a la que se refiere el apartado 4 de la disposición adicional decimoctava del texto refundido de la Ley General de la Seguridad Social, aprobado por Real Decreto legislativo 8/2015, de 30 de octubre, en el plazo y con el contenido establecido en dicha disposición.

CAPÍTULO IV. Infracciones en materia de movimientos migratorios y trabajo de extranjeros

SECCIÓN 1.ª Infracciones en materia de movimientos migratorios

Artículo 33. Concepto.– Son infracciones en materia de movimientos migratorios laborales las acciones u omisiones de los sujetos a quienes se refiere el artículo 2.4 tipificadas y sancionadas de conformidad con la presente Ley.

Artículo 34. Infracciones leves.– Constituye infracción leve la modificación de las condiciones de la oferta de trabajo para desplazarse al exterior, si no causa perjuicio grave para el trabajador.

Artículo 35. Infracciones graves.– Son infracciones graves:
1. La modificación de las condiciones de la oferta de trabajo para desplazarse al exterior, si causa perjuicio grave para el trabajador.
2. La ocultación, falsificación o rectificación de cláusulas sustanciales de un contrato de trabajo para desplazarse al exterior.
3. El desplazamiento del trabajador al país de acogida sin la documentación necesaria o la retención injustificada por la empresa de dicha documentación.
4. La contratación de marinos españoles por cuenta de empresas armadoras extranjeras realizada por personas o entidades no autorizadas por la autoridad laboral para realizar ese cometido.

Artículo 36. Infracciones muy graves.– Son infracciones muy graves:

1. El establecimiento de cualquier tipo de agencias de reclutamiento.

2. La simulación o engaño en la contratación de los trabajadores que se desplazan al exterior.

3. El abandono de trabajadores desplazados por parte del empresario contratante o de sus representantes autorizados.

4. El cobro a los trabajadores de comisión o precio por su contratación.

5. La obtención fraudulenta de ayudas a los movimientos migratorios, ya sean individuales o de reagrupación familiar, o la no aplicación o aplicación indebida de dichas ayudas.

SECCIÓN 2.ª Infracciones en materia de permisos de trabajo de extranjeros

Artículo 37. Infracciones.– Serán consideradas conductas constitutivas de infracción muy grave las de:

1. Los empresarios que utilicen trabajadores extranjeros sin haber obtenido con carácter previo el preceptivo permiso de trabajo, o su renovación, incurriendo en una infracción por cada uno de los trabajadores extranjeros que hayan ocupado.

2. Los extranjeros que ejerzan en España cualquier actividad lucrativa, laboral o profesional, por cuenta propia, sin haber obtenido el preceptivo permiso de trabajo, o no haberlo renovado.

3. Las de las personas físicas o jurídicas que promuevan, medien o amparen el trabajo de los extranjeros en España sin el preceptivo permiso de trabajo.

CAPÍTULO V. Infracciones en materia de sociedades cooperativas

Artículo 38. Infracciones en materia de cooperativas.– Se sujetan a las prescripciones de este artículo, las infracciones de las sociedades cooperativas, cuando la legislación autonómica se remita al respecto a la legislación del Estado, cuando no se haya producido la referida legislación autonómica o cuando aquéllas desarrollen su actividad cooperativizada en el territorio de varias Comunidades Autónomas, de conformidad con lo establecido en la Ley 27/1999, de 16 de julio, de Cooperativas.

1. Son infracciones leves: El incumplimiento de las obligaciones o la vulneración de las prohibiciones impuestas por la Ley de Cooperativas, que no

supongan un conflicto entre partes, no interrumpan la actividad social y no puedan ser calificadas de graves o muy graves.

2. Son infracciones graves:

a. No convocar la Asamblea General ordinaria en tiempo y forma.

b. Incumplir la obligación de inscribir los actos que han de acceder obligatoriamente al Registro.

c. No efectuar las dotaciones, en los términos legalmente establecidos, a los fondos obligatorios o destinarlos a finalidades distintas a las previstas.

d. La falta de auditoría de cuentas, cuanto ésta resulte obligatoria, legal o estatutariamente.

e. Incumplir, en su caso, la obligación de depositar las cuentas anuales.

f. La transgresión generalizada de los derechos de los socios.

3. Son infracciones muy graves:

a. La paralización de la actividad cooperativizada, o la inactividad de los órganos sociales durante dos años.

b. La transgresión de las disposiciones imperativas o prohibitivas de la Ley de Cooperativas, cuando se compruebe connivencia para lucrarse o para obtener ficticiamente subvenciones o bonificaciones fiscales.

CAPÍTULO VI. Responsabilidades y sanciones

SECCIÓN 1.ª Normas generales sobre sanciones a los empresarios, y en general, a otros sujetos que no tengan la condición de trabajadores o asimilados

Artículo 39. Criterios de graduación de las sanciones.– 1. Las sanciones por las infracciones tipificadas en los artículos anteriores podrán imponerse en los grados de mínimo, medio y máximo, atendiendo a los criterios establecidos en los apartados siguientes.

2. Calificadas las infracciones, en la forma dispuesta por esta ley, las sanciones se graduarán en atención a la negligencia e intencionalidad del sujeto infractor, fraude o connivencia, incumplimiento de las advertencias previas y requerimientos de la Inspección, cifra de negocios de la empresa, número de trabajadores o de beneficiarios afectados en su caso, perjuicio causado y cantidad defraudada, como circunstancias que puedan agravar o atenuar la graduación a aplicar a la infracción cometida.

Sin perjuicio de lo anterior, cuando se trate de infracciones tipificadas en los artículos 22.3 y 23.1.b), la sanción se impondrá en grado mínimo cuando la cuantía no ingresada, incluyendo recargos e intereses, no supere los 10.000 euros, en su grado medio cuando dicha cuantía esté comprendida entre 10.001 y 25.000 euros, y en su grado máximo cuando sea superior a los 25.000 euros.

En todo caso, se impondrá la sanción en su grado máximo, cualquiera que fuera la cantidad no ingresada, cuando el sujeto responsable hubiera cotizado en cuantía inferior a la debida mediante la ocultación o falsedad de las declaraciones o datos que tenga obligación de facilitar a la Seguridad Social.

No obstante lo previsto en el artículo 41 de esta ley, en el supuesto de la infracción tipificada en el artículo 15.3, la sanción se impondrá en su grado máximo cuando, en los dos años anteriores a la fecha de la comisión de la infracción, el sujeto responsable ya hubiere sido sancionado en firme por incumplimiento de la obligación legal de reserva de puestos de trabajo para personas con discapacidad o de la aplicación de sus medidas alternativas de carácter excepcional.

3. En las sanciones por infracciones en materia de prevención de riesgos laborales, a efectos de su graduación, se tendrán en cuenta los siguientes criterios:

a. La peligrosidad de las actividades desarrolladas en la empresa o centro de trabajo.

b. El carácter permanente o transitorio de los riesgos inherentes a dichas actividades.

c. La gravedad de los daños producidos o que hubieran podido producirse por la ausencia o deficiencia de las medidas preventivas necesarias.

d. El número de trabajadores afectados.

e. Las medidas de protección individual o colectiva adoptadas por el empresario y las instrucciones impartidas por éste en orden a la prevención de los riesgos.

f. El incumplimiento de las advertencias o requerimientos previos a que se refiere el artículo 43 de la Ley 31/1995, de 8 de noviembre, de Prevención de Riesgos Laborales.

g. La inobservancia de las propuestas realizadas por los servicios de prevención, los delegados de prevención o el comité de seguridad y salud de la empresa para la corrección de las deficiencias legales existentes.

h. La conducta general seguida por el empresario en orden a la estricta observancia de las normas en materia de prevención de riesgos laborales.

4. Las infracciones en materia de sociedades cooperativas se graduarán, a efectos de su correspondiente sanción, atendiendo al número de socios afectados, repercusión social, malicia o falsedad y capacidad económica de la cooperativa.

5. Los criterios de graduación recogidos en los números anteriores no podrán utilizarse para agravar o atenuar la infracción cuando estén contenidos en la descripción de la conducta infractora o formen parte del propio ilícito administrativo.

6. El acta de la Inspección de Trabajo y Seguridad Social que inicie el expediente sancionador y la resolución administrativa que recaiga, deberán explicitar los criterios de graduación de la sanción tenidos en cuenta, de entre los señalados en los anteriores apartados de este artículo. Cuando no se considere relevante a estos efectos ninguna de las circunstancias enumeradas en dichos apartados, la sanción se impondrá en el grado mínimo en su tramo inferior.

7. Se sancionará en el máximo de la calificación que corresponda toda infracción que consista en la persistencia continuada de su comisión.

Artículo 40. Cuantía de las sanciones.– 1. Las infracciones en materia de relaciones laborales y empleo, en materia de Seguridad Social, sin perjuicio de lo dispuesto en el apartado 3 siguiente, en materia de movimientos migratorios y trabajo de extranjeros, en materia de empresas de trabajo temporal y empresas usuarias, excepto las que se refieran a materias de prevención de riesgos laborales, que quedarán encuadradas en el apartado 2 de este artículo, así como las infracciones por obstrucción se sancionarán:

a) Las leves, en su grado mínimo, con multas de 70 a 150 euros; en su grado medio, de 151 a 370 euros; y en su grado máximo, de 371 a 750 euros.

b) Las graves con multa, en su grado mínimo, de 751 a 1.500 euros, en su grado medio de 1.501 a 3.750 euros; y en su grado máximo de 3.751 a 7.500 euros.

c) Las muy graves con multa, en su grado mínimo, de 7.501 a 30.000 euros; en su grado medio de 30.001 a 120.005 euros; y en su grado máximo de 120.006 euros a 225.018 euros.

c bis) Las infracciones graves señaladas en los artículos 7.2, 7.14, 18.2.c), 19.2.b), 19.2.e), 19 bis.1.b), 19 ter.2.b) y 19 ter.2.e) se sancionarán con la multa siguiente: en su grado mínimo, de 1.000 a 2.000 euros; en su grado medio, de 2.001 a 5.000 euros y, en su grado máximo, de 5.001 a 10.000 euros.

d) Las infracciones señaladas en los artículos 22.3, 23.1.b) y 23.1.k) se sancionarán:

1.º La infracción grave del artículo 22.3 se sancionará con la multa siguiente: en su grado mínimo, con multa del 50 al 65 por ciento del importe de las cuotas de Seguridad Social y demás conceptos de recaudación conjunta no ingresados, incluyendo recargos, intereses y costas; en su grado medio, con multa del 65,01 al 80 por ciento; y en su grado máximo, con multa del 80,01 al 100 por ciento.

2.º La infracción muy grave del artículo 23.1.b) se sancionará con la multa siguiente: en su grado mínimo, con multa del 100,01 al 115 por ciento del importe de las cuotas de Seguridad Social y demás conceptos de recaudación conjunta no ingresados, incluyendo recargos, intereses y costas; en su grado medio, con multa del 115,01 al 130 por ciento; y en su grado máximo, con multa del 130,01 al 150 por ciento.

3.º La infracción muy grave del artículo 23.1.k) se sancionará con la multa siguiente: en su grado mínimo, con multa del 100,01 al 115 por ciento del importe de las cuotas de Seguridad Social no ingresadas y descontadas a los trabajadores o del exceso del descuento previsto legalmente, incluyendo recargos, intereses y costas; en su grado medio, con multa del 115,01 al 130 por ciento; y en su grado máximo, con multa del 130,01 al 150 por ciento.

e) Las infracciones señaladas en los artículos 22.2, 22.7 a), 22.16 y 23.1.a) se sancionarán:

1.º La infracción grave de los artículos 22.2, 22.7 a) y 22.16 se sancionará con la multa siguiente: en su grado mínimo, de 3.750 a 7.500 euros; en su grado medio, de 7.501 a 9.600 euros y, en su grado máximo, de 9.601 a 12.000 euros.

2.º La infracción muy grave del artículo 23.1.a) se sancionará con la multa siguiente: en su grado mínimo, de 12.001 a 30.000 euros; en su grado medio, de 30.001 a 120.005 euros y, en su grado máximo, de 120.006 a 225.018 euros.

No obstante, cuando con ocasión de una misma actuación de inspección se detecten varias infracciones de las contempladas en este apartado, la sanción que en su caso se proponga para cada una de ellas, graduada conforme a los criterios contenidos en el artículo 39.2 que procedan, se incrementará en:

Un 20 por ciento en cada infracción cuando se trate de dos trabajadores, beneficiarios o solicitantes.

Un 30 por ciento en cada infracción cuando se trate de tres trabajadores, beneficiarios o solicitantes.

Un 40 por ciento en cada infracción cuando se trate de cuatro trabajadores, beneficiarios o solicitantes.

Un 50 por ciento en cada infracción cuando se trate de cinco o más trabajadores, beneficiarios o solicitantes.

En ningún caso, la cuantía correspondiente a la infracción prevista en el artículo 22.2 podrá exceder de 12.000 euros, ni la prevista en el artículo 23.1.a) podrá exceder de 225.018 euros para cada una de las infracciones.

f) Cuando la actuación inspectora de la que se derive la obstrucción fuera dirigida a la comprobación de la situación de alta de los trabajadores que presten servicios en una empresa y el incumplimiento de las obligaciones del empresario pudiera dar lugar a la comisión de las infracciones tipificadas en los artículos 22.2 y 23.1.a), las infracciones por obstrucción se sancionarán:

1.º Las calificadas como graves: en su grado mínimo, con multa de 3.750 a 7.500 euros; en su grado medio, de 7.501 a 9.600 euros y, en su grado máximo, de 9.601 a 12.000 euros.

2.º Las calificadas como muy graves: en su grado mínimo, con una multa de 12.001 a 30.000 euros; en su grado medio, de 30.001 a 120.005 euros y, en su grado máximo, de 120.006 a 225.018 euros.

Las sanciones impuestas por las infracciones muy graves tipificadas en las letras d), e) y f) del apartado 1 del artículo 16, y en las letras a) y h) del apartado 1 del artículo 23, así como las sanciones por obstrucción calificadas como muy graves en el párrafo anterior, una vez firmes, se harán públicas en la forma que se prevea reglamentariamente.

2. Las infracciones en materia de prevención de riesgos laborales se sancionarán:

a) Las leves, en su grado mínimo, con multa de 45 a 485 euros; en su grado medio, de 486 a 975 euros; y en su grado máximo, de 976 a 2.450 euros.

b) Las graves con multa, en su grado mínimo, de 2.451 a 9.830 euros; en su grado medio, de 9.831 a 24.585 euros; y en su grado máximo, de 24.586 a 49.180 euros.

c) Las muy graves con multa, en su grado mínimo, de 49.181 a 196.745 euros; en su grado medio, de 196.746 a 491.865 euros; y en su grado máximo, de 491.866 a 983.736 euros.

Las sanciones impuestas por infracciones muy graves, una vez firmes, se harán públicas en la forma que se determine reglamentariamente.

Las infracciones, por faltas graves y muy graves de las entidades especializadas que actúen como servicios de prevención ajenos a las empresas, de las personas o entidades que desarrollen la actividad de auditoría del sistema de prevención de las empresas y de las entidades acreditadas para desarrollar o certificar la formación en materia de prevención de riesgos laborales, podrán dar lugar, además de a las multas previstas en este artículo, a la cancelación de la acreditación otorgada por la autoridad laboral.

3. Las sanciones en materia de Seguridad Social cuando se deriven de actas de infracción y liquidación que se refieran a los mismos hechos y se practiquen simultáneamente, se reducirán automáticamente al 50 por ciento de su cuantía si el sujeto infractor manifiesta su conformidad con la liquidación practicada, ingresando su importe en el plazo procedente. Esta reducción automática solo podrá aplicarse en el supuesto de que la cuantía de la liquidación supere la de la sanción propuesta inicialmente.

4. Las infracciones en materia de cooperativas se sancionarán:

a) Las leves, con multa de 450 a 905 euros.

b) Las graves, con multa de 906 a 4.545 euros.

c) Las muy graves, con multa de 4.546 a 45.504 euros.

Artículo 41. Reincidencia.– 1. Existe reincidencia cuando se comete una infracción del mismo tipo y calificación que la que motivó una sanción anterior en el plazo de los 365 días siguientes a la notificación de ésta; en tal supuesto se requerirá que la resolución sancionadora hubiere adquirido firmeza.

2. Si se apreciase reincidencia, la cuantía de las sanciones consignadas en el artículo anterior podrá incrementarse hasta el duplo del grado de la sanción correspondiente a la infracción cometida, sin exceder, en ningún caso, de las cuantías máximas previstas en el artículo anterior para cada clase de infracción.

3. La reincidencia de la empresa de trabajo temporal en la comisión de infracciones tipificadas como muy graves en esta Ley podrá dar lugar a la suspensión de sus actividades durante un año.

Cuando el expediente sancionador lleve aparejada la propuesta de suspensión de actividades, será competente para resolver el Ministro de Trabajo y Asuntos Sociales o la autoridad equivalente de las Comunidades Autónomas con competencia de ejecución de la legislación laboral.

Transcurrido el plazo de suspensión, la empresa de trabajo temporal deberá solicitar nuevamente autorización administrativa que le habilite para el ejercicio de la actividad.

4. Sin perjuicio de lo dispuesto en los apartados anteriores la reincidencia de las empresas de trabajo temporal establecidas en otros Estados miembros de la Unión Europea o en Estados signatarios del Acuerdo sobre el Espacio Económico Europeo en la comisión de infracciones tipificadas como muy graves en el artículo 19 bis.2 de la presente Ley podrá dar lugar a la prohibición durante un año de la puesta a disposición de personas trabajadoras a empresas usuarias establecidas o que ejerzan su actividad en España o, si dicha sanción se impone en dos ocasiones, por tiempo indefinido.

Cuando el expediente sancionador lleve aparejada la propuesta de prohibición a que se refiere el párrafo anterior será competente para resolver la persona titular del Ministerio de Trabajo y Economía Social o la autoridad equivalente de las Comunidades Autónomas con competencia de ejecución de la legislación laboral.

SECCIÓN 2.ª Normas específicas

Subsección 1.ª Responsabilidades empresariales en materia laboral y de prevención de riesgos laborales

Artículo 42. Responsabilidad empresarial.– 1. Las infracciones a lo dispuesto en los artículos 42 a 44 del Estatuto de los Trabajadores determinarán la responsabilidad de los empresarios afectados en los términos allí establecidos.

2. Las responsabilidades entre empresas de trabajo temporal y empresas usuarias en materia salarial se regirán por lo dispuesto en el artículo 16.3 de la Ley 14/ 1994, de 1 de junio, por la que se regulan las empresas de trabajo temporal.

3. La empresa principal responderá solidariamente con los contratistas y subcontratistas a que se refiere el apartado 3 del artículo 24 de la Ley de Prevención de Riesgos Laborales del cumplimiento, durante el período de la contrata, de las obligaciones impuestas por dicha Ley en relación con los trabajadores que aquéllos ocupen en los centros de trabajo de la empresa principal, siempre que la infracción se haya producido en el centro de trabajo de dicho empresario principal.

En las relaciones de trabajo mediante empresas de trabajo temporal, y sin perjuicio de las responsabilidades propias de éstas, la empresa usuaria será responsable de las condiciones de ejecución del trabajo en todo lo relacionado con la protección de la seguridad y la salud de los trabajadores, así como del recargo de prestaciones económicas del sistema de Seguridad Social que puedan fijarse, en caso de accidente de trabajo o enfermedad profesional que tenga lugar en su centro de trabajo durante el tiempo de vigencia del contrato de puesta a disposición y traigan su causa de falta de medidas de seguridad e higiene.

4. Los sujetos a que se refiere el artículo 22.4 de la Ley 45/1999, de 29 de noviembre, sobre desplazamiento de trabajadores en el marco de una prestación de servicios transnacional responderán solidariamente con la empresa transportista de las infracciones previstas en el artículo 10 en lo que se refiere a la obligación de comunicar el desplazamiento en la forma prevista por el artículo 22.1 de dicha Ley.

Los pactos que tengan por objeto la elusión, en fraude de ley, de las responsabilidades establecidas en este apartado son nulos y no producirán efecto alguno.

5. La corrección de las infracciones en materia de prevención de riesgos laborales, en el ámbito de las Administraciones públicas se sujetará al procedimiento y normas de desarrollo del artículo 45.1 y concordantes de la Ley 31/1995, de 8 de noviembre, de Prevención de Riesgos Laborales.

6. La declaración de hechos probados que contenga una sentencia firme del orden jurisdiccional contencioso-administrativo, relativa a la existencia de infracción a la normativa de prevención de riesgos laborales, vinculará al orden social de la jurisdicción, en lo que se refiere al recargo, en su caso, de la prestación económica del sistema de Seguridad Social.

Subsección 2.ª Responsabilidades en materia de Seguridad Social

Artículo 43. Responsabilidades empresariales.– 1. Las sanciones que puedan imponerse a los distintos sujetos responsables, se entenderán sin perjuicio de las demás responsabilidades exigibles a los mismos, de acuerdo con los preceptos de la Ley General de la Seguridad Social y de sus disposiciones de aplicación y desarrollo.

2. Las responsabilidades entre empresas de trabajo temporal y empresas usuarias en materia de Seguridad Social se regirán por lo dispuesto en el artí-

culo 16.3 de la Ley 14/1994, de 1 de junio, por la que se regulan las empresas de trabajo temporal.

3. En el caso de la infracción prevista en el artículo 23.1.c), la empresa responderá directamente de la devolución de las cantidades indebidamente percibidas por la persona trabajadora, siempre que no concurra dolo o culpa de esta.

Artículo 44. (Derogado)

Artículo 45. Sanciones a los empresarios que colaboren voluntariamente en la gestión.– Con independencia de las sanciones que correspondan de acuerdo con el artículo 40.1, y siempre que las circunstancias del caso lo requieran, en beneficio de la corrección de deficiencias observadas en la propuesta elevada al órgano directivo responsable de la vigilancia, dirección y tutela de la Seguridad Social, se podrán aplicar, además, las siguientes sanciones:

1. Suspensión temporal de la autorización para colaborar por plazo de hasta cinco años.

2. Retirada definitiva de la autorización para colaborar con la pérdida de la condición de Entidad colaboradora.

Subsección 3.ª Sanciones accesorias a los empresarios en materia de empleo, ayudas de fomento del empleo, formación ocupacional y continua y protección por desempleo

Artículo 46. Sanciones accesorias.– 1. Sin perjuicio de las sanciones a que se refiere el artículo 40.1 y, salvo lo establecido en el artículo 46 bis de esta ley, los empresarios que hayan cometido las infracciones graves previstas en los apartados 3 y 6 del artículo 15 o las infracciones muy graves tipificadas en los artículos 16 y 23 de esta ley, en materia de empleo, formación profesional para el empleo y protección por desempleo:

a. Perderán, automáticamente, y de forma proporcional al número de trabajadores afectados por la infracción, las ayudas, bonificaciones y, en general, los beneficios derivados de la aplicación de los programas de empleo o formación profesional para el empleo, con efectos desde la fecha en que se cometió la infracción.

La pérdida de estas ayudas, subvenciones, bonificaciones y beneficios derivados de la aplicación de los programas de empleo o formación profesional para el empleo afectará a los de mayor cuantía, con preferencia sobre los que la tuvieren menor en el momento de la comisión de la infracción. Este criterio ha de constar necesariamente en el acta de infracción, de forma motivada.

b. Podrán ser excluidos del acceso a tales ayudas, subvenciones, bonificaciones y beneficios por un período máximo de dos años, con efectos desde la fecha de la resolución que imponga la sanción.

Se excluirá en todo caso del acceso a tales ayudas, subvenciones, bonificaciones y beneficios por un periodo de cinco años, cuando la infracción cometida estuviera tipificada como muy grave en las letras d), e) y f) del apartado 1 del artículo 16 y en la letra h) del apartado 1 del artículo 23 de esta ley, con efectos desde la fecha de la resolución que imponga la sanción.

c. En los supuestos previstos en las letras d), e) y f) del artículo 16.1, quedan obligados, en todo caso, a la devolución de las cantidades obtenidas indebidamente y las no aplicadas o aplicadas incorrectamente.

2. Cuando la conducta del empresario dé lugar a la aplicación del tipo previsto en el artículo 22.2, con independencia del número de trabajadores afectados, se aplicarán las medidas previstas en las letras a) y b) del apartado anterior, si bien el plazo de exclusión previsto en la letra b) podrá ser de un año.

En caso de reiteración de la conducta tipificada en el artículo 22.2, el plazo de exclusión podrá ampliarse a dos años. Se producirá la reiteración cuando entre la comisión de dicha infracción y la anterior no hayan transcurrido más de 365 días. A estos efectos, no tendrá la consideración de reiteración la conducta empresarial que dé lugar a una pluralidad de infracciones por afectar simultáneamente a más de un trabajador.

2 bis. Cuando la sanción grave del artículo 15.5 se imponga en su grado máximo, podrá añadirse como sanción accesoria, a juicio del organismo competente, la suspensión de la actividad como agencia de colocación por un período de entre seis meses y un año. Asimismo, cuando las sanciones muy graves de las letras a) y c), así como d) y e) del artículo 16.1, en el caso de ser cometidas por agencias de colocación, se impongan en su grado máximo, podrán añadirse como sanciones accesorias la suspensión de la actividad como agencia de colocación por un período de entre uno y tres años, así como la imposibilidad de desempeñar la misma durante un período de cinco años.

3. Como criterios de graduación se aplicarán los contenidos en el artículo 39.2 de esta Ley.

Subsección 3.ª bis. Responsabilidades en materia de igualdad

Artículo 46 bis. Responsabilidades empresariales específicas.– 1. Los empresarios que hayan cometido las infracciones muy graves tipificadas en los apartados 12, 13 y 13 bis) del artículo 8 y en el apartado 2 del artículo 16 de esta Ley serán sancionados, sin perjuicio de lo establecido en el apartado 1 del artículo 40, con las siguientes sanciones accesorias:

a. Perderán, automáticamente, y de forma proporcional al número de trabajadores afectados por la infracción, las ayudas, bonificaciones y, en general, los beneficios derivados de la aplicación de los programas de empleo, con efectos desde la fecha en que se cometió la infracción.

La pérdida de estas ayudas, bonificaciones y beneficios derivados de la aplicación de los programas de empleo afectará a los de mayor cuantía, con preferencia sobre los que la tuvieren menor en el momento de la comisión de la infracción. Este criterio ha de constar necesariamente en el acta de infracción de forma motivada.

b. Podrán ser excluidos del acceso a tales beneficios por un período de seis meses a dos años en los supuestos contemplados en el apartado anterior, con efectos desde la fecha de la resolución que imponga la sanción.

2. No obstante lo anterior, en el caso de las infracciones muy graves tipificadas en el apartado 12 del artículo 8 y en el apartado 2 del artículo 16 de esta Ley referidas a los supuestos de discriminación directa o indirecta por razón de sexo, las sanciones accesorias a las que se refiere el apartado anterior podrán ser sustituidas por la elaboración y aplicación de un plan de igualdad en la empresa, y siempre que la empresa no estuviere obligada a la elaboración de dicho plan en virtud de norma legal, reglamentaria o convencional, o decisión administrativa, si así se determina por la autoridad laboral competente previa solicitud de la empresa e informe preceptivo de la Inspección de Trabajo y Seguridad Social, en los términos que se establezcan reglamentariamente, suspendiéndose el plazo de prescripción de dichas sanciones accesorias.

En el supuesto de que no se elabore o no se aplique el plan de igualdad o se haga incumpliendo manifiestamente los términos establecidos en la resolución de la autoridad laboral, ésta, a propuesta de la Inspección de Trabajo y Seguridad Social, sin perjuicio de la imposición de la sanción que corresponda por la comisión de la infracción tipificada en el apartado 17 del artículo 8, dejará sin efecto la sustitución de las sanciones accesorias, que se aplicarán de la siguiente forma:

a. Pérdida automática, y de forma proporcional al número de trabajadores afectados por la infracción, de las ayudas, bonificaciones y beneficios a los que se refiere la letra a) del apartado anterior, con efectos desde la fecha en que se cometió la infracción.

La pérdida de estas ayudas, bonificaciones y beneficios derivados de la aplicación de los programas de empleo afectará a los de mayor cuantía, con preferencia sobre los que la tuvieren menor en el momento de la comisión de la infracción. Este criterio ha de constar necesariamente en el acta de infracción de forma motivada.

b. Exclusión del acceso a tales beneficios por un período de seis meses a dos años, a contar desde la fecha de la resolución de la autoridad laboral por la que se acuerda dejar sin efecto la suspensión y aplicar las sanciones accesorias.

3. Como criterios de graduación se aplicarán los contenidos en el artículo 39.2 de esta Ley.

Subsección 4.ª Sanciones a los trabajadores, solicitantes y beneficiarios en materia de empleo y de Seguridad Social

Artículo 47. Sanciones a los trabajadores, solicitantes y beneficiarios.– 1. En el caso de los solicitantes y beneficiarios de pensiones o prestaciones de Seguridad Social, incluidas las de desempleo y la prestación por cese de actividad de los trabajadores autónomos, las infracciones se sancionarán:

a) Las leves, con pérdida de la pensión o prestación durante un mes. En el caso de las prestaciones por desempleo de nivel contributivo o asistencial, las infracciones leves tipificadas en los apartados 2, 3 y 4 del artículo 24 se sancionarán conforme a la siguiente escala:

1.ª infracción. Pérdida de un mes de prestaciones.

2.ª infracción. Pérdida de tres meses de prestaciones.

3.ª infracción. Pérdida de seis meses de prestaciones.

4.ª infracción. Extinción de prestaciones.

En el caso de la prestación por cese de actividad de los trabajadores autónomos, la infracción leve del artículo 24.3 se sancionará conforme a la siguiente escala:

1.ª infracción. Pérdida de 15 días de prestación.

2.ª infracción. Pérdida de 1 mes y 15 días de prestación.

3.ª infracción. Pérdida de 3 meses de prestación.

4.ª infracción. Extinción de la prestación.

Se aplicarán estas escalas a partir de la primera infracción y cuando entre la comisión de una infracción leve y la anterior no hayan transcurrido más de los 365 días que establece el artículo 41.1 de esta Ley, con independencia del tipo de infracción.

b) Las graves tipificadas en el artículo 25 con pérdida de la prestación o pensión durante un período de tres meses, salvo las de su número 2 en las prestaciones por incapacidad temporal, en las que la sanción será de extinción de la prestación.

En el caso de las prestaciones por desempleo de nivel contributivo o asistencial las infracciones graves tipificadas en el artículo 25.3 y 4 se sancionarán conforme a la siguiente escala:

1.ª Infracción. Pérdida de 3 meses de prestaciones.

2.ª Infracción. Pérdida de 6 meses de prestaciones.

3.ª Infracción. Extinción de prestaciones.

En el caso de la prestación por cese de actividad de los trabajadores autónomos, la infracción grave tipificada en el artículo 25.4 b) se sancionará conforme a la siguiente escala:

1.ª Infracción. Pérdida de 1 mes y 15 días de prestación.

2.ª Infracción. Pérdida de 3 meses de prestación.

3.ª Infracción. Extinción de la prestación.

Se aplicarán estas escalas a partir de la primera infracción y cuando entre la comisión de una infracción grave y la anterior no hayan transcurrido más de los 365 días que establece el artículo 41.1 de esta ley, con independencia del tipo de infracción.

c) Las muy graves, con pérdida de la pensión o prestaciones durante un período de seis meses, y en el caso de las prestaciones o subsidios por desempleo o de la prestación por cese de actividad del trabajador autónomo, con la extinción.

Igualmente, se les podrá excluir del derecho a percibir cualquier prestación económica y, en su caso, ayuda de fomento de empleo durante un año, así como del derecho a participar durante ese período en formación profesional para el empleo.

d) No obstante las sanciones anteriores, en el supuesto de que la tras-gresión de las obligaciones afecte al cumplimiento y conservación de los re-quisitos que dan derecho a la prestación, podrá la entidad gestora suspender cautelarmente la misma hasta que la resolución administrativa sea definitiva.

e) A estos efectos tendrán la consideración de beneficiarios de prestaciones por desempleo los trabajadores desempleados durante el plazo de quince días hábiles de solicitud de las prórrogas del subsidio por desempleo establecida en el artículo 276.2 de la Ley General de la Seguridad Social, así como durante la suspensión cautelar o definitiva de la prestación o subsidio por desempleo como consecuencia de un procedimiento sancionador o de lo establecido en el artículo 271.1.h) de dicha Ley.

2. En el caso de trabajadores por cuenta propia o ajena, y demandantes de empleo no solicitantes ni beneficiarios de prestaciones por desempleo, o de la prestación por cese de actividad del trabajador autónomo, las infracciones se sancionarán:

a) En el caso de personas demandantes de servicios de empleo, no solici-tantes ni beneficiarias de prestaciones por desempleo, las infracciones leves, graves y muy graves tipificadas en el artículo 17 se sancionarán con la suspen-sión de los derechos que les reconoce el artículo 56 de la Ley 3/2023, de 28 de febrero, de Empleo, durante uno, tres y seis meses respectivamente.

No obstante lo establecido en el párrafo anterior, estos demandantes, cuando trabajen y queden en situación de desempleo, podrán bien inscribirse nuevamente en el Servicio Público de Empleo y, en ese caso, solicitar las pres-taciones y subsidios por desempleo, o bien solicitar la prestación por cese de actividad, si reúnen los requisitos exigidos para ello.

b) En el caso de trabajadores por cuenta propia o ajena que cometan las infracciones tipificadas en el artículo 17.3, se les excluirá del derecho a per-cibir ayudas de fomento de empleo y a participar en acciones formativas en materia de formación profesional ocupacional y continua durante seis meses.

3. Las sanciones a que se refiere este artículo se entienden sin perjuicio del reintegro de las cantidades indebidamente percibidas.

4. La imposición de las sanciones por las infracciones previstas en esta subsección se llevará a efecto de acuerdo con lo previsto en el artículo 48.4 y 5 de esta Ley, respetando la competencia respectiva del órgano sancionador y estableciendo la cooperación necesaria para la ejecución de la sanción impues-ta, cuando la misma corresponda a la competencia de otro órgano.

CAPÍTULO VII. Disposiciones comunes

Artículo 48. Atribución de competencias sancionadoras[11].– 1. El ejercicio de la potestad sancionadora respecto de las infracciones del orden social en el ámbito de la Administración General del Estado corresponderá al órgano competente, según lo que reglamentariamente se disponga[12].

---

[11]   Art. 149.1.7 CE.

[12]   De acuerdo con la DT 2ª LIT, hasta tanto no se aprueben las correspondientes normas reglamentarias, continúa en vigor los criterios establecidos con anterioridad por este precepto de la LISOS:

1. La competencia para sancionar las infracciones en el orden social, en el ámbito de la Administración General del Estado, corresponde, a propuesta de la Inspección de Trabajo y Seguridad Social, a la autoridad competente a nivel provincial, hasta 31.000 euros; al Director General competente, hasta 62.500 euros; al titular del Ministerio competente en materia de Empleo y Seguridad Social hasta 125.000 euros y al Consejo de Ministros, a propuesta del de Empleo y Seguridad Social, a partir de 125.001 euros.

2. En el ámbito de las competencias de la Administración General del Estado, las infracciones en materia de prevención de riesgos laborales serán sancionadas, a propuesta de la Inspección de Trabajo y Seguridad Social, por la autoridad competente a nivel provincial, hasta 40.985 euros; por el Director General competente, hasta 123.000 euros; por el Ministro de Trabajo e Inmigración, hasta 409.900 euros, y por el Consejo de Ministros, a propuesta del de Trabajo e Inmigración, hasta 819.780 euros.

3. Las infracciones en materia de cooperativas tipificadas en la presente Ley serán sancionadas, a propuesta de la Inspección de Trabajo y Seguridad Social, por el órgano directivo del que dependa el Registro de Sociedades Cooperativas, hasta 7.600 euros, y por el Ministro de Trabajo e Inmigración, hasta 37.920 euros y la descalificación.

4. La imposición de las sanciones por infracciones leves y graves a los trabajadores en materia de empleo, formación profesional y ayudas para el fomento del empleo, corresponde al servicio público de empleo competente, y de las muy graves a la autoridad competente, a propuesta de la Inspección de Trabajo y Seguridad Social.

4 bis. La imposición de las sanciones por infracciones a los trabajadores autónomos o por cuenta propia, en los casos en que las mismas afecte a la prestación por cese en la actividad, corresponderá, a propuesta de la Inspección de Trabajo y Seguridad Social, según el órgano gestor a:

a) Si la gestión corresponde a un organismo público, la imposición de la sanción corresponderá al Servicio Público de Empleo Estatal o al Instituto Social de la Marina, según los casos.

b) Si la gestión corresponde a una Mutua de Accidentes de Trabajo y Enfermedades Profesionales de la Seguridad Social, a la autoridad competente correspondiente a la provincia en que se haya procedido al reconocimiento de la protección.

2. El ejercicio de la potestad sancionadora respecto de las infracciones del orden social, cuando corresponda a la Administración de las Comunidades Autónomas con competencia en materia de ejecución de la legislación del orden social, se ejercerá por los órganos y con los límites de distribución que determine cada Comunidad Autónoma.

3. La potestad para acordar las sanciones accesorias establecidas en esta ley corresponderá a quien la ostente para imponer las de carácter principal de las que deriven aquéllas.

Artículo 49. Actuaciones de advertencia y recomendación[13].– No obstante lo dispuesto en el artículo anterior, la Inspección de Trabajo y Seguridad Social, de conformidad con lo previsto en los artículos 17.2 del Convenio 81 de la OIT y 22.2 del Convenio 129 de la OIT, ratificados por el Estado español por Instrumentos de 14 de enero de 1960 y 11 de marzo de 1971, respectivamente, cuando las circunstancias del caso así lo aconsejen y siempre que no se deriven

---

5. La imposición de sanciones por infracciones en materia de Seguridad Social a los trabajadores corresponde, a propuesta de la Inspección de Trabajo y Seguridad Social, a la entidad gestora o servicio común de la Seguridad Social competente. En el caso de infracciones cometidas por solicitantes o beneficiarios de las prestaciones por desempleo de nivel contributivo o asistencial, la competencia corresponde a la entidad gestora de éstas, salvo en el supuesto de las infracciones contenidas en los artículos 24.3 y 25.4 de esta Ley, en el que la imposición de la sanción corresponderá al servicio público de empleo competente que comunicará la sanción, en el momento en que se imponga, a la entidad gestora de las prestaciones por desempleo para su ejecución por ésta.

6. El ejercicio de la potestad sancionadora respecto de las infracciones del orden social, cuando corresponda a la Administración de las Comunidades Autónomas con competencia en materia de ejecución de la legislación del orden social, se ejercerá por los órganos y con los límites de distribución que determine cada Comunidad Autónoma.

7. La atribución de competencias a que se refieren los apartados anteriores no afecta al ejercicio de la potestad sancionadora que pueda corresponder a otras Administraciones por razón de las competencias que tengan atribuidas.

8. En los supuestos de acumulación de infracciones correspondientes a la misma materia en un solo procedimiento, será órgano competente para imponer la sanción por la totalidad de dichas infracciones, el que lo sea para imponer la de mayor cuantía, de conformidad con la atribución de competencias sancionadoras efectuada en los apartados anteriores.

9. La potestad para acordar las sanciones accesorias establecidas en esta Ley corresponderá a quien la ostente para imponer las de carácter principal de las que deriven aquéllas.

13   Arts. 7, apartados 1 a 3, LIT y 11.5 de su Reglamento.

daños ni perjuicios directos a los trabajadores, podrá advertir y aconsejar, en vez de iniciar un procedimiento sancionador; en estos supuestos dará cuenta de sus actuaciones a la autoridad laboral competente.

Artículo 50. Infracciones por obstrucción a la labor inspectora[14].— 1. Las infracciones por obstrucción a la labor inspectora se califican como leves, graves y muy graves, en atención a la naturaleza del deber de colaboración infringido y de la entidad y consecuencias de la acción u omisión obstructora sobre la actuación de la Inspección de Trabajo y Seguridad Social, conforme se describe en los números siguientes.

2. Las acciones u omisiones que perturben, retrasen o impidan el ejercicio de las funciones que, en orden a la vigilancia del cumplimiento de las disposiciones legales, reglamentarias y convenios colectivos tienen encomendadas los Inspectores de Trabajo y Seguridad Social y los Subinspectores de Empleo y Seguridad Social, serán constitutivas de obstrucción a la labor inspectora que se calificarán como graves, excepto los supuestos comprendidos en los apartados 3 y 4 de este artículo.

Tendrán la misma consideración las conductas señaladas en el párrafo anterior que afecten al ejercicio de los cometidos asignados a los funcionarios públicos a que se refiere el artículo 9.2 de la Ley 31/1995, de 8 de noviembre, de Prevención de Riesgos Laborales, en sus actuaciones de comprobación en apoyo de la Inspección de Trabajo y Seguridad Social.

3. Son infracciones leves:

a. Las que impliquen un mero retraso en el cumplimiento de las obligaciones de información, comunicación o comparecencia, salvo que dichas obligaciones sean requeridas en el curso de una visita de inspección y estén referidas a documentos o información que deban obrar o facilitarse en el centro de trabajo.

b. La falta del Libro de Visitas de la Inspección de Trabajo y Seguridad Social en el centro de trabajo.

4. Se calificarán como infracciones muy graves:

a. Las acciones u omisiones del empresario, sus representantes o personas de su ámbito organizativo, que tengan por objeto impedir la entrada o permanencia en el centro de trabajo de los Inspectores de Trabajo y Seguridad Social

---

[14]   Art. 18 LIT.

y de los Subinspectores de Empleo y Seguridad Social, así como la negativa a identificarse o a identificar o dar razón de su presencia sobre las personas que se encuentren en dicho centro realizando cualquier actividad.

b. Los supuestos de coacción, amenaza o violencia ejercida sobre los Inspectores de Trabajo y Seguridad Social y los Subinspectores de Empleo y Seguridad Social así como la reiteración en las conductas de obstrucción calificadas como graves.

c. El incumplimiento de los deberes de colaboración con los funcionarios del sistema de Inspección de Trabajo y Seguridad Social en los términos establecidos en el artículo 11.2 de la Ley Ordenadora de la Inspección de Trabajo y Seguridad Social[15].

d. El incumplimiento del deber de colaboración con los funcionarios del sistema de la Inspección de Trabajo y Seguridad Social al no entregar el empresario en soporte informático la información requerida para el control de sus obligaciones en materia de régimen económico de la Seguridad Social, cuando esté obligado o acogido a la transmisión electrónica de liquidaciones de cuotas o de datos de cotización.

5. Las obstrucciones a la actuación inspectora serán sancionadas conforme a lo establecido en la presente Ley, por la autoridad competente en cada caso en función del orden material de actuación del que traiga causa o se derive la obstrucción.

6. Sin perjuicio de lo anterior, en caso necesario la Inspección de Trabajo y Seguridad Social podrá recabar de la autoridad competente o de sus agentes el auxilio oportuno para el normal ejercicio de sus funciones.

CAPÍTULO VIII. Procedimiento sancionador

Artículo 51. Normativa aplicable.– 1. Corresponde al Gobierno dictar el Reglamento de procedimiento especial para la imposición de sanciones del orden social[16].

2. El procedimiento sancionador, común a todas las Administraciones públicas, se ajustará a lo previsto en la presente Ley y en la disposición adicional cuarta de la Ley 42/1997, de 14 de noviembre, Ordenadora de la Inspección de Trabajo y Seguridad Social, siendo de aplicación subsidiaria las disposiciones

---

[15] La remisión debe entenderse hecha al art. 18 LIT.
[16] RSOS.

de la Ley 30/1992, de 26 de noviembre, que regula el Régimen Jurídico de las Administraciones Públicas y el Procedimiento Administrativo Común[17].

Artículo 52. Principios de tramitación.– 1. El procedimiento se ajustará a los siguientes trámites[18]:

a. Se iniciará, siempre de oficio, por acta de la Inspección de Trabajo y Seguridad Social, en virtud de actuaciones practicadas de oficio, por propia iniciativa o mediante denuncia, o a instancia de persona interesada.

En el supuesto de empresas establecidas en España que desplacen temporalmente a sus personas trabajadoras al territorio de Estados miembros de la Unión Europea o de Estados signatarios del Acuerdo sobre el Espacio Económico Europeo en el marco de una prestación de servicios transnacional, también podrá iniciarse de oficio el procedimiento sancionador mediante acta de la Inspección de Trabajo y Seguridad Social en virtud de actuaciones derivadas de comunicación de las Administraciones públicas a las que corresponda en el lugar de desplazamiento la vigilancia del cumplimiento de las condiciones de trabajo[19].

b. El acta será notificada por la citada Inspección al sujeto o sujetos responsables, que dispondrá de un plazo de quince días para formular las alegaciones que estime pertinentes en defensa de su derecho, ante el órgano competente para dictar resolución.

c. Transcurrido el indicado plazo y previas las diligencias necesarias, si se hubieren formulado alegaciones se dará nueva audiencia al interesado por término de ocho días, siempre que de las diligencias practicadas se desprenda la existencia de hechos distintos a los incorporados en el acta.

d. A la vista de lo actuado, por el órgano competente se dictará la resolución correspondiente.

2. El procedimiento para la imposición de sanciones por infracciones leves y graves, a que se refiere el artículo 48.4 de esta Ley, se iniciará de oficio por la correspondiente entidad o por comunicación a la misma de la Inspección de Trabajo y Seguridad Social; la entidad o el órgano correspondiente de la Comunidad Autónoma notificarán los cargos al interesado, dándole audiencia, todo ello con sujeción al procedimiento que reglamentariamente se establezca.

---

[17]   DA 1ª LPAC.
[18]   Arts. 19 ss. LIT; Arts. 13 ss. RSOS.
[19]   Párrafo añadido por RDL 7/2021, de 27 de abril.

3. Asimismo, el Ministerio Fiscal deberá notificar, en todo caso, a la autoridad laboral y a la Inspección de Trabajo y Seguridad Social la existencia de un procedimiento penal sobre hechos que puedan resultar constitutivos de infracción. Dicha notificación producirá la paralización del procedimiento hasta el momento en que el Ministerio Fiscal notifique a la autoridad laboral la firmeza de la sentencia o auto de sobreseimiento dictado por la autoridad judicial.

Artículo 53. Contenido de las actas y de los documentos iniciadores del expediente[20].– 1. Las actas de infracción de la Inspección de Trabajo y Seguridad Social, reflejarán:

a. Los hechos constatados por el Inspector de Trabajo y Seguridad Social o Subinspector de Empleo y Seguridad Social actuante, que motivaron el acta, destacando los relevantes a efectos de la determinación y tipificación de la infracción y de la graduación de la sanción.

En el caso de actas extendidas en el marco de actuaciones administrativas automatizadas, los hechos constitutivos de la infracción cometida.

b. La infracción que se impute, con expresión del precepto vulnerado.

c. La calificación de la infracción, en su caso la graduación de la sanción, la propuesta de sanción y su cuantificación.

d. En los supuestos en que exista posible responsable solidario, se hará constar tal circunstancia, la fundamentación jurídica de dicha responsabilidad y los mismos datos exigidos para el responsable principal.

2. Los hechos constatados por los referidos funcionarios de la Inspección de Trabajo y Seguridad Social que se formalicen en las actas de infracción observando los requisitos establecidos en el apartado anterior, tendrán presunción de certeza, sin perjuicio de las pruebas que en defensa de los respectivos derechos e intereses puedan aportar los interesados.

El mismo valor probatorio se atribuye a los hechos reseñados en informes emitidos por la Inspección de Trabajo y Seguridad Social, en los supuestos concretos a que se refiere la Ley Ordenadora de la Inspección de Trabajo y Seguridad Social, consecuentes a comprobaciones efectuadas por la misma, sin perjuicio de su contradicción por los interesados en la forma que determinen las normas procedimentales aplicables.

---

[20]   Art. 23 LIT; arts. 14, 15, 31 y 32 RSOS.

3. Las actas de liquidación de cuotas de la Seguridad Social y las actas de infracción en dicha materia, cuando se refieran a los mismos hechos, se practicarán simultáneamente por la Inspección de Trabajo y Seguridad Social y se tramitarán conforme al procedimiento establecido en la correspondiente normativa.

4. En los documentos de inicio de expedientes sancionadores por las entidades gestoras o servicios correspondientes de las Comunidades Autónomas, se comunicarán a los interesados los hechos u omisiones que se les imputen, la infracción presuntamente cometida, su calificación y la sanción propuesta, con expresión del plazo para que puedan formular alegaciones.

5. Cuando el acta de infracción se practique como consecuencia de informe emitido por los funcionarios técnicos a que se refiere el artículo 9.2 de la Ley 31/1995, de 8 de noviembre, de Prevención de Riesgos Laborales, se incorporará a su texto el relato de hechos del correspondiente informe así como los demás datos relevantes de éste, con el carácter señalado en el artículo 9.3 de la citada Ley.

La Inspección de Trabajo y Seguridad Social recabará de los funcionarios públicos referidos la subsanación de sus informes cuando considere que el relato de hechos contenido es insuficiente a efectos sancionadores, procediendo a su archivo si no se subsanase en término de 15 días y sin perjuicio de nuevas comprobaciones.

Artículo 54. Recursos.– Contra las resoluciones recaídas en los procedimientos sancionadores se podrán interponer los recursos administrativos y jurisdiccionales que legalmente procedan.

DISPOSICIONES ADICIONALES

Primera. Actualización del importe de las sanciones.– La cuantía de las sanciones establecidas en el artículo 40 de la presente Ley podrá ser actualizada periódicamente por el Gobierno, a propuesta del Ministro de Trabajo y Asuntos Sociales, teniendo en cuenta la variación de los índices de precios al consumo.

Segunda. Cuerpo Superior de Inspectores de Trabajo y Seguridad Social.– La disposición adicional tercera de la Ley 8/1988, de 7 de abril, en su redacción vigente, quedará derogada en cada territorio autonómico cuando se logre el respectivo acuerdo con cada Comunidad Autónoma a que se refiere el artículo 17 de la Ley 42/1997, de 14 de noviembre, Ordenadora de la Inspección de Trabajo y Seguridad Social, de conformidad con lo previsto en el apartado dos de su disposición derogatoria.

Tercera. Competencia sancionadora en materia de prestaciones por desempleo.– Lo dispuesto en el apartado 4 del artículo 48 de esta Ley se entiende sin perjuicio de las funciones en materia de empleo delimitadas por los Reales Decretos de traspasos a las Comunidades Autónomas de la gestión realizada por el Instituto Nacional de Empleo en materia de trabajo, empleo y formación, así como de la coordinación entre los Servicios Públicos de Empleo de las Comunidades Autónomas y la entidad gestora de las prestaciones por desempleo.

La coordinación a la que se refiere el párrafo anterior se llevará a cabo en la Comisión de Coordinación y Seguimiento, de composición paritaria, contemplada en los Reales Decretos de traspasos a las Comunidades Autónomas de la gestión realizada por el Instituto Nacional de Empleo en materia de trabajo, empleo y formación, y constituida para la coordinación de la gestión del empleo y la gestión de las prestaciones por desempleo, sin perjuicio de los convenios que a tal efecto pudieran suscribirse entre los órganos y entidades competentes del Estado y de las Comunidades Autónomas.

DISPOSICIÓN DEROGATORIA

Única. Derogación normativa.– 1. Quedan derogadas cuantas disposiciones de igual o inferior rango se opongan a lo previsto en la presente Ley.

2. Quedan expresamente derogadas las siguientes disposiciones:

a. Ley 8/1988, de 7 de abril, sobre Infracciones y Sanciones en el Orden Social, sin perjuicio de lo dispuesto en la disposición adicional segunda de la presente Ley

b. De la Ley del Estatuto de los Trabajadores, texto refundido aprobado por Real Decreto legislativo 1/1995, de 24 de marzo, el Título IV, artículos 93 a 97.

c. De la Ley 31/1995, de 8 de noviembre, de Prevención de Riesgos Laborales, los apartados 2, 4 y 5 del artículo 42, y del artículo 45, excepto los párrafos tercero y cuarto de su apartado 1, al 52.

d. De la Ley 14/1994, de 1 de junio, por la que se regulan las empresas de trabajo temporal, el capítulo V, artículos 18 a 21.

e. De la Ley 10/1997, de 24 de abril, sobre derechos de información y consulta de los trabajadores en las empresas y grupos de dimensión comunitaria, el capítulo I del Título III, artículos 30 a 34.

f. De la Ley 27/1999, de 16 de julio, de Cooperativas, los artículos 114 y 115.

g. De la Ley 45/1999, de 29 de noviembre, sobre el desplazamiento de trabajadores en el marco de la prestación de servicios transnacionales, los artículos 10 a 13.

3. Las referencias contenidas en la normativa vigente a las disposiciones y preceptos que se derogan expresamente en el apartado anterior deberán entenderse efectuadas a la presente Ley y a los preceptos de ésta que regulan la misma materia.

DISPOSICIÓN FINAL

Única. Carácter de esta Ley.– La presente Ley, así como sus normas reglamentarias de desarrollo, constituyen legislación dictada al amparo del artículo 149.1.2, 7, 17 y 18 de la Constitución Española.

LEY DE LA JURISDICCIÓN SOCIAL[1]

LIBRO PRIMERO. PARTE GENERAL

TÍTULO I. Del ejercicio de la potestad jurisdiccional

CAPÍTULO I. De la jurisdicción

Artículo 1. Orden jurisdiccional social[2].– Los órganos jurisdiccionales del orden social conocerán de las pretensiones que se promuevan dentro de la rama social del Derecho, tanto en su vertiente individual como colectiva, incluyendo aquéllas que versen sobre materias laborales y de Seguridad Social, así como de las impugnaciones de las actuaciones de las Administraciones públicas realizadas en el ejercicio de sus potestades y funciones sobre las anteriores materias.

Artículo 2. Ámbito del orden jurisdiccional social.– Los órganos jurisdiccionales del orden social, por aplicación de lo establecido en el artículo anterior, conocerán de las cuestiones litigiosas que se promuevan:

a) Entre empresarios y trabajadores como consecuencia del contrato de trabajo y del contrato de puesta a disposición, con la salvedad de lo dispuesto en la Ley 22/2003, de 9 de julio, Concursal[3]; y en el ejercicio de los demás derechos y obligaciones en el ámbito de la relación de trabajo.

b) En relación con las acciones que puedan ejercitar los trabajadores o sus causahabientes contra el empresario o contra aquéllos a quienes se les atribuya legal, convencional o contractualmente responsabilidad, por los daños originados en el ámbito de la prestación de servicios o que tengan su causa en accidentes de trabajo o enfermedades profesionales, incluida la acción directa contra la aseguradora y sin perjuicio de la acción de repetición que pudiera corresponder ante el orden competente[4].

---

[1] Ley 36/2011, de 10 de octubre, reguladora de la jurisdicción social (BOE 11 de octubre de 2011).
[2] Art. 9.5 LOPJ.
[3] Véanse arts. 53, 136 ss., 169 ss. y 551 LC vigente (RDLeg. 1/2020).
[4] Arts. 15.5 LPRL.

c) Entre las sociedades laborales o las cooperativas de trabajo asociado, y sus socios trabajadores, exclusivamente por la prestación de sus servicios.

d) En relación con el régimen profesional, tanto en su vertiente individual como colectiva, de los trabajadores autónomos económicamente dependientes a que se refiere la Ley 20/2007, de 11 de julio, del Estatuto del trabajo autónomo, incluidos los litigios que deriven del ejercicio por ellos de las reclamaciones de responsabilidad contempladas en el apartado b) de este artículo[5].

e) Para garantizar el cumplimiento de las obligaciones legales y convencionales en materia de prevención de riesgos laborales, tanto frente al empresario como frente a otros sujetos obligados legal o convencionalmente, así como para conocer de la impugnación de las actuaciones de las Administraciones públicas en dicha materia respecto de todos sus empleados, bien sean éstos funcionarios, personal estatutario de los servicios de salud o personal laboral, que podrán ejercer sus acciones, a estos fines, en igualdad de condiciones con los trabajadores por cuenta ajena, incluida la reclamación de responsabilidad derivada de los daños sufridos como consecuencia del incumplimiento de la normativa de prevención de riesgos laborales que forma parte de la relación funcionarial, estatutaria o laboral; y siempre sin perjuicio de las competencias plenas de la Inspección de Trabajo y Seguridad Social en el ejercicio de sus funciones.

f) Sobre tutela de los derechos de libertad sindical, huelga y demás derechos fundamentales y libertades públicas, incluida la prohibición de la discriminación y el acoso, contra el empresario o terceros vinculados a éste por cualquier título, cuando la vulneración alegada tenga conexión directa con la prestación de servicios; sobre las reclamaciones en materia de libertad sindical y de derecho de huelga frente a actuaciones de las Administraciones públicas referidas exclusivamente al personal laboral; sobre las controversias entre dos o más sindicatos, o entre éstos y las asociaciones empresariales, siempre que el litigio verse sobre cuestiones objeto de la competencia del orden jurisdiccional social, incluida en todos los supuestos de este apartado la responsabilidad por daños; y sobre las demás actuaciones previstas en la presente Ley conforme al apartado 4 del artículo 117 de la Constitución Española en garantía de cualquier derecho[6].

---

[5]   LETA.
[6]   Arts. 12-15 LOLS y 177-184 LJS.

g) En procesos de conflictos colectivos[7].

h) Sobre impugnación de convenios colectivos y acuerdos, cualquiera que sea su eficacia, incluidos los concertados por las Administraciones públicas cuando sean de aplicación exclusiva a personal laboral; así como sobre impugnación de laudos arbitrales de naturaleza social, incluidos los dictados en sustitución de la negociación colectiva, en conflictos colectivos, en procedimientos de resolución de controversias y en procedimientos de consulta en movilidad geográfica, modificaciones colectivas de condiciones de trabajo y despidos colectivos, así como en suspensiones y reducciones temporales de jornada. De haberse dictado respecto de las Administraciones públicas, cuando dichos laudos afecten en exclusiva al personal laboral[8].

i) En procesos sobre materia electoral, incluidas las elecciones a órganos de representación del personal al servicio de las Administraciones públicas[9].

j) Sobre constitución y reconocimiento de la personalidad jurídica de los sindicatos, impugnación de sus estatutos y su modificación[10].

k) En materia de régimen jurídico específico de los sindicatos, tanto legal como estatutario, en todo lo relativo a su funcionamiento interno y a las relaciones con sus afiliados.

l) Sobre constitución y reconocimiento de la personalidad jurídica de las asociaciones empresariales en los términos referidos en la disposición derogatoria de la Ley Orgánica 11/1985, de 2 de agosto, de Libertad Sindical, impugnación de sus estatutos y su modificación[11].

m) Sobre la responsabilidad de los sindicatos y de las asociaciones empresariales por infracción de normas de la rama social del Derecho.

n) En impugnación de resoluciones administrativas de la autoridad laboral recaídas en los procedimientos previstos en el apartado 5 del artículo 47, en el artículo 47 bis) y en el apartado 7 del artículo 51 del Texto Refundido de la Ley del Estatuto de los Trabajadores, aprobado por Real Decreto Legislativo 2/2015, de 23 de octubre, así como las recaídas en el ejercicio de la potestad sancionadora en materia laboral y sindical y, respecto de las demás impug-

---

[7]   Arts. 153-162 LJS.

[8]   Arts. 163-166 LJS y 82-92 ET.

[9]   Arts. 76 ET, 127-136 LJS y RD 1844/1994, de 9 de septiembre.

[10]   Arts. 4-5 LOLS y 167-175 LJS.

[11]   Art. 176 LJS. Véase también RD 416/2015, de 29 de mayo, sobre depósito de estatutos de las organizaciones sindicales y empresariales.

naciones de otros actos de las Administraciones públicas sujetos al Derecho Administrativo en el ejercicio de sus potestades y funciones en materia laboral y sindical que pongan fin a la vía administrativa, siempre que en este caso su conocimiento no esté atribuido a otro orden jurisdiccional[12].

ñ) Contra las Administraciones públicas, incluido el Fondo de Garantía Salarial, cuando les atribuya responsabilidad la legislación laboral[13].

o) En materia de prestaciones de Seguridad Social, incluidas la protección por desempleo y la protección por cese de actividad de los trabajadores por cuenta propia, así como sobre la imputación de responsabilidades a empresarios o terceros respecto de las prestaciones de Seguridad Social en los casos legalmente establecidos. También las cuestiones referidas a aquellas prestaciones de protección social que establezcan las Comunidades Autónomas en el ejercicio de sus competencias, dirigidas a garantizar recursos económicos suficientes para la cobertura de las necesidades básicas y a prevenir el riesgo de exclusión social de las personas beneficiarias. Igualmente, las cuestiones litigiosas relativas a la valoración, reconocimiento y calificación del grado de discapacidad, así como sobre el reconocimiento de la situación de dependencia y prestaciones económicas y servicios derivados de la Ley 39/2006, de 14 de diciembre, de Promoción de la Autonomía Personal y Atención a las personas en situación de dependencia, teniendo a todos los efectos de esta Ley la misma consideración que las relativas a las prestaciones y los beneficiarios de la Seguridad Social.

p) En materia de intermediación laboral, en los conflictos que surjan entre los trabajadores y los servicios públicos de empleo, las agencias de colocación autorizadas y otras entidades colaboradoras de aquéllos y entre estas últimas entidades y el servicio público de empleo correspondiente[14].

q) En la aplicación de los sistemas de mejoras de la acción protectora de la Seguridad Social, incluidos los planes de pensiones y contratos de seguro, siempre que su causa derive de una decisión unilateral del empresario, un contrato de trabajo o un convenio, pacto o acuerdo colectivo; así como de los complementos de prestaciones o de las indemnizaciones, especialmente en los supuestos de accidentes de trabajo o enfermedad profesional, que pudieran establecerse por las Administraciones públicas a favor de cualquier beneficiario.

---

[12]   Arts. 5 a 19 LISOS.
[13]   Art. 33 ET y RD 505/1985, de 6 de marzo.
[14]   Véanse LE y RD 1796/2010.

r) Entre los asociados y las mutualidades, excepto las establecidas por los Colegios profesionales, en los términos previstos en los artículos 64 y siguientes del Texto Refundido de la Ley de ordenación y supervisión de los seguros privados, aprobado por el Real Decreto Legislativo 6/2004, de 29 de octubre, así como entre las fundaciones laborales o entre éstas y sus beneficiarios, sobre cumplimiento, existencia o declaración de sus obligaciones específicas y derechos de carácter patrimonial, relacionados con los fines y obligaciones propios de esas entidades.

s) En impugnación de actos de las Administraciones públicas, sujetos a derecho administrativo y que pongan fin a la vía administrativa, dictadas en el ejercicio de sus potestades y funciones en materia de Seguridad Social, distintas de las comprendidas en el apartado o) de este artículo, incluyendo las recaídas en el ejercicio de la potestad sancionadora en esta materia y con excepción de las especificadas en la letra f) del artículo 3[15].

t) En cualesquiera otras cuestiones que les sean atribuidas por ésta u otras normas con rango de ley.

Artículo 3. Materias excluidas.– No conocerán los órganos jurisdiccionales del orden social:

a) De la impugnación directa de disposiciones generales de rango inferior a la ley y decretos legislativos cuando excedan los límites de la delegación, aun en las materias laborales, sindicales o de Seguridad Social enumeradas en el artículo anterior.

b) De las cuestiones litigiosas en materia de prevención de riesgos laborales que se susciten entre el empresario y los obligados a coordinar con éste las actividades preventivas de riesgos laborales y entre cualquiera de los anteriores y los sujetos o entidades que hayan asumido frente a ellos, por cualquier título, la responsabilidad de organizar los servicios de prevención.

c) De la tutela de los derechos de libertad sindical y del derecho de huelga relativa a los funcionarios públicos, personal estatutario de los servicios de salud y al personal a que se refiere la letra a) del apartado 3 del artículo 1 del Texto Refundido de la Ley del Estatuto de los Trabajadores.

d) De las disposiciones que establezcan las garantías tendentes a asegurar el mantenimiento de los servicios esenciales de la comunidad en caso de huel-

---

[15]   Arts. 20-32 LISOS.

ga y, en su caso, de los servicios o dependencias y los porcentajes mínimos de personal necesarios a tal fin, sin perjuicio de la competencia del orden social para conocer de las impugnaciones exclusivamente referidas a los actos de designación concreta del personal laboral incluido en dichos mínimos, así como para el conocimiento de los restantes actos dictados por la autoridad laboral en situaciones de conflicto laboral conforme al Real Decreto-Ley 17/1977, de 4 de marzo, sobre Relaciones de Trabajo.

e) De los pactos o acuerdos concertados por las Administraciones públicas con arreglo a lo previsto en la Ley 7/2007, de 12 de abril, del Estatuto Básico del Empleado Público, que sean de aplicación al personal funcionario o estatutario de los servicios de salud, ya sea de manera exclusiva o conjunta con el personal laboral; y sobre la composición de las Mesas de negociación sobre las condiciones de trabajo comunes al personal de relación administrativa y laboral.

f)[16] De las impugnaciones de los actos administrativos en materia de Seguridad Social relativos a inscripción de empresas, formalización de la protección frente a riesgos profesionales, tarificación, afiliación, alta, baja y variaciones de datos de trabajadores, así como en materia de liquidación de cuotas, actas de liquidación y actas de infracción vinculadas con dicha liquidación de cuotas y con respecto a los actos de gestión recaudatoria, incluidas las resoluciones dictadas en esta materia por su respectiva entidad gestora, en el supuesto de cuotas de recaudación conjunta con las cuotas de Seguridad Social y, en general, los demás actos administrativos conexos a los anteriores dictados por la Tesorería General de la Seguridad Social; así como de los actos administrativos sobre asistencia y protección social públicas en materias que no se encuentren comprendidas en las letras o) y s) del artículo 2.

---

[16]   La DF 20ª de la Ley de 22/2021, de 28 de diciembre, de Presupuestos Generales del Estado para 2021 (corrección de errores, BOE 26 de mayo de 2022) modificó la letra f) del art. 3 LJS, introduciendo la previsión relativa a que los actos administrativos dictados en las fases preparatorias, previas a la contratación de personal laboral para el ingreso por acceso libre, quedaban fuera del orden social y deberían ser impugnados ante el orden jurisdiccional contencioso administrativo; asimismo, desplazó todas las previsiones del listado a partir de dicha letra un lugar. La STC 145/2022, de 15 de noviembre, declaró la inconstitucionalidad de dicha previsión por el instrumento normativo empleado para llevar a cabo la reforma, por lo que, al margen de desaparecer el texto reformado, las letras afectadas por el desplazamiento han recuperado su lugar.

g) De las reclamaciones sobre responsabilidad patrimonial de las Entidades Gestoras y Servicios Comunes de la Seguridad Social, así como de las demás entidades, servicios y organismos del Sistema Nacional de Salud y de los centros sanitarios concertados con ellas, sean estatales o autonómicos, por los daños y perjuicios causados por o con ocasión de la asistencia sanitaria, y las correspondientes reclamaciones, aun cuando en la producción del daño concurran con particulares o cuenten con un seguro de responsabilidad.

h) De las pretensiones cuyo conocimiento y decisión esté reservado por la Ley Concursal a la jurisdicción exclusiva y excluyente del juez del concurso.

CAPÍTULO II. De la competencia

Artículo 4. Competencia funcional por conexión.– 1. La competencia de los órganos jurisdiccionales del orden social se extenderá al conocimiento y decisión de las cuestiones previas y prejudiciales no pertenecientes a dicho orden, que estén directamente relacionadas con las atribuidas al mismo, salvo lo previsto en el apartado 3 de este artículo y en la Ley 22/2003, de 9 de julio, Concursal[17].

2. Las cuestiones previas y prejudiciales serán decididas en la resolución judicial que ponga fin al proceso. La decisión que se pronuncie no producirá efecto fuera del proceso en que se dicte.

3. Hasta que las resuelva el órgano judicial competente, las cuestiones prejudiciales penales suspenderán el plazo para adoptar la debida decisión sólo cuando se basen en falsedad documental y su solución sea de todo punto indispensable para dictarla[18].

4. La suspensión de la ejecución por existencia de una cuestión prejudicial penal sólo procederá si la falsedad documental en que se base se hubiere producido después de constituido el título ejecutivo y se limitará a las actuaciones ejecutivas condicionadas directamente por la resolución de aquélla.

Artículo 5. Apreciación de oficio de la falta de jurisdicción o de competencia.– 1. Si los órganos jurisdiccionales apreciaren la falta de jurisdicción o de competencia internacional, o se estimaren incompetentes para conocer

---

[17]   Art. 10 LOPJ. Téngase en cuenta la sustitución de Ley 22/2003 por la nueva LC tras el RDLeg. 1/2020.
[18]   Art. 10.2 LOPJ.

de la demanda por razón de la materia, del territorio o de la función, dictarán auto declarándolo así y previniendo al demandante ante quién y cómo puede hacer uso de su derecho.

2. Igual declaración deberán hacer en los mismos supuestos al dictar sentencia, absteniéndose de entrar en el conocimiento del fondo del asunto.

3. La declaración de oficio de la falta de jurisdicción o de competencia en los casos de los dos párrafos anteriores requerirá previa audiencia de las partes y del Ministerio Fiscal en plazo común de tres días.

4. Contra el auto de declaración de falta de jurisdicción o de competencia podrán ejercitarse los recursos previstos en la presente Ley. Si en el auto se declarase la jurisdicción y competencia del órgano de la jurisdicción social, la cuestión podrá suscitarse de nuevo en el juicio y, en su caso, en el recurso ulterior.

5. Si la acción ejercitada estuviere sometida a plazo de caducidad, se entenderá suspendida desde la presentación de la demanda hasta que el auto que declare la falta de jurisdicción o de competencia sea firme.

Artículo 6. Juzgados de lo Social[19]**.–** 1. Los Juzgados de lo Social conocerán en única instancia de todos los procesos atribuidos al orden jurisdiccional social, con excepción de los asignados expresamente a la competencia de otros órganos de este orden jurisdiccional en los artículos 7, 8 y 9 de esta Ley y en la Ley Concursal.

2. En aplicación de lo establecido en el apartado anterior, conocerán también en única instancia de los procesos de impugnación de actos de Administraciones públicas atribuidos al orden jurisdiccional social en las letras n) y s) del artículo 2, cuando hayan sido dictados por:

a) Los órganos de la Administración General del Estado y de los organismos públicos vinculados o dependientes de ella siempre que su nivel orgánico sea inferior al de Ministro o Secretario de Estado[20].

---

[19]   La LO 1/2025, de 2 de enero, determina la instauración de los Tribunales de Instancia en cuyo seno habrá una sección laboral que sustituirá a los juzgados de lo social. De conformidad con la DA 1ª de dicha LO, una vez constituidos e instaurados tales Tribunales, las referencias normativas a aquellos, se entenderán referidas a las correspondientes secciones.

[20]   Art. 48 LISOS.

b) Las Administraciones de las Comunidades Autónomas, salvo los que procedan del respectivo Consejo de Gobierno.

c) Las Administraciones de las entidades locales.

d) Cualquier otro organismo o entidad de derecho público que pudiera ostentar alguna de las competencias administrativas a las que se refieren las mencionadas letras del artículo 2 de esta Ley.

Artículo 7. Salas de lo Social de los Tribunales Superiores de Justicia.–
Las Salas de lo Social de los Tribunales Superiores de Justicia conocerán:

a) En única instancia, de los procesos sobre las cuestiones a que se refieren las letras f), g), h), j), k) y l) del artículo 2 cuando extiendan sus efectos a un ámbito territorial superior al de la circunscripción de un Juzgado de lo Social y no superior al de la Comunidad Autónoma, así como de todos aquellos que expresamente les atribuyan las leyes.

Conocerán en única instancia de los procesos de despido colectivo impugnados por los representantes de los trabajadores de conformidad con lo previsto en los apartados 1 a 10 del artículo 124 de esta Ley, cuando extiendan sus efectos a un ámbito territorial no superior al de la Comunidad Autónoma.

Asimismo, conocerán en única instancia de los procesos de oficio previstos en la letra b) del artículo 148 de esta Ley y de los procesos de impugnación de las resoluciones administrativas recaídas en los procedimientos previstos en el apartado 7 del artículo 51 del Texto Refundido de la Ley del Estatuto de los Trabajadores, aprobado por Real Decreto Legislativo 1/1995, de 24 de marzo, de conformidad con lo previsto en el artículo 151 de esta Ley, cuando el acuerdo o acto administrativo impugnado extiendan sus efectos a un ámbito territorial no superior al de una Comunidad Autónoma.

b) También en única instancia, de los procesos de impugnación de actos de las Administraciones públicas atribuidos al orden jurisdiccional social en las letras n) y s) del artículo 2, cuando hayan sido dictados por el Consejo de Gobierno de la Comunidad Autónoma o por órganos de la Administración General del Estado con nivel orgánico de Ministro o Secretario de Estado, siempre que, en este último caso, el acto haya confirmado, en vía de recurso o en procedimiento de fiscalización o tutela, los que hayan sido dictados por órganos o entes distintos con competencia en todo el territorio nacional[21].

---

[21]   Art. 48 LISOS.

c) De los recursos de suplicación establecidos en esta Ley contra las resoluciones dictadas por los Juzgados de lo Social de su circunscripción.

d) De los recursos de suplicación contra los autos de los jueces de lo mercantil previstos en los artículos 64.8 y 197.8 de la Ley 22/2003, de 9 de julio, Concursal[22].

e) De las cuestiones de competencia que se susciten entre los Juzgados de lo Social de su circunscripción.

Artículo 8. Sala de lo Social de la Audiencia Nacional.– 1. La Sala de lo Social de la Audiencia Nacional conocerá en única instancia, de los procesos sobre las cuestiones a que se refieren las letras f), g), h), j), k) y l) del artículo 2 cuando extiendan sus efectos a un ámbito territorial superior al de una Comunidad Autónoma o tratándose de impugnación de laudos, de haber correspondido, en su caso, a esta Sala el conocimiento del asunto sometido a arbitraje.

Conocerá en única instancia de los procesos de despido colectivo impugnados por los representantes de los trabajadores de conformidad con lo previsto en los apartados 1 a 10 del artículo 124 de esta Ley, cuando extiendan sus efectos a un ámbito territorial superior al de una Comunidad Autónoma[23].

Asimismo, conocerá en única instancia de los de los procesos de oficio previstos en la letra b) del artículo 148 de esta Ley y de los procesos de impugnación de las resoluciones administrativas recaídas en los procedimientos previstos en el apartado 7 del artículo 51 del Texto Refundido de la Ley del Estatuto de los Trabajadores, aprobado por Real Decreto Legislativo 1/1995, de 24 de marzo, de conformidad con lo previsto en el artículo 151 de esta Ley, cuando el acuerdo o acto administrativo impugnado extiendan sus efectos a un ámbito territorial superior al de una Comunidad Autónoma.

2. También, con independencia de su ámbito territorial de afectación, conocerá en única instancia de los procesos de impugnación de actos de Administraciones públicas atribuidos al orden jurisdiccional social en las letras n) y s) del artículo 2, cuando hayan sido dictados por órganos de la Administración General del Estado y de los organismos públicos vinculados o dependientes de ella cuyo nivel orgánico sea de Ministro o Secretario de Estado bien con

carácter originario o bien cuando rectifiquen por vía de recurso o en procedimiento de fiscalización o tutela los dictados por órganos o entes distintos con competencia en todo el territorio nacional[24].

Artículo 9. Sala de lo Social del Tribunal Supremo.– La Sala de lo Social del Tribunal Supremo conocerá:

a) En única instancia de los procesos de impugnación de actos de Administraciones públicas atribuidos al orden jurisdiccional social cuando hayan sido dictados por el Consejo de Ministros[25].

b) De los recursos de casación establecidos en la Ley.

c) De la revisión de sentencias firmes dictadas por los órganos jurisdiccionales del orden social y de la revisión de laudos arbitrales firmes sobre materias objeto de conocimiento del orden social.

d) De las demandas de error judicial cuando el órgano al que se impute el error pertenezca al orden jurisdiccional social, salvo cuando éste se atribuyese a la propia Sala de lo Social del Tribunal Supremo o a alguna de sus secciones en que la competencia corresponderá a la Sala que se establece en el artículo 61 de la Ley Orgánica 6/1985, de 1 de julio, del Poder Judicial.

e) De las cuestiones de competencia suscitadas entre órganos del orden jurisdiccional social que no tengan otro superior jerárquico común.

Artículo 10. Competencia territorial de los Juzgados de lo Social.– La competencia de los Juzgados de lo Social se determinará de acuerdo con las siguientes reglas:

1. Con carácter general será juzgado competente el del lugar de prestación de los servicios o el del domicilio del demandado, a elección del demandante.

Si los servicios se prestaran en lugares de distintas circunscripciones territoriales, el trabajador podrá elegir entre aquél de ellos en que tenga su domicilio, el del contrato, si hallándose en él el demandado pudiera ser citado, o el del domicilio del demandado.

En el caso de que sean varios los demandados, y se optare por el fuero del domicilio, el actor podrá elegir el de cualquiera de los demandados.

En las demandas contra las Administraciones públicas empleadoras será juzgado competente el del lugar de prestación de los servicios o el del domici-

---

[24]   Art. 48 LISOS.
[25]   Art. 48 LISOS.

lio del demandante, a elección de éste; salvo para los trabajadores que presten servicios en el extranjero, en que será juzgado competente el del domicilio de la Administración pública demandada.

2. En los procesos que se indican en los párrafos siguientes será en cada caso juzgado competente:

a) En los que versen sobre las materias referidas en las letras o) y p) del artículo 2, aquél en cuya circunscripción se haya producido la resolución originaria, expresa o presunta, o la actuación impugnada en el proceso, o, a elección del demandante, el juzgado de su domicilio, si bien, cuando el recurso tenga por objeto actos de las Administraciones de las Comunidades Autónomas o de las entidades de la Administración Local, la elección se entenderá limitada a los juzgados comprendidos dentro de la circunscripción de la Sala de lo Social del Tribunal Superior de Justicia en que tenga su sede el órgano que hubiere dictado el acto originario impugnado.

b) En los que versen sobre las materias referidas en las letras q) y r) del artículo 2, el del domicilio del demandado o el del demandante, a elección de éste. En los procesos entre Mutualidades de Previsión, regirá en todo caso el fuero de la demandada.

c) En los de reclamación de salarios de tramitación frente al Estado, conocerá el juzgado que dictó la sentencia de despido.

d) En los que versen sobre las materias referidas en las letras j) y l) del artículo 2, el de la sede del sindicato o de la asociación empresarial.

e) En los que versen sobre la materia referida en las letras k) y m) del artículo 2, el del lugar en que se produzcan los efectos del acto o actos que dieron lugar al proceso.

f) En los que versen sobre la materia referida en la letra f) del artículo 2, el del lugar donde se produjo o, en su caso, al que se extiendan los efectos de la lesión, o las decisiones o actuaciones respecto de las que se demanda la tutela.

g) En los procesos electorales referidos en la letra i) del artículo 2, el del lugar en cuya circunscripción esté situada la empresa o centro de trabajo; si los centros están situados en municipios distintos, en que ejerzan jurisdicción juzgados diferentes, con unidad de comité de empresa o de órgano de representación del personal al servicio de las Administraciones públicas, el del lugar en que inicialmente hubiera de constituirse o se hubiera constituido la mesa electoral. Cuando se trate de impugnación de la resolución administrativa que deniegue el registro de las actas electorales o las relativas a expedición de certificaciones de la capacidad representativa de los sindicatos o de los resultados electorales, la competencia corresponderá al Juzgado de lo Social en cuya circunscripción se encuentre la oficina pública correspondiente.

h) En los de impugnación de convenios colectivos o laudos sustitutivos de aquéllos y en los de conflictos colectivos, referidos en las letras h) y g) del artículo 2, el de la circunscripción a que se refiera el ámbito de aplicación del convenio o laudo impugnado, o en que se produzcan los efectos del conflicto, respectivamente. En las acciones de impugnación y recursos judiciales de impugnación de los restantes tipos de laudos arbitrales cuyo conocimiento corresponda al orden social, el de la circunscripción del juzgado al que le hubiera correspondido, en su caso, el conocimiento del asunto sometido a arbitraje.

3. La determinación de la competencia de los juzgados y tribunales del orden social en los procesos a que se refiere la Ley 10/1997, de 24 abril, de información y consulta de los trabajadores en las empresas y grupos de dimensión comunitaria, se regirá por las reglas fijadas en los artículos 6 a 11 de la presente Ley atendiendo a la modalidad procesal de que se trate. En los procesos de conflictos colectivos, sobre impugnación de convenios colectivos y sobre tutela de los derechos de libertad sindical se atenderá a la extensión de sus efectos en territorio español. A tal fin, en ausencia de acuerdo o de determinación expresa al respecto, se entenderá que el domicilio de la comisión negociadora y del comité de empresa europeo es el de la dirección central.

4. En los procesos de impugnación de actos de Administraciones públicas no comprendidos en los apartados anteriores y atribuidos a los Juzgados de lo Social, la competencia territorial de los mismos se determinará conforme a las siguientes reglas:

a) Con carácter general, será competente el juzgado en cuya circunscripción tenga su sede el órgano que hubiera dictado el acto originario impugnado.

b) En la impugnación de actos que tengan un destinatario individual, a elección del demandante, podrá interponerse la demanda ante el juzgado del domicilio de éste, si bien, cuando el recurso tenga por objeto actos de las Administraciones de las Comunidades Autónomas o de las entidades de la Administración Local, la elección se entenderá condicionada a que el juzgado del domicilio esté comprendido dentro de la circunscripción de la Sala de lo Social del Tribunal Superior de Justicia en que tenga su sede el órgano que hubiere dictado el acto originario impugnado. Si el acto afectase a una pluralidad de destinatarios se aplicará la regla general.

Artículo 11. Competencia territorial de las Salas de lo Social de los Tribunales Superiores de Justicia.– 1. La competencia territorial para el conocimiento de los procesos atribuidos en instancia a las Salas de lo Social de los Tribunales Superiores de Justicia corresponderá:

a) En los de impugnación de convenios colectivos o laudos sustitutivos de los anteriores y en los de conflictos colectivos, referidos en las letras g) y h) del artículo 2, a la del Tribunal en cuya circunscripción se produzcan los efectos del conflicto o a la de aquel a cuya circunscripción se extienda el ámbito de aplicación de las cláusulas del convenio, acuerdo o laudo impugnado o, tratándose de impugnación de laudos, de haber correspondido, en su caso, a estas Salas el conocimiento del asunto sometido a arbitraje.

b) En los que versen sobre la materia referida en las letras j) y l) del artículo 2, a la del Tribunal en cuya circunscripción tengan su sede el sindicato y la asociación empresarial a que se refiera.

c) En los que versen sobre las materias referidas en las letras k) y m) del artículo 2, a la del Tribunal en cuya circunscripción se produzcan los efectos del acto que diera lugar al proceso.

d) En los que versen sobre la materia referida en la letra f) del artículo 2, a la del Tribunal en cuya circunscripción se produzca o, en su caso, se extiendan los efectos de la lesión, las decisiones o actuaciones respecto de las que se demanda la tutela.

2. Cuando existan varias Salas de lo Social en un mismo Tribunal Superior, la competencia territorial de cada una de ellas se determinará por aplicación de las reglas establecidas en el apartado anterior, referida a la circunscripción territorial de la Sala.

3. En el caso de que los efectos de la cuestión litigiosa se extiendan a las circunscripciones de varias Salas, sin exceder del ámbito territorial de una Comunidad Autónoma, conocerá la que corresponda según las reglas de reparto que al efecto haya aprobado la Sala de Gobierno del Tribunal Superior de Justicia.

4. En las materias a que se refieren las letras n) y s) del artículo 2 y atribuidas en el artículo 7 al conocimiento de las Salas de lo Social de los Tribunales Superiores de Justicia:

a) Cuando el acto impugnado proceda del Consejo de Gobierno de la Comunidad Autónoma, la competencia corresponderá a la Sala de lo Social del Tribunal Superior de Justicia en cuya circunscripción tenga su sede el mencionado órgano de gobierno.

b) Cuando el acto impugnado proceda de un Ministro o Secretario de Estado, conforme a la letra b) del artículo 7, el conocimiento del asunto corresponderá a la Sala de lo Social en cuya circunscripción tenga su sede el órgano autor del acto originario impugnado, o, cuando tenga un destinatario individual, a la Sala de lo Social en cuya circunscripción tenga su domicilio el demandante, a elección de éste. Si el acto afectase a una pluralidad de destinatarios y fueran diversas las Salas competentes según la regla anterior, la competencia vendrá atribuida a la Sala de la sede del órgano autor del acto originario impugnado.

CAPÍTULO III. De los conflictos de competencia y de las cuestiones de competencia

Artículo 12. Régimen legal.– Los conflictos de competencia entre los órganos jurisdiccionales del orden social y los de otros órdenes de la jurisdicción se regirán por lo dispuesto en la Ley Orgánica 6/1985, de 1 de julio, del Poder Judicial[26].

Artículo 13. Cuestiones de competencia.– 1. No podrán suscitarse cuestiones de competencia entre jueces y tribunales subordinados entre sí, estándose al respecto a lo dispuesto en el artículo 52 de la Ley Orgánica del Poder Judicial.

2. Las cuestiones de competencia que se susciten entre órganos del orden social de la jurisdicción serán decididas por el inmediato superior común[27].

Artículo 14. Tramitación de las cuestiones de competencia.– Las cuestiones de competencia se sustanciarán y decidirán con sujeción a lo dispuesto en la Ley 1/2000, de 7 de enero, de Enjuiciamiento Civil[28], salvo lo dispuesto en las siguientes reglas:

1.ª Las declinatorias se propondrán como excepciones y serán resueltas previamente en la sentencia, sin suspender el curso de los autos.

2.ª Si se estimase la declinatoria, el demandante podrá deducir su demanda ante el órgano territorialmente competente, y si la acción estuviese sometida

---

[26]   Arts. 42 a 50 LOPJ.
[27]   Art. 51 LOPJ.
[28]   Arts. 63 a 65 LEC.

a plazo de caducidad se entenderá suspendida desde la presentación de la demanda hasta que la sentencia que estime la declinatoria quede firme.

CAPÍTULO IV. De la abstención y de la recusación

Artículo 15. Régimen legal y procedimiento.– 1. La abstención y la recusación se regirán, en cuanto a sus causas, por la Ley Orgánica del Poder Judicial, y en cuanto al procedimiento, por lo dispuesto en la Ley de Enjuiciamiento Civil[29].

No obstante lo anterior, la recusación habrá de proponerse en instancia con anterioridad a la celebración de los actos de conciliación y juicio y, en recursos, antes del día señalado para la votación y fallo o, en su caso, para la vista.

En cualquier caso, la proposición de la recusación no suspenderá la ejecución.

2. Instruirán los incidentes de recusación:

a) Cuando el recusado sea el Presidente o uno o más Magistrados de la Sala de lo Social del Tribunal Supremo, de la Sala de lo Social de los Tribunales Superiores de Justicia o de la Sala de lo Social de la Audiencia Nacional, un Magistrado de la Sala a la que pertenezca el recusado, designado en virtud de un turno establecido por orden de antigüedad.

b) Cuando se recusare a todos los Magistrados de una Sala de Justicia, el Magistrado que corresponda por turno de antigüedad de los que integren el Tribunal correspondiente, siempre que no estuviere afectado por la recusación, y si se recusare a todos los Magistrados que integran la Sala de lo Social del Tribunal correspondiente, un Magistrado de la Sala de lo Contencioso-Administrativo designado por sorteo entre todos sus integrantes.

c) Cuando el recusado sea un Juez de lo Social, un Magistrado de la Sala de lo Social del Tribunal Superior de Justicia, designado en virtud de un turno establecido por orden de antigüedad.

La antigüedad se regirá por el orden de escalafón en la carrera judicial.

En los casos en que no fuere posible cumplir lo prevenido en los párrafos anteriores, la Sala de Gobierno del Tribunal correspondiente designará al ins-

---

[29]   Arts. 217 ss., 446 y 449 LOPJ y 99 ss. LEC.

tructor, procurando que sea de mayor categoría o, al menos, de mayor antigüedad que el recusado o recusados.

3. Decidirán los incidentes de recusación:

a) La Sala prevista en el artículo 61 de la Ley Orgánica del Poder Judicial,
cuando el recusado sea el Presidente de la Sala de lo Social o dos o más de los
Magistrados de dicha Sala.

b) La Sala de lo Social del Tribunal Supremo, cuando se recuse a uno de los
Magistrados que la integran.

c) La Sala a que se refiere el artículo 77 de la Ley Orgánica del Poder Judicial, cuando se hubiera recusado al Presidente de la Sala de lo Social de dicho
Tribunal Superior.

d) La Sala a que se refiere el artículo 69 de la Ley Orgánica del Poder Judicial, cuando se hubiera recusado al Presidente de la Sala de lo Social de la
Audiencia Nacional o a más de dos Magistrados de una Sección de dicha Sala.

e) Cuando se recusare a uno o dos Magistrados de la Sala de lo Social de la
Audiencia Nacional, la Sección en la que no se encuentre integrado el recusado
o la Sección que siga en orden numérico a aquélla de la que el recusado forme
parte.

f) Cuando se recusare a uno o dos Magistrados de la Sala de lo Social de los
Tribunales Superiores de Justicia, la Sala en Pleno si no estuviera dividida en
Secciones o, en caso contrario, la Sección en la que no se encuentre integrado
el recusado o la Sección que siga en orden numérico a aquella de la que el
recusado forme parte.

g) Cuando el recusado sea un Juez de lo Social, la Sala de lo Social del
Tribunal Superior de Justicia correspondiente en Pleno, si no estuviera dividida
en Secciones o, en caso contrario, la Sección primera.

4. La abstención y la recusación de los secretarios judiciales y de los miembros de los demás cuerpos de funcionarios al servicio de la Administración
de Justicia se regirán por lo dispuesto para cada uno de ellos en la Ley de
Enjuiciamiento Civil[30].

---

[30]   Arts. 103 ss. LEC.

TÍTULO II. De las partes procesales

CAPÍTULO I. De la capacidad y legitimación procesal

Artículo 16. Capacidad procesal y representación.– 1. Podrán comparecer en juicio en defensa de sus derechos e intereses legítimos quienes se encuentren en el pleno ejercicio de sus derechos civiles.

2. Tendrán capacidad procesal los trabajadores mayores de dieciséis años y menores de dieciocho respecto de los derechos e intereses legítimos derivados de sus contratos de trabajo y de la relación de Seguridad Social, cuando legalmente no precisen para la celebración de dichos contratos autorización de sus padres, tutores o de la persona o institución que los tenga a su cargo, o hubieran obtenido autorización para contratar de sus padres, tutores o persona o institución que los tenga a su cargo conforme a la legislación laboral o la legislación civil o mercantil respectivamente. Igualmente tendrán capacidad procesal los trabajadores autónomos económicamente dependientes mayores de dieciséis años[31].

3. En los supuestos previstos en el apartado anterior, los trabajadores mayores de dieciséis años y menores de dieciocho tendrán igualmente capacidad procesal respecto de los derechos de naturaleza sindical y de representación, así como para la impugnación de los actos administrativos que les afecten.

4. Por quienes no se hallaren en el pleno ejercicio de sus derechos civiles comparecerán sus representantes legítimos o los que deban suplir su incapacidad conforme a Derecho.

5. Por las personas jurídicas comparecerán quienes legalmente las representen. Por las entidades sin personalidad a las que la ley reconozca capacidad para ser parte comparecerán quienes legalmente las representen en juicio. Por las masas patrimoniales o patrimonios separados carentes de titular o cuyo titular haya sido privado de sus facultades de disposición y administración comparecerán quienes conforme a la ley las administren. Por las entidades que, no habiendo cumplido los requisitos legalmente establecidos para constituirse en personas jurídicas, estén formadas por una pluralidad de elementos personales y patrimoniales puestos al servicio de un fin determinado, comparecerán quienes de hecho o en virtud de pactos de la entidad, actúen en su nombre

---

31   Art. 7 ET.

frente a terceros o ante los trabajadores. Por las comunidades de bienes y grupos comparecerán quienes aparezcan, de hecho o de derecho, como organizadores, directores o gestores de los mismos, o en su defecto como socios o partícipes de los mismos y sin perjuicio de la responsabilidad que, conforme a la ley, pueda corresponder a estas personas físicas.

Artículo 17. Legitimación.– 1. Los titulares de un derecho subjetivo o un interés legítimo podrán ejercitar acciones ante los órganos jurisdiccionales del orden social, en los términos establecidos en las leyes.

2. Los sindicatos de trabajadores y las asociaciones empresariales tendrán legitimación para la defensa de los intereses económicos y sociales que les son propios.

Los sindicatos con implantación suficiente en el ámbito del conflicto están legitimados para accionar en cualquier proceso en el que estén en juego intereses colectivos de los trabajadores, siempre que exista un vínculo entre dicho sindicato y el objeto del pleito de que se trate; podrán igualmente personarse y ser tenidos por parte en dichos procesos, sin que tal intervención haga detener o retroceder el curso de las actuaciones.

En especial, en los términos establecidos en esta Ley, podrán actuar, a través del proceso de conflicto colectivo, en defensa de los derechos e intereses de una pluralidad de trabajadores indeterminada o de difícil determinación; y, en particular, por tal cauce podrán actuar en defensa del derecho a la igualdad de trato entre mujeres y hombres en todas las materias atribuidas al orden social.

En el proceso de ejecución se considerarán intereses colectivos los tendentes a la conservación de la empresa y a la defensa de los puestos de trabajo.

3. Las organizaciones de trabajadores autónomos tendrán legitimación para la defensa de los acuerdos de interés profesional por ellas firmados.

4. El Ministerio Fiscal estará legitimado para intervenir en todos aquellos supuestos previstos en la presente Ley.

5. Para la defensa de los derechos e intereses de las personas víctimas de discriminación por orientación e identidad sexual, expresión de género o características sexuales, además de las personas afectadas y siempre que cuenten con su autorización expresa, estarán también legitimados los partidos políticos, las organizaciones sindicales, las organizaciones empresariales, las asociaciones profesionales de personas trabajadoras autónomas, las organizaciones de personas consumidoras y usuarias y las asociaciones y organizaciones

legalmente constituidas que tengan entre sus fines la defensa y promoción de los derechos de las personas lesbianas, gais, bisexuales, trans e intersexuales o de sus familias, de acuerdo con lo establecido en la Ley para la igualdad real y efectiva de las personas trans y para la garantía de los derechos de las personas LGTBI.

Cuando las personas afectadas sean una pluralidad indeterminada o de difícil determinación, la legitimación para demandar en juicio la defensa de estos intereses difusos corresponderá exclusivamente a los organismos públicos con competencia en la materia, a los partidos políticos, las organizaciones sindicales, las organizaciones empresariales, las asociaciones profesionales de personas trabajadoras autónomas, las organizaciones de personas consumidoras y usuarias y las asociaciones y organizaciones legalmente constituidas que tengan entre sus fines la defensa y promoción de los derechos de las personas lesbianas, gais, bisexuales, trans e intersexuales o de sus familias.

La persona acosada será la única legitimada en los litigios sobre acoso discriminatorio por razón de orientación e identidad sexual, expresión de género o características sexuales.

6. Contra las resoluciones que les afecten desfavorablemente las partes podrán interponer los recursos establecidos en esta Ley por haber visto desestimadas cualquiera de sus pretensiones o excepciones, por resultar de ellas directamente gravamen o perjuicio, para revisar errores de hecho o prevenir los eventuales efectos del recurso de la parte contraria o por la posible eficacia de cosa juzgada del pronunciamiento sobre otros procesos ulteriores.

CAPÍTULO II. De la representación y defensa procesales

Artículo 18. Intervención en el juicio.– 1. Las partes podrán comparecer por sí mismas o conferir su representación a abogado, procurador, graduado social colegiado o cualquier persona que se encuentre en el pleno ejercicio de sus derechos civiles. La representación podrá conferirse mediante poder otorgado por comparecencia ante el letrado o letrada de la Administración de Justicia, a través del registro electrónico de apoderamientos apud acta o por escritura pública.

2. En el caso de otorgarse la representación a abogado deberán seguirse los trámites previstos en el apartado 2 del artículo 21.

Artículo 19. Presentación de la demanda y pluralidad de actores o demandados.– 1. La demanda podrá presentarse bien individualmente, bien de modo conjunto, en un solo escrito o en varios y, en este caso, su admisión a trámite equivaldrá a la decisión de su acumulación, que no podrá denegarse salvo que las acciones no sean acumulables según esta Ley.

2. En los procesos en los que demanden de forma conjunta más de diez actores, éstos deberán designar un representante común, con el que se entenderán las sucesivas diligencias del litigio. Este representante deberá ser necesariamente abogado, procurador, graduado social colegiado, uno de los demandantes o un sindicato. Dicha representación podrá conferirse mediante poder otorgado por comparecencia ante el letrado o letrada de la Administración de Justicia, a través del registro electrónico de apoderamientos apud acta, por escritura pública o mediante comparecencia ante el servicio administrativo que tenga atribuidas las competencias de conciliación, mediación o arbitraje o el órgano que asuma estas funciones. Junto con la demanda se deberá aportar el documento correspondiente de otorgamiento de esta representación.

3. Cuando se acuerde la acumulación de los procesos correspondientes a varias demandas presentadas contra un mismo demandado, afectando de este modo el proceso a más de diez actores, así como cuando la demanda o demandas se dirijan contra más de diez demandados, siempre que no haya contraposición de intereses entre ellos, el secretario judicial les requerirá que designen un representante común, pudiendo recaer dicha designación en cualquiera de los sujetos mencionados en el apartado anterior. A tal efecto, junto con la comunicación a los actores de la resolución de acumulación, el secretario judicial les citará de comparecencia dentro de los cuatro días siguientes para el nombramiento del representante común; si el día de la comparecencia no asistiese alguno de los citados en forma, se procederá a la designación del representante común, entendiéndose que quien no comparezca acepta el nombramiento efectuado por el resto.

4. Cualquiera de los demandantes o demandados en el caso del apartado anterior podrá expresar su voluntad justificada de comparecer por sí mismo o de designar un representante propio, diferenciado del designado de forma conjunta por los restantes actores o demandados.

5. Cuando por razón de la tutela ejercitada la pretensión no afecte de modo directo e individual a trabajadores determinados se entenderá, a efectos de emplazamiento y comparecencia en el proceso, que los órganos representativos unitarios y, en su caso, la representación sindical, ostentan la representa-

ción en juicio de los intereses genéricos del colectivo laboral correspondiente, siempre que no haya contraposición de intereses entre ellos, y sin perjuicio de la facultad de los trabajadores que indirectamente pudieran resultar afectados, de comparecer por sí mismos o de designar un representante propio.

Artículo 20. Representación por los sindicatos.– 1. Los sindicatos podrán actuar en un proceso, en nombre e interés de los trabajadores y de los funcionarios y personal estatutario afiliados a ellos que así se lo autoricen, para la defensa de sus derechos individuales, recayendo en dichos afiliados los efectos de aquella actuación.

2. En la demanda, el sindicato habrá de acreditar la condición de afiliado del trabajador o empleado y la existencia de la comunicación al afiliado de su voluntad de iniciar el proceso. La autorización se presumirá concedida salvo declaración en contrario del afiliado. En el caso de que no se hubiese otorgado esta autorización, el trabajador o empleado podrá exigir al sindicato la responsabilidad que proceda, que habrá de decidirse en proceso social independiente.

3. Si en cualquier fase del proceso el afiliado expresara en la oficina judicial que no había recibido la comunicación del sindicato o que habiéndola recibido hubiera negado la autorización de actuación en su nombre, el juez o tribunal, previa audiencia del sindicato, acordará el archivo de las actuaciones sin más trámite.

4. Los sindicatos estarán exentos de efectuar depósitos y consignaciones en todas sus actuaciones ante el orden social y gozarán del beneficio legal de justicia gratuita cuando ejerciten un interés colectivo en defensa de los trabajadores y beneficiarios de la seguridad social.

Artículo 21. Intervención de abogado, graduado social colegiado o procurador.– 1. La defensa por abogado y la representación técnica por graduado social colegiado tendrá carácter facultativo en la instancia. En el recurso de suplicación los litigantes habrán de estar defendidos por abogado o representados técnicamente por graduado social colegiado. En el recurso de casación y en las actuaciones procesales ante el Tribunal Supremo será preceptiva la defensa de abogado. Cuando la defensa sea facultativa, con excepción de lo previsto en el artículo siguiente, podrá utilizarla sin embargo cualquiera de los litigantes, en cuyo caso será de su cuenta el pago de los honorarios o derechos respectivos con las excepciones contempladas en la legislación sobre asistencia jurídica gratuita.

2. Si el demandante pretendiese comparecer en el juicio asistido de abogado, representado técnicamente por graduado social o representado por pro-

curador, lo hará constar en la demanda, indicando los datos de contacto del profesional. Asimismo, sin perjuicio de lo establecido en el apartado 5 del artículo 81, el demandado pondrá esta circunstancia en conocimiento del juzgado o tribunal por escrito, indicando también los datos de contacto de su profesional, dentro de los dos días siguientes al de su citación para el juicio, con objeto de que, trasladada tal intención al actor, pueda éste estar representado técnicamente por graduado social o representado por procurador, designar abogado en otro plazo igual o solicitar su designación a través del turno de oficio. En este caso, el actor que no hubiese efectuado dicha designación podrá hacerlo, comunicando al juzgado o tribunal dentro de los dos días siguientes a la notificación tal circunstancia. La falta de cumplimiento de estos requisitos supone la renuncia de la parte al derecho de valerse en el acto de juicio de abogado, procurador o graduado social.

3. Si en cualquier otra actuación, diversa al acto de juicio, cualquiera de las partes pretendiese actuar asistido de letrado, el secretario judicial adoptará las medidas oportunas para garantizar la igualdad de las partes.

4. La solicitud de designación de abogado por el turno de oficio por los trabajadores y los beneficiarios del sistema de seguridad social que, por disposición legal ostentan todos el derecho a la asistencia jurídica gratuita, dará lugar a la suspensión de los plazos de caducidad o la interrupción de la prescripción de acciones. Cuando el abogado designado para un proceso considere insostenible la pretensión deberá seguir el procedimiento previsto en los artículos 32 a 35 de la Ley 1/1996, de 10 de enero, de Asistencia Jurídica Gratuita.

5. Los funcionarios y el personal estatutario en su actuación ante el orden jurisdiccional social como empleados públicos gozarán del derecho a la asistencia jurídica gratuita en los mismos términos que los trabajadores y beneficiarios del sistema de seguridad social

Artículo 22. Representación y defensa del Estado.– 1. La representación y defensa del Estado y demás entes del sector público se regirá, según proceda, por lo dispuesto en la Ley Orgánica del Poder Judicial, la Ley de Asistencia Jurídica al Estado e Instituciones públicas y las demás normas que le sean de aplicación.

2. La representación y defensa de las Entidades Gestoras y de los Servicios Comunes de la Seguridad Social corresponderá a los letrados de la Administración de la Seguridad Social, sin perjuicio de que para supuestos determinados pueda conferirse la representación conforme a las reglas generales del artículo 18 o designarse abogado al efecto.

CAPÍTULO III. De la intervención y llamada a juicio del Fondo de Garantía Salarial

Artículo 23. Intervención del Fondo de Garantía Salarial[32].– 1. El Fondo de Garantía Salarial, cuando resulte necesario en defensa de los intereses públicos que gestiona y para ejercitar las acciones o recursos oportunos, podrá comparecer como parte en cualquier fase o momento de su tramitación, en aquellos procesos de los que se pudieran derivar prestaciones de garantía salarial, sin que tal intervención haga retroceder ni detener el curso de las actuaciones.

2. En supuestos de empresas incursas en procedimientos concursales, así como de las ya declaradas insolventes o desaparecidas, y en las demandas de las que pudiera derivar la responsabilidad prevista en el apartado 8 del artículo 33 del Texto Refundido de la Ley del Estatuto de los Trabajadores, el secretario judicial citará como parte al Fondo de Garantía Salarial, dándole traslado de la demanda a fin de que éste pueda asumir sus obligaciones legales e instar lo que convenga en Derecho.

Igualmente deberán ser notificadas al Fondo de Garantía las resoluciones de admisión a trámite, señalamiento de la vista o incidente y demás resoluciones, incluida la que ponga fin al trámite correspondiente, cuando pudieran derivarse responsabilidades para el mismo.

3. El Fondo de Garantía Salarial dispondrá de plenas facultades de actuación en el proceso como parte, pudiendo oponer toda clase de excepciones y medios de defensa, aun los personales del demandado, y cuantos hechos obstativos, impeditivos o modificativos puedan dar lugar a la desestimación total o parcial de la demanda, así como proponer y practicar prueba e interponer toda clase de recursos contra las resoluciones interlocutorias o definitivas que se dicten.

4. El Fondo de Garantía Salarial tendrá la consideración de parte en la tramitación de los procedimientos arbitrales, a efectos de asumir las obligaciones previstas en el artículo 33 del Estatuto de los Trabajadores. Igualmente, el Fondo de Garantía Salarial podrá impugnar los laudos arbitrales, las conciliaciones extrajudiciales o judiciales, los allanamientos y las transacciones aprobadas judicialmente, de poderse derivar de tales títulos obligaciones de garantía salarial, a cuyo efecto se le dará traslado de los mismos en dichos casos por la autoridad que los dicte o apruebe.

---

[32]   Art. 33 ET.

5. En los supuestos del apartado 2 de este artículo, así como cuando comparezca en juicio en virtud de lo dispuesto en el apartado 1, el Fondo de Garantía Salarial deberá alegar todos aquellos motivos de oposición que se refieran a la existencia de la relación laboral, circunstancias de la prestación, clase o extensión de la deuda o a la falta de cualquier otro requisito procesal o sustantivo. La estimación de dichas alegaciones dará lugar al pronunciamiento que corresponda al motivo de oposición alegado, según su naturaleza, y a la exclusión o reducción de la deuda, afectando a todas las partes.

La estimación de la caducidad o prescripción de la acción dará lugar a la absolución del empresario y del propio Fondo de Garantía, si hubieran alegado la prescripción o si se apreciase de oficio o a instancia de parte la caducidad. No obstante, si se apreciase interrupción de la prescripción por haber existido reclamación extrajudicial frente al empresario o reconocimiento por éste de la deuda, éstos no surtirán efectos interruptivos de la prescripción frente al Fondo de Garantía y se absolverá a éste, sin perjuicio del pronunciamiento que proceda frente al empresario, salvo que el reconocimiento de deuda haya tenido lugar ante un servicio administrativo de mediación, arbitraje o conciliación, o en acta de conciliación en un proceso judicial, en cuyo caso la interrupción de la prescripción también afectará al Fondo de Garantía.

La concurrencia de los requisitos para la prestación de garantía según lo dispuesto en el artículo 33 del Texto Refundido de la Ley del Estatuto de los Trabajadores no será objeto del procedimiento judicial que se dirija contra el empresario para la determinación de la deuda sino del procedimiento administrativo ante el Fondo de Garantía, y en su caso del proceso judicial ulterior que resuelvan sobre la solicitud de prestación de garantía salarial.

6. Si el Fondo de Garantía hubiera sido emplazado con carácter preceptivo según lo dispuesto en el apartado 2, estará vinculado por la sentencia que se dicte. En los demás casos, la entidad de garantía estará vinculada en el procedimiento relativo a la prestación de garantía y ante el trabajador por el título judicial que hubiera determinado la naturaleza y cuantía de la deuda empresarial, siempre que concurran los requisitos para la prestación de garantía salarial y sin perjuicio de los recursos o impugnaciones que pudiere haber deducido en el procedimiento seguido frente al empresario, si bien podrá ejercitar acciones contra quien considere verdadero empresario o grupo empresarial o cualquier persona interpuesta o contra quienes hubieran podido contribuir a generar prestaciones indebidas de garantía salarial.

7. En los procedimientos seguidos contra el Fondo de Garantía Salarial al amparo de la legislación laboral, las afirmaciones de hecho contenidas en el expediente y en las que se haya fundamentado la resolución del mismo harán fe, salvo prueba en contrario.

8. El órgano jurisdiccional podrá solicitar al Fondo de Garantía Salarial los antecedentes de que disponga en relación con los hechos objeto del procedimiento en los procesos en los que pudiera derivarse responsabilidad para dicho organismo. El Fondo de Garantía, con independencia de su facultad de personación, podrá igualmente aportar dichos antecedentes, aunque no se haya personado en las actuaciones, en cuanto pueda afectar a la prestación de garantía salarial, y a los fines de completar los elementos de conocimiento del órgano jurisdiccional en la resolución del asunto.

Artículo 24. Pago de prestaciones por el Fondo de Garantía Salarial y subrogación en los derechos y acciones de los trabajadores.– 1. Si el pago de las prestaciones legalmente a cargo del Fondo de Garantía Salarial se hubiere producido con anterioridad al inicio de la ejecución, al instarse ésta, en subrogación de los derechos y acciones de los trabajadores que figuren en el título ejecutivo, deberá acreditarse fehacientemente el abono de las cantidades satisfechas y que éstas corresponden, en todo o en parte, a las reconocidas en el título.

2. Despachada ejecución, el secretario judicial dictará decreto haciendo constar la subrogación producida, que se notificará a los trabajadores afectados o a sus representantes, a quienes, por si pudieren conservar créditos derivados del propio título frente a la empresa ejecutada por la parte no satisfecha por el Fondo, se les ofrecerá la posibilidad de constituirse como ejecutantes en el plazo de quince días. Las cantidades obtenidas se abonarán prorrateadas entre el Fondo y los trabajadores en proporción a los importes de sus respectivos créditos.

TÍTULO III. De la acumulación de acciones, procesos y recursos

CAPÍTULO I. De la acumulación de acciones, procesos y recursos

SECCIÓN 1.ª Acumulación de acciones

Artículo 25. Requisitos de la acumulación objetiva y subjetiva de acciones y reconvención.– 1. El actor podrá acumular en su demanda cuantas acciones le competan contra el demandado, aunque procedan de diferentes títulos, siempre que todas ellas puedan tramitarse ante el mismo juzgado o tribunal.

2. En los mismos términos podrá el demandado reconvenir.

3. También podrán acumularse, ejercitándose simultáneamente, las acciones que uno o varios actores tengan contra uno o varios demandados, siempre que entre esas acciones exista un nexo por razón del título o causa de pedir. Se entenderá que el título o causa de pedir es idéntico o conexo cuando las acciones se funden en los mismos hechos o en una misma o análoga decisión empresarial o en varias decisiones empresariales análogas.

Si en estos casos, el actor o los actores no ejercitan conjuntamente las acciones, el juzgado deberá acordar la acumulación de los procesos, de conformidad con lo dispuesto en el artículo 28, salvo cuando aprecie, de forma motivada, que la acumulación podría ocasionar perjuicios desproporcionados a la tutela judicial efectiva del resto de intervinientes.

4. En reclamaciones sobre accidente de trabajo y enfermedad profesional se podrán acumular todas las pretensiones de resarcimiento de daños y perjuicios derivadas de un mismo hecho, incluso sobre mejoras voluntarias, que el trabajador perjudicado o sus causahabientes dirijan contra el empresario u otros terceros que deban responder a resultas del hecho causante, incluidas las entidades aseguradoras, salvo que hayan debido tramitarse mediante procedimiento administrativo separado, en cuyo caso se estará a lo dispuesto en el artículo 30.

5. En demandas derivadas del mismo accidente de trabajo o enfermedad profesional, cuando exista más de un juzgado o sección de la misma sala y tribunal, en el momento de su presentación se repartirán al juzgado o sección que conociera o hubiere conocido del primero de dichos procesos, las demandas ulteriores relativas a dicho accidente de trabajo o enfermedad profesional. En su defecto, las partes deberán informar de esta circunstancia al juzgado o sección al que se hubiera repartido la primera demanda o recurso, en el plazo de cinco días desde la notificación de la admisión de la segunda o ulteriores demandas o recursos o en su caso, desde que la parte tenga conocimiento del juzgado o sección a la que hubiere sido turnada la primera demanda o recurso.

6. El actor podrá acumular en su demanda las pretensiones que se deduzcan en relación con un mismo acto o resolución administrativa, así como las que se refieran a varios actos o resoluciones administrativas cuando exista entre ellos conexión directa.

7. Cuando el acto administrativo impugnado afecte a una pluralidad de destinatarios, de existir más de un juzgado o sección de la misma sala y tribunal, las demandas o recursos ulteriores relativas a dicho acto se repartirán al juzgado o sección que estuviere conociendo o hubiere conocido del primero de dichos procesos, siempre que conste dicha circunstancia o se ponga de manifiesto en la demanda o en el recurso. Con tal fin, la Administración autora del acto impugnado comunicará al juzgado o tribunal, tan pronto le conste, si tiene conocimiento de la existencia de otras demandas o recursos en las que puedan concurrir los supuestos de acumulación previstos en esta ley. En su defecto, el resto de partes deberán informar de esta circunstancia al juzgado o sección al que se hubiera repartido la primera demanda o recurso, en el plazo de cinco días desde la notificación de la admisión de la segunda o ulteriores demandas o recursos.

Artículo 26. Supuestos especiales de acumulación de acciones.– 1. Sin perjuicio de lo dispuesto en los apartados 3, 5 y 8 de este artículo, en el apartado 3 del artículo 25, en el apartado 1 del artículo 32 y en el artículo 33, no podrán acumularse a otras en un mismo juicio, salvo la de responsabilidad por daños derivados, ni siquiera por vía de reconvención, las acciones de despido y demás causas de extinción del contrato de trabajo, las de modificaciones sustanciales de condiciones de trabajo, las de disfrute de vacaciones, las de materia electoral, las de impugnación de estatutos de los sindicatos o de su modificación, las de movilidad geográfica, las de derechos de conciliación de la vida personal, familiar y laboral a las que se refiere el artículo 139, las de impugnación de convenios colectivos, las de impugnación de sanciones impuestas por los empresarios a los trabajadores y las de tutela de derechos fundamentales y libertades públicas. Tampoco podrán acumularse las acciones en reclamación sobre acceso, reversión y modificación del trabajo a distancia a las que se refiere el artículo 138 bis.

2. Lo dispuesto en el apartado anterior se entiende sin perjuicio de la posibilidad de reclamar en los anteriores juicios, cuando deban seguirse dichas modalidades procesales por imperativo de lo dispuesto en el artículo 184, la indemnización derivada de discriminación o lesión de derechos fundamentales y libertades públicas y demás pronunciamientos propios de la modalidad procesal de tutela de tales derechos fundamentales y libertades públicas, conforme a los artículos 182, 183 y 184.

3. Podrán acumularse en una misma demanda las acciones de despido y extinción del contrato siempre que la acción de despido acumulada se ejercite dentro del plazo establecido para la modalidad procesal de despido. Cuando para la acción de extinción del contrato de trabajo del artículo 50 del Texto Refundido de la Ley del Estatuto de los Trabajadores, se invoque la falta de pago del salario pactado, contemplada en la letra b) del apartado 1 de aquel precepto, la reclamación salarial podrá acumularse a la acción solicitando la extinción indemnizada del vínculo, pudiendo, en su caso, ampliarse la demanda para incluir las cantidades posteriormente adeudadas.

El trabajador podrá acumular a la acción de despido la reclamación de las cantidades vencidas, exigibles y de cuantía determinada adeudadas hasta esa fecha, sin que por ello se altere el orden de intervención del apartado 1 del artículo 105 de esta ley.

4. Igualmente podrá acumularse a la reclamación de clasificación profesional por realización de trabajos de categoría o grupo profesional superior la reclamación de las diferencias retributivas derivadas.

5. En el caso de los trabajadores conceptuados por su cliente como autónomos económicamente dependientes, si se accionara por despido alegando la existencia de relación laboral, podrán acumular en una misma demanda a la acción principal de despido y, dentro del mismo plazo de caducidad que ésta, la que puedan formular contra la decisión del cliente de extinguir la relación, con carácter eventual y para el caso de desestimación de la primera. Análoga regla de acumulabilidad se seguirá cuando se alegue como principal la relación de autónomo dependiente y como subsidiaria la relación laboral, así como en el ejercicio de otro tipo de acciones cuando se cuestione la naturaleza laboral o autónoma económicamente dependiente de la relación.

6. No serán acumulables entre sí las reclamaciones en materia de Seguridad Social, salvo cuando tengan la misma causa de pedir y salvo la posibilidad de alegar la lesión de derechos fundamentales y libertades públicas a que se refiere el apartado 1 del artículo 140.

7. Cuando se presenten demandas acumulando objetiva o subjetivamente acciones, el secretario judicial verificará que concurren los presupuestos indicados en el artículo 25 y en los apartados precedentes, dando cumplimiento en su caso a lo dispuesto en el artículo 19.

8. Asimismo, se podrán acumular en una misma demanda acciones de modificaciones sustanciales de condiciones de trabajo por parte de distintos ac-

tores contra un mismo demandado siempre que deriven de los mismos hechos o de una misma decisión empresarial.

También se podrán acumular en una misma demanda acciones de despido por causas objetivas derivadas del apartado l) del artículo 49 del Texto Refundido del Estatuto de los Trabajadores, por parte de distintos actores contra un mismo demandado siempre que deriven de cartas de despido con idéntica causa.

Artículo 27. Acciones indebidamente acumuladas.– 1. Si en el mismo juzgado o tribunal se tramitaran varias demandas contra un mismo demandado, aunque los actores sean distintos, y se ejercitasen en ellas acciones idénticas o susceptibles de haber sido acumuladas en una misma demanda, se acordará obligatoriamente la acumulación de los procesos, salvo cuando el juzgado o tribunal aprecie, de forma motivada, que la acumulación podría ocasionar perjuicios desproporcionados a la tutela judicial efectiva del resto de intervinientes.

2. No obstante, cuando se trate de una demanda sometida a plazo de caducidad, a la que se hubiera acumulado otra acción, fuera de los supuestos previstos en esta Ley, aunque el actor no opte, se seguirá la tramitación del juicio por aquélla, y el juez o tribunal tendrá por no formulada la otra acción acumulada, advirtiéndose al demandante de su derecho a ejercitarla por separado.

3. Si se hubiera acumulado indebidamente una acción sujeta a plazo de caducidad y otra u otras acciones sometidas igualmente a dicho plazo de caducidad, aunque el actor no opte, se seguirá la tramitación del juicio por la primera de las pretensiones ejercitada en el suplico de la demanda, y en todo caso por la de despido si se hubiese hecho uso de ella, y el juez o tribunal tendrá por no formuladas las demás acciones acumuladas, advirtiéndose al demandante de su derecho a ejercitarlas por separado.

SECCIÓN 2.ª Acumulación de procesos

Artículo 28. Acumulación de procesos seguidos ante el mismo juzgado o tribunal.– 1. Si en el mismo juzgado o tribunal se tramitaran varias demandas contra un mismo demandado, aunque los actores sean distintos, y se ejercitasen en ellas acciones idénticas o susceptibles de haber sido acumuladas en una misma demanda, se acordará obligatoriamente la acumulación de los procesos, salvo cuando el juzgado o tribunal aprecie, de forma motivada, que la acumulación podría ocasionar perjuicios desproporcionados a la tutela judicial efectiva del resto de intervinientes.

2. Cuando en materia de prestaciones de Seguridad Social o sobre recargo de prestaciones, se impugnare un mismo acto administrativo, o actos de reproducción, confirmación o ejecución de otro anterior, o actos entre los que exista conexión directa, se acordará la acumulación de los procesos aunque no coincidan todas las partes ni la posición procesal que ocupen. Dicha regla se aplicará a la impugnación de un mismo acto administrativo en las restantes materias competencia del orden social.

3. El secretario judicial velará por el cumplimiento de lo dispuesto en esta Sección, poniendo en conocimiento del juez o tribunal los procesos en los que se cumplan dichos requisitos, a fin de que se resuelva sobre la acumulación.

Artículo 29. Acumulación de procesos seguidos ante distintos juzgados.– Si en el caso del artículo anterior las demandas pendieran en distintos procesos ante dos o más juzgados de lo Social de una misma circunscripción, también se acordará obligatoriamente la acumulación de todas ellas, de oficio o a petición de parte. A tal efecto, las partes deberán comunicar esta circunstancia ante el juzgado o tribunal que conociese de la demanda que hubiera tenido entrada antes en el Registro.

Artículo 30. Procesos acumulables.– 1. Se acordará también, de oficio o a instancia de parte, la acumulación de procesos que estuvieren pendientes en el mismo o distinto juzgado o tribunal cuando entre los objetos de los procesos cuya acumulación se pretende exista tal conexión que, de seguirse por separado, pudieran dictarse sentencias con pronunciamientos o fundamentos contradictorios, incompatibles o mutuamente excluyentes.

2. Asimismo, se acumularán los procesos que tengan su origen en un mismo accidente de trabajo o enfermedad profesional, aunque no coincidan todas las partes o su posición procesal, salvo que hayan debido tramitarse mediante procedimientos administrativos separados, en cuyo caso solamente podrán acumularse las impugnaciones referidas a un mismo procedimiento.

3. El juez o tribunal resolverá decidiendo la acumulación, de cumplirse los requisitos legales. Contra este auto no cabrá otro recurso que el de reposición.

Artículo 31. Acumulación con procesos iniciados a instancia de la autoridad laboral.– A los procesos de oficio iniciados en virtud de comunicación de la autoridad laboral regulados en el artículo 148 se acumularán, de acuerdo con las reglas anteriores, las demandas individuales en que concurran identidad de personas y de causa de pedir respecto de la demanda de oficio, aunque pendan en distintos juzgados o tribunales de la misma circunscripción. Dicha acumulación se acordará por el juzgado o tribunal mediante auto.

Artículo 32. Acumulación de procesos relativos a la extinción del contrato de trabajo o que se refieran a actos administrativos con pluralidad de destinatarios.– 1. Cuando el trabajador formule por separado demandas por alguna de las causas previstas en el artículo 50 del Texto Refundido de la Ley del Estatuto de los Trabajadores y por despido, la demanda que se promueva posteriormente se acumulará a la primera de oficio o a petición de cualquiera de las partes, debiendo debatirse todas las cuestiones planteadas en un solo juicio. A estos efectos, el trabajador deberá hacer constar en la segunda demanda la pendencia del primer proceso y el juzgado que conoce del asunto.

En este supuesto, cuando las acciones ejercitadas están fundadas en las mismas causas o en una misma situación de conflicto, la sentencia deberá analizar conjuntamente ambas acciones y las conductas subyacentes, dando respuesta en primer lugar a la acción que considere que está en la base de la situación de conflicto y resolviendo después la segunda, con los pronunciamientos indemnizatorios que procedan. Si las causas de una u otra acción son independientes, la sentencia debe dar prioridad al análisis y resolución de la acción que haya nacido antes, atendido el hecho constitutivo de la misma, si bien su estimación no impedirá el examen, y decisión en su caso, de la otra acción.

2. En procesos por despido, el trabajador podrá acumular en la demanda la impugnación de los actos empresariales con efecto extintivo de la relación que le hayan afectado, cuando entre las acciones exista conexión directa y en tanto no haya trascurrido el plazo legal de impugnación de los anteriormente producidos. Con los mismos requisitos se procederá a la asignación en reparto a un mismo juzgado de las demandas contra dichos actos extintivos, si constaren tales circunstancias, o a la acumulación de procesos que se siguieran ante el mismo o distintos juzgados de acuerdo con las disposiciones de este Capítulo.

3. A las demandas de impugnación de un acto administrativo que afecte a una pluralidad de destinatarios se acumularán las que se presenten con posterioridad contra dicho acto, aunque inicialmente hubiere correspondido su conocimiento a otro juzgado o tribunal.

SECCIÓN 3.ª Acumulación de recursos

Artículo 33. Reglas de la acumulación de recursos.– La acumulación de recursos de suplicación y casación se regirá por lo dispuesto en el artículo 234.

SECCIÓN 4.ª Disposiciones comunes

Artículo 34. Momento de la acumulación. Separación de uno o varios procesos de una acumulación acordada.– 1. La acumulación de acciones y procesos deberá formularse y acordarse antes de la celebración de los actos de conciliación, en su caso, o de juicio, salvo que se proponga por vía de reconvención.

2. Planteada la acumulación, podrán suspenderse durante el tiempo imprescindible aquellas actuaciones cuya realización pudiera privar de efectividad a la decisión que, sobre la procedencia de la acumulación, pudiera dictarse.

3. Acordada la acumulación de procesos, no podrá ésta dejarse sin efecto por el juez, la jueza o el tribunal, respecto de uno o varios de ellos, salvo que no se hayan cumplido las prescripciones legales sobre la acumulación o cuando el juez o jueza justifique, de forma motivada, que la acumulación efectuada podría ocasionar perjuicios desproporcionados a la tutela judicial efectiva del resto de intervinientes.

Artículo 35. Efectos de la acumulación.– La acumulación de acciones y procesos cuando proceda, producirá el efecto de discutirse y resolverse conjuntamente todas las cuestiones planteadas.

CAPÍTULO II. De la acumulación de ejecuciones[33]

Artículo 36. Supuestos de acumulación de ejecuciones contra un mismo deudor.– 1. En las ejecuciones de sentencias y demás títulos ejecutivos contra un mismo deudor y ante un mismo órgano, podrá disponerse de oficio o a instancia de parte la acumulación de los mismos, en los términos establecidos en esta Ley.

2. Igual regla regirá en las ejecuciones seguidas contra un mismo deudor y ante Juzgados de lo Social distintos de la misma o de diversa circunscripción.

---

[33]   Arts. 235 ss. LJS.

Artículo 37. Acumulación de ejecuciones dinerarias.– 1. Cuando las acciones ejercitadas tiendan a obtener la entrega de una cantidad de dinero y existan indicios de que los bienes del deudor o deudores pudieran ser insuficientes para satisfacer la totalidad de los créditos que se ejecuten, el secretario judicial deberá acordar la acumulación de ejecuciones, de oficio o a instancia de parte, de seguirse ante un mismo juzgado, o a instancia de parte, de conocer de ellas juzgados distintos.

2. En los demás supuestos, el secretario judicial deberá acordar la acumulación, de oficio o a instancia de parte, cuando así lo impongan los criterios de economía y de conexión entre las diversas obligaciones cuya ejecución se pretenda.

Artículo 38. Reglas de la acumulación.– 1. Los procesos de ejecución se acumularán al primero en que se ordenó el despacho de la ejecución. Si dicha orden es de la misma fecha, se acumularán atendiendo a la antigüedad del título, y en último caso se estará a la fecha de presentación de la demanda.

2. Si las ejecuciones cuya acumulación se pretenda se tramitaran ante órganos judiciales de diversa circunscripción, y en la iniciada con anterioridad no figurase incluida la mayor parte de los trabajadores y créditos afectados ni embargada con prioridad la mayor parte de los bienes del deudor común, la acumulación corresponderá decretarla al secretario judicial que con prioridad trabó embargo sobre la totalidad o mayor parte de los referidos bienes.

Artículo 39. Tramitación del incidente de acumulación.– 1. El incidente de acumulación podrá plantearse por o ante el juzgado o tribunal competente para decretar la acumulación de las ejecuciones, en los términos indicados en el artículo anterior, de oficio o a instancia de cualquiera de las partes.

2. De estimar procedente la acumulación, el secretario judicial acordará mediante decreto, oídas las partes, reclamar la remisión de las ejecuciones a acumular a los órganos judiciales en los que se tramiten.

3. Si el secretario judicial del órgano requerido estima procedente el requerimiento, dictará decreto accediendo a ello y acordando la remisión de lo actuado. Contra dicho decreto cabrá recurso directo de revisión.

4. Si el secretario judicial competente para decretar la acumulación la estimara improcedente o si el requerido no accediere a ella, tras dictar el decreto correspondiente y firme que sea éste, elevará seguidamente a la Sala de lo Social del tribunal superior inmediato común a ambos órganos judiciales

testimonio suficiente de sus actuaciones y, en su caso, de todas las realizadas en el incidente de acumulación, comunicándolo al otro afectado para que por éste se haga lo propio y remita, de no haber aún intervenido, el oportuno informe. La Sala resolverá sobre la procedencia de la acumulación y determinará el juzgado competente para conocer de las ejecuciones.

Artículo 40. No suspensión de las ejecuciones.– La tramitación del incidente de acumulación no suspenderá la de las ejecuciones afectadas, salvo las actuaciones relativas al pago a los ejecutantes de las cantidades obtenidas con posterioridad al planteamiento de dicho incidente.

Artículo 41. Limitación temporal a la acumulación de ejecuciones y no alteración de la prelación de créditos.– 1. La acumulación de ejecuciones sólo podrá instarse o acordarse mientras no quede cumplida la obligación que se ejecute o hasta que, en su caso, se declare la insolvencia del ejecutado.

2. La acumulación no altera las preferencias que para el cobro de sus créditos puedan ostentar legalmente los diversos acreedores.

TÍTULO IV. De los actos procesales

CAPÍTULO I. De las actuaciones procesales

Artículo 42. Competencia del secretario judicial.– Las actuaciones procesales han de ser autorizadas por el secretario judicial en la forma establecida en la Ley Orgánica del Poder Judicial y en la Ley de Enjuiciamiento Civil con las especialidades previstas en la presente Ley[34].

Artículo 43. Tiempo de las actuaciones judiciales[35].– 1. Las actuaciones procesales deberán practicarse en días y horas hábiles.

2. Las actuaciones se realizarán en el término o dentro del plazo fijado para su práctica. Transcurridos éstos, se dará de oficio al proceso el curso que corresponda.

---

[34]   Arts. 145 a 147 LEC.
[35]   Arts. 179, 182, 185, 237 y 241 LOPJ. Arts. 130-131 LEC.

3. Salvo los plazos señalados para dictar resolución, todos los plazos y términos son perentorios e improrrogables, y sólo podrán suspenderse y abrirse de nuevo en los casos taxativamente establecidos en las leyes.

4. Los días del mes de agosto y los días que median entre el 24 de diciembre y el 6 de enero del año siguiente, ambos inclusive, serán inhábiles, salvo en las modalidades procesales de despido, extinción del contrato de trabajo de los artículos 50, 51 y 52 del Texto Refundido de la Ley del Estatuto de los Trabajadores, movilidad geográfica, modificación sustancial de las condiciones de trabajo, suspensión del contrato y reducción de jornada por causas económicas, técnicas, organizativas o de producción o derivadas de fuerza mayor, derechos de conciliación de la vida personal, familiar y laboral del artículo 139, impugnación de altas médicas, vacaciones, materia electoral, conflictos colectivos, impugnación de convenios colectivos y tutela de derechos fundamentales y libertades públicas, tanto en el proceso declarativo como en trámite de recurso o de ejecución.

Tampoco serán inhábiles dichos días para la adopción de actos preparatorios, medidas precautorias y medidas cautelares, en particular en materia de prevención de riesgos laborales, accidentes de trabajo y enfermedades profesionales, así como para otras actuaciones que tiendan directamente a asegurar la efectividad de los derechos reclamados o para aquellas que, de no adoptarse, pudieran dar lugar a un perjuicio de difícil reparación.

Será hábil el mes de agosto y los días que median entre el 24 de diciembre y el 6 de enero del año siguiente, ambos inclusive, para el ejercicio de las acciones laborales derivadas de los derechos establecidos en la Ley Orgánica 1/2004, de 28 de diciembre, de Medidas de Protección Integral contra la Violencia de Género.

5. El juez o tribunal podrá habilitar días y horas inhábiles para la práctica de actuaciones cuando no fuera posible practicarlas en tiempo hábil o sean necesarias para asegurar la efectividad de una resolución judicial. Esta habilitación se realizará por los secretarios judiciales cuando tuviera por objeto la realización de actuaciones procesales que deban practicarse en materias de su exclusiva competencia, cuando se tratara de actuaciones por ellos ordenadas o cuando fueran tendentes a dar cumplimiento a las resoluciones dictadas por jueces o tribunales. Iniciada una actuación en tiempo hábil, podrá continuar hasta su conclusión sin necesidad de habilitación.

6. A los efectos del plazo para interponer recursos, cuando en las actuaciones medie una fiesta oficial de carácter local o autonómico, se hará constar por diligencia.

Artículo 44. Lugar de presentación de escritos y documentos.— Las partes habrán de presentar todos los escritos y documentos en la forma establecida en el artículo 135 de la Ley 1/2000, de 7 de enero, pudiendo los trabajadores elegir en todo momento si actúan ante la Administración de Justicia a través de medios electrónicos o no.

Artículo 45. Plazo y lugar de presentación de escritos.— 1. Cuando la presentación de un escrito esté sujeta a plazo, podrá efectuarse hasta las quince horas del día hábil siguiente al del vencimiento del plazo en el servicio común procesal creado a tal efecto o, de no existir éste, en la sede del órgano judicial.

2. En ningún caso se admitirá la presentación de escritos dirigidos al orden social en el juzgado que preste el servicio de guardia.

Artículo 46. Constancia de la presentación de escritos y su tramitación inmediata.— 1. En la presentación de escritos y documentos, por el funcionario designado para ello se estampará el correspondiente sello en el que se hará constar la oficina judicial ante la que se presenta y el día y hora de la presentación. En todo caso, se dará al interesado recibo con tal indicación. También podrá hacerse constar la recepción de escritos y documentos en copia simple presentada por la parte. Cuando se utilicen los medios técnicos a que se refiere el artículo 44, el sistema devolverá al interesado el resguardo acreditativo de la presentación en la oficina judicial que proceda de conformidad con lo dispuesto en el apartado 5 del artículo 135 de la Ley de Enjuiciamiento Civil.

2. En el mismo día o en el siguiente día hábil, el secretario judicial dará a los escritos y documentos el curso que corresponda.

Artículo 47. Custodia del expediente y acceso al mismo.— 1. Los autos permanecerán en la oficina judicial bajo la custodia del secretario, donde podrán ser examinados por los interesados que acrediten interés legítimo, a quienes deberán entregárseles testimonios, certificaciones o copias simples cuando lo soliciten, todo ello en los soportes y con los medios técnicos de los que se disponga.

2. Todo interesado podrá tener acceso al libro de sentencias y al libro de decretos a que se refieren, respectivamente, los artículos 213 y 213 bis de la Ley de Enjuiciamiento Civil, en la forma y con los medios técnicos disponibles en la oficina judicial.

Artículo 48. Entrega de los autos.– 1. Sólo se entregarán los autos cuando la ley lo ordene expresamente y por el plazo señalado. Se entenderá que el plazo empieza a transcurrir desde que se notifique al interesado que los autos están a su disposición, pudiendo sustituirse el traslado material de las actuaciones por la entrega de soporte informático o mediante el acceso telemático, si se dispusiera de los medios necesarios para ello, o por la entrega por cualquiera de estos procedimientos de copia de los particulares que procedan.

2. En el caso de la entrega material de las actuaciones, si transcurrido el plazo concedido para su examen no fueren devueltas, por el secretario judicial mediante decreto se impondrá al responsable multa de veinte a doscientos euros diarios. Pasados dos días sin que los mismos hayan sido devueltos, el secretario judicial ordenará su recogida; si al intentarlo no le fueran entregados en el acto, dará cuenta al juez para que disponga lo que proceda por el retraso en la devolución.

CAPÍTULO II. De las resoluciones procesales

Artículo 49. Clases de resoluciones.– 1. Los jueces y tribunales de lo social adoptarán sus decisiones por medio de providencias, autos y sentencias en los casos y con las formalidades legalmente previstas.

2. Los secretarios judiciales resolverán por medio de diligencias y decretos, igualmente en los casos y con las formalidades legalmente previstas.

3. Se podrán dictar resoluciones orales por el juez, tribunal o secretario judicial durante la celebración del juicio u otros actos que presidan, documentándose en el acta con expresión del fallo y motivación sucinta de aquellas resoluciones.

Artículo 50. Sentencias orales.– El juez o la jueza, en el momento de terminar el juicio, podrá pronunciar sentencia de viva voz, con el contenido y los requisitos establecidos en el apartado 2 del artículo 97.

Su dictado tendrá lugar al concluir el mismo acto de la vista en presencia de las partes, quedando documentada en el soporte audiovisual del acto, sin perjuicio de la ulterior redacción por el juez, la jueza o el magistrado o la magistrada del encabezamiento, los hechos probados y la mera referencia a la motivación pronunciada de viva voz, dándose por reproducida, y el fallo íntegro, con expresa indicación de su firmeza o, en su caso, de los recursos que procedan, órgano ante el que deben interponerse y plazo para ello.

En aquellos procedimientos en los que no intervenga abogado ni graduado social, de conformidad con la ley, la resolución que se dicte tendrá que ser necesariamente escrita.

Pronunciada oralmente una sentencia, si todas las personas que fueren parte en el proceso estuvieren presentes en el acto debidamente asistidas por abogado o representadas por procurador o graduado social, y expresaren su decisión de no recurrir, se declarará, en el mismo acto, la firmeza de la resolución.

Fuera de este caso, el plazo para recurrir comenzará a contar desde que se notificase a la parte la resolución así redactada.

Artículo 51. Autos orales.– En las mismas condiciones establecidas en el artículo anterior el juez o tribunal podrá dictar verbalmente autos al término de la comparecencia celebrada en cualquier incidente suscitado durante el proceso.

Artículo 52. Forma de las resoluciones.– Toda resolución incluirá la mención del lugar y fecha en que se adopte, el nombre de quien la dicte, la expresión de si la misma es o no firme y, en su caso, los recursos que procedan, el órgano ante el que deben interponerse y el plazo y requisitos para ello, así como los depósitos y las consignaciones que sean necesarios y la forma de efectuarlos.

CAPÍTULO III. De los actos de comunicación

Artículo 53. Indicación del lugar de las comunicaciones.– 1. Los actos de comunicación se efectuarán en la forma establecida en el Capítulo V del Título V del Libro I de la Ley 1/2000, de 7 de enero, de Enjuiciamiento Civil, con las especialidades previstas en esta Ley[36], debiendo siempre agotarse todas las posibles vías existentes para lograr la efectividad de las notificaciones.

2. En el primer escrito o comparecencia ante el órgano judicial, las partes o interesados, y en su caso los y las profesionales designados, señalarán el domicilio físico, teléfono y dirección electrónica, en el caso de las personas obligadas a relacionarse electrónicamente con la Administración de Justicia, para la práctica de actos de comunicación.

---

[36]   Arts. 149 ss. LEC.

El domicilio y los datos de localización facilitados con tal fin surtirán plenos efectos y las notificaciones en ellos intentadas sin efecto serán válidas hasta tanto no sean facilitados otros datos alternativos, siendo carga procesal de las partes y de sus representantes mantenerlos actualizados. Asimismo, deberán comunicar los cambios relativos a su número de teléfono, fax, dirección electrónica o similares, siempre que estos últimos estén siendo utilizados como instrumentos de comunicación con el tribunal.

Artículo 54. Tiempo de la comunicación.– 1. Las resoluciones procesales se notificarán en el mismo día de su fecha, o de la publicación en su caso, a todos los que sean parte en el juicio, y no siendo posible en el día hábil siguiente.

2. También se notificarán las resoluciones, cuando así se mande, a las personas y entidades a quienes se refieran o puedan parar perjuicio u ostentaren interés legítimo en el asunto debatido. En especial, además de la resolución que ponga fin al proceso, se les notificarán la admisión a trámite y el señalamiento de la vista.

3. Si durante el proceso hubieran de adoptarse por el juez o la Sala medidas tendentes a garantizar los derechos que pudieran corresponder a las partes, o a asegurar la efectividad de la resolución judicial, y la notificación inmediata al afectado de las actuaciones procesales o de la medida cautelar, preventiva o ejecutiva adoptada pudiera poner en peligro su efectividad, el órgano judicial podrá, motivadamente, acordar la demora en la práctica de la notificación durante el tiempo indispensable para lograr dicha efectividad.

Artículo 55. Lugar de las comunicaciones.– Las citaciones, notificaciones, emplazamientos y requerimientos a las partes que no actúen representadas en los términos del artículo 18 de esta ley, se harán en el local de la oficina judicial, si allí comparecieren por propia iniciativa los interesados, o por haber sido emplazados para ello y, en otro caso, en el domicilio señalado a estos efectos. Cuando se trate de personas que estén legalmente obligadas a relacionarse electrónicamente con la Administración de Justicia o que hayan optado por la utilización de estos medios se realizará conforme a lo establecido en el artículo 162 de la Ley 1/2000, de 7 de enero.

No obstante, si la comunicación tuviese por objeto la personación en juicio o la realización o intervención personal de las partes en determinadas actuaciones procesales se estará a lo establecido en al apartado 2 del artículo 155 de la Ley 1/2000, de 7 de enero.

Artículo 56. Comunicaciones fuera de la oficina judicial.– 1. Las citaciones, notificaciones y emplazamientos que se practiquen fuera de la sede de la oficina judicial se harán, cualquiera que sea el destinatario, por correo certificado con acuse de recibo, dando fe el secretario en los autos del contenido del sobre remitido, y uniéndose a ellos el acuse de recibo.

2. En el exterior del sobre deberán constar las advertencias contenidas en el apartado 3 del artículo 57 dirigidas al receptor para el caso de que no fuera el interesado.

3. En el documento de acuse de recibo se hará constar la fecha de la entrega, y será firmado por el empleado de Correos y el receptor. En el caso de que éste no fuera el interesado se consignará su nombre, documento de identificación, domicilio y su relación con el destinatario.

4. Se podrá disponer que la comunicación se practique por el servicio de telégrafo, fax, correo electrónico o por cualquier otro medio idóneo de comunicación o de transmisión de textos si los interesados facilitaran los datos indicativos para utilizarlos. Se adoptarán las medidas oportunas para asegurar el contenido del envío y la unión, en su caso, del acuse de recepción del acto comunicado, de lo cual quedará constancia en autos. Igualmente se podrá dejar constancia mediante diligencia del resultado de las gestiones y llamadas telefónicas u otros medios relacionados con los actos de localización y comunicación y con el trámite de las actuaciones.

5. Cuando se trate de personas que estén legalmente obligadas a relacionarse electrónicamente con la Administración de Justicia o que hayan optado por la utilización de estos medios, la comunicación se realizará conforme a lo establecido en el artículo 162 de la Ley 1/2000, de 7 de enero, sin que quepa en el orden jurisdiccional social la posibilidad de obligar contractualmente al trabajador a dicha relación electrónica.

Artículo 57. Reglas subsidiarias para las comunicaciones.– 1. Si los actos de comunicación no pudieran efectuarse en la forma indicada, se practicarán mediante entrega de la copia de la resolución o de cédula al destinatario; si no fuese hallado se entregará aquélla al pariente más cercano o familiar o empleado, mayores de catorce años, que se hallaren en el domicilio y, en su defecto, a quien desempeñe funciones de portería o conserjería de la finca.

2. Sin necesidad de constituirse en el domicilio del interesado o interesada, se podrá entregar la copia de la resolución o la cédula a cualquiera de las

personas antes mencionadas, así como a quien por su relación con el destinatario pueda garantizar el eficaz cumplimiento del acto de comunicación.

3. Se hará saber al receptor que ha de cumplir el deber público que se le encomienda; que está obligado a entregar la copia de la resolución o la cédula al destinatario de ésta, o a darle aviso si sabe su paradero, con advertencia de que puede ser sancionado con multa de veinte a doscientos euros si se niega a la recepción o no hace la entrega a la mayor brevedad; que ha de comunicar a la oficina judicial la imposibilidad de entregar la comunicación al interesado, y que tiene derecho al resarcimiento de los gastos que se le ocasionen.

4. En todo caso, la comunicación por medio de entrega de copia de la resolución o cédula se realizará conforme a lo establecido en los artículos 152 y 161 de la Ley de Enjuiciamiento Civil.

Artículo 58. Contenido de las cédulas.– 1. Las cédulas contendrán los siguientes requisitos:

a) El juez, tribunal o secretario judicial que haya dictado la resolución, la fecha de ésta y el asunto en que haya recaído.

b) El nombre y apellidos de la persona a quien se haga la citación o emplazamiento.

c) El objeto de la citación o emplazamiento.

d) Lugar, día y hora en que deba comparecer el citado, o el plazo dentro del cual deba realizarse la actuación a que se refiera el emplazamiento.

e) La prevención de que si no comparece le parará el perjuicio a que hubiere lugar en derecho.

f) Fecha de expedición de la cédula y firma.

2. La entrega de la copia de la resolución o de la cédula se documentará por medio de diligencia en la que se hará constar:

a) Fecha de la diligencia.

b) Nombre de la persona destinataria.

c) Nombre y firma de la persona a quien se haya hecho la entrega y, si no fuere el interesado, su número del documento nacional de identidad en el caso de españoles o su número de identidad reflejado en la documentación equivalente y que acredite la identidad y nacionalidad del interesado en el caso de extranjeros, domicilio y relación con el destinatario.

d) Firma del funcionario o encargado de documentar la entrega.

Artículo 59. Comunicación edictal.– 1. Cuando una vez intentado el acto de comunicación y habiendo utilizado los medios oportunos para la investigación del domicilio, incluida en su caso la averiguación a través de los Registros, organismos, colegios profesionales, entidades y empresas, éstos hayan resultado infructuosos y no conste el domicilio del interesado o se ignore su paradero, se consignará por diligencia.

2. De resultar infructuosas las averiguaciones efectuadas, el letrado o letrada de la Administración de Justicia podrá dirigirse al Registro Central de Rebeldes Civiles para comprobar si el demandado consta en dicho Registro y si los datos que en él aparecen son los mismos de que dispone. En tal caso el letrado o letrada de la Administración de Justicia dictará diligencia de ordenación acordando directamente la comunicación edictal del interesado.

3. La comunicación edictal se llevará a cabo de conformidad con el artículo 164 de la Ley 1/2000, de 7 de enero.

Artículo 60. Inadmisibilidad de respuestas en las comunicaciones. Supuestos especiales de comunicación.– 1. En las notificaciones, citaciones y emplazamientos no se admitirá ni consignará respuesta alguna del interesado, a no ser que se hubiera mandado en la resolución. En los requerimientos se admitirá la respuesta que diera el requerido, consignándolo sucintamente en la diligencia.

2. Cuando los actos de comunicación deban entenderse con una persona jurídica se practicarán, en su caso, en las delegaciones, sucursales, representaciones o agencias establecidas en la población donde radique el juzgado o tribunal que conozca del asunto, aunque carezcan de poder para comparecer en juicio las personas que estén al frente de las mismas.

3. Los actos de comunicación con el abogado del Estado o el letrado de las Cortes Generales, así como con los letrados de la Administración de la Seguridad Social, se practicarán en su sede oficial respectiva, de conformidad con la Ley 52/1997, de 27 de noviembre de Asistencia Jurídica al Estado y otras Instituciones públicas, y la normativa que la desarrolla y complementa. Cuando dispongan de los medios técnicos a que se refiere el apartado 5 del artículo 56 de esta Ley, los actos de comunicación podrán efectuarse por aquellos medios. Estos actos se entenderán, respecto de las Comunidades Autónomas, con quien establezca su legislación propia.

Los actos de comunicación al Ministerio Fiscal, a la Abogacía del Estado, a los letrados de las Cortes Generales y a los letrados de las Comunidades

Autónomas y de la Administración de la Seguridad Social, así como las notificaciones a las partes, incluidas las que se realicen a través de los servicios organizados por los Colegios profesionales, se tendrán por realizados el día siguiente a la fecha de recepción que conste en la diligencia o en el resguardo acreditativo de su recepción cuando el acto de comunicación se haya efectuado por los medios y con los requisitos que establece el apartado 1 del artículo 162 de la Ley de Enjuiciamiento Civil.

4. Cuando se trate de comités de empresa, las diligencias antedichas se entenderán con su presidente o secretario y, en su defecto, con cualquiera de sus miembros.

Artículo 61. Nulidad de las comunicaciones.– Serán nulos las notificaciones, citaciones y emplazamientos que no se practiquen con arreglo a lo dispuesto en este Capítulo. No obstante, si el interesado se hubiere dado por enterado o constara de forma suficiente su conocimiento procesal o extraprocesal de los elementos esenciales de la resolución, la diligencia surtirá efecto desde ese momento.

Artículo 62. Competencia del secretario judicial para la remisión de oficios, mandamientos y exhortos.– El letrado o letrada de la Administración de Justicia deberá expedir oficios, mandamientos, exhortos y cualesquiera otros actos de comunicación que se acuerden interesando la práctica de actuaciones.

La remisión de oficios, mandamientos, exhortos y cualesquiera otros actos de comunicación por el letrado o letrada de la Administración de Justicia se realizará de forma electrónica, si fuera posible.

TÍTULO V. De la evitación del proceso

CAPÍTULO I. De la conciliación o mediación previas y de los laudos arbitrales

Artículo 63. Conciliación o mediación previas.– Será requisito previo para la tramitación del proceso el intento de conciliación o, en su caso, de mediación ante el servicio administrativo correspondiente o ante el órgano que asuma estas funciones que podrá constituirse mediante los acuerdos interprofesionales o los convenios colectivos a los que se refiere el artículo 83 del Texto Refundido de la Ley del Estatuto de los Trabajadores, así como mediante los acuerdos de interés profesional a los que se refieren el artículo 13 y el apartado 1 del artículo 18 de la Ley del Estatuto del trabajo autónomo.

Artículo 64. Excepciones a la conciliación o mediación previas.– 1. Se exceptúan del requisito del intento de conciliación o, en su caso, de mediación los procesos que exijan el agotamiento de la vía administrativa, en su caso, los que versen sobre Seguridad Social, los relativos a la impugnación del despido colectivo por los representantes de los trabajadores, disfrute de vacaciones y materia electoral, movilidad geográfica, modificación sustancial de las condiciones de trabajo, suspensión del contrato y reducción de jornada por causas económicas, técnicas, organizativas o de producción o derivadas de fuerza mayor, procesos monitorios, derechos de conciliación de la vida personal, familiar y laboral a los que se refiere el artículo 139, los iniciados de oficio, los de impugnación de convenios colectivos, los de impugnación de los estatutos de los sindicatos o de su modificación, los de tutela de los derechos fundamentales y libertades públicas, los procesos de anulación de laudos arbitrales, los de impugnación de acuerdos de conciliaciones, de mediaciones y de transacciones, los de reclamación sobre acceso, reversión y modificación del trabajo a distancia a los que se refiere el artículo 138 bis, así como aquéllos en que se ejerciten acciones laborales de protección contra la violencia de género.

2. Igualmente, quedan exceptuados:

a) Aquellos procesos en los que la representación corresponda al abogado del Estado, al letrado o letrada de la Administración de la Seguridad Social, a los representantes procesales de las Comunidades Autónomas o de las Administraciones Locales o al letrado o letrada de las Cortes Generales.

b) Los supuestos en que, en cualquier momento del proceso, después de haber dirigido la papeleta o la demanda contra personas determinadas, fuera necesario dirigir o ampliar la misma frente a personas distintas de las inicialmente demandadas.

3. Cuando por la naturaleza de la pretensión ejercitada pudiera tener eficacia jurídica el acuerdo de conciliación o de mediación que pudiera alcanzarse, aun estando exceptuado el proceso del referido requisito del intento previo, si las partes acuden en tiempo oportuno voluntariamente y de común acuerdo a tales vías previas, se suspenderán los plazos de caducidad o se interrumpirán los de prescripción en la forma establecida en el artículo siguiente.

Artículo 65. Efectos de la solicitud de conciliación o de mediación previa. Los laudos arbitrales.– 1. La presentación de la solicitud de conciliación o de mediación interrumpirá la prescripción o suspenderá la caducidad de acciones desde la fecha de dicha presentación, reiniciándose o reanudándose respectivamente el cómputo de los plazos al día siguiente de intentada la conciliación o mediación o transcurridos quince días hábiles desde su presentación sin que se haya celebrado.

2. En todo caso, transcurrido el plazo de treinta días hábiles sin haberse celebrado el acto de conciliación o sin haberse iniciado mediación o alcanzado acuerdo en la misma se tendrá por terminado el procedimiento y cumplido el trámite.

3. También se suspenderán los plazos de caducidad y se interrumpirán los de prescripción por la suscripción de un compromiso arbitral, celebrado en virtud de los acuerdos interprofesionales y los convenios colectivos a que se refiere el artículo 83 del Texto Refundido de la Ley del Estatuto de los Trabajadores o de los derivados de los acuerdos de interés profesional conforme al apartado 4 del artículo 18 de la Ley del Estatuto del trabajo autónomo.

En estos casos el cómputo de la caducidad se reanudará al día siguiente de que adquiera firmeza el laudo arbitral; de interponerse un recurso judicial de anulación del laudo, la reanudación tendrá lugar desde el día siguiente a la firmeza de la sentencia que se dicte.

Igual efecto se producirá aun cuando en el procedimiento arbitral se apreciase la incompetencia, reanudándose el cómputo de la caducidad desde la firmeza de la resolución que pusiera fin al arbitraje.

4. Las acciones de impugnación y recursos judiciales de anulación de laudos arbitrales cuyo conocimiento corresponda al orden social, cuando no tengan establecido un procedimiento especial, incluidos los laudos arbitrales establecidos por acuerdos de interés profesional de los trabajadores autónomos económicamente dependientes, se sustanciarán, a instancia de los interesados, por los trámites del procedimiento ordinario, ante el juzgado o tribunal al que hubiera correspondido el conocimiento del asunto sometido a arbitraje, con fundamento en exceso sobre el arbitraje, haber resuelto aspectos no sometidos a él o que no pudieran ser objeto del mismo, vicio esencial de procedimiento o infracción de normas imperativas. La acción caducará en el plazo de treinta días hábiles, excluidos los sábados, domingos y festivos, desde la notificación del laudo.

De formularse la impugnación por el Fondo de Garantía Salarial, en relación con posibles obligaciones de garantía salarial, o por otros terceros posibles perjudicados, se podrá fundamentar en ilegalidad o lesividad y el plazo para el ejercicio de la acción contará desde que pudieran haber conocido la existencia del laudo arbitral.

Artículo 66. Consecuencias de la no asistencia al acto de conciliación o de mediación.– 1. La asistencia al acto de conciliación o de mediación es obligatoria para los litigantes.

A efectos de ulteriores actuaciones judiciales, las partes que hayan comparecido sin profesionales designados deberán aportar su número de teléfono, dirección de correo electrónico o cualquier otro medio idóneo que permita su comunicación telemática, realizándose las notificaciones desde ese momento en la dirección telemática facilitada, siempre que se cumplan los requisitos establecidos de la Ley que regule el uso de las tecnologías de la información y la comunicación en la Administración de Justicia.

2. Cuando estando debidamente citadas las partes para el acto de conciliación o de mediación no compareciese el solicitante ni alegase justa causa, se tendrá por no presentada la papeleta de conciliación o la solicitud de mediación, archivándose todo lo actuado.

3. Si no compareciera la otra parte, debidamente citada, se hará constar expresamente en la certificación del acta de conciliación o de mediación y se tendrá la conciliación o la mediación por intentada sin efecto, y el juez o tribunal impondrán las costas del proceso a la parte que no hubiere comparecido sin causa justificada, incluidos honorarios, hasta el límite de seiscientos euros, del letrado o graduado social colegiado de la parte contraria que hubieren intervenido, si la sentencia que en su día dicte coincidiera esencialmente con la pretensión contenida en la papeleta de conciliación o en la solicitud de mediación.

Artículo 67. Impugnación del acuerdo de conciliación o de mediación.– 1. El acuerdo de conciliación o de mediación podrá ser impugnado por las partes y por quienes pudieran sufrir perjuicio por aquél, ante el juzgado o tribunal al que hubiera correspondido el conocimiento del asunto objeto de la conciliación o de la mediación, mediante el ejercicio por las partes de la acción de nulidad por las causas que invalidan los contratos o por los posibles perjudicados con fundamento en su ilegalidad o lesividad.

2. La acción caducará a los treinta días hábiles, excluidos los sábados, domingos y festivos, siguientes a aquel en que se adoptó el acuerdo. Para los posibles perjudicados el plazo contará desde que lo pudieran haber conocido.

Artículo 68. Ejecutividad del acuerdo de conciliación o de mediación y de los laudos arbitrales firmes.– 1. Lo acordado en conciliación o en mediación constituirá título para iniciar acciones ejecutivas sin necesidad de ratificación ante el juez o tribunal, y podrá llevarse a efecto por los trámites previstos en el Libro Cuarto de esta Ley[37].

2. Se entenderán equiparados a las sentencias firmes a efectos de ejecución definitiva los laudos arbitrales igualmente firmes, individuales o colectivos, dictados por el órgano que pueda constituirse mediante los acuerdos interprofesionales y los convenios colectivos a que se refiere el artículo 83 del Texto Refundido de la Ley del Estatuto de los Trabajadores, los laudos arbitrales establecidos por acuerdos de interés profesional de los trabajadores autónomos económicamente dependientes conforme al apartado 4 del artículo 18 de la Ley del Estatuto del trabajo autónomo, así como los laudos recaídos en materia electoral, los que pongan fin a la huelga o a conflictos colectivos u otros cuyo conocimiento corresponda al orden social, exclusivamente en los concretos pronunciamientos de condena que por su naturaleza sean susceptibles de dicha ejecución y salvo los pronunciamientos que tengan eficacia normativa o interpretativa.

CAPÍTULO II. Del agotamiento de la vía administrativa previa a la vía judicial

Artículo 69. Agotamiento de la vía administrativa previa a la vía judicial social.– 1. Para poder demandar al Estado, Comunidades Autónomas, entidades locales o entidades de Derecho público con personalidad jurídica propia vinculadas o dependientes de los mismos será requisito necesario haber agotado la vía administrativa, cuando así proceda, de acuerdo con lo establecido en la normativa de procedimiento administrativo aplicable.

En todo caso, la Administración pública deberá notificar a los interesados las resoluciones y actos administrativos que afecten a sus derechos e intereses,

---

[37]   Arts. 237 ss. LJS.

conteniendo la notificación el texto íntegro de la resolución, con indicación de si es o no definitivo en la vía administrativa, la expresión de los recursos que procedan, órgano ante el que hubieran de presentarse y plazo para interponerlos, sin perjuicio de que los interesados puedan ejercitar, en su caso, cualquier otro que estimen procedente.

Las notificaciones que conteniendo el texto íntegro del acto omitiesen alguno de los demás requisitos previstos en el párrafo anterior mantendrán suspendidos los plazos de caducidad e interrumpidos los de prescripción y únicamente surtirán efecto a partir de la fecha en que el interesado realice actuaciones que supongan el conocimiento del contenido y alcance de la resolución o acto objeto de la notificación o resolución, o interponga cualquier recurso que proceda.

2. Desde que se deba entender agotada la vía administrativa el interesado podrá formalizar la demanda en el plazo de dos meses ante el juzgado o la Sala competente. A la demanda se acompañará copia de la resolución denegatoria o documento acreditativo de la interposición o resolución del recurso administrativo, según proceda, uniendo copia de todo ello para la entidad demandada.

3. En las acciones derivadas de despido y demás acciones sujetas a plazo de caducidad, el plazo de interposición de la demanda será de veinte días hábiles o el especial que sea aplicable, contados a partir del día siguiente a aquél en que se hubiera producido el acto o la notificación de la resolución impugnada, o desde que se deba entender agotada la vía administrativa en los demás casos.

Artículo 70. Excepciones al agotamiento de la vía administrativa.– No será necesario agotar la vía administrativa para interponer demanda de tutela de derechos fundamentales y libertades públicas frente a actos de las Administraciones públicas en el ejercicio de sus potestades en materia laboral y sindical, si bien el plazo para la interposición de la demanda será de veinte días desde el día siguiente a la notificación del acto o al transcurso del plazo fijado para la resolución, sin más trámites; cuando la lesión del derecho fundamental tuviera su origen en la inactividad administrativa o en actuación en vías de hecho, o se hubiera interpuesto potestativamente un recurso administrativo, el plazo de veinte días se iniciará transcurridos veinte días desde la reclamación contra la inactividad o vía de hecho, o desde la presentación del recurso, respectivamente.

Artículo 71. Reclamación administrativa previa en materia de prestaciones de Seguridad Social.– 1. Será requisito necesario para formular demanda en materia de prestaciones de Seguridad Social, que los interesados interpongan reclamación previa ante la Entidad gestora de las mismas. Se exceptúan los procedimientos de impugnación de las resoluciones administrativas expresas en las que se acuerda el alta médica emitidas por los órganos competentes de las Entidades gestoras de la Seguridad Social al agotarse el plazo de duración de trescientos sesenta y cinco días de la prestación de incapacidad temporal.

2. La reclamación previa deberá interponerse ante el órgano competente que haya dictado resolución sobre la solicitud inicial del interesado, en el plazo de treinta días desde la notificación de la misma, si es expresa, o desde la fecha en que, conforme a la normativa reguladora del procedimiento de que se trate, deba entenderse producido el silencio administrativo.

En los procedimientos de impugnación de altas médicas no exentos de reclamación previa según el apartado 1 de este artículo la reclamación previa se interpondrá en el plazo de once días desde la notificación de la resolución.

3. Si la resolución, expresa o presunta, hubiera sido dictada por una entidad colaboradora, la reclamación previa se interpondrá, en el mismo plazo, ante la propia entidad colaboradora si tuviera atribuida la competencia para resolver, o en otro caso ante el órgano correspondiente de la Entidad gestora u organismo público gestor de la prestación.

4. Cuando en el reconocimiento inicial o la modificación de un acto o derecho en materia de Seguridad Social, la Entidad correspondiente esté obligada a proceder de oficio, en el caso de que no se produzca acuerdo o resolución, el interesado podrá solicitar que se dicte, teniendo esta solicitud valor de reclamación previa. Del mismo modo podrá reiterarse la reclamación previa de haber caducado la anterior, en tanto no haya prescrito el derecho y sin perjuicio de los efectos retroactivos que proceda dar a la misma.

5. Formulada reclamación previa en cualquiera de los supuestos mencionados en el presente artículo, la Entidad deberá contestar expresamente a la misma en el plazo de cuarenta y cinco días. En caso contrario se entenderá denegada la reclamación por silencio administrativo.

En los procedimientos de impugnación de altas médicas en los que deba interponerse reclamación previa, el plazo para la contestación de la misma será de siete días, entendiéndose desestimada una vez transcurrido dicho plazo.

6. La demanda habrá de formularse en el plazo de treinta días, a contar desde la fecha en que se notifique la denegación de la reclamación previa o desde el día en que se entienda denegada por silencio administrativo.

En los procesos de impugnación de altas médicas el plazo anterior será de veinte días, que cuando no sea exigible reclamación previa se computará desde la adquisición de plenos efectos del alta médica o desde la notificación del alta definitiva acordada por la Entidad gestora.

7. Las entidades u organismos gestores de la Seguridad Social expedirán recibo de presentación o sellarán debidamente, con indicación de la fecha, las copias de las reclamaciones que se dirijan en cumplimiento de lo dispuesto en la presente Ley. Este recibo o copia sellada, o el justificante de presentación por los procedimientos y registros alternativos que estén establecidos por la normativa administrativa aplicable, deberán acompañarse inexcusablemente con la demanda.

Artículo 72. Vinculación respecto a la reclamación administrativa previa en materia de prestaciones de Seguridad Social o vía administrativa previa.– En el proceso no podrán introducir las partes variaciones sustanciales de tiempo, cantidades o conceptos respecto de los que fueran objeto del procedimiento administrativo y de las actuaciones de los interesados o de la Administración, bien en fase de reclamación previa en materia de prestaciones de Seguridad Social o de recurso que agote la vía administrativa, salvo en cuanto a los hechos nuevos o que no hubieran podido conocerse con anterioridad.

Artículo 73. Efectos de la reclamación administrativa previa en materia de prestaciones de Seguridad Social.– La reclamación previa en materia de prestaciones de Seguridad Social interrumpirá los plazos de prescripción y suspenderá los de caducidad, reanudándose estos últimos al día siguiente al de la notificación de la resolución o del transcurso del plazo en que deba entenderse desestimada.

TÍTULO VI. De los principios del proceso y de los deberes procesales

Artículo 74. Principios del proceso.– 1. Los jueces y tribunales del orden jurisdiccional social y los secretarios judiciales en su función de ordenación del procedimiento y demás competencias atribuidas por el artículo 456 de la Ley Orgánica del Poder Judicial, interpretarán y aplicarán las normas reguladoras del proceso social ordinario según los principios de inmediación, oralidad, concentración y celeridad.

2. Los principios indicados en el apartado anterior orientarán la interpretación y aplicación de las normas procesales propias de las modalidades procesales reguladas en la presente Ley.

Artículo 75. Deberes procesales de las partes.– 1. Los órganos judiciales rechazarán de oficio en resolución fundada las peticiones, incidentes y excepciones formuladas con finalidad dilatoria o que entrañen abuso de derecho. Asimismo, corregirán los actos que, al amparo del texto de una norma, persigan un resultado contrario al previsto en la Constitución y en las leyes para el equilibrio procesal, la tutela judicial y la efectividad de las resoluciones.

2. Quienes no sean parte en el proceso deben cumplir las obligaciones que les impongan los jueces y tribunales ordenadas a garantizar los derechos que pudieran corresponder a las partes y a asegurar la efectividad de las resoluciones judiciales.

3. Si se produjera un daño evaluable económicamente, el perjudicado podrá reclamar la oportuna indemnización ante el juzgado o tribunal que estuviere conociendo o hubiere conocido el asunto principal.

4. Todos deberán ajustarse en sus actuaciones en el proceso a las reglas de la buena fe. De vulnerarse estas, así como en caso de formulación de pretensiones temerarias, sin perjuicio de lo dispuesto en el número anterior, el juez, la jueza o el tribunal podrá imponer mediante auto, en pieza separada, de forma motivada y respetando el principio de proporcionalidad, ponderando las circunstancias del hecho, la capacidad económica y los perjuicios causados al proceso y a otros intervinientes o a terceros, una multa que podrá oscilar de seiscientos a seis mil euros, sin que en ningún caso pueda superar la cuantía de la tercera parte del litigio.

Aquel al que se hubiere impuesto la multa prevista en el párrafo anterior podrá ser oído en justicia. La audiencia en justicia se pedirá en el plazo de los tres días siguientes al de la notificación de la multa, mediante escrito presentado ante el juez, la jueza o el tribunal que la haya impuesto. La audiencia será resuelta mediante auto contra el que cabrá recurso de alzada en cinco días ante la Sala de Gobierno correspondiente, que lo resolverá previo informe del juez, jueza o Sala que impuso la multa.

De apreciarse temeridad o mala fe en la sentencia o en la resolución de los recursos de suplicación o casación, se estará a lo dispuesto en sus reglas respectivas.

5. El incumplimiento de las obligaciones de colaboración con el proceso y de cumplir las resoluciones de los jueces y tribunales y de los secretarios judiciales en su función de ordenación del procedimiento y demás competencias atribuidas por el artículo 456 de la Ley Orgánica del Poder Judicial, sin perjuicio de lo previsto en los apartados 3 y 4 anteriores, darán lugar, respectivamente, a la aplicación de los apremios pecuniarios a las partes y de las multas coercitivas a los demás intervinientes o terceros, en los términos establecidos en los apartados 2 y 3 del artículo 241, pudiendo ser oídos en justicia en la forma prevista en el apartado anterior.

LIBRO SEGUNDO. DEL PROCESO ORDINARIO Y DE LAS MODALIDADES PROCESALES

TÍTULO I. Del proceso ordinario

CAPÍTULO I. De los actos preparatorios y diligencias preliminares, de la anticipación y aseguramiento de la prueba y de las medidas cautelares

SECCIÓN 1.ª Actos preparatorios y diligencias preliminares

Artículo 76. Solicitud de actos preparatorios y diligencias preliminares.– 1. Quien pretenda demandar, podrá solicitar del órgano judicial que aquel contra quien se proponga dirigir la demanda preste declaración acerca de algún hecho relativo a la personalidad, capacidad, representación o legitimación de éste, o con igual finalidad aporte algún documento, cuyo conocimiento sea necesario para el juicio.

Igualmente podrá solicitarse, por quien pretenda demandar, la determinación de quiénes son los socios, partícipes, miembros o gestores de una entidad sin personalidad y las diligencias necesarias encaminadas a la determinación del empresario y los integrantes del grupo o unidad empresarial, así como la determinación de las personas concurrentes a la producción de un daño con la persona a la que se pretenda demandar y la cobertura del riesgo en su caso.

2. El juicio podrá también prepararse por petición de quien pretenda iniciar un proceso para la defensa de los intereses colectivos, al objeto de concretar a los integrantes del grupo de afectados cuando, no estando determinados, sean fácilmente determinables. A tal efecto el tribunal adoptará las medidas oportunas para la averiguación de los integrantes del grupo, de acuerdo a las circunstancias del caso y conforme a los datos suministrados por el solicitante, incluyendo el requerimiento al demandado para que colabore en dicha determinación.

3. Podrá formularse también petición de práctica de otras diligencias y averiguaciones necesarias para preparar el juicio de las previstas en el artículo 256 de la Ley de Enjuiciamiento Civil.

4. Cuando la realización de la diligencia solicitada pueda afectar a la intimidad personal u otro derecho fundamental, el juzgado o tribunal, de no mediar el consentimiento del afectado, podrá autorizar dicha actuación en la forma y con las garantías establecidas en los apartados 4 a 6 del artículo 90.

5. La Inspección de Trabajo y Seguridad Social y, en su caso, la Administración laboral, en el ejercicio de sus funciones, cuando el centro de trabajo sometido a inspección coincidiese con el domicilio de la persona afectada, podrá solicitar la correspondiente autorización judicial, si el titular se opusiere o existiese riesgo de tal oposición, en relación con los procedimientos administrativos de los que conozca o pueda conocer posteriormente la jurisdicción social, o para posibilitar cualquier otra medida de inspección o control que pudiera afectar a derechos fundamentales o libertades públicas.

6. Contra la resolución judicial denegando la práctica de estas diligencias no cabrá recurso alguno, sin perjuicio del que en su día puedan interponerse contra la sentencia.

Artículo 77. Exhibición previa de documentos.– 1. En todos aquellos supuestos en que el examen de libros y cuentas o la consulta de cualquier otro documento se demuestre imprescindible para fundamentar la demanda o su oposición, quien pretenda demandar o prevea que vaya a ser demandado podrá solicitar del órgano judicial la comunicación de dichos documentos. Cuando se trate de documentos contables podrá el solicitante acudir asesorado por un experto en la materia, que estará sometido a los deberes que puedan incumbirle profesionalmente en relación con la salvaguardia del secreto de la contabilidad. Las costas originadas por el asesoramiento del experto correrán a cargo de quien solicite sus servicios.

2. El órgano judicial resolverá por auto, dentro del segundo día, lo que estime procedente, fijando la forma de llevar a efecto la comunicación de dichos elementos y adoptando, en su caso, las medidas necesarias para que el examen se lleve a efecto de la forma menos gravosa y sin que la documentación salga del poder de su titular, a cuyo efecto podrá disponer que la parte en cuyo poder obren los documentos facilite a la parte interesada o a su experto contable una copia de los mismos, en soporte preferiblemente electrónico, permitiendo el cotejo de dicha copia o versión con el documento original.

3. Las anteriores medidas podrán ser solicitadas igualmente por las partes durante el proceso con la antelación prevista en el apartado 3 del artículo 90, siempre que no den lugar a la suspensión del acto de juicio.

SECCIÓN 2.ª Anticipación y aseguramiento de la prueba

Artículo 78. Causas y normas aplicables a la anticipación de la prueba.– 1. Quien pretenda demandar o presuma que va a ser demandado podrá solicitar previamente del juez o tribunal la práctica anticipada de algún medio de prueba cuando exista el temor fundado de que, por causa de las personas o del estado de las cosas, dichos actos no puedan realizarse en el momento procesal generalmente previsto o cuya realización presente graves dificultades en dicho momento, incluido el examen de testigos cuando por la edad avanzada de alguno de éstos, peligro inminente de su vida, proximidad de una ausencia o estancia en un lugar con el que sean imposibles o difíciles las comunicaciones o cualquier otro motivo grave y justificado, sea presumible que no va a ser posible mantener su derecho por falta de justificación.

2. Cualquiera de las partes una vez iniciado el proceso, pero en todo caso sin dar lugar a suspensión del acto de juicio, podrá solicitar la práctica anticipada de pruebas que no puedan ser realizadas en el acto del juicio, o cuya realización presente graves dificultades en dicho momento. El juez o tribunal decidirá lo pertinente para su práctica en los términos previstos por la norma que regule el medio de prueba correspondiente y con sujeción en lo demás, en cuanto resulte aplicable, a lo dispuesto en los artículos 293 a 297 y apartado 1 del artículo 298 de la Ley 1/2000, de 7 de enero, de Enjuiciamiento Civil. Contra la resolución denegatoria no cabrá recurso alguno, sin perjuicio del que, por este motivo, pueda interponerse en su día contra la sentencia.

SECCIÓN 3.ª Medidas cautelares

Artículo 79. Régimen aplicable para la adopción de medidas cautelares.– 1. Las medidas cautelares que resulten necesarias para asegurar la efectividad de la tutela judicial que pudiera acordarse en sentencia se regirán por lo dispuesto en los artículos 721 a 747 de la Ley de Enjuiciamiento Civil con la necesaria adaptación a las particularidades del proceso social y oídas las partes, si bien podrá anticiparse en forma motivada la efectividad de las medidas cuando el solicitante así lo pida y acredite que concurren razones de urgencia o que la audiencia previa puede comprometer el buen fin de la medida cautelar.

Cuando el proceso verse sobre la impugnación de actos de Administraciones públicas en materia laboral y de seguridad social, la adopción de medidas cautelares se regirá, en lo no previsto en esta Ley, por lo dispuesto en la Ley 29/1998, de 13 de julio, reguladora de la Jurisdicción Contencioso-Administrativa, en sus artículos 129 a 136.

Los trabajadores y beneficiarios de prestaciones de Seguridad Social y los sindicatos, en cuanto ostentan la representación colectiva de sus intereses, así como las asociaciones representativas de los trabajadores autónomos económicamente dependientes, estarán exentos de la prestación de cauciones, garantías e indemnizaciones relacionadas con las medidas cautelares que pudieran acordarse.

2. El órgano judicial, de oficio o a instancia de parte interesada o del Fondo de Garantía Salarial, en los casos en que pueda derivarse su responsabilidad, podrá decretar el embargo preventivo de bienes del demandado en cuantía suficiente para cubrir lo reclamado en la demanda y lo que se calcule para las costas de ejecución, cuando por aquél se realicen cualesquiera actos de los que pueda presumirse que pretende situarse en estado de insolvencia o impedir la efectividad de la sentencia.

3. El órgano judicial podrá requerir al solicitante del embargo, en el término de una audiencia, para que presente documentos, información testifical o cualquier otra prueba que justifique la situación alegada. En los casos en que pueda derivarse responsabilidad del Fondo de Garantía Salarial, éste deberá ser citado a fin de señalar bienes.

4. La solicitud de embargo preventivo podrá ser presentada en cualquier momento del proceso antes de la sentencia, sin que por ello se suspenda el curso de las actuaciones.

5. En reclamaciones derivadas de accidente de trabajo y enfermedad profesional, sin perjuicio de las medidas anteriores, podrán acordarse las referidas en el apartado 1 del artículo 142 en relación con el aseguramiento empresarial al respecto, así como el embargo preventivo y demás medidas cautelares previstas en este artículo respecto de cualquier clase de responsabilidades empresariales y de terceros derivadas de dichas contingencias.

6. En procedimientos referidos a las resoluciones de la autoridad laboral sobre paralización de trabajos por riesgo para la seguridad y salud de los trabajadores, así como en caso de responsabilidad empresarial sobre enfermedades profesionales por falta de reconocimientos médicos, podrán adoptarse las medidas a que se refiere el apartado anterior de este artículo a efectos del aseguramiento de las responsabilidades empresariales derivadas, conforme a lo dispuesto en el artículo 195 y apartado 2 del artículo 197 del Texto Refundido de la Ley General de la Seguridad Social, aprobado por el Real Decreto Legislativo 1/1994, de 20 de junio[38].

7. En los procesos en los que se ejercite la acción de extinción del contrato de trabajo a instancia del trabajador con fundamento en el artículo 50 del Estatuto de los Trabajadores en aquellos casos en los que se justifique que la conducta empresarial perjudica la dignidad o la integridad física o moral de trabajador, pueda comportar una posible vulneración de sus demás derechos fundamentales o libertades públicas o posibles consecuencias de tal gravedad que pudieran hacer inexigible la continuidad de la prestación en su forma anterior, podrá acordarse, a instancia del demandante, alguna de las medidas cautelares contempladas en el apartado 4 del artículo 180 de esta Ley, con mantenimiento del deber empresarial de cotizar y de abonar los salarios sin perjuicio de lo que pueda resolverse en la sentencia.

CAPÍTULO II. Del proceso ordinario

SECCIÓN 1.ª Demanda

Artículo 80. Forma y contenido de la demanda.– 1. La demanda se formulará por escrito, pudiendo utilizar los formularios y procedimientos facilita-

---

[38]   Actualmente arts. 242 y 244.2 LGSS.

dos al efecto en la oficina judicial donde deba presentarse, y habrá de contener los siguientes requisitos generales:

a) La designación del órgano ante quien se presente, así como la expresión de la modalidad procesal a través de la cual entienda que deba enjuiciarse su pretensión.

b) La designación del demandante, en los términos del artículo 16 de esta Ley, con expresión del número del documento nacional de identidad o del número y tipo de documento de identificación de los ciudadanos extranjeros, y de aquellos otros interesados que deban ser llamados al proceso y sus domicilios, indicando el nombre y apellidos de las personas físicas y la denominación social de las personas jurídicas. Si la demanda se dirigiese contra una masa patrimonial, patrimonio separado, entidad o grupo carente de personalidad, además de identificarlos suficientemente, habrá de hacerse constar el nombre y apellidos de quienes aparezcan como administradores, organizadores, directores, gestores, socios o partícipes, y sus domicilios, sin perjuicio de las responsabilidades legales de la masa patrimonial, entidad o grupo y de sus gestores e integrantes.

c) La enumeración clara y concreta de los hechos sobre los que verse la pretensión y de todos aquellos que, según la legislación sustantiva, resulten imprescindibles para resolver las cuestiones planteadas. En ningún caso podrán alegarse hechos distintos de los aducidos en conciliación o mediación ni introducirse respecto de la vía administrativa previa variaciones sustanciales en los términos prevenidos en el artículo 72, salvo los hechos nuevos o que no hubieran podido conocerse con anterioridad.

d) La súplica correspondiente, en los términos adecuados al contenido de la pretensión ejercitada.

e) Si el demandante litigase por sí mismo, designará un domicilio, de ser posible en la localidad donde resida el juzgado o tribunal, en el que se practicarán todas las diligencias que hayan de entenderse con él. La designación deberá efectuarse con indicación completa de todos los datos de identificación del domicilio facilitado, así como número de fax, teléfono y dirección electrónica si dispone de ellos, para la práctica de toda clase de comunicaciones por dichos medios. Si designa letrado, graduado social colegiado o procurador deberá ir suscrita por el profesional, que se entenderá asume su representación con plenas facultades procesales y facilitará los mismos datos anteriores, sin perjuicio de la ratificación posterior en juicio del demandante salvo que con anterioridad otorgue poder en forma, por alguno de los medios admitidos en derecho o que, con posterioridad, se efectúe revocación o renuncia comunicada de forma efectiva.

f) Fecha y firma.

2. A la demanda se acompañará la documentación justificativa de haber intentado la previa conciliación o mediación, o de haber transcurrido el plazo exigible para su realización sin que se hubiesen celebrado, o del agotamiento de la vía administrativa, cuando proceda, o alegación de no ser necesarias éstas, así como los restantes documentos de aportación preceptiva con la demanda según la modalidad procesal aplicable.

Artículo 81. Admisión de la demanda.– 1. El letrado o letrada de la Administración de Justicia, dentro de los tres días siguientes a la recepción de la demanda, requerirá a las partes y al Ministerio Fiscal de conformidad con el artículo 5, si entendiera que concurren los supuestos de falta de jurisdicción o competencia. Cumplido el trámite dará inmediata cuenta al juez, la jueza o el tribunal para que resuelva lo que estime oportuno. En otro caso, sin perjuicio de los procedimientos de señalamiento inmediato que puedan establecerse, resolverá sobre la admisión a trámite de aquélla, con señalamiento de juicio en la forma prevista en el artículo siguiente, o advertirá a la parte de los defectos u omisiones en que haya incurrido al redactar la demanda en relación con los presupuestos procesales necesarios que pudieran impedir la válida prosecución y término del proceso, así como en relación con los documentos de preceptiva aportación con la misma, salvo lo dispuesto en el apartado 3 para la conciliación o mediación previa, a fin de que los subsane dentro del plazo de cuatro días.

2. Realizada la subsanación, el letrado o letrada de la Administración de Justicia admitirá la demanda. En otro caso, dará cuenta al juez, jueza o tribunal para que por el mismo se resuelva, dentro de los tres días siguientes, sobre su admisibilidad.

3. Si a la demanda no se acompañara certificación del acto de conciliación o mediación previa, o de la papeleta de conciliación o de la solicitud de mediación, de no haberse celebrado en plazo legal, el letrado o letrada de la Administración de Justicia, sin perjuicio de resolver sobre la admisión y proceder al señalamiento, advertirá al demandante que ha de acreditar la celebración o el intento del expresado acto en el plazo de quince días, contados a partir del día siguiente a la recepción de la notificación, con apercibimiento de archivo

de las actuaciones en caso contrario, quedando sin efecto el señalamiento efectuado.

4. Si la demanda fuera directamente admisible, o una vez subsanada la misma, y en ella se solicitasen diligencias de preparación de la prueba a practicar en juicio, el letrado o letrada de la Administración de Justicia, en el decreto de admisión de la demanda, acordará lo que corresponda para posibilitar su práctica, sin perjuicio de lo que el juez, la jueza o el tribunal decida sobre su admisión o inadmisión en el acto del juicio.

Si en la demanda se solicitasen diligencias de anticipación o aseguramiento de la prueba, se dará cuenta al juez, jueza o tribunal para que resuelva lo procedente, dentro de los tres días siguientes, debiendo notificarse la resolución correspondiente junto con la de admisión a trámite de la demanda y la notificación del señalamiento.

5. El letrado o letrada de la Administración de Justicia requerirá a la parte demandada para que, en el plazo de dos días desde la notificación de la demanda, designe letrado o letrada, graduado o graduada social o procurador o procuradora, salvo que litigase por sí misma.

Artículo 82. Señalamiento de los actos de conciliación y juicio.– 1. De ser admitida la demanda, una vez verificada la concurrencia de los requisitos exigidos, en la misma resolución de admisión a trámite el letrado o letrada de la Administración de Justicia señalará el día y la hora en que hayan de tener lugar, separada o sucesivamente, los actos de conciliación y de juicio, debiendo mediar un mínimo de diez días entre la citación y la efectiva celebración de dichos actos, salvo en los supuestos en que la ley disponga otro distinto y en los supuestos de nuevo señalamiento después de una suspensión.

En el caso de que la representación corresponda al abogado del Estado, al letrado o letrada de la Administración de la Seguridad Social, a los representantes procesales de las Comunidades Autónomas o de la Administración Local o al letrado o la letrada de las Cortes Generales, la resolución de admisión a trámite señalará el día y la hora en que deba tener lugar el acto del juicio.

En el señalamiento de las vistas y juicios el letrado o la letrada de la Administración de Justicia atenderá a los criterios establecidos en el artículo 182 de la Ley 1/2000, de 7 de enero, de Enjuiciamiento Civil, y procurará, en la medida de lo posible, señalar en un mismo día los que se refieran a los mismos interesados y no puedan ser acumulados, así como relacionar los señalamientos de los procesos en los que se deba intentar la conciliación previa por parte del letrado o la letrada de la Administración de Justicia con los exentos de dicho trámite. En especial, las audiencias y vistas que requieran la presencia del representante del Ministerio Fiscal, abogado del Estado, letrados de las Cortes Generales, letrados o letradas de la Administración de la Seguridad Social, de las Comunidades Autónomas o de la Administración Local, serán agrupadas, señalándose de forma consecutiva.

2. La celebración de los actos de conciliación y juicio, el primero ante el letrado o la letrada de la Administración de Justicia y el segundo ante el juez, la jueza, el magistrado o la magistrada podrá tener lugar en distinta convocatoria, debiendo hacerse a este efecto la citación en forma, con entrega a los demandados, a los interesados y, en su caso, al Ministerio Fiscal, de copia de la demanda y demás documentos; así como requiriendo de la Administración pública la remisión del expediente administrativo, cuando proceda, dentro de los diez días siguientes a la notificación.

El señalamiento del acto de conciliación en convocatoria separada y anticipada a la fecha del juicio podrá establecerse a instancia de cualquiera de las partes, si estimaran razonadamente que existe la posibilidad de llegar a un acuerdo conciliatorio, o de oficio por el letrado o la letrada de la Administración de Justicia si entendiera que, por la naturaleza y circunstancias del litigio o por la solución dada judicialmente en casos análogos, pudiera ser factible que las partes alcanzaran un acuerdo.

3. El acto de conciliación anticipada se celebrará a partir de los diez días desde la admisión de la demanda, y en todo caso con una antelación mínima de treinta días a la celebración del acto del juicio, salvo los supuestos fijados en esta ley.

También en el señalamiento del acto de conciliación anticipada se procurará fijar para un mismo día los procedimientos que se refieran a los mismos interesados y no puedan ser acumulados.

Intentada la conciliación anticipada ante el letrado o la letrada de la Administración de Justicia, se tendrá por celebrada sin necesidad de reiterarse el día de la vista, salvo que con anterioridad a la celebración del acto de juicio las partes manifiesten su intención de alcanzar un acuerdo.

4. En las cédulas de citación se hará constar que los actos de conciliación y juicio no podrán suspenderse por incomparecencia del demandado, salvo causas justificadas y en los supuestos legalmente previstos. También se consignará que los litigantes han de concurrir al juicio con todos los medios de prueba de que intenten valerse y que podrán formalizar, sin esperar a la fecha del se-

ñalamiento, conciliación en evitación del juicio, por medio de comparecencia ante la Oficina judicial o en los términos previstos en el apartado 1 del artículo 84. Asimismo, podrán someter la cuestión litigiosa a los procedimientos de mediación que pudieran estar constituidos de acuerdo con lo dispuesto en el artículo 63, adoptando las medidas oportunas a tal fin sin que ello dé lugar a la suspensión de la comparecencia, salvo que de común acuerdo lo soliciten ambas partes justificando la sumisión a la mediación, y por el tiempo máximo establecido en el procedimiento correspondiente, que en todo caso no podrá exceder de quince días.

5. En la citación también se requerirá el previo traslado entre las partes o la aportación anticipada, con diez días de antelación al acto de juicio, de la prueba documental o pericial de que intenten valerse. La prueba se deberá presentar en formato electrónico, salvo que la parte no venga obligada a relacionarse electrónicamente con la Administración de Justicia, en cuyo caso se admitirá la presentación en papel o en otros soportes no digitales.

Transcurrido este plazo, sólo se admitirán a la parte actora o demandada los documentos, dictámenes, medios e instrumentos relativos al fondo del asunto cuando se hallen en alguno de los casos siguientes:

1.º Ser de fecha posterior siempre que no se hubiesen podido confeccionar ni obtener con anterioridad a dicho momento procesal.

2.º Tratarse de documentos, medios o instrumentos de fecha anterior, cuando la parte que los presente justifique no haber tenido antes conocimiento de su existencia.

3.º No haber sido posible obtener la prueba documental o dictamen pericial con anterioridad por causas no imputables a la parte, siempre que se hubiera efectuado en plazo la designación del archivo, protocolo o lugar en que se encuentren, o el registro, libro registro, actuaciones o expediente del que se pretenda obtener una certificación o anunciado, en su caso, el dictamen.

Cuando un documento, medio o instrumento sobre hechos relativos al fondo del asunto, se presentase una vez precluido el plazo indicado en este apartado, las demás partes podrán alegar en el juicio la improcedencia de tomarlo en consideración, por no encontrarse en ninguno de los casos indicados. El tribunal resolverá en el acto y, si apreciare ánimo dilatorio o mala fe procesal en la presentación del documento, podrá, además, imponer al responsable una multa dentro de los límites fijados en el apartado 4 del artículo 75.

6. Cuando la representación y defensa en juicio sea atribuida al abogado del Estado, se le concederá un plazo de veintidós días para la consulta a la

Abogacía General del Estado. Cuando la representación y defensa en juicio sea atribuida al letrado o letrada de la Administración de la Seguridad Social, se le concederá igualmente un plazo de veintidós días para la consulta a la Dirección del Servicio Jurídico de la Administración de la Seguridad Social. Este mismo plazo se entenderá, respecto de las Comunidades Autónomas, para consulta al organismo que establezca su legislación propia, así como cuando la representación y presencia en juicio sea atribuida al letrado o letrada de las Cortes Generales. El señalamiento del juicio se hará de modo que tenga lugar en fecha posterior al indicado plazo.

SECCIÓN 2.ª Conciliación y juicio

Artículo 83. Suspensión de los actos de conciliación y juicio.– 1. Sólo a petición de ambas partes o por motivos justificados, acreditados ante el secretario judicial, podrá éste suspender, por una sola vez, los actos de conciliación y juicio, señalándose nuevamente dentro de los diez días siguientes a la fecha de la suspensión. Excepcionalmente y por circunstancias trascendentes adecuadamente probadas, podrá acordarse una segunda suspensión.

En caso de coincidencia de señalamientos, de no ser posible la sustitución dentro de la misma representación o defensa, una vez justificados los requisitos del ordinal 6º del apartado 1 del artículo 188 de la Ley de Enjuiciamiento Civil, previa comunicación por el solicitante a los demás profesionales siempre que consten sus datos en el procedimiento, se procurará, ante todo, acomodar el señalamiento dentro de la misma fecha y, en su defecto, habilitar nuevo señalamiento, adoptando las medidas necesarias para evitar nuevas coincidencias.

2. Si el actor, citado en forma, no compareciese ni alegase justa causa que motive la suspensión del acto de conciliación o del juicio, el secretario judicial en el primer caso y el juez o tribunal en el segundo, le tendrán por desistido de su demanda.

3. La incomparecencia injustificada del demandado al acto de conciliación no impedirá la celebración de los actos de conciliación y juicio, continuando este sin necesidad de declarar su rebeldía y sin perjuicio de la sanción que, por esta circunstancia, se podrá imponer en sentencia en los términos establecidos en el artículo 97.3.

4. Las personas profesionales de la Abogacía y de la procura podrán acogerse a las mismas causas de suspensión por circunstancias personales o fa-

miliares que se recogen para cada uno de dichos profesionales en la Ley de Enjuiciamiento Civil. Tales causas de suspensión serán igualmente aplicables a los graduados y graduadas sociales[39].

Artículo 84. Celebración del acto de conciliación.– 1. El letrado o letrada de la Administración de Justicia intentará la conciliación, llevando a cabo la labor mediadora que le es propia, y advertirá a las partes de los derechos y obligaciones que pudieran corresponderles. Si las partes alcanzan la avenencia, dictará decreto aprobándola y acordando, además, el archivo de las actuaciones. Del mismo modo, corresponderá al letrado letrada de la Administración de Justicia la aprobación del acuerdo alcanzado por las partes antes del día señalado para el acto del juicio, de haberse señalado conciliación anticipada, o en la misma fecha del juicio de tratarse de conciliación y juicio señalados sucesivamente. A tal efecto las partes podrán anticipar la conciliación por vía telemática.

Cuando el acuerdo venga firmado digitalmente por todas las partes, se dictará decreto en el plazo máximo de tres días. En su defecto, y para su posterior ratificación y firma, se citará a las partes a comparecencia en un plazo máximo de cinco días. La conciliación y la resolución aprobatoria, oral o escrita, se documentarán en la propia acta de comparecencia.

La conciliación alcanzada ante el letrado o la letrada de la Administración de Justicia y los acuerdos logrados entre las partes y aprobados por aquél tendrán, a todos los efectos legales, la consideración de conciliación judicial.

2. Si el secretario judicial estimare que lo convenido es constitutivo de lesión grave para alguna de las partes o para terceros, de fraude de ley o de abuso de derecho o contrario al interés público, no aprobará el acuerdo, advirtiendo a las partes que deben comparecer a presencia judicial para la celebración del acto del juicio.

3. En caso de no haber avenencia ante el letrado o la letrada de la Administración de Justicia y procederse a la celebración del juicio, la aprobación del acuerdo conciliatorio que, en su caso, alcanzasen las partes en dicho momento corresponderá al juez, la jueza o el tribunal ante el que se hubiere obtenido mediante resolución oral o escrita documentada en el propio acuerdo. Sólo cabrá nueva intervención del letrado o letrada de la Administración de Justicia

---

[39]   Arts. 134, 179, 183 y 188 LEC.

aprobando un acuerdo entre las partes si el acto del juicio se llegase a suspender por cualquier causa.

De celebrarse la conciliación anticipada prevista en el artículo 82 y resultar sin acuerdo, el letrado o la letrada de la Administración de Justicia dejará constancia en el acta de los aspectos controvertidos que hayan impedido el mismo y, de concurrir cuestiones procesales que pudieran suscitar la suspensión del acto del juicio, tales como la existencia de terceros que deban ser llamados al procedimiento o la situación concursal de cualquiera de los intervinientes, advertirá a las partes en los términos establecidos en el artículo 81.

4. Del acto de conciliación se extenderá la correspondiente acta.

5. La conciliación y los acuerdos entre las partes aprobados por el secretario judicial o, en su caso, por el juez o tribunal se llevarán a efecto por los trámites de la ejecución de sentencias.

6. La acción para impugnar la validez de la conciliación se ejercitará ante el mismo juzgado o tribunal al que hubiera correspondido la demanda, por los trámites y con los recursos establecidos en esta Ley. La acción caducará a los treinta días de la fecha de su celebración. Para los terceros perjudicados el plazo contará desde que pudieran haber conocido el acuerdo. Las partes podrán ejercitar la acción de nulidad por las causas que invalidan los contratos y la impugnación por los posibles terceros perjudicados podrá fundamentarse en ilegalidad o lesividad.

Artículo 85. Celebración del juicio.– 1. En el acto del juicio, habiéndose dado cuenta de lo actuado, se resolverá, en primer término, motivadamente, en forma oral y oídas las partes, sobre las cuestiones previas que se puedan formular en ese acto, así como sobre los recursos u otras incidencias pendientes de resolución, sin perjuicio de la ulterior sucinta fundamentación en la sentencia, cuando proceda. Igualmente serán oídas las partes y, en su caso, se resolverá, motivadamente y en forma oral, lo procedente sobre las cuestiones que el juez, la jueza o el tribunal pueda plantear en ese momento sobre su competencia, los presupuestos de la demanda o el alcance y límites de la pretensión formulada, respetando las garantías procesales de las partes y sin prejuzgar el fondo del asunto.

A continuación, el demandante ratificará o ampliará su demanda, aunque en ningún caso podrá hacer en ella variación sustancial.

2. El demandado contestará afirmando o negando concretamente los hechos de la demanda, y alegando cuantas excepciones estime procedentes.

3. Únicamente podrá formular reconvención cuando la hubiese anunciado en la conciliación previa al proceso o en la contestación a la reclamación previa en materia de prestaciones de Seguridad Social o resolución que agote la vía administrativa, y hubiese expresado en esencia los hechos en que se funda y la petición en que se concreta. No se admitirá la reconvención, si el órgano judicial no es competente, si la acción que se ejercita ha de ventilarse en modalidad procesal distinta y la acción no fuera acumulable, y cuando no exista conexión entre sus pretensiones y las que sean objeto de la demanda principal.

No será necesaria reconvención para alegar compensación de deudas, siempre que sean vencidas y exigibles y no se formule pretensión de condena reconvencional, y en general cuando el demandado esgrima una pretensión que tienda exclusivamente a ser absuelto de la pretensión o pretensiones objeto de la demanda principal, siendo suficiente que se alegue en la contestación a la demanda. Si la obligación precisa de determinación judicial por no ser líquida con antelación al juicio, será necesario expresar concretamente los hechos que fundamenten la excepción y la forma de liquidación de la deuda, así como haber anunciado la misma en la conciliación o mediación previas, o en la reclamación en materia de prestaciones de Seguridad Social o resolución que agoten la vía administrativa. Formulada la reconvención, se dará traslado a las demás partes para su contestación en los términos establecidos para la demanda. El mismo trámite de traslado se acordará para dar respuesta a las excepciones procesales, caso de ser alegadas.

4. Las partes harán uso de la palabra cuantas veces el juez o tribunal lo estime necesario.

5. Asimismo, en este acto, las partes podrán alegar cuanto estimen conveniente a efectos de lo dispuesto en la letra b) del apartado 3 del artículo 191, ofreciendo, para el momento procesal oportuno, los elementos de juicio necesarios para fundamentar sus alegaciones. No será preciso aportar prueba sobre esta concreta cuestión cuando el hecho de que el proceso afecta a muchos trabajadores o beneficiarios sea notorio por su propia naturaleza.

6. Si no se suscitasen cuestiones procesales o si, suscitadas, se hubieran contestado, las partes o sus defensores con el tribunal fijarán los hechos sobre los que exista conformidad o disconformidad de los litigantes, consignándose en caso necesario en el acta o, en su caso, por diligencia, sucinta referencia a aquellos extremos esenciales conformes, a efectos de ulterior recurso. Igualmente podrán facilitar las partes unas notas breves de cálculo o resumen de datos numéricos.

7. En caso de allanamiento total o parcial será aprobado por el órgano jurisdiccional, oídas las demás partes, de no incurrir en renuncia prohibida de derechos, fraude de ley o perjuicio a terceros, o ser contrario al interés público, mediante resolución que podrá dictarse en forma oral. Si el allanamiento fuese total se dictará sentencia condenatoria de acuerdo con las pretensiones del actor. Cuando el allanamiento sea parcial, podrá dictarse auto aprobatorio, que podrá llevarse a efecto por los trámites de la ejecución definitiva parcial, siempre que por la naturaleza de las pretensiones objeto de allanamiento, sea posible un pronunciamiento separado que no prejuzgue las restantes cuestiones no allanadas, respecto de las cuales continuará el acto de juicio.

8. El juez o tribunal, una vez practicada la prueba y antes de las conclusiones, salvo que exista oposición de alguna de las partes, podrá suscitar la posibilidad de llegar a un acuerdo y de no alcanzarse el mismo en ese momento proseguirá la celebración del juicio.

Artículo 86. Prejudicialidad penal y social.– 1. En ningún caso se suspenderá el procedimiento por seguirse causa criminal sobre los hechos debatidos.

2. En el supuesto de que fuese alegada por una de las partes la falsedad de un documento que pueda ser de notoria influencia en el pleito, porque no pueda prescindirse de la resolución de la causa criminal para la debida decisión o condicione directamente el contenido de ésta, continuará el acto de juicio hasta el final, y en el caso de que el juez o tribunal considere que el documento pudiera ser decisivo para resolver sobre el fondo del asunto, acordará la suspensión de las actuaciones posteriores y concederá un plazo de ocho días al interesado para que aporte el documento que acredite haber presentado la querella. La suspensión durará hasta que se dicte sentencia o auto de sobreseimiento en la causa criminal, hecho que deberá ser puesto en conocimiento del juez o tribunal por cualquiera de las partes.

3. Si cualquier otra cuestión prejudicial penal diera lugar a sentencia absolutoria por inexistencia del hecho o por no haber participado el sujeto en el mismo, quedará abierta contra la sentencia dictada por el juez o Sala de lo Social la vía de la revisión regulada en la Ley de Enjuiciamiento Civil[40].

---

[40]   Arts. 509 ss. LEC.

4. La tramitación de otro procedimiento ante el orden social no dará lugar a la suspensión del proceso salvo en los supuestos previstos en la presente Ley, sin perjuicio de los efectos propios de la litispendencia cuando se aprecie la concurrencia de dicha situación procesal. No obstante, a solicitud de ambas partes, podrá suspenderse el procedimiento hasta que recaiga resolución firme en otro procedimiento distinto, cuando en éste deba resolverse la que constituya objeto principal del primer proceso.

Artículo 86 bis. Procedimiento testigo.– 1. Cuando ante un juez, una jueza o un tribunal estuviera pendiente una pluralidad de procesos con idéntico objeto y misma parte demandada, el órgano jurisdiccional, siempre que conforme a la presente ley no fueran susceptibles de acumulación o no se hubiera podido acumular, deberá tramitar preceptivamente uno o varios con carácter preferente, atendiendo al orden de presentación de las respectivas demandas, previa audiencia de las partes por plazo común de cinco días y suspendiendo el curso de los demás hasta que se dicte sentencia en los primeros.

2. Una vez firme la sentencia, se dejará constancia de ella en los procesos suspendidos y se notificará a las partes de los mismos a fin de que, en el plazo de cinco días, puedan interesar los demandantes la extensión de sus efectos en los términos previstos en el artículo 247 ter, la continuación del procedimiento o bien desistir de la demanda.

Artículo 87. Práctica de la prueba en el acto de juicio.– 1. Se admitirán las pruebas que se formulen y puedan practicarse en el acto, respecto de los hechos sobre los que no hubiere conformidad salvo en los casos en que la materia objeto del proceso esté fuera del poder de disposición de los litigantes, siempre que aquéllas sean útiles y directamente pertinentes a lo que sea el objeto del juicio y a las alegaciones o motivos de oposición previamente formulados por las partes en el trámite de ratificación o de contestación de la demanda. Podrán admitirse también aquellas que requieran la traslación del juez o tribunal fuera del local de la audiencia, si se estimasen imprescindibles. En este caso, se suspenderá el juicio por el tiempo estrictamente necesario.

2. El juez o tribunal resolverá sobre la pertinencia de las pruebas propuestas y determinará la naturaleza y clase de medio de prueba de cada una de ellas según lo previsto en el artículo 299 del la Ley de Enjuiciamiento Civil y en la presente Ley. Asimismo resolverá sobre las posibles diligencias comple-

mentarias o de adveración de las pruebas admitidas y sobre las preguntas que puedan formular las partes.

La parte proponente podrá hacer constar su protesta en el acto contra la inadmisión de cualquier medio de prueba, diligencia o pregunta, consignándose en el acta la pregunta o la prueba solicitada, la resolución denegatoria, la fundamentación razonada de la denegación y la protesta, todo a efectos del correspondiente recurso contra la sentencia.

Una vez comenzada la práctica de una prueba admitida, si renunciase a ella la parte que la propuso, podrá el órgano judicial, sin ulterior recurso, acordar que continúe.

3. El órgano judicial podrá hacer, tanto a las partes como a los peritos y testigos, las preguntas que estime necesarias para el esclarecimiento de los hechos. Los litigantes y los defensores podrán ejercitar el mismo derecho.

El juez o tribunal, sin apartarse de las pretensiones y causa de pedir que expresen las partes en la demanda y contestación, podrá someter a las partes para alegaciones durante el juicio cuantas cuestiones deban ser resueltas de oficio o resulten de la fundamentación jurídica aplicable, aun cuando hubiera sido alegada de modo incompleto o incorrecto. Igualmente podrá solicitar alegaciones sobre los posibles pronunciamientos derivados que por mandato legal, o por conexión o consecuencia, resulten necesariamente de las pretensiones formuladas por las partes. Si el acto de juicio hubiere quedado concluso, la audiencia a este respecto se sustanciará por el plazo común de tres días, mediante alegaciones escritas y preferiblemente por medio informático o telemático, siguiéndose el trámite del apartado 6 de este mismo artículo.

4. Practicada la prueba, las partes o sus defensores o representantes, en su caso, formularán oralmente sus conclusiones de un modo concreto y preciso, determinando en virtud del resultado de la prueba, de manera líquida y sin alterar los puntos fundamentales y los motivos de pedir invocados en la demanda o en la reconvención, si la hubiere, las cantidades que, por cualquier concepto, sean objeto de petición de condena principal o subsidiaria; o bien, en su caso, formularán la solicitud concreta y precisa de las medidas con que puede ser satisfecha la pretensión ejercitada. Si las partes no lo hicieran en este trámite, el juez o tribunal deberá requerirles para que lo hagan, sin que en ningún caso pueda reservarse tal determinación para la ejecución de sentencia.

5. Si el órgano judicial no se considerase suficientemente ilustrado sobre las cuestiones de cualquier género objeto del debate, concederá a ambas partes el tiempo que crea conveniente, para que informen o den explicaciones sobre los particulares que les designe.

6. Si las pruebas documentales o periciales practicadas resultasen de extraordinario volumen o complejidad, el juez o tribunal podrá conceder a las partes la posibilidad de efectuar sucintas conclusiones complementarias, por escrito y preferiblemente por medios telemáticos, sobre los particulares que indique, en relación exclusiva con dichos elementos de prueba, dentro de los tres días siguientes, justificando haber efectuado previa remisión a las demás partes comparecidas por los mismos medios. Durante el referido período, los documentos o pericias estarán a disposición de las partes en la oficina judicial y una vez transcurrido, háyanse presentado o no alegaciones, se iniciará el plazo para dictar sentencia.

Artículo 88. Diligencias finales[41].– 1. Terminado el juicio, dentro del plazo para dictar sentencia, el juez o tribunal podrá acordar la práctica de cuantas pruebas estime necesarias, como diligencias finales, con intervención de las partes y en la forma establecida para las pruebas de su clase. En la misma providencia se fijará el plazo dentro del cual haya de practicarse la prueba, que no excederá de veinte días, o se señalará comparecencia para la práctica de la misma y valoración por las partes del resultado. De no haber señalado comparecencia, el resultado de la diligencia final se pondrá de manifiesto durante tres días a las partes en la oficina judicial para alegaciones sobre su alcance e importancia, salvo que pueda darse traslado por vía telemática a los mismos fines y por igual plazo.

2. Transcurrido el plazo inicial de práctica sin haberse podido llevar a efecto, el órgano judicial dictará un nuevo proveído, fijando nuevo plazo no superior a diez días para la ejecución del acuerdo y librando las comunicaciones oportunas. Si dentro de éste tampoco se hubiera podido practicar la prueba, el juez o tribunal, previa audiencia de las partes, acordará que los autos queden definitivamente conclusos para sentencia.

3. Si la diligencia consistiere en el interrogatorio de parte o en la aportación de algún documento por alguna de las partes y ésta no compareciese

---

[41]   Arts. 435 y 436 LEC.

o no lo presentase sin causa justificada en el plazo fijado, podrán estimarse probadas las alegaciones hechas por la parte contraria en relación con la prueba acordada.

Artículo 89. Documentación del acto de juicio.– 1. El desarrollo de las sesiones del juicio oral y el resto de actuaciones orales se documentarán conforme a lo preceptuado en los artículos 146 y 147 de la Ley 1/2000, de 7 de enero. La oficina judicial deberá asegurar la correcta incorporación de la grabación al expediente judicial electrónico. Si los sistemas no proveen expediente judicial electrónico, el letrado o letrada de la Administración de Justicia deberá custodiar el documento electrónico que sirva de soporte a la grabación. Las partes podrán pedir, a su costa, copia o en su caso acceso electrónico de las grabaciones originales.

2. Siempre que se cuente con los medios tecnológicos necesarios, estos garantizarán la autenticidad e integridad de lo grabado o reproducido. A tal efecto, el letrado o letrada de la Administración de Justicia hará uso de la firma electrónica u otro sistema de seguridad que conforme a la ley ofrezca tales garantías. En este caso, la celebración del acto no requerirá la presencia en la sala del letrado o letrada de la Administración de Justicia salvo que lo hubieran solicitado las partes, al menos dos días antes de la celebración de la vista, o que excepcionalmente lo considere necesario el letrado o letrada de la Administración de Justicia atendiendo a la complejidad del asunto, al número y naturaleza de las pruebas a practicar, al número de intervinientes, a la posibilidad de que se produzcan incidencias que no pudieran registrarse, o a la concurrencia de otras circunstancias igualmente excepcionales que lo justifiquen. En estos casos, el letrado o letrada de la Administración de Justicia extenderá acta sucinta en los términos previstos en el apartado siguiente.

3. Si los mecanismos de garantía previstos en el apartado anterior no se pudiesen utilizar, el secretario judicial deberá consignar en el acta, al menos, los siguientes datos: lugar y fecha de celebración, juez o tribunal que preside el acto, peticiones y propuestas de las partes, medios de prueba propuestos por ellas, declaración de su pertinencia o impertinencia, resoluciones que adopte el juez o tribunal, así como las circunstancias e incidencias que no pudieran constar en aquel soporte.

4. Cuando los medios de registro previstos en este artículo no se pudiesen utilizar por cualquier causa, el secretario judicial extenderá acta de cada sesión, en la que se hará constar:

a) Lugar, fecha, juez o tribunal que preside el acto, partes comparecientes, representantes y defensores que les asisten.

b) Breve resumen de las alegaciones de las partes, medios de prueba propuestos por ellas, declaración expresa de su pertinencia o impertinencia, razones de la negación y protesta, en su caso.

c) En cuanto a las pruebas admitidas y practicadas:

1º Resumen suficiente de las de interrogatorio de parte y de testigos.

2º Relación circunstanciada de los documentos presentados, o datos suficientes que permitan identificarlos, en el caso de que su excesivo número haga desaconsejable la citada relación.

3º Relación de las incidencias planteadas en el juicio respecto a la prueba documental.

4º Resumen suficiente de los informes periciales, así como también de la resolución del juez o tribunal en torno a las recusaciones propuestas de los peritos.

5º Resumen de las declaraciones de los asesores, en el caso de que el dictamen de éstos no haya sido elaborado por escrito e incorporado a los autos.

d) Conclusiones y peticiones concretas formuladas por las partes; en caso de que fueran de condena a cantidad, deberán expresarse en el acta las cantidades que fueran objeto de ella.

e) Declaración hecha por el juez o tribunal de conclusión de los autos, mandando traerlos a la vista para sentencia.

5. El acta prevista en los apartados 3 y 4 de este artículo se extenderá por procedimientos informáticos, sin que pueda ser manuscrita más que en las ocasiones en que la sala o el lugar en que se esté celebrando la actuación carecieran de medios informáticos. El secretario judicial resolverá, sin ulterior recurso, cualquier observación que se hiciera sobre el contenido del acta. El acta será firmada por el juez o tribunal en unión de las partes o de sus representantes o defensores y de los peritos, haciendo constar si alguno de ellos no firma por no poder, no querer hacerlo o no estar presente, firmándola por último el secretario.

6. Del acta del juicio deberá entregarse copia a quienes hayan sido partes en el proceso, si lo solicitaren.

7. La acreditación de la identidad de las partes y de su representación procesal se efectuará ante el secretario judicial en la comparecencia de conciliación, o de no ser preceptiva la misma, mediante diligencia.

SECCIÓN 3.ª De las pruebas

Artículo 90. Preparación y admisibilidad de los medios de prueba.– 1. Las partes, previa justificación de la utilidad y pertinencia de las diligencias propuestas, podrán servirse de cuantos medios de prueba se encuentren regulados en la Ley[42] para acreditar los hechos controvertidos o necesitados de prueba, incluidos los procedimientos de reproducción de la palabra, de la imagen y del sonido o de archivo y reproducción de datos, que deberán ser aportados por medio de soporte adecuado y poniendo a disposición del órgano jurisdiccional los medios necesarios para su reproducción y posterior constancia en autos.

2. No se admitirán pruebas que tuvieran su origen o que se hubieran obtenido, directa o indirectamente, mediante procedimientos que supongan violación de derechos fundamentales o libertades públicas. Esta cuestión podrá ser suscitada por cualquiera de las partes o de oficio por el tribunal en el momento de la proposición de la prueba, salvo que se pusiese de manifiesto durante la práctica de la prueba una vez admitida. A tal efecto, se oirá a las partes y, en su caso, se practicarán las diligencias que se puedan practicar en el acto sobre este concreto extremo, recurriendo a diligencias finales solamente cuando sea estrictamente imprescindible y la cuestión aparezca suficientemente fundada. Contra la resolución que se dicte sobre la pertinencia de la práctica de la prueba y en su caso de la unión a los autos de su resultado o del elemento material que incorpore la misma, sólo cabrá recurso de reposición, que se interpondrá, se dará traslado a las demás partes y se resolverá oralmente en el mismo acto del juicio o comparecencia, quedando a salvo el derecho de las partes a reproducir la impugnación de la prueba ilícita en el recurso que, en su caso, procediera contra la sentencia.

3. Podrán asimismo solicitar, al menos con diez días de antelación a la fecha del juicio, diligencias de preparación de la prueba a practicar en juicio salvo cuando el señalamiento se deba efectuar con antelación menor, en cuyo caso el plazo será de tres días, y sin perjuicio de lo que el juez, la jueza o el tribunal decida sobre su admisión o inadmisión en el acto del juicio.

4. Cuando sea necesario a los fines del proceso el acceso a documentos o archivos, en cualquier tipo de soporte, que pueda afectar a la intimidad

---

[42] Art. 299 LEC.

personal u otro derecho fundamental, el juez o tribunal, siempre que no existan medios de prueba alternativos, podrá autorizar dicha actuación, mediante auto, previa ponderación de los intereses afectados a través de juicio de proporcionalidad y con el mínimo sacrificio, determinando las condiciones de acceso, garantías de conservación y aportación al proceso, obtención y entrega de copias e intervención de las partes o de sus representantes y expertos, en su caso.

5. Igualmente, de no mediar consentimiento del afectado, podrán adoptarse las medidas de garantía oportunas cuando la emisión de un dictamen pericial médico o psicológico requiera el sometimiento a reconocimientos clínicos, obtención de muestras o recogida de datos personales relevantes, bajo reserva de confidencialidad y exclusiva utilización procesal, pudiendo acompañarse el interesado de especialista de su elección y facilitándole copia del resultado.

No será necesaria autorización judicial si la actuación viniera exigida por las normas de prevención de riesgos laborales, por la gestión o colaboración en la gestión de la Seguridad Social, por la específica normativa profesional aplicable o por norma legal o convencional aplicable en la materia.

6. Si como resultado de las medidas anteriores se obtuvieran datos innecesarios, ajenos a los fines del proceso o que pudieran afectar de manera injustificada o desproporcionada a derechos fundamentales o a libertades públicas, se resolverá lo necesario para preservar y garantizar adecuada y suficientemente los intereses y derechos que pudieran resultar afectados.

7. En caso de negativa injustificada de la persona afectada a la realización de las actuaciones acordadas por el órgano jurisdiccional, la parte interesada podrá solicitar la adopción de las medidas que fueran procedentes, pudiendo igualmente valorarse en la sentencia dicha conducta para tener por probados los hechos que se pretendía acreditar a través de la práctica de dichas pruebas, así como a efectos de apreciar temeridad o mala fe procesal.

Artículo 91. Interrogatorio de las partes.– 1. Las preguntas para la prueba de interrogatorio de parte se propondrán verbalmente, sin admisión de pliegos[43].

2. Si el llamado al interrogatorio no compareciese sin justa causa a la primera citación, rehusase declarar o persistiese en no responder afirmativa o

---

[43]   Arts. 301 ss. LEC.

negativamente, a pesar del apercibimiento que se le haya hecho, podrán considerarse reconocidos como ciertos en la sentencia los hechos a que se refieran las preguntas, siempre que el interrogado hubiese intervenido en ellos personalmente y su fijación como ciertos le resultare perjudicial en todo o en parte.

3. El interrogatorio de las personas jurídicas privadas se practicará con quien legalmente las represente y tenga facultades para responder a tal interrogatorio. Si el representante en juicio no hubiera intervenido en los hechos deberá aportar a juicio a la persona conocedora directa de los mismos. Con tal fin la parte interesada podrá proponer la persona que deba someterse al interrogatorio justificando debidamente la necesidad de dicho interrogatorio personal.

4. En caso de que el interrogatorio de personas físicas no se refiera a hechos personales, se admitirá que sea respondido en todo o en parte por un tercero que conozca personalmente los hechos, siempre que el tercero se encuentre a disposición del juez o tribunal en ese momento, si la parte así lo solicita y acepta la responsabilidad de la declaración.

5. La declaración de las personas que hayan actuado en los hechos litigiosos en nombre del empresario, cuando sea persona jurídica privada, bajo la responsabilidad de éste, como administradores, gerentes o directivos, solamente podrá acordarse dentro del interrogatorio de la parte por cuya cuenta hubieran actuado y en calidad de conocedores personales de los hechos, en sustitución o como complemento del interrogatorio del representante legal, salvo que, en función de la naturaleza de su intervención en los hechos y posición dentro de la estructura empresarial, por no prestar ya servicios en la empresa o para evitar indefensión, el juez o tribunal acuerde su declaración como testigos. Las referidas prevenciones deberán advertirse expresamente al efectuar la citación para el interrogatorio en juicio.

6. En los supuestos de interrogatorio a Administraciones o entidades públicas se estará a lo dispuesto en el artículo 315 de la Ley de Enjuiciamiento Civil.

Artículo 92. Interrogatorio de testigos[44].– 1. No se admitirán escritos de preguntas y repreguntas para la prueba de interrogatorio de testigos. Cuando el número de testigos fuese excesivo y, a criterio del órgano judicial, sus mani-

---

[44]   Arts. 360 ss. LEC.

festaciones pudieran constituir inútil reiteración del testimonio sobre hechos suficientemente esclarecidos, aquél podrá limitarlos discrecionalmente.

2. Los testigos no podrán ser tachados, y únicamente en conclusiones, las partes podrán hacer las observaciones que sean oportunas respecto de sus circunstancias personales y de la veracidad de sus manifestaciones.

3. No obstante lo dispuesto en el apartado anterior, la declaración como testigos de personas vinculadas al empresario, trabajador o beneficiario, por relación de parentesco o análoga relación de afectividad, o con posible interés real en la defensa de decisiones empresariales en las que hayan participado o por poder tener procedimientos análogos contra el mismo empresario o contra trabajadores en igual situación, solamente podrá proponerse cuando su testimonio tenga utilidad directa y presencial y no se disponga de otros medios de prueba, con la advertencia a los mismos, en todo caso, de que dichas circunstancias no serán impedimento para las responsabilidades que de su declaración pudieren derivarse.

Artículo 93. Prueba pericial.– 1. La práctica de la prueba pericial se llevará a cabo en el acto del juicio[45], presentando los peritos su informe y ratificándolo. No será necesaria ratificación de los informes, de las actuaciones obrantes en expedientes y demás documentación administrativa cuya aportación sea preceptiva según la modalidad procesal de que se trate.

2. El órgano judicial, de oficio o a petición de parte, podrá requerir la intervención de un médico forense, en los casos en que sea necesario su informe en función de las circunstancias particulares del caso, de la especialidad requerida y de la necesidad de su intervención, a la vista de los reconocimientos e informes que constaren previamente en las actuaciones.

Artículo 94. Prueba documental[46].– 1. De la prueba documental aportada, que deberá estar adecuadamente presentada, ordenada y numerada, se dará traslado a las partes en el acto del juicio, para su examen.

2. Los documentos y otros medios de obtener certeza sobre hechos relevantes que se encuentren en poder de las partes deberán aportarse al proceso si hubieran sido propuestos como medio de prueba por la parte contraria y admitida ésta por el juez o tribunal o cuando éste haya requerido su aporta-

---

[45]   Art. 347 LEC.
[46]   Arts. 317 ss. LEC.

ción. Si no se presentaren sin causa justificada, podrán estimarse probadas las alegaciones hechas por la contraria en relación con la prueba acordada.

Artículo 95. Informes de expertos.– 1. Podrá el juez o tribunal, si lo estima procedente, oír el dictamen de una o varias personas expertas en la cuestión objeto del pleito, en el momento del acto del juicio o, terminado éste, como diligencia final.

2. Cuando en un proceso se discuta sobre la interpretación de un convenio colectivo, el órgano judicial podrá oír o recabar informe de la comisión paritaria del mismo.

3. Cuando en el proceso se haya suscitado una cuestión de discriminación por razón de sexo, orientación sexual, origen racial o étnico, religión o convicciones, discapacidad, edad o acoso, el juez o tribunal podrá recabar el dictamen de los organismos públicos competentes.

4. En procesos derivados de accidente de trabajo y enfermedad profesional, el órgano judicial, si lo estima procedente, podrá recabar informe de la Inspección de Trabajo y Seguridad Social y de los organismos públicos competentes en materia de prevención y salud laboral, así como de las entidades e instituciones legalmente habilitadas al efecto.

5. Cuando, sobre hechos relevantes para el proceso, sea pertinente que informen personas jurídicas y entidades públicas en cuanto tales, por referirse esos hechos a su actividad, sin que quepa o sea necesario individualizar en personas físicas determinadas el conocimiento de lo que para el proceso interese, la parte a quien convenga esta prueba podrá proponer que la persona jurídica o entidad, a requerimiento del tribunal, responda por escrito sobre los hechos en los diez días anteriores al juicio. Dicho informe se presentará hasta el momento del acto del juicio, sin previo traslado a las partes y sin perjuicio de que pueda acordarse como diligencia final su ampliación.

Artículo 96. Carga de la prueba en casos de discriminación y en accidentes de trabajo.– 1. En aquellos procesos en que de las alegaciones de la parte actora se deduzca la existencia de indicios fundados de discriminación por razón de sexo, orientación o identidad sexual, origen racial o étnico, religión o convicciones, discapacidad, edad, acoso y en cualquier otro supuesto de vulneración de un derecho fundamental o libertad pública, corresponderá al demandado la aportación de una justificación objetiva y razonable, suficientemente probada, de las medidas adoptadas y de su proporcionalidad.

2. En los procesos sobre responsabilidades derivadas de accidentes de trabajo y enfermedades profesionales corresponderá a los deudores de seguridad y a los concurrentes en la producción del resultado lesivo probar la adopción de las medidas necesarias para prevenir o evitar el riesgo, así como cualquier factor excluyente o minorador de su responsabilidad. No podrá apreciarse como elemento exonerador de la responsabilidad la culpa no temeraria del trabajador ni la que responda al ejercicio habitual del trabajo o a la confianza que éste inspira.

SECCIÓN 4.ª Sentencia

Artículo 97. Forma de la sentencia.– 1. El juez o tribunal dictará sentencia en el plazo de cinco días, publicándose inmediatamente y notificándose a las partes o a sus representantes dentro de los dos días siguientes.

2. La sentencia deberá expresar, dentro de los antecedentes de hecho, resumen suficiente de los que hayan sido objeto de debate en el proceso. Asimismo, y apreciando los elementos de convicción, declarará expresamente los hechos que estime probados, haciendo referencia en los fundamentos de derecho a los razonamientos que le han llevado a esta conclusión, en particular cuando no recoja entre los mismos las afirmaciones de hechos consignados en documento público aportado al proceso respaldados por presunción legal de certeza. Por último, deberá fundamentar suficientemente los pronunciamientos del fallo.

3. La sentencia, motivadamente, podrá imponer una sanción pecuniaria, dentro de los límites que se fijan en el apartado 4 del artículo 75, al litigante que no acudió injustificadamente al acto de conciliación ante el servicio administrativo correspondiente o a mediación, de acuerdo con lo establecido en el artículo 83.3, así como al litigante que obró de mala fe o con temeridad. También motivadamente podrá imponer una sanción pecuniaria cuando la sentencia condenatoria coincidiera esencialmente con la pretensión contenida en la papeleta de conciliación o en la solicitud de mediación. En tales casos, y cuando el condenado fuera el empresario, deberá abonar también los honorarios de los abogados y graduados sociales de la parte contraria que hubieren intervenido, hasta el límite de seiscientos euros.

La imposición de las anteriores medidas se efectuará a solicitud de parte o de oficio, previa audiencia en el acto de la vista de las partes personadas. De considerarse de oficio la posibilidad de imponer la sanción pecuniaria una vez concluido el acto de juicio, se concederá a las partes un término de dos días para que puedan formular alegaciones escritas. En el caso de incomparecencia a los actos de conciliación o de mediación, incluida la conciliación ante el letrado o letrada de la Administración de Justicia, sin causa justificada, se aplicarán por el juez, la jueza o el tribunal las medidas previstas en el apartado 3 del artículo 66.

4. En el texto de la sentencia se indicará si la misma es o no firme y, en su caso, los recursos que procedan, el órgano ante el que deben interponerse y el plazo y los requisitos para ello, así como los depósitos y las consignaciones que sean necesarios y la forma de efectuarlos.

Artículo 98. Principio de inmediación.– 1. Si el juez que presidió el acto del juicio no pudiese dictar sentencia, deberá celebrarse éste nuevamente.

2. En cuanto a las Salas de lo Social se estará a lo dispuesto en la Ley Orgánica del Poder Judicial[47].

Artículo 99. Prohibición de reservas de liquidación.– En las sentencias en que se condene al abono de una cantidad, el juez o tribunal la determinará expresamente, sin que en ningún caso pueda reservarse tal determinación para la ejecución.

No obstante cuando se reclamen prestaciones o cantidades periódicas, la sentencia podrá incluir la condena a satisfacer esas cantidades que se devenguen con posterioridad al momento en que se dicte.

Artículo 100. Salarios por asistencia a actos procesales.– El empresario vendrá obligado a abonar al demandante que personalmente hubiese comparecido, el importe de los salarios correspondientes al tiempo necesario para la asistencia a los actos de conciliación y juicio y a cualquier comparecencia judicial, así como a la conciliación o mediación previa en su caso, salvo cuando fuera preceptivo otorgar representación conforme al artículo 19 de esta Ley y no fuere requerido de asistencia personal, o cuando se haya declarado que obró de mala fe o con temeridad.

---

[47]   Arts. 256 ss. LOPJ.

SECCIÓN 5.ª Proceso monitorio

Artículo 101. Proceso monitorio[48].– En reclamaciones frente a empresarios que no se encuentren en situación de concurso, referidas a cantidades vencidas, exigibles y de cuantía determinada, derivadas de su relación laboral, excluyendo las reclamaciones de carácter colectivo que se pudieran formular por la representación de los trabajadores, así como las que se interpongan contra las entidades gestoras o colaboradoras de la Seguridad Social, que no excedan de quince mil euros, el trabajador podrá formular su pretensión en la forma siguiente:

a) El proceso monitorio comenzará por petición inicial en la que se expresarán la identidad completa y precisa del empresario deudor, datos de identificación fiscal, domicilio completo y demás datos de localización, y en su caso de comunicación, por medios informáticos y telefónicos, tanto del demandante como del demandado, así como el detalle y desglose de los concretos conceptos, cuantías y períodos reclamados. Deberá acompañarse copia del contrato, recibos de salarios, comunicación empresarial o reconocimiento de deuda, certificado o documento de cotización o informe de vida laboral, u otros documentos análogos de los que resulte un principio de prueba de la relación laboral y de la cuantía de la deuda. La solicitud se presentará, preferentemente, por medios informáticos, de disponerse de ellos, pudiendo extenderse en el modelo o formulario que se facilite al efecto.

El letrado o letrada de la Administración de Justicia procederá a la comprobación de los requisitos anteriores, completando, en su caso, los indicados en la solicitud con otros domicilios, datos de identificación o que afecten a la situación empresarial, utilizando a tal fin los medios de que disponga el juzgado, y concederá trámite de subsanación por cuatro días de cualquier defecto que apreciare, salvo que sean insubsanables. En caso de apreciar defectos insubsanables, o de no subsanarse en plazo los apreciados, dará cuenta al juez o jueza para que resuelva sobre la admisión o inadmisión de la petición.

De ser admisible la petición, requerirá al empresario para que, en el plazo de diez días, pague directamente al trabajador, acreditándolo ante el juzgado, o comparezca ante éste y alegue sucintamente, en escrito de oposición, las razones por las que, a su entender, no debe, en todo o en parte, la cantidad

---

[48]   Arts. 812 ss. LEC.

reclamada, con apercibimiento de que de no pagar la cantidad reclamada ni comparecer alegando las razones de la negativa al pago, se despachará ejecución contra él.

Del requerimiento se dará traslado por igual plazo al Fondo de Garantía Salarial, plazo que se ampliará respecto del mismo por otros diez días más, si manifestase que necesita efectuar averiguaciones sobre los hechos de la solicitud, en especial sobre la solvencia empresarial.

b) Transcurrido el plazo conferido en el requerimiento, de haberse abonado el total importe, se archivará el proceso.

De no haber mediado en dicho plazo oposición, por escrito y en forma motivada, del empresario o del Fondo de Garantía Salarial, el letrado o letrada de la Administración de Justicia dictará decreto dando por terminado el proceso monitorio y dará traslado al demandante para que inste el despacho de ejecución, bastando para ello con la mera solicitud.

Desde la fecha de este decreto devengará el interés procesal del apartado 2 del artículo 251.

Contra el auto de despacho de la ejecución, conteniendo la orden general de ejecución, procederá oposición según lo previsto en el apartado 4 del artículo 239 de esta ley y pudiendo alegarse a tal efecto la falta de notificación del requerimiento. Contra el auto resolutorio de la oposición no procederá recurso de suplicación.

c) En caso de insolvencia o concurso posteriores, el auto de despacho de la ejecución servirá de título bastante, a los fines de la garantía salarial que proceda según la naturaleza originaria de la deuda; si bien no tendrá eficacia de cosa juzgada, aunque excluirá litigio ulterior entre empresario y trabajador con idéntico objeto y sin perjuicio de la determinación de la naturaleza salarial o indemnizatoria de la deuda y demás requisitos en el expediente administrativo oportuno frente a la institución de garantía, en su caso.

d) Si se formulase oposición en el plazo y la forma expresada en la letra a), se dará traslado a la parte demandante para que manifieste en tres días lo que a su derecho convenga respecto a la oposición. Si las partes no solicitan vista, pasarán los autos al juez o jueza para dictar resolución fijando la cantidad concreta por la que despachar ejecución. Si se solicitara vista, se convocará la misma siguiendo la tramitación del procedimiento ordinario.

e) Si no hubiera sido posible notificar personalmente en la forma exigida el requerimiento de pago se dictará resolución convocando vista siguiendo la tramitación del procedimiento ordinario.

f) Si se formulase oposición sólo en cuanto a parte de la cantidad reclamada, el demandante podrá solicitar del juzgado que se dicte auto acogiendo la reclamación en cuanto a las cantidades reconocidas o no impugnadas. Este auto servirá de título de ejecución, que el demandante podrá solicitar mediante simple escrito sin necesidad de esperar a la resolución que recaiga respecto de las cantidades controvertidas.

TÍTULO II. De las modalidades procesales

CAPÍTULO I. Disposición general

Artículo 102. Modalidades procesales.– 1. En todo lo que no esté expresamente previsto en el presente Título, regirán las disposiciones establecidas para el proceso ordinario.

2. Se dará al procedimiento la tramitación que resulte conforme a la modalidad procesal expresada en la demanda. No obstante, si en cualquier momento desde la presentación de la demanda se advirtiere la inadecuación del procedimiento seguido, se procederá a dar al asunto la tramitación que corresponda a la naturaleza de las pretensiones ejercitadas, sin vinculación necesaria a la modalidad elegida por las partes y completando, en su caso, los trámites que fueren procedentes según la modalidad procesal adecuada, con aplicación del régimen de recursos que corresponda a la misma. No procederá el sobreseimiento del proceso o la absolución en la instancia por inadecuación de la modalidad procesal, salvo cuando no sea posible completar la tramitación seguida hasta ese momento o cuando la parte actora persista en la modalidad procesal inadecuada.

3. Las acciones del trabajador autónomo económicamente dependiente cuyo conocimiento corresponda al orden social se ejercitarán a través del proceso ordinario o de la modalidad procesal adecuada a la naturaleza de las pretensiones formuladas, dentro del plazo de prescripción o de caducidad previsto en su caso para la misma o que resulte de la modalidad procesal aplicable, y en su defecto, regirá el plazo de prescripción de un año desde que pudieran ser ejercitadas[49].

---

[49]   Véanse arts. 2.d) de esta Ley y 17 LETA.

CAPÍTULO II. De los despidos y sanciones

SECCIÓN 1.ª Despido disciplinario

Artículo 103. Presentación de la demanda por despido.– 1. El trabajador podrá reclamar contra el despido, dentro de los veinte días hábiles siguientes a aquél en que se hubiera producido. Dicho plazo será de caducidad a todos los efectos y no se computarán los sábados, domingos y los festivos en la sede del órgano jurisdiccional[50].

2. Si se promoviese papeleta de conciliación o solicitud de mediación o demanda por despido contra una persona a la que erróneamente se hubiere atribuido la cualidad de empresario, y se acreditase con posterioridad, sea en el juicio o en otro momento anterior del proceso, que lo era un tercero, el trabajador podrá promover nueva demanda contra éste, o ampliar la demanda si no se hubiera celebrado el juicio, sin que comience el cómputo del plazo de caducidad hasta el momento en que conste quién sea el empresario.

3. Las normas del presente Capítulo serán de aplicación a la impugnación de las decisiones empresariales de extinción de contrato con las especialidades necesarias, sin perjuicio de lo previsto en el artículo 120 y de las consecuencias sustantivas de cada tipo de extinción contractual.

4. Cuando el trabajador manifieste que la empresa no ha tramitado su baja por despido en la Tesorería General de la Seguridad Social, el procedimiento será urgente y se le dará tramitación preferente. El acto de la vista habrá de señalarse dentro de los cinco días siguientes al de la admisión de la demanda. La sentencia se dictará en el plazo de cinco días.

5. La tramitación procesal establecida en el apartado anterior será de aplicación a las demandas en las que se solicite la extinción de la relación laboral invocando la causa prevista en la letra b) del apartado 1 del artículo 50 del texto refundido del Estatuto de los Trabajadores.

Artículo 104. Requisitos de la demanda por despido.– Las demandas por despido, además de los requisitos generales previstos, deberán contener los siguientes:

---

[50]   Cfr. arts. 59.3 ET y 182.1 LOPJ.

a) Antigüedad, concretando los períodos en que hayan sido prestados los servicios; categoría profesional; salario, tiempo y forma de pago; lugar de trabajo; modalidad y duración del contrato; jornada; categoría profesional; características particulares, si las hubiere, del trabajo que se realizaba antes de producirse el despido.

b) Fecha de efectividad del despido, forma en que se produjo y hechos alegados por el empresario, acompañando la comunicación recibida, en su caso, o haciendo mención suficiente de su contenido[51].

c) Si el trabajador ostenta, o ha ostentado en el año anterior al despido, la cualidad de representante legal o sindical de los trabajadores, así como cualquier otra circunstancia relevante para la declaración de nulidad o improcedencia o para la titularidad de la opción derivada, en su caso[52].

d) Si el trabajador se encuentra afiliado a algún sindicato, en el supuesto de que alegue la improcedencia del despido por haberse realizado éste sin la previa audiencia de los delegados sindicales, si los hubiera[53].

Artículo 105. Posición de las partes.– 1. Ratificada, en su caso, la demanda, tanto en la fase de alegaciones como en la práctica de la prueba, y en la fase de conclusiones corresponderá al demandado exponer sus posiciones en primer lugar. Asimismo, le corresponderá la carga de probar la veracidad de los hechos imputados en la carta de despido como justificativos del mismo.

2. Para justificar el despido, al demandado no se le admitirán en el juicio otros motivos de oposición a la demanda que los contenidos en la comunicación escrita de dicho despido.

3. *(Suprimido).*

Artículo 106. Garantías del proceso.– 1. En los supuestos previstos en el apartado 1 del artículo 32 habrán de respetarse las garantías que, respecto de las alegaciones, prueba y conclusiones, se establecen para el proceso de despido disciplinario.

---

[51]   Arts. 53.1 y 55.1 ET.
[52]   Arts. 53.4, 55.5, 55.5 y 68.c) ET.
[53]   Art. 10.3.3º LOLS.

2. En los despidos de miembros de comité de empresa, delegados de personal o delegados sindicales habrá de aportarse por la demandada el expediente contradictorio legalmente exigido[54].

Artículo 107. Hechos probados.– En los hechos que se estimen probados en la sentencia deberán hacerse constar las siguientes circunstancias:

a) Antigüedad, concretando los períodos en que hayan sido prestados los servicios; categoría profesional; salario, tiempo y forma de pago; lugar de trabajo; modalidad y duración del contrato; jornada; características particulares, si las hubiere, del trabajo que se realizaba antes de producirse el despido.

b) Fecha y forma del despido, causas invocadas para el mismo, en su caso, y hechos acreditados en relación con dichas causas.

c) Si el trabajador ostenta o ha ostentado en el año anterior al despido, la condición de delegado de personal, miembro del comité de empresa o delegado sindical, así como cualquier otra circunstancia relevante para la declaración de nulidad o improcedencia o para la titularidad de la opción derivada, en su caso.

Artículo 108. Calificación del despido por la sentencia.– 1. En el fallo de la sentencia, el juez calificará el despido como procedente, improcedente o nulo.

Será calificado como procedente cuando quede acreditado el incumplimiento alegado por el empresario en el escrito de comunicación. En caso contrario, o en el supuesto en que se hubieren incumplido los requisitos de forma establecidos en el número 1 del artículo 55 del Texto Refundido de la Ley del Estatuto de los Trabajadores, será calificado como improcedente.

En caso de improcedencia del despido por no apreciarse que los hechos acreditados hubieran revestido gravedad suficiente, pero constituyeran infracción de menor entidad según las normas alegadas por las partes, el juez podrá autorizar la imposición de una sanción adecuada a la gravedad de la falta, de no haber prescrito la de menor gravedad antes de la imposición empresarial de la sanción de despido; sanción que el empresario podrá imponer en el plazo de caducidad de los diez días siguientes a la firmeza de la sentencia, previa readmisión del trabajador y siempre que ésta se haya efectuado en debida

---

[54]   Arts. 10.3 LOLS y 68.a) ET.

forma. La decisión empresarial será revisable a instancia del trabajador, en el plazo, igualmente de caducidad, de los veinte días siguientes a su notificación, a través de incidente de ejecución de la sentencia de despido, conforme al artículo 238[55].

2. El despido será nulo en los supuestos señalados en el artículo 55.5 del Estatuto de los Trabajadores.

3. Si se acreditara que el móvil del despido obedeciera a alguna de las causas del número anterior, el juez se pronunciará sobre ella, con independencia de cuál haya sido la forma del mismo.

Artículo 109. Efectos del despido procedente.– Si se estima el despido procedente se declarará convalidada la extinción del contrato que aquél produjo, sin derecho a indemnización ni a salarios de tramitación[56].

Artículo 110. Efectos del despido improcedente.– 1. Si el despido se declara improcedente, se condenará al empresario a la readmisión del trabajador en las mismas condiciones que regían antes de producirse el despido, así como al abono de los salarios de tramitación a los que se refiere el apartado 2 del artículo 56 del Texto Refundido de la Ley del Estatuto de los Trabajadores o, a elección de aquél, a que le abone una indemnización, cuya cuantía se fijará de acuerdo con lo previsto en el apartado 1 del artículo 56 de dicha Ley, con las siguientes particularidades:

a) En el acto de juicio, la parte titular de la opción entre readmisión o indemnización podrá anticipar su opción, para el caso de declaración de improcedencia, mediante expresa manifestación en tal sentido, sobre la que se pronunciará el juez en la sentencia, sin perjuicio de lo dispuesto en los artículos 111 y 112.

b) A solicitud de la parte demandante, si constare no ser realizable la readmisión, podrá acordarse, en caso de improcedencia del despido, tener por hecha la opción por la indemnización en la sentencia, declarando extinguida la relación en la propia sentencia y condenando al empresario a abonar la indemnización por despido, calculada hasta la fecha de la sentencia.

---

[55]   Arts. 58 y 60.2 ET.
[56]   Art. 55.7 ET.

c) En los despidos improcedentes de trabajadores cuya relación laboral sea de carácter especial, la cuantía de la indemnización será la establecida, en su caso, por la norma que regule dicha relación especial.

2. En caso de que se declarase improcedente el despido de un representante legal o sindical de los trabajadores, la opción prevista en el número anterior corresponderá al trabajador.

3. La opción deberá ejercitarse mediante escrito o comparecencia ante la oficina del Juzgado de lo Social, dentro del plazo de cinco días desde la notificación de la sentencia que declare el despido improcedente, sin esperar a la firmeza de la misma, si fuera la de instancia.

4. Cuando el despido fuese declarado improcedente por incumplimiento de los requisitos de forma establecidos y se hubiese optado por la readmisión, podrá efectuarse un nuevo despido dentro del plazo de siete días desde la notificación de la sentencia. Dicho despido no constituirá una subsanación del primitivo acto extintivo, sino un nuevo despido, que surtirá efectos desde su fecha.

Artículo 111. Efectos del recurso contra la sentencia de declaración de improcedencia del despido.– 1. Si la sentencia que declarase la improcedencia del despido fuese recurrida, la opción ejercitada por el empresario tendrá los siguientes efectos:

a) Si se hubiere optado por la readmisión, cualquiera que fuera el recurrente, ésta se llevará a efecto de forma provisional en los términos establecidos por el artículo 297.

b) Cuando la opción del empresario hubiera sido por la indemnización, tanto en el supuesto de que el recurso fuere interpuesto por éste como por el trabajador, no procederá la readmisión mientras penda el recurso, si bien durante la tramitación del recurso el trabajador se considerará en situación legal de desempleo involuntario según lo dispuesto en el apartado 3 del artículo 208 del Texto Refundido de la Ley General de la Seguridad Social, aprobado por el Real Decreto Legislativo 1/1994, de 20 de junio[57].

Si la sentencia que resuelva el recurso que hubiera interpuesto el trabajador elevase la cuantía de la indemnización, el empresario, dentro de los cinco días siguientes al de su notificación, podrá cambiar el sentido de su opción y,

---

[57]   Actualmente, art. 268.5 LGSS.

en tal supuesto, la readmisión retrotraerá sus efectos económicos a la fecha en que tuvo lugar la primera elección, deduciéndose de las cantidades que por tal concepto se abonen las que, en su caso, hubiera percibido el trabajador en concepto de prestación por desempleo. La citada cantidad, así como la correspondiente a la aportación empresarial a la Seguridad Social por dicho trabajador, habrá de ser ingresada por el empresario en la Entidad gestora.

A efectos del reconocimiento de un futuro derecho a la protección por desempleo, el período al que se refiere el párrafo anterior se considerará de ocupación cotizada.

2. Cualquiera que sea el sentido de la opción ejercitada, ésta se tendrá por no hecha si el tribunal superior, al resolver el recurso, declarase nulo el despido. Cuando se confirme la sentencia recurrida, el sentido de la opción no podrá ser alterado.

Artículo 112. Efectos del recurso contra la sentencia de declaración de improcedencia del despido de un representante legal o sindical de los trabajadores.– 1. Cuando la sentencia que declarase la improcedencia del despido de un representante legal o sindical de los trabajadores fuese recurrida, la opción ejercitada por dichos representantes tendrá las siguientes consecuencias:

a) Cuando el trabajador hubiese optado por la readmisión, cualquiera que sea la parte que recurra, habrá de estarse a lo dispuesto por el artículo 297.

b) De haberse optado por la indemnización, tanto si recurre el trabajador como el empresario, no procederá la readmisión ni el abono de salarios mientras esté pendiente el recurso, si bien durante la sustanciación del recurso el trabajador se considerará en situación legal de desempleo involuntario. Si la sentencia que resuelva el recurso interpuesto por el empresario disminuyera la cuantía de la indemnización, el trabajador, dentro de los cinco días siguientes al de su notificación, podrá cambiar el sentido de su opción y, en tal caso, la readmisión retrotraerá a sus efectos económicos a la fecha en que tuvo lugar la primera elección, deduciéndose de las cantidades que por tal concepto se abonen las que, en su caso, hubiera percibido el trabajador en concepto de prestación por desempleo. La citada cantidad, así como la correspondiente a la aportación empresarial a la Seguridad Social por dicho trabajador, habrá de ser ingresada por el empresario en la Entidad gestora.

A efectos del reconocimiento de un futuro derecho a la protección por desempleo, el período al que se refiere el párrafo anterior se considerará de ocupación cotizada.

2. Cualquiera que sea el sentido de la opción ejercitada, ésta se tendrá por no hecha si el tribunal superior, al resolver el recurso, declarase nulo el despido. Cuando se confirme la sentencia recurrida, el sentido de la opción no podrá ser alterado.

Artículo 113. Efectos de la declaración de nulidad del despido.– Si el despido fuera declarado nulo se condenará a la inmediata readmisión del trabajador con abono de los salarios dejados de percibir. La sentencia será ejecutada de forma provisional en los términos establecidos por el artículo 297, tanto si fuera recurrida por el empresario como si lo fuera por el trabajador.

SECCIÓN 2.ª Proceso de impugnación de sanciones

Artículo 114. Impugnación de sanciones.– 1. El trabajador podrá impugnar la sanción que le hubiere sido impuesta mediante demanda, que habrá de ser presentada dentro del plazo señalado en el artículo 103.

2. En los procesos de impugnación de sanciones por faltas graves o muy graves a los trabajadores que ostenten la condición de representante legal o sindical, la parte demandada habrá de aportar el expediente contradictorio legalmente establecido.

3. Corresponderá al empresario probar la realidad de los hechos imputados al trabajador, y su entidad, sin que puedan ser admitidos otros motivos de oposición a la demanda que los alegados en su momento para justificar la sanción. Las alegaciones, pruebas y conclusiones deberán ser realizadas por las partes en el orden establecido para los despidos disciplinarios.

Artículo 115. Contenido de la sentencia.– 1. La sentencia contendrá alguno de los pronunciamientos siguientes:

a) Confirmar la sanción, cuando se haya acreditado el cumplimiento de las exigencias de forma y la realidad del incumplimiento imputado al trabajador, así como su entidad, valorada según la graduación de faltas y sanciones prevista en las disposiciones legales o en el convenio colectivo aplicable.

b) Revocarla totalmente, cuando no haya sido probada la realidad de los hechos imputados al trabajador o éstos no sean constitutivos de falta, condenando al empresario al pago de los salarios que hubieran dejado de abonarse en cumplimiento de la sanción.

c) Revocarla en parte, con análogo pronunciamiento de condena económi-ca por el período de exceso en su caso, cuando la falta cometida no haya sido adecuadamente calificada, pero los hechos constituyan infracción de menor entidad según las normas alegadas por las partes, de no haber prescrito la falta de menor gravedad antes de la imposición de la sanción más grave[58]. En este caso, el juez podrá autorizar la imposición, en el plazo de caducidad de los diez días siguientes a notificación de sentencia firme, de una sanción adecuada a la gravedad de la falta, y la decisión empresarial será revisable a instancia del trabajador, en el plazo igualmente de caducidad de los veinte días siguientes a su notificación, por medio del incidente de ejecución de dicha sentencia previsto en el artículo 238.

d) Declararla nula, si hubiese sido impuesta sin observar los requisitos formales establecidos legal, convencional o contractualmente, o cuando éstos presenten defectos de tal gravedad que no permitan alcanzar la finalidad para la que fueron requeridos, así como cuando tenga como móvil alguna de las causas de discriminación prevista en la Constitución y en la ley, o se produzca con violación de derechos fundamentales y libertades públicas del trabajador, incluidos, en su caso, los demás supuestos que comportan la declaración de nulidad del despido en el apartado 2 del artículo 108. También será nula la sanción cuando consista en alguna de las legalmente prohibidas o no estuviera tipificada en las disposiciones legales o en el convenio colectivo aplicable[59].

2. A los efectos de lo previsto en el apartado anterior serán nulas las sanciones impuestas a los representantes legales de los trabajadores o a los delegados sindicales por faltas graves o muy graves, sin la previa audiencia de los restantes integrantes de la representación a que el trabajador perteneciera así como a los trabajadores afiliados a un sindicato, sin dar audiencia a los delegados sindicales[60].

3. Contra las sentencias dictadas en estos procesos no cabrá recurso al-guno, salvo en los casos de sanciones por faltas muy graves, apreciadas judi-cialmente.

---

[58]   Véase art. 60.2 ET.
[59]   Para los requisitos formales de carácter general del poder disciplinario, así como para las exigencias de tipicidad y sanciones prohibidas, véase art. 58 ET.
[60]   Respecto de la especial protección de los representantes de los trabajadores y de los trabajadores afiliados, arts. 10.3 LOLS y 68.a) ET.

CAPÍTULO III. De la reclamación al Estado del pago de salarios de tramitación en juicios por despido

Artículo 116. Reclamación del pago de salarios de tramitación[61].– 1. Si, desde la fecha en que se tuvo por presentada la demanda por despido, hasta la sentencia del juzgado o tribunal que por primera vez declare su improcedencia, hubiesen transcurrido más de noventa días hábiles, el empresario, una vez firme la sentencia, podrá reclamar al Estado los salarios pagados al trabajador que excedan de dicho plazo.

2. En el supuesto de insolvencia provisional del empresario, el trabajador podrá reclamar directamente al Estado los salarios a los que se refiere el apartado anterior, que no le hubieran sido abonados por aquél.

Artículo 117. Requisito del agotamiento de la vía administrativa previa a la vía judicial.– 1. Para demandar al Estado por los salarios de tramitación, será requisito previo haber reclamado en vía administrativa en la forma y plazos establecidos, contra cuya denegación el empresario o, en su caso, el trabajador, podrá promover la oportuna acción ante el juzgado que conoció en la instancia del proceso de despido[62].

2. A la demanda habrá de acompañarse copia de la resolución administrativa denegatoria o de la instancia de solicitud de pago.

3. El plazo de prescripción de esta acción es el previsto en el apartado 2 del artículo 59 del texto refundido de la Ley del Estatuto de los Trabajadores, iniciándose el cómputo del mismo, en caso de reclamación efectuada por el empresario, desde el momento en que éste sufre la disminución patrimonial ocasionada por el abono de los salarios de tramitación y, en caso de reclamación por el trabajador, desde la fecha de notificación al mismo del auto judicial que haya declarado la insolvencia del empresario.

Artículo 118. Celebración del acto de juicio.– 1. Admitida la demanda, el secretario judicial señalará día para el juicio en los cinco siguientes, citando al efecto al trabajador, al empresario y al abogado del Estado, sin que se

---

[61]   Art. 57 ET.
[62]   RD 418/2014, de 6 de junio, por el que se modifica el procedimiento de tramitación de las reclamaciones al Estado por salarios de tramitación en juicios por despido.

suspenda el procedimiento para que éste pueda elevar consulta a la Dirección General del Servicio Jurídico del Estado.

2. El juicio versará tan sólo sobre la procedencia y cuantía de la reclamación, y no se admitirán pruebas encaminadas a revisar las declaraciones probadas en la sentencia de despido.

Artículo 119. Cómputo del tiempo.– 1. A efectos del cómputo de tiempo que exceda de los sesenta días hábiles a que se refiere el artículo 116, serán excluidos del mismo los períodos siguientes:

a) El tiempo invertido en la subsanación de la demanda, por no haber acreditado la celebración de la conciliación, de la mediación o de la reclamación administrativa previa, o por defectos, omisiones o imprecisiones en aquélla.

b) El período en que estuviesen suspendidos los autos, a petición de parte, por suspensión del acto del juicio en los términos previstos en el artículo 83.

c) El tiempo que dure la suspensión para acreditar la presentación de la querella, en los casos en que cualquiera de las partes alegase la falsedad de un documento que pueda ser de notoria influencia en el pleito.

2. En los supuestos enunciados anteriormente el juez, apreciando las pruebas aportadas, decidirá si los salarios correspondientes al tiempo invertido han de correr a cargo del Estado o del empresario. Excepcionalmente, podrá privar al trabajador de su percepción, si apreciase que en su actuación procesal ha incurrido en manifiesto abuso de derecho.

CAPÍTULO IV. De la extinción del contrato por causas objetivas, por despido colectivo y otras causas de extinción

SECCIÓN 1.ª. Extinción por causas objetivas

Artículo 120. Tramitación.– 1. Los procesos derivados de la extinción del contrato de trabajo por causas objetivas, se ajustarán a las normas contenidas en el Capítulo relativo a los procesos por despidos y sanciones sin perjuicio de las especialidades que se enuncian en los artículos siguientes.

2. En los supuestos de extinción de contrato de trabajo previsto en el artículo 49.1.n) del Estatuto de los Trabajadores el procedimiento será urgente y se le dará tramitación preferente.

Artículo 121. Plazo de ejercicio de la acción. Carga de la prueba.– 1. El plazo para ejercitar la acción de impugnación de la decisión extintiva será de veinte días, que en todo caso comenzará a contarse a partir del día siguiente a la fecha de extinción del contrato de trabajo. El trabajador podrá anticipar el ejercicio de su acción a partir del momento en que reciba la comunicación empresarial de preaviso[63].

2. La percepción por el trabajador de la indemnización ofrecida por el empresario o el uso del permiso para buscar nuevo puesto de trabajo no enervan el ejercicio de la acción ni suponen conformidad con la decisión empresarial.

3. Cuando el trabajador vinculado por la empresa con un contrato de fomento de la contratación indefinida alegue que la utilización por la empresa del procedimiento de despido objetivo no se ajusta a derecho porque la causa real del despido es disciplinaria, corresponderá al mismo la carga de la prueba sobre esta cuestión.

Artículo 122. Calificación de la extinción del contrato.– 1. Se declarará procedente la decisión extintiva cuando el empresario, habiendo cumplido los requisitos formales exigibles, acredite la concurrencia de la causa legal indicada en la comunicación escrita. Si no la acreditase, se calificará de improcedente.

2. La decisión extintiva será nula en los supuestos señalados en el artículo 53.4 del Estatuto de los Trabajadores, así como cuando se haya efectuado en fraude de ley, eludiendo las normas establecidas para los despidos colectivos, en los casos a que se refiere el último párrafo del artículo 51.1 del Estatuto de los Trabajadores.

3. La decisión extintiva se calificará de improcedente cuando no se hubieren cumplido los requisitos establecidos en el apartado 1 del artículo 53 del Texto Refundido de la Ley del Estatuto de los Trabajadores.

No obstante, la no concesión del preaviso o el error excusable en el cálculo de la indemnización no determinará la improcedencia del despido, sin perjuicio de la obligación del empresario de abonar los salarios correspondientes a dicho período o al pago de la indemnización en la cuantía correcta, con independencia de los demás efectos que procedan.

---

[63]   Arts. 59.3 ET y 103.1 de esta Ley sobre el plazo de caducidad y art. 53.1.c) ET respecto al preaviso de la extinción.

Artículo 123. Efectos de la sentencia.– 1. Si la sentencia estimase procedente la decisión del empresario, se declarará extinguido el contrato de trabajo, condenando al empresario, en su caso, a satisfacer al trabajador las diferencias que pudieran existir, tanto entre la indemnización que ya hubiese percibido y la que legalmente le corresponda, como las relativas a los salarios del período de preaviso, en los supuestos en que éste no se hubiera cumplido.

2. Cuando se declare improcedente o nula la decisión extintiva, se condenará al empresario en los términos previstos para el despido disciplinario, sin que los salarios de tramitación puedan deducirse de los correspondientes al período de preaviso.

3. En los supuestos en que proceda la readmisión, el trabajador habrá de reintegrar la indemnización recibida una vez sea firme la sentencia.

4. El juez acordará, en su caso, la compensación entre la indemnización percibida y la que fije la sentencia.

SECCIÓN 2.ª Despidos colectivos por causas económicas, organizativas, técnicas o de producción o derivadas de fuerza mayor

Artículo 124. Despidos colectivos por causas económicas, organizativas, técnicas o de producción o derivadas de fuerza mayor.– 1. La decisión empresarial podrá impugnarse por los representantes legales de los trabajadores a través del proceso previsto en los apartados siguientes. Cuando la impugnación sea formulada por los representantes sindicales, éstos deberán tener implantación suficiente en el ámbito del despido colectivo.

2. La demanda podrá fundarse en los siguientes motivos:

a) Que no concurre la causa legal indicada en la comunicación escrita.

b) Que no se ha realizado el período de consultas o entregado la documentación prevista en el artículo 51.2 del Estatuto de los Trabajadores o no se ha respetado el procedimiento establecido en el artículo 51.7 del mismo texto legal.

c) Que la decisión extintiva se ha adoptado con fraude, dolo, coacción o abuso de derecho.

d) Que la decisión extintiva se ha efectuado vulnerando derechos fundamentales y libertades públicas.

En ningún caso podrán ser objeto de este proceso las pretensiones relativas a la inaplicación de las reglas de prioridad de permanencia previstas legal o convencionalmente o establecidas en el acuerdo adoptado en el período de consultas. Tales pretensiones se plantearán a través del procedimiento individual al que se refiere el apartado 11 del presente artículo.

3. Cuando la decisión extintiva no se haya impugnado por los sujetos a los que se refiere el apartado 1 o por la Autoridad Laboral de acuerdo con el artículo 148.b) de esta Ley, una vez transcurrido el plazo de caducidad de veinte días para el ejercicio de la acción por los representantes de los trabajadores, el empresario, en el plazo de veinte días desde la finalización del plazo anterior, podrá interponer demanda con la finalidad de que se declare ajustada a derecho su decisión extintiva. Estarán legitimados pasivamente los representantes legales de los trabajadores, y la sentencia que se dicte tendrá naturaleza declarativa y producirá efectos de cosa juzgada sobre los procesos individuales en los términos del apartado 5 del artículo 160 de esta ley.

La presentación de la demanda por el empresario suspenderá el plazo de caducidad de la acción individual del despido.

4. En caso de que el período de consultas regulado en el artículo 51 del Estatuto de los Trabajadores hubiera finalizado con acuerdo, también deberá demandarse a los firmantes del mismo.

5. Para presentar la demanda no será necesario agotar ninguna de las formas de evitación del proceso contempladas en el Título V del Libro I de la presente Ley.

6. La demanda deberá presentarse en el plazo de caducidad de veinte días desde la fecha del acuerdo alcanzado en el período de consultas o de la notificación a los representantes de los trabajadores de la decisión empresarial de despido colectivo.

7. Si una vez iniciado el proceso por los representantes de los trabajadores se plantease demanda de oficio de conformidad con lo previsto en el artículo 148.b) de esta Ley, se suspenderá ésta hasta la resolución de aquél. En este supuesto, la autoridad laboral estará legitimada para ser parte en el proceso incoado por los representantes de los trabajadores o por el empresario. La sentencia, una vez firme, tendrá eficacia de cosa juzgada sobre el proceso de oficio pendiente de resolución.

8. Este proceso tendrá carácter urgente. La preferencia en el despacho de estos asuntos será absoluta sobre cualesquiera otros, salvo los de tutela de los derechos fundamentales y libertades públicas. Contra las resoluciones de tramitación que se dicten no cabrá recurso, salvo el de declaración inicial de incompetencia.

9. Admitida a trámite la demanda, el secretario judicial dará traslado de la misma al empresario demandado y le requerirá para que en el plazo de cinco días presente, preferiblemente en soporte informático, la documentación y las actas del período de consultas y la comunicación a la autoridad laboral del resultado del mismo.

En ese mismo requerimiento, el secretario judicial ordenará al empresario que, en el plazo de cinco días, notifique a los trabajadores que pudieran resultar afectados por el despido colectivo la existencia del proceso planteado por los representantes de los trabajadores, para que en el plazo de quince días comuniquen al órgano judicial un domicilio a efectos de notificación de la sentencia.

En caso de negativa injustificada del empresario a remitir estos documentos o a informar a los trabajadores que pudieran resultar afectados, el secretario judicial reiterará por la vía urgente su inmediata remisión en el plazo de tres días, con apercibimiento de que de no cumplirse en plazo este segundo requerimiento se impondrán las medidas a las que se refiere el apartado 5 del artículo 75, y se podrán tener por ciertos a los efectos del juicio posterior los hechos que pretende acreditar la parte demandante.

Al admitirse la demanda, el secretario judicial acordará recabar de la Autoridad Laboral copia del expediente administrativo relativo al despido colectivo.

10. En la misma resolución de admisión a trámite, el secretario judicial señalará el día y la hora en que haya de tener lugar la celebración del acto del juicio, que deberá tener lugar en única convocatoria dentro de los quince días siguientes a la admisión a trámite de la demanda. En la citación se acordará de oficio el previo traslado entre las partes o la aportación anticipada, en soporte preferiblemente informático, con cinco días de antelación al acto de juicio, de la prueba documental o pericial que, por su volumen o complejidad, sea conveniente posibilitar su examen previo al momento de la práctica de la prueba.

11. La sentencia se dictará dentro de los cinco días siguientes a la celebración del juicio y será recurrible en casación ordinaria.

Se declarará ajustada a derecho la decisión extintiva cuando el empresario, habiendo cumplido lo previsto en los artículos 51.2 o 51.7 del Estatuto de los Trabajadores, acredite la concurrencia de la causa legal esgrimida.

La sentencia declarará no ajustada a Derecho la decisión extintiva cuando el empresario no haya acreditado la concurrencia de la causa legal indicada en la comunicación extintiva.

La sentencia declarará nula la decisión extintiva únicamente cuando el empresario no haya realizado el período de consultas o entregado la documentación prevista en el artículo 51.2 del Estatuto de los Trabajadores o no haya respetado el procedimiento establecido en el artículo 51.7 del mismo texto legal u obtenido la autorización judicial del juez del concurso en los supuestos en que esté legalmente prevista[64], así como cuando la medida empresarial se haya efectuado en vulneración de derechos fundamentales y libertades públicas. En este supuesto la sentencia declarará el derecho de los trabajadores afectados a la reincorporación a su puesto de trabajo, de conformidad con lo previsto en los apartados 2 y 3 del artículo 123 de esta Ley.

12. Una vez firme la sentencia, se notificará a quienes hubieran sido parte y a los trabajadores que pudieran ser afectados por el despido colectivo que hubiesen puesto en conocimiento del órgano judicial un domicilio a efectos de notificaciones, a los efectos previstos en la letra b) del apartado 13 de este artículo.

La sentencia firme se notificará para su conocimiento a la autoridad laboral, la entidad gestora de la prestación por desempleo y la Administración de la Seguridad Social cuando no hubieran sido parte en el proceso.

13. El trabajador individualmente afectado por el despido podrá impugnar el mismo a través del procedimiento previsto en los artículos 120 a 123 de esta Ley, con las especialidades que a continuación se señalan.

a) Cuando el despido colectivo no haya sido impugnado a través del procedimiento regulado en los apartados anteriores, serán de aplicación al proceso individual de despido las siguientes reglas específicas:

1.ª El plazo para la impugnación individual dará comienzo una vez transcurrido el plazo de caducidad de veinte días para el ejercicio de la acción por los representantes de los trabajadores.

2.ª Cuando el objeto del debate verse sobre preferencias atribuidas a determinados trabajadores, éstos también deberán ser demandados.

3.ª El despido será nulo, además de por los motivos recogidos en el artículo 122.2 de esta Ley, únicamente cuando el empresario no haya realizado el periodo de consultas o entregado la documentación prevista en el artículo 51.2 del Estatuto de los Trabajadores o no haya respetado el procedimiento establecido en el artículo 51.7 del mismo texto legal, o cuando no se hubiese

---

[64]   Cfr. arts. 49.1.g) y h) y 51 ET y 64 LC.

obtenido la autorización judicial del juez del concurso, en los supuestos en que esté legalmente prevista.

4.ª También será nula la extinción del contrato acordada por el empresario sin respetar las prioridades de permanencia que pudieran estar establecidas en las leyes, los convenios colectivos o en el acuerdo alcanzado durante el periodo de consultas. Esta nulidad no afectará a las extinciones que dentro del mismo despido colectivo hayan respetado las prioridades de permanencia.

b) Cuando el despido colectivo haya sido impugnado a través del procedimiento regulado en los apartados anteriores de este artículo, serán de aplicación las siguientes reglas:

1.ª El plazo de caducidad para la impugnación individual comenzará a computar desde la firmeza de la sentencia dictada en el proceso colectivo, o, en su caso, desde la conciliación judicial.

2.ª La sentencia firme o el acuerdo de conciliación judicial tendrán eficacia de cosa juzgada sobre los procesos individuales, por lo que el objeto de dichos procesos quedará limitado a aquellas cuestiones de carácter individual que no hayan sido objeto de la demanda formulada a través del proceso regulado en los apartados anteriores.

3.ª Será nula la extinción del contrato acordada por el empresario sin respetar las prioridades de permanencia que pudieran estar establecidas en las leyes, los convenios colectivos o en el acuerdo alcanzado durante el periodo de consultas. Esta nulidad no afectará a las extinciones que dentro del mismo despido colectivo hayan respetado las prioridades de permanencia.

CAPÍTULO V. Vacaciones, materia electoral, movilidad geográfica, modificaciones sustanciales de condiciones de trabajo y derechos de conciliación de la vida personal, familiar y laboral reconocidos legal o convencionalmente

SECCIÓN 1.ª Vacaciones

Artículo 125. Fijación de vacaciones.– El procedimiento para la fijación individual o plural de la fecha de disfrute de las vacaciones se regirá por las reglas siguientes:

a) Cuando la fecha esté precisada en convenio colectivo, o por acuerdo entre el empresario y los representantes de los trabajadores, o hubiera sido fijada unilateralmente por aquél, el trabajador dispondrá de un plazo de veinte días, a partir de aquel en que tuviera conocimiento de dicha fecha, para presentar la demanda en el Juzgado de lo Social.

b) Cuando no estuviera señalada la fecha de disfrute de las vacaciones, la demanda deberá presentarse, al menos, con dos meses de antelación a la fecha de disfrute pretendida por el trabajador.

c) Si una vez iniciado el proceso se produjera la fijación de las fechas de disfrute de conformidad con lo previsto en el artículo 38 del Texto Refundido de la Ley del Estatuto de los Trabajadores, no se interrumpirá la continuación del procedimiento.

d) Cuando el objeto del debate verse sobre preferencias atribuidas a determinados trabajadores, éstos también deberán ser demandados.

Artículo 126. Urgencia del procedimiento.– El procedimiento será urgente y se le dará tramitación preferente. El acto de la vista habrá de señalarse por el secretario judicial dentro de los cinco días siguientes al de la admisión de la demanda. La sentencia, que no tendrá recurso, deberá ser dictada en el plazo de tres días.

SECCIÓN 2.ª Materia electoral

Subsección 1.ª Impugnación de los laudos[65]

Artículo 127. Supuestos, legitimación y plazo.– 1. Los laudos arbitrales previstos en el artículo 76 del Texto Refundido de la Ley del Estatuto de los Trabajadores, podrán ser impugnados a través del proceso previsto en los artículos siguientes.

2. Se someterán a dicho arbitraje todas las impugnaciones relativas al proceso electoral desde la promoción de las elecciones, incluida la validez de la comunicación a la oficina pública del propósito de celebrar las mismas, así como todas las actuaciones electorales previas y posteriores a la constitución de la Mesa Electoral y las decisiones de ésta, y la atribución de los resultados, hasta la entrada de las actas en la oficina pública dependiente de la autoridad administrativa o laboral.

---

[65]   Art. 76 ET y arts. 36 ss. RD 1844/1994, de 9 de septiembre, por el que se aprueba el Reglamento de elecciones a órganos de representación de los trabajadores en la empresa.

3. La impugnación podrá plantearse por quienes tengan interés legítimo, incluida la empresa cuando en ella concurra dicho interés, en el plazo de tres días, contados desde que tuvieron conocimiento del mismo.

Artículo 128. Fundamento de la demanda.– La demanda sólo podrá fundarse en:

a) Indebida apreciación o no apreciación de cualquiera de las causas contempladas en el apartado 2 del artículo 76 del Texto Refundido de la Ley del Estatuto de los Trabajadores, siempre que la misma haya sido alegada por el promotor en el curso del arbitraje.

b) Haber resuelto el laudo aspectos no sometidos al arbitraje o que, de haberlo sido, no puedan ser objeto del mismo. En estos casos la anulación afectará sólo a los aspectos no sometidos a decisión o no susceptibles de arbitraje, siempre que los mismos tengan sustantividad propia y no aparezcan indisolublemente unidos a la cuestión principal.

c) Promover el arbitraje fuera de los plazos estipulados en el artículo 76 del Texto Refundido de la Ley del Estatuto de los Trabajadores.

d) No haber concedido el árbitro a las partes la oportunidad de ser oídas o de presentar pruebas.

Artículo 129. Legitimación pasiva.– 1. La demanda deberá dirigirse contra las personas y sindicatos que fueron partes en el procedimiento arbitral, así como frente a cualesquiera otros afectados por el laudo objeto de impugnación.

2. En ningún caso tendrán la consideración de demandados los comités de empresa, los delegados de personal, o la mesa electoral.

Artículo 130. Litisconsorcio pasivo necesario.– Si examinada la demanda el secretario judicial estima que puede no haber sido dirigida contra todos los afectados, citará a las partes para que comparezcan ante el órgano judicial, dentro del día siguiente, a una audiencia preliminar en la que éste, oyendo a las partes sobre la posible situación de litisconsorcio pasivo necesario, resolverá sobre la misma en el acto.

Artículo 131. Legitimación de sindicatos y empresario.– En estos procesos podrán comparecer como parte, cuando tengan interés legítimo, los sindicatos, el empresario y los componentes de candidaturas no presentadas por sindicatos.

Artículo 132. Especialidades del proceso.– 1. Este proceso se tramitará con urgencia y tendrá las siguientes especialidades:

a) Al admitir la demanda, se acordará recabar de la oficina pública texto del laudo arbitral, así como copia del expediente administrativo relativo al proceso electoral. La documentación referida deberá ser enviada por el requerido dentro del día siguiente.

b) El acto del juicio habrá de celebrarse dentro de los cinco días siguientes a la admisión de la demanda. La sentencia, contra la que no cabe recurso, habrá de dictarse en el plazo de tres días, debiendo ser comunicada a las partes y a la oficina pública.

c) La sustanciación de este proceso no suspenderá el desarrollo del procedimiento electoral, salvo que se acuerde motivadamente por el juez, a petición de parte, caso de concurrir causa justificativa y en la forma establecida en el artículo 180.

2. Cuando el demandante hubiera sido la empresa y el juez apreciase que la demanda tenía por objeto obstaculizar o retrasar el proceso electoral, la sentencia que resuelva la pretensión impugnatoria impondrá la sanción prevista en el apartado 4 del artículo 75 y en el apartado 3 del artículo 97.

Subsección 2.ª Impugnación de la resolución administrativa que deniegue el registro y de la certificación de la representatividad sindical[66]

Artículo 133. Denegación del registro de actas. Competencia territorial y legitimación.– 1. Ante el Juzgado de lo Social en cuya circunscripción se encuentre la oficina pública se podrá impugnar la denegación por ésta del registro de las actas relativas a elecciones de delegados de personal y miembros de comités de empresa. Podrán ser demandantes quienes hubiesen obtenido algún representante en el acta de elecciones.

---

[66] Art. 75.6 y 7 ET y arts. 21 ss. RD 1844/1994, de 9 de septiembre, por el que se aprueba el Reglamento de elecciones a órganos de representación de los trabajadores en la empresa —en especial, art. 26—.

2. La Administración a la que esté adscrita la oficina pública será siempre parte, dirigiéndose la demanda también contra quienes hayan presentado candidatos a las elecciones objeto de la resolución administrativa.

Artículo 134. Plazo.– El plazo de ejercicio de la acción de impugnación será de diez días, contados a partir de aquel en que se reciba la notificación.

Artículo 135. Especialidades del proceso.– 1. Este proceso se tramitará con urgencia. En la resolución por la que se admita la demanda se requerirá a la oficina pública competente el envío del expediente administrativo, que habrá de ser remitido en el plazo de dos días.

2. El acto del juicio habrá de celebrarse dentro de los cinco días siguientes a la recepción del expediente.

3. La sentencia, contra la que no cabe recurso, habrá de dictarse en el plazo de tres días, debiendo ser comunicada a las partes y a la oficina pública. De estimar la demanda, la sentencia ordenará de inmediato el registro del acta electoral.

Artículo 136. Certificación de capacidad representativa sindical[67].– 1. Las resoluciones de la oficina pública dependiente de la autoridad administrativa o laboral relativas a la expedición de certificaciones de la capacidad representativa de los sindicatos o de los resultados electorales podrán ser impugnadas por el sindicato o sindicatos interesados, ante el Juzgado de lo Social en cuya circunscripción se encuentre la oficina pública correspondiente, dentro el plazo de diez días siguientes a la expedición o denegación de la certificación, dirigiéndose en su caso la demanda contra los demás sindicatos a los que afecte la declaración pretendida.

2. La resolución que admita a trámite la demanda señalará el juicio con carácter urgente dentro del plazo de los diez días siguientes y dispondrá la reclamación del expediente administrativo de la oficina pública para su remisión al juzgado dentro de los dos días siguientes.

3. La sentencia habrá de dictarse en el plazo de tres días y resolverá sobre los términos de la certificación emitida en función de las pretensiones oportu-

---

[67]   Cfr. DA 1ª LOLS y art. 75.7 ET.

namente deducidas por las partes. Contra dicha resolución, que se notificará a la oficina pública y a las partes, cabrá recurso de suplicación.

SECCIÓN 3.ª Clasificación profesional

Artículo 137. Reclamación de categoría o grupo profesional.– 1. La demanda que inicie este proceso será acompañada de informe emitido por el comité de empresa o, en su caso, por los delegados de personal sobre las funciones superiores alegadas y la correspondencia de las mismas dentro del sistema de clasificación aplicable. En el caso de que estos órganos no hubieran emitido el informe en el plazo de quince días, al demandante le bastará acreditar que lo ha solicitado.

2. En la resolución por la que se admita la demanda, se recabará informe de la Inspección de Trabajo y Seguridad Social, remitiéndole copia de la demanda y documentos que la acompañen. El informe versará sobre los hechos invocados, en relación con el sistema de clasificación aplicable, y demás circunstancias concurrentes relativas a la actividad del actor, y deberá emitirse en el plazo de quince días.

3. A la acción de reclamación de la categoría o grupo profesional será acumulable la reclamación de las diferencias salariales correspondientes[68]. Contra la sentencia que recaiga no se dará recurso alguno, salvo que las diferencias salariales reclamadas alcancen la cuantía requerida para el recurso de suplicación.

SECCIÓN 4.ª Movilidad geográfica, modificaciones sustanciales de condiciones de trabajo, trabajo a distancia, suspensión del contrato y reducción de jornada por causas económicas, técnicas, organizativas o de producción o derivadas de fuerza mayor

Artículo 138. Tramitación.– 1. El proceso se iniciará por demanda de los trabajadores afectados por la decisión empresarial, aunque no se haya seguido el procedimiento de los artículos 40, 41 y 47 del Estatuto de los Trabajadores. La demanda deberá presentarse en el plazo de caducidad de los veinte días hábiles siguientes a la notificación por escrito de la decisión a los trabajadores o a sus representantes, conforme a lo dispuesto en el apartado 4 del artículo

---

[68]   Cfr. art. 39.3 ET.

59 del Estatuto de los Trabajadores, plazo que no comenzará a computarse hasta que tenga lugar dicha notificación, sin perjuicio de la prescripción en todo caso de las acciones derivadas por el transcurso del plazo previsto en el apartado 2 del artículo 59 del Estatuto de los Trabajadores.

2. Cuando el objeto del debate verse sobre preferencias atribuidas a determinados trabajadores, éstos también deberán ser demandados. Igualmente deberán ser demandados los representantes de los trabajadores cuando, tratándose de traslados, modificaciones, suspensiones o reducciones de carácter colectivo, la medida cuente con la conformidad de aquéllos.

3. El órgano jurisdiccional podrá recabar informe urgente de la Inspección de Trabajo y Seguridad Social, remitiéndole copia de la demanda y documentos que la acompañen. El informe versará sobre los hechos invocados como justificativos de la decisión empresarial en relación con la modificación acordada y demás circunstancias concurrentes.

4. Si una vez iniciado el proceso se plantease demanda de conflicto colectivo contra la decisión empresarial, aquel proceso se suspenderá hasta la resolución de la demanda de conflicto colectivo, que una vez firme tendrá eficacia de cosa juzgada sobre el proceso individual en los términos del apartado 3 del artículo 160.

No obstante, el acuerdo entre el empresario y los representantes legales de los trabajadores que pudiera recaer una vez iniciado el proceso no interrumpirá la continuación del procedimiento.

5. El procedimiento será urgente y se le dará tramitación preferente. El acto de la vista habrá de señalarse dentro de los cinco días siguientes al de la admisión de la demanda, de no haberse recabado el informe previsto en el apartado 3 de este artículo.

6. La sentencia deberá ser dictada en el plazo de cinco días y será inmediatamente ejecutiva. Contra la misma no procederá ulterior recurso, salvo en los supuestos de movilidad geográfica previstos en el apartado 2 del artículo 40 del Estatuto de los Trabajadores, en los de modificaciones sustanciales de condiciones de trabajo cuando tengan carácter colectivo de conformidad con el apartado 4 del artículo 41 del referido Estatuto, y en las suspensiones y reducciones de jornada previstas en el artículo 47 del Estatuto de los Trabajadores que afecten a un número de trabajadores igual o superior a los umbrales previstos en el apartado 1 del artículo 51 del Estatuto de los Trabajadores.

7. La sentencia declarará justificada o injustificada la decisión empresarial, según hayan quedado acreditadas o no, respecto de los trabajadores afectados, las razones invocadas por la empresa.

La sentencia que declare justificada la decisión empresarial reconocerá el derecho del trabajador a extinguir el contrato de trabajo en los supuestos previstos en el apartado 1 del artículo 40 y en el apartado 3 del artículo 41 del Estatuto de los Trabajadores, concediéndole al efecto el plazo de quince días.

La sentencia que declare injustificada la medida reconocerá el derecho del trabajador a ser repuesto en sus anteriores condiciones de trabajo, así como al abono de los daños y perjuicios que la decisión empresarial hubiera podido ocasionar durante el tiempo en que ha producido efectos.

Se declarará nula la decisión adoptada en fraude de Ley, eludiendo las normas relativas al periodo de consultas establecido en los artículos 40.2, 41.4 y 47 del Estatuto de los Trabajadores, así como cuando tenga como móvil alguna de las causas de discriminación previstas en la Constitución y en la Ley, o se produzca con violación de derechos fundamentales y libertades públicas del trabajador, incluidos, en su caso, los demás supuestos que comportan la declaración de nulidad del despido en el apartado 2 del artículo 108.

8. Cuando el empresario no procediere a reintegrar al trabajador en sus anteriores condiciones de trabajo o lo hiciere de modo irregular, el trabajador podrá solicitar la ejecución del fallo ante el Juzgado de lo Social y la extinción del contrato por causa de lo previsto en la letra c) del apartado 1 del artículo 50 del Estatuto de los Trabajadores, conforme a lo establecido en los artículos 279, 280 y 281.

9. Si la sentencia declarara la nulidad de la medida empresarial, su ejecución se efectuará en sus propios términos, salvo que el trabajador inste la ejecución prevista en el apartado anterior. En todo caso serán de aplicación los plazos establecidos en el mismo.

Artículo 138 bis. Tramitación en reclamaciones sobre acceso, reversión y modificación del trabajo a distancia.– 1. El procedimiento para las reclamaciones sobre acceso, reversión y modificación del trabajo a distancia se regirá por las siguientes reglas:

a) La persona trabajadora dispondrá de un plazo de veinte días hábiles, a partir de que la empresa le comunique su negativa o su disconformidad con la propuesta realizada por la persona trabajadora, para presentar demanda ante el Juzgado de lo Social.

b) El órgano jurisdiccional podrá recabar informe urgente de la Inspección de Trabajo y Seguridad Social, remitiéndole copia de la demanda y documentos que la acompañen. El informe versará sobre la negativa o la disconformidad comunicada por la empresa respecto de la propuesta realizada por la persona trabajadora y demás circunstancias concurrentes.

c) El procedimiento será urgente y se le dará tramitación preferente. El acto de la vista habrá de señalarse dentro de los cinco días siguientes al de la admisión de la demanda. La sentencia se dictará en el plazo de tres días. Contra la misma no procederá recurso, salvo cuando se haya acumulado pretensión de resarcimiento de perjuicios que por su cuantía pudiera dar lugar a recurso de suplicación, en cuyo caso el pronunciamiento será ejecutivo desde que se dicte la sentencia.

2. Cuando la causa de la reclamación en materia de trabajo a distancia esté relacionada con el ejercicio de los derechos de conciliación de la vida personal, familiar y laboral, reconocidos legal o convencionalmente, se regirá por el procedimiento establecido en el artículo 139.

SECCIÓN 5.ª Derechos de conciliación de la vida personal, familiar y laboral reconocidos legal o convencionalmente

Artículo 139. Tramitación.– 1. El procedimiento para el ejercicio de los derechos de conciliación de la vida personal, familiar y laboral, reconocidos legal o convencionalmente[69], se regirá por las siguientes reglas:

a) El trabajador dispondrá de un plazo de veinte días, a partir de que el empresario le comunique su negativa o su disconformidad con la propuesta realizada por el trabajador, para presentar demanda ante el Juzgado de lo Social.

En la demanda del derecho a la medida de conciliación podrá acumularse la acción de daños y perjuicios causados a al trabajador, exclusivamente por los derivados de la negativa del derecho o de la demora en la efectividad de la medida, de los que el empresario podrá exonerarse si hubiere dado cumplimiento, al menos provisional, a la medida propuesta por el trabajador.

El empresario y el trabajador deberán llevar sus respectivas propuestas y alternativas de concreción a los actos de conciliación previa al juicio y al propio acto de juicio, que podrán acompañar, en su caso, de informe de los

---

[69]   Cfr. apartados 4 al 8 del art. 37 ET.

órganos paritarios o de seguimiento de los planes de igualdad de la empresa para su consideración en la sentencia.

b) El procedimiento será urgente y se le dará tramitación preferente. El acto de la vista habrá de señalarse dentro de los cinco días siguientes al de la admisión de la demanda. La sentencia se dictará en el plazo de tres días. Contra la misma no procederá recurso, salvo cuando se haya acumulado pretensión de resarcimiento de perjuicios que por su cuantía pudiera dar lugar a recurso de suplicación, en cuyo caso el pronunciamiento sobre las medidas de conciliación será ejecutivo desde que se dicte la sentencia.

2. El procedimiento anterior será aplicable igualmente al ejercicio de los derechos de la trabajadora víctima de violencia de género establecidos en la ley, a la reducción de la jornada de trabajo con disminución proporcional del salario y a la reordenación del tiempo de trabajo, a través de la adaptación del horario, de la aplicación del horario flexible o de otras formas de ordenación del tiempo de trabajo que se utilicen en la empresa[70]. Podrá acumularse a la referida demanda la acción de daños y perjuicios directamente causados a la trabajadora por la negativa o demora del derecho. Podrá instarse, en su caso, la adopción de las medidas cautelares reguladas en el apartado 4 del artículo 180.

CAPÍTULO VI. De las prestaciones de la Seguridad Social

Artículo 140. Tramitación. Impugnación de altas médicas.– 1. En las demandas formuladas en materia de prestaciones de Seguridad Social contra organismos gestores y entidades colaboradoras en la gestión se acreditará haber agotado la vía administrativa correspondiente, incluidas aquellas en las que se haya acumulado la alegación de la lesión de un derecho fundamental o libertad pública y salvo que se opte por ejercitar exclusivamente esta última mediante la modalidad procesal de tutela. No será exigible el previo agotamiento de la vía administrativa, en los procesos de impugnación de altas médicas emitidas por los órganos competentes de las Entidades gestoras de la Seguridad Social al agotarse el plazo de duración de trescientos sesenta y cinco días de la prestación de incapacidad temporal[71].

---

[70]   Art. 37.7 ET.
[71]   Véanse arts. 140.3 y 144.2 *in fine* de esta Ley. Ténganse en cuenta las previsiones del art. 170 LGSS en relación con el procedimiento para dictar el alta en estos casos.

2. En caso de omitirse, el secretario judicial dispondrá que se subsane el defecto en el plazo de cuatro días. Realizada la subsanación, se admitirá la demanda. En otro caso, dará cuenta al Tribunal para que por el mismo se resuelva sobre la admisión de la demanda.

3. El proceso de impugnación de alta médica tendrá las siguientes especialidades[72]:

a) La demanda se dirigirá exclusivamente contra la Entidad gestora y, en su caso, contra la colaboradora en la gestión. No existirá necesidad de demandar al servicio público de salud, salvo cuando se impugne el alta emitida por los servicios médicos del mismo, ni a la empresa salvo cuando se cuestione la contingencia.

b) Será urgente y se le dará tramitación preferente.

c) El acto de la vista habrá de señalarse dentro de los cinco días siguientes a la admisión de la demanda, y la sentencia, que no tendrá recurso, se dictará en el plazo de tres días y sus efectos se limitarán al alta médica impugnada, sin condicionar otros procesos diversos, sea en lo relativo a la contingencia, a la base reguladora, a las prestaciones derivadas o a cualquier otro extremo.

d) No podrán acumularse otras acciones, ni siquiera la reclamación de diferencias de prestación económica por incapacidad temporal, si bien la sentencia que estime indebida el alta dispondrá la reposición del beneficiario en la prestación que hubiera venido percibiendo, en tanto no concurra causa de extinción de la misma, por el transcurso del tiempo por el que hubiere sido reconocida o por otra causa legal de extinción.

Artículo 141. Legitimación de las Entidades gestoras y Tesorería General de la Seguridad Social.– 1. Las entidades u organismos gestores y la Tesorería General de la Seguridad Social, podrán personarse y ser tenidas por parte, con plenitud de posibilidades de alegación y defensa, incluida la de interponer el recurso o remedio procesal que pudiera proceder, en los pleitos en materia de prestaciones de Seguridad Social y, en general, en los procedimientos en los que tengan interés por razón del ejercicio de sus competencias, sin que tal intervención haga retroceder ni detener el curso de las actuaciones.

A tal efecto el secretario judicial deberá efectuar las actuaciones precisas para constatar la posible existencia de las situaciones anteriores y acordar, en

---

[72]   Véase también art. 191.2.g) de esta Ley.

su caso, que les sean notificadas las resoluciones de admisión a trámite, señalamiento de la vista o incidente y demás resoluciones, incluida la que ponga fin al trámite correspondiente.

2. El órgano jurisdiccional podrá solicitar de dichas entidades y organismos los antecedentes de que dispongan en relación con los hechos objeto del procedimiento y los mismos podrán igualmente aportar dichos antecedentes, estén o no personados en las actuaciones, en cuanto pudieran afectar a las prestaciones que gestionen, a los fines de completar los elementos de conocimiento del órgano jurisdiccional en la resolución del asunto.

Artículo 142. Documentación en procesos por accidente de trabajo o enfermedad profesional.– 1. Si en las demandas por accidente de trabajo o enfermedad profesional no se consignara el nombre de la Entidad gestora o, en su caso, de la Mutua de accidentes de trabajo y enfermedades profesionales de la Seguridad Social, el secretario judicial, antes del señalamiento del juicio, requerirá al empresario demandado para que en plazo de cuatro días presente el documento acreditativo de la cobertura de riesgo. Si transcurrido este plazo no lo presentara, vistas las circunstancias que concurran y oyendo a la Tesorería General de la Seguridad Social, el juez acordará el embargo de bienes del empresario en cantidad suficiente para asegurar el resultado del juicio y cuantas medidas cautelares se consideren necesarias.

Iguales medidas se adoptarán, en el procedimiento correspondiente, en relación con el aseguramiento del riesgo y el documento de cobertura de las mejoras voluntarias o complementarias de seguridad social y de otras posibles responsabilidades del empresario o de terceros por accidente de trabajo y enfermedad profesional, a cuyo efecto el empresario o el tercero deberán aportar en el plazo antes indicado y previo requerimiento al efecto, el documento de aseguramiento y los datos de la entidad aseguradora que cubra el mismo, con apercibimiento de adoptarse la medida de embargo preventivo prevista anteriormente u otras medidas cautelares idóneas.

2. En los procesos para la determinación de contingencia o de la falta de medidas de seguridad en accidentes de trabajo y enfermedad profesional, y en los demás supuestos en que lo estime necesario, la resolución en la que se admita la demanda a trámite deberá interesar de la Inspección Provincial de Trabajo y Seguridad Social, si no figurase ya en el expediente o en los autos, informe relativo a las circunstancias en que sobrevino el accidente o enfermedad, trabajo que realizaba el accidentado o enfermo, salario que percibía y

base de cotización, que será expedido necesariamente en el plazo máximo de diez días. Con antelación de al menos cinco días a la celebración del juicio, el secretario judicial deberá reiterar la remisión de dicho informe si éste no hubiere tenido todavía entrada en los autos.

Artículo 143. Remisión del expediente administrativo.– 1. Al admitirse a trámite la demanda se reclamará a la Entidad gestora o al organismo gestor o colaborador la remisión del expediente o de las actuaciones administrativas practicadas en relación con el objeto de la misma, en original o copia, en soporte escrito o preferentemente informático, y, en su caso, informe de los antecedentes que posea en relación con el contenido de la demanda, en plazo de diez días. El expediente se enviará completo, foliado y, en su caso, autentificado y acompañado de un índice de los documentos que contenga. Si se remitiera el expediente original, el letrado o letrada de la Administración de Justicia lo devolverá a la entidad de procedencia, firme que sea la sentencia, dejando en los autos nota de ello.

La remisión del expediente podrá tener lugar en forma electrónica, facilitándose la puesta a disposición en los términos previstos en el artículo 63 del Reglamento de actuación y funcionamiento del sector público por medios electrónicos, aprobado por el Real Decreto 203/2021, de 30 de marzo.

2. Al solicitarse la referida remisión de expediente o actuaciones se requerirá igualmente al correspondiente organismo y éste, en su caso, deberá poner de oficio en conocimiento del juzgado o tribunal, informe de si tiene conocimiento de la existencia de otras demandas en las que se deduzcan pretensiones en relación con el mismo acto o actuación, a los efectos de posibilitar, en su caso, la acumulación de oficio o a instancia de parte.

3. A la vista del expediente, el Tribunal dispondrá el emplazamiento de las personas que pudieran ostentar un interés legítimo en el proceso o resultar afectadas por el mismo, para que puedan comparecer en el acto de juicio y ser tenidas por parte en el proceso y formular sus pretensiones, procurando que tal emplazamiento se entienda con los interesados con al menos cinco días hábiles de antelación al señalamiento a juicio y sin necesidad de que, en este caso, se cumplan los plazos generales previstos para la citación de las partes demandadas en el artículo 82.

4. En el proceso no podrán aducirse por ninguna de las partes hechos distintos de los alegados en el expediente administrativo, salvo en cuanto a los hechos nuevos o que no hubieran podido conocerse con anterioridad.

Artículo 144. Efectos de la falta de remisión del expediente administrativo.– 1. Cumplido el plazo de remisión del expediente sin que se hubiera recibido el mismo, el secretario judicial reiterará por la vía urgente su inmediata remisión. El juicio se celebrará en el día señalado, aunque la entidad correspondiente no hubiera remitido el expediente o su copia, salvo que justificara suficientemente la omisión.

2. Si al demandante le conviniera la aportación del expediente a sus propios fines, podrá solicitar la suspensión del juicio, para que se reitere la orden de remisión del expediente en un nuevo plazo de diez días con apercibimiento de imposición de las medidas a las que se refiere el apartado 5 del artículo 75.

Dicho plazo será de cinco días en los procesos de impugnación de altas médicas a los que se refiere el apartado 3 del artículo 140.

3. Si llegada la fecha del nuevo señalamiento no se hubiera remitido el expediente, podrán tenerse por probados aquellos hechos alegados por el demandante cuya prueba fuera imposible o de difícil demostración por medios distintos de aquél.

Artículo 145. Responsabilidad disciplinaria por la falta de remisión del expediente administrativo.– La falta de remisión del expediente y cualquier otro incumplimiento de las obligaciones de colaboración con el proceso se notificará por el secretario judicial al director de la entidad gestora u organismo gestor, a los efectos de la posible exigencia de responsabilidades disciplinarias, sin perjuicio de demás medidas que puedan ser procedentes.

Artículo 146. Revisión de actos declarativos de derechos.– 1. Las Entidades, órganos u Organismos gestores, o el Fondo de Garantía Salarial no podrán revisar por sí mismos sus actos declarativos de derechos en perjuicio de sus beneficiarios, debiendo, en su caso, solicitar la revisión ante el Juzgado de lo Social competente, mediante la oportuna demanda que se dirigirá contra el beneficiario del derecho reconocido.

2. Se exceptúan de lo dispuesto en el apartado anterior:

a. La rectificación de errores materiales o de hecho y los aritméticos, así como las revisiones motivadas por la constatación de omisiones o inexactitudes en las declaraciones del beneficiario, así como la reclamación de las cantidades que, en su caso, se hubieran percibido indebidamente por tal motivo.

b. Las revisiones de los actos en materia de protección por desempleo, y por cese de actividad de los trabajadores autónomos, siempre que se efectúen dentro del plazo máximo de un año desde la resolución administrativa o del órgano gestor que no hubiere sido impugnada, sin perjuicio de lo dispuesto en el artículo 147.

c. La revisión de los actos de reconocimiento del derecho a una prestación de muerte y supervivencia, motivada por la condena al beneficiario, mediante sentencia firme, por la comisión de un delito doloso de homicidio en cualquiera de sus formas, cuando la víctima fuera el sujeto causante de la prestación, que podrá efectuarse en cualquier momento, así como la reclamación de las cantidades que, en su caso, hubiera percibido por tal concepto.

3. La acción de revisión a la que se refiere el apartado uno prescribirá a los cuatro años.

4. La sentencia que declare la revisión del acto impugnado será inmediatamente ejecutiva.

Artículo 147. Impugnación de prestaciones por desempleo.– 1. Cuando la Entidad u Organismo Gestor de las prestaciones por desempleo constate que, en los cuatro años inmediatamente anteriores a una solicitud de prestaciones, el trabajador hubiera percibido prestaciones por finalización de varios contratos temporales con una misma empresa, podrá dirigirse de oficio a la autoridad judicial demandando que el empresario sea declarado responsable del abono de las mismas, salvo de la prestación correspondiente al último contrato temporal, si la reiterada contratación temporal fuera abusiva o fraudulenta, así como la condena al empresario a la devolución a la Entidad Gestora de aquellas prestaciones junto con las cotizaciones correspondientes.

A la comunicación, que tendrá la consideración de demanda, deberá acompañarse copia del expediente o expedientes administrativos en que se fundamente, y en la misma se consignarán los requisitos generales exigidos por la presente Ley para las demandas de los procesos ordinarios.

La comunicación podrá dirigirse a la autoridad judicial en el plazo de los seis meses siguientes a la fecha en que se hubiera formulado la última solicitud de prestaciones en tiempo y forma.

Lo dispuesto en este apartado no conllevará la revisión de las resoluciones que hubieran reconocido el derecho a las prestaciones por desempleo derivadas de la finalización de los reiterados contratos temporales, que se considerarán debidas al trabajador.

2. El secretario judicial examinará la demanda, al efecto de comprobar si reúne todos los requisitos exigidos, advirtiendo a la entidad gestora, en su

caso, de los defectos u omisiones de carácter formal de que adolezca, a fin de que sean subsanados en el término de diez días. Realizada la subsanación, se admitirá la demanda. En otro caso, dará cuenta al Tribunal para que por el mismo se resuelva sobre la admisión de la demanda.

3. Admitida a trámite la demanda, continuará el procedimiento con arreglo a las normas generales, con las especialidades siguientes:

a) El empresario y el trabajador que hubieran celebrado los reiterados contratos temporales tendrán la consideración de parte en el proceso, si bien no podrán solicitar su suspensión. Aun sin su asistencia, el procedimiento se seguirá de oficio.

b) Las afirmaciones de hechos que se contengan en la comunicación base del proceso harán fe, salvo prueba en contrario, incumbiendo la carga de la prueba al empresario demandado.

4. La sentencia que estime la demanda de la Entidad Gestora será inmediatamente ejecutiva.

5. Cuando la sentencia adquiera firmeza se comunicará a la Inspección de Trabajo y Seguridad Social.

CAPÍTULO VII. Del procedimiento de oficio y del de impugnación de actos administrativos en materia laboral y de Seguridad Social no prestacionales

SECCIÓN 1.ª Del procedimiento de oficio

Artículo 148. Ámbito de aplicación.– El proceso podrá iniciarse de oficio como consecuencia:

a) De las certificaciones de las resoluciones firmes que dicte la autoridad laboral derivadas de las actas de infracción de la Inspección de Trabajo y Seguridad Social en las que se aprecien perjuicios económicos para los trabajadores afectados.

b) De los acuerdos de la autoridad laboral competente, cuando ésta apreciara fraude, dolo, coacción o abuso de derecho en la conclusión de los acuerdos de suspensión, reducción de la jornada o extinción a que se refieren el artículo 47 y el apartado 6 del artículo 51 del Texto Refundido de la Ley del Estatuto de los Trabajadores y los remitiera a la autoridad judicial a efectos de su posible declaración de nulidad. Del mismo modo actuará la autoridad laboral cuando la entidad gestora de la prestación por desempleo hubiese informado que la decisión extintiva de la empresa pudiera tener por objeto la obtención indebida de las prestaciones por parte de los trabajadores afectados, por inexistencia de la causa motivadora de la situación legal de desempleo.

c) De las actas de infracción o comunicaciones de la Inspección de Trabajo y Seguridad Social acerca de la constatación de una discriminación por razón de sexo y en las que se recojan las bases de los perjuicios estimados para el trabajador, a los efectos de la determinación de la indemnización correspondiente.

Igualmente se iniciará el procedimiento como consecuencia de las correspondientes comunicaciones y a los mismos efectos en los supuestos de discriminación por razón de origen racial o étnico, religión y convicciones, discapacidad, edad u orientación sexual u otros legalmente previstos.

d) (Suprimida)[73].

Artículo 149. Requisitos de la demanda.– 1. En la demanda de oficio se consignarán los requisitos generales exigidos por la presente Ley para las demandas de los procesos ordinarios, expresando las personas contra las que se dirige y la concreta condena que se pida frente a ellas según el contenido de la pretensión, los hechos que resulten imprescindibles para resolver las cuestiones planteadas y, en concreto, aquéllos que se estiman constitutivos de discriminación o de otro incumplimiento laboral. Asimismo se consignará, en su caso, el acuerdo de suspensión, reducción de jornada o extinción impugnado y la causa invocada, junto con la identificación de las partes que intervinieron en el mismo, precisando la concreta pretensión declarativa o de condena que se pide del órgano jurisdiccional, con expresión, de proceder, de los perjuicios estimados o de las bases para la determinación de la indemnización correspondiente, así como de los datos identificativos de los trabajadores afectados y sus domicilios.

2. Siempre que las expresadas demandas afecten a más de diez trabajadores, el secretario judicial les requerirá para que designen representantes en la forma prevista en el artículo 19.

---

[73]   La letra d) ha sido suprimida por la DF 9ª de la Ley 3/2023, de 28 de febrero; para su aplicación, téngase en cuenta lo previsto en la DT 5ª de dicha Ley.

Artículo 150. Admisión de la demanda y tramitación.– 1. El secretario judicial examinará la demanda, al efecto de comprobar si reúne todos los requisitos exigidos, advirtiendo a la autoridad laboral, en su caso, los defectos u omisiones de que adolezca a fin de que sean subsanados en el término de diez días. Realizada la subsanación, admitirá la demanda. En otro caso, dará cuenta al tribunal para que por el mismo se resuelva sobre la admisión de la demanda.

2. Admitida a trámite la demanda, continuará el procedimiento con arreglo a las normas generales del presente texto, con las especialidades siguientes:

a) El procedimiento se seguirá de oficio, aun sin asistencia de los trabajadores perjudicados, a los que se emplazará al efecto y una vez comparecidos tendrán la consideración de parte, si bien no podrán desistir ni solicitar la suspensión del proceso.

b) La conciliación tan sólo podrá autorizarse por el secretario judicial o en su caso por el juez o tribunal, cuando fuera cumplidamente satisfecha la totalidad de los perjuicios causados por la infracción.

c) Los pactos entre trabajadores y empresarios posteriores al acta de infracción tan sólo tendrán eficacia en el supuesto de que hayan sido celebrados en presencia del inspector de trabajo que levantó el acta o de la autoridad laboral.

d) Las afirmaciones de hechos que se contengan en la resolución o comunicación base del proceso harán fe salvo prueba en contrario, incumbiendo toda la carga de la prueba a la parte demandada.

e) Las sentencias que se dicten en estos procesos habrán de ejecutarse siempre de oficio.

SECCIÓN 2.ª Del procedimiento de impugnación de actos administrativos en materia laboral y de seguridad social excluidos los prestacionales

Artículo 151. Tramitación.– 1. De no existir regulación especial, el procedimiento iniciado por demanda en impugnación de los actos administrativos en materia laboral dirigida contra el Estado, Comunidades Autónomas, entidades locales u otras Administraciones u Organismos públicos se regirá por los principios y reglas del proceso ordinario laboral, con las especialidades contenidas en esta Sección. En lo no expresamente previsto serán de aplicación las normas reguladoras de la jurisdicción contencioso-administrativa, en cuanto sean compatibles con los principios del proceso social.

2. Con la demanda deberá acreditarse, en su caso, el agotamiento de la vía administrativa en la forma y plazos que correspondan según la normativa aplicable a la Administración autora del acto, en la forma establecida en el artículo 69 de esta Ley, salvo lo dispuesto en el apartado 2 del artículo 70 de la misma y en el artículo 44 de la Ley 29/1998, de 13 de julio, reguladora de la Jurisdicción Contencioso-Administrativa, que será de aplicación a los litigios entre Administraciones públicas ante el orden jurisdiccional social.

3. En la demanda se identificará con precisión el acto o resolución objeto de impugnación y la Administración pública o Entidad de derecho público contra cuya actividad se dirija el recurso y se hará indicación, en su caso, de las personas o entidades cuyos derechos o intereses legítimos pudieran quedar afectados por la estimación de las pretensiones del demandante.

4. En caso de omitirse los requisitos anteriores, el secretario judicial dispondrá que se subsane el defecto en el plazo de cuatro días. Realizada la subsanación, se admitirá la demanda. En otro caso, dará cuenta al tribunal para que por el mismo se resuelva sobre su admisión.

5. Estarán legitimados para promover el proceso, los destinatarios del acto o resolución impugnada o quienes ostenten derechos o intereses legítimos en su revocación o anulación. La legitimación pasiva corresponde a la Administración o Entidad pública autora del acto.

Los empresarios y los trabajadores afectados o los causahabientes de ambos, así como aquellos terceros a los que pudieran alcanzar las responsabilidades derivadas de los hechos considerados por el acto objeto de impugnación y quienes pudieran haber resultado perjudicados por los mismos, podrán comparecer como parte en el procedimiento y serán emplazados al efecto, en especial cuando se trate de enjuiciar hechos que pudieran ser constitutivos de accidente de trabajo o enfermedad profesional.

En los litigios sobre sanciones administrativas en materia de acoso laboral sexual o por razón de sexo, la víctima estará legitimada para comparecer en el procedimiento según su libre decisión y no podrá ser demandada o emplazada de comparecencia contra su voluntad. Si se requiriese el testimonio de la víctima el órgano jurisdiccional velará por las condiciones de su práctica en términos compatibles con su situación personal y con las restricciones de publicidad e intervención de las partes y de sus representantes que sean necesarias[74].

---

[74]   Cfr. art. 12.3 LOI.

6. Los sindicatos y asociaciones empresariales más representativos, así como aquellos con implantación en el ámbito de efectos del litigio, y el empresario y la representación unitaria de los trabajadores en el ámbito de la empresa, podrán personarse y ser tenidos como parte en los procesos en los que tengan interés en defensa de los intereses económicos y sociales que les son propios o en su función de velar por el cumplimiento de las normas vigentes, sin que tal intervención haga detener o retroceder el curso de las actuaciones.

7. El plazo de interposición de la demanda será el previsto en los artículos 69 y 70 o el expresamente señalado, en su caso, según la modalidad procesal aplicable, siendo de aplicación a este respecto, lo previsto en el artículo 73 de esta Ley.

8. En orden al señalamiento del juicio, reclamación del expediente administrativo, emplazamiento de los posibles interesados, congruencia con el expediente administrativo y demás aspectos relacionados se estará a lo dispuesto en los artículos 143 a 145.

Los hechos constatados por los inspectores de Trabajo y Seguridad Social o por los Subinspectores de Empleo y Seguridad Social actuantes que se formalicen en las actas de infracción observando los requisitos legales pertinentes, tendrán presunción de certeza, sin perjuicio de las pruebas que en defensa de los respectivos derechos e intereses puedan aportar los interesados[75]. El mismo valor probatorio tendrán los hechos constatados por los funcionarios a los que se reconoce la condición de autoridad, y que se formalicen en documento público observando los requisitos legales pertinentes.

9. La sentencia efectuará los pronunciamientos que correspondan según las pretensiones oportunamente formuladas por las partes y, en concreto:

a) Declarará la inadmisibilidad de la demanda por carencia de jurisdicción, por no ser susceptible de impugnación el acto recurrido, haberse formulado aquélla fuera del plazo establecido o cuando se aprecie la falta de cualquier otro presupuesto procesal, así como cuando se impugnen actos que sean reproducción de otros anteriores definitivos y firmes y los confirmatorios de actos consentidos por no haber sido recurridos en tiempo y forma.

b) Desestimará la demanda cuando se ajuste a derecho el acto impugnado.

---

[75]   Véanse art. 53 LISOS y DA 4ª LIT.

c) Estimará la demanda si se aprecia infracción del ordenamiento jurídico, incluida la desviación de poder por haberse utilizado las potestades administrativas para fines distintos de los legalmente previstos. En este caso, la sentencia declarará no conforme a derecho el acto impugnado y lo anulará total o parcialmente y, cuando así proceda, ordenará el cese o la modificación de la actuación impugnada o impondrá el reconocimiento de una determinada situación jurídica individualizada.

d) En caso de declaración de nulidad del acto o resolución por omisión de requisitos de forma subsanables de carácter esencial que hayan ocasionado indefensión, podrá disponerse la nulidad del procedimiento seguido a los solos efectos de retrotraerlo al momento de producción. La declaración de la caducidad del expediente, no impedirá la nueva iniciación de la actuación administrativa si por su naturaleza no estuviera sujeta a un plazo extintivo de cualquier clase, sin que el procedimiento caducado tenga eficacia interruptiva de dicho plazo.

10. La Administración autora de un acto administrativo declarativo de derechos cuyo conocimiento corresponda a este orden jurisdiccional, está legitimada para impugnarlo ante este mismo orden, previa su declaración de lesividad para el interés público en los términos legalmente establecidos y en el plazo de dos meses a contar desde el día siguiente a la fecha de declaración de lesividad[76]. La revisión de actos declarativos de derechos de sus beneficiarios por las entidades u organismos gestores y servicios comunes en materia de Seguridad Social y desempleo se regirá por lo dispuesto en los artículos 146 y 147.

11. La sentencia que deje sin efecto una resolución administrativa en virtud de la cual se hubieren producido extinciones de la relación de trabajo derivadas de fuerza mayor declarará el derecho de los trabajadores afectados a reincorporarse en su puesto de trabajo.

Salvo que el empresario dentro de los cinco días siguientes a la firmeza de la sentencia opte, por escrito ante el órgano judicial, por indemnizar a los trabajadores con la indemnización establecida para el despido improcedente, deberá comunicar por escrito a dichos trabajadores la fecha de su reincorporación al trabajo dentro de los quince días siguientes a la referida firmeza. El trabajador, en su caso y de conformidad con lo dispuesto en el artículo 110.1

---

[76]   Cfr. arts. 106 ss. LPSC.

de esta Ley, tendrá derecho a los salarios dejados de percibir, con deducción de los que hubiere recibido desde la extinción y con devolución o deducción de las cantidades percibidas como indemnización, según lo dispuesto en los apartados 3 y 4 del artículo 123 de esta Ley. De no readmitir el empresario al trabajador o de efectuarse la readmisión de modo irregular, éste podrá instar la ejecución de la sentencia en los veinte días siguientes conforme, en lo demás, a lo establecido en los artículos 279 a 281 de esta Ley.

De dejarse sin efecto la resolución administrativa por apreciarse vulneración de derechos fundamentales o libertades públicas, los trabajadores tendrán derecho a la inmediata readmisión y al abono de los salarios dejados de percibir y podrán, en su caso, instar la ejecución conforme a los artículos 282 y siguientes de esta Ley.

De haber percibido el trabajador prestaciones por desempleo, se aplicarán las disposiciones del apartado 5 del artículo 209 del Texto Refundido de la Ley General de la Seguridad Social, aprobado por el Real Decreto Legislativo 1/1994, de 20 de junio[77], en función de que haya tenido lugar o no la readmisión del trabajador.

Artículo 152. Adopción de medidas cautelares.– 1. Los interesados podrán solicitar, en cualquier estado del proceso, la suspensión del acto o resolución administrativos recurridos y en general cuantas medidas aseguren la efectividad de la sentencia, cuando la ejecución del acto impugnado pudiera hacer perder su finalidad legítima a la demanda. El juez o tribunal dictará seguidamente auto, resolviendo sobre la suspensión, una vez oídas las partes por tres días, salvo que concurran razones de especial urgencia, en cuyo caso se podrá anticipar la medida sin perjuicio de la posterior audiencia de las partes. La medida cautelar podrá denegarse cuando de ésta pudiera seguirse perturbación grave de los intereses generales o de terceros que el juez o tribunal ponderará en forma circunstanciada.

2. En procedimientos de impugnación de resoluciones de la autoridad laboral sobre paralización de trabajos por riesgo grave e inminente para la seguridad y la salud, el trabajador o trabajadores afectados, su representación unitaria o sindical y el empresario interesado podrán solicitar el alzamiento, mantenimiento o adopción de la medida en los términos del apartado ante-

---

[77]   Actualmente, art. 268.5 LGSS.

rior[78]. A tal efecto se citará al empresario y a los trabajadores afectados o a sus representantes a una audiencia preliminar en el día y hora que se señale dentro de las cuarenta y ocho horas siguientes, debiendo el juez o tribunal requerir de la Inspección de Trabajo y Seguridad Social la aportación dentro del mismo plazo de las actuaciones que hubiera practicado al respecto y, en caso de considerarlo necesario, la presencia en la audiencia del funcionario que hubiera ordenado la paralización, así como de los técnicos que le hubieren asistido. En el procedimiento podrán personarse las entidades gestoras, colaboradoras y servicios públicos de salud, en relación con las responsabilidades empresariales conforme al artículo 195 del Texto Refundido de la Ley General de Seguridad Social, aprobado por Real Decreto Legislativo 1/1994, de 20 de junio[79], en caso de incumplimiento de la paralización de los trabajos acordada por la autoridad laboral y solicitar las medidas cautelares que procedan en orden al aseguramiento de las prestaciones que deban dispensar o anticipar las citadas entidades. Los trabajadores y su representación unitaria o sindical podrán igualmente solicitar la adopción de las mismas medidas cautelares en relación con el referido aseguramiento.

CAPÍTULO VIII. Del proceso de conflictos colectivos

Artículo 153. Ámbito de aplicación.– 1. Se tramitarán a través del presente proceso las demandas que afecten a intereses generales de un grupo genérico de trabajadores o a un colectivo genérico susceptible de determinación individual y que versen sobre la aplicación e interpretación de una norma estatal, convenio colectivo, cualquiera que sea su eficacia, pactos o acuerdos de empresa, o de una decisión empresarial de carácter colectivo, incluidas las que regulan el apartado 2 del artículo 40, el apartado 2 del artículo 41, y las suspensiones y reducciones de jornada previstas en el artículo 47 del Estatuto de los Trabajadores que afecten a un número de trabajadores igual o superior a los umbrales previstos en el apartado 1 del artículo 51 del Estatuto de los Trabajadores, o de una práctica de empresa y de los acuerdos de interés profesional de los trabajadores autónomos económicamente dependientes[80], así como la impugnación directa de los conve-

---

[78]   Art. 44 LPRL.
[79]   Actualmente, art. 242 LGSS.
[80]   Arts. 13 y 17.2 LETA.

nios o pactos colectivos no comprendidos en el artículo 163 de esta Ley[81]. Las decisiones empresariales de despidos colectivos se tramitarán de conformidad con lo previsto en el artículo 124 de esta Ley.

2. También se tramitará en este proceso la impugnación de convenios colectivos y de los laudos arbitrales sustitutivos de éstos, de conformidad con lo dispuesto en el Capítulo IX del presente Título.

3. Asimismo, se tramitará conforme a este proceso la impugnación de las decisiones de la empresa de atribuir carácter reservado o de no comunicar determinadas informaciones a los representantes de los trabajadores, así como los litigios relativos al cumplimiento por los representantes de los trabajadores y los expertos que les asistan de su obligación de sigilo[82].

El juez o Sala deberá adoptar las medidas necesarias para salvaguardar el carácter reservado o secreto de la información de que se trate.

Artículo 154. Legitimación activa.– Estarán legitimados para promover procesos sobre conflictos colectivos:

a) Los sindicatos cuyo ámbito de actuación se corresponda o sea más amplio que el del conflicto.

b) Las asociaciones empresariales cuyo ámbito de actuación se corresponda o sea más amplio que el del conflicto, siempre que se trate de conflictos de ámbito superior a la empresa.

c) Los empresarios y los órganos de representación legal o sindical de los trabajadores, cuando se trate de conflictos de empresa o de ámbito inferior.

d) Las Administraciones públicas empleadoras incluidas en el ámbito del conflicto y los órganos de representación del personal laboral al servicio de las anteriores.

---

[81]   Se remiten también a esta modalidad procesal las cuestiones litigiosas suscitadas en relación con la negociación de la puesta en marcha del comité de empresa europeo o procedimiento de información y consulta alternativo (cfr. art. 38.1 Ley 10/1997, de 24 de abril, por la que se regulan los derechos de información y consulta de los trabajadores en las empresas y grupos de empresa de dimensión comunitaria) así como de las reglas relativas a la implicación en las sociedades de ámbito europeo (cfr. art. 36.1 Ley 31/2006, sobre implicación de los trabajadores en las sociedades anónimas y cooperativas europeas).

[82]   Art. 65 ET —así como, en sus ámbitos específicos, arts. 38.5 Ley 10/1997 y 36.3 Ley 31/2006—.

e) Las asociaciones representativas de los trabajadores autónomos económicamente dependientes y los sindicatos representativos de estos, para el ejercicio de las acciones colectivas relativas a su régimen profesional, siempre que reúnan el requisito de la letra a) anterior, así como las empresas para las que ejecuten su actividad y las asociaciones empresariales de éstas siempre que su ámbito de actuación sea al menos igual al del conflicto[83].

Artículo 155. Intervención de sindicatos, asociaciones empresariales y órganos de representación.– En todo caso, los sindicatos representativos, de conformidad con los artículos 6 y 7 de la Ley Orgánica 11/1985, de 2 de agosto, de Libertad Sindical, las asociaciones empresariales representativas en los términos del artículo 87 del Texto Refundido de la Ley del Estatuto de los Trabajadores y los órganos de representación legal o sindical podrán personarse como partes en el proceso, aun cuando no lo hayan promovido, siempre que su ámbito de actuación se corresponda o sea más amplio que el del conflicto.

Artículo 156. Intento de conciliación o de mediación.– 1. Será requisito necesario para la tramitación del proceso el intento de conciliación o de mediación en los términos previstos en el artículo 63.

2. Lo acordado en conciliación o mediación tendrá, según su naturaleza, la misma eficacia atribuida a los convenios colectivos por el artículo 82 del Texto Refundido de la Ley del Estatuto de los Trabajadores, siempre que las partes que concilien, ostenten la legitimación y adopten el acuerdo conforme a los requisitos exigidos por las citadas normas. En tal caso se enviará copia de la misma a la autoridad laboral. En el caso de los trabajadores autónomos económicamente dependientes, el acuerdo alcanzado tendrá la eficacia correspondiente a los acuerdos de interés profesional regulados en el artículo 13 de la Ley del Estatuto del trabajo autónomo.

Artículo 157. Contenido de la demanda.– 1. El proceso se iniciará mediante demanda dirigida al juzgado o tribunal competente que, además de los requisitos generales, contendrá:

a) La designación general de los trabajadores y empresas afectados por el conflicto y, cuando se formulen pretensiones de condena que aunque referidas a un colectivo genérico, sean susceptibles de determinación individual ulterior

---

[83]   Arts. 19 ss. LETA.

sin necesidad de nuevo litigio, habrán de consignarse los datos, características y requisitos precisos para una posterior individualización de los afectados por el objeto del conflicto y el cumplimiento de la sentencia respecto de ellas.

b) La designación concreta del demandado o demandados, con expresión del empresario, asociación empresarial, sindicato o representación unitaria a quienes afecten las pretensiones ejercitadas.

c) Una referencia sucinta a los fundamentos jurídicos de la pretensión formulada.

d) Las pretensiones interpretativas, declarativas, de condena o de otra naturaleza concretamente ejercitadas según el objeto del conflicto.

2. A la demanda deberá acompañarse certificación de haberse intentado la conciliación o mediación previa a la que se refiere el artículo anterior o alegación de no ser necesaria ésta.

Artículo 158. Iniciación por la autoridad laboral.– El proceso podrá iniciarse también mediante comunicación de la autoridad laboral, a instancia de las representaciones referidas en el artículo 154. En dicha comunicación se contendrán idénticos requisitos a los exigidos para la demanda en el artículo anterior. El secretario judicial advertirá a la autoridad laboral de los defectos u omisiones que pudiera contener la comunicación, a fin de que se subsanen en el plazo de diez días.

Artículo 159. Urgencia y preferencia del proceso.– Este proceso tendrá carácter urgente. La preferencia en el despacho de estos asuntos será absoluta sobre cualesquiera otros, salvo los de tutela de los derechos fundamentales y libertades públicas.

Artículo 160. Celebración del juicio y sentencia.– 1. Una vez admitida la demanda o la comunicación de la autoridad laboral, el secretario judicial citará a las partes para la celebración del acto del juicio, que deberá tener lugar, en única convocatoria, dentro de los cinco días siguientes a la admisión a trámite de la demanda.

2. La sentencia se dictará dentro de los tres días siguientes, notificándose, en su caso, a la autoridad laboral competente.

3. De ser estimatoria de una pretensión de condena susceptible de ejecución individual, deberá contener, en su caso, la concreción de los datos, características y requisitos precisos para una posterior individualización de

los afectados por el objeto del conflicto y beneficiados por la condena y especificar la repercusión directa sobre los mismos del pronunciamiento dictado. Asimismo deberá contener, en su caso, la declaración de que la condena ha de surtir efectos procesales no limitados a quienes hayan sido partes en el proceso correspondiente.

4. La sentencia será ejecutiva desde el momento en que se dicte, no obstante el recurso que contra la misma pueda interponerse.

5. La sentencia firme producirá efectos de cosa juzgada sobre los procesos individuales pendientes de resolución o que puedan plantearse, que versen sobre idéntico objeto o en relación de directa conexidad con aquél, tanto en el orden social como en el contencioso-administrativo, que quedarán en suspenso durante la tramitación del conflicto colectivo. La suspensión se acordará aunque hubiere recaído sentencia de instancia y estuviere pendiente el recurso de suplicación y de casación, vinculando al tribunal correspondiente la sentencia firme recaída en el proceso de conflicto colectivo, incluso aunque en el recurso de casación unificadora no se hubiere invocado aquélla como sentencia contradictoria.

6. La iniciación del proceso de conflicto colectivo interrumpirá la prescripción de las acciones individuales en igual relación con el objeto del referido conflicto.

Artículo 161. Inimpugnabilidad de las resoluciones de tramitación.– Contra las resoluciones que se dicten en su tramitación no cabrá recurso, salvo el de declaración inicial de incompetencia.

Artículo 162. Archivo de actuaciones.– De recibirse en el juzgado o tribunal comunicación de las partes de haber quedado solventado el conflicto, se procederá por el secretario judicial sin más al archivo de las actuaciones, cualquiera que sea el estado de su tramitación anterior a la sentencia.

CAPÍTULO IX. De la impugnación de convenios colectivos[84]

Artículo 163. Iniciación.– 1. La impugnación de un convenio colectivo de los regulados en el Título III del Texto Refundido de la Ley del Estatuto de los Trabajadores o de los laudos arbitrales sustitutivos de éstos, por considerar

---

[84]   Art. 90.5 ET.

que conculca la legalidad vigente o lesiona gravemente el interés de terceros, podrá promoverse de oficio ante el juzgado o Sala competente, mediante comunicación remitida por la autoridad correspondiente.

2. Si el convenio colectivo no hubiera sido aún registrado ante la oficina pública correspondiente conforme a lo dispuesto en el apartado 2 del artículo 90 del Texto Refundido de la Ley del Estatuto de los Trabajadores, los representantes legales o sindicales de los trabajadores o los empresarios que sostuvieran la ilegalidad del convenio o los terceros lesionados que la invocaran, deberán solicitar previamente de la autoridad laboral que curse al juzgado o Sala su comunicación de oficio.

3. Si la autoridad laboral no contestara la solicitud a la que se refiere el apartado anterior en el plazo de quince días, la desestimara o el convenio colectivo ya hubiere sido registrado, la impugnación de éstos podrá instarse directamente por los legitimados para ello por los trámites del proceso de conflicto colectivo, mientras subsista la vigencia de la correspondiente norma convencional.

4. La falta de impugnación directa de un convenio colectivo de los mencionados en el apartado 1 de este artículo no impide la impugnación de los actos que se produzcan en su aplicación, a través de los conflictos colectivos o individuales posteriores que pudieran promoverse por los legitimados para ello, fundada en que las disposiciones contenidas en los mismos no son conformes a Derecho. El juez o tribunal que en dichos procedimientos apreciara la ilegalidad de alguna de las referidas disposiciones lo pondrá en conocimiento del Ministerio Fiscal para que, en su caso, pueda plantear su ilegalidad a través de la modalidad procesal de impugnación de convenios colectivos.

Artículo 164. Requisitos de la comunicación de oficio.– 1. La comunicación de oficio que sostenga la ilegalidad del convenio, pacto o acuerdo habrá de contener los requisitos siguientes:

a) La concreción de la legislación y los extremos de ella que se consideren conculcados por el convenio.

b) Una referencia sucinta a los fundamentos jurídicos de la ilegalidad.

c) La relación de las representaciones integrantes de la comisión o mesa negociadora del convenio impugnado.

2. La comunicación de oficio que sostenga la lesividad del convenio habrá de contener, además del requisito mencionado en la letra c) del apartado

anterior, relación de los terceros reclamantes, presuntamente lesionados, e indicación del interés de los mismos que se trata de proteger.

3. El secretario judicial advertirá a la autoridad remitente de los defectos u omisiones que pudiera contener la comunicación, a fin de que se subsanen en el plazo de diez días.

4. El proceso se seguirá, además de con las representaciones integrantes de la Comisión o Mesa negociadora del convenio, con los denunciantes o terceros presuntamente lesionados.

5. Cuando la impugnación procediera de la autoridad laboral y no hubiera denunciantes, también será citado la representación legal de dicha autoridad.

6. El Ministerio Fiscal será parte siempre en estos procesos.

7. A la comunicación de oficio se acompañará el convenio impugnado y copias del mismo para cuantos sean parte en el proceso.

Artículo 165. Legitimación.– 1. La legitimación activa para impugnar un convenio colectivo, por los trámites del proceso de conflicto colectivo corresponde:

a) Si la impugnación se fundamenta en la ilegalidad, a los órganos de representación legal o sindical de los trabajadores, sindicatos y asociaciones empresariales interesadas, así como al Ministerio Fiscal, a la Administración General del Estado y a la Administración de las Comunidades Autónomas su respectivo ámbito. A los efectos de impugnar las cláusulas que pudieran contener discriminaciones directas o indirectas por razón de sexo, están también legitimados el Instituto de la Mujer y los organismos correspondientes de las Comunidades Autónomas[85].

b) Si el motivo de la impugnación fuera la lesividad, a los terceros cuyo interés haya resultado gravemente lesionado. No se tendrá por terceros a los trabajadores y empresarios incluidos en el ámbito de aplicación del convenio.

2. Estarán pasivamente legitimadas todas las representaciones integrantes de la comisión o mesa negociadora del convenio.

3. La demanda contendrá, además de los requisitos generales, los particulares que para la comunicación de oficio se prevén en el artículo anterior, debiendo, asimismo, acompañarse el convenio y sus copias.

4. El Ministerio Fiscal será siempre parte en estos procesos.

---

[85]   Téngase en cuenta, además, art. 90.6 ET.

Artículo 166. Celebración del juicio y sentencia.– 1. Admitida a trámite la comunicación de oficio o la demanda, el secretario judicial señalará para juicio, con citación del Ministerio Fiscal y, en su caso, de las partes a las que se refiere el apartado 4 del artículo 164. En su comparecencia a juicio, dichas partes alegarán en primer término la postura procesal que adopten, de conformidad u oposición, respecto de la pretensión interpuesta.

2. La sentencia, que se dictará dentro de los tres días siguientes, se comunicará a la autoridad laboral, y será ejecutiva desde el momento en que se dicte, no obstante el recurso que contra ella pudiera interponerse. Una vez firme producirá efectos de cosa juzgada sobre los procesos individuales pendientes de resolución o que puedan plantearse en todos los ámbitos de la jurisdicción sobre los preceptos convalidados, anulados o interpretados objeto del proceso.

3. Cuando la sentencia sea anulatoria, en todo o en parte, del convenio colectivo impugnado y éste hubiera sido publicado, también se publicará en el Boletín Oficial en que aquél se hubiere insertado.

CAPÍTULO X. De las impugnaciones relativas a los estatutos de los sindicatos y de las asociaciones empresariales o a su modificación

SECCIÓN 1.ª Impugnación de la resolución administrativa que deniegue el depósito[86]

Artículo 167. Legitimación.– 1. Los promotores de los sindicatos de trabajadores en fase de constitución, y los firmantes del acta de constitución de los mismos, podrán impugnar las resoluciones de las oficinas públicas que rechacen el depósito de los estatutos presentados para su publicidad.

2. La Administración pública a la que esté adscrita la oficina de depósito de estatutos autora de la resolución impugnada, así como el Ministerio Fiscal, serán siempre parte en estos procesos.

Artículo 168. Plazo.– El plazo para el ejercicio de la acción de impugnación será de diez días hábiles, contados a partir de aquél en que sea recibida la notificación de la resolución denegatoria expresa o transcurra un mes desde la presentación de los estatutos sin que hubieren notificado a los promotores defectos a subsanar.

---

[86]   Apartados 1, 2, 3 y 8, art. 4 LOLS.

Artículo 169. Contenido de la demanda.– A la demanda deberán acompañarse copias de los estatutos y de la resolución denegatoria, de haber ésta recaído expresamente, o bien copia acreditativa de la presentación de dichos estatutos.

Artículo 170. Remisión del expediente.– Dentro del siguiente día hábil a la admisión de la demanda, el secretario judicial requerirá de la oficina pública competente el envío del expediente, que habrá de ser remitido en el plazo de cinco días.

Artículo 171. Efectos de la sentencia estimatoria.– La sentencia, de estimar la demanda, ordenará de inmediato el depósito del estatuto sindical en la correspondiente oficina pública.

Artículo 172. Impugnación de la resolución administrativa denegatoria del depósito de la modificación de estatutos.– 1. Las reglas establecidas en la presente Sección serán de aplicación a los procesos de impugnación de la resolución denegatoria del depósito de los estatutos de los sindicatos, en los casos de modificación de los mismos, así como respecto de las modificaciones de los estatutos de los sindicatos que ya tuvieran personalidad jurídica.

2. Estarán legitimados para impugnar la resolución administrativa los representantes del sindicato, pudiendo comparecer como coadyuvantes sus afiliados.

SECCIÓN 2.ª Impugnación de los estatutos de los sindicatos[87]

Artículo 173. Legitimación.– 1. El Ministerio Fiscal y quienes acrediten un interés directo, personal y legítimo podrán solicitar la declaración judicial de no ser conformes a Derecho los estatutos de los sindicatos, o sus modificaciones, que hayan sido objeto de depósito y publicación, tanto en el caso de que estén en fase de constitución como en el de que hayan adquirido personalidad jurídica.

2. Estarán pasivamente legitimados los promotores del sindicato y los firmantes del acta de constitución, así como quienes legalmente representen al sindicato, caso de haber ya adquirido éste personalidad jurídica.

---

[87]   Apartados 4, 5, 6 y 8, art. 4 LOLS.

3. El Ministerio Fiscal será siempre parte en estos procesos.

Artículo 174. Remisión del expediente.– Admitida la demanda, el secretario judicial requerirá a la oficina pública correspondiente la remisión de la copia autorizada del expediente, debiendo dicha oficina enviarla en el plazo de cinco días.

Artículo 175. Efectos de la sentencia.– 1. Caso de ser estimatoria, la sentencia declarará la nulidad de las cláusulas estatutarias que no sean conformes a Derecho o de los estatutos en su integridad.

2. La sentencia deberá ser comunicada a la oficina pública correspondiente.

SECCIÓN 3.ª Estatutos de las asociaciones empresariales

Artículo 176. Tramitación.– Los procesos de impugnación de las resoluciones administrativas que denieguen el depósito de los estatutos de las asociaciones empresariales, o de sus modificaciones, así como las de declaración de no ser conforme a Derecho dichos estatutos, o sus modificaciones, se sustanciarán, respectivamente, por los trámites de las modalidades procesales reguladas en las secciones anteriores. El Ministerio Fiscal será siempre parte en dichos procesos, con independencia de su legitimación activa para promover los mismos.

CAPÍTULO XI. De la tutela de los derechos fundamentales y libertades públicas[88]

Artículo 177. Legitimación.– 1. Cualquier trabajador o sindicato que, invocando un derecho o interés legítimo, considere lesionados los derechos de libertad sindical, huelga u otros derechos fundamentales y libertades públicas, incluida la prohibición de tratamiento discriminatorio y del acoso, podrá recabar su tutela a través de este procedimiento cuando la pretensión se suscite en el ámbito de las relaciones jurídicas atribuidas al conocimiento del orden jurisdiccional social o en conexión directa con las mismas, incluidas las que se formulen contra terceros vinculados al empresario por cualquier título, cuando la vulneración alegada tenga conexión directa con la prestación de servicios.

---

[88]   Art. 53.2 CE, arts. 12 ss. LOLS y 12 LOI.

2. En aquellos casos en los que corresponda al trabajador, como sujeto lesionado, la legitimación activa como parte principal, podrán personarse como coadyuvantes el sindicato al que éste pertenezca, cualquier otro sindicato que ostente la condición de más representativo, así como, en supuestos de discriminación, las entidades públicas o privadas entre cuyos fines se encuentre la promoción y defensa de los intereses legítimos afectados, si bien no podrán personarse, recurrir ni continuar el proceso contra la voluntad del trabajador perjudicado.

3. El Ministerio Fiscal será siempre parte en estos procesos en defensa de los derechos fundamentales y de las libertades públicas, velando especialmente por la integridad de la reparación de las víctimas e interesando la adopción, en su caso, de las medidas necesarias para la depuración de las conductas delictivas.

4. La víctima del acoso o de la lesión de derechos fundamentales y libertades públicas con motivo u ocasión de las relaciones jurídicas atribuidas al conocimiento del orden jurisdiccional social o en conexión directa con las mismas, podrá dirigir pretensiones, tanto contra el empresario como contra cualquier otro sujeto que resulte responsable, con independencia del tipo de vínculo que le una al empresario. Corresponderá a la víctima, que será la única legitimada en esta modalidad procesal, elegir la clase de tutela que pretende dentro de las previstas en la ley, sin que deba ser demandado necesariamente con el empresario el posible causante directo de la lesión, salvo cuando la víctima pretenda la condena de este último o pudiera resultar directamente afectado por la resolución que se dictare; y si se requiriese su testimonio el órgano jurisdiccional velará por las condiciones de su práctica en términos compatibles con su situación personal y con las restricciones de publicidad e intervención de las partes y de sus representantes que sean necesarias.

Artículo 178. No acumulación con acciones de otra naturaleza.– 1. El objeto del presente proceso queda limitado al conocimiento de la lesión del derecho fundamental o libertad pública, sin posibilidad de acumulación con acciones de otra naturaleza o con idéntica pretensión basada en fundamentos diversos a la tutela del citado derecho o libertad.

2. Cuando la tutela del derecho deba necesariamente realizarse a través de las modalidades procesales a que se refiere el artículo 184, se aplicarán en cuanto a las pretensiones de tutela de derechos fundamentales y libertades

públicas las reglas y garantías previstas en este Capítulo, incluida la citación como parte al Ministerio Fiscal.

Artículo 179. Tramitación.– 1. La tramitación de estos procesos tendrá carácter urgente a todos los efectos, siendo preferente respecto de todos los que se sigan en el juzgado o tribunal. Los recursos que se interpongan se resolverán por el Tribunal con igual preferencia.

2. La demanda habrá de interponerse dentro del plazo general de prescripción o caducidad de la acción previsto para las conductas o actos sobre los que se concrete la lesión del derecho fundamental o libertad pública.

3. La demanda, además de los requisitos generales establecidos en la presente Ley, deberá expresar con claridad los hechos constitutivos de la vulneración, el derecho o libertad infringidos y la cuantía de la indemnización pretendida, en su caso, con la adecuada especificación de los diversos daños y perjuicios, a los efectos de lo dispuesto en los artículos 182 y 183, y que, salvo en el caso de los daños morales unidos a la vulneración del derecho fundamental cuando resulte difícil su estimación detallada, deberá establecer las circunstancias relevantes para la determinación de la indemnización solicitada, incluyendo la gravedad, duración y consecuencias del daño, o las bases de cálculo de los perjuicios estimados para el trabajador.

4. Sin perjuicio de lo dispuesto en el artículo 81, el juez o tribunal rechazará de plano las demandas que no deban tramitarse con arreglo a las disposiciones de este Capítulo y no sean susceptibles de subsanación, advirtiendo al demandante del derecho que le asiste a promover la acción por el cauce procesal correspondiente. No obstante, el juez o la Sala dará a la demanda la tramitación ordinaria o especial si para el procedimiento adecuado fuese competente y la demanda reuniese los requisitos exigidos por la ley para tal clase de procedimiento.

Artículo 180. Medidas cautelares.– 1. En el mismo escrito de interposición de la demanda el actor podrá solicitar la suspensión de los efectos del acto impugnado, así como las demás medidas necesarias para asegurar la efectividad de la tutela judicial que pudiera acordarse en sentencia.

2. El juez o tribunal podrá acordar la suspensión de los efectos del acto impugnado cuando su ejecución produzca al demandante perjuicios que pudieran hacer perder a la pretensión de tutela su finalidad, siempre y cuando la sus-

pensión no ocasione perturbación grave y desproporcionada a otros derechos y libertades o intereses superiores constitucionalmente protegidos.

No obstante lo anterior, en el caso de que se invoque vulneración de la libertad sindical, sólo se podrá deducir la suspensión de los efectos del acto impugnado cuando las presuntas lesiones impidan la participación de candidatos en el proceso electoral o el ejercicio de la función representativa o sindical respecto de la negociación colectiva, reestructuración de plantillas u otras cuestiones de importancia trascendental que afecten al interés general de los trabajadores y que puedan causar daños de imposible reparación.

3. Podrá solicitarse la adopción de medidas cautelares cuando, en caso de huelga, se impugnen exclusivamente los actos de determinación del personal laboral adscrito a los mínimos necesarios para garantizar los servicios esenciales de la comunidad, así como cuando se impugnen los actos de designación del personal laboral adscrito a los servicios de seguridad y mantenimiento precisos para la reanudación ulterior de las tareas. El órgano jurisdiccional resolverá manteniendo, modificando o revocando la designación de personal adscrito a dichos servicios conforme a las propuestas que, en su caso, formulen al respecto las partes.

4. Cuando la demanda se refiera a protección frente al acoso, así como en los procesos seguidos a instancia de la trabajadora víctima de la violencia de género para el ejercicio de los derechos que le sean reconocidos en tal situación, podrán solicitarse, además, la suspensión de la relación o la exoneración de prestación de servicios, el traslado de puesto o de centro de trabajo, la reordenación o reducción del tiempo de trabajo y cuantas otras tiendan a preservar la efectividad de la sentencia que pudiera dictarse, incluidas, en su caso, aquéllas que pudieran afectar al presunto acosador u vulnerador de los derechos o libertades objeto de la tutela pretendida, en cuyo supuesto deberá ser oído éste.

5. De haberse solicitado medidas cautelares, dentro del día siguiente a la admisión de la demanda o a la solicitud, el secretario judicial citará a las partes y al Ministerio Fiscal para que, en el día y hora que se señale dentro de las cuarenta y ocho horas siguientes, comparezcan a una audiencia preliminar, en la que sólo se admitirán alegaciones y pruebas sobre la justificación y proporcionalidad de las medidas, en relación con el derecho fundamental y el riesgo para la efectividad de la resolución que deba recaer, debiendo aportar la parte solicitante el necesario principio de prueba al respecto. En supuestos de urgencia excepcional, la adopción de las medidas cautelares podrá efectuarse

por el juez o Sala al admitirse a trámite la demanda, sin perjuicio de que se celebre ulteriormente la comparecencia prevista en este número.

6. El órgano judicial resolverá al término de la audiencia sobre las medidas cautelares solicitadas mediante auto dictado de viva voz, adoptando, en su caso, las medidas oportunas para reparar la situación.

Artículo 181. Conciliación y juicio.– 1. Admitida a trámite la demanda, el secretario judicial citará a las partes para los actos de conciliación y juicio conforme a los criterios establecidos en el apartado 1 del artículo 82, que habrán de tener lugar dentro del plazo improrrogable de los cinco días siguientes al de la admisión de la demanda. En todo caso, habrá de mediar un mínimo de dos días entre la citación y la efectiva celebración de aquellos actos.

2. En el acto del juicio, una vez justificada la concurrencia de indicios de que se ha producido violación del derecho fundamental o libertad pública, corresponderá al demandado la aportación de una justificación objetiva y razonable, suficientemente probada, de las medidas adoptadas y de su proporcionalidad[89].

3. El juez o la Sala dictará sentencia en el plazo de tres días desde la celebración del acto del juicio publicándose y notificándose inmediatamente a las partes o a sus representantes.

Artículo 182. Sentencia.– 1. La sentencia declarará haber lugar o no al amparo judicial solicitado y, en caso de estimación de la demanda, según las pretensiones concretamente ejercitadas:

a) Declarará la existencia o no de vulneración de derechos fundamentales y libertades públicas, así como el derecho o libertad infringidos, según su contenido constitucionalmente declarado, dentro de los límites del debate procesal y conforme a las normas y doctrina constitucionales aplicables al caso, hayan sido o no acertadamente invocadas por los litigantes.

b) Declarará la nulidad radical de la actuación del empleador, asociación patronal, Administración pública o cualquier otra persona, entidad o corporación pública o privada.

c) Ordenará el cese inmediato de la actuación contraria a derechos fundamentales o a libertades públicas, o en su caso, la prohibición de interrumpir

---

[89]   Arts. 95 y 96 de esta Ley y 13 LOI.

una conducta o la obligación de realizar una actividad omitida, cuando una u otra resulten exigibles según la naturaleza del derecho o libertad vulnerados.

d) Dispondrá el restablecimiento del demandante en la integridad de su derecho y la reposición de la situación al momento anterior a producirse la lesión del derecho fundamental, así como la reparación de las consecuencias derivadas de la acción u omisión del sujeto responsable, incluida la indemnización que procediera en los términos señalados en el artículo 183.

2. En la sentencia se dispondrá lo procedente sobre las medidas cautelares que se hubieran adoptado previamente.

Artículo 183. Indemnizaciones.– 1. Cuando la sentencia declare la existencia de vulneración, el juez deberá pronunciarse sobre la cuantía de la indemnización que, en su caso, le corresponda a la parte demandante por haber sufrido discriminación u otra lesión de sus derechos fundamentales y libertades públicas, en función tanto del daño moral unido a la vulneración del derecho fundamental, como de los daños y perjuicios adicionales derivados.

2. El tribunal se pronunciará sobre la cuantía del daño, determinándolo prudencialmente cuando la prueba de su importe exacto resulte demasiado difícil o costosa, para resarcir suficientemente a la víctima y restablecer a ésta, en la medida de lo posible, en la integridad de su situación anterior a la lesión, así como para contribuir a la finalidad de prevenir el daño.

3. Esta indemnización será compatible, en su caso, con la que pudiera corresponder al trabajador por la modificación o extinción del contrato de trabajo o en otros supuestos establecidos en el Estatuto de los Trabajadores y demás normas laborales.

4. Cuando se haya ejercitado la acción de daños y perjuicios derivada de delito o falta en un procedimiento penal no podrá reiterarse la petición indemnizatoria ante el orden jurisdiccional social, mientras no se desista del ejercicio de aquélla o quede sin resolverse por sobreseimiento o absolución en resolución penal firme, quedando mientras tanto interrumpido en plazo de prescripción de la acción en vía social.

Artículo 184. Demandas de ejercicio necesario a través de la modalidad procesal correspondiente.– No obstante lo dispuesto en los artículos anteriores y sin perjuicio de lo dispuesto en el apartado 2 del artículo 178, las demandas por despido y por las demás causas de extinción del contrato de trabajo, las de modificaciones sustanciales de condiciones de trabajo, las de suspensión del contrato y reducción de jornada por causas económicas, técnicas, organizativas o de producción o derivadas de fuerza mayor, las de disfrute de vacaciones, las de materia electoral, las de impugnación de estatutos de los sindicatos o de su modificación, las de movilidad geográfica, las de derechos de conciliación de la vida personal, familiar y laboral a las que se refiere el artículo 139, las de impugnación de convenios colectivos y las de sanciones impuestas por los empresarios a los trabajadores en que se invoque lesión de derechos fundamentales y libertades públicas se tramitarán inexcusablemente, con arreglo a la modalidad procesal correspondiente a cada una de ellas, dando carácter preferente a dichos procesos y acumulando en ellos, según lo dispuesto en el apartado 2 del artículo 26, las pretensiones de tutela de derechos fundamentales y libertades públicas con las propias de la modalidad procesal respectiva.

TÍTULO III. De la audiencia al demandado rebelde

Artículo 185. Especialidades.– A los procesos seguidos sin que haya comparecido el demandado, les serán de aplicación las normas contenidas en el Título V del Libro II de la Ley de Enjuiciamiento Civil, con las especialidades siguientes:

1. No será necesaria la declaración de rebeldía del demandado que, citado en forma, no comparezca al juicio.

2. A petición del demandante se podrá decretar el embargo de bienes muebles e inmuebles u otras medidas cautelares en lo necesario para asegurar el suplico.

3. El plazo para solicitar la audiencia será de veinte días desde la notificación personal de la sentencia o desde que conste el conocimiento procesal o extraprocesal de la misma y en todo caso de cuatro meses desde la notificación de la sentencia en el Boletín Oficial correspondiente, en los supuestos y condiciones previstos en el artículo 501 de la Ley de Enjuiciamiento Civil.

4. La petición de audiencia se formulará ante el órgano judicial que hubiere dictado la sentencia firme que se pretende rescindir.

5. La audiencia al demandado se sustanciará ante el órgano que conoció del litigio en instancia.

6. En ambos supuestos se seguirán los trámites del proceso ordinario regulado en esta Ley, con aplicación de lo previsto en el apartado 2 del artículo 504 y regla 3ª, del apartado 1 del artículo 507 de la Ley de Enjuiciamiento Civil,

con exclusión de los trámites de las reglas 1ª y 2ª del apartado 1 del artículo 507 de la referida Ley.

7. La pretensión de nulidad de la sentencia o resolución firme por defectos de forma que hayan causado indefensión deberá plantearse, de concurrir los presupuestos para ello, por la vía del incidente de nulidad de actuaciones regulado en el artículo 241 de la Ley Orgánica del Poder Judicial.

LIBRO TERCERO. DE LOS MEDIOS DE IMPUGNACIÓN

TÍTULO I. De los recursos contra providencias, autos, diligencias de ordenación y decretos

Artículo 186. Recurso de reposición.– 1. Contra las diligencias de ordenación y decretos no definitivos cabrá recurso de reposición ante el secretario judicial que dictó la resolución recurrida, excepto en los casos en que la ley prevea recurso directo de revisión.

2. Contra todas las providencias y autos cabrá recurso de reposición ante el mismo juez o tribunal que dictó la resolución recurrida.

3. La interposición del recurso de reposición no tendrá efectos suspensivos respecto de la resolución recurrida.

4. No habrá lugar al recurso de reposición contra providencias, autos, diligencias de ordenación y decretos que se dicten en los procesos de conflictos colectivos, en los procesos en materia electoral, cuando versen sobre el ejercicio de conciliación de la vida personal familiar y laboral, y en los procesos de impugnación de convenios colectivos, sin perjuicio, en su caso, de poder efectuar la alegación correspondiente en el acto de la vista.

Artículo 187. Tramitación[90].– 1. El recurso de reposición deberá interponerse en el plazo de tres días contra las resoluciones dictadas en procedimientos seguidos ante un órgano unipersonal y de cinco días contra las resoluciones dictadas en procedimientos seguidos ante un órgano colegiado, expresándose la infracción en que la resolución hubiera incurrido a juicio del recurrente.

2. Si no se cumplieran los requisitos establecidos en el apartado anterior, se inadmitirá, mediante providencia no susceptible de recurso, la reposición

---

[90]   Cfr. DA 15.4ª LOPJ sobre depósito para recurrir en reposición.

interpuesta frente a providencias y autos, y mediante decreto, directamente recurrible en revisión, la formulada contra diligencias de ordenación y decretos no definitivos.

3. Admitido a trámite el recurso de reposición, por el secretario judicial se concederá a las demás partes personadas un plazo común de tres o cinco días, según el carácter unipersonal o colegiado del órgano en el que se haya dictado la resolución recurrida, para impugnarlo, si lo estiman conveniente.

4. Transcurrido el plazo de impugnación, háyanse o no presentado escritos, el juez o tribunal, si se tratara de reposición interpuesta frente a providencias o autos, o el secretario judicial si hubiera sido formulada frente a diligencias de ordenación o decretos, resolverán sin más trámites mediante auto o decreto, respectivamente, en un plazo de tres o de cinco días, según el carácter unipersonal o colegiado del órgano.

5. Contra el auto resolutorio del recurso de reposición no se dará nuevo recurso, salvo en los supuestos expresamente establecidos en la presente Ley[91], sin perjuicio de poder efectuar la alegación correspondiente en el acto de la vista, en su caso, o de la responsabilidad civil que en otro caso proceda.

Artículo 188. Impugnación de la resolución del recurso de reposición.– 1. Contra el decreto resolutivo de la reposición cabrá recurso de revisión. También cabrá recurso directo de revisión contra los decretos que pongan fin al procedimiento o impidan su continuación. Dichos recursos carecerán de efectos suspensivos sin que, en ningún caso, proceda actuar en sentido contrario a lo que se hubiese resuelto.

Cabrá interponer igualmente recurso directo de revisión contra los decretos en aquellos casos en que expresamente se prevea.

2. El recurso directo de revisión deberá interponerse en el plazo de tres o cinco días, según el carácter unipersonal o colegiado del órgano en el que se haya dictado la resolución recurrida, mediante escrito en el que deberá fundamentarse la infracción en que la resolución hubiera incurrido[92].

Cumplidos los anteriores requisitos, el secretario judicial, mediante diligencia de ordenación, admitirá el recurso, concediendo a las demás partes personadas un plazo común de tres o cinco días, según el carácter unipersonal

---

[91]   Cfr. arts. 189, 191.4 y 206.3 y 4 LJS.

[92]   Cfr. DA 15.4ª LOPJ sobre depósito para recurrir en revisión.

o colegiado del órgano en el que se haya dictado la resolución recurrida, para impugnarlo si lo estiman conveniente.

Si no se cumplieran los requisitos de admisibilidad del recurso, el juez o tribunal lo inadmitirá mediante providencia.

Transcurrido el plazo para impugnación, háyanse presentado o no escritos, el juez o tribunal resolverá sin más trámites, mediante auto, en un plazo de tres o de cinco días, según el carácter unipersonal o colegiado del órgano.

Contra las resoluciones sobre admisión o inadmisión no cabrá recurso alguno.

3. Contra el auto dictado resolviendo el recurso de revisión, únicamente cabrá recurso de suplicación o de casación cuando así expresamente se prevea en esta Ley[93].

Artículo 189. Recurso de queja[94].– Los recursos de queja de que conozcan las Salas de lo Social de los Tribunales Superiores de Justicia o la Sala de lo Social del Tribunal Supremo, según los casos, se tramitarán de conformidad con lo dispuesto en la Ley de Enjuiciamiento Civil para recurrir en queja.

TÍTULO II. Del recurso de suplicación

Artículo 190. Competencia.– 1. Las Salas de lo Social de los Tribunales Superiores de Justicia conocerán de los recursos de suplicación que se interpongan contra las resoluciones dictadas por los Juzgados de lo Social de su circunscripción, así como contra los autos y sentencias que puedan dictar los Jueces de lo Mercantil que se encuentren en su circunscripción y que afecten al derecho laboral.

2. Procederá dicho recurso contra las resoluciones que se determinan en esta Ley y por los motivos que en ella se establecen.

Artículo 191. Ámbito de aplicación.– 1. Son recurribles en suplicación las sentencias que dicten los Juzgados de lo Social en los procesos que ante ellos se tramiten, cualquiera que sea la naturaleza del asunto, salvo cuando la presente Ley disponga lo contrario.

---

[93]   Cfr. arts. 191.4 y 206.3 y 4 LJS.
[94]   DA 15.ª3.a) LOPJ, sobre depósito para recurrir en queja. Arts. 494 y 495 LEC en relación con la tramitación.

2. No procederá recurso de suplicación en los procesos relativos a las siguientes materias:

a) Impugnación de sanción por falta que no sea muy grave, así como por falta muy grave no confirmada judicialmente[95].

b) Procesos relativos a la fecha de disfrute de las vacaciones[96].

c) Materia electoral[97], salvo en el caso del artículo 136.

d) Procesos de clasificación profesional, salvo en el caso previsto en el apartado 3 del artículo 137.

e) Procesos de movilidad geográfica distintos de los previstos en el apartado 2 del artículo 40 del Estatuto de Trabajadores; en los de modificaciones sustanciales de condiciones de trabajo, salvo cuando tengan carácter colectivo de conformidad con el apartado 2 del artículo 41 del referido Estatuto; y en los de cambio de puesto o movilidad funcional, salvo cuando fuera posible acumular a estos otra acción susceptible de recurso de suplicación; y en las suspensiones y reducciones de jornada previstas en el artículo 47 del Estatuto de los Trabajadores que afecten a un número de trabajadores inferior a los umbrales previstos en el apartado 1 del artículo 51 del Estatuto de los Trabajadores[98].

f) Procedimientos relativos a los derechos de conciliación de la vida personal, familiar y laboral previstos en el artículo 139, salvo cuando se haya acumulado pretensión de resarcimiento de daños y perjuicios que por su cuantía pudiera dar lugar a recurso de suplicación.

g) Reclamaciones cuya cuantía litigiosa no exceda de 3.000 euros[99]. Tampoco procederá recurso en procesos de impugnación de alta médica cualquiera que sea la cuantía de las prestaciones de incapacidad temporal que viniere percibiendo el trabajador[100].

3. Procederá en todo caso la suplicación:

a) En procesos por despido o extinción del contrato, salvo en los procesos por despido colectivo impugnados por los representantes de los trabajadores.

b) En reclamaciones, acumuladas o no, cuando la cuestión debatida afecte a todos o a un gran número de trabajadores o de beneficiarios de la Seguridad

---

[95]   Art. 115.3 de esta Ley.
[96]   Arts. 125 y 126 de esta Ley.
[97]   Arts. 127 ss. de esta Ley.
[98]   Art. 138 de esta Ley.
[99]   Cfr. art. 192 de esta Ley.
[100] Art. 140.3 de esta Ley.

Social, siempre que tal circunstancia de afectación general fuera notoria o haya sido alegada y probada en juicio o posea claramente un contenido de generalidad no puesto en duda por ninguna de las partes; así como cuando la sentencia de instancia fuera susceptible de extensión de efectos.

c) En los procesos que versen sobre reconocimiento o denegación del derecho a obtener prestaciones de Seguridad Social, así como sobre el grado de incapacidad permanente aplicable.

d) Cuando el recurso tenga por objeto subsanar una falta esencial del procedimiento o la omisión del intento de conciliación o de mediación obligatoria previa, siempre que se haya formulado la protesta en tiempo y forma y hayan producido indefensión. Si el fondo del asunto no estuviera comprendido dentro de los límites de la suplicación, la sentencia resolverá sólo sobre el defecto procesal invocado.

e) Contra las sentencias que decidan sobre la falta de jurisdicción por razón de la materia o de competencia territorial o funcional. Si el fondo del asunto no estuviera comprendido dentro de los límites de la suplicación la sentencia, resolverá sólo sobre la jurisdicción o competencia.

f) Contra las sentencias dictadas en materias de conflictos colectivos[101], impugnación de convenios colectivos[102], impugnación de los estatutos de los sindicatos[103], procedimientos de oficio[104] y tutela de derechos fundamentales y libertades públicas[105].

g) Contra las sentencias dictadas en procesos de impugnación de actos administrativos en materia laboral no comprendidos en los apartados anteriores[106], cuando no sean susceptibles de valoración económica o cuando la cuantía litigiosa exceda de dieciocho mil euros[107].

4. Podrá interponerse recurso de suplicación contra las siguientes resoluciones:

a) Los autos que resuelvan el recurso de reposición interpuesto contra la resolución en que el órgano jurisdiccional, antes del acto del juicio, declare la

---

[101]   Arts. 153 ss. de esta Ley.
[102]   Arts. 163 ss. de esta Ley.
[103]   Arts. 167 ss. de esta Ley.
[104]   Arts. 148 ss. de esta Ley.
[105]   Arts. 177 ss. de esta Ley.
[106]   Art. 151 de esta Ley.
[107]   Arts. 192.4 de esta Ley.

falta de jurisdicción o de competencia por razón de la materia, de la función o del territorio.

b) Los autos y sentencias que se dicten por los Juzgados de lo Mercantil en el proceso concursal en cuestiones de carácter laboral[108]. En dichas resoluciones deberán consignarse expresamente y por separado, los hechos que se estimen probados.

c) Los autos que resuelvan el recurso de reposición, o en su caso de revisión, interpuesto contra la resolución que disponga la terminación anticipada del proceso en los siguientes supuestos:

1.º Satisfacción extraprocesal o pérdida sobrevenida de objeto.

2.º Falta de subsanación de los defectos advertidos en la demanda no imputable a la parte o a su representación procesal o incomparecencia injustificada a los actos de conciliación y juicio, siempre que, por caducidad de la acción o de la instancia o por otra causa legal, no fuera jurídicamente posible su reproducción ulterior.

d) Los autos que decidan el recurso de reposición interpuesto contra los que dicten los Juzgados de lo Social y los autos que decidan el recurso de revisión interpuesto contra los decretos del secretario judicial, dictados unos y otros en ejecución definitiva de sentencia u otros títulos, siempre que la sentencia hubiere sido recurrible en suplicación o que, de tratarse de ejecución derivada de otro título, haya recaído en asunto en el que, de haber dado lugar a sentencia, la misma hubiere sido recurrible en suplicación, en los siguientes supuestos:

1.º Cuando denieguen el despacho de ejecución.

2.º Cuando resuelvan puntos sustanciales no controvertidos en el pleito, no decididos en la sentencia o que contradigan lo ejecutoriado.

3.º Cuando pongan fin al procedimiento incidental en la ejecución decidiendo cuestiones sustanciales no resueltas o no contenidas en el título ejecutivo.

4.º En los mismos casos, procederá también recurso de suplicación en ejecución provisional si se hubieran excedido materialmente los límites de la misma o se hubiera declarado la falta de jurisdicción o competencia del orden social.

---

[108]   Arts. 53, 136 ss., 169 ss. y 551 LC.

Artículo 192. Determinación de la cuantía del proceso.– 1. Si fuesen varios los demandantes o algún demandado reconviniese, la cuantía litigiosa a efectos de la procedencia o no del recurso, la determinará la reclamación cuantitativa mayor sin intereses ni recargos por mora.

2. Si el actor formulase varias pretensiones y reclamare cantidad por cada una de ellas, se sumarán todas para establecer la cuantía.

Cuando en un mismo proceso se ejerciten una o más acciones acumuladas de las que solamente alguna sea recurrible en suplicación, procederá igualmente dicho recurso, salvo expresa disposición en contrario.

3. Cuando la reclamación verse sobre prestaciones económicas periódicas de cualquier naturaleza o diferencias sobre ellas, la cuantía litigiosa a efectos de recurso vendrá determinada por el importe de la prestación básica o de las diferencias reclamadas, ambas en cómputo anual, sin tener en cuenta las actualizaciones o mejoras que pudieran serle aplicables, ni los intereses o recargos por mora. La misma regla se aplicará a las reclamaciones de reconocimiento de derechos, siempre que tengan traducción económica.

4. En impugnación de actos administrativos en materia laboral y de Seguridad Social se atenderá, a efectos de recurso, al contenido económico de la pretensión o del acto objeto del proceso cuando sea susceptible de tal valoración y, en su caso, en cómputo anual. Cuando se pretenda el reconocimiento de un derecho o situación jurídica individualizada, la cuantía vendrá determinada por el valor económico de lo reclamado o, en su caso, por la diferencia respecto de lo previamente reconocido en vía administrativa. Cuando se pretenda la anulación de un acto, incluidos los de carácter sancionador, se atenderá al contenido económico del mismo. En ambos casos no se tendrán en cuenta los intereses o recargos por mora. En materia de prestaciones de Seguridad Social igualmente valorables económicamente, se estará a la regla del apartado 3 de este mismo artículo, computándose exclusivamente a estos fines las diferencias reclamadas sobre el importe reconocido previamente en vía administrativa.

Artículo 193. Objeto del recurso de suplicación.– El recurso de suplicación tendrá por objeto:

a) Reponer los autos al estado en el que se encontraban en el momento de cometerse una infracción de normas o garantías del procedimiento que haya producido indefensión.

b) Revisar los hechos declarados probados, a la vista de las pruebas documentales y periciales practicadas.

c) Examinar las infracciones de normas sustantivas o de la jurisprudencia.

Artículo 194. Anuncio del recurso[109].– El recurso de suplicación deberá anunciarse dentro de los cinco días siguientes a la notificación de la sentencia, bastando para ello la mera manifestación de la parte o de su abogado, graduado social colegiado o de su representante, al hacerle la notificación de aquélla, de su propósito de entablarlo. También podrá anunciarse por comparecencia o por escrito de las partes o de su abogado o graduado social colegiado, o representante ante el juzgado que dictó la resolución impugnada, dentro del indicado plazo.

Artículo 195. Interposición del recurso.– 1. Si la resolución fuera recurrible en suplicación y la parte hubiera anunciado el recurso en tiempo y forma y cumplido las demás prevenciones establecidas en esta Ley, el secretario judicial tendrá por anunciado el recurso y acordará poner los autos a disposición del letrado o graduado social colegiado designado por la parte recurrente, por el orden de anuncio, en la forma dispuesta en el apartado 1 del artículo 48, para que interponga el recurso, dentro de los diez días siguientes a que se notifique la puesta a disposición, debiendo sustituirse el traslado material de las actuaciones por la entrega de soporte informático o mediante acceso telemático, si se dispusiera de los medios necesarios para ello. Este plazo correrá cualquiera que sea el momento en que el letrado o el graduado social colegiado examinara o recogiera los autos.

Si el órgano jurisdiccional dispusiera de los medios para dar simultáneo traslado o acceso a las actuaciones a todas las partes recurrentes, se dispondrá que tanto la puesta a disposición de las actuaciones, como la interposición del recurso, se efectúen dentro de un plazo común a todos los recurrentes.

2. Si la resolución impugnada no fuera recurrible en suplicación, si el recurso no se hubiera anunciado en tiempo o si el recurrente hubiera incumplido los requisitos necesarios para el anuncio del recurso de modo insubsanable o no hubiera subsanado dichos requisitos dentro del término conferido al efecto, según lo dispuesto en el apartado 5 del artículo 230, el órgano judicial decla-

---

[109]   Los arts. 229 ss. de esta Ley contienen disposiciones comunes a los recursos de suplicación y casación.

rará, mediante auto, tener por no anunciado el recurso, quedando firme en su caso la sentencia impugnada. Contra este auto podrá recurrirse en queja ante la Sala de lo Social del Tribunal Superior de Justicia.

Artículo 196. Escrito de interposición.– 1. El escrito interponiendo el recurso de suplicación se presentará ante el juzgado que dictó la resolución impugnada[110].

2. En el escrito de interposición del recurso, junto con las alegaciones sobre su procedencia y sobre el cumplimiento de los requisitos exigidos, se expresarán, con suficiente precisión y claridad, el motivo o los motivos en que se ampare, citándose las normas del ordenamiento jurídico o la jurisprudencia que se consideren infringidas. En todo caso se razonará la pertinencia y fundamentación de los motivos.

3. También habrán de señalarse de manera suficiente para que sean identificados, el concreto documento o pericia en que se base cada motivo de revisión de los hechos probados que se aduzca e indicando la formulación alternativa que se pretende.

Artículo 197. Traslado a las otras partes.– 1. Interpuesto el recurso en tiempo y forma, el secretario judicial proveerá en el plazo de dos días dando traslado del mismo para su impugnación, a la parte o partes recurridas por un plazo común de cinco días para todas ellas. En los escritos de impugnación, que se presentarán acompañados de tantas copias como sean las demás partes para su traslado a las mismas, podrán alegarse motivos de inadmisibilidad del recurso, así como eventuales rectificaciones de hecho o causas de oposición subsidiarias aunque no hubieran sido estimadas en la sentencia, con análogos requisitos a los indicados en el artículo anterior.

2. Del escrito o escritos de impugnación se dará traslado a las partes. De haberse formulado en dichos escritos alegaciones sobre inadmisibilidad del recurso o los motivos a que se refiere el apartado anterior, las demás partes podrán presentar directamente sus alegaciones al respecto, junto con las co-

---

[110]   La Ley 10/2012, de 20 de noviembre, considera la interposición del recurso de suplicación hecho imponible de la tasa por el ejercicio de la potestad jurisdiccional en los órdenes civil, contencioso-administrativo y social. La STC 140/2016, de 21 de julio, declaró la inconstitucionalidad de las mencionadas tasas en los órdenes contencioso-administrativo y social, así como algunas correspondientes a procesos en el orden civil.

rrespondientes copias para su traslado a las demás partes, dentro de los dos días siguientes a recibir el traslado del escrito de impugnación.

3. Transcurrido el plazo de impugnación y en su caso el de alegaciones del apartado anterior, háyanse presentado o no escritos en tal sentido y previo traslado de las alegaciones si se hubieran presentado, se elevarán los autos a la Sala de lo Social del Tribunal Superior de Justicia, junto con el recurso y escritos presentados, dentro de los dos días siguientes.

Artículo 198. Determinación de domicilio.– Las partes recurrentes y recurridas deberán hacer constar, en los escritos de interposición del recurso y de impugnación del mismo, un domicilio en la sede de la Sala de lo Social del Tribunal Superior de Justicia a efectos de notificaciones, de no haberlo consignado previamente, con los efectos del apartado 2 del artículo 53.

Artículo 199. Subsanación.– Recibidos los autos en la Sala de lo Social del Tribunal Superior de Justicia, si el secretario judicial apreciara defectos u omisiones subsanables en el recurso, concederá a la parte el plazo de cinco días para que se aporten los documentos omitidos o se subsanen los defectos apreciados. De no efectuarse, la Sala dictará auto declarando la inadmisión del recurso y la firmeza de la resolución recurrida, con devolución del depósito constituido y la remisión de las actuaciones al juzgado de procedencia. Contra dicho auto sólo cabe recurso de reposición.

Artículo 200. Inadmisión del recurso.– 1. Instruido de los autos por tres días el Magistrado ponente, dará cuenta a la Sala del recurso interpuesto y ésta, identificando de forma sucinta las circunstancias justificativas, podrá oír al recurrente por tres días sobre la inadmisión del recurso por haberse incumplido de manera manifiesta e insubsanable los requisitos para recurrir o por existir doctrina jurisprudencial unificada del Tribunal Supremo en el mismo sentido que la sentencia recurrida.

2. Si la Sala estimara que concurre alguna de las causas de inadmisión referidas dictará, en el plazo de tres días, auto, contra el que no cabrá recurso, declarando la inadmisión del recurso y la firmeza de la resolución recurrida con imposición de las costas al recurrente y con pérdida del depósito necesario para recurrir, dándose a las consignaciones y aseguramientos prestados el destino que corresponda y notificando la resolución a las partes y al Ministerio Fiscal.

Cuando la inadmisión se refiera solamente a alguno de los motivos aducidos o a alguno de los recursos interpuestos, mediante auto, no susceptible de recurso, se dispondrá la continuación del trámite de los restantes recursos o motivos no afectados por el auto de inadmisión parcial.

Artículo 201. Sentencia.– 1. De no haberse acordado la inadmisión por el trámite del artículo anterior, previo señalamiento para deliberación, votación y fallo, la Sala dictará sentencia dentro del plazo de diez días, que se notificará a las partes y a la Fiscalía de la Comunidad Autónoma, resolviendo sobre la estimación o desestimación del recurso, así como, en su caso, sobre las cuestiones oportunamente suscitadas en impugnación, o apreciando su inadmisibilidad y desestimándolo en consecuencia. La estimación del recurso dará lugar a la anulación o revocación de la sentencia recurrida en los términos establecidos en el artículo siguiente y la desestimación del mismo determinará la confirmación de la resolución recurrida.

2. Firme la sentencia, el secretario judicial acordará la devolución de los autos, junto con la certificación de aquélla, al juzgado de procedencia.

Artículo 202. Efectos de la estimación del recurso.– 1. Cuando la revocación de la resolución de instancia se funde en la infracción de normas o garantías del procedimiento que haya producido indefensión, de acuerdo con lo dispuesto en la letra a) del artículo 193, la Sala, sin entrar en el fondo de la cuestión, mandará reponer los autos al estado en que se encontraban en el momento de cometerse la infracción, y si ésta se hubiera producido en el acto del juicio, al momento de su señalamiento.

2. Si la infracción cometida versara sobre las normas reguladoras de la sentencia, la estimación del motivo obligará a la Sala a resolver lo que corresponda, dentro de los términos en que aparezca planteado el debate. Pero si no pudiera hacerlo, por ser insuficiente el relato de hechos probados de la resolución recurrida y por no poderse completar por el cauce procesal correspondiente, acordará la nulidad en todo o en parte de dicha resolución y de las siguientes actuaciones procesales, concretando en caso de nulidad parcial los extremos de la resolución impugnada que conservan su firmeza, y mandará reponer lo actuado al momento de dictar sentencia, para que se salven las deficiencias advertidas y sigan los autos su curso legal.

3. De estimarse alguno de los restantes motivos comprendidos en el artículo 193, la Sala resolverá lo que corresponda, con preferencia de la resolución

de fondo del litigio, dentro de los términos en que aparezca planteado el debate, incluso sobre extremos no resueltos en su momento en la sentencia recurrida por haber apreciado alguna circunstancia obstativa, así como, en su caso, sobre las alegaciones deducidas en los escritos de impugnación, siempre y cuando el relato de hechos probados y demás antecedentes no cuestionados obrantes en autos resultaran suficientes.

Artículo 203. Estimación total y parcial del recurso.– 1. Cuando la Sala revoque totalmente la sentencia de instancia y el recurrente haya consignado en metálico la cantidad importe de la condena o asegurado la misma conforme a lo prevenido en esta Ley, así como constituido el depósito para recurrir, el fallo dispondrá la devolución de todas las consignaciones y del depósito y la cancelación de los aseguramientos prestados, una vez firme la sentencia.

2. Si estimado el recurso de suplicación se condenara a una cantidad inferior a la reconocida por la resolución recurrida, el fallo dispondrá la devolución parcial de las consignaciones, en la cuantía que corresponda a la diferencia de las dos condenas, y la cancelación también parcial de los aseguramientos prestados, una vez firme la sentencia.

3. En todos los supuestos de estimación parcial del recurso de suplicación, el fallo dispondrá la devolución de la totalidad del depósito.

Artículo 204. Pérdida de cantidades consignadas.– 1. Cuando la Sala confirme la sentencia y el recurrente haya consignado las cantidades a las que se refiere la presente Ley, el fallo condenará a la pérdida de las consignaciones, a las que se dará el destino que corresponda cuando la sentencia sea firme.

2. En el caso de que el juez haya impuesto a la parte que obró con mala fe o temeridad la multa que señalan el apartado 4 del artículo 75 y el apartado 3 del artículo 97, la sentencia de la Sala confirmará o no, en todo o en parte, dicha multa, pronunciándose asimismo, cuando el condenado fuere el empresario, sobre los honorarios de los abogados o de los graduados sociales impuestos en la sentencia recurrida. La Sala podrá imponer dichas sanciones y medidas a los recurrentes de apreciarse temeridad o mala fe en la actuación de las partes o su representación procesal durante el recurso.

3. Si el recurrente hubiera asegurado el importe de la condena conforme a lo prevenido en esta Ley mandará la Sala en su fallo confirmatorio que se mantengan los aseguramientos prestados, hasta que el condenado cumpla la

sentencia o hasta que en cumplimiento de la sentencia resuelva la realización de dichos aseguramientos.

4. Si el recurrente hubiera constituido el depósito necesario para recurrir, la sentencia confirmatoria dispondrá su pérdida, lo que se realizará cuando la sentencia sea firme.

TÍTULO III. Del recurso de casación y demás procesos atribuidos al conocimiento del Tribunal Supremo

Artículo 205. Competencia y tramitación.– 1. La Sala de lo Social del Tribunal Supremo conocerá, en los supuestos y por los motivos establecidos en esta Ley, de los recursos de casación interpuestos contra las sentencias y otras resoluciones dictadas en única instancia por las Salas de lo Social de los Tribunales Superiores de Justicia y por la Sala de lo Social de la Audiencia Nacional.

2. También conocerá de los procesos de impugnación de actos administrativos en los supuestos de la letra a) del artículo 9. Se iniciará mediante escrito que deberá presentarse, en el plazo de dos meses siguientes a la notificación del acto impugnado o de los dos meses siguientes a la desestimación expresa o presunta del recurso de reposición potestativo, en su caso, solicitando se tenga por anunciada la impugnación jurisdiccional, acompañando copia del acto impugnado. En su tramitación se observarán las reglas siguientes:

a) De no concurrir causa de inadmisión y una vez subsanados en el plazo de diez días los defectos apreciados, se procederá a la reclamación del expediente administrativo de la Administración autora del acto y una vez recibido, con simultáneo emplazamiento de los interesados que resulten del expediente, se pondrá a disposición del recurrente o recurrentes en la oficina judicial, mediante acceso informático o soporte electrónico de disponerse de tales medios, para que en el plazo común de quince días procedan a la formalización de la demanda, con expresión de las infracciones formales y sustantivas en que hubiera incurrido el acuerdo recurrido.

b) Del escrito o escritos de demanda presentados se dará traslado a la representación de la Administración del Estado y demás partes personadas para contestación a la demanda en plazo común de quince días. La prueba documental distinta de la que obre en el expediente administrativo se aportará con los escritos de demanda y contestación, pudiendo solicitarse la práctica de otras diligencias de prueba cuando exista disconformidad en los hechos y lo estime necesario el Tribunal, que señalará a tal efecto una vista única para la práctica de la prueba, pudiendo delegar en uno de sus Magistrados o en una Sala o juzgado a estos fines, en función de las circunstancias concurrentes.

c) De haberse practicado prueba, el Tribunal resolverá dar traslado para conclusiones por un plazo común de diez días a todas las partes, salvo que estime necesaria la celebración de vista.

d) Los autos se señalarán para votación y fallo en el plazo de los diez días siguientes a la presentación de la contestación de la demanda o, en su caso, de la presentación de conclusiones o de la celebración de la vista.

e) La sentencia se dictará en el plazo de los diez días siguientes a la votación y fallo, y en ella se efectuarán los pronunciamientos que correspondan en los términos establecidos en el apartado 9 del artículo 151, y contra ella no cabrá ulterior recurso.

Artículo 206. Resoluciones procesales recurribles en casación.– Son recurribles en casación:

1. Son recurribles en casación las sentencias dictadas en única instancia por las Salas a las que se refiere el apartado 1 del artículo anterior, excepto las sentencias dictadas en procesos de impugnación de actos de las Administraciones públicas atribuidos al orden social en las letras n) y s) del artículo 2 que sean susceptibles de valoración económica cuando la cuantía litigiosa no exceda de ciento cincuenta mil euros.

En todo caso serán recurribles en casación las sentencias dictadas en procesos de impugnación de la resolución administrativa recaída en los procedimientos previstos en el apartado 7 del artículo 51 del Texto Refundido de la Ley del Estatuto de los Trabajadores, aprobado por Real Decreto Legislativo 1/1995, de 24 de marzo.

2. Los autos que resuelvan el recurso de reposición interpuesto contra la resolución en que la Sala, antes del acto de juicio, declare la falta de jurisdicción o competencia.

3. Los autos dictados por dichas Salas que resuelvan el recurso de reposición, o de revisión, en su caso, interpuesto contra la resolución que disponga la terminación anticipada del proceso:

a) Por satisfacción extraprocesal o pérdida sobrevenida de objeto.

b) Por falta de subsanación de los defectos advertidos en la demanda no imputable a la parte o a su representación procesal o por incomparecencia injustificada a los actos de conciliación y juicio, siempre que por caducidad de la acción o de la instancia u otra causa legal no fuera jurídicamente posible su reproducción ulterior.

4. Los autos que decidan el recurso de reposición interpuesto contra los que dicten dichas Salas y los autos que decidan el recurso de revisión interpuesto contra los decretos del secretario judicial, dictados unos y otros en ejecución definitiva de sentencia, en los siguientes casos:

a) Cuando denieguen el despacho de ejecución.

b) Cuando resuelvan puntos sustanciales no controvertidos en el pleito, no decididos en la sentencia o que contradigan lo ejecutoriado.

c) Cuando pongan fin al procedimiento incidental en la ejecución decidiendo cuestiones sustanciales no resueltas o no contenidas en el título ejecutivo.

En los mismos casos, procederá también recurso de casación en ejecución provisional cuando excedan materialmente de los límites de la misma o declaren la falta de jurisdicción o competencia del orden social.

Artículo 207. Motivos del recurso de casación.– El recurso de casación habrá de fundarse en alguno de los siguientes motivos:

a) Abuso, exceso o defecto en el ejercicio de la jurisdicción.

b) Incompetencia o inadecuación de procedimiento.

c) Quebrantamiento de las formas esenciales del juicio por infracción de las normas reguladoras de la sentencia o de las que rigen los actos y garantías procesales, siempre que, en este último caso, se haya producido indefensión para la parte.

d) Error en la apreciación de la prueba basado en documentos que obren en autos que demuestren la equivocación del juzgador, sin resultar contradichos por otros elementos probatorios.

e) Infracción de las normas del ordenamiento jurídico o de la jurisprudencia que fueren aplicables para resolver las cuestiones objeto de debate.

Artículo 208. Preparación del recurso[111]**.–** 1. El recurso de casación deberá prepararse en el plazo de los cinco días siguientes a la notificación de la sentencia, bastando para considerarlo preparado la mera manifestación de las partes o de su abogado, graduado social colegiado o representante, al hacerle la notificación de aquélla, de su propósito de entablarlo.

---

[111]   Los arts. 229 ss. de esta Ley contienen disposiciones comunes a los recursos de suplicación y casación.

2. También podrá prepararse por comparecencia o por escrito de las partes o de su abogado, graduado social colegiado o representante, dentro del mismo plazo señalado en el número anterior, ante la Sala que dictó la resolución que se impugna.

Artículo 209. Resolución sobre la preparación del recurso.– 1. Cumplidos los requisitos establecidos para recurrir, el secretario judicial tendrá por preparado el recurso de casación. Contra esta resolución la parte recurrida no podrá interponer recurso alguno, pero podrá oponerse a la admisión del recurso de casación en el trámite previsto en el apartado 1 del artículo 211 de esta Ley.

Si el secretario judicial apreciara la existencia de defectos subsanables, requerirá su subsanación conforme al apartado 5 del artículo 230, dando cuenta a la Sala si ésta no se produjera para que resuelva lo que proceda.

2. Si la resolución impugnada no fuera recurrible en casación, si el recurso no se hubiera preparado dentro de plazo, o si el recurrente hubiera incumplido los requisitos necesarios para la preparación del recurso de modo insubsanable o no hubiera subsanado dichos requisitos dentro del término conferido al efecto, en la forma dispuesta en el apartado 5 del artículo 230, la Sala de instancia declarará, mediante auto, tener por no preparado el recurso, quedando firme, en su caso, la resolución impugnada. Contra este auto podrá recurrirse en queja ante la Sala de lo Social del Tribunal Supremo.

3. Preparado el recurso, el secretario judicial concederá a la parte o partes recurrentes, por el orden de preparación, el plazo de quince días para formalizar el recurso, durante cuyo plazo, a partir de la notificación de la resolución al letrado designado, los autos se encontrarán a su disposición en la oficina judicial de la Sala para su entrega o su examen, en la forma dispuesta en el apartado 1 del artículo 48, en soporte convencional o mediante acceso informático o soporte electrónico de disponerse de tales medios. Este plazo correrá cualquiera que sea el momento en que el letrado recogiera o examinara los autos puestos a su disposición. Si la Sala dispusiera de medios para dar simultáneo traslado o acceso a las actuaciones a todas las partes recurrentes, dispondrá que tanto la puesta a disposición de las mismas, como la formalización del recurso, se efectúen dentro de un plazo común a todos los recurrentes.

Artículo 210. Interposición del recurso.– 1. El escrito de formalización se presentará ante la Sala que dictó la resolución impugnada, por el abogado designado al efecto quien, de no indicarse otra cosa, asumirá desde ese momento la representación de la parte en el recurso, designando un domicilio a efectos de notificaciones, con todos los datos necesarios para su práctica, con los efectos del apartado 2 del artículo 53[112].

2. En el escrito se expresarán por separado, con el necesario rigor y claridad, cada uno de los motivos de casación, por el orden señalado en el artículo 207, razonando la pertinencia y fundamentación de los mismos y el contenido concreto de la infracción o vulneración cometidas, haciendo mención precisa de las normas sustantivas o procesales infringidas, así como, en el caso de invocación de quebranto de doctrina jurisprudencial, de las concretas resoluciones que establezcan la doctrina invocada y, en particular, los siguientes extremos:

a) En los motivos basados en infracción de las normas y garantías procesales, deberá consignarse la protesta, solicitud de subsanación o recurso destinados a subsanar la falta o trasgresión en la instancia, de haber existido momento procesal oportuno para ello y el efecto de indefensión producido.

b) En los motivos basados en error de hecho en la apreciación de la prueba deberán señalarse de modo preciso cada uno de los documentos en que se fundamente y el concreto extremo a que se refiere, ofreciendo la formulación alternativa de los hechos probados que se propugna.

3. La Sala de Gobierno del Tribunal Supremo podrá determinar, mediante acuerdo que se publicará en el "Boletín Oficial del Estado", la extensión máxima y otras condiciones extrínsecas, incluidas las relativas al formato en el que deban ser presentados, de los escritos de formalización y de impugnación de los recursos de casación[113].

4. Si el recurso no se hubiera formalizado dentro del plazo conferido al efecto o si en el escrito se hubiesen omitido de modo manifiesto los requisitos

---

[112] La Ley 10/2012, de 20 de noviembre, considera la interposición del recurso de casación hecho imponible de la tasa por el ejercicio de la potestad jurisdiccional en los órdenes civil, contencioso-administrativo y social. La STC 140/2016, de 21 de julio, declaró la inconstitucionalidad de las mencionadas tasas en los órdenes contencioso-administrativo y social, así como algunas correspondientes a procesos en el orden civil.

[113] El Acuerdo, adoptado por la Sala de Gobierno del TS el 24 de marzo de 2025, aparece publicado en el BOE de 29 de abril de 2025.

exigidos, la Sala dictará auto poniendo fin al trámite del recurso quedando firme, en cuanto a dicha parte recurrente, la sentencia o resolución impugnada. Contra dicho auto, previa reposición ante la Sala, procederá recurso de queja ante la Sala de lo Social del Tribunal Supremo.

Artículo 211. Traslado a las otras partes.– 1. Una vez formalizado el recurso o recursos dentro del plazo concedido y con los requisitos exigidos, el secretario judicial proveerá en el plazo de dos días dando traslado del mismo a las demás partes por término común de diez días para su impugnación.

El escrito de impugnación deberá presentarse acompañado de tantas copias como sean las demás partes para su traslado a las mismas. En el mismo se desarrollarán por separado los distintos motivos de impugnación, correlativos a los de casación formulados de contrario y las causas de inadmisión que estime concurrentes, así como, en su caso, otros motivos subsidiarios de fundamentación del fallo de la sentencia recurrida o eventuales rectificaciones de hechos que, con independencia de los fundamentos aplicados por ésta, pudieran igualmente sustentar la estimación de las pretensiones de la parte impugnante, observando análogos requisitos que los exigidos para la formalización del recurso.

El escrito deberá estar suscrito por letrado, quien de no indicarse otra cosa asumirá desde ese momento la representación de la parte en el recurso, designando domicilio con todos los datos necesarios para notificaciones en la sede de la Sala de lo Social del Tribunal Supremo.

2. Durante el plazo de impugnación los autos se encontrarán a disposición de la parte o del letrado que designe a tal fin, en la oficina judicial de la Sala para su entrega o examen. En el caso de que la Sala disponga de los autos en soporte electrónico o pueda accederse a ellos por medios telemáticos, podrá sustituir el traslado material de las actuaciones por tales medios, conforme dispone el apartado 1 del artículo 48.

3. Del escrito o escritos de impugnación se dará traslado a las partes. De haberse formulado en dichos escritos alegaciones sobre inadmisibilidad del recurso o los motivos subsidiarios de fundamentación de la sentencia recurrida a que se refiere el artículo anterior, las demás partes, si lo estiman oportuno, podrán presentar directamente sus alegaciones al respecto, junto con las correspondientes copias para su traslado a las demás partes, dentro de los cinco días siguientes a recibir el escrito de impugnación.

Artículo 212. Remisión de los autos.– Transcurrido el plazo de impugnación y, en su caso, el de alegaciones del apartado 3 del artículo anterior, háyanse presentado o no escritos en tal sentido, y previo traslado de las alegaciones si se hubieran presentado, se elevarán los autos a la Sala de lo Social del Tribunal Supremo dentro de los cinco días siguientes.

Artículo 213. Decisión sobre la admisión del recurso.– 1. Recibidos los autos en la Sala de lo Social del Tribunal Supremo, si el secretario judicial apreciara defectos subsanables en el recurso, concederá a la parte un plazo de cinco días a tal efecto para la aportación de los documentos omitidos o subsanación de los defectos apreciados. De no efectuarse la subsanación en el tiempo y forma establecidos la Sala dictará auto de inadmisión del recurso declarando la firmeza en su caso de la resolución recurrida, con pérdida del depósito constituido y remisión de las actuaciones a la Sala de procedencia. Contra dicho auto sólo procederá recurso de reposición.

2. Si el secretario apreciare defectos insubsanables dará cuenta a la Sala para que ésta adopte la resolución que proceda.

3. De no haber apreciado defectos el secretario, o una vez subsanados los advertidos, dará cuenta al Magistrado ponente para instrucción de los autos por tres días. El Magistrado ponente dará cuenta a la Sala del recurso interpuesto y ésta, si estima que concurre causa de inadmisión, previo informe del Ministerio Fiscal por cinco días, dictará auto inadmitiendo el recurso. De no haberse alegado la causa de inadmisibilidad en la impugnación, con carácter previo oirá al recurrente sobre dicho extremo por cinco días.

4. Son causas de inadmisión, el incumplimiento de manera manifiesta e insubsanable de los requisitos para recurrir, la carencia sobrevenida del objeto del recurso, la falta de contenido casacional de la pretensión y el haberse desestimado en el fondo otros recursos en supuestos sustancialmente iguales.

5. Si la Sala estimare que concurre alguna de las causas de inadmisión referidas, dictará en el plazo de tres días auto declarando la firmeza de la resolución recurrida con imposición de costas al recurrente en los términos establecidos en esta Ley y con pérdida del depósito necesario para recurrir, dándose a las consignaciones y aseguramientos prestados el destino que corresponda, notificando la resolución a las partes y al Ministerio Fiscal, sin que quepa recurso contra dicha resolución.

Cuando la inadmisión se refiera solamente a alguno de los motivos aducidos o a alguno de los recursos interpuestos, mediante auto, no susceptible de recurso, se dispondrá la continuación del trámite de los restantes recursos o motivos no afectados por el auto de inadmisión parcial.

Artículo 214. Traslado al Ministerio Fiscal.– 1. De haberse admitido parcial o totalmente el recurso o recursos, el secretario pasará seguidamente los autos a la Fiscalía de lo Social del Tribunal Supremo, en soporte convencional o electrónico, para que en el plazo de diez días, informe sobre la procedencia o improcedencia de la casación pretendida. El referido traslado se efectuará igualmente, a los estrictos fines de defensa de la legalidad, cuando el Ministerio Fiscal sea parte en el proceso.

2. Devueltos los autos por el Ministerio Fiscal junto con su informe, si la Sala lo estima necesario el secretario judicial señalará día y hora para la celebración de la vista. En otro caso, el Tribunal señalará día y hora para deliberación, votación y fallo, debiendo celebrarse una u otros dentro de los diez días siguientes.

3. La Sala dictará sentencia en el plazo de diez días, contados desde el siguiente al de la terminación de la vista o al de la celebración de la votación.

Artículo 215. Efectos de la sentencia.– La sentencia, si se estimare el recurso por todos o algunos de sus motivos, casando la resolución recurrida, resolverá conforme a Derecho, teniendo en cuenta lo siguiente:

a) De estimarse la falta de jurisdicción, la incompetencia o la inadecuación del procedimiento, se anulará la sentencia y se dejará a salvo el derecho de ejercitar las pretensiones ante quien corresponda o por el procedimiento adecuado.

b) De estimarse las infracciones procesales previstas en la letra c) del artículo 207, se mandarán reponer las actuaciones al estado y momento en que se hubiera incurrido en la falta, salvo que la infracción se hubiera producido durante la celebración del juicio, en cuyo caso se mandarán reponer al momento de su señalamiento.

Si la infracción cometida versara sobre las normas reguladoras de la sentencia, la estimación del motivo obligará a la Sala a resolver lo que corresponda, dentro de los términos en que aparezca planteado el debate. Pero si no pudiera hacerlo, por ser insuficiente el relato de hechos probados de la resolución recurrida y no poderse completar por el cauce procesal correspondiente, acordará la nulidad en todo o en parte de dicha resolución y de las siguientes actuaciones procesales, concretando en caso de nulidad parcial los extremos de la resolución impugnada que conservan su firmeza, y mandará reponer lo actuado al momento de dictar sentencia, para que se salven las deficiencias advertidas y sigan los autos su curso legal.

c) De estimarse alguno de los restantes motivos comprendidos en el artículo 207, la Sala resolverá lo que corresponda dentro de los términos en que aparezca planteado el debate, con preferencia de la resolución de fondo del litigio, incluso sobre extremos no resueltos en su momento en la sentencia recurrida por haber apreciado alguna circunstancia obstativa, así como, en su caso, sobre las alegaciones deducidas en los escritos de impugnación, siempre y cuando el relato de hechos probados y demás antecedentes no cuestionados obrantes en autos resultaran suficientes.

Artículo 216. Devolución de cantidades consignadas.– 1. Siempre que el recurso de casación sea estimado, si el recurrente hubiera consignado en metálico la cantidad importe de la condena o asegurado ésta conforme a lo prevenido en esta Ley, así como constituido el depósito necesario para recurrir, el fallo dispondrá la devolución de todas las consignaciones y del depósito y la cancelación de los aseguramientos prestados.

2. Si estimado el recurso de casación se condenara a una cantidad inferior a la fijada en la resolución recurrida, el fallo dispondrá la devolución parcial de las consignaciones, en la cuantía que corresponda a la diferencia de las dos condenas, y la cancelación también parcial de los aseguramientos realizados.

3. En todos los supuestos de estimación parcial del recurso de casación, el fallo dispondrá la devolución de la totalidad del depósito.

Artículo 217. Pérdida de las cantidades consignadas.– 1. Si el recurso fuese desestimado y el recurrente hubiese tenido que consignar en metálico la cantidad importe de la condena o asegurar la misma y constituir el depósito, el fallo dispondrá la pérdida de las consignaciones a las que se dará el destino que corresponda o el mantenimiento de los aseguramientos prestados hasta que se cumpla la sentencia o se resuelva, en su caso, la realización de los mismos y la pérdida del citado depósito.

2. En el caso de que la Sala de instancia haya impuesto a la parte que obró con mala fe o temeridad la multa que señalan el apartado 4 del artículo 75 y el apartado 3 del artículo 97, la sentencia de la Sala se pronunciará sobre di-

chos extremos, así como sobre los honorarios de los abogados si hubieran sido impuestos en la sentencia recurrida. La Sala podrá imponer dichas sanciones y medidas a los recurrentes de apreciarse temeridad o mala fe en la actuación de las partes o su representación procesal durante el recurso.

TÍTULO IV. Del recurso de casación para la unificación de doctrina

Artículo 218. Sentencias recurribles.– Son recurribles en casación para la unificación de doctrina, las sentencias dictadas en suplicación por las Salas de lo Social de los Tribunales Superiores de Justicia.

Artículo 219. Finalidad del recurso. Legitimación del Ministerio Fiscal.– 1. El recurso tendrá por objeto la unificación de doctrina con ocasión de sentencias dictadas en suplicación por las Salas de lo Social de los Tribunales Superiores de Justicia, que fueran contradictorias entre sí, con la de otra u otras Salas de los referidos Tribunales Superiores o con sentencias del Tribunal Supremo, respecto de los mismos litigantes u otros diferentes en idéntica situación donde, en mérito a hechos, fundamentos y pretensiones sustancialmente iguales, se hubiere llegado a pronunciamientos distintos, siempre que la Sala Social del Tribunal Supremo aprecie que el recurso presenta interés casacional objetivo. Existe interés casacional objetivo cuando se de alguno de los siguientes supuestos:

a) Si concurren circunstancias que aconsejen un nuevo pronunciamiento de la Sala.

b) Si la cuestión posee una trascendencia o proyección significativa.

c) Si el debate suscitado presenta relevancia para la formación de la jurisprudencia.

2. Podrá alegarse como doctrina de contradicción la establecida en las sentencias dictadas por el Tribunal Constitucional y los órganos jurisdiccionales instituidos en los Tratados y Acuerdos internacionales en materia de derechos humanos y libertades fundamentales ratificados por España, siempre que se cumplan los presupuestos del número anterior referidos a la pretensión de tutela de tales derechos y libertades. La sentencia que resuelva el recurso se limitará, en dicho punto de contradicción, a conceder o denegar la tutela del derecho o libertad invocados, en función de la aplicabilidad de dicha doctrina al supuesto planteado.

Con iguales requisitos y alcance sobre su aplicabilidad, podrá invocarse la doctrina establecida en las sentencias del Tribunal de Justicia de la Unión Europea en interpretación del derecho comunitario.

3. El Ministerio Fiscal, en su función de defensa de la legalidad, de oficio o a instancia de los sindicatos, organizaciones empresariales, asociaciones representativas de los trabajadores autónomos económicamente dependientes o entidades públicas que, por las competencias que tengan atribuidas, ostenten interés legítimo en la unidad jurisprudencial sobre la cuestión litigiosa, y con independencia de la facultad que ordinariamente tiene atribuida conforme al artículo siguiente de esta Ley, podrá interponer recurso de casación para unificación de doctrina. Dicho recurso podrá interponerse en los siguientes casos:

a) Cuando, sin existir doctrina unificada en la materia de que se trate, se hayan dictado pronunciamientos distintos por los Tribunales Superiores de Justicia, en interpretación de unas mismas normas sustantivas o procesales y en circunstancias sustancialmente iguales.

b) Cuando se constate la dificultad de que la cuestión pueda acceder a unificación de doctrina según los requisitos ordinariamente exigidos.

c) Cuando las normas cuestionadas por parte de los tribunales del orden social sean de reciente vigencia o aplicación, por llevar menos de cinco años en vigor en el momento de haberse iniciado el proceso en la instancia.

d) Cuando no existieran aún resoluciones suficientes e idóneas sobre todas las cuestiones discutidas que cumplieran los requisitos exigidos en el apartado 1 de este artículo.

e) Cuando la cuestión debatida presente interés casacional objetivo[114].

Artículo 220. Preparación del recurso.– 1. El recurso podrá prepararlo cualquiera de las partes o el Ministerio Fiscal dentro de los diez días siguientes a la notificación de la sentencia impugnada.

2. Durante el plazo referido en el apartado anterior, las partes, el Ministerio Fiscal o el letrado designado a tal fin, tendrán a su disposición en la oficina judicial del Tribunal Superior de Justicia los autos para su examen, debiendo

---

[114] La LO 1/2025, de 2 de enero, acaso con la intención de modificar solo el párrafo primero del art. 219.3 LRJS, ha sustituido literalmente la totalidad del apartado por el nuevo texto. Con ello se han suprimido los restantes párrafos en los que se regulaba la preparación, presentación, tramitación y efectos del recurso.

acceder a los mismos por los medios electrónicos o telemáticos, en caso de disponerse de ellos.

Artículo 221. Forma y contenido del escrito de preparación del recurso.– 1. El recurso se preparará mediante escrito dirigido a la Sala de lo Social del Tribunal Superior de Justicia que dictó la sentencia de suplicación, y designando un domicilio en la sede de la Sala de lo Social del Tribunal Supremo a efectos de notificaciones, con todos los datos necesarios para su práctica y con los efectos del apartado 2 del artículo 53.

2. El escrito de preparación deberá estar firmado por abogado, acreditando la representación de la parte de no constar previamente en las actuaciones, y expresará el propósito de la parte de formalizar el recurso, con exposición sucinta de la concurrencia de los requisitos exigidos. El escrito deberá:

a) Exponer cada uno de los extremos del núcleo de la contradicción, determinando el sentido y alcance de la divergencia existente entre las resoluciones comparadas, en atención a la identidad de la situación, a la igualdad sustancial de hechos, fundamentos y pretensiones y a la diferencia de pronunciamientos.

b) Hacer referencia detallada y precisa a los datos identificativos de la sentencia o sentencias que la parte pretenda utilizar para fundamentar cada uno de los puntos de contradicción.

c) Exponer, de manera sucinta, las razones por las que la cuestión suscitada posee interés casacional objetivo.

3. Las sentencias invocadas como doctrina de contradicción deberán haber ganado firmeza a la fecha de finalización del plazo de interposición del recurso.

4. Las sentencias que no hayan sido objeto de expresa mención en el escrito de preparación no podrán ser posteriormente invocadas en el escrito de interposición.

Artículo 222. Resolución sobre la preparación del recurso.– 1. Cumplidos los requisitos establecidos para recurrir, el secretario judicial tendrá por preparado el recurso de casación. Contra esta resolución la parte recurrida no podrá interponer recurso alguno, pero podrá oponerse a la admisión del recurso de casación al personarse ante la Sala de lo Social del Tribunal Supremo.

Si el secretario judicial apreciara la existencia de defectos subsanables, requerirá su subsanación conforme al apartado 5 del artículo 230, dando cuenta a la Sala si ésta no se produjera para que resuelva lo que proceda.

2. Si la resolución impugnada no fuera recurrible en casación, si el recurso no se hubiera preparado dentro de plazo, si el escrito de preparación no contuviera las menciones exigidas para la fundamentación del recurso, o si el recurrente hubiera incumplido los requisitos necesarios para la preparación del recurso de modo insubsanable o no hubiera subsanado dichos requisitos dentro del término conferido al efecto, en la forma dispuesta en el apartado 5 del artículo 230, la Sala de suplicación declarará, mediante auto, tener por no preparado el recurso, quedando firme, en su caso, la resolución impugnada. Contra este auto podrá recurrirse en queja ante la Sala de lo Social del Tribunal Supremo.

Artículo 223. Interposición del recurso.– 1. Preparado en tiempo y forma el recurso, el secretario judicial, dentro de los dos días siguientes, concederá a la parte o partes recurrentes el plazo común de quince días para interponer el recurso ante la misma Sala de suplicación, a partir de la notificación de la resolución al letrado o letrados designados, durante cuyo plazo los autos se encontrarán a su disposición en la oficina judicial de la Sala para su entrega o examen, si lo estiman necesario. En el caso de que la Sala disponga de los autos en soporte electrónico o pueda accederse a ellos por medios telemáticos, podrá sustituir el traslado material de las actuaciones por tales medios, conforme dispone el apartado 1 del artículo 48.

2. El escrito de interposición del recurso deberá ir firmado por abogado y reunir los requisitos del artículo 224[115].

3. De no efectuarse la interposición o si se hubiera efectuado fuera de plazo, quedará desierto el recurso y firme la sentencia, con las consecuencias establecidas en el apartado 5 del artículo 225. Contra el auto que así lo establezca, previa reposición, podrá recurrirse en queja ante la Sala de lo Social del Tribunal Supremo.

4. Presentado en tiempo el escrito de interposición, junto, en su caso, con las oportunas certificaciones de sentencias en la forma que posibilita el apartado 3 del artículo 224, el secretario judicial emplazará a las demás partes

---

[115]   La Ley 10/2012, de 20 de noviembre, considera la interposición del recurso de casación hecho imponible de la tasa por el ejercicio de la potestad jurisdiccional en los órdenes civil, contencioso-administrativo y social. La STC 140/2016, de 21 de julio, declaró la inconstitucionalidad de las mencionadas tasas en los órdenes contencioso-administrativo y social, así como algunas correspondientes a procesos en el orden civil.

para su personación por escrito por medio de letrado ante la Sala de lo Social del Tribunal Supremo dentro del plazo de los diez días siguientes, con las menciones del apartado 1 del artículo 221 y debiendo acreditar la representación de la parte de no constar previamente en las actuaciones. La parte recurrente se entenderá personada de derecho con la remisión de los autos.

5. Los autos se remitirán por el secretario judicial dentro de los cinco días siguientes al emplazamiento.

6. La preparación e interposición del recurso se efectuarán por el letrado que hubiera asistido a la parte hasta ese momento, incluso en virtud de designación de oficio, salvo que se efectúe nueva designación de letrado.

Artículo 224. Contenido del escrito de interposición del recurso.– 1. El escrito de interposición del recurso deberá contener:

a) Una relación precisa y circunstanciada de la contradicción alegada en los términos de la letra a) del apartado 2 del artículo 221, evidenciando que concurre la sustancial contradicción de sentencias y argumentando sobre la concurrencia de las identidades del artículo 219.

b) La fundamentación de la infracción legal cometida en la sentencia impugnada y, en su caso, del quebranto producido en la unificación de la interpretación del derecho y la formación de la jurisprudencia.

c) La exposición argumentada de la concurrencia del interés casacional objetivo.

2. Para dar cumplimiento a las exigencias del apartado b) del número anterior, en el escrito se expresará separadamente, con la necesaria precisión y claridad, la pertinencia de cada uno de los motivos de casación, en relación con los puntos de contradicción a que se refiere el apartado a) precedente, por el orden señalado en el artículo 207, excepto el apartado d), que no será de aplicación, razonando la pertinencia y fundamentación de cada motivo y el contenido concreto de la infracción o vulneración cometidas, haciendo mención precisa de las normas sustantivas o procesales infringidas, así como, en el caso de que se invoque la unificación de la interpretación del derecho, haciendo referencia sucinta a los particulares aplicables de las resoluciones que establezcan la doctrina jurisprudencial invocada.

3. Sólo podrá invocarse una sentencia por cada punto de contradicción, que deberá elegirse necesariamente de entre las designadas en el escrito de preparación y ser firme en el momento de la finalización del plazo de interposición.

4. Con el escrito de interposición, de no haberse aportado con anterioridad, podrá hacerse aportación certificada de la sentencia o sentencias contrarias, acreditando su firmeza en la fecha de expiración del plazo de interposición, o con certificación posterior de que ganó firmeza dentro de dicho plazo la sentencia anteriormente aportada. Si la parte recurrente no aporta la certificación de la sentencia y de su firmeza en tiempo oportuno se reclamará de oficio por la secretaría de la Sala.

5. Será de aplicación a los escritos de interposición y de impugnación del recurso de casación para la unificación de doctrina lo preceptuado en el artículo 210.3 de esta ley.

Artículo 225. Decisión sobre la admisión del recurso.– 1. Recibidos los autos en la Sala de lo Social del Tribunal Supremo, si el letrado o letrada de la Administración de Justicia apreciara el defecto insubsanable de haberse preparado o interpuesto fuera de plazo dictará decreto poniendo fin al trámite del recurso, contra el que sólo procederá recurso de revisión.

De apreciar defectos subsanables en la tramitación del recurso, o en su preparación e interposición, concederá a la parte un plazo de diez días para la aportación de los documentos omitidos o la subsanación de los defectos apreciados.

De no efectuarse la subsanación en el tiempo y forma establecidos, dará cuenta a la Sala para que resuelva lo que proceda y, de dictarse providencia sucintamente motivada poniendo fin al trámite del recurso, declarará la firmeza en su caso de la resolución recurrida, con pérdida del depósito constituido y remisión de las actuaciones a la Sala de procedencia. Contra dicha providencia no cabrá interponer recurso alguno.

2. De no haber apreciado defectos el letrado o letrada de la Administración de Justicia, o una vez subsanados los advertidos, o si apreciare defectos insubsanables, sea en la preparación o en la interposición, distintos de los de su preparación o interposición fuera de plazo, dará cuenta al magistrado ponente para instrucción de los autos por tres días.

3. El magistrado ponente, dará cuenta a la Sala del recurso interpuesto y de las causas de inadmisión que apreciare, en su caso.

Si la Sala acordare la admisión total del recurso dictará providencia poniéndolo de manifiesto, sin que frente a la misma quepa recurso alguno.

Si la Sala estimare que concurre alguna de las causas de inadmisión referidas en las letras a), b) y c) del apartado siguiente, pasará los autos al

Ministerio Fiscal, de no haber interpuesto el recurso, para que, en el plazo de cinco días, informe sobre la admisión o inadmisión del mismo. Si la Sala estimare que concurre la causa de inadmisión referida en las letras d), e) y f) del apartado siguiente acordará oír al recurrente sobre las mismas por un plazo de cinco días, con ulterior informe del Ministerio Fiscal por otros cinco días, de no haber interpuesto el recurso.

4. Son causas de inadmisión:

a) el incumplimiento de manera manifiesta e insubsanable de los requisitos procesales para preparar o interponer el recurso,

b) la carencia sobrevenida del objeto del recurso,

c) la falta de contradicción entre las sentencias comparadas,

d) la falta de contenido casacional de la pretensión,

e) el haberse desestimado en el fondo otros recursos en supuestos sustancialmente iguales,

f) la falta de interés casacional objetivo.

5. Si la Sala estimara que concurre alguna de las causas de inadmisión referidas dictará, en el plazo de tres días, providencia sucintamente motivada declarando la inadmisión y la firmeza de la resolución recurrida, con imposición al recurrente de las costas causadas, de haber comparecido en el recurso las partes recurridas, en los términos establecidos en esta Ley y sin que quepa recurso contra dicha resolución. La inadmisión comportará, en su caso, la pérdida del depósito constituido, dándose a las consignaciones y aseguramientos prestados el destino que corresponda, de acuerdo con la sentencia de suplicación.

Cuando la inadmisión se refiera solamente a alguno de los motivos aducidos o a alguno de los recursos interpuestos, se dispondrá la continuación del trámite de los restantes recursos o motivos no afectados por la providencia de inadmisión parcial, sin que la resolución dictada al efecto sea recurrible.

6. Si por la Sección de admisiones se apreciare la falta de competencia funcional para el conocimiento del litigio, se concederá audiencia a las partes y al Ministerio Fiscal por un plazo común de tres días. Finalizado el plazo, se señalará dentro de los diez días siguientes para deliberación, votación y fallo, debiendo dictarse sentencia dentro de los diez días siguientes a la celebración de la votación.

7. Para el despacho ordinario y resolución de la inadmisión de este recurso la Sala se constituirá con tres Magistrados.

Artículo 225 bis. Suspensión de recursos de casación pendientes de tramitación en caso de identidad jurídica sustancial.– 1. Cuando por la Sección de admisión de la Sala de lo Social del Tribunal Supremo se constate la existencia de un gran número de recursos que susciten una cuestión jurídica sustancialmente igual, podrá acordar la admisión de uno o varios de ellos, cuando cumplan las exigencias impuestas en los artículos 221 y 224 y presenten contenido casacional, para su tramitación y resolución preferente, suspendiendo el trámite de admisión de los demás hasta que se dicte sentencia en el primero o primeros.

2. Una vez dictada sentencia de fondo se llevará testimonio de esta a los recursos suspendidos y se notificará a los interesados afectados por la suspensión, dándoles un plazo de alegaciones de diez días a fin de que puedan interesar la continuación del trámite de su recurso de casación, o bien desistir del mismo. Caso de que interesen la continuación valorarán la incidencia que la sentencia de fondo dictada por el Tribunal Supremo tiene sobre su recurso.

3. Efectuadas dichas alegaciones y cuando no se hubiera producido el desistimiento, si la sentencia impugnada en casación resulta coincidente, en su fallo y razón de decidir, con lo resuelto por la sentencia o sentencias del Tribunal Supremo, se inadmitirán por providencia los recursos de casación pendientes.

Por el contrario, si la sentencia impugnada en casación no resulta coincidente, en su fallo y razón de decidir, con lo resuelto por la sentencia o sentencias del Tribunal Supremo, se dictará auto de admisión y se remitirá el conocimiento del asunto a la Sección correspondiente, siempre que se cumplan las exigencias impuestas en los artículos 221 y 224 y presente contenido casacional.

4. Remitidas las actuaciones, la Sección resolverá si continúa con la tramitación prevista en los artículos 226 y 227 o si dicta sentencia sin más trámite, remitiéndose a lo acordado en la sentencia de referencia y adoptando los demás pronunciamientos que considere necesarios.

Artículo 226. Tramitación.– 1. Si la parte o partes recurridas no se hubieran personado, el trámite del recurso seguirá adelante sin su intervención.

2. De no haberse apreciado causa de inadmisión en el recurso, el secretario judicial dará traslado del escrito de interposición a la parte o partes personadas para que formalicen su impugnación dentro del plazo común de quince días, durante el cual, a partir de la notificación de la resolución al letrado

designado, los autos se encontrarán a su disposición en la oficina judicial del Tribunal para su examen. En el caso de que la Sala disponga de los autos en soporte electrónico o pueda accederse a ellos por medios telemáticos en la misma Sala, se entenderán puestos a disposición de la representación procesal desde el momento de la entrega de la copia o soporte o de la puesta a disposición por dichos medios de las actuaciones.

3. El secretario judicial dará traslado seguidamente de los autos a la Fiscalía de lo Social del Tribunal Supremo, en soporte convencional o electrónico, háyanse presentado o no escritos de impugnación, para que en el plazo de diez días informe sobre la procedencia o improcedencia de la casación pretendida. El referido traslado se efectuará igualmente, a los estrictos fines de defensa de la legalidad, aunque el Ministerio Fiscal sea parte en el proceso. Cuando el recurso se hubiere interpuesto directamente por el Ministerio Fiscal en defensa de la legalidad conforme al apartado 3 del artículo 219 no se efectuará dicho traslado.

Artículo 227. Deliberación, votación y fallo.– 1. Devueltos los autos por el Ministerio Fiscal, junto con su informe, la Sala acordará señalar, dentro de los diez días siguientes, para deliberación, votación y fallo. La sentencia deberá dictarse en el plazo de diez días, contados desde el siguiente al de la celebración de la votación.

2. Si la trascendencia o complejidad del asunto lo aconsejara, el presidente, por sí mismo, o a propuesta de la mayoría de los Magistrados de la Sala, podrá acordar que ésta se constituya con cinco Magistrados, o, motivadamente, en Pleno.

Artículo 228. Sentencia.– 1. Los pronunciamientos de la Sala de lo Social del Tribunal Supremo al resolver estos recursos, en ningún caso alcanzarán a las situaciones jurídicas creadas por las resoluciones precedentes a la impugnada.

2. Si la sentencia del Tribunal Supremo declarara que la recurrida quebranta la unidad de doctrina, casará y anulará esta sentencia y resolverá el debate planteado en suplicación con pronunciamientos ajustados a dicha unidad de doctrina, alcanzando a las situaciones jurídicas particulares creadas por la sentencia impugnada. En la sentencia de la Sala de lo Social del Tribunal Supremo se resolverá lo que proceda sobre consignaciones, aseguramientos, costas, honorarios y multas, en su caso, derivados del recurso de suplicación de acuerdo

con lo prevenido en esta Ley. Si se hubiere constituido depósito para recurrir, se acordará la devolución de su importe.

3. La sentencia desestimatoria por considerar que la sentencia recurrida contiene la doctrina ajustada acarreará la pérdida del depósito para recurrir. El fallo dispondrá la cancelación o el mantenimiento total o parcial, en su caso, de las consignaciones o aseguramientos prestados, de acuerdo con sus pronunciamientos.

TÍTULO V. De las disposiciones comunes a los recursos de suplicación y casación[116]

Artículo 229. Depósito para recurrir[117].– 1. Todo el que, sin tener la condición de trabajador, causahabiente suyo o beneficiario del régimen público de la Seguridad Social, anuncie recurso de suplicación o prepare recurso de casación, consignará como depósito:

a) Trescientos euros, si se trata de recurso de suplicación.

b) Seiscientos euros, si el recurso fuera el de casación incluido el de casación para la unificación de doctrina.

2. Los depósitos se constituirán en la cuenta de depósitos y consignaciones correspondiente al órgano que hubiere dictado la resolución recurrida. El secretario judicial verificará en la cuenta la realización del ingreso, debiendo quedar constancia de dicha actuación en el procedimiento.

3. Los depósitos cuya pérdida hubiere sido acordada por sentencia se ingresarán en el Tesoro Público.

4. El Estado, las Comunidades Autónomas, las entidades locales y las entidades de derecho público con personalidad jurídica propia vinculadas o dependientes de los mismos, así como las entidades de derecho público reguladas por su normativa específica y los órganos constitucionales, estarán exentos de la obligación de constituir los depósitos, cauciones, consignaciones o cualquier otro tipo de garantía previsto en las leyes. Los sindicatos y quienes tuvie-

---

[116] De acuerdo con la Ley 10/2012, de 20 de noviembre, la interposición de estos recursos es hecho imponible de la tasa por el ejercicio de la potestad jurisdiccional en los órdenes civil, contencioso-administrativo y social. La STC 140/2016, de 21 de julio, declaró la inconstitucionalidad de las mencionadas tasas en los órdenes contencioso-administrativo y social, así como algunas correspondientes a procesos en el orden civil.

[117] Cfr. DA 15.ª14 LOPJ.

ren reconocido el beneficio de justicia gratuita quedarán exentos de constituir el depósito referido y las consignaciones que para recurrir vienen exigidas en esta Ley.

Artículo 230. Consignación de cantidad.– 1. Cuando la sentencia impugnada hubiere condenado al pago de cantidad, será indispensable que el recurrente que no gozare del derecho de asistencia jurídica gratuita acredite, al anunciar el recurso de suplicación o al preparar el recurso de casación, haber consignado en la oportuna entidad de crédito y en la cuenta de depósitos y consignaciones abierta a nombre del órgano jurisdiccional, la cantidad objeto de la condena, pudiendo sustituirse la consignación en metálico por el aseguramiento mediante aval solidario de duración indefinida y pagadero a primer requerimiento emitido por entidad de crédito. En este último caso, el documento de aseguramiento quedará registrado y depositado en la oficina judicial. El secretario expedirá testimonio del mismo para su unión a autos, facilitando el oportuno recibo.

En el caso de condena solidaria, la obligación de consignación o aseguramiento alcanzará a todos los condenados con tal carácter, salvo que la consignación o el aseguramiento, aunque efectuado solamente por alguno de los condenados, tuviera expresamente carácter solidario respecto de todos ellos para responder íntegramente de la condena que pudiera finalmente recaer frente a cualquiera de los mismos.

Cuando la condena se haya efectuado por primera vez en la sentencia de suplicación, o se haya incrementado en la misma la cuantía previamente reconocida en la sentencia de instancia, la consignación o aseguramiento regulados en el presente artículo se efectuarán por primera vez, o se complementarán en la medida correspondiente, al preparar el recurso de casación.

2. En materia de Seguridad Social se aplicarán las siguientes reglas:

a) Cuando en la sentencia se reconozca al beneficiario el derecho a percibir prestaciones, para que pueda recurrir el condenado al pago de dicha prestación será necesario que haya ingresado en la Tesorería General de la Seguridad Social el capital coste de la pensión o el importe de la prestación a la que haya sido condenado en el fallo, con objeto de abonarla a los beneficiarios durante la sustanciación del recurso, presentando en la oficina judicial el oportuno resguardo, que se testimoniará en autos, quedando bajo la custodia del secretario.

568   Ley de la Jurisdicción Social

El mismo ingreso deberá efectuar el declarado responsable del recargo por falta de medidas de seguridad, en cuanto al porcentaje que haya sido reconocido por primera vez en vía judicial y respecto de las pensiones causadas hasta ese momento, previa fijación por la Tesorería General de la Seguridad Social del capital coste o importe del recargo correspondiente.

En los casos en los que no proceda el ingreso del capital coste o del importe de la prestación se estará a las reglas generales del apartado 1 de este artículo.

b) Cuando proceda efectuar el ingreso del capital coste de la pensión o del importe de la prestación conforme al apartado a) anterior, una vez anunciado o preparado el recurso, el secretario judicial dictará diligencia ordenando que se dé traslado a la Tesorería General de la Seguridad Social para que se fije el capital coste o importe de la prestación a percibir. Recibida esta comunicación, la notificará al recurrente para que en el plazo de cinco días efectúe la consignación requerida en la Tesorería General de la Seguridad Social, bajo apercibimiento de que de no hacerlo así se pondrá fin al trámite del recurso.

c) Si en la sentencia se condenara a la Entidad Gestora de la Seguridad Social, ésta quedará exenta del ingreso prevenido en los apartados a) y b) anteriores, pero deberá presentar ante la oficina judicial, al anunciar o preparar su recurso, certificación acreditativa de que comienza el abono de la prestación y que lo proseguirá puntualmente durante la tramitación del recurso, hasta el límite de su responsabilidad, salvo en prestaciones de pago único o correspondientes a un período ya agotado en el momento del anuncio. De no cumplirse efectivamente este abono se pondrá fin al trámite del recurso.

d) Cuando la condena se refiera a mejoras voluntarias de la acción protectora de la Seguridad Social, el condenado o declarado responsable vendrá obligado a efectuar la consignación o aseguramiento de la condena ante el juzgado en la forma establecida en el apartado 1 de este mismo artículo.

3. Los anteriores requisitos de consignación y aseguramiento de la condena deben justificarse, junto con la constitución del depósito necesario para recurrir, en su caso, en el momento del anuncio del recurso de suplicación o de la preparación del recurso de casación. Si el anuncio o la preparación del recurso se hubiere efectuado por medio de mera manifestación en el momento de la notificación de la sentencia, el depósito y la consignación o aseguramiento podrá efectuarse hasta la expiración del plazo establecido para el anuncio o preparación del recurso, debiendo en este último caso acreditar dichos extre-

mos dentro del mismo plazo ante la oficina judicial mediante los justificantes correspondientes.

4. Si el recurrente no hubiere efectuado la consignación o aseguramiento de la cantidad objeto de condena en la forma prevenida en los apartados anteriores, incluidas las especialidades en materia de Seguridad Social, el juzgado o la Sala tendrán por no anunciado o por no preparado el recurso de suplicación o de casación, según proceda, y declararán la firmeza de la resolución mediante auto contra el que podrá recurrirse en queja ante la Sala que hubiera debido conocer del recurso.

5. El secretario judicial concederá a la parte recurrente, con carácter previo a que se resuelva sobre el anuncio o preparación, un plazo de cinco días para la subsanación de los defectos advertidos, si el recurrente hubiera incurrido en defectos consistentes en:

a) insuficiencia de la consignación o del aseguramiento efectuados, incluidas las especialidades en materia de Seguridad Social.

b) falta de aportación, en el momento del anuncio o preparación del recurso, de los justificantes de la consignación o del aseguramiento, siempre que el requisito se hubiera cumplimentado dentro del plazo de anuncio o preparación.

c) defecto, omisión o error en la constitución del depósito o en la justificación documental del mismo.

d) falta de acreditación o acreditación insuficiente de la representación necesaria o de cualquier requisito formal de carácter subsanable necesario para el anuncio o preparación.

6. De no efectuarse la subsanación en tiempo y forma se dictará auto poniendo fin al trámite del recurso, quedando firme la resolución. Contra dicho auto podrá recurrirse en queja ante la Sala que hubiera debido conocer del recurso.

Artículo 231. Nombramiento de letrado o graduado social colegiado.–

1. Si el recurso que se entabla es el de suplicación, el nombramiento de letrado o de graduado social colegiado se efectuará ante el juzgado en el momento de anunciar el recurso, entendiéndose que asume la representación y dirección técnica del recurrente el mismo que hubiera actuado con tal carácter en la instancia, salvo que se efectúe expresamente nueva designación.

2. En el recurso de casación ordinario, el nombramiento de letrado se realizará por las partes ante la Sala de lo Social de procedencia dentro del plazo señalado para su preparación o impugnación, según proceda. En el recurso

de casación para unificación de doctrina, el nombramiento se efectuará por la parte recurrente al prepararlo ante la Sala de procedencia, y por las demás partes ante la Sala de lo Social del Tribunal Supremo dentro del término del emplazamiento para su personación. Se entenderá, en ambos casos, que asume la representación del recurrente el mismo letrado que hubiera actuado con tal carácter ante la Sala de instancia o de suplicación, salvo que se efectúe expresamente nueva designación.

3. La designación se podrá hacer por comparecencia o por escrito. En este último caso, aunque no se acompañe poder notarial, no habrá necesidad de ratificarse. Si no hubiere designación expresa de representante, se entenderá que el letrado o el graduado social colegiado llevan también la representación. En todo caso deberán facilitarse todos los datos del domicilio profesional, así como la dirección de correo electrónico, teléfono y fax del profesional designado que haya de ostentar la representación de la parte durante el recurso, con las demás cargas del apartado 2 del artículo 53.

4. Cuando el recurrente no hiciere designación expresa de letrado o de graduado social colegiado, si es un trabajador, beneficiario o un empresario que goce del derecho de asistencia jurídica gratuita, salvo que tuviere efectuada previamente designación de oficio, se le nombrará letrado de dicho turno por el juzgado en el día siguiente a aquél en que concluya el plazo para anunciar el recurso de suplicación.

5. La designación de letrado de oficio efectuada para alguno de los litigantes mencionados en el número anterior en la instancia comprende los trámites de anuncio, preparación, formalización, interposición o impugnación del respectivo recurso, sin necesidad de nueva designación de oficio, salvo en el caso del recurso de casación para unificación de doctrina, en el que el nombramiento de letrado de oficio de la parte recurrida, en los mismos casos, se efectuará en el momento de la personación ante el Tribunal Supremo. En la casación ordinaria, en su caso, se efectuará la oportuna designación de letrado de oficio para las actuaciones ulteriores de las partes que resulten necesarias durante la sustanciación del recurso ante dicho tribunal.

Cuando la competencia para el conocimiento de los recursos de suplicación o de casación corresponda a un órgano jurisdiccional cuya sede se encuentre en la misma localidad que el juzgado o tribunal que hubiere dictado la resolución impugnada no será preciso el nombramiento de nuevo abogado de oficio para las actuaciones ante el tribunal que deba decidir el recurso.

Artículo 232. Designación de letrado de oficio.– 1. Si el letrado hubiera sido designado de oficio por primera vez para el correspondiente trámite del recurso, los plazos de interposición, formalización o impugnación empezarán a correr desde la fecha en que se le notifique que están los autos a su disposición en la oficina judicial del tribunal para su examen, puesta a disposición o entrega, según proceda. En el caso de que la Sala disponga de los autos en soporte electrónico o pueda accederse a ellos por medios telemáticos en la misma Sala, se entenderán puestos a disposición de la representación procesal desde el momento de la entrega de la copia o soporte o de la puesta a disposición por dichos medios de las actuaciones.

2. Si el letrado designado de oficio estimase inviable la pretensión, lo expondrá a la Sala por escrito sin razonar su opinión en el plazo de cinco días, sin perjuicio de que aquél proceda conforme al procedimiento previsto en los artículos 32 a 35 de la Ley 1/1996, de 10 de enero, de Asistencia Jurídica Gratuita. El cómputo del plazo para la interposición del recurso quedará suspendido hasta tanto se resuelva materialmente la viabilidad de la pretensión por la Comisión de Asistencia Jurídica Gratuita. La parte comunicará la designación de abogado al juzgado o a la Sala dentro del plazo de cinco días, acordando éstos la puesta a disposición de los autos al designado en la forma que se dispone en el apartado anterior. En otro caso, se pondrá fin al trámite del recurso. Si el recurso que se entabla es el de suplicación, la parte también podrá valerse para su representación técnica de graduado social colegiado de su libre designación.

3. Si el letrado o letrados designados de oficio no efectuaran dentro de plazo antes indicado manifestación de ser improcedente la actuación de referencia, quedarán obligados a su realización en el plazo legalmente establecido.

Artículo 233. Admisión de documentos nuevos.– 1. La Sala no admitirá a las partes documento alguno ni alegaciones de hechos que no resulten de los autos. No obstante, si alguna de las partes presentara alguna sentencia o resolución judicial o administrativa firmes o documentos decisivos para la resolución del recurso que no hubiera podido aportar anteriormente al proceso por causas que no le fueran imputables, y en general cuando en todo caso pudiera darse lugar a posterior recurso de revisión por tal motivo o fuera necesario para evitar la vulneración de un derecho fundamental, la Sala, oída la parte contraria dentro del plazo de tres días, dispondrá en los dos días siguientes lo que proceda, mediante auto contra el que no cabrá recurso de reposición, con devolución en su caso a la parte proponente de dichos documentos, de no acordarse su toma en consideración. De admitirse el documento, se dará traslado a la parte proponente para que, en el plazo de cinco días, complemente su recurso o su impugnación y por otros cinco días a la parte contraria a los fines correlativos.

2. El trámite al que se refiere el apartado anterior interrumpirá el que, en su caso, acuerde la Sala sobre la inadmisión del propio recurso.

Artículo 234. Acumulación.– 1. La Sala acordará en resolución motivada y sin ulterior recurso, de oficio o a instancia de parte, antes del señalamiento para votación y fallo o para vista, en su caso, la acumulación de los recursos en trámite en los que exista identidad de objeto y de alguna de las partes. La acumulación podrá acordarse directamente de oficio, previo traslado a las partes para que manifiesten lo que a su derecho convenga en un plazo de cinco días. Acordada la acumulación de recursos, no podrá ésta dejarse sin efecto por el tribunal, salvo que no se hayan cumplido las prescripciones legales sobre acumulación o cuando la Sala justifique, de forma motivada, que la acumulación efectuada podría ocasionar perjuicios desproporcionados a la tutela judicial efectiva del resto de intervinientes.

2. Se designará Magistrado ponente de los recursos acumulados al que, de ellos, hubiera sido primeramente nombrado, y en igualdad de fechas, al más moderno.

3. En los recursos sobre pretensiones derivadas de un mismo accidente de trabajo o enfermedad profesional, cuando exista más de una Sección, conocerá de ellos la Sección que esté conociendo del primero de dichos recursos, siempre que conste dicha circunstancia de las actuaciones o se ponga de manifiesto al Tribunal por alguna de las partes.

4. La acumulación producirá el efecto de discutirse y resolverse conjuntamente todas las cuestiones planteadas.

5. El secretario judicial velará por el cumplimiento de lo dispuesto en este artículo, poniendo en conocimiento del Tribunal los recursos en los que se cumplan dichos requisitos, a fin de que se resuelva sobre la acumulación.

Artículo 235. Imposición de costas y convenio transaccional.– 1. La sentencia impondrá las costas a la parte vencida en el recurso, excepto cuando goce del beneficio de justicia gratuita o cuando se trate de sindicatos, o de funcionarios públicos o personal estatutario que deban ejercitar sus derechos como empleados públicos ante el orden social.

Las costas comprenderán los honorarios del abogado o del graduado social colegiado de la parte contraria que hubiera actuado en el recurso en defensa o en representación técnica de la parte, sin que la atribución en las costas de dichos honorarios puedan superar la cantidad de mil doscientos euros en recurso de suplicación y de mil ochocientos euros en recurso de casación.

2. La regla general del vencimiento establecida en el apartado anterior, no se aplicará cuando se trate de proceso sobre conflicto colectivo, en el que cada parte se hará cargo de las costas causadas a su instancia. Ello no obstante, la Sala podrá imponer el pago de las costas a cualquiera de las partes que en dicho proceso o en el recurso hubiera actuado con temeridad o mala fe.

3. La Sala que resuelva el recurso de suplicación o casación o declare su inadmisibilidad podrá imponer a la parte recurrente que haya obrado con mala fe o temeridad la multa que señalan el apartado 4 del artículo 75 y el apartado 3 del artículo 97, así como cuando entienda que el recurso se interpuso con propósito dilatorio. Igualmente en tales casos, impondrá a dicho litigante, excepto cuando sea trabajador, funcionario, personal estatutario o beneficiario de la Seguridad Social, los honorarios de los abogados y, en su caso, de los graduados sociales colegiados actuantes en el recurso dentro de los límites fijados en el párrafo primero de este artículo. Cuando la Sala pretenda de oficio imponer las anteriores medidas, oirá previamente a las partes personadas en la forma que establezca.

4. Las partes podrán alcanzar, en cualquier momento durante la tramitación del recurso, convenio transaccional que, de no apreciarse lesión grave para alguna de las partes, fraude de ley o abuso de derecho, será homologado por el órgano jurisdiccional que se encuentre tramitando el recurso, mediante auto, poniendo así fin al litigio y asumiendo cada parte las costas causadas a su instancia, con devolución del depósito constituido. El convenio transaccional, una vez homologado, sustituye el contenido de lo resuelto en la sentencia o sentencias anteriormente dictadas en el proceso y la resolución que homologue el mismo constituye título ejecutivo. La impugnación de la transacción judicial así alcanzada se efectuará ante el órgano jurisdiccional que haya acordado la homologación, mediante el ejercicio por las partes de la acción de nulidad por las causas que invalidan los contratos o por los posibles perjudicados con fundamento en su ilegalidad o lesividad, siguiendo los trámi-

tes establecidos para la impugnación de la conciliación judicial, sin que contra la sentencia dictada quepa recurso.

TÍTULO VI. De la revisión de sentencias y laudos arbitrales firmes, y del proceso de error judicial

Artículo 236. Revisión y error judicial, competencia y tramitación.– 1. Contra cualquier sentencia firme dictada por los órganos del orden jurisdiccional social y contra los laudos arbitrales firmes sobre materias objeto de conocimiento del orden social, procederá la revisión prevista en la Ley 1/2000, de 7 de enero, por los motivos de su artículo 510 y por el regulado en el apartado 3 del artículo 86 de la presente ley. La revisión se solicitará ante la Sala de lo Social del Tribunal Supremo[118].

En la revisión no se celebrará vista, salvo que así lo acuerde el tribunal o cuando deba practicarse prueba. En caso de condena en costas se estará a lo previsto en el artículo anterior y el depósito para recurrir tendrá la cuantía que en la presente ley se señala para los recursos de casación.

La revisión se inadmitirá de no concurrir los requisitos y presupuestos procesales exigibles o de no haberse agotado previamente los recursos jurisdiccionales que la ley prevé para que la sentencia pueda considerarse firme; así como, si se formula por los mismos motivos que hubieran podido plantearse, de concurrir los presupuestos para ello, en el incidente de nulidad de actuaciones regulado en el artículo 241 de la Ley Orgánica del Poder Judicial o mediante la audiencia al demandado rebelde establecida en el artículo 185 de la presente ley, o cuando, planteados aquéllos, los referidos motivos hubieren sido desestimados por resolución firme.

Si la Sala apreciara la concurrencia de cualquiera de tales causas de inadmisión dictará auto, contra el cual no cabe recurso.

En los supuestos del apartado 2 del artículo 510 de la Ley 1/2000, de 7 de enero, salvo en aquellos procedimientos en que alguna de las partes esté representada y defendida por el Abogado del Estado, el letrado o letrada de la Administración de Justicia dará traslado a la Abogacía General del Estado de la presentación de la demanda de revisión, así como de la decisión sobre su admisión. La Abogacía del Estado podrá intervenir, sin tener la condición

---

[118]   Cfr. arts. 509 ss. LEC.

de parte, por propia iniciativa o a instancia del órgano judicial, mediante la aportación de información o presentación de observaciones escritas sobre cuestiones relativas a la ejecución de la Sentencia del Tribunal Europeo de Derechos Humanos. El letrado o letrada de la Administración de Justicia notificará igualmente la decisión de la revisión a la Abogacía General del Estado. Del mismo modo, en caso de estimarse la revisión, los letrados y las letradas de la Administración de Justicia de los tribunales correspondientes informarán a la Abogacía General del Estado de las principales actuaciones que se lleven a cabo como consecuencia de la revisión.

2. El proceso de error judicial, destinado a reparar el daño producido por una resolución firme errónea que carece de posibilidad de rectificación por la vía normal de los recursos, cuando sea competencia de la Sala de lo Social del Tribunal Supremo, se seguirá por los trámites y requisitos establecidos para la declaración de error judicial en los artículos 292 y concordantes de la Ley Orgánica del Poder Judicial, con las especialidades sobre depósitos, vista y costas establecidas para la revisión y sin que la apreciación del error pueda fundamentarse en pruebas distintas de las practicadas en las actuaciones procesales origen del mismo presunto error.

Si la Sala apreciara la concurrencia de cualquiera de tales causas de inadmisión dictará auto, contra el cual no cabe recurso.

LIBRO CUARTO. DE LA EJECUCIÓN DE SENTENCIAS

TÍTULO I. De la ejecución de sentencias y demás títulos ejecutivos

CAPÍTULO I. Disposiciones de carácter general

SECCIÓN 1.ª Normas generales

Artículo 237. Competencia.– 1. Las sentencias firmes y demás títulos, judiciales o extrajudiciales, a los que la presente Ley otorga eficacia para iniciar directamente un proceso de ejecución, se llevarán a efecto en la forma establecida en la Ley de Enjuiciamiento Civil para la ejecución de sentencias y títulos constituidos con intervención judicial[119], con las especialidades previstas en esta Ley.

---

[119]   Títulos I a V del Libro III LEC.

2. La ejecución se llevará a efecto por el órgano judicial que hubiere conocido del asunto en instancia, incluido el supuesto de resoluciones que aprueben u homologuen transacciones judiciales, acuerdos de mediación y acuerdos logrados en el proceso. Cuando en la constitución del título no hubiere mediado intervención judicial, será competente el juzgado en cuya circunscripción se hubiere constituido.

3. En los supuestos de acumulación de ejecuciones y en los de atribución en exclusiva del conocimiento de la ejecución a determinados Juzgados de lo Social en el ámbito de una misma circunscripción, se estará a su regulación específica.

4. Donde hubiere varios Juzgados de lo Social podrá establecerse, en los términos previstos en la Ley Orgánica del Poder Judicial, que el conocimiento de las ejecuciones se asuma en exclusiva por determinados juzgados de la misma circunscripción, con exclusión total o parcial del reparto de otros asuntos[120].

5. En caso de concurso, se estará a lo establecido en la Ley Concursal.

Artículo 238. Cuestiones incidentales.– Las cuestiones incidentales que se promuevan en ejecución se sustanciarán citando de comparecencia, en el plazo de cinco días, a las partes, que podrán alegar y probar cuanto a su derecho convenga, concluyendo por auto o, en su caso, por decreto que habrán de dictarse en el plazo de tres días. El auto resolutorio del incidente, de ser impugnable en suplicación o casación, atendido el carácter de las cuestiones decididas, deberá expresar los hechos que estime probados.

Cuando la comparecencia se celebre ante el Magistrado, se registrará en soporte apto para la grabación y reproducción del sonido y de la imagen conforme a lo previsto en el artículo 89.

Artículo 239. Solicitud de ejecución.– 1. La ejecución de las sentencias firmes se iniciará a instancia de parte, salvo las que recaigan en los procedimientos de oficio, cuya ejecución se iniciará de este modo.

2. La ejecución podrá solicitarse tan pronto la sentencia o resolución judicial ejecutable haya ganado firmeza o desde que el título haya quedado constituido o, en su caso, desde que la obligación declarada en el título ejecutivo

---

[120]   Art. 98 LOPJ.

fuese exigible, mediante escrito del interesado, en el que, además de los datos identificativos de las partes, expresará:

a) Con carácter general, la clase de tutela ejecutiva que se pretende en relación con el título ejecutivo aducido.

b) Tratándose de ejecuciones dinerarias, la cantidad líquida reclamada como principal, así como la que se estime para intereses de demora y costas conforme al artículo 251.

c) Los bienes del ejecutado susceptibles de embargo de los que tuviere conocimiento y, en su caso, si los considera suficientes para el fin de la ejecución.

d) Las medidas que proponga para llevar a debido efecto la ejecución.

En el caso de títulos extrajudiciales o de resoluciones dictadas por otro órgano jurisdiccional deberá acompañarse el testimonio de la resolución, con expresión de su firmeza, o la certificación del organismo administrativo, conciliador, mediador o arbitral correspondiente.

3. Iniciada la ejecución, la misma se tramitará de oficio, dictándose al efecto las resoluciones necesarias. No será de aplicación el plazo de espera previsto en el artículo 548 de la Ley de Enjuiciamiento Civil. No obstante, si la parte ejecutada cumpliera en su integridad la obligación exigida contenida en el título, incluido en el caso de ejecución dineraria el abono de los intereses procesales si procedieran, dentro del plazo de los veinte días siguientes a la fecha de firmeza de la sentencia o resolución judicial ejecutable o desde que el título haya quedado constituido o, en su caso, desde que la obligación declarada en el título ejecutivo fuese exigible, no se le impondrán las costas de la ejecución que se hubiere instado.

4. El órgano jurisdiccional despachará ejecución siempre que concurran los presupuestos y requisitos procesales, el título ejecutivo no adolezca de ninguna irregularidad formal y los actos de ejecución que se solicitan sean conformes con la naturaleza y contenido del título. Contra el auto que resuelva la solicitud de ejecución podrá interponerse recurso de reposición, en el que, además de alegar las posibles infracciones en que hubiera incurrir la resolución y el cumplimiento o incumplimiento de los presupuestos y requisitos procesales exigidos, podrá deducirse la oposición a la ejecución despachada aduciendo pago o cumplimiento documentalmente justificado, prescripción de la acción ejecutiva u otros hechos impeditivos, extintivos o excluyentes de la responsabilidad que se pretenda ejecutar siempre que hubieren acaecido con

Ley de la Jurisdicción Social

posterioridad a su constitución del título, no siendo la compensación de deudas admisible como causa de oposición a la ejecución.

Del escrito de reposición presentado se dará traslado para impugnación a la parte contraria, salvo que el órgano jurisdiccional, en atención a las cuestiones planteadas o por afectar a hechos necesitados de prueba, acuerde seguir el trámite incidental del artículo 238.

5. Solamente puede decretarse la inejecución de una sentencia u otro título ejecutivo si, decidiéndose expresamente en resolución motivada, se fundamenta en una causa prevista en una norma legal y no interpretada restrictivamente. Contra el auto resolutorio del recurso de reposición interpuesto contra el auto en que se deniegue el despacho de la ejecución procederá recurso de suplicación o de casación ordinario, en su caso.

Artículo 240. Partes y sujetos de la ejecución.– 1. Quienes, sin figurar como acreedores o deudores en el título ejecutivo o sin haber sido declarados sucesores de unos u otros, aleguen un derecho o interés legítimo y personal que pudiera resultar afectado por la ejecución que se trate de llevar a cabo, tendrán derecho a intervenir en condiciones de igualdad con las partes en los actos que les afecten.

2. La modificación o cambio de partes en la ejecución debe efectuarse, de mediar oposición y ser necesaria prueba, a través del trámite incidental previsto en el artículo 238. Para que pueda declararse, es requisito indispensable que el cambio sustantivo en que se funde, basado en hechos o circunstancias jurídicas sobrevenidos, se hubiere producido con posterioridad a la constitución del título objeto de ejecución.

3. En el caso de títulos ejecutivos frente a entidades sin personalidad jurídica que actúen en el tráfico como sujetos diferenciados, podrá despacharse ejecución frente a los socios, partícipes, miembros o gestores que hayan actuado en el tráfico jurídico o frente a los trabajadores en nombre de la entidad, siempre que se acredite cumplidamente a juicio del juez o tribunal, por medio del incidente de ejecución previsto en el artículo 238, la condición de socio, partícipe, miembro o gestor y la actuación ante terceros o ante los trabajadores en nombre de la entidad. Lo dispuesto en el párrafo anterior no será de aplicación a las comunidades de propietarios de inmuebles en régimen de propiedad horizontal.

4. El Ministerio Fiscal será siempre parte en los procesos de ejecución derivados de títulos ejecutivos en que se haya declarado la vulneración de

derechos fundamentales y de libertades públicas, velando especialmente por la integridad de la reparación de las víctimas.

Artículo 241. Tutela ejecutiva.– 1. La ejecución se llevará a efecto en los propios términos establecidos en el título que se ejecuta.

2. Frente a la parte que, requerida al efecto, dejare transcurrir injustificadamente el plazo concedido sin efectuar lo ordenado, y mientras no cumpla o no acredite la imposibilidad de su cumplimiento específico, el secretario judicial, con el fin de obtener y asegurar el cumplimiento de la obligación que ejecute, podrá, tras audiencia de las partes, imponer apremios pecuniarios cuando ejecute obligaciones de dar, hacer o no hacer o para obtener el cumplimiento de las obligaciones legales impuestas en una resolución judicial. Para fijar la cuantía de dichos apremios se tendrá en cuenta su finalidad, la resistencia al cumplimiento y la capacidad económica del requerido, pudiendo modificarse o dejarse sin efecto, atendidas la ulterior conducta y la justificación que sobre aquellos extremos pudiera efectuar el apremiado. La cantidad fijada, que se ingresará en el Tesoro Público, no podrá exceder, por cada día de atraso en el cumplimiento, de la suma de trescientos euros.

3. De la misma forma y con idénticos trámites, el órgano judicial podrá imponer multas coercitivas a quienes, no siendo parte en la ejecución, incumplan injustificadamente sus requerimientos tendentes a lograr la debida y completa ejecución de lo resuelto o para obtener el cumplimiento de las obligaciones legales impuestas en una resolución judicial. Todo ello sin perjuicio de la posible responsabilidad derivada de lo dispuesto en el apartado 3 del artículo 75.

Artículo 242. Ejecución parcial.– 1. Podrá ejecutarse parcialmente la sentencia, aunque se hubiere interpuesto recurso contra ella, respecto de los pronunciamientos de la misma que no hubieren sido impugnados.

2. Para ello será necesario que, por la naturaleza de las pretensiones, sea posible un pronunciamiento separado que no prejuzgue las restantes cuestiones impugnadas.

3. Contra el auto resolutorio del recurso de reposición interpuesto contra el auto en que se deniegue el despacho de la ejecución definitiva parcial procederá recurso de suplicación o de casación ordinario, en su caso.

Artículo 243. Plazo para solicitar la ejecución.– 1. Sin perjuicio de lo dispuesto en el artículo 279, el plazo para instar la ejecución será igual al fijado en las leyes sustantivas para el ejercicio de la acción tendente al reconocimiento del derecho cuya ejecución se pretenda. Dicho plazo será de prescripción a todos los efectos[121].

2. En todo caso, el plazo para reclamar el cumplimiento de las obligaciones de entregar sumas de dinero será de un año. No obstante, cuando se trate del pago de prestaciones periódicas de la Seguridad Social, el plazo para instar la ejecución será el mismo que el fijado en las leyes sustantivas para el ejercicio de la acción para el reconocimiento del derecho a la prestación de que se trate o será imprescriptible si dicho derecho tuviese este carácter en tales leyes[122].

Si la Entidad gestora o colaboradora de la Seguridad Social hubiese procedido por aplicación del artículo 126 del Texto Refundido de la Ley General de la Seguridad Social, aprobado por el Real Decreto Legislativo 1/1994, de 20 junio[123], al pago de las prestaciones económicas de las que haya sido declarada responsable de la empresa, podrá instar la ejecución de la sentencia en los plazos establecidos en el párrafo anterior a contar a partir de la fecha de pago por parte de la Entidad que hubiera anticipado la prestación.

3. Iniciada la ejecución, podrá reiniciarse en cualquier momento mientras no esté cumplida en su integridad la obligación que se ejecute, incluso si las actuaciones hubieren sido archivadas por declaración de insolvencia provisional del ejecutado.

Artículo 244. Supuestos de suspensión y aplazamiento de la ejecución.– 1. La ejecución únicamente podrá ser suspendida en los siguientes casos:

a) Cuando así lo establezca la ley.

b) A petición del ejecutante o de ambas partes por un máximo de tres meses, salvo que la ejecución derive de un procedimiento de oficio.

2. Las partes podrán solicitar de mutuo acuerdo la suspensión de la ejecución, por un tiempo que no podrá exceder de quince días, para someter las discrepancias que se susciten en el ámbito de la ejecución a los procedimientos de mediación que pudieran estar constituidos de acuerdo con lo dispuesto en el artículo 63. De alcanzarse un acuerdo deberá someterse a homologación judicial en la forma y con los efectos establecidos para la transacción en el

---

[121]   Art. 59 ET.
[122]   Arts. 53 y 54 LGSS.
[123]   Actualmente, art. 167 LGSS.

artículo 246. En caso contrario, se levantará la suspensión y se continuará con la tramitación.

3. Suspendido o paralizado el proceso a petición del ejecutante o por causa a él imputable y transcurrido un mes sin que haya instado su continuación o llegado el plazo a que se refiere la letra b) del apartado 1, el letrado o letrada de la Administración de Justicia requerirá a aquél a fin de que manifieste, en el término de cinco días, si la ejecución ha de seguir adelante y solicite lo que a su derecho convenga, con la advertencia de que transcurrido este último plazo se archivarán las actuaciones.

4. Si el cumplimiento inmediato de la obligación que se ejecuta pudiera ocasionar a trabajadores dependientes del ejecutado perjuicios desproporcionados en relación a los que al ejecutante se derivarían del no cumplimiento exacto, por poner en peligro cierto la continuidad de las relaciones laborales subsistentes en la empresa deudora, el letrado o letrada de la Administración de Justicia, mediante decreto recurrible directamente en revisión, podrá, previa audiencia de los interesados y en las condiciones que establezca, conceder un aplazamiento por el tiempo imprescindible.

5. El incumplimiento de las condiciones que se establezcan comportará, sin necesidad de declaración expresa ni de previo requerimiento, la pérdida del beneficio concedido.

Artículo 245. Reglas para la suspensión de la ejecución.– 1. Salvo en los casos expresamente establecidos en la ley, las resoluciones dictadas en ejecución se llevarán a efecto, no obstante su impugnación, no siendo necesario efectuar consignaciones para recurrirlas en suplicación o casación, excepto para recurrir el auto resolutorio del incidente de no readmisión, de no existir en la ejecución en el momento del anuncio o de la preparación, embargo actual y suficiente de bienes y derechos realizables en el acto o ingreso de cantidades en la cuenta del juzgado para atender al importe objeto de la ejecución. La entrega de cantidades podrá demorarse, en todo o en parte, motivadamente hasta la firmeza de la resolución impugnada.

2. No obstante, el órgano ejecutor podrá durante un mes, excepcionalmente prorrogable por otro, suspender cautelarmente, con o sin exigencia de fianza, la realización de los actos ejecutivos que pudieran producir un perjuicio de imposible o difícil reparación. Igual facultad tendrá la Sala que conozca del recurso interpuesto contra las resoluciones del órgano ejecutor y por el tiempo de tramitación del recurso.

3. La suspensión o su denegación podrá ser modificada en virtud de circunstancias sobrevenidas o que no pudieron conocerse al tiempo de haberse resuelto sobre la suspensión.

Artículo 246. Transacción en la ejecución.– 1. Se prohíbe la renuncia de los derechos reconocidos por sentencias favorables al trabajador, sin perjuicio de la posibilidad de transacción dentro de los límites legalmente establecidos[124].

2. La transacción en el proceso de ejecución deberá formalizarse mediante convenio, suscrito por todas las partes afectadas en la ejecución y sometido a homologación judicial para su validez, debiendo ser notificado, en su caso, al Fondo de Garantía Salarial.

3. El convenio podrá consistir en el aplazamiento o en la reducción de la deuda, o en ambas cosas a la vez, entendiéndose en tales casos que el incumplimiento de alguno de los plazos o de las obligaciones parciales acordadas, determina el fin del aplazamiento o el vencimiento de la totalidad de la obligación; podrá consistir, igualmente, en la especificación, en la novación objetiva o subjetiva o en la sustitución por otra equivalente de la obligación contenida en el título, en la determinación del modo de cumplimiento, en especial del pago efectivo de las deudas dinerarias, en la constitución de las garantías adicionales que procedan y, en general, en cuantos pactos lícitos puedan establecer las partes.

4. El órgano jurisdiccional homologará el convenio mediante auto, velando por el necesario equilibrio de las prestaciones y la igualdad entre las partes, salvo que el acuerdo sea constitutivo de lesión grave para alguna de las partes o para terceros, de fraude de ley o de abuso de derecho, o contrario al interés público, o afecte a materias que se encuentren fuera del poder de disposición de las partes. La ejecución continuará hasta que no se constate el total cumplimiento del convenio, siendo título ejecutivo la resolución de homologación del acuerdo en sustitución del título ejecutivo inicial.

5. La impugnación del auto por el que se apruebe la transacción en la ejecución, se efectuará ante el órgano jurisdiccional que hubiera homologado la misma y se regirá por lo dispuesto para la impugnación de la conciliación judicial.

---

[124]   Artículo 3.5 ET.

SECCIÓN 2.ª Normas sobre ejecuciones colectivas

Artículo 247. Ejecución en conflictos colectivos[125]**.–** 1. Las sentencias recaídas en procesos de conflictos colectivos estimatorios de pretensión de condena y susceptibles de ejecución individual en los términos del apartado 3 del artículo 160 podrán ser objeto de ejecución definitiva conforme a las reglas generales de ésta con las especialidades siguientes:

a) El proceso de ejecución se iniciará mediante escrito por los sujetos legitimados. Están legitimados, en nombre propio o en el de los afectados por el título ejecutivo en los conflictos de empresa o de ámbito inferior, el empresario y los representantes legales o sindicales de los trabajadores, y en los conflictos de ámbito superior a la empresa, las asociaciones patronales y los sindicatos afectados. Los órganos unitarios de la empresa contra la que se interponga la ejecución, así como la empresa frente a la que se inste la misma, estarán legitimados en este proceso de ejecución aunque no hayan sido parte en el procedimiento previo de constitución del título ejecutivo. En todo caso, los sindicatos más representativos y los representativos, de conformidad con los artículos 6 y 7 de la Ley Orgánica 11/1985, de 2 de agosto de Libertad Sindical, las asociaciones empresariales representativas en los términos del artículo 87 del Estatuto de los Trabajadores y los órganos de representación legal o sindical de los trabajadores podrán personarse como partes en la ejecución, aunque no hayan sido parte en el procedimiento previo de constitución del título ejecutivo, siempre que su ámbito de actuación se corresponda o sea más amplio que el del conflicto. El Fondo de Garantía Salarial será siempre parte en estos procesos.

b) El sindicato acreditará la autorización para instar o adherirse al proceso de ejecución respecto a sus afiliados en la forma establecida en el artículo 20 de esta Ley. Con relación a los no afiliados, lo acreditará mediante autorización documentada ante cualquier órgano judicial o de mediación o conciliación social o ante la persona expresamente autorizada por el propio sindicato haciendo constar ésta bajo su responsabilidad la autenticidad de la firma del trabajador en la autorización efectuada en su presencia y acompañando los documentos de acreditación oportunos. Este último sistema de acreditación se

---

[125]   Arts. 153 ss. LJS.

aplicará en caso de que, quien inste la ejecución, sea un órgano de representación unitaria de los trabajadores.

c) El secretario judicial, comprobada la legitimación activa de los ejecutantes y que el título ejecutivo es susceptible de ejecución individual en los términos establecidos en el apartado 3 del artículo 160 de esta Ley, requerirá a la parte ejecutada para que, tratándose de ejecución pecuniaria, en el plazo de un mes, que podrá prorrogarse por otro mes cuando la complejidad del asunto lo exija, en relación a cada uno de los trabajadores en cuya representación se inste la ejecución, cuantifique individualizadamente la deuda y proponga, en su caso, una fórmula de pago.

d) De cumplir el ejecutado el requerimiento, el secretario judicial instará a la parte ejecutante para que manifieste su conformidad o disconformidad con los datos proporcionados, así como sobre la propuesta de pago, en el plazo de un mes, que podrá prorrogarse por otro mes cuando lo requiera la complejidad del asunto.

e) Si la parte ejecutante acepta, en todo o en parte, los datos suministrados de contrario sobre la cuantificación y la propuesta de pago, el secretario judicial documentará, en su caso, la avenencia en los extremos sobre los que exista conformidad, incluyéndose el abono de los intereses si procedieran, pero sin imposición de costas.

f) Si el ejecutado no cumple el requerimiento oponiéndose formalmente a la ejecución, en todo o en parte, en el término concedido, o de no aceptarse por la parte ejecutante, en todo o en parte, los datos proporcionados por aquél o su propuesta de pago, se seguirá el trámite incidental previsto en el artículo 238.

g) Para concretar, en su caso, si los solicitantes están afectados por el título y las cantidades líquidas individualizadas objeto de condena las partes deberán aportar prueba pericial o de expertos, o la proposición de una prueba conjunta de dicha clase o encomendarle al órgano judicial el nombramiento de un perito o de un experto a tal fin. El juez o tribunal dictará auto en el que, previa resolución de las causas de oposición que hubiere formulado la parte ejecutada, resolverá si, según los datos, características y requisitos establecidos en el título ejecutivo, reconoce a los solicitantes como comprendidos en la condena y, en el caso de condena de cantidad, el importe líquido individualmente reconocido a su favor, dictándose, a continuación, la orden general de ejecución en los términos establecidos en esta Ley.

h) Contra las resoluciones que se dicten conforme a lo dispuesto en los apartados anteriores cabrá interponer recurso de reposición, que no suspenderá su ejecución y no tendrá ulterior recurso.

i) Los títulos ejecutivos de ámbito superior a la empresa se ejecutaran colectivamente empresa por empresa.

j) Los sujetos que, pudiendo resultar beneficiados por el título ejecutivo, no quieran ejercitar su acción en el proceso de ejecución colectivo, podrán, en su caso, formularla individualmente a través del proceso declarativo que corresponda.

2. La modalidad de ejecución de sentencias firmes regulada en este artículo será aplicable a los restantes títulos ejecutivos, judiciales o extrajudiciales, de naturaleza social, estimatorios de pretensión de condena y susceptibles de ejecución individual en los términos del apartado 3 del artículo 160, así como a las sentencias firmes u otros títulos ejecutivos sobre movilidad geográfica, modificaciones sustanciales de condiciones de trabajo, suspensión del contrato o reducción de jornada por causas económicas, técnicas, organizativas o de producción, de carácter colectivo, y en los supuestos de despido colectivo en los que la decisión empresarial colectiva haya sido declarada nula.

Artículo 247 bis. Extensión de efectos.– 1. Los efectos de una sentencia firme que hubiera reconocido una situación jurídica individualizada a favor de una o varias personas podrán extenderse a otras, en ejecución de la sentencia, cuando concurran las siguientes circunstancias:

a) Que los interesados se encuentren en idéntica situación jurídica que los favorecidos por el fallo.

b) Que el juez, la jueza o el tribunal sentenciador fuera también competente, por razón del territorio, para conocer de sus pretensiones de reconocimiento de dicha situación individualizada.

c) Que los interesados soliciten la extensión de los efectos de la sentencia en el plazo de un año desde la última notificación de ésta a quienes fueron parte en el proceso.

2. La solicitud deberá dirigirse al órgano jurisdiccional competente que hubiera dictado la resolución cuyos efectos se pretende que se extiendan.

3. La petición al órgano jurisdiccional se formulará en escrito razonado al que deberá acompañarse el documento o documentos que acrediten la identidad de situaciones o la no concurrencia de alguna de las circunstancias del apartado 5.

4. Antes de resolver, se dará traslado a la parte condenada en la sentencia y a los posibles responsables subsidiarios para que en el plazo máximo de quince días puedan efectuar alegaciones y aportar los antecedentes que estimen oportunos y, de tratarse de una entidad del sector público, para que aporte, en su caso, a través de su representante procesal, un informe detallado sobre la viabilidad de la extensión solicitada.

De no aceptarse, en todo o en parte, la extensión solicitada, se pondrá de manifiesto el resultado de esas actuaciones a las partes para que aleguen por plazo común de cinco días, con emplazamiento en su caso de los interesados directamente afectados por los efectos de la extensión, salvo que el órgano jurisdiccional, en atención a las cuestiones planteadas o por afectar a hechos necesitados de prueba, acuerde seguir el trámite incidental del artículo 238.

El juez, jueza o tribunal dictará auto en el que resolverá si estima la extensión de efectos solicitada, sin que pueda reconocerse una situación jurídica distinta a la definida en la sentencia firme de que se trate. Con testimonio de este auto, los sujetos reconocidos podrán instar la ejecución.

5. El incidente se desestimará, en todo caso, cuando concurra alguna de las siguientes circunstancias:

a) Si existiera cosa juzgada.

b) Cuando la doctrina determinante del fallo cuya extensión se postule fuere contraria a la jurisprudencia del Tribunal Supremo o, en su defecto, a la doctrina reiterada de la Sala de lo Social del Tribunal Superior de Justicia territorialmente competente.

c) Si para el interesado se hubiere dictado resolución que, habiendo causado estado en vía administrativa, fuere consentida y firme por no haberla impugnado jurisdiccionalmente.

6. Si la sentencia firme cuya extensión se pretende se encuentra pendiente de un recurso de revisión o de un incidente de nulidad, quedará en suspenso la decisión del incidente de extensión de efectos hasta la resolución de aquellos.

Igualmente, quedará en suspenso hasta su resolución cuando se encuentre pendiente un recurso de casación para unificación de doctrina cuya resolución pueda resultar contraria a la doctrina determinante de la sentencia firme cuya extensión se pretende.

7. El régimen de recurso del auto dictado se ajustará a las reglas generales previstas para los autos dictados en ejecución de sentencia contenidas en los artículos 191.4.d) y 206.4. En todo caso procederá recurso de suplicación, atendiendo a la pretensión instada en el incidente de extensión de efectos,

cuando la misma sea susceptible de recurso conforme a lo previsto en el artículo 191.1, 2 y 3.

Artículo 247 ter. Extensión de efectos en caso de procedimiento testigo.– Cuando se hubiera acordado suspender la tramitación de uno o más procesos, con arreglo a lo previsto en el artículo 86 bis, una vez declarada la firmeza de la sentencia dictada en el procedimiento que se hubiera tramitado con carácter preferente, el letrado o letrada de la Administración de Justicia requerirá a los demandantes afectados por la suspensión para que, en el plazo de cinco días, interesen la extensión de los efectos de la sentencia o la continuación del pleito suspendido, o bien manifiesten si desisten del proceso.

Si se solicitase la extensión de efectos de aquella sentencia, el juez, la jueza o el tribunal la acordará, salvo que concurran las circunstancias previstas en el artículo 247 bis 5, o alguna causa de inadmisibilidad propia del proceso suspendido que impida el reconocimiento de la situación jurídica individualizada.

Igualmente quedará en suspenso hasta su resolución cuando se encuentre pendiente un recurso de casación para la unificación de doctrina cuya resolución pueda resultar contraria a la doctrina determinante de la sentencia firme cuya extensión se pretenda.

CAPÍTULO II. De la ejecución dineraria

SECCIÓN 1.ª Normas generales

Artículo 248. Concurrencia de embargos.– 1. En caso de concurrencia de embargos decretados por órganos judiciales del orden jurisdiccional social sobre unos mismos bienes, la preferencia para seguir la vía de apremio contra ellos corresponde, sin perjuicio de lo establecido en esta Ley en los supuestos de acumulación de ejecuciones, al órgano que con prioridad trabó dichos bienes.

No obstante, el embargante posterior podrá continuar la vía de apremio si quedan garantizados los derechos de los embargantes anteriores.

2. La regla anterior no afectará a la prelación de créditos entre diversos acreedores.

3. En caso de concurso, las acciones de ejecución que puedan ejercitar los trabajadores para el cobro de los salarios e indemnizaciones por despido

que les puedan ser adeudados quedan sometidas a lo establecido en la Ley Concursal.

Artículo 249. Manifestación de bienes para la ejecución.– 1. El ejecutado está obligado a efectuar, a requerimiento del secretario judicial, manifestación sobre sus bienes o derechos, con la precisión necesaria para garantizar sus responsabilidades. Deberá, asimismo, indicar las personas que ostenten derechos de cualquier naturaleza sobre sus bienes y, de estar sujetos a otro proceso, concretar los extremos de éste que puedan interesar a la ejecución.

2. Esta obligación incumbirá, cuando se trate de personas jurídicas, a sus administradores o a las personas que legalmente las representen y cuando se trate de comunidades de bienes o grupos sin personalidad, a quienes aparezcan como sus organizadores, directores o gestores.

3. En el caso de que los bienes estuvieran gravados con cargas reales, el ejecutado estará obligado a manifestar el importe del crédito garantizado y, en su caso, la parte pendiente de pago en esa fecha.

Esta información podrá reclamarse al titular del crédito garantizado, de oficio o a instancia de parte o de tercero interesado.

Artículo 250. Investigación judicial del patrimonio del ejecutado.– 1. Si no se tuviere conocimiento de la existencia de bienes suficientes, el secretario judicial deberá dirigirse a los pertinentes organismos y registros públicos a fin de que faciliten la relación de todos los bienes o derechos del deudor de los que tengan constancia, tras la realización por éstos, si fuere preciso, de las averiguaciones legalmente posibles.

2. También podrá el secretario judicial, dentro de los límites del derecho a la intimidad personal, dirigirse o recabar la información precisa para lograr la efectividad de la obligación pecuniaria que ejecute, de entidades financieras o depositarias o de otras personas privadas que por el objeto de su normal actividad o por sus relaciones jurídicas con el ejecutado deban tener constancia de los bienes o derechos de éste o pudieran resultar deudoras del mismo.

Artículo 251. Intereses de demora y costas.– 1. Salvo que motivadamente se disponga otra cosa, la cantidad por la que se despache ejecución en concepto provisional de intereses de demora y costas no excederá, para los primeros, del importe de los que se devengarían durante un año y, para las costas, del diez por ciento de la cantidad objeto de apremio en concepto de principal.

2. En cuanto a los intereses de la mora procesal se estará a lo dispuesto en el artículo 576 de la Ley de Enjuiciamiento Civil. No obstante, transcurridos tres meses del despacho de la ejecución sin que el ejecutado cumpliere en su integridad la obligación, si se apreciase falta de diligencia en el cumplimiento de la ejecutoria, se hubiere incumplido la obligación de manifesar bienes o se hubieren ocultado elementos patrimoniales trascendentes en dicha manifestación, podrá incrementarse el interés legal a abonar en dos puntos.

Artículo 252. Notificación a los representantes de los trabajadores de la empresa deudora.– Atendida la cantidad objeto de apremio, los autos en que se despache la ejecución y las resoluciones en que se decreten embargos se notificarán a los representantes unitarios y sindicales de los trabajadores de la empresa deudora, a efectos de que puedan comparecer en el proceso.

Artículo 253. Intervención en la ejecución del Fondo de Garantía Salarial y las Entidades gestoras o servicios comunes de la Seguridad Social.– 1. El Fondo de Garantía Salarial y las Entidades Gestoras o Servicios Comunes de la Seguridad Social, cuando estén legitimados para intervenir en el proceso, quedan obligados a asumir el depósito, la administración, intervención o peritación de los bienes embargados, designando a tal fin persona idónea, desde que se les requiera por el secretario judicial mediante decreto. De tal obligación podrán liberarse si justifican ante el secretario la imposibilidad de cumplirla o su desproporcionada gravosidad.

2. Igual obligación y con los mismos límites puede, motivadamente, imponerse a cualquier persona o entidad que por su actividad y medios pueda hacerse cargo de la misma, sin perjuicio del resarcimiento de gastos y abono de las remuneraciones procedentes conforme a la ley.

3. Las actuaciones materiales relativas al depósito, conservación, transporte, administración y publicidad para su venta de los bienes judicialmente embargados podrá encomendarse a entidades autorizadas administrativamente con tal fin o a las entidades previstas a este fin en la Ley de Enjuiciamiento Civil, si así lo acordara el secretario judicial[126].

---

[126] D.A. 2ª LJS.

SECCIÓN 2.ª El embargo

Artículo 254. Orden en los embargos. Bienes embargables.– 1. De constar la existencia de bienes suficientes, el embargo que se decrete se ajustará al orden legalmente establecido. En caso contrario y al objeto de asegurar la efectividad de la resolución judicial cuya ejecución se insta, se efectuará la adecuación a dicho orden una vez conocidos tales bienes.

2. Será nulo el embargo sobre bienes y derechos cuya efectiva existencia no conste. No obstante podrán embargarse saldos favorables de cuentas y depósitos obrantes en bancos, cajas o cualquier otra persona o entidad pública o privada de depósito, crédito, ahorro y financiación, tanto los existentes en el momento del embargo, como los que se produzcan posteriormente, así como disponerse la retención y puesta a disposición del juzgado de cualesquiera bienes o cantidades que se devengaren en el futuro a favor del ejecutado como consecuencia de las relaciones de éste con la entidad depositaria, siempre que, en razón del título ejecutivo, se hubiere determinado por el secretario judicial una cantidad como límite máximo a tales efectos.

Los referidos saldos, depósitos u otros bienes, y en general cualquier otro bien embargable, son susceptibles de embargo con independencia de la naturaleza de los ingresos o rentas que hubieran podido contribuir a su generación. A estos efectos, las limitaciones absolutas o relativas de inembargabilidad que puedan afectar a ingresos o rentas de carácter periódico conforme al artículo 607 de la Ley de Enjuiciamiento Civil se aplicarán a partir del embargo en el momento de la generación o devengo de cada una de las mensualidades o vencimientos de tales rentas.

También podrá acordarse la administración judicial, en los términos establecidos en el artículo 256, cuando se comprobare que la entidad pagadora o perceptora no cumple la orden de retención o ingreso, sin perjuicio de las demás responsabilidades que procedieran según lo dispuesto en el apartado 3 del artículo 241 por falta de colaboración con la ejecución y efectividad de lo resuelto.

Artículo 255. Embargo de bienes inmuebles.– 1. Si los bienes embargados fueren inmuebles u otros inscribibles en registros públicos, el secretario judicial ordenará de oficio que se libre y remita directamente al registrador mandamiento para que practique el asiento que corresponda relativo al embargo trabado, expida certificación de haberlo hecho, de la titularidad de los bienes y, en su caso, de sus cargas y gravámenes.

2. El registrador deberá comunicar a la oficina judicial la existencia de ulteriores asientos que pudieren afectar al embargo anotado.

Artículo 256. Administración judicial de los bienes embargados.– 1. Podrá constituirse una administración o una intervención judicial cuando por la naturaleza de los bienes o derechos embargados fuera preciso[127].

2. Con tal fin, el secretario judicial citará de comparecencia ante sí mismo a las partes para que lleguen a un acuerdo y, una vez alcanzado en su caso, establecerá mediante decreto los términos de la administración judicial en consonancia con el acuerdo.

3. Para el supuesto que no se alcance acuerdo, el secretario les convocará a comparecencia ante el juez o Magistrado que dictó la orden general de ejecución, a fin de que efectúen las alegaciones y pruebas que estimen oportunas sobre la necesidad o no de nombramiento de administrador o interventor, persona que deba desempeñar tal cargo, exigencia o no de fianza, forma de actuación, rendición de cuentas y retribución procedente, resolviéndose mediante auto lo que proceda.

4. El administrador o, en su caso, el interventor nombrado deberá rendir cuenta final de su gestión.

Artículo 257. Designación de depositario[128].– Puede ser designado depositario el ejecutante o el ejecutado, salvo oposición justificada de la parte contraria. También podrá el secretario judicial aprobar la designación como depositario de un tercero, de existir común acuerdo de las partes o a propuesta de una de ellas, sin oposición justificada de la contraria.

Artículo 258. Reembargo.– 1. De estar previamente embargados los bienes, el secretario judicial que haya acordado el reembargo adoptará las medidas oportunas para su efectividad.

2. La oficina judicial o administrativa a la que se comunique el reembargo acordará lo procedente para garantizarlo y, en el plazo máximo de diez días, informará al reembargante sobre las circunstancias y valor de los bienes, cantidad objeto de apremio de la que respondan y estado de sus actuaciones.

---

[127]   Véanse artículos 630 ss. LEC.
[128]   Art. 628 LEC.

3. Deberá, asimismo, comunicar al órgano que decretó el reembargo las ulteriores resoluciones que pudieren afectar a los acreedores reembargantes.

Artículo 259. Adopción de la traba.– 1. El secretario judicial, tras la dación de cuenta por el gestor procesal y administrativo de la diligencia de embargo positiva, ratificará o modificará lo efectuado por la comisión ejecutiva, acordando, en su caso, la adopción de las garantías necesarias para asegurar la traba según la naturaleza de los bienes embargados.

2. Podrá también, en cualquier momento, atendida la suficiencia de los bienes embargados, acordar la mejora, reducción o alzamiento de los embargos trabados.

Artículo 260. Tercería de dominio[129].– 1. El tercero que invoque el dominio sobre los bienes embargados, adquirido con anterioridad a su traba, podrá pedir el levantamiento del embargo ante el órgano del orden jurisdiccional social que conozca de la ejecución y que a los meros efectos prejudiciales resolverá sobre el derecho alegado, alzando en su caso el embargo.

2. El tribunal, mediante auto, rechazará de plano y sin sustanciación alguna la demanda de tercería de dominio a la que no se acompañe un principio de prueba por escrito del fundamento de la pretensión del tercerista, así como la que se interponga con posterioridad al momento en que, de acuerdo con lo dispuesto en la legislación civil, se produzca la transmisión del bien al acreedor o al tercero que lo adquiera en pública subasta.

3. Admitida la solicitud, se seguirá el trámite incidental regulado en esta Ley. El secretario judicial suspenderá las actuaciones relativas a la liquidación de los bienes discutidos hasta la resolución del incidente.

SECCIÓN 3.ª Realización de los bienes embargados

Artículo 261. Tasación de los bienes embargados.– 1. Cuando fuere necesario tasar los bienes embargados previamente a su realización, el secretario judicial designará el perito tasador que corresponda de entre los que presten servicio en la Administración de Justicia, y además o en su defecto podrá requerir la designación de persona idónea a las entidades obligadas legalmente a asumir la peritación.

---

[129]   Véanse arts. 595 ss. LEC.

2. El nombramiento efectuado se pondrá en conocimiento de las partes o terceros que conste tengan derechos sobre los bienes a tasar para que, dentro del segundo día, puedan designar otros por su parte, con la prevención de que, si no lo hicieran, se les tendrá por conformes.

Artículo 262. Deducción de cargas.– Si los bienes o derechos embargados estuvieren afectos con cargas o gravámenes que debieran quedar subsistentes tras la venta o adjudicación judicial, el secretario, con la colaboración pericial y recabando los datos que estime oportunos, practicará la valoración de aquéllos y deducirá su importe del valor real de los bienes, con el fin de determinar el justiprecio.

Artículo 263. Procedimientos para la liquidación de los bienes.– 1. Para la liquidación de los bienes embargados, podrán emplearse estos procedimientos:

a) Por venta en entidad autorizada administrativamente o en las entidades previstas en la Ley de Enjuiciamiento Civil con tal fin, si así lo acordara el secretario judicial, cualquiera que fuere el valor de los bienes.

b) Por subasta ante fedatario público, en los términos que se establezcan reglamentariamente.

c) Mediante subasta judicial, en los casos en que no se empleen los procedimientos anteriores.

d) Por los demás procedimientos establecidos en la legislación procesal civil.

2. Si lo embargado fueren valores, se venderán en la forma establecida para ellos en la Ley de Enjuiciamiento Civil[130].

3. A fin de dotarla de mayor efectividad, la venta de los bienes podrá realizarse por lotes o por unidades.

Artículo 264. Realización de los bienes.– La realización de los bienes embargados se ajustará a lo dispuesto en la legislación procesal civil.

Artículo 265. Reparto entre los ejecutantes.– Si la adquisición en subasta o la adjudicación en pago se realiza en favor de una parte de los ejecutantes y el precio de adjudicación no es suficiente para cubrir todos los créditos de

---

[130]   Art. 635 LEC.

los restantes acreedores, los créditos de los adjudicatarios sólo se extinguirán hasta la concurrencia de la suma que sobre el precio de adjudicación debería serles atribuida en el reparto proporcional. De ser inferior al precio deberán los acreedores adjudicatarios abonar el exceso en metálico.

Artículo 266. Calidad de la adquisición a favor de los ejecutantes o sus representantes.– Sólo la adquisición o adjudicación practicada en favor de los ejecutantes o de los responsables legales solidarios o subsidiarios podrá efectuarse en calidad de ceder a tercero.

Artículo 267. Formalización de la adjudicación de bienes.– 1. No será preceptivo documentar en escritura pública el decreto de adjudicación.

2. Será título bastante para la inscripción, el testimonio del decreto de adjudicación, expedido por el secretario judicial.

SECCIÓN 4.ª Pago a los acreedores

Artículo 268. Orden de los pagos.– 1. Las cantidades que se obtengan en favor de los ejecutantes se aplicarán, por su orden, al pago del principal, intereses y costas una vez liquidados aquéllos y tasadas éstas.

2. Si lo hubiere aprobado previamente el juez, el secretario judicial podrá anticipar al pago del principal el abono de los gastos que necesariamente hubiere requerido la propia ejecución y el de los acreditados por terceros obligados a prestar la colaboración judicialmente requerida.

Artículo 269. Liquidación de intereses y costas.– 1. Cubierta la cantidad objeto de apremio en concepto de principal, el secretario practicará diligencia de liquidación de los intereses devengados[131].

2. La liquidación de intereses podrá formularse al tiempo que se realice la tasación de costas y en la propia diligencia. Si se impugnaran ambas operaciones, su tramitación podrá acumularse.

3. Los honorarios o derechos de abogados, incluidos los de las Administraciones públicas, procuradores y graduados sociales colegiados, devengados en la ejecución podrán incluirse en la tasación de costas.

---

[131]   Art. 576 LEC.

Artículo 270. Insuficiencia de bienes en ejecuciones acumuladas.– De estar acumuladas las ejecuciones seguidas contra un mismo deudor y ser insuficientes los bienes embargados para satisfacer la totalidad de los créditos laborales, se aplicarán soluciones de proporcionalidad, con respeto, en todo caso, a las preferencias de crédito establecidas en las leyes.

Artículo 271. Reglas de reparto entre los ejecutantes en caso de insuficiencia de bienes del deudor. Propuesta común de distribución.– 1. Entre los créditos concurrentes de igual grado, se repartirán proporcionalmente las cantidades obtenidas, sin tener en cuenta ningún tipo de prioridad temporal.

2. Si las cantidades obtenidas no son suficientes para cubrir la totalidad de los créditos, se procederá del siguiente modo:

a) Si ninguno de los acreedores concurrentes alegare preferencia para el cobro, el secretario judicial dispondrá la distribución proporcional de cantidades conforme se vayan obteniendo[132].

b) Si alguno de ellos alega preferencia, podrán presentar los acreedores o requerírseles por el secretario judicial para que lo hagan, en el plazo que se les fije, una propuesta común de distribución.

3. No presentándose o no coincidiendo las propuestas formuladas, el secretario judicial, en el plazo de cinco días, dictará decreto estableciendo provisionalmente los criterios de distribución y concretando las cantidades correspondientes a cada acreedor conforme a aquéllos.

Artículo 272. Traslado de la propuesta de distribución.– 1. De la propuesta común o de la formulada por el secretario judicial, se dará traslado en su caso, a los acreedores no proponentes, al ejecutado y al Fondo de Garantía Salarial, para que manifiesten su conformidad o disconformidad en el plazo de tres días.

2. Si no se formulara oposición, el secretario judicial deberá aprobar la propuesta común presentada o se entenderá definitiva la distribución por él practicada. De formularse aquélla, se convocará a todos los interesados a una comparecencia, dándose traslado de los escritos presentados.

---

[132] Art. 32 ET.

Artículo 273. Comparecencia para la aprobación de la propuesta de distribución.– 1. Si en la comparecencia se lograre un acuerdo de distribución, podrá aprobarse en el mismo acto por el secretario judicial. A los interesados que no comparezcan injustificadamente se les tendrá por conformes con lo acordado por los comparecientes.

2. De no lograrse acuerdo, el secretario citará a los interesados a una comparecencia ante el juez o tribunal, quien continuará el incidente, efectuándose las alegaciones y pruebas relativas, en su caso, a la existencia o subsistencia de las preferencias invocadas. Se resolverán, mediante auto, las cuestiones planteadas y se establecerá la forma de distribución.

Artículo 274. Participación en la distribución proporcional.– Podrán participar en la distribución proporcional los que, hasta el momento de obtenerse las cantidades a repartir, ostenten la condición de ejecutantes de los procesos acumulados, con auto firme despachando ejecución a su favor.

Artículo 275. Tramitación de las tercerías de mejor derecho.– 1. Las tercerías fundadas en el derecho del tercero, sea o no acreedor laboral del ejecutado, a ser reintegrado de su crédito con preferencia al acreedor ejecutante, deberán deducirse ante el órgano judicial del orden social que esté conociendo de la ejecución, sustanciándose por el trámite incidental regulado en esta Ley.

2. La tercería así promovida no suspenderá la ejecución tramitada, continuándose la misma hasta realizar la venta de los bienes embargados y su importe se depositará en la entidad de crédito correspondiente.

SECCIÓN 5.ª Insolvencia empresarial

Artículo 276. Intervención del Fondo de Garantía Salarial. Declaración de insolvencia de la empresa.– 1. Previamente a la declaración de insolvencia, si el Fondo de Garantía Salarial no hubiere sido llamado con anterioridad, el secretario judicial le dará audiencia, por un plazo máximo de quince días, para que pueda instar la práctica de las diligencias que a su derecho convenga y designe bienes del deudor principal que le consten.

2. Dentro de los treinta días siguientes a la práctica de las diligencias instadas por el Fondo de Garantía Salarial, el secretario judicial dictará decreto declarando, cuando proceda, la insolvencia total o parcial del ejecutado, fijando en este caso el valor pericial dado a los bienes embargados. La insolvencia

se entenderá a todos los efectos como provisional hasta que se conozcan bienes al ejecutado o se realicen los bienes embargados.

3. Declarada la insolvencia de una empresa, ello constituirá base suficiente para estimar su pervivencia en otras ejecuciones, pudiéndose dictar el decreto de insolvencia sin necesidad de reiterar los trámites de averiguación de bienes establecidos en el artículo 250, si bien en todo caso se deberá dar audiencia previa a la parte actora y al Fondo de Garantía Salarial para que puedan señalar la existencia de nuevos bienes.

4. De estar determinadas en la sentencia que se ejecute las cantidades legalmente a cargo del Fondo de Garantía Salarial, firme la declaración de insolvencia, el secretario judicial le requerirá en su caso de abono, en el plazo de diez días y, de no efectuarlo, continuará la ejecución contra el mismo.

5. La declaración firme de insolvencia del ejecutado se hará constar en el registro correspondiente según la naturaleza de la entidad.

Artículo 277. Embargo de bienes afectados al proceso productivo.– 1. Cuando los bienes susceptibles de embargo se encuentren afectos al proceso productivo de la empresa deudora y ésta continúe su actividad, el Fondo de Garantía Salarial podrá solicitar la suspensión de la ejecución, por el plazo de treinta días, a fin de valorar la imposibilidad de satisfacción de los créditos laborales, así como los efectos de la enajenación judicial de los bienes embargados sobre la continuidad de las relaciones laborales subsistentes en la empresa deudora.

2. Constatada por el Fondo de Garantía Salarial la imposibilidad de satisfacer los créditos laborales por determinar ello la extinción de las relaciones laborales subsistentes, lo pondrá de manifiesto motivadamente, solicitando la declaración de insolvencia a los solos efectos de reconocimiento de prestaciones de garantía salarial.

CAPÍTULO III. De la ejecución de las sentencias firmes de despido

Artículo 278. Readmisión del trabajador[133].– Cuando el empresario haya optado por la readmisión deberá comunicar por escrito al trabajador, dentro de los diez días siguientes a aquel en que se le notifique la sentencia, la fecha de

---

[133]   Arts 56 ET y 110 LJS.

su reincorporación al trabajo, para efectuarla en un plazo no inferior a los tres días siguientes al de la recepción del escrito. En este caso, serán de cuenta del empresario los salarios devengados desde la fecha de notificación de la sentencia que por primera vez declare la improcedencia hasta aquella en la que tenga lugar la readmisión, salvo que, por causa imputable al trabajador, no se hubiera podido realizar en el plazo señalado.

Artículo 279. Plazos para solicitar la readmisión por el trabajador.– 1. Cuando el empresario no procediere a la readmisión del trabajador, podrá éste solicitar la ejecución del fallo ante el Juzgado de lo Social:

a) Dentro de los veinte días siguientes a la fecha señalada para proceder a la readmisión, cuando ésta no se hubiere efectuado.

b) Dentro de los veinte días siguientes a aquel en el que expire el de los diez días a que se refiere el artículo anterior, cuando no se hubiera señalado fecha para reanudar la prestación laboral.

c) Dentro de los veinte días siguientes a la fecha en la que la readmisión tuvo lugar, cuando ésta se considerase irregular.

2. No obstante, y sin perjuicio de que no se devenguen los salarios correspondientes a los días transcurridos entre el último de cada uno de los plazos señalados en las letras a), b) y c) del apartado anterior y aquél en el que se solicite la ejecución del fallo, la acción para instar esta última habrá de ejercitarse dentro de los tres meses siguientes a la firmeza de la sentencia.

3. Todos los plazos establecidos en este artículo son de prescripción.

Artículo 280. Incidente de no readmisión.– Instada la ejecución del fallo en cuanto a la condena a readmisión, por el juez competente se dictará auto despachando la ejecución por la vía de incidente de no readmisión y seguidamente, el secretario señalará la vista del incidente dentro de los cinco días siguientes, citando de comparecencia a los interesados. La ejecución de otros pronunciamientos distintos de la condena a readmisión se someterá a las reglas generales aplicables según su naturaleza.

El día de la comparecencia, si los interesados hubieran sido citados en forma y no asistiese el trabajador o persona que lo represente, se le tendrá por desistido de su solicitud; si no compareciese el empresario o su representante, se celebrará el acto sin su presencia.

Artículo 281. Auto de resolución del incidente.– 1. En la comparecencia, la parte o partes que concurran serán examinadas por el juez sobre los hechos de la no readmisión o de la readmisión irregular alegada, aportándose únicamente aquellas pruebas que, pudiéndose practicar en el momento, el juez estime pertinentes. De lo actuado se extenderá la correspondiente acta.

2. Dentro de los tres días siguientes, el juez dictará auto en el que, salvo en los casos donde no resulte acreditada ninguna de las dos circunstancias alegadas por el ejecutante:

a) Declarará extinguida la relación laboral en la fecha de dicha resolución.

b) Acordará se abone al trabajador las percepciones económicas previstas en los apartados 1 y 2 del artículo 56 del Estatuto de los Trabajadores. En atención a las circunstancias concurrentes y a los perjuicios ocasionados por la no readmisión o por la readmisión irregular, podrá fijar una indemnización adicional de hasta quince días de salario por año de servicio y un máximo de doce mensualidades. En ambos casos, se prorratearán los periodos de tiempo inferiores a un año y se computará, como tiempo de servicio el transcurrido hasta la fecha del auto.

c) Condenará al empresario al abono de los salarios dejados de percibir desde la fecha de la notificación de la sentencia que por primera vez declare la improcedencia hasta la de la mencionada solución.

Artículo 282. Ejecución del fallo de la sentencia[134].– 1. La sentencia será ejecutada en sus propios términos cuando:

a) El trabajador despedido fuera delegado de personal, miembro del comité de empresa o delegado sindical y, declarada la improcedencia del despido, optare por la readmisión.

b) Declare la nulidad del despido.

2. A tal fin, en cualquiera de los supuestos mencionados en el número anterior, una vez solicitada la readmisión, el juez competente dictará auto conteniendo la orden general de ejecución y despachando la misma, y acordará requerir al empresario para que reponga al trabajador en su puesto en el plazo de tres días, sin perjuicio de que adopte, a instancia de parte, las medidas que dispone el artículo 284.

---

[134]   Arts 110 y 111 LJS.

Artículo 283. Incumplimiento de la sentencia de readmisión por el empresario.– 1. En los supuestos a que se refiere el artículo anterior, si el empresario no procediera a la readmisión o lo hiciera en condiciones distintas a las que regían antes de producirse el despido, el trabajador podrá acudir ante el Juzgado de lo Social, solicitando la ejecución regular del fallo, dentro de los veinte días siguientes al tercero que, como plazo máximo para la reincorporación, dispone el artículo precedente.

2. El juez oirá a las partes en comparecencia, que se ajustará a lo dispuesto en el artículo 280 y en el apartado 1 del artículo 281, y dictará auto sobre si la readmisión se ha efectuado o no y, en su caso, si lo fue en debida forma. En el supuesto de que se estimara que la readmisión no tuvo lugar o no lo fue en forma regular, ordenará reponer al trabajador a su puesto dentro de los cinco días siguientes a la fecha de dicha resolución, apercibiendo al empresario que, de no proceder a la reposición o de no hacerlo en debida forma, se adoptarán las medidas que establece el artículo siguiente.

Artículo 284. Consecuencias del incumplimiento del empresario.– Cuando el empresario no diese cumplimiento a la orden de reposición a que se refiere el artículo anterior, el secretario judicial acordará las medidas siguientes:

a) Que el trabajador continúe percibiendo su salario con la misma periodicidad y cuantía que la declarada en la sentencia, con los incrementos que por vía de convenio colectivo o mediante norma estatal se produzcan hasta la fecha de la readmisión en debida forma. A tal fin, cumplimentará la autorización contenida en el auto despachando ejecución en tantas ocasiones como fuese necesario, por una cantidad equivalente a seis meses de salario, haciéndose efectivas al trabajador con cargo a la misma las retribuciones que fueran venciendo, hasta que, una vez efectuada la readmisión en forma regular, acuerde la devolución al empresario del saldo existente en esa fecha.

b) Que el trabajador continúe en alta y con cotización en la Seguridad Social, lo que pondrá en conocimiento de la entidad gestora o servicio común a los efectos procedentes.

c) Que el delegado de personal, miembro del comité de empresa o delegado sindical continúe desarrollando, en el seno de la empresa, las funciones y actividades propias de su cargo, advirtiendo al empresario que, de impedir u oponer algún obstáculo a dicho ejercicio, se pondrán los hechos en conocimiento de la autoridad laboral a los efectos de sancionar su conducta de acuerdo con lo que dispone el Texto Refundido de la Ley sobre infracciones y sanciones en el orden social, aprobada por el Real Decreto Legislativo 5/2000 de 4 de agosto.

Artículo 285. Lanzamiento del trabajador de la vivienda por razón de trabajo.– 1. Cuando recaiga resolución firme en que se declare la extinción del contrato de trabajo, si el trabajador ocupare vivienda por razón del mismo deberá abandonarla en el plazo de un mes. El secretario judicial, si existe motivo fundado, podrá prorrogar dicho plazo por dos meses más.

2. Una vez transcurridos los plazos del apartado anterior, el empresario podrá solicitar del juzgado la ejecución mediante el oportuno lanzamiento, que se practicará seguidamente observando las normas previstas en la Ley de Enjuiciamiento Civil[135].

Artículo 286. Imposibilidad de readmisión del trabajador.– 1. Sin perjuicio de lo dispuesto en los artículos anteriores, cuando se acreditase la imposibilidad de readmitir al trabajador por cese o cierre de la Empresa obligada o cualquier otra causa de imposibilidad material o legal, el juez dictará auto en el que declarará extinguida la relación laboral en la fecha de dicha resolución y acordará se abonen al trabajador las indemnizaciones y los salarios dejados de percibir que señala el apartado 2 del artículo 281.

2. En los supuestos de declaración de nulidad del despido por acoso laboral, sexual o por razón de sexo o de violencia de género en el trabajo, la víctima del acoso podrá optar por extinguir las relación laboral con el correspondiente abono de la indemnización procedente y de los salarios de tramitación, en su caso, conforme al apartado 2 del artículo 281.

CAPÍTULO IV. De la ejecución de sentencias frente a entes públicos

Artículo 287. Cumplimiento de la sentencia por Entes públicos.– 1. Las sentencias dictadas frente al Estado, Entidades Gestoras o Servicios Comunes de la Seguridad Social y demás entes públicos deberán llevarse a efecto por la Administración o Entidad dentro del plazo de dos meses a partir de su firmeza, justificando el cumplimiento ante el órgano jurisdiccional dentro de dicho plazo. Atendiendo a la naturaleza de lo reclamado y a la efectividad de

---

[135]   Art. 704 LEC.

la sentencia, ésta podrá fijar un plazo inferior para el cumplimiento cuando el de dos meses pueda hacer ineficaz el pronunciamiento o causar grave perjuicio.

2. Trascurrido el plazo a que se refiere el número anterior, la parte interesada podrá solicitar la ejecución.

3. Mientras no conste la total ejecución de la sentencia, el órgano judicial, de oficio o a instancia de parte, adoptará cuantas medidas sean adecuadas para promoverla y activarla, siendo con tal fin de aplicación supletoria lo dispuesto para la ejecución de sentencias en la Ley 29/1998, de 13 de julio, reguladora de la Jurisdicción Contencioso-administrativa.

4. El órgano jurisdiccional, previo requerimiento de la Administración condenada por un nuevo plazo de un mes y citando, en su caso, de comparecencia a las partes, podrá decidir cuantas cuestiones se planteen en la ejecución, y especialmente las siguientes:

a) Órgano administrativo y funcionarios que han de responsabilizarse de realizar las actuaciones, pudiendo requerir a la Administración a tal efecto para que facilite la identidad de la autoridad o funcionario responsable del cumplimiento de la ejecutoria, al objeto de individualizar oportunamente las responsabilidades derivadas, incluidas las responsabilidades patrimoniales a que hubiere lugar, sin perjuicio de las comprobaciones de oficio que deban llevarse a cabo al respecto.

b) Plazo máximo para su cumplimiento, en atención a las circunstancias que concurran.

c) Medios con que ha de llevarse a efecto y procedimiento a seguir.

d) Medidas necesarias para lograr la efectividad de lo mandado, en los términos establecidos en esta Ley, salvo lo previsto en el artículo 241, que no será de aplicación excepto en caso de incumplimiento de lo resuelto por el órgano jurisdiccional en la comparecencia a que se refiere el presente apartado.

e) Cuando la Administración pública fuera condenada al pago de cantidad líquida, el devengo de intereses procederá conforme a lo dispuesto en la legislación presupuestaria, si bien en el supuesto de que hubiera sido necesario el ulterior requerimiento establecido en este apartado, la autoridad judicial, apreciando falta de diligencia en el incumplimiento, podrá incrementar en dos puntos el interés legal a devengar.

Artículo 288. Liquidación e ingreso de cantidades correspondientes a prestaciones de pago periódico de la Seguridad Social.– 1. En los procesos seguidos por prestaciones de pago periódico de la Seguridad Social, una vez sea firme la sentencia condenatoria a la constitución de un capital coste de pensión o al pago de una prestación no capitalizable, se remitirá por el secretario judicial copia certificada a la entidad gestora o servicio común competente.

2. El indicado organismo deberá, en el plazo máximo de diez días, comunicar a la oficina judicial el importe del capital coste de la pensión o el importe de la prestación a ingresar, lo que se notificará a las partes, requiriendo el secretario a la condenada para que lo ingrese en el plazo de diez días.

TÍTULO II. De la ejecución provisional

CAPÍTULO I. De las sentencias condenatorias al pago de cantidades

Artículo 289. Abono de anticipos.– 1. Cuando el trabajador tuviere a su favor una sentencia en la que se hubiere condenado al empresario al pago de una cantidad y se interpusiere recurso contra ella, tendrá derecho a obtener anticipos a cuenta de aquélla, garantizando el Estado su reintegro y realizando, en su caso, su abono, en los términos establecidos en esta Ley.

2. El anticipo alcanzará, como máximo total, hasta el 50 por ciento del importe de la cantidad reconocida en la sentencia, pudiendo abonarse en períodos temporales durante la tramitación del recurso, desde la fecha de la solicitud y hasta que recaiga sentencia definitiva o por cualquier causa quede firme la sentencia recurrida.

3. La cantidad no podrá exceder anualmente del doble del salario mínimo interprofesional fijado para trabajadores mayores de dieciocho años, incluida la parte proporcional de gratificaciones extraordinarias, vigente durante su devengo.

Artículo 290. Ejecución provisional con cargo a cantidades consignadas.– 1. La ejecución provisional podrá instarse por la parte interesada ante el órgano judicial que dictó la sentencia. El solicitante asumirá, solidariamente con el Estado, la obligación de reintegro, cuando proceda, de las cantidades percibidas.

2. Si para recurrir la sentencia que provisionalmente se ejecute se hubiere efectuado consignación en metálico, mediante aval o por cualquier otro medio admitido, el secretario judicial dispondrá el anticipo con cargo a aquélla,

garantizándose por el Estado la devolución al empresario, en su caso, de las cantidades que se abonen al trabajador.

Si el importe de la condena se hubiera garantizado mediante aval o por cualquier otro medio admitido, el secretario judicial, antes de disponer el anticipo prevenido en el párrafo anterior, requerirá a la empresa para que, en el plazo de cuatro días, proceda a consignar en metálico la cantidad a anticipar, disponiendo, luego de acreditada la consignación, la devolución del aval o del correspondiente medio de garantía inicialmente constituido, contra entrega simultánea del nuevo aval o medio de garantía por la menor cuantía relicta. En este supuesto regirá igualmente la garantía por el Estado en los términos establecidos en el párrafo anterior.

3. De no haber sido preceptivo consignar para recurrir, el anticipo se abonará al trabajador directamente por el Estado. En este supuesto, el secretario judicial notificará a la Abogacía del Estado testimonio suficiente de lo actuado y le requerirá para que el organismo gestor efectúe el abono al trabajador en el plazo de diez días.

Artículo 291. Confirmación de la sentencia recurrida.– 1. Si la sentencia impugnada queda firme, el trabajador tendrá derecho al percibo de la diferencia entre el importe de la condena y la cantidad anticipada, haciéndose efectiva con cargo a la consignación, si de ella se hubiera detraído el anticipo.

2. De haberse efectuado el anticipo por el Estado, el trabajador podrá reclamar la diferencia al empresario, y el Estado se subrogará en los derechos de aquél frente al empresario por el importe de la cantidad anticipada.

Artículo 292. Revocación de la sentencia recurrida.– 1. Si la sentencia impugnada fuera revocada por el tribunal superior y el trabajador resultare deudor en todo o en parte de la cantidad anticipada, habrá de reintegrar esta cantidad al empresario si se hubiera detraído el anticipo de la consignación, quedando en este caso el Estado responsable solidario con el trabajador respecto del empresario.

2. Cuando el Estado hubiera abonado directamente el anticipo o, en virtud de la responsabilidad solidaria contraída, hubiera respondido frente al empresario, aquél podrá reclamar al trabajador el reintegro de la cantidad anticipada.

Artículo 293. Incumplimiento de la obligación de reintegro por el trabajador.– 1. Si se incumple la obligación de reintegro, será título bastante para iniciar la ejecución destinada a hacerla efectiva la resolución firme en que se acordaba la ejecución provisional junto con la certificación, librada por el secretario judicial o por el organismo gestor, en la que se determinaran las cantidades abonadas.

2. Cuando la realización forzosa inmediata de la cantidad adeudada pudiera causar perjuicio grave al trabajador, el juez podrá conceder aplazamiento hasta por un año de la obligación de pago, adoptando las medidas de aseguramiento oportunas para garantizar la efectividad de la ejecución.

CAPÍTULO II. De las sentencias condenatorias en materia de Seguridad Social

Artículo 294. Ejecución provisional de la sentencia condenatoria al pago de prestaciones de pago periódico de Seguridad Social.– 1. Las sentencias recurridas, condenatorias al pago de prestaciones de pago periódico de Seguridad Social, serán ejecutivas, quedando el condenado obligado a abonar la prestación, hasta el límite de su responsabilidad, durante la tramitación del recurso.

2. Si la sentencia favorable al beneficiario fuere revocada, en todo o en parte, no estará obligado al reintegro de las cantidades percibidas durante el período de ejecución provisional y conservará el derecho a que se le abonen las prestaciones devengadas durante la tramitación del recurso y que no hubiere aún percibido en la fecha de firmeza de la sentencia, sin perjuicio de lo dispuesto en las letras c) y d) del apartado 2 del artículo 230.

Artículo 295. Ejecución de sentencias condenatorias al pago de prestaciones de pago único.– El beneficiario de prestaciones del régimen público de la Seguridad Social que tuviera a su favor una sentencia recurrida en la que se hubiere condenado al demandado al pago de una prestación de pago único, tendrá derecho a solicitar su ejecución provisional y obtener anticipos a cuenta de aquélla, en los términos establecidos en el Capítulo anterior.

Artículo 296. Ejecución provisional de sentencias condenatorias a obligaciones de hacer o no hacer en materia de Seguridad Social.– A petición del beneficiario favorecido por ellas, el juez o la Sala, ponderando las circunstancias concurrentes, podrá acordar también la ejecución provisional, sin exigencia de fianza, de las sentencias condenatorias a obligaciones de hacer o no hacer en materia de Seguridad Social.

CAPÍTULO III. De las sentencias de despido

Artículo 297. Ejecución provisional de la sentencia que declare la improcedencia o nulidad del despido.– 1. Cuando en los procesos donde se ejerciten acciones derivadas de despido o de decisión extintiva de la relación de trabajo la sentencia declare su improcedencia y el empresario que hubiera optado por la readmisión interpusiera alguno de los recursos autorizados por la Ley, éste vendrá obligado, mientras dure la tramitación del recurso, a satisfacer al recurrido la misma retribución que venía percibiendo con anterioridad a producirse aquellos hechos y continuará el trabajador prestando servicios, a menos que el empresario prefiera hacer el abono aludido sin compensación alguna.

Lo anteriormente dispuesto también será aplicable cuando, habiendo optado el empresario por la readmisión, el recurso lo interpusiera el trabajador.

2. La misma obligación tendrá el empresario si la sentencia hubiera declarado la nulidad del despido o de la decisión extintiva de la relación de trabajo; sin perjuicio de las medidas cautelares que pudieran adoptarse, en especial para la protección frente al acoso, en los términos del apartado 4 del artículo 180.

3. Si el despido fuera declarado improcedente y la opción, correspondiente al trabajador, se hubiera producido en favor de la readmisión, se estará a lo dispuesto por el apartado 1 de este artículo.

4. En los supuestos a que se refieren los apartados anteriores se suspenderá el derecho a la prestación por desempleo en los términos previstos en el Texto Refundido de la Ley General de la Seguridad Social, aprobado por el Real Decreto Legislativo 1/1994, de 20 de junio.

Artículo 298. Petición de ejecución provisional por parte del trabajador.– Si en virtud de lo dispuesto en el artículo anterior se presentase petición del trabajador, por escrito o por comparecencia, con el fin de exigir del empresario el cumplimiento de aquella obligación o solicitud de éste para que aquél reanude la prestación de servicios, el juez o Sala, oídas las partes, resolverá lo que proceda.

Artículo 299. Incumplimiento del trabajador del requerimiento empresarial de readmisión.– El incumplimiento injustificado por parte del trabajador del requerimiento empresarial de reanudación de la prestación de servicios acarreará la pérdida definitiva de los salarios a que se refieren los artículos anteriores.

Artículo 300. Revocación de la sentencia favorable al trabajador.– Si la sentencia favorable al trabajador fuere revocada en todo o en parte, éste no vendrá obligado al reintegro de los salarios percibidos durante el período de ejecución provisional y conservará el derecho a que se le abonen los devengados durante la tramitación del recurso y que no hubiere aún percibido en la fecha de la firmeza de la sentencia.

Artículo 301. Anticipos reintegrables.– En los casos en que no proceda la aplicación de las normas de ejecución provisional establecidas en este Capítulo, si concurren los presupuestos necesarios, podrán concederse anticipos reintegrables, en los términos establecidos en esta Ley, cuando la sentencia recurrida declare la nulidad o improcedencia del despido o de las decisiones extintivas de las relaciones de trabajo.

Artículo 302. Despido de representante de los trabajadores.– Cuando el despido o la decisión extintiva hubiera afectado a un representante legal de los trabajadores o a un representante sindical y la sentencia declarara la nulidad o improcedencia del despido, con opción, en este último caso por la readmisión, el órgano judicial deberá adoptar, en los términos previstos en el párrafo c) del artículo 284 las medidas oportunas a fin de garantizar el ejercicio de sus funciones representativas durante la sustanciación del correspondiente recurso.

CAPÍTULO IV. De las sentencias condenatorias recaídas en otros procesos

Artículo 303. Ejecución provisional de sentencias dictadas en otras modalidades procesales.– 1. Las sentencias que recaigan en los procesos de conflictos colectivos, en los de impugnación de los convenios colectivos y en los de tutela de la libertad sindical y demás derechos fundamentales y libertades públicas, serán ejecutivas desde que se dicten, según la naturaleza de la pretensión reconocida, no obstante el recurso que contra ellas pudiera interponerse y sin perjuicio de las limitaciones que pudieran acordarse para evitar o paliar perjuicios de imposible o difícil reparación.

2. En las sentencias recaídas en procesos seguidos en impugnación de actos administrativos en materia laboral, sindical y seguridad social podrá acordarse la ejecución provisional, salvo que la misma sea susceptible de producir situaciones irreversibles o perjuicios de difícil reparación. En materia de prestaciones de Seguridad Social se estará a su normativa específica.

3. De ser recurrida por el empresario la sentencia que acuerde la extinción del contrato de trabajo a instancia del trabajador con fundamento en el artículo 50 del Estatuto de los Trabajadores, el trabajador podrá optar entre continuar prestando servicios o cesar en la prestación en cumplimiento de la sentencia, quedando en este último caso en situación de desempleo involuntario desde ese momento, sin perjuicio de las medidas cautelares que pudieran adoptarse. La opción deberá ejercitarse mediante escrito o comparecencia ante la oficina judicial, dentro del plazo de cinco días desde la notificación de que la empresa ha recurrido. Si la sentencia fuera revocada, el empresario deberá comunicar al trabajador, dentro del plazo de diez días a partir de su notificación, la fecha de reincorporación, para efectuarla en un plazo no inferior a los tres días siguientes a la recepción del escrito. Si el trabajador no se reincorporase quedará extinguido definitivamente el contrato, siguiéndose en otro caso los trámites de los artículos 278 y siguientes, si la sentencia hubiese ganado firmeza.

En este caso y a efectos del reconocimiento de un futuro derecho a la protección por desempleo, el período al que se refiere el párrafo anterior se considerará de ocupación cotizada.

CAPÍTULO V. Normas comunes a la ejecución provisional

Artículo 304. Competencia, medidas cautelares e impugnación de la ejecución provisional.– 1. La ejecución provisional de resoluciones judiciales se despachará y llevará a cabo por el juzgado o tribunal que haya dictado, en su caso, la resolución a ejecutar y las partes dispondrán de los mismos derechos y facultades procesales que en la ejecución definitiva.

2. No obstante lo dispuesto en el número anterior, el juez o tribunal, en cualquier momento, a instancia de la parte interesada o de oficio, podrá adoptar las medidas cautelares que sean pertinentes para asegurar, en su caso, la

ejecución de la sentencia y en garantía y defensa de los derechos afectados atendiendo a los criterios establecidos en el artículo 79.

3. Frente a las resoluciones dictadas por el juez o tribunal en ejecución provisional, sólo procederá el recurso de reposición, salvo cuando en el auto se adopte materialmente una decisión comprendida fuera de los límites de la ejecución provisional o se declare la falta de jurisdicción o competencia del orden jurisdiccional social en que procederá recurso de suplicación o, en su caso, de casación ordinaria, conforme a las normas generales de tales recursos.

4. Frente a las resoluciones dictadas por el secretario judicial en ejecución provisional procederá recurso de reposición, salvo que fueren directamente recurribles en revisión.

Artículo 305. Aplicación de las normas de la Ley de Enjuiciamiento Civil.– Las sentencias favorables al trabajador o beneficiario que no puedan ser ejecutadas provisionalmente conforme a esta Ley podrán serlo en la forma y condiciones establecidas en la legislación procesal civil[136].

Disposición adicional primera. Especialidades procesales.– Al proceso social le serán de aplicación las especialidades procesales contempladas en la Ley 52/1997, de 27 de noviembre, de Asistencia Jurídica al Estado y otras Instituciones públicas, en los casos y términos previstos por dicha Ley y por la normativa que la complementa y desarrolla.

Disposición adicional segunda. Autorización de actuaciones a entidades públicas o privadas.– El Gobierno, previo informe del Consejo General del Poder Judicial, podrá autorizar a entidades públicas o privadas, que reúnan las garantías que se establezcan, la realización de las actuaciones materiales relativas al depósito, conservación, transporte, administración, publicidad y venta de los bienes judicialmente embargados.

Disposición adicional tercera. Aplicación de la Ley 22/2003, de 9 de julio, Concursal.– Las disposiciones de la presente Ley no resultarán de aplicación en las cuestiones litigiosas sociales que se planteen en caso de concurso y cuya resolución corresponda al juez del concurso conforme a la

---

[136]   Arts. 524 ss. LEC.

Ley 22/2003, de 9 de julio, Concursal, con las excepciones expresas que se contienen en dicha Ley[137].

Disposición transitoria primera. Normas aplicables a los procesos en tramitación.– 1. Los procesos que se inicien en instancia a partir de la vigencia de la presente Ley se regirán en todas sus fases e incidencias por lo dispuesto en la misma.

2. Los procesos iniciados con anterioridad a la vigencia de esta Ley cuya tramitación en instancia no haya concluido por sentencia o resolución que ponga fin a la misma, continuarán sustanciándose por la normativa procesal anterior hasta que recaiga dicha sentencia o resolución, si bien en cuanto a los recursos contra resoluciones interlocutorias o no definitivas se aplicará lo dispuesto en esta Ley.

Disposición transitoria segunda. Normas aplicables en materia de recursos y ejecución forzosa de sentencias dictadas a partir de la entrada en vigor de la Ley.– 1. Las sentencias y demás resoluciones que pongan fin a la instancia o al recurso, dictadas a partir de la vigencia de esta Ley, se regirán por lo dispuesto en ella, en cuanto al régimen de recursos y demás medios de impugnación contra las mismas, así como en cuanto a su ejecución provisional y definitiva.

2. Las sentencias y demás resoluciones que hayan puesto fin a la instancia o al recurso con anterioridad a la vigencia de esta Ley se regirán, en cuanto al régimen de recursos de suplicación, casación y demás medios de impugnación, por lo dispuesto en la legislación procesal anterior, hasta la conclusión del recurso o medio de impugnación correspondiente, rigiéndose no obstante su ejecución provisional por la presente Ley.

3. Los recursos de suplicación y casación que se encuentren en trámite a la entrada en vigor de esta Ley se seguirán sustanciando por la legislación anterior hasta su resolución, aplicándose a la misma en lo sucesivo el régimen de recursos de la nueva legislación.

Disposición transitoria tercera. Ejecución de sentencias y demás títulos ejecutivos. Medidas cautelares.– La presente Ley será de aplicación a la

---

[137]   Véanse arts. 53, 136 ss., 169 ss. y 551 vigente LC.

ejecución de las sentencias y demás títulos que lleven aparejada ejecución, incluidas las que se encuentren en trámite, siendo válidas las actuaciones, incluidas las medidas cautelares, realizadas al amparo de la legislación anterior.

Disposición transitoria cuarta. Competencia del orden jurisdiccional social.– El orden jurisdiccional social conocerá de los procesos de impugnación de actos administrativos dictados a partir de la vigencia de esta Ley en materia laboral, sindical y de seguridad social, cuyo conocimiento se atribuye por la misma al orden jurisdiccional social.

Disposición transitoria quinta. Reclamaciones al Fondo de Garantía Salarial efectuadas al amparo de la disposición transitoria tercera de la Ley 35/2010, de 17 de septiembre, de medidas urgentes para la reforma del mercado de trabajo.– En las reclamaciones al Fondo de Garantía Salarial efectuadas al amparo de la disposición transitoria tercera de la Ley 35/2010, de 17 de septiembre, de medidas urgentes para la reforma del mercado de trabajo, serán de aplicación las previsiones incluidas en el apartado 2 del artículo 23 y en el apartado 1 del artículo 70.

Disposición derogatoria única. Derogación de normas.– Queda derogado el Real Decreto Legislativo 2/1995, de 7 de abril, por el que se aprueba el Texto Refundido de la Ley de Procedimiento Laboral, así como todas las normas de igual o inferior rango en cuanto se opongan a la presente Ley.

Disposición final primera. Modificación de la disposición adicional decimoséptima del Estatuto de los Trabajadores.– Se da nueva redacción a la disposición adicional decimoséptima del Texto Refundido de la Ley del Estatuto de los Trabajadores, aprobado por el Real Decreto Legislativo 1/1995, de 24 de marzo, que queda redactada del modo siguiente:

«Disposición adicional decimoséptima. Discrepancias en materia de conciliación.

Las discrepancias que surjan entre empresarios y trabajadores en relación con el ejercicio de los derechos de conciliación de la vida personal, familiar y laboral reconocidos legal o convencionalmente se resolverán por la jurisdicción competente a través del procedimiento establecido en el artículo 139 de la Ley Reguladora de la Jurisdicción Social.»

Disposición final segunda. Modificación de la regulación del trabajo autónomo económicamente dependiente.– Se añaden un artículo 11 bis y una disposición transitoria cuarta y se modifican los artículos 12 y 17 de la Ley 20/2007, de 11 de julio, del Estatuto del trabajo autónomo, en los términos siguientes:

Uno. Se añade un nuevo artículo 11 bis con la siguiente redacción:

«Artículo 11 bis. Reconocimiento de la condición de trabajador autónomo económicamente dependiente.

El trabajador autónomo que reúna las condiciones establecidas en el artículo anterior podrá solicitar a su cliente la formalización de un contrato de trabajador autónomo económicamente dependiente a través de una comunicación fehaciente. En el caso de que el cliente se niegue a la formalización del contrato o cuando transcurrido un mes desde la comunicación no se haya formalizado dicho contrato, el trabajador autónomo podrá solicitar el reconocimiento de la condición de trabajador autónomo económicamente dependiente ante los órganos jurisdiccionales del orden social. Todo ello sin perjuicio de lo establecido en el apartado 3 del artículo 12 de la presente Ley.

En el caso de que el órgano jurisdiccional del orden social reconozca la condición de trabajador autónomo económicamente dependiente al entenderse cumplidas las condiciones recogidas en el artículo 11 apartados 1 y 2, el trabajador solo podrá ser considerado como tal desde el momento en que se hubiere recibido por el cliente la comunicación mencionada en el párrafo anterior. El reconocimiento judicial de la condición de trabajador autónomo económicamente dependiente no tendrá ningún efecto sobre la relación contractual entre las partes anterior al momento de dicha comunicación.»

Dos. Se modifican los apartados 1 y 4 del artículo 12, que quedan redactados del siguiente modo:

«Artículo 12. Contrato.

1. El contrato para la realización de la actividad profesional del trabajador autónomo económicamente dependiente celebrado entre éste y su cliente se formalizará siempre por escrito y deberá ser registrado en la oficina pública correspondiente. Dicho registro no tendrá carácter publico.»

«4. Cuando el contrato no se formalice por escrito o no se hubiera fijado una duración o un servicio determinado, se presumirá, salvo prueba en contrario, que el contrato ha sido pactado por tiempo indefinido.»

Tres. Se modifica el apartado 1 del artículo 17, que queda redactado de la siguiente forma:

«1. Los órganos jurisdiccionales del orden social serán los competentes para conocer las pretensiones derivadas del contrato celebrado entre un trabajador autónomo económicamente dependiente y su cliente, así como para las solicitudes de reconocimiento de la condición de trabajador autónomo económicamente dependiente.»

Cuatro. Se añade una disposición transitoria cuarta con la redacción siguiente:

«Disposición transitoria cuarta. Régimen transitorio del reconocimiento previsto en el artículo 11 bis.

El reconocimiento de la condición de trabajador autónomo económicamente dependiente previsto en el artículo 11 bis de esta Ley, sólo podrá producirse para las relaciones contractuales entre clientes y trabajadores autónomos que se formalicen a partir de la entrada en vigor de la Ley reguladora de la jurisdicción social.»

Disposición final tercera. Título competencial.– Esta Ley se dicta al amparo de la competencia exclusiva del Estado en materia de legislación procesal, de acuerdo con lo dispuesto en el artículo 149.1.6º de la Constitución.

Disposición final cuarta. Normas supletorias.– En lo no previsto en esta Ley regirá como supletoria la Ley de Enjuiciamiento Civil y, en los supuestos de impugnación de los actos administrativos cuya competencia corresponda al orden social, la Ley de la Jurisdicción Contencioso-Administrativa, con la necesaria adaptación a las particularidades del proceso social y en cuanto sean compatibles con sus principios.

Disposición final quinta. Sistema de valoración de daños derivados de accidentes de trabajo y de enfermedades profesionales.– En el plazo de seis meses a partir de la entrada en vigor de esta Ley, el Gobierno adoptará las medidas necesarias para aprobar un sistema de valoración de daños derivados de accidentes de trabajo y de enfermedades profesionales, mediante un sistema específico de baremo de indemnizaciones actualizables anualmente, para la compensación objetiva de dichos daños en tanto las víctimas o sus beneficiarios no acrediten daños superiores.

Disposición final sexta. Habilitación al Gobierno para la modificación de cuantías.– 1. El Gobierno, previo informe del Consejo General del Poder Judicial y audiencia del Consejo de Estado, podrá modificar la cuantía que establece esta Ley para la procedencia del recurso de suplicación y, en su caso, de casación ordinaria.

2. Igualmente, y tras los informes mencionados, podrá modificar las cantidades que se establecen en esta Ley respecto de los honorarios de los letrados y graduados sociales colegiados de la parte recurrida en caso de desestimación del recurso, de las sanciones pecuniarias y multas, y de la cuantía de los depósitos para recurrir en suplicación, casación y revisión y, en general, de cualquier importe con trascendencia procesal que pudiere venir establecido en la normativa procesal social, incluido el fijado para el acceso al proceso monitorio.

Disposición final séptima. Entrada en vigor.– La presente Ley entrará en vigor a los dos meses de su publicación en el «Boletín Oficial del Estado».

APÉNDICE

LEY GENERAL DE LA SEGURIDAD SOCIAL
(selección de disposiciones)[138]

TÍTULO I. Normas generales del sistema de la Seguridad Social

CAPÍTULO I. Normas preliminares

Artículo 1. Derecho de los españoles a la Seguridad Social. El derecho de los españoles a la Seguridad Social, establecido en el artículo 41 de la Constitución, se ajustará a lo dispuesto en la presente ley.

Artículo 2. Principios y fines de la Seguridad Social. 1. El sistema de la Seguridad Social, configurado por la acción protectora en sus modalidades contributiva y no contributiva, se fundamenta en los principios de universalidad, unidad, solidaridad e igualdad.

2. El Estado, por medio de la Seguridad Social, garantiza a las personas comprendidas en el campo de aplicación de esta, por cumplir los requisitos exigidos en las modalidades contributiva o no contributiva, así como a los familiares o asimilados que tuvieran a su cargo, la protección adecuada frente a las contingencias y en las situaciones que se contemplan en esta ley.

Artículo 3. Irrenunciabilidad de los derechos de la Seguridad Social. Será nulo todo pacto, individual o colectivo, por el cual el trabajador renuncie a los derechos que le confiere la presente ley.

Artículo 4. Delimitación de funciones. 1. Corresponde al Estado la ordenación, jurisdicción e inspección de la Seguridad Social.

2. Los trabajadores y empresarios colaborarán en la gestión de la Seguridad Social en los términos previstos en la presente ley, sin perjuicio de otras formas de participación de los interesados establecidas por las leyes, de acuerdo con el artículo 129.1 de la Constitución.

3. En ningún caso, la ordenación de la Seguridad Social podrá servir de fundamento a operaciones de lucro mercantil.

---

[138] Texto refundido aprobado por RD Leg. 8/2015, de 30 de octubre.

Artículo 5. Competencias del Ministerio de Empleo y Seguridad Social y de otros departamentos ministeriales. 1. Las funciones no jurisdiccionales del Estado en materia de Seguridad Social que no sean propias del Gobierno se ejercerán por el Ministerio de Empleo y Seguridad Social, sin perjuicio de las que puedan corresponder, en el ámbito específico de sus respectivas áreas, a otros departamentos ministeriales.

2. Dentro de las competencias del Estado, corresponden al Ministerio de Empleo y Seguridad Social, en relación con las materias reguladas en la presente ley, las siguientes facultades:

a) Proponer al Gobierno los reglamentos generales para su aplicación.

b) El ejercicio de la potestad reglamentaria no comprendida en la letra a).

c) El desarrollo de las funciones económico-financieras de la Seguridad Social, a excepción de las encomendadas en la Ley 47/2003, de 26 de noviembre, General Presupuestaria, y disposiciones concordantes al Ministerio de Hacienda y Administraciones Públicas o, en su caso, a otros órganos a los que dicha ley otorgue competencias específicas en la materia, y de dirección y tutela de las entidades gestoras y servicios comunes de la Seguridad Social, así como de las entidades que colaboren en la gestión de la misma, pudiendo suspender o modificar los poderes y facultades de los mismos en los casos y con las formalidades y requisitos que se determinen reglamentariamente.

d) La inspección de la Seguridad Social a través de la Inspección de Trabajo y Seguridad Social.

e) Establecer los supuestos y condiciones en que los sujetos responsables en el ámbito de la Seguridad Social quedan obligados a recibir las notificaciones por medios electrónicos de acuerdo con lo previsto en el artículo 27.6 de la Ley 11/2007, de 22 de junio, de acceso electrónico de los ciudadanos a los Servicios Públicos.

3. Por el Ministerio de Empleo y Seguridad Social se organizarán en forma adecuada los servicios e instituciones que hayan de llevar a cabo los oportunos estudios jurídicos, sociológicos, económicos y estadísticos de la Seguridad Social, así como los de simplificación y racionalización de las operaciones y trámites administrativos que exijan su desarrollo y aplicación.

4. El ejercicio de las competencias atribuidas al Ministerio de Empleo y Seguridad Social en relación con la Seguridad Social corresponderá a los órganos y servicios determinados en esta ley, en sus disposiciones de aplicación y desarrollo o en las orgánicas del Ministerio.

Artículo 6. Coordinación de funciones afines. Corresponde al Gobierno dictar las disposiciones necesarias para coordinar la acción de los organismos, servicios y entidades gestoras del sistema de la Seguridad Social con la de los que cumplen funciones afines de previsión social, sanidad, educación y asistencia social.

CAPÍTULO II. Campo de aplicación y estructura del sistema de la Seguridad Social

Sección 1.ª Disposiciones generales

Artículo 7. Extensión del campo de aplicación. 1. Estarán comprendidos en el sistema de la Seguridad Social, a efectos de las prestaciones contributivas, cualquiera que sea su sexo, estado civil y profesión, los españoles que residan en España y los extranjeros que residan o se encuentren legalmente en España, siempre que, en ambos supuestos, ejerzan su actividad en territorio nacional y estén incluidos en alguno de los apartados siguientes:

a) Trabajadores por cuenta ajena que presten sus servicios en las condiciones establecidas por el artículo 1.1 del texto refundido de la Ley del Estatuto de los Trabajadores, en las distintas ramas de la actividad económica o asimilados a ellos, bien sean eventuales, de temporada o fijos, aun de trabajo discontinuo, e incluidos los trabajadores a distancia, y con independencia, en todos los casos, del grupo profesional del trabajador, de la forma y cuantía de la remuneración que perciba y de la naturaleza común o especial de su relación laboral.

b) Trabajadores por cuenta propia o autónomos, sean o no titulares de empresas individuales o familiares, mayores de dieciocho años, que reúnan los requisitos que de modo expreso se determinen en esta ley y en su normativa de desarrollo.

c) Socios trabajadores de cooperativas de trabajo asociado.

d) Estudiantes.

e) Funcionarios públicos, civiles y militares.

2. Asimismo, estarán comprendidos en el campo de aplicación del sistema de la Seguridad Social, a efectos de las prestaciones no contributivas, todos los españoles residentes en territorio español.

También estarán comprendidos en el campo de aplicación del sistema de la Seguridad Social, a efectos de las prestaciones no contributivas, los extranjeros que residan legalmente en territorio español, en los términos previstos en la Ley Orgánica 4/2000, de 11 de enero, sobre derechos y libertades de los extranjeros en España y su integración social y, en su caso, en los tratados, convenios, acuerdos o instrumentos internacionales aprobados, suscritos o ratificados al efecto.

3. El Gobierno, en el marco de los sistemas de protección social pública, podrá establecer medidas de protección social en favor de los españoles no residentes en España, de acuerdo con las características de los países de residencia.

4. El Gobierno, como medida para facilitar la plena integración social y profesional de los deportistas de alto nivel, podrá establecer la inclusión de los mismos en el sistema de la Seguridad Social.

5. No obstante lo dispuesto en los apartados anteriores del presente artículo, el Gobierno, a propuesta del Ministerio de Empleo y Seguridad Social y oídos las organizaciones sindicales más representativas o el colegio oficial competente, podrá, a instancia de los interesados, excluir del campo de aplicación del régimen de la Seguridad Social correspondiente, a las personas cuyo trabajo por cuenta ajena, en atención a su jornada o a su retribución, pueda considerarse marginal y no constitutivo de medio fundamental de vida.

Artículo 8. Prohibición de inclusión múltiple obligatoria. 1. Las personas comprendidas en el campo de aplicación del sistema de la Seguridad Social no podrán estar incluidas por el mismo trabajo, con carácter obligatorio, en otros regímenes de previsión distintos de los que integran dicho sistema.

2. Los sistemas de previsión obligatoria distintos de los regulados en esta ley, que pudieran tener constituidos determinados grupos profesionales, se integrarán en el Régimen General o en los regímenes especiales, según proceda, siempre que resulte obligatoria la inclusión de los grupos mencionados en el campo de aplicación de dichos regímenes.

Artículo 9. Estructura del sistema de la Seguridad Social. 1. El sistema de la Seguridad Social viene integrado por los siguientes regímenes:

a) El Régimen General, que se regula en el título II de la presente ley.

b) Los regímenes especiales a que se refiere el artículo siguiente.

2. Los regímenes especiales del sistema de la Seguridad Social se regularán de conformidad con lo previsto en el artículo 10, apartados 3 y 4. Reglamentariamente se establecerán el tiempo, alcance y condiciones para la conservación

de los derechos en curso de adquisición de las personas que pasen de unos a otros regímenes, mediante la totalización de los períodos de permanencia en cada uno de dichos regímenes, siempre que no se superpongan. Dichas normas se ajustarán a lo dispuesto en el presente apartado, cualquiera que sea el régimen a que hayan de afectar, y tendrán en cuenta la extensión y contenido alcanzado por la acción protectora de cada uno de ellos.

Artículo 10. Regímenes especiales. 1. Se establecerán regímenes especiales en aquellas actividades profesionales en las que, por su naturaleza, sus peculiares condiciones de tiempo y lugar o por la índole de sus procesos productivos, se hiciera preciso tal establecimiento para la adecuada aplicación de los beneficios de la Seguridad Social.

2. Se considerarán regímenes especiales los que encuadren a los grupos siguientes:

a) Trabajadores por cuenta propia o autónomos.

b) Trabajadores del mar.

c) Funcionarios públicos, civiles y militares.

d) Estudiantes.

e) Los demás grupos que determine el Ministerio de Empleo y Seguridad Social, por considerar necesario el establecimiento para ellos de un régimen especial, de acuerdo con lo previsto en el apartado 1.

3. Los regímenes especiales correspondientes a los grupos incluidos en las letras b) y c) del apartado anterior se regirán por las leyes específicas que se dicten al efecto, debiendo tenderse en su regulación a la homogeneidad con el Régimen General, en los términos que se señalan en el apartado siguiente.

4. Sin perjuicio de lo previsto en el título IV, en las normas reglamentarias de los regímenes especiales no comprendidos en el apartado anterior, se determinará para cada uno de ellos su campo de aplicación y se regularán las distintas materias relativas a los mismos, ateniéndose a las disposiciones del presente título y tendiendo a la máxima homogeneidad con el Régimen General que permitan las disponibilidades financieras del sistema y las características de los distintos grupos afectados por dichos regímenes.

5. De conformidad con la tendencia a la unidad que debe presidir la ordenación del sistema de la Seguridad Social, el Gobierno, a propuesta del Ministerio de Empleo y Seguridad Social, podrá disponer la integración en el Régimen General de cualquiera de los regímenes especiales correspondientes a los grupos que se relacionan en el apartado 2, a excepción de los que han de

regirse por leyes específicas, siempre que ello sea posible teniendo en cuenta las peculiares características de los grupos afectados y el grado de homogeneidad con el Régimen General alcanzado en la regulación del régimen especial de que se trate.

De igual forma, podrá disponerse que la integración prevista en el párrafo anterior tenga lugar en otro régimen especial cuando así lo aconsejen las características de ambos regímenes y se logre con ello una mayor homogeneidad con el Régimen General.

Artículo 11. Sistemas especiales. Además de los sistemas especiales regulados en esta ley, en aquellos regímenes de la Seguridad Social en que así resulte necesario, podrán establecerse sistemas especiales exclusivamente en alguna o algunas de las siguientes materias: encuadramiento, afiliación, forma de cotización o recaudación. En la regulación de tales sistemas informará el ministerio competente por razón de la actividad o condición de las personas en ellos incluidos.

Sección 2.ª Disposiciones aplicables a determinados colectivos

Artículo 12. Familiares. 1. A efectos de lo dispuesto en el artículo 7.1, no tendrán la consideración de trabajadores por cuenta ajena, salvo prueba en contrario: el cónyuge, los descendientes, ascendientes y demás parientes del empresario, por consanguinidad o afinidad hasta el segundo grado inclusive y, en su caso, por adopción, ocupados en su centro o centros de trabajo, cuando convivan en su hogar y estén a su cargo.

2. Sin perjuicio de lo previsto en el apartado anterior y de conformidad con lo establecido por la disposición adicional décima de la Ley 20/2007, de 11 de julio, del Estatuto del trabajo autónomo, los trabajadores autónomos podrán contratar, como trabajadores por cuenta ajena, a los hijos menores de treinta años, aunque convivan con ellos. En este caso, del ámbito de la acción protectora dispensada a los familiares contratados quedará excluida la cobertura por desempleo.

Se otorgará el mismo tratamiento a los hijos que, aun siendo mayores de 30 años, tengan especiales dificultades para su inserción laboral. A estos efectos, se considerará que existen dichas especiales dificultades cuando el trabajador esté incluido en alguno de los grupos siguientes:

a) Personas con parálisis cerebral, personas con enfermedad mental o personas con discapacidad intelectual, con un grado de discapacidad reconocido igual o superior al 33 por ciento.

b) Personas con discapacidad física o sensorial, con un grado de discapacidad reconocido igual o superior al 33 por ciento e inferior al 65 por ciento, siempre que causen alta por primera vez en el sistema de la Seguridad Social.

c) Personas con discapacidad física o sensorial, con un grado de discapacidad reconocido igual o superior al 65 por ciento.

Artículo 13. Trabajadores con discapacidad. 1. Los trabajadores con discapacidad empleados en los centros especiales de empleo quedarán incluidos como trabajadores por cuenta ajena en el régimen de la Seguridad Social que corresponda a su actividad.

2. Por el Gobierno se aprobarán normas específicas relativas a sus condiciones de trabajo y de Seguridad Social en atención a las peculiares características de su actividad laboral.

Artículo 14. Socios trabajadores y socios de trabajo de cooperativas. 1. Los socios trabajadores de las cooperativas de trabajo asociado disfrutarán de los beneficios de la Seguridad Social, pudiendo optar la cooperativa entre las modalidades siguientes:

a) Como asimilados a trabajadores por cuenta ajena. Dichas cooperativas quedarán integradas en el Régimen General o en alguno de los regímenes especiales de la Seguridad Social, según proceda, de acuerdo con su actividad.

b) Como trabajadores autónomos en el régimen especial correspondiente.

Las cooperativas ejercitarán la opción en sus estatutos, y solo podrán modificarla en los supuestos y condiciones que el Gobierno establezca.

2. Los socios trabajadores de las cooperativas de explotación comunitaria de la tierra y los socios de trabajo a los que se refiere el artículo 13.4 de la Ley 27/1999, de 16 de julio, de Cooperativas, serán asimilados a trabajadores por cuenta ajena a efectos de Seguridad Social.

3. En todo caso, no serán de aplicación a las cooperativas de trabajo asociado, ni a las cooperativas de explotación comunitaria de la tierra ni a los socios trabajadores que las integran, las normas sobre cotización y prestaciones del Fondo de Garantía Salarial.

4. Se autoriza al Gobierno para regular el alcance, términos y condiciones de la opción prevista en este artículo, así como para, en su caso, adaptar las

normas de los regímenes de la Seguridad Social a las peculiaridades de la actividad cooperativa.

CAPÍTULO III. Afiliación, cotización y recaudación

Sección 1.ª Afiliación al sistema y altas, bajas y variaciones de datos en los regímenes que lo integran

Artículo 15. Obligatoriedad y alcance de la afiliación. La afiliación a la Seguridad Social es obligatoria para las personas a que se refiere el artículo 7.1 y única para toda su vida y para todo el sistema, sin perjuicio de las altas y bajas en los distintos regímenes que lo integran, así como de las demás variaciones que puedan producirse con posterioridad a la afiliación.

Artículo 16. Afiliación, altas, bajas y variaciones de datos. 1. La afiliación podrá practicarse a petición de las personas y entidades obligadas a dicho acto, a instancia de los interesados o de oficio por la Administración de la Seguridad Social.

2. Corresponderá a las personas y entidades que reglamentariamente se determinen, el cumplimiento de las obligaciones de solicitar la afiliación y de dar cuenta a los correspondientes organismos de la Administración de la Seguridad Social de los hechos determinantes de las altas, bajas y variaciones a que se refiere el artículo anterior.

3. Si las personas y entidades a quienes incumban tales obligaciones no las cumplieran, podrán los interesados instar directamente su afiliación, alta, baja o variación de datos, sin perjuicio de que se hagan efectivas las responsabilidades en que aquellas hubieran incurrido, incluido, en su caso, el pago a su cargo de las prestaciones, y de que se impongan las sanciones que resulten procedentes.

4. Tanto la afiliación como los trámites determinados por las altas, bajas y variaciones a que se refiere el artículo anterior podrán ser realizados de oficio por los correspondientes organismos de la Administración de la Seguridad Social cuando, a raíz de los datos de que dispongan, de las actuaciones de la Inspección de Trabajo y Seguridad Social o por cualquier otro procedimiento, se compruebe la inobservancia de dichas obligaciones.

5. Cuando, por cualquiera de los procedimientos a que se refiere el apartado anterior, se constate que la afiliación y las altas, bajas y variaciones de

datos no son conformes con lo establecido en las leyes y sus disposiciones complementarias, los organismos correspondientes de la Administración de la Seguridad Social podrán revisar de oficio, en cualquier momento, sus actos dictados en las citadas materias, declarándolos indebidos por nulidad o anulabilidad, según proceda, conforme al procedimiento establecido en la normativa reglamentaria reguladora de las mismas, y dictando los actos administrativos necesarios para su adecuación a las citadas leyes y disposiciones complementarias.

Procederá, asimismo, en cualquier momento, la rectificación de los errores materiales o de hecho y aritméticos producidos en los actos dictados en materia de afiliación, altas, bajas y variaciones de datos.

6. Sin perjuicio de lo previsto en el artículo 42 del texto refundido de la Ley del Estatuto de los Trabajadores, los empresarios que contraten o subcontraten con otros la realización de obras o servicios correspondientes a la propia actividad de aquellos o que se presten de forma continuada en sus centros de trabajo deberán comprobar, con carácter previo al inicio de la prestación de la actividad contratada o subcontratada, la afiliación y alta en la Seguridad Social de cada uno de los trabajadores que estos ocupen en los mismos durante el periodo de ejecución de la contrata o subcontrata.

7. El deber de comprobación establecido en el apartado anterior no será exigible cuando la actividad contratada se refiera exclusivamente a la construcción o reparación que pueda contratar el titular de un hogar respecto de su vivienda, así como cuando el propietario de la obra o industria no contrate su realización por razón de una actividad empresarial.

Artículo 17. Obligaciones de la Administración de la Seguridad Social y derecho a la información. 1. Los organismos de la Administración de la Seguridad Social competentes en la materia mantendrán al día los datos relativos a las personas afiliadas, así como los de las personas y entidades a las que corresponde el cumplimiento de las obligaciones establecidas en esta sección.

2. Los empresarios y los trabajadores tendrán derecho a ser informados por los organismos de la Administración de la Seguridad Social acerca de los datos a ellos referentes que obren en los mismos. De igual derecho gozarán las personas que acrediten un interés personal y directo, de acuerdo con lo establecido en esta ley.

A estos efectos, la Administración de la Seguridad Social informará a cada trabajador sobre su futuro derecho a la jubilación ordinaria prevista en el artículo 205.1, a partir de la edad y con la periodicidad y contenido que reglamentariamente se determinen.

No obstante, esta comunicación sobre el derecho a la jubilación ordinaria que pudiera corresponder a cada trabajador se remitirá a efectos meramente informativos, sin que origine derechos ni expectativas de derechos a favor del trabajador o de terceros.

Esta obligación será exigible también con relación a los instrumentos de carácter complementario o alternativo que contemplen compromisos por jubilación tales como mutualidades de previsión social, mutualidades alternativas, planes de previsión social empresariales, planes de previsión asegurados, planes y fondos de pensiones y seguros individuales y colectivos de instrumentación de compromisos por pensiones de las empresas. La información deberá facilitarse con la misma periodicidad y en términos comparables y homogéneos con la suministrada por la Seguridad Social.

Sección 2.ª Cotización a la Seguridad Social y por conceptos de recaudación conjunta

Artículo 18. Obligatoriedad. 1. La cotización a la Seguridad Social es obligatoria en todos los regímenes del sistema.

La cotización por la contingencia de desempleo así como al Fondo de Garantía Salarial, por formación profesional y por cuantos otros conceptos se recauden conjuntamente con las cuotas de la Seguridad Social será obligatoria en los regímenes y supuestos y con el alcance establecidos en esta ley y en su normativa de desarrollo, así como en otras normas reguladoras de tales conceptos.

2. La obligación de cotizar nacerá desde el momento de iniciación de la actividad correspondiente, determinándose en las normas reguladoras de cada régimen las personas que han de cumplirla.

3. Son responsables del cumplimiento de la obligación de cotizar y del pago de los demás recursos de la Seguridad Social las personas físicas o jurídicas o entidades sin personalidad a las que las normas reguladoras de cada régimen y recurso impongan directamente la obligación de su ingreso y, además, los que resulten responsables solidarios, subsidiarios o sucesores mortis causa de aquellos, por concurrir hechos, omisiones, negocios o actos jurídicos que determinen esas responsabilidades, en aplicación de cualquier norma con rango de ley que se refiera o no excluya expresamente las obligaciones de Seguridad

Social, o de pactos o convenios no contrarios a las leyes. Dicha responsabilidad solidaria, subsidiaria o mortis causa se declarará y exigirá mediante el procedimiento recaudatorio establecido en esta ley y en su normativa de desarrollo.

4. En caso de que la responsabilidad por la obligación de cotizar corresponda al empresario, podrá dirigirse el procedimiento recaudatorio que se establece en esta ley y en su normativa de desarrollo contra quien efectivamente reciba la prestación de servicios de los trabajadores que emplee, aunque formalmente no figure como empresario en los contratos de trabajo, en los registros públicos o en los archivos de las entidades gestoras y servicios comunes.

Artículo 19. Bases y tipos de cotización. 1. Las bases y tipos de cotización a la Seguridad Social y por los conceptos que se recauden conjuntamente con las cuotas de la Seguridad Social serán los que establezca cada año la correspondiente Ley de Presupuestos Generales del Estado.

2. Las bases de cotización a la Seguridad Social, en cada uno de sus regímenes, tendrán como tope máximo las cuantías fijadas para cada año por la correspondiente Ley de Presupuestos Generales del Estado y como tope mínimo las cuantías del salario mínimo interprofesional vigente en cada momento, incrementadas en un sexto, salvo disposición expresa en contrario.

3. El tope máximo establecido para las bases de cotización de la Seguridad Social de cada uno de sus regímenes se actualizará anualmente en la Ley de Presupuestos Generales del Estado en un porcentaje igual al que se establezca para la revalorización de las pensiones contributivas de acuerdo con el artículo 58.2.

4. Sin perjuicio de lo indicado en el apartado 1, la cotización correspondiente a las contingencias de accidentes de trabajo y enfermedades profesionales se realizará mediante la aplicación de los tipos de cotización establecidos para cada actividad económica, ocupación o situación en la tarifa de primas establecidas legalmente. Las primas correspondientes tendrán a todos los efectos la condición de cuotas de la Seguridad Social.

La base de cotización para la contingencia de desempleo, en todos los regímenes de la Seguridad Social que tengan cubierta la misma, será la correspondiente a las contingencias de accidentes de trabajo y enfermedades profesionales.

De igual modo, la base de cotización para determinar las aportaciones al Fondo de Garantía Salarial y para formación profesional, en todos los regímenes de la Seguridad Social en los que exista la obligación de efectuarlas, será la correspondiente a las contingencias de accidentes de trabajo y enfermedades profesionales.

Artículo 19 bis. Cotización adicional de solidaridad. El importe de las retribuciones a las que se refiere el artículo 147, que supere el importe de la base máxima de cotización establecida para las personas trabajadoras por cuenta ajena del sistema de la Seguridad Social a los que resulte de aplicación dicho artículo, quedará sujeto, en toda liquidación de cuotas, a una cotización adicional de solidaridad de acuerdo con los siguientes tramos:

La cuota de solidaridad será el resultado de aplicar un tipo del 5,5 por ciento a la parte de retribución comprendida entre la base máxima de cotización y la cantidad superior a la referida base máxima en un 10 por ciento; el tipo del 6 por ciento a la parte de retribución comprendida entre el 10 por ciento superior a la base máxima de cotización y el 50 por ciento; y el tipo del 7 por ciento a la parte de retribución que supere el anterior porcentaje.

La distribución del tipo de cotización por solidaridad entre empresario y trabajador mantendrá la misma proporción que la distribución del tipo de cotización por contingencias comunes.

Artículo 20. Adquisición, mantenimiento, pérdida y reintegro de beneficios en la cotización. 1. Únicamente podrán obtener reducciones, bonificaciones o cualquier otro beneficio en las bases, tipos y cuotas de la Seguridad Social y por conceptos de recaudación conjunta, las empresas y demás sujetos responsables que se encuentren al corriente en el cumplimiento de sus obligaciones con la Seguridad Social en relación al ingreso por cuotas y conceptos de recaudación conjunta, así como respecto de cualquier otro recurso de la Seguridad Social que sea objeto de la gestión recaudatoria de la Seguridad Social, en la fecha de su concesión.

2. La adquisición y mantenimiento de los beneficios en la cotización a que se refiere el apartado anterior requerirán, en todo caso, que las empresas y demás sujetos responsables del cumplimiento de la obligación de cotizar que hubieren solicitado u obtenido tales beneficios suministren por medios electrónicos los datos relativos a la inscripción de empresas, afiliación, altas y bajas de trabajadores, variaciones de datos de unas y otros, así como los referidos a cotización y recaudación en el ámbito de la Seguridad Social, en los términos y condiciones que se establezcan por el Ministerio de Empleo y Seguridad Social.

No obstante lo anterior, la Tesorería General de la Seguridad Social podrá autorizar, excepcionalmente y con carácter transitorio, la presentación de dicha documentación en soporte distinto al electrónico previa solicitud del interesado y en atención al número de trabajadores, su dispersión o la naturaleza pública del sujeto responsable.

3. La falta de ingreso en plazo reglamentario de las cuotas de la Seguridad Social y por conceptos de recaudación conjunta devengadas con posterioridad a la obtención de los beneficios en la cotización dará lugar únicamente a su pérdida automática respecto de las cuotas correspondientes a períodos no ingresados en dicho plazo, salvo que sea debida a error de la Administración de la Seguridad Social.

4. Cuando, por causa no imputable a la Administración, los beneficios en la cotización no se hubieran deducido en los términos reglamentariamente establecidos, podrá solicitarse el reintegro de su importe dentro del plazo de tres meses, a contar desde la fecha de presentación de la liquidación en que el respectivo beneficio debió descontarse. De no efectuarse la solicitud en dicho plazo se extinguirá este derecho.

De proceder el reintegro en este supuesto, si el mismo no se efectuase dentro de los tres meses siguientes a la fecha de presentación de la respectiva solicitud, el importe a reintegrar se incrementará con el interés de demora previsto en el artículo 31.3, que se aplicará al del beneficio correspondiente por el tiempo transcurrido desde la fecha en que se presente la solicitud hasta la de la propuesta de pago.

Sección 3.ª Liquidación y recaudación de las cuotas y demás recursos del sistema

Subsección 1.ª Disposiciones generales

Artículo 21. Competencia. 1. La Tesorería General de la Seguridad Social, como caja única del sistema de la Seguridad Social, llevará a efecto la gestión liquidatoria y recaudatoria de los recursos de esta, así como de los conceptos de recaudación conjunta con las cuotas de la Seguridad Social, tanto en período voluntario como en vía ejecutiva, bajo la dirección y tutela del Estado.

2. El ejercicio de la función liquidatoria se efectuará sin perjuicio de las competencias que tengan atribuidas sobre la materia la Inspección de Trabajo

y Seguridad Social y, respecto a determinados recursos distintos a cuotas, otros organismos u órganos administrativos.

3. Para realizar la función recaudatoria, la Tesorería General de la Seguridad Social podrá concertar los servicios que considere convenientes con las distintas administraciones públicas o con entidades particulares habilitadas al efecto.

Las habilitaciones que se otorguen a las entidades particulares a que se refiere el párrafo anterior tendrán, en todo caso, carácter temporal. Los conciertos con tales entidades habrán de ser autorizados por el Consejo de Ministros.

Artículo 22. Liquidación e ingreso de las cuotas y demás recursos. 1. Las cuotas de la Seguridad Social, desempleo y por conceptos de recaudación conjunta se liquidarán, en los términos previstos en esta ley y en sus normas de aplicación y desarrollo, mediante alguno de los siguientes sistemas:

a) Sistema de autoliquidación por el sujeto responsable del ingreso de las cuotas de la Seguridad Social y por conceptos de recaudación conjunta.

b) Sistema de liquidación directa por la Tesorería General de la Seguridad Social, por cada trabajador, en función de los datos de que disponga sobre los sujetos obligados a cotizar y de aquellos otros que los sujetos responsables del cumplimiento de la obligación de cotizar deban aportar, en los términos previstos en el artículo 29.2.

Mediante este sistema, la Tesorería General de la Seguridad Social determinará la cotización correspondiente a cada trabajador, a solicitud del sujeto responsable de su ingreso y cuando los datos que este deba facilitar permitan realizar el cálculo de la liquidación.

No se procederá a la liquidación de cuotas por este sistema respecto de aquellos trabajadores que no figuren en alta en el régimen de la Seguridad Social que corresponda durante el período a liquidar, aunque el sujeto responsable del ingreso hubiera facilitado sus datos a tal efecto.

c) Sistema de liquidación simplificada, que se aplicará para la determinación de las cuotas de los trabajadores por cuenta propia incluidos en el Régimen Especial de la Seguridad Social de los Trabajadores por Cuenta Propia o Autónomos y en el Régimen Especial de la Seguridad Social de los Trabajadores del Mar, de las cuotas de los Sistemas Especiales del Régimen General para Empleados de Hogar y para Trabajadores por Cuenta Ajena Agrarios durante la situación de inactividad, así como de las cuotas fijas del Seguro Escolar, de convenios especiales y de cualquier otra cuota cuya liquidación pueda establecerse a través de este sistema.

2. Los recursos del sistema de la Seguridad Social distintos a cuotas se liquidarán en la forma y con los requisitos que en esta ley o en sus normas de aplicación y desarrollo se determinen respecto a cada uno de ellos.

3. El ingreso de las cuotas y demás recursos se realizará en el plazo y forma que se establezcan en esta ley, en sus normas de aplicación y desarrollo o en las disposiciones específicas aplicables a los distintos regímenes y a los sistemas especiales, bien directamente en la Tesorería General de la Seguridad Social o bien a través de las entidades concertadas conforme al artículo 21, así como, en su caso, en otras condiciones legalmente previstas.

También se podrán ingresar las cuotas y demás recursos en las entidades autorizadas al efecto por el Ministerio de Empleo y Seguridad Social, quien dictará las normas para el ejercicio de esta función y podrá revocar la autorización concedida, en caso de incumplimiento, previo expediente incoado al efecto.

El ingreso de las cuotas y demás recursos en las entidades concertadas o autorizadas surtirá, desde el momento en que se lleve a cabo, los mismos efectos que si se hubiera realizado en la propia Tesorería General de la Seguridad Social.

Artículo 23. Aplazamiento de pago. 1. La Tesorería General de la Seguridad Social, a solicitud del deudor y en los términos y con las condiciones que reglamentariamente se establezcan, podrá conceder aplazamiento del pago de las deudas con la Seguridad Social, que suspenderá el procedimiento recaudatorio que se establece en esta ley.

2. El aplazamiento no podrá comprender las cuotas correspondientes a la aportación de los trabajadores y a las contingencias de accidente de trabajo y enfermedad profesional. La eficacia de la resolución administrativa de concesión quedará supeditada al ingreso de las que pudieran adeudarse en el plazo máximo de un mes desde su notificación.

3. El aplazamiento comprenderá el principal de la deuda y, en su caso, los recargos, intereses y costas del procedimiento que fueran exigibles en la fecha de solicitud, sin que a partir de la concesión puedan considerarse exigibles otros, a salvo de lo que se dispone para el caso de incumplimiento.

4. El cumplimiento del aplazamiento deberá asegurarse mediante garantías suficientes para cubrir el principal de la deuda y los recargos, intereses y costas, considerándose incumplido si no se constituyesen los derechos personales

o reales de garantía que establezca la resolución de concesión, en el plazo que esta determine.

No será exigible dicha obligación en los supuestos en que, en razón a la cuantía de la deuda aplazada o a la condición del beneficiario, se establezca reglamentariamente. Excepcionalmente, podrá eximirse total o parcialmente del requisito establecido en el párrafo anterior cuando concurran causas de carácter extraordinario que así lo aconsejen.

5. El principal de la deuda, los recargos sobre ella y las costas del procedimiento que fueran objeto de aplazamiento devengarán interés, que será exigible desde su concesión hasta la fecha de pago, conforme al interés de demora que se encuentre vigente en cada momento durante la duración del aplazamiento. Dicho interés se incrementará en dos puntos si el deudor fuera eximido de la obligación de constituir garantías por causas de carácter extraordinario.

6. En caso de incumplimiento de cualquiera de las condiciones o pagos del aplazamiento, se proseguirá, sin más trámite, el procedimiento de apremio que se hubiera iniciado antes de la concesión. Se dictará asimismo sin más trámite providencia de apremio por aquella deuda que no hubiera sido ya apremiada, a la que se aplicará el recargo del 20 por ciento del principal, de haberse cumplido dentro de plazo las obligaciones establecidas en los apartados 1 y 2 del artículo 29, o del 35 por ciento en caso contrario.

En todo caso, los intereses de demora que se exijan serán los devengados desde el vencimiento de los respectivos plazos reglamentarios de ingreso.

7. Se considerará incumplido el aplazamiento en el momento en que el beneficiario deje de mantenerse al corriente en el pago de sus obligaciones con la Seguridad Social, con posterioridad a su concesión.

Artículo 24. Prescripción. 1. Prescribirán a los cuatro años los siguientes derechos y acciones:

a) El derecho de la Administración de la Seguridad Social para determinar las deudas por cuotas y por conceptos de recaudación conjunta mediante las oportunas liquidaciones.

b) La acción para exigir el pago de las deudas por cuotas de la Seguridad Social y conceptos de recaudación conjunta.

c) La acción para imponer sanciones por incumplimiento de las normas de Seguridad Social.

2. Respecto de las obligaciones con la Seguridad Social cuyo objeto sean recursos distintos a cuotas, el plazo de prescripción será el establecido en las normas que resulten aplicables en razón de la naturaleza jurídica de aquellas.

3. La prescripción quedará interrumpida por las causas ordinarias y, en todo caso, por cualquier actuación administrativa realizada con conocimiento formal del responsable del pago conducente a la liquidación o recaudación de la deuda y, especialmente, por su reclamación administrativa mediante reclamación de deuda o acta de liquidación. La prescripción quedará interrumpida, asimismo, por el inicio de las actuaciones a que se refiere el artículo 20.6 de la Ley 23/2015, de 21 de julio, Ordenadora del Sistema de Inspección de Trabajo y Seguridad Social.

Artículo 25. Prelación de créditos. Los créditos por cuotas de la Seguridad Social y conceptos de recaudación conjunta y, en su caso, los recargos o intereses que sobre aquellos procedan gozarán, en su totalidad, de igual orden de preferencia que los créditos a que se refiere el artículo 1924.1.º del Código Civil. Los demás créditos de la Seguridad Social gozarán del orden de preferencia establecido en el apartado 2.º E) del referido precepto.

En caso de concurso, los créditos por cuotas de la Seguridad Social y conceptos de recaudación conjunta y, en su caso, los recargos e intereses que sobre aquellos procedan, así como los demás créditos de la Seguridad Social, quedarán sometidos a lo establecido en la legislación concursal.

Sin perjuicio del orden de prelación para el cobro de los créditos establecido por la ley, cuando el procedimiento de apremio administrativo concurra con otros procedimientos de ejecución singular, de naturaleza administrativa o judicial, será preferente aquel en el que primero se hubiera efectuado el embargo.

Artículo 26. Devolución de ingresos indebidos, reembolso de los costes de las garantías y pago de cantidades declaradas por sentencia. 1. Las personas obligadas a cotizar o al pago de otras deudas con la Seguridad Social objeto de gestión recaudatoria por la Administración de la Seguridad Social tendrán derecho, en los términos y supuestos que reglamentariamente se establezcan, a la devolución total o parcial del importe de los ingresos que por error se hubiesen realizado.

El importe a devolver a consecuencia de un ingreso indebido estará constituido por:

a) El importe del ingreso indebidamente efectuado y reconocido como tal.

b) Los recargos, intereses, en su caso, y costas que se hubieran satisfecho cuando el ingreso indebido se hubiera realizado por vía de apremio.

c) El interés de demora previsto en el artículo 31.3, aplicado a las cantidades indebidamente ingresadas por el tiempo transcurrido desde la fecha de su ingreso en la Tesorería General de la Seguridad Social hasta la propuesta de pago.

En todo caso, el tipo de interés de demora aplicable será el vigente a lo largo del período en que dicho interés se devengue.

2. No procederá la devolución de cuotas u otros recursos ingresados maliciosamente, sin perjuicio de la responsabilidad de todo orden a que hubiera lugar.

3. El derecho a la devolución de ingresos indebidos prescribirá a los cuatro años, a contar desde el día siguiente al de su ingreso.

4. La Administración de la Seguridad Social reembolsará, previa acreditación de su importe, el coste de las garantías aportadas para suspender la ejecución de una deuda con la Seguridad Social, en cuanto esta sea declarada improcedente por sentencia o resolución administrativa y dicha declaración adquiera firmeza.

Cuando la deuda sea declarada parcialmente improcedente, el reembolso alcanzará a la parte correspondiente del coste de las referidas garantías.

Asimismo, en los supuestos de estimación parcial del recurso o la reclamación interpuestos, tendrá derecho el obligado a la reducción proporcional de la garantía aportada en los términos que se establezcan reglamentariamente.

5. Los ingresos que, en virtud de resolución judicial firme, resulten o se declaren objeto de devolución a los interesados, tendrán la consideración de ingresos indebidos y serán objeto de devolución en los términos fijados en dicha resolución, con aplicación de lo dispuesto, en su caso, en el artículo 24 de la Ley 47/2003, de 26 de noviembre, General Presupuestaria.

Artículo 27. Transacciones sobre los derechos de la Seguridad Social.
1. No se podrá transigir judicial ni extrajudicialmente sobre los derechos de la Seguridad Social ni someter a arbitraje las contiendas que se susciten respecto de los mismos, sino mediante real decreto acordado en Consejo de Ministros, previa audiencia del Consejo de Estado.

2. El carácter privilegiado de los créditos de la Seguridad Social otorga a la Tesorería General de la Seguridad Social el derecho de abstención en los proce-

sos concursales. No obstante, la Tesorería General de la Seguridad Social podrá suscribir en el curso de estos procesos los acuerdos o convenios previstos en la legislación concursal, así como acordar, de conformidad con el deudor y con las garantías que se estimen oportunas, unas condiciones singulares de pago, que no pueden ser más favorables para el deudor que las recogidas en el convenio o acuerdo que ponga fin al proceso judicial.

Subsección 2.ª Liquidación y recaudación en periodo voluntario

Artículo 28. Efectos de la falta de pago en plazo reglamentario. La falta de pago de la deuda dentro del plazo reglamentario de ingreso establecido determinará la aplicación del recargo y el devengo de los intereses de demora en los términos establecidos en esta ley.

El recargo y los intereses de demora, cuando sean exigibles, se ingresarán conjuntamente con las deudas sobre las que recaigan.

Cuando el ingreso fuera del plazo reglamentario sea imputable a error de la Administración, sin que la misma actúe en calidad de empresario, no se aplicará recargo ni se devengarán intereses.

Artículo 29. Cumplimiento de obligaciones en materia de liquidación de cuotas y compensación. 1. En el sistema de autoliquidación de cuotas a que se refiere la letra a) del artículo 22.1, los sujetos responsables del cumplimiento de la obligación de cotizar deberán transmitir por medios electrónicos a la Tesorería General de la Seguridad Social las liquidaciones de cuotas de la Seguridad Social y por conceptos de recaudación conjunta, salvo en aquellos supuestos en que dicha liquidación proceda mediante la presentación de los correspondientes documentos de cotización.

La transmisión o presentación a que se refiere el párrafo anterior podrá efectuarse hasta el último día natural del respectivo plazo reglamentario de ingreso.

2. En el sistema de liquidación directa de cuotas a que se refiere la letra b) del artículo 22.1, los sujetos responsables del cumplimiento de la obligación de cotizar deberán solicitar a la Tesorería General de la Seguridad Social el cálculo de la liquidación correspondiente a cada trabajador y transmitir por medios electrónicos los datos que permitan realizar dicho cálculo, hasta el penúltimo día natural del respectivo plazo reglamentario de ingreso.

El referido cálculo se efectuará en función de los datos de que disponga la Tesorería General de la Seguridad Social sobre los sujetos obligados a cotizar, constituidos tanto por los que ya hayan sido facilitados por los sujetos responsables en cumplimiento de las obligaciones establecidas en materia de inscripción de empresas y afiliación, altas, bajas y variaciones de datos de trabajadores, y por aquellos otros que obren en su poder y afecten a la cotización, como por los que deban aportar, en su caso, los citados sujetos responsables en cada período de liquidación.

Asimismo, la Tesorería General de la Seguridad Social aplicará las deducciones que correspondan a los trabajadores por los que se practique la liquidación dentro de plazo reglamentario así como, en su caso, la compensación del importe de las prestaciones abonadas a aquellos en régimen de pago delegado con el de las cuotas debidas correspondientes al mismo período de liquidación, en función de los datos recibidos de las entidades gestoras y colaboradoras de la Seguridad Social, conforme a lo previsto en el apartado 5 de este artículo.

Cuando, una vez practicada la liquidación, el sujeto responsable del ingreso de las cuotas solicite su rectificación aportando datos distintos a los inicialmente transmitidos, las obligaciones a que se refiere el párrafo primero de este apartado solo se considerarán cumplidas cuando resulte posible efectuar una nueva liquidación de cuotas dentro de plazo reglamentario, salvo que la imposibilidad de liquidar en plazo se deba a causas imputables exclusivamente a la Administración.

Tampoco se considerarán incumplidas las citadas obligaciones cuando, una vez practicada la liquidación y dentro del plazo reglamentario, el sujeto responsable del ingreso solicite la rectificación de errores materiales, aritméticos o de cálculo en la citada liquidación imputables exclusivamente a la Administración y ello comporte la práctica de una nueva liquidación corrigiendo tales errores fuera de dicho plazo.

3. El incumplimiento de las obligaciones a que se refieren los apartados anteriores o su cumplimiento dentro de los plazos reglamentariamente establecidos, aun cuando no se ingresen las cuotas correspondientes o se ingrese exclusivamente la aportación del trabajador, producirán los efectos señalados en esta ley y en sus disposiciones de aplicación y desarrollo.

4. En el sistema de liquidación simplificada de cuotas a que se refiere la letra c) del artículo 22.1 no será exigible el cumplimiento de las obligaciones establecidas en los apartados 1 y 2 de este artículo, siempre que el alta de los sujetos obligados a que se refieran dichas cuotas en el régimen de la Seguridad

Social que corresponda, en los supuestos en que ese alta proceda, se haya solicitado dentro del plazo reglamentariamente establecido.

De solicitarse el alta fuera del plazo reglamentario, el cumplimiento de las obligaciones establecidas en los apartados 1 y 2 de este artículo no será exigible respecto a la liquidación de las cuotas correspondientes a los periodos posteriores a la presentación de la solicitud, que se efectuará mediante este sistema.

En tales casos, será aplicable lo previsto en esta ley para los supuestos en que, existiendo dichas obligaciones, se hubieran cumplido dentro de plazo.

5. El cumplimiento de las obligaciones establecidas en los apartados 1 y 2 dentro de plazo permitirá a los sujetos responsables compensar su crédito por las prestaciones abonadas como consecuencia de su colaboración obligatoria con la Seguridad Social y su deuda por las cuotas debidas en el mismo período a que se refieren las respectivas liquidaciones, cualquiera que sea el momento del pago de tales cuotas.

Fuera del supuesto regulado en este apartado, los sujetos responsables del pago de cuotas no podrán compensar sus créditos frente a la Seguridad Social por prestaciones satisfechas en régimen de pago delegado o por cualquier otro concepto con el importe de aquellas cuotas, cualquiera que sea el momento del pago de las mismas y hayan sido o no reclamadas en período voluntario o en vía de apremio, sin perjuicio del derecho de los sujetos responsables para solicitar el pago de sus respectivos créditos frente a la Tesorería General de la Seguridad Social o a la entidad gestora o colaboradora correspondiente.

Artículo 30. Recargos por ingreso fuera de plazo. 1. Transcurrido el plazo reglamentario establecido para el pago de las cuotas a la Seguridad Social sin ingreso de las mismas y sin perjuicio de las especialidades previstas para los aplazamientos, se devengarán los siguientes recargos:

a) Cuando los sujetos responsables del pago hubieran cumplido dentro de plazo las obligaciones establecidas en los apartados 1 y 2 del artículo 29:

1.º Recargo del 10 por ciento de la deuda, si se abonasen las cuotas debidas dentro del primer mes natural siguiente al del vencimiento del plazo para su ingreso.

2.º Recargo del 20 por ciento de la deuda, si se abonasen las cuotas debidas a partir del segundo mes natural siguiente al del vencimiento del plazo para su ingreso.

b) Cuando los sujetos responsables del pago no hubieran cumplido dentro de plazo las obligaciones establecidas en los apartados 1 y 2 del artículo 29:

1.º Recargo del 20 por ciento de la deuda, si se abonasen las cuotas debidas antes de la terminación del plazo de ingreso establecido en la reclamación de deuda o acta de liquidación.

2.º Recargo del 35 por ciento de la deuda, si se abonasen las cuotas debidas a partir de la terminación de dicho plazo de ingreso.

2. Las deudas con la Seguridad Social que tengan carácter de ingresos de derecho público y cuyo objeto esté constituido por recursos distintos a cuotas, cuando no se abonen dentro del plazo reglamentario que tengan establecido se incrementarán con el recargo del 20 por ciento.

Artículo 31. Interés de demora. 1. Los intereses de demora por las deudas con la Seguridad Social serán exigibles, en todo caso, si no se hubiese abonado la deuda una vez transcurridos quince días desde la notificación de la providencia de apremio o desde la comunicación del inicio del procedimiento de deducción.

Asimismo serán exigibles dichos intereses cuando no se hubiese abonado el importe de la deuda en el plazo fijado en las resoluciones desestimatorias de los recursos presentados contra las reclamaciones de deuda o actas de liquidación, si la ejecución de dichas resoluciones fuese suspendida en los trámites del recurso contencioso-administrativo que contra ellas se hubiese interpuesto.

2. Los intereses de demora exigibles serán los que haya devengado el principal de la deuda desde el vencimiento del plazo reglamentario de ingreso y los que haya devengado, además, el recargo aplicable en el momento del pago, desde la fecha en que, según el apartado anterior, sean exigibles.

3. El tipo de interés de demora será el interés legal del dinero vigente en cada momento del período de devengo, incrementado en un 25 por ciento, salvo que la Ley de Presupuestos Generales del Estado establezca uno diferente.

Artículo 32. Imputación de pagos. Sin perjuicio de las especialidades previstas en esta ley para los aplazamientos y en el ordenamiento jurídico para el deudor incurso en procedimiento concursal, el cobro parcial de la deuda apremiada se imputará, en primer lugar, al pago de la que hubiera sido objeto del embargo o garantía cuya ejecución haya producido dicho cobro y, luego, al resto de la deuda. Tanto en un caso como en otro, el cobro se aplicará primero

a las costas y luego a los títulos más antiguos, distribuyéndose proporcionalmente el importe entre principal, recargo e intereses.

Artículo 33. Reclamaciones de deudas. 1. Transcurrido el plazo reglamentario sin ingreso de las cuotas debidas, la Tesorería General de la Seguridad
Social reclamará su importe al sujeto responsable incrementado con el recargo
que proceda, conforme a lo dispuesto en el artículo 30, en los siguientes
supuestos:

a) Falta de cotización respecto de trabajadores dados de alta, cuando no se
hubiesen cumplido dentro de plazo las obligaciones establecidas en los apartados 1 y 2 del artículo 29 o cuando, habiéndose cumplido, las liquidaciones
de cuotas o datos de cotización transmitidos o los documentos de cotización
presentados contengan errores materiales, aritméticos o de cálculo que resulten directamente de los mismos.

Si estas circunstancias fuesen comprobadas por la Inspección de Trabajo y
Seguridad Social, lo comunicará a la Tesorería General de la Seguridad Social
con la propuesta de liquidación que proceda.

b) Falta de cotización en relación con trabajadores dados de alta que no
consten en las liquidaciones de cuotas o datos de cotización transmitidos ni
en los documentos de cotización presentados en plazo, respecto de los que
se considerará que no se han cumplido las obligaciones establecidas en los
apartados 1 y 2 del artículo 29.

c) Diferencias de importe entre las cuotas ingresadas y las que legalmente
corresponda liquidar, que resulten directamente de las liquidaciones o datos
de cotización transmitidos o de los documentos de cotización presentados,
siempre que no proceda realizar una valoración jurídica por la Inspección de
Trabajo y Seguridad Social sobre su carácter cotizable, en cuyo caso se procederá conforme a lo previsto en el apartado 1.b) del artículo siguiente.

d) Deudas por cuotas cuya liquidación no corresponda a la Inspección de
Trabajo y Seguridad Social.

2. Procederá también reclamación de deuda cuando, en atención a los
datos obrantes en la Tesorería General de la Seguridad Social o comunicados
por la Inspección de Trabajo y Seguridad Social, y por aplicación de cualquier
norma con rango de ley que no excluya la responsabilidad por deudas de Seguridad Social, deba exigirse el pago de dichas deudas:

a) A los responsables solidarios, en cuyo caso la reclamación comprenderá
el principal de la deuda a que se extienda la responsabilidad solidaria, los

recargos, intereses y costas devengados hasta el momento en que se emita dicha reclamación.

b) A los responsables subsidiarios, en cuyo caso y salvo que su responsabilidad se halle limitada por ley, la reclamación comprenderá el principal de la deuda exigible al deudor inicial en el momento de su emisión, excluidos recargos, intereses y costas.

c) A quien haya asumido la responsabilidad por causa de la muerte del deudor originario, en cuyo caso la reclamación comprenderá el principal de la deuda, los recargos, intereses y costas devengados hasta que se emita.

3. Los importes exigidos en las reclamaciones de deudas por cuotas, impugnadas o no, deberán hacerse efectivos dentro de los plazos siguientes:

a) Las notificadas entre los días 1 y 15 de cada mes, desde la fecha de la notificación hasta el día 5 del mes siguiente o el inmediato hábil posterior.

b) Las notificadas entre los días 16 y último de cada mes, desde la fecha de notificación hasta el día 20 del mes siguiente o el inmediato hábil posterior.

4. Las deudas con la Seguridad Social por recursos distintos a cuotas serán también objeto de reclamación de deuda, en la que se indicará el importe de la misma, así como los plazos reglamentarios de ingreso.

5. La interposición de recurso de alzada contra las reclamaciones de deuda solo suspenderá el procedimiento recaudatorio cuando se garantice con aval suficiente o se consigne el importe de la deuda, incluido, en su caso, el recargo en que se hubiese incurrido.

En caso de resolución desestimatoria del recurso, transcurrido el plazo de quince días desde su notificación sin pago de la deuda se iniciará el procedimiento de apremio mediante la expedición de la providencia de apremio o el procedimiento de deducción, según proceda.

Artículo 34. Actas de liquidación de cuotas. 1. Procederá la formulación de actas de liquidación en las deudas por cuotas originadas por:

a) Falta de afiliación o de alta de trabajadores en cualquiera de los regímenes del sistema de la Seguridad Social.

b) Diferencias de cotización por trabajadores dados de alta, resulten o no directamente de las liquidaciones o datos de cotización transmitidos o de los documentos de cotización presentados, dentro o fuera de plazo.

c) Derivación de la responsabilidad del sujeto obligado al pago, cualquiera que sea su causa y régimen de la Seguridad Social aplicable, y con base en cualquier norma con rango de ley que no excluya la responsabilidad por deudas de Seguridad Social. En los casos de responsabilidad solidaria legalmente previstos, la Inspección de Trabajo y Seguridad Social podrá extender acta a todos los sujetos responsables o a alguno de ellos, en cuyo caso el acta de liquidación comprenderá el principal de la deuda a que se extienda la responsabilidad solidaria, los recargos, intereses y costas devengadas hasta la fecha en que se extienda el acta.

d) Aplicación indebida de las bonificaciones en las cotizaciones de la Seguridad Social, previstas reglamentariamente para la financiación de las acciones formativas del subsistema de formación profesional para el empleo.

En los casos a los que se refieren las letras a), b) y c), la Inspección de Trabajo y Seguridad Social podrá formular requerimientos a los sujetos obligados al pago de cuotas adeudadas por cualquier causa, previo reconocimiento de la deuda por aquellos ante el funcionario actuante. En este caso, el ingreso de la deuda por cuotas contenida en el requerimiento será hecho efectivo en el plazo que determine la Inspección de Trabajo y Seguridad Social, que no será inferior a un mes ni superior a cuatro meses. En caso de incumplimiento del requerimiento, se procederá a extender acta de liquidación y de infracción por impago de cuotas.

Las actas de liquidación de cuotas se extenderán por la Inspección de Trabajo y Seguridad Social, notificándose en todos los casos a través de los órganos de dicha Inspección que, asimismo, notificarán las actas de infracción practicadas por los mismos hechos, en la forma que reglamentariamente se establezca.

2. Las actas de liquidación extendidas con los requisitos reglamentariamente establecidos, una vez notificadas a los interesados, tendrán el carácter de liquidaciones provisionales y se elevarán a definitivas mediante acto administrativo de la Dirección General o de la respectiva Dirección Provincial de la Tesorería General de la Seguridad Social, a propuesta del órgano competente de la Inspección de Trabajo y Seguridad Social, preceptiva y no vinculante, tras el trámite de audiencia al interesado. Contra dichos actos liquidatorios definitivos cabrá recurso de alzada ante el órgano superior jerárquico del que los dictó. De las actas de liquidación se dará traslado a los trabajadores, pudiendo los que resulten afectados interponer reclamación respecto del período de tiempo o la base de cotización a que la liquidación se contrae.

3. Los importes de las deudas figurados en las actas de liquidación serán hechos efectivos hasta el último día del mes siguiente al de su notificación, una vez dictado el correspondiente acto administrativo definitivo de liquida-

ción, iniciándose en otro caso el procedimiento de deducción o el procedimiento de apremio en los términos establecidos en esta ley y en sus normas de desarrollo.

4. Las actas de liquidación y las de infracción que se refieran a los mismos hechos se practicarán simultáneamente por la Inspección de Trabajo y Seguridad Social. La competencia y el procedimiento para su resolución son los señalados en el apartado 2.

Las sanciones por infracciones propuestas en dichas actas de infracción se reducirán automáticamente al 50 por ciento de su cuantía, si el infractor diese su conformidad a la liquidación practicada ingresando su importe en el plazo señalado en el apartado 3. Esta reducción automática solo podrá aplicarse en el supuesto de que la cuantía de la liquidación supere la de la sanción propuesta inicialmente.

Artículo 35. Determinación de las deudas por cuotas. 1. Las reclamaciones de deudas y las providencias de apremio por cuotas de la Seguridad Social, en los supuestos en que unas y otras procedan, se extenderán conforme a las siguientes reglas:

a) De cumplir el sujeto responsable del ingreso las obligaciones establecidas en los apartados 1 y 2 del artículo 29 dentro de plazo, se emitirán en función de las bases de cotización por las que se hubiera efectuado la liquidación de cuotas correspondiente.

b) De incumplir el sujeto responsable del ingreso las obligaciones establecidas en los apartados 1 y 2 del artículo 29 dentro de plazo, se emitirán tomando como base de cotización la media entre la base mínima y máxima correspondiente al último grupo de cotización conocido en que estuviese encuadrado el grupo o categoría profesional de los trabajadores a que se refiera la reclamación de deuda, salvo en aquellos supuestos en que resulten de aplicación bases únicas.

2. Las actas de liquidación se extenderán con base en la remuneración total que tenga derecho a percibir el trabajador o la que efectivamente perciba de ser esta superior en razón del trabajo que realice por cuenta ajena y que deba integrar la base de cotización en los términos establecidos en la ley o en las normas de desarrollo.

Cuando la Inspección de Trabajo y Seguridad Social se vea en la imposibilidad de conocer el importe de las remuneraciones percibidas por el trabajador, se estimará como base de cotización la media entre la base mínima y máxima correspondiente al último grupo de cotización conocido en que estuviese encuadrado el grupo o categoría profesional de los trabajadores a que se refiera el acta de liquidación, salvo en aquellos supuestos en que resulten de aplicación bases únicas.

Artículo 36. Facultades de comprobación. 1. Las liquidaciones de cuotas calculadas mediante los sistemas a que se refiere el artículo 22.1 podrán ser objeto de comprobación por la Tesorería General de la Seguridad Social, pudiendo requerir a tal efecto cuantos datos o documentos resulten precisos para ello. Las diferencias de cotización que pudieran resultar de dicha comprobación serán exigidas:

a) En el ámbito de los sistemas a que se refiere el artículo 22.1.a) y b), mediante reclamación de deuda o mediante acta de liquidación expedida por la Inspección de Trabajo y Seguridad Social, conforme a lo previsto, respectivamente, en los artículos 33.1 y 34.1.

b) En el ámbito del sistema a que se refiere el artículo 22.1.c), serán exigidas por la Tesorería General de la Seguridad Social mediante liquidación de cuotas complementaria, sin aplicación de recargos, a aquella que es objeto de comprobación y cobro a través del sistema de domiciliación en cuenta para la cotización a efectuar en el plazo reglamentario de ingreso, en aquellos supuestos en que dicho sistema resulte obligatorio, así como en aquellos casos de aplicación voluntaria del mismo. En caso de impago, se continuará con el procedimiento de recaudación de la Seguridad Social.

c) La Tesorería General de la Seguridad Social pondrá a disposición de los sujetos responsables del ingreso de las diferencias de cotización y, en su caso, de los autorizados al Sistema RED, mediante los correspondientes servicios telemáticos a través de la Sede Electrónica de la Seguridad Social y del Sistema de remisión electrónica de datos en el ámbito de la Seguridad Social (Sistema RED), la información relativa al cálculo, con los nuevos datos, de las liquidaciones de cuotas objeto de comprobación, siendo suficiente dicha puesta a disposición para el cumplimiento de lo establecido en el artículo 35 de la Ley 39/2015, de 1 de octubre, del Procedimiento Administrativo Común de las Administraciones Públicas.

2. Lo dispuesto en el apartado anterior se entenderá sin perjuicio de las facultades de comprobación que corresponden a la Inspección de Trabajo y Seguridad Social en ejercicio de las funciones que tiene atribuidas legalmente.

Subsección 3.ª Recaudación en vía ejecutiva

Artículo 37. Medidas cautelares. 1. Para asegurar el cobro de las deudas con la Seguridad Social, la Tesorería General de la Seguridad Social podrá adoptar medidas cautelares de carácter provisional cuando existan indicios racionales de que, en otro caso, dicho cobro se verá frustrado o gravemente dificultado.

Las medidas habrán de ser proporcionadas al daño que se pretenda evitar. En ningún caso se adoptarán aquellas que puedan producir un perjuicio de difícil o imposible reparación.

2. La medida cautelar podrá consistir en alguna de las siguientes:

a) Retención del pago de devoluciones de ingresos indebidos o de otros pagos que deba realizar la Tesorería General de la Seguridad Social, en la cuantía estrictamente necesaria para asegurar el cobro de la deuda.

La retención cautelar total o parcial de una devolución de ingresos indebidos deberá ser notificada al interesado juntamente con el acuerdo de devolución.

b) Embargo preventivo de bienes o derechos. Este embargo preventivo se asegurará mediante su anotación en los registros públicos correspondientes o mediante el depósito de los bienes muebles embargados.

c) Cualquiera otra legalmente prevista.

3. Cuando la deuda con la Seguridad Social no se encuentre liquidada pero se haya devengado y haya transcurrido el plazo reglamentario para su pago, y siempre que corresponda a cantidades determinables por la aplicación de las bases, tipos y otros datos objetivos previamente establecidos que permitan fijar una cifra máxima de responsabilidad, la Tesorería General de la Seguridad Social podrá adoptar medidas cautelares que aseguren su cobro, previa autorización, en su respectivo ámbito, de sus directores provinciales o, en su caso, de su Director General o autoridad en quien deleguen.

4. Las medidas cautelares así adoptadas se levantarán, aun cuando no haya sido pagada la deuda, si desaparecen las circunstancias que justificaron su adopción o si, a solicitud del interesado, se acuerda su sustitución por otra garantía que se estime suficiente.

Las medidas cautelares podrán convertirse en definitivas en el marco del procedimiento de apremio. En otro caso, se levantarán de oficio, sin que puedan prorrogarse más allá del plazo de seis meses desde su adopción.

5. Se podrá acordar el embargo preventivo de dinero y mercancías en cuantía suficiente para asegurar el pago de la deuda con la Seguridad Social que corresponda exigir por actividades y trabajos lucrativos ejercidos sin establecimiento cuando los trabajadores no hayan sido afiliados o, en su caso, no hayan sido dados de alta en el régimen de la Seguridad Social que corresponda.

Asimismo, podrán intervenirse los ingresos de los espectáculos públicos de las empresas cuyos trabajadores no hayan sido afiliados ni dados de alta o por los que no hubieran efectuado sus cotizaciones a la Seguridad Social.

Artículo 38. Providencia de apremio, otros actos del procedimiento ejecutivo y procedimiento de deducción. 1. Transcurrido el plazo reglamentario de ingreso y una vez adquiera firmeza en vía administrativa la reclamación de deuda o el acta de liquidación, en los casos en que estas procedan, sin que se haya satisfecho la deuda, se iniciará el procedimiento de apremio mediante la emisión de providencia de apremio, en la que se identificará la deuda pendiente de pago con el recargo correspondiente.

2. La providencia de apremio, emitida por el órgano competente, constituye el título ejecutivo suficiente para el inicio del procedimiento de apremio por la Tesorería General de la Seguridad Social y tiene la misma fuerza ejecutiva que las sentencias judiciales para proceder contra los bienes y derechos de los sujetos obligados al pago de la deuda.

En la notificación de la providencia de apremio se advertirá al sujeto responsable de que si la deuda exigida no se ingresa dentro de los quince días siguientes a su recepción o publicación serán exigibles los intereses de demora devengados y se procederá al embargo de sus bienes.

3. El recurso de alzada contra la providencia de apremio solo será admisible por los siguientes motivos, debidamente justificados:

a) Pago.

b) Prescripción.

c) Error material o aritmético en la determinación de la deuda.

d) Condonación, aplazamiento de la deuda o suspensión del procedimiento.

e) Falta de notificación de la reclamación de deuda, cuando esta proceda, del acta de liquidación o de las resoluciones que las mismas o las autoliquidaciones de cuotas originen.

La interposición del recurso suspenderá el procedimiento de apremio, sin necesidad de la presentación de la garantía, hasta la resolución de la impugnación.

4. Si los interesados formularan recurso de alzada o contencioso-administrativo contra actos dictados en el procedimiento ejecutivo distintos de la providencia de apremio, el procedimiento de apremio no se suspenderá si no se realiza el pago de la deuda perseguida, se garantiza con aval suficiente o se consigna su importe, incluidos el recargo, los intereses devengados y un 3 por ciento del principal como cantidad a cuenta de las costas reglamentariamente establecidas, a disposición de la Tesorería General de la Seguridad Social.

5. La ejecución contra el patrimonio del deudor se efectuará mediante el embargo y la realización del valor o, en su caso, la adjudicación de bienes del deudor a la Tesorería General de la Seguridad Social. El embargo se efectuará en cuantía suficiente para cubrir el principal de la deuda, los recargos y los intereses y costas del procedimiento que se hayan causado y se prevea que se causen hasta la fecha de ingreso o de la adjudicación a favor de la Seguridad Social, con respeto siempre al principio de proporcionalidad.

Si el cumplimiento de la obligación con la Seguridad Social estuviera garantizado mediante aval, prenda, hipoteca o cualquiera otra garantía personal o real, se procederá en primer lugar a ejecutarla, lo que se realizará en todo caso por los órganos de recaudación de la Administración de la Seguridad Social, a través del procedimiento administrativo de apremio.

6. Si el deudor fuese una administración pública, organismo autónomo, entidad pública empresarial o, en general, cualquier entidad de derecho público, el órgano competente de la Tesorería General de la Seguridad Social, transcurridos los plazos a que se refiere el apartado 1, iniciará el procedimiento de deducción, acordando, previa audiencia de la entidad afectada, la retención a favor de la Seguridad Social en la cuantía que corresponda por principal, recargo e intereses, sobre el importe total que con cargo a los Presupuestos Generales del Estado deba transferirse a la entidad deudora, quedando extinguida total o parcialmente la deuda desde que la Tesorería General de la Seguridad Social aplique el importe retenido al pago de la misma.

Solo se iniciará la vía de apremio sobre el patrimonio de estas entidades, en los términos establecidos en el apartado 2, cuando la ley prevea que puedan ostentar la titularidad de bienes embargables. En este caso y una vez definitiva en vía administrativa la providencia de apremio, el órgano competente de la Tesorería General de la Seguridad Social acordará la retención prevista en el párrafo anterior, sin perjuicio de la continuación del procedimiento de apremio sobre los bienes embargables hasta completar el cobro de los débitos.

7. Las costas y gastos que origine la recaudación en vía ejecutiva serán siempre a cargo del sujeto responsable del pago.

8. El Gobierno, a propuesta del titular del Ministerio de Empleo y Seguridad Social, aprobará el procedimiento para el cobro de las deudas con la Seguridad Social en vía de apremio.

9. Lo dispuesto en los apartados anteriores se entiende sin perjuicio de lo especialmente previsto en el artículo 39 y en la normativa reguladora de la jurisdicción contencioso-administrativa.

Artículo 39. Tercerías. 1. Corresponde a la Tesorería General de la Seguridad Social la resolución de las tercerías que se susciten en el procedimiento de apremio. Su interposición ante dicho organismo será requisito previo para que puedan ejercitarse ante los tribunales de la jurisdicción ordinaria.

2. La tercería solo podrá fundarse en el dominio de los bienes embargados al deudor o en el derecho del tercerista a ser reintegrado de su crédito con preferencia al perseguido en el expediente de apremio.

3. Si la tercería fuese de dominio, se suspenderá el procedimiento de apremio hasta que aquella se resuelva y una vez se hayan tomado las medidas de aseguramiento subsiguientes al embargo, según la naturaleza de los bienes. Si fuese de mejor derecho, proseguirá el procedimiento hasta la realización de los bienes y el producto obtenido se consignará en depósito a resultas de la tercería. No será admitida la tercería de dominio después de otorgada la escritura pública, de consumada la venta de los bienes de que se trate o de su adjudicación en pago a la Seguridad Social. La tercería de mejor derecho no se admitirá después de haber recibido el recaudador el precio de la venta.

Artículo 40. Deber de información por parte de las personas y entidades sin personalidad, entidades financieras, funcionarios públicos, profesionales oficiales y autoridades. 1. Las personas físicas o jurídicas, públicas o privadas, así como las entidades sin personalidad, estarán obligadas a proporcionar a la Tesorería General de la Seguridad Social y al Instituto Social de la Marina, cuando así lo requieran, aquellos datos, informes, antecedentes y justificantes con incidencia en las competencias de la Administración de la Seguridad Social, especialmente en el ámbito de la liquidación, control de la cotización y de recaudación de los recursos de la Seguridad Social y demás conceptos de recaudación conjunta. Las personas o entidades depositarias de dinero en efectivo o en cuenta, valores u otros bienes de deudores a la Seguridad Social en situación de apremio, están obligadas a informar a la Tesorería General de la Seguridad Social y a cumplir los requerimientos que le sean hechos por la misma en el ejercicio de sus funciones legales.

Especialmente, las personas o entidades depositarias de dinero en efectivo o en cuenta, valores u otros bienes de deudores a la Seguridad Social en situación de apremio, estarán obligadas a informar a la Tesorería General de la Seguridad Social y a cumplir los requerimientos que le sean hechos por la misma en el ejercicio de sus funciones legales.

2. Las obligaciones a que se refiere el apartado anterior deberán cumplirse bien con carácter general o bien a requerimiento individualizado de los órganos competentes de la Administración de la Seguridad Social, en la forma y plazos que reglamentariamente se determinen.

3. El incumplimiento de las obligaciones establecidas en los números anteriores de este artículo no podrá ampararse en el secreto bancario.

Los requerimientos relativos a los movimientos de cuentas corrientes, depósitos de ahorro y a plazo, cuentas de préstamos y créditos y demás operaciones activas o pasivas de los bancos, cajas de ahorro, cooperativas de crédito y cuantas personas físicas o jurídicas se dediquen al tráfico bancario o crediticio, se efectuarán previa autorización del titular de la Dirección General de la Tesorería General de la Seguridad Social o, en su caso, y en las condiciones que reglamentariamente se establezcan, el titular de la Dirección Provincial de la Tesorería General de la Seguridad Social competente, y deberán precisar las operaciones objeto de investigación, los sujetos pasivos afectados y el alcance de la misma en cuanto al período de tiempo a que se refieren.

4. Los funcionarios públicos, incluidos los profesionales oficiales, están obligados a colaborar con la Administración de la Seguridad Social suministrando toda clase de información de que dispongan, siempre que sea necesaria para el cumplimiento de las funciones de la Administración de la Seguridad Social, especialmente respecto de la liquidación, control de la cotización y la recaudación de recursos de la Seguridad Social y demás conceptos de recaudación conjunta, salvo que sea aplicable:

a) El secreto del contenido de la correspondencia.

b) El secreto de los datos que se hayan suministrado a la Administración pública para una finalidad exclusivamente estadística.

c) El secreto del protocolo notarial, que abarcará los instrumentos públicos a que se refieren los artículos 34 y 35 de la Ley de 28 de mayo de 1862, del

Notariado, y los relativos a cuestiones matrimoniales, con excepción de los referentes al régimen económico de la sociedad conyugal.

5. La obligación de los profesionales de facilitar información de transcendencia recaudatoria a la Administración de la Seguridad Social no alcanzará a los datos privados no patrimoniales que conozcan por razón del ejercicio de su actividad, cuya revelación atente al honor o a la intimidad personal o familiar de las personas. Tampoco alcanzará a aquellos datos confidenciales de sus clientes de los que tengan conocimiento como consecuencia de la prestación de servicios profesionales de asesoramiento o defensa.

Los profesionales no podrán invocar el secreto profesional a efectos de impedir la comprobación de su propia cotización a la Seguridad Social.

A efectos del artículo octavo, apartado uno, de la Ley Orgánica 1/1982, de 5 de mayo, de protección civil del derecho al honor, a la intimidad personal y familiar y a la propia imagen, se considerará autoridad competente al titular del Ministerio de Inclusión, Seguridad Social y Migraciones, a los titulares de los órganos y centros directivos de la Secretaría de Estado de la Seguridad Social y Pensiones y del Organismo Estatal Inspección de Trabajo y Seguridad Social así como al titular de la Dirección General y a los titulares de las direcciones provinciales de la Tesorería General de la Seguridad Social.

6. La cesión de aquellos datos de carácter personal que se deba efectuar a la Administración de la Seguridad Social conforme a lo dispuesto en este artículo o, en general, en cumplimiento del deber de colaborar con la Administración de la Seguridad Social para el desempeño de cualquiera de sus funciones, especialmente respecto de la efectiva liquidación, control de la cotización, recaudación de los recursos de la Seguridad Social y de los conceptos de recaudación conjunta con las cuotas de la Seguridad Social, no requerirá el consentimiento del afectado.

A los efectos señalados en el párrafo anterior, así como respecto de la cesión de datos de carácter no personal, las autoridades, cualquiera que sea su naturaleza, los titulares de los órganos del Estado, de las comunidades autónomas y de las entidades locales; los organismos autónomos, las agencias y las entidades públicas empresariales; las autoridades laborales; las cámaras y corporaciones, colegios y asociaciones profesionales; las mutualidades de previsión social; las demás entidades públicas y quienes, en general, ejerzan o colaboren en el ejercicio de funciones públicas, estarán obligados a suministrar a la Administración de la Seguridad Social cuantos datos, informes y antecedentes precise esta para el adecuado ejercicio de cualquiera de las funciones de la Administración de la Seguridad Social, especialmente respecto de sus funciones liquidatorias, de control de la cotización y recaudatorias, mediante disposiciones de carácter general o a través de requerimientos concretos y a prestarle, a ella y a su personal, apoyo, concurso, auxilio y protección para el ejercicio de sus competencias.

La cesión de datos a que se refiere este artículo se instrumentará preferentemente por medios informáticos. A tal efecto la Administración de la Seguridad Social podrá recabar a través de sus redes corporativas o mediante consulta a las plataformas de intermediación de datos u otros sistemas habilitados al efecto, los datos o la información necesaria para la tramitación de los procedimientos que resulten de su competencia.

7. Los datos, informes y antecedentes suministrados conforme a lo dispuesto en este artículo únicamente serán tratados en el marco de las funciones de la Administración de la Seguridad Social, especialmente en el ámbito de control de la cotización y de recaudación de los recursos del sistema de Seguridad Social, así como de sus funciones estadísticas, sin necesidad del consentimiento de los afectados y sin perjuicio de lo dispuesto en el artículo 77 de esta ley.

Artículo 41. Levantamiento de bienes embargables. Las personas o entidades depositarias de bienes embargables que, con conocimiento previo del embargo practicado por la Seguridad Social, conforme al procedimiento administrativo de apremio reglamentariamente establecido, colaboren o consientan en el incumplimiento de las órdenes de embargo o en el levantamiento de los bienes, serán responsables solidarios del pago de la deuda hasta el importe del valor de los bienes que se hubieran podido embargar o enajenar.

CAPÍTULO IV. Acción protectora

Sección 1.ª Disposiciones generales

Artículo 42. Acción protectora del sistema de la Seguridad Social. 1. La acción protectora del sistema de la Seguridad Social comprenderá:

a) La asistencia sanitaria en los casos de maternidad, de enfermedad común o profesional y de accidente, sea o no de trabajo.

b) La recuperación profesional, cuya procedencia se aprecie en cualquiera de los casos que se mencionan en la letra anterior.

c) Las prestaciones económicas en las situaciones de incapacidad temporal; nacimiento y cuidado de menor; riesgo durante el embarazo; riesgo durante la lactancia natural; ejercicio corresponsable del cuidado del lactante; cuidado de menores afectados por cáncer u otra enfermedad grave; incapacidad permanente contributiva e invalidez no contributiva; jubilación, en sus modalidades contributiva y no contributiva; desempleo, en sus niveles contributivo y asistencial; protección por cese de actividad; pensión de viudedad; prestación temporal de viudedad; pensión de orfandad; prestación de orfandad; pensión en favor de familiares; subsidio en favor de familiares; auxilio por defunción; indemnización en caso de muerte por accidente de trabajo o enfermedad profesional; ingreso mínimo vital, así como las que se otorguen en las contingencias y situaciones especiales que reglamentariamente se determinen por real decreto, a propuesta del titular del Ministerio competente.

d) Las prestaciones familiares de la Seguridad Social, en sus modalidades contributiva y no contributiva.

e) Las prestaciones de servicios sociales que puedan establecerse en materia de formación y rehabilitación de personas con discapacidad y de asistencia a las personas mayores, así como en aquellas otras materias en que se considere conveniente.

2. Igualmente, y como complemento de las prestaciones comprendidas en el apartado anterior, podrán otorgarse los beneficios de la asistencia social.

3. La acción protectora comprendida en los apartados anteriores establece y limita el ámbito de extensión posible del Régimen General y de los especiales de la Seguridad Social, así como de las prestaciones no contributivas.

4. Cualquier prestación de carácter público que tenga como finalidad complementar, ampliar o modificar las prestaciones contributivas de la Seguridad Social, forma parte del sistema de la Seguridad Social y está sujeta a los principios recogidos en el artículo 2.

Lo previsto en el párrafo anterior se entiende sin perjuicio de las ayudas de otra naturaleza que, en el ejercicio de sus competencias, puedan establecer las comunidades autónomas en beneficio de los pensionistas residentes en ellas.

Artículo 43. Mejoras voluntarias. 1. La modalidad contributiva de la acción protectora que el sistema de la Seguridad Social otorga a las personas comprendidas en el artículo 7.1 podrá ser mejorada voluntariamente en la forma y condiciones que se establezcan en las normas reguladoras del Régimen General y de los regímenes especiales.

2. Sin otra excepción que el establecimiento de mejoras voluntarias, conforme a lo previsto en el apartado anterior, la Seguridad Social no podrá ser objeto de contratación colectiva.

Artículo 44. Caracteres de las prestaciones. 1. Las prestaciones de la Seguridad Social, así como los beneficios de sus servicios sociales y de la asistencia social, no podrán ser objeto de retención, sin perjuicio de lo previsto en el apartado 2, cesión total o parcial, compensación o descuento, salvo en los dos casos siguientes:

a) En orden al cumplimiento de las obligaciones alimenticias a favor del cónyuge e hijos.

b) Cuando se trate de obligaciones contraídas por el beneficiario dentro de la Seguridad Social.

En materia de embargo se estará a lo establecido en la Ley de Enjuiciamiento Civil.

2. Las percepciones derivadas de la acción protectora de la Seguridad Social estarán sujetas a tributación en los términos establecidos en las normas reguladoras de cada impuesto.

3. No podrá ser exigida ninguna tasa fiscal, ni derecho de ninguna clase, en cuantas informaciones o certificaciones hayan de facilitar los correspondientes organismos de la Administración de la Seguridad Social, y los organismos administrativos, judiciales o de cualquier otra clase, en relación con las prestaciones y beneficios a que se refiere el apartado 1.

Artículo 45. Responsabilidad en orden a las prestaciones. 1. Las entidades gestoras de la Seguridad Social serán responsables de las prestaciones cuya gestión les esté atribuida, siempre que se hayan cumplido los requisitos generales y particulares exigidos para causar derecho a las mismas en las normas establecidas en esta ley y en las específicas que sean aplicables a los distintos regímenes especiales.

2. Para la imputación de responsabilidades en orden a las prestaciones contributivas, a entidades o personas distintas de las determinadas en el apartado anterior, se estará a lo dispuesto en la presente ley, en sus disposiciones de desarrollo y aplicación o en las normas reguladoras de los regímenes especiales.

Artículo 46. Pago de las pensiones contributivas derivadas de contingencias comunes y de las pensiones no contributivas. 1. Las pensiones contributivas derivadas de contingencias comunes de cualquiera de los regímenes que integran el sistema de la Seguridad Social serán satisfechas en catorce pagas, correspondientes a cada uno de los meses del año y dos pagas extraordinarias que se devengarán en los meses de junio y noviembre.

2. Asimismo, el pago de las pensiones no contributivas de invalidez y jubilación se fraccionará en catorce pagas, correspondientes a cada uno de los meses del año y dos pagas extraordinarias que se devengarán en los meses de junio y noviembre.

Sección 2.ª Reconocimiento, determinación y mantenimiento del derecho a las prestaciones

Artículo 47. Requisito de estar al corriente en el pago de las cotizaciones. 1. En el caso de trabajadores que sean responsables del ingreso de cotizaciones, para el reconocimiento de las correspondientes prestaciones económicas de la Seguridad Social será necesario que el causante se encuentre al corriente en el pago de las cotizaciones de la Seguridad Social, aunque la correspondiente prestación sea reconocida, como consecuencia del cómputo recíproco de cotizaciones, en un régimen de trabajadores por cuenta ajena.

A tales efectos, será de aplicación el mecanismo de invitación al pago previsto en el artículo 28.2 del Decreto 2530/1970, de 20 de agosto, por el que se regula el Régimen Especial de la Seguridad Social de los Trabajadores por Cuenta Propia o Autónomos, cualquiera que sea el régimen de la Seguridad Social en que el interesado estuviese incorporado en el momento de acceder a la prestación o en el que se cause esta.

2. Cuando al interesado se le haya considerado al corriente en el pago de las cotizaciones a efectos del reconocimiento de una prestación en virtud de un aplazamiento en el pago de las cuotas adeudadas, pero posteriormente incumpla los plazos o condiciones de dicho aplazamiento, perderá la consideración de hallarse al corriente en el pago y, en consecuencia, se procederá a la suspensión inmediata de la prestación reconocida que estuviere percibiendo, la cual solamente podrá ser rehabilitada una vez que haya saldado la deuda con la Seguridad Social en su totalidad. A tal fin, de conformidad con lo establecido en el artículo 44.1.b), la entidad gestora de la prestación podrá

detraer de cada mensualidad devengada por el interesado la correspondiente cuota adeudada.

3. A efectos del reconocimiento del derecho a una pensión, las cotizaciones correspondientes al mes del hecho causante de la pensión y a los dos meses previos a aquel, cuyo ingreso aún no conste como tal en los sistemas de información de la Seguridad Social, se presumirán ingresadas sin necesidad de que el interesado lo tenga que acreditar documentalmente. En estos supuestos, la entidad gestora revisará, con periodicidad anual, todas las pensiones reconocidas durante el ejercicio inmediato anterior bajo la presunción de situación de estar al corriente para verificar el ingreso puntual y efectivo de esas cotizaciones. De no haberse producido el mismo, se procederá inmediatamente a la suspensión del pago de la pensión, aplicándose las mensualidades retenidas a la amortización de las cuotas adeudadas hasta su total extinción, rehabilitándose el pago de la pensión a partir de ese momento.

Lo previsto en el párrafo anterior será de aplicación siempre que el trabajador acredite el periodo mínimo de cotización exigible, sin computar a estos efectos el periodo de tres meses referido en el mismo.

Artículo 48. Transformación de los plazos en días. Para el acceso a las pensiones de la Seguridad Social, así como para la determinación de su cuantía, los plazos señalados en la presente ley en años, semestres, trimestres o meses, serán objeto de adecuación a días mediante las correspondientes equivalencias.

Artículo 49. Efecto de las cotizaciones superpuestas en varios regímenes en orden a las pensiones de la Seguridad Social. Cuando se acrediten cotizaciones a varios regímenes y no se cause derecho a pensión en uno de ellos, las bases de cotización acreditadas en este último en régimen de pluriactividad podrán ser acumuladas a las del régimen en que se cause la pensión, exclusivamente para la determinación de la base reguladora de la misma, sin que la suma de las bases pueda exceder del límite máximo de cotización vigente en cada momento.

Artículo 50. Cómputo de ingresos a efectos del reconocimiento o mantenimiento del derecho a prestaciones. Cuando se exija, legal o reglamentariamente, la no superación de un determinado límite de ingresos para el acceso o el mantenimiento del derecho a prestaciones comprendidas en el ámbito de la acción protectora de esta ley, distintas de las pensiones no contributivas y de las prestaciones por desempleo, se considerarán como tales ingresos los rendimientos del trabajo, del capital y de actividades económicas y las ganancias patrimoniales, en los mismos términos en que son computados en el artículo 59.1 para el reconocimiento de los complementos por mínimos de pensiones.

Artículo 50 bis. Resolución provisional de pensiones reconocidas al amparo de normas internacionales. 1. Cuando durante la tramitación de una solicitud de pensión al amparo de una norma internacional se compruebe que el solicitante reúne todos los requisitos para acceder a la pensión computando únicamente las cotizaciones efectuadas en España, se reconocerá el derecho a dicha pensión sin necesidad de esperar a conocer los periodos de seguro certificados por los demás estados afectados. Este reconocimiento será provisional y puede verse afectado por los periodos de seguro certificados o por las resoluciones adoptadas por los estados afectados recibidas con posterioridad a esta resolución. Recibida la citada certificación, se dictará resolución definitiva confirmando la resolución provisional o modificándola, en caso de que la cuantía de la pensión resultante de totalizar dichos periodos varíe respecto de la de la pensión reconocida provisionalmente.

2. Lo establecido en el apartado anterior será igualmente aplicable a las pensiones que se reconozcan a *prorrata temporis* como consecuencia del cómputo de periodos que el otro Estado haya certificado expresamente como provisionales.

Artículo 51. Residencia a efectos de prestaciones y de complementos por mínimos. 1. Los beneficiarios de prestaciones económicas, o de complementos por mínimos, cuyo disfrute se encuentre condicionado a la residencia efectiva en España podrán ser citados a comparecencia en las oficinas de la entidad gestora competente con la periodicidad que esta determine.

2. A efectos del mantenimiento del derecho a las prestaciones económicas de la Seguridad Social, o a los complementos por mínimos, para cuya percepción se exija la residencia en territorio español, se entenderá que el beneficiario tiene su residencia habitual en España aun cuando haya tenido estancias en el extranjero, siempre que estas no superen los noventa días naturales a lo largo de cada año natural, o cuando la ausencia del territorio español esté motivada por causas de enfermedad debidamente justificadas.

No obstante lo dispuesto en el párrafo anterior, a efectos de las prestaciones y subsidios por desempleo, será de aplicación lo que determine su normativa específica.

3. Para el mantenimiento del derecho a las prestaciones sanitarias en las que se exija la residencia en territorio español, se entenderá que el beneficiario de dichas prestaciones tiene su residencia habitual en España aun cuando haya tenido estancias en el extranjero, siempre que estas no superen los noventa días naturales a lo largo de cada año natural.

Artículo 52. Adopción de medidas cautelares. 1. El incumplimiento por parte de los beneficiarios o causantes de las prestaciones económicas del sistema de la Seguridad Social de la obligación de presentar, en los plazos establecidos, declaraciones preceptivas, documentos, antecedentes, justificantes o datos que no obren en la entidad gestora, cuando a ello sean requeridos, siempre que los mismos puedan afectar a la conservación del derecho a las prestaciones, o al complemento por mínimos, podrá dar lugar a que por las entidades gestoras de la Seguridad Social se suspenda cautelarmente el abono de las citadas prestaciones o del complemento hasta que quede debidamente acreditado, por los citados beneficiarios o causantes, que se cumplen los requisitos legales imprescindibles para el mantenimiento del derecho a aquellos.

2. Asimismo, la incomparecencia de los beneficiarios de prestaciones económicas del sistema de la Seguridad Social, o del complemento por mínimos, cuyo disfrute se encuentre condicionado a la residencia efectiva en España, cuando sean citados por la entidad gestora competente de conformidad con lo previsto en el artículo 51.1, podrá dar lugar a la suspensión cautelar del abono de la prestación o del complemento.

3. Si se presenta la información solicitada o se comparece transcurrido el plazo fijado, se producirá la rehabilitación de la prestación o, en su caso, del complemento por mínimos, cuando concurran los requisitos para el mantenimiento del derecho, con una retroactividad máxima de noventa días naturales.

4. Lo previsto en los apartados anteriores se entiende sin perjuicio de lo establecido en el artículo 47.1.d) del texto refundido de la Ley sobre Infracciones y Sanciones en el Orden Social, aprobado por el Real Decreto Legislativo 5/2000, de 4 de agosto.

Sección 3.ª Prescripción, caducidad y reintegro de prestaciones indebidas

Artículo 53. Prescripción. 1. El derecho al reconocimiento de las prestaciones prescribirá a los cinco años, contados desde el día siguiente a aquel en que tenga lugar el hecho causante de la prestación de que se trate, sin perjuicio de las excepciones que se determinen en la presente ley y de que los efectos de tal reconocimiento se produzcan a partir de los tres meses anteriores a la fecha en que se presente la correspondiente solicitud.

Si el contenido económico de las prestaciones ya reconocidas resultara afectado con ocasión de solicitudes de revisión de las mismas, los efectos económicos de la nueva cuantía tendrán una retroactividad máxima de tres meses desde la fecha de presentación de dicha solicitud. Esta regla de retroactividad máxima no operará en los supuestos de rectificación de errores materiales, de hecho o aritméticos ni cuando de la revisión derive la obligación de reintegro de prestaciones indebidas a la que se refiere el artículo 55.

2. La prescripción se interrumpirá por las causas ordinarias del artículo 1973 del Código Civil y, además, por la reclamación ante la Administración de la Seguridad Social o el Ministerio de Empleo y Seguridad Social, así como en virtud de expediente que tramite la Inspección de Trabajo y Seguridad Social en relación con el caso de que se trate.

3. En el supuesto de que se entable acción judicial contra un presunto culpable, criminal o civilmente, la prescripción quedará en suspenso mientras aquella se tramite, volviendo a contarse el plazo desde la fecha en que se notifique el auto de sobreseimiento o desde que la sentencia adquiera firmeza.

Artículo 54. Caducidad. 1. El derecho al percibo de las prestaciones a tanto alzado y por una sola vez caducará al año, a contar desde el día siguiente al de haber sido notificada en forma al interesado su reconocimiento.

2. Cuando se trate de prestaciones periódicas, el derecho al percibo de cada mensualidad caducará al año de su respectivo vencimiento.

Artículo 55. Reintegro de prestaciones indebidas. 1. Los trabajadores y las demás personas que hayan percibido indebidamente prestaciones de la Seguridad Social vendrán obligados a reintegrar su importe.

2. Quienes por acción u omisión hayan contribuido a hacer posible la percepción indebida de una prestación responderán subsidiariamente con los

perceptores, salvo buena fe probada, de la obligación de reintegrar que se establece en el apartado anterior.

3. La obligación de reintegro del importe de las prestaciones indebidamente percibidas prescribirá a los cuatro años, contados a partir de la fecha de su cobro, o desde que fue posible ejercitar la acción para exigir su devolución, con independencia de la causa que originó la percepción indebida, incluidos los supuestos de revisión de las prestaciones por error imputable a la entidad gestora.

4. Lo dispuesto en este artículo se entiende sin perjuicio de la responsabilidad administrativa o penal que legalmente corresponda.

Sección 4.ª Revalorización, importes máximos y mínimos de pensiones y complemento de maternidad por aportación demográfica a la Seguridad Social

Subsección 1.ª Disposiciones comunes

Artículo 56. Consideración como pensiones públicas. Las pensiones abonadas por el Régimen General y los regímenes especiales, así como las no contributivas de la Seguridad Social, tendrán, a efectos de lo previsto en la presente sección, la consideración de pensiones públicas, a tenor de lo establecido en el artículo 42 de la Ley 37/1988, de 28 de diciembre, de Presupuestos Generales del Estado para 1989.

Subsección 2.ª Pensiones contributivas

Artículo 57. Limitación de la cuantía inicial de las pensiones. El importe inicial de las pensiones contributivas de la Seguridad Social por cada beneficiario no podrá superar la cuantía íntegra mensual que establezca anualmente la correspondiente Ley de Presupuestos Generales del Estado.

Cuando el importe inicial de la pensión quede limitado en el ejercicio en el que se cause en la cuantía máxima de las pensiones contributivas establecida en el párrafo anterior, dicho importe se revalorizará el año siguiente mediante la aplicación del porcentaje previsto en el artículo 58.2 y las sucesivas revalorizaciones anuales se efectuarán sobre el importe resultante de la revalorización del año anterior.

En el caso de pensiones concurrentes, la suma de todas ellas no podrá superar el importe de la cuantía máxima vigente en la fecha del hecho causante de la nueva pensión, sin perjuicio de las revalorizaciones ulteriores conforme al artículo 58.2.

Si se extinguiera una de las pensiones concurrentes, la suma de las restantes no podrá superar la cuantía máxima vigente en el ejercicio en el que se reconoció la última pensión en vigor, sin perjuicio de las revalorizaciones ulteriores.

Artículo 58. Revalorización y garantía de mantenimiento del poder adquisitivo de las pensiones. 1. Las pensiones contributivas de la Seguridad Social mantendrán su poder adquisitivo en los términos previstos en esta ley.

2. A estos efectos, todas las pensiones de Seguridad Social, en su modalidad contributiva, incluido el complemento de brecha de género, se revalorizarán al comienzo de cada año en el porcentaje equivalente al valor medio de las tasas de variación interanual expresadas en tanto por ciento del Índice de Precios al Consumo de los doce meses previos a diciembre del año anterior.

En ese mismo porcentaje se actualizarán anualmente en la correspondiente Ley de Presupuestos Generales del Estado la cuantía máxima de las pensiones a que se refiere el artículo 57 y la cuantía mínima de las pensiones prevista en el artículo 59.

3. Si el valor medio al que se refiere el apartado anterior fuera negativo, el importe de las pensiones no variará al comienzo del año.

4. *(Derogado)*

5. La revalorización de pensiones reconocidas en virtud de normas internacionales de las que esté a cargo de la Seguridad Social española un tanto por ciento de su cuantía teórica se llevará a cabo aplicando dicho tanto por ciento al incremento que hubiera correspondido de hallarse a cargo de la Seguridad Social española el cien por cien de la citada pensión.

Artículo 59. Complementos para pensiones inferiores a la mínima. 1. Los beneficiarios de pensiones contributivas del sistema de la Seguridad Social que no perciban rendimientos del trabajo, del capital, de actividades económicas, de régimen de atribución de rentas y ganancias patrimoniales, de acuerdo con el concepto establecido para dichas rentas en el Impuesto sobre la Renta de las Personas Físicas, o que, percibiéndolos, no excedan de la cuantía que anualmente establezca la correspondiente Ley de Presupuestos Generales del

Estado, tendrán derecho a percibir los complementos necesarios para alcanzar la cuantía mínima de las pensiones, siempre que residan en territorio español en los términos que legal o reglamentariamente se determinen.

Los complementos por mínimos serán incompatibles con la percepción por el pensionista de los rendimientos indicados en el párrafo anterior cuando la suma de todas las percepciones mencionadas, excluida la pensión que se vaya a complementar, exceda el límite fijado en la correspondiente Ley de Presupuestos Generales del Estado para cada ejercicio.

A efectos del reconocimiento de los complementos por mínimos de las pensiones contributivas de la Seguridad Social, de los rendimientos íntegros procedentes del trabajo, de capital y de actividades económicas percibidos por el pensionista y computados en los términos establecidos en la legislación fiscal, se excluirán los gastos deducibles de acuerdo con dicha legislación.

2. A las pensiones prorrateadas reconocidas en virtud de normas internacionales, una vez revalorizadas conforme a lo dispuesto en el artículo 58.5, se les añadirá, cuando proceda, el complemento por mínimos que corresponda. Dicho complemento consistirá en la diferencia entre la cuantía resultante de aplicar el tanto por ciento a cargo de la Seguridad Social española a la cuantía mínima establecida en cada ejercicio para la pensión de que se trate y la suma de la pensión prorrateada española más el importe de las pensiones públicas extranjeras que tenga reconocidas el beneficiario en el caso de que sean concurrentes.

3. Si después de haber aplicado lo dispuesto en el apartado anterior la suma de los importes de las pensiones reconocidas al amparo de una norma internacional y, en su caso, del importe del complemento, calculado según lo previsto en el apartado anterior, fuese inferior al importe mínimo de la pensión de que se trate vigente en cada momento en España, se garantizará al beneficiario, en tanto resida en territorio español y reúna los requisitos exigidos al efecto, la diferencia entre la suma de las pensiones reconocidas, españolas y extranjeras, y el referido importe mínimo. A estos efectos, las cuantías fijas del extinguido Seguro Obligatorio de Vejez e Invalidez tendrán la consideración de importes mínimos.

4. El importe de los complementos en ningún caso podrá superar la cuantía establecida en cada ejercicio para las pensiones no contributivas de jubilación e invalidez. Cuando exista cónyuge a cargo del pensionista, el importe de tales complementos no podrá rebasar la cuantía que correspondería a la pensión no contributiva por aplicación de lo establecido en el artículo 364.1.a) para

las unidades económicas en las que concurran dos beneficiarios con derecho a pensión.

Cuando la pensión de orfandad se incremente en la cuantía de la pensión de viudedad, el límite del importe de los complementos por mínimos a que se refiere el párrafo anterior solo quedará referido al de la pensión de viudedad que genera el incremento de la pensión de orfandad.

Los pensionistas de gran incapacidad que tengan reconocido el complemento destinado a remunerar a la persona que les atiende no resultarán afectados por los límites establecidos en este apartado.

Artículo 60. Complemento de pensiones contributivas para la reducción de la brecha de género.– 1. Las mujeres que hayan tenido uno o más hijos o hijas y que sean beneficiarias de una pensión contributiva de jubilación, de incapacidad permanente o de viudedad, tendrán derecho a un complemento por cada hijo o hija, debido a la incidencia que, con carácter general, tiene la brecha de género en el importe de las pensiones contributivas de la Seguridad Social de las mujeres. El derecho al complemento por cada hijo o hija se reconocerá o mantendrá a la mujer siempre que no medie solicitud y reconocimiento del complemento en favor del otro progenitor y si este otro es también mujer, se reconocerá a aquella que sea titular de pensiones públicas cuya suma sea de menor cuantía.

Para que los hombres puedan tener derecho al reconocimiento del complemento deberá concurrir alguno de los siguientes requisitos:

a) Tener reconocida una pensión de viudedad por el fallecimiento del otro progenitor de los hijos o hijas en común, siempre que alguno de ellos tenga derecho a percibir una pensión de orfandad.

b) Causar una pensión contributiva de jubilación o incapacidad permanente y haber interrumpido o haber visto afectada su carrera profesional con ocasión del nacimiento o adopción, con arreglo a las siguientes condiciones:

1.ª En el supuesto de hijos o hijas nacidos o adoptados hasta el 31 de diciembre de 1994, tener más de ciento veinte días sin cotización entre los nueve meses anteriores al nacimiento y los tres años posteriores a dicha fecha o, en caso de adopción, entre la fecha de la resolución judicial por la que se constituya y los tres años siguientes, siempre que la suma de las cuantías de las pensiones reconocidas sea inferior a la suma de las pensiones que le corresponda a la mujer.

2.ª En el supuesto de hijos o hijas nacidos o adoptados desde el 1 de enero de 1995, que la suma de las bases de cotización de los veinticuatro meses siguientes al del nacimiento o al de la resolución judicial por la que se constituya la adopción sea inferior, en más de un 15 por ciento, a la de los veinticuatro meses inmediatamente anteriores, siempre que la cuantía de las sumas de las pensiones reconocidas sea inferior a la suma de las pensiones que le corresponda a la mujer.

3.ª En cualquiera de los supuestos a que se refieren las condiciones 1.ª y 2.ª para el cálculo de períodos cotizados y de bases de cotización no se tendrán en cuenta los beneficios en la cotización establecidos en el artículo 237.

4.ª Si los dos progenitores son hombres y se dan las condiciones anteriores en ambos, se reconocerá a aquel que sea titular de pensiones públicas cuya suma sea de menor cuantía.

5.ª El requisito, para causar derecho al complemento, de que la suma de las pensiones reconocidas sea inferior a la suma de las pensiones que le corresponda al otro progenitor se exigirá en el momento en que ambos progenitores causen derecho a una prestación contributiva en los términos previstos en la norma.

2. El reconocimiento del complemento al segundo progenitor supondrá la extinción del complemento ya reconocido al primer progenitor y producirá efectos económicos el primer día del mes siguiente al de la resolución, siempre que la misma se dicte dentro de los seis meses siguientes a la solicitud o, en su caso, al reconocimiento de la pensión que la cause; pasado este plazo, los efectos se producirán desde el primer día del séptimo mes.

Antes de dictar la resolución reconociendo el derecho al segundo progenitor se dará audiencia al que viniera percibiendo el complemento.

3. Este complemento tendrá a todos los efectos naturaleza jurídica de pensión pública contributiva.

El importe del complemento por hijo o hija se fijará en la correspondiente Ley de Presupuestos Generales del Estado. La cuantía a percibir estará limitada a cuatro veces el importe mensual fijado por hijo o hija y será incrementada al comienzo de cada año en el mismo porcentaje previsto en la correspondiente Ley de Presupuestos Generales del Estado para las pensiones contributivas.

La percepción del complemento estará sujeta además a las siguientes reglas:

a) Cada hijo o hija dará derecho únicamente al reconocimiento de un complemento.

A efectos de determinar el derecho al complemento, así como su cuantía, únicamente se computarán los hijos o hijas que con anterioridad al hecho causante de la pensión correspondiente hubieran nacido con vida o hubieran sido adoptados.

b) No se reconocerá el derecho al complemento al padre o a la madre que haya sido privado de la patria potestad por sentencia fundada en el incumplimiento de los deberes inherentes a la misma o dictada en causa criminal o matrimonial.

Tampoco se reconocerá el derecho al complemento al padre que haya sido condenado por violencia contra la mujer, en los términos que se defina por la ley o por los instrumentos internacionales ratificados por España, ejercida sobre la madre, ni al padre o a la madre que haya sido condenado o condenada por ejercer violencia contra los hijos o hijas.

c) El complemento será satisfecho en catorce pagas, junto con la pensión que determine el derecho al mismo.

d) El importe del complemento no será tenido en cuenta en la aplicación del límite máximo de pensiones previsto en los artículos 57 y 58.7.

e) El importe de este complemento no tendrá la consideración de ingreso o rendimiento de trabajo en orden a determinar si concurren los requisitos para tener derecho al complemento por mínimos previsto en el artículo 59. Cuando concurran dichos requisitos, se reconocerá la cuantía mínima de pensión según establezca anualmente la correspondiente Ley de Presupuestos Generales del Estado. A este importe se sumará el complemento para la reducción de la brecha de género.

f) Cuando la pensión contributiva que determina el derecho al complemento se cause por totalización de períodos de seguro a prorrata temporis en aplicación de normativa internacional, el importe real del complemento será el resultado de aplicar a la cuantía a la que se refiere el apartado anterior, que será considerada importe teórico, la prorrata aplicada a la pensión a la que acompaña.

4. No se tendrá derecho a este complemento en los casos de jubilación parcial, a la que se refiere el artículo 215 y el apartado sexto de la disposición transitoria cuarta.

No obstante, se reconocerá el complemento que proceda cuando desde la jubilación parcial se acceda a la jubilación plena, una vez cumplida la edad que en cada caso corresponda.

5. Sin perjuicio de lo dispuesto en el apartado 2, el complemento se abonará en tanto la persona beneficiaria perciba una de las pensiones citadas en el apartado 1. En consecuencia, su nacimiento, suspensión y extinción coincidirá con el de la pensión que haya determinado su reconocimiento. No obstante, cuando en el momento de la suspensión o extinción de dicha pensión la persona beneficiaria tuviera derecho a percibir otra distinta, de entre las previstas en el apartado 1, el abono del complemento se mantendrá, quedando vinculado al de esta última.

6. Los complementos que pudieran ser reconocidos en cualquiera de los regímenes de Seguridad Social serán incompatibles entre sí, siendo abonado en el régimen en el que el causante de la pensión tenga más periodos de alta.

7. Para determinar qué pensiones o suma de pensiones de los progenitores tiene menor cuantía se computarán dichas pensiones teniendo en cuenta su importe inicial, una vez revalorizadas, sin computar los complementos que pudieran corresponder.

Cuando ambos progenitores sean del mismo sexo y coincida el importe de las pensiones computables de cada uno de ellos, el complemento se reconocerá a aquél que haya solicitado en primer lugar la pensión con derecho a complemento.

Artículo 61. Pensiones extraordinarias originadas por actos de terrorismo. 1. Las pensiones extraordinarias que se reconozcan por la Seguridad Social, originadas por actos de terrorismo, no estarán sujetas a los límites de reconocimiento inicial y de revalorización de pensiones previstos en esta ley.

2. El importe mínimo mensual de las pensiones extraordinarias por actos de terrorismo que se reconozcan y abonen por la Seguridad Social será el equivalente al triple del indicador público de renta de efectos múltiples vigente en cada momento.

Las diferencias existentes entre las cuantías de las pensiones que hubieran correspondido y las que realmente se abonen serán financiadas con cargo a los Presupuestos del Estado.

A los efectos previstos en este apartado, las pensiones por muerte y supervivencia causadas por un mismo hecho se computarán conjuntamente.

Subsección 3.ª Pensiones no contributivas

Artículo 62. Revalorización. Las pensiones no contributivas de la Seguridad Social serán actualizadas en la correspondiente Ley de Presupuestos Generales del Estado, al menos, en el mismo porcentaje que dicha ley establezca como incremento general de las pensiones contributivas de la Seguridad Social.

Sección 5.ª Servicios sociales

Artículo 63. Objeto. Como complemento de las prestaciones correspondientes a las situaciones específicamente protegidas por la Seguridad Social, esta, con sujeción a lo dispuesto por el departamento ministerial que corresponda y en conexión con sus respectivos órganos y servicios, extenderá su acción a las prestaciones de servicios sociales, establecidas legal o reglamentariamente, de conformidad con lo previsto en el artículo 42.1.e).

Sección 6.ª Asistencia social

Artículo 64. Concepto. 1. La Seguridad Social, con cargo a los fondos que a tal efecto se determinen, podrá dispensar a las personas incluidas en su campo de aplicación y a los familiares o asimilados que de ellas dependan los servicios y auxilios económicos que, en atención a estados y situaciones de necesidad, se consideren precisos, previa demostración, salvo en casos de urgencia, de que el interesado carece de los recursos indispensables para hacer frente a tales estados o situaciones.

En las mismas condiciones, en los casos de separación judicial o divorcio, tendrán derecho a las prestaciones de asistencia social el cónyuge o ex cónyuge y los descendientes que hubieran sido beneficiarios por razón de matrimonio o filiación.

Reglamentariamente se determinarán las condiciones de la prestación de asistencia social al cónyuge e hijos, en los casos de separación de hecho, de las personas incluidas en el campo de aplicación de la Seguridad Social.

2. La asistencia social podrá ser concedida por las entidades gestoras con el límite de los recursos consignados a este fin en los Presupuestos correspondientes, sin que los servicios o auxilios económicos otorgados puedan comprometer recursos del ejercicio económico siguiente a aquel en que tenga lugar la concesión.

Artículo 65. Contenido de las ayudas asistenciales. Las ayudas asistenciales comprenderán, entre otras, las que se dispensen por tratamientos o intervenciones especiales, en casos de carácter excepcional, por un determinado facultativo o en determinada institución; por pérdida de ingresos como consecuencia de la rotura fortuita de aparatos de prótesis, y cualesquiera otras análogas cuya percepción no esté regulada en esta ley ni en las normas específicas aplicables a los regímenes especiales.

CAPÍTULO V. Gestión de la Seguridad Social

Sección 1.ª Entidades gestoras

Artículo 66. Enumeración. 1. La gestión y administración de la Seguridad Social se efectuará, bajo la dirección y tutela de los respectivos departamentos ministeriales, con sujeción a los principios de simplificación, racionalización, economía de costes, solidaridad financiera y unidad de caja, eficacia social y descentralización, por las siguientes entidades gestoras:

a) El Instituto Nacional de la Seguridad Social, para la gestión y administración de las prestaciones económicas del sistema de la Seguridad Social, con excepción de las que se mencionan en el apartado c) siguiente.

b) El Instituto Nacional de Gestión Sanitaria, para la administración y gestión de servicios sanitarios.

c) El Instituto de Mayores y Servicios Sociales, para la gestión de las pensiones no contributivas de invalidez y de jubilación, así como de los servicios complementarios de las prestaciones del sistema de la Seguridad Social.

2. Las distintas entidades gestoras, a efectos de la debida homogeneización y racionalización de los servicios, coordinarán su actuación en orden a la utilización de instalaciones sanitarias, mediante los conciertos o colaboraciones que al efecto se determinen entre las mismas.

Artículo 67. Estructura y competencias. 1. El Gobierno, a propuesta del departamento ministerial de tutela, reglamentará la estructura y competencias de las entidades a que se refiere el artículo anterior.

2. Las entidades gestoras desarrollarán su actividad en régimen descentralizado, en los diferentes ámbitos territoriales.

3. Los centros asistenciales de las entidades gestoras podrán ser gestionados y administrados por las entidades locales.

Artículo 68. Naturaleza jurídica. 1. Las entidades gestoras tienen la naturaleza de entidades de derecho público y capacidad jurídica para el cumplimiento de los fines que les están encomendados.

2. El régimen jurídico de dichas entidades será el establecido en la disposición adicional sexta de la Ley 6/1997, de 14 de abril, de Organización y Funcionamiento de la Administración General del Estado.

Artículo 69. Participación en la gestión. Se faculta al Gobierno para regular la participación en el control y vigilancia de la gestión de las entidades gestoras, que se efectuará desde el nivel estatal al local, por órganos en los que figurarán, fundamentalmente, por partes iguales, representantes de las organizaciones sindicales, de las organizaciones empresariales y de la Administración Pública.

Artículo 70. Relaciones y servicios internacionales. Las entidades gestoras, con la previa conformidad del departamento ministerial de tutela, podrán pertenecer a asociaciones y organismos internacionales, concertar operaciones, establecer reciprocidad de servicios con instituciones extranjeras de análogo carácter y participar, en la medida y con el alcance que se les atribuya, en la ejecución de los convenios internacionales de Seguridad Social.

Artículo 71. Suministro de información a la Administración de la Seguridad Social. 1. Se establecen los siguientes supuestos de suministro de información a la Administración de la Seguridad Social:

a) Por los organismos competentes dependientes del Ministerio de Hacienda o, en su caso, de las comunidades autónomas o de las diputaciones forales, se facilitarán, dentro de cada ejercicio anual, conforme al artículo 95 de la Ley 58/2003, de 17 de diciembre, General tributaria y normativa foral equivalente, a las entidades gestoras de la Seguridad Social responsables de la gestión de las prestaciones económicas y, a petición de las mismas, los datos relativos a los niveles de renta, patrimonio y demás ingresos o situaciones de los titulares de prestaciones en cuanto determinen el derecho a las mismas, así como de los beneficiarios, cónyuges y otros miembros de las unidades familiares, siempre que deban tenerse en cuenta para el reconocimiento, mantenimiento o cuantía de dichas prestaciones a fin de verificar si aquellos cumplen en todo momento las condiciones necesarias para la percepción de las prestaciones y en la cuantía legalmente establecida.

Asimismo, facilitarán a las entidades gestoras de la Seguridad Social que gestionen ayudas o subvenciones públicas, la información sobre el cumplimiento de las obligaciones tributarias, así como los datos relativos a las inhabilitaciones para obtener este tipo de ayudas o subvenciones y a la concesión de las mismas que deban tenerse en cuenta para el reconocimiento del derecho o el importe de las ayudas o subvenciones a conceder.

Igualmente, deberán facilitar a la Tesorería General de la Seguridad Social, a través de los procedimientos telemáticos y automatizados que se establezcan, toda la información de carácter tributario necesaria de que dispongan para la realización de la regularización de cuotas a la que se refiere el artículo 308. El suministro de esta información deberá llevarse a cabo en el plazo más breve posible tras la finalización de los plazos de presentación por parte de los sujetos obligados de las correspondientes declaraciones tributarias, debiendo establecerse los adecuados mecanismos de intercambio de información.

b) El organismo que designe el Ministerio de Justicia facilitará a las entidades gestoras de la Seguridad Social la información que estas soliciten acerca de las inscripciones y datos que guarden relación con el nacimiento, modificación, conservación o extinción del derecho a las prestaciones económicas de la Seguridad Social.

Además, el encargado del Registro Central de Penados y el del Registro de Medidas Cautelares, Requisitorias y Sentencias no Firmes comunicará al menos semanalmente a las entidades gestoras de la Seguridad Social los datos relativos a penas, medidas de seguridad y medidas cautelares impuestas por existir indicios racionales de criminalidad por la comisión de un delito doloso de homicidio en cualquiera de sus formas, cuando la víctima fuera ascendiente, descendiente, hermano, cónyuge o ex cónyuge del investigado, o estuviera o hubiese estado ligada a él por una relación de afectividad análoga a la conyugal. Estas comunicaciones se realizarán a los efectos de lo previsto en los artículos 231, 232, 233 y 234 de la presente ley; en los artículos 37 bis y 37 ter del texto refundido de la Ley de Clases Pasivas del Estado, aprobado por el Real Decreto Legislativo 670/1987, de 30 de abril, y en los artículos 4, 5, 6, 7 y 10 del Real Decreto-ley 20/2020, de 29 de mayo, por el que se establece el ingreso mínimo vital.

c) Los empresarios facilitarán a las entidades gestoras de la Seguridad Social los datos que estas les soliciten, por vía telemática siempre que esté habilitado un canal para su remisión informática, con el fin de poder efectuar las comunicaciones a través de sistemas electrónicos que garanticen un procedimiento de comunicación ágil en el reconocimiento y control de las prestaciones de la Seguridad Social relativas a sus trabajadores.

Los datos que se faciliten en relación con los trabajadores deberán identificar, en todo caso, nombre y apellidos, documento nacional de identidad o número de identificación de extranjero y domicilio.

d) Por el Instituto Nacional de Estadística se facilitarán a las entidades gestoras de la Seguridad Social responsables de la gestión de las prestaciones económicas, así como de la formación marítima y sanitaria de los trabajadores del mar, los datos de domicilio relativos al Padrón municipal referidos al periodo que se requiera, comprendiendo, en su caso, los del padrón histórico y/o colectivo del domicilio, así como dónde residen o han residido los ciudadanos, cuando dichos datos puedan guardar relación con el nacimiento, modificación, conservación o extinción del derecho a dichas prestaciones en cualquier procedimiento, así como con la actualización de la información obrante en las bases de datos del sistema de Seguridad Social.

e) El Ministerio del Interior facilitará a las entidades gestoras de la Seguridad Social por medios informáticos las fechas de concesión, prórroga o modificación de las situaciones de las personas extranjeras en España, de renovación, recuperación o, en su caso, extinción de las autorizaciones de residencia, y sus efectos, así como los movimientos fronterizos de las personas que tengan derecho a una prestación para cuya percepción sea necesario el cumplimiento del requisito de residencia efectiva en España.

Asimismo, facilitará a las entidades gestoras de la Seguridad Social por medios informáticos los datos incorporados en el Documento Nacional de Identidad o, en el caso de extranjeros, documentación de identidad equivalente de las personas, cuyos datos tengan trascendencia en procedimientos seguidos ante dichas entidades gestoras.

f) Las mutuas colaboradoras con la Seguridad Social facilitarán telemáticamente a las entidades gestoras responsables de la gestión de las prestaciones económicas de la Seguridad Social los datos que puedan afectar al nacimiento, modificación, conservación o extinción del derecho a las prestaciones y los importes de las mismas que sean reconocidas por aquellas. Asimismo, facilitaran a la Dirección General de Ordenación de la Seguridad Social los datos que puedan afectar a la prestación por cese de actividad cuando así sea requerido para ello.

g) El Instituto de Mayores y Servicios Sociales y los organismos competentes de las comunidades autónomas facilitarán a las entidades gestoras de la Seguridad Social los datos de grado y nivel de dependencia y los datos incluidos en los certificados de discapacidad que puedan guardar relación con el nacimiento, modificación, conservación o extinción del derecho a las prestaciones en cualquier procedimiento, así como con la actualización de la información obrante en las bases de datos del sistema de Seguridad Social y en el sistema de información Tarjeta Social Digital.

Con la misma finalidad, facilitarán los datos de los beneficiarios, importes y fecha de efectos de concesión, modificación o extinción, de las prestaciones económicas previstas en la Ley 39/2006, de 14 de diciembre, de Promoción de la Autonomía Personal y Atención a las personas en situación de dependencia.

Sin perjuicio de lo previsto en el párrafo anterior, el Instituto de Mayores y Servicios Sociales suministrará al Instituto Nacional de la Seguridad Social la información relativa a las mencionadas prestaciones económicas que figure en el sistema de información del Sistema para la Autonomía y Atención a la Dependencia, previsto en el artículo 37 de la Ley 39/2006, de 14 de diciembre.

h) Las comunidades autónomas facilitarán a las entidades gestoras de la Seguridad Social por medios informáticos los datos relativos a las fechas de reconocimiento y vencimiento de los títulos de familias numerosas, así como los datos relativos a los miembros de la unidad familiar incluidos en los mismos, que puedan guardar relación con el nacimiento, modificación, conservación o extinción del derecho a las prestaciones en cualquier procedimiento, así como con la actualización de la información obrante en las bases de datos del sistema.

Asimismo, facilitarán a las entidades gestoras de Seguridad Social que gestionen ayudas o subvenciones públicas, los datos sobre el cumplimiento de las obligaciones tributarias que deban tenerse en cuenta para el reconocimiento del derecho o el importe de las ayudas o subvenciones a conceder.

Por otra parte, facilitarán a la entidad gestora del Régimen Especial de la Seguridad Social de los Trabajadores del Mar los datos sobre el permiso de explotación marisquera, que puedan guardar relación con la incorporación de los trabajadores dedicados al marisqueo en el citado Régimen Especial.

i) La Dirección General de la Marina Mercante facilitará a la entidad gestora del Régimen Especial de la Seguridad Social de los Trabajadores del Mar los datos sobre las titulaciones correspondientes a los trabajadores embarcados que puedan guardar relación con el acceso a la formación marítima prestada por dicha entidad.

j) Las mutualidades de previsión social alternativas al Régimen Especial de la Seguridad Social de los Trabajadores por Cuenta Propia o Autónomos y los colegios profesionales, facilitarán a la Administración de la Seguridad Social, cuando así se le solicite, los datos de los profesionales colegiados que puedan afectar a las prestaciones, así como a la afiliación, alta, baja y variación de datos y cotización.

k) Las entidades gestoras de los fondos de pensiones en los que se integren los planes de pensiones, en su modalidad de sistema de empleo, en el marco del texto refundido de la Ley de Regulación de Planes y Fondos de Pensiones, aprobado por el Real Decreto Legislativo 1/2002, de 29 de noviembre, y de instrumentos de modalidad de empleo propios de previsión social establecidos por la legislación de las comunidades autónomas con competencia exclusiva en materia de mutualidades no integradas en la Seguridad Social facilitarán anualmente antes de la finalización del mes de marzo, a la Inspección de Trabajo y Seguridad Social y a la Tesorería General de la Seguridad Social, la información sobre las contribuciones empresariales satisfechas a dichos instrumentos respecto de cada trabajador y relativas a cada uno de los meses a los que se refiera la información.

2. Todos los datos relativos a los solicitantes de prestaciones económicas del Sistema de Seguridad Social que obren en poder de las entidades gestoras y que hayan sido remitidos por otros organismos públicos o por empresas mediante transmisión telemática, o cuando aquellos se consoliden en las bases de datos corporativas del sistema de la Seguridad Social como consecuencia del acceso electrónico directo a las bases de datos corporativas de otros organismos o empresas, surtirán plenos efectos y tendrán la misma validez que si hubieran sido notificados por dichos organismos o empresas mediante certificación en soporte papel.

Los suministros de información a las entidades gestoras de la Seguridad Social mencionados en este apartado y en el anterior no precisarán consentimiento previo del interesado.

Los datos, informes y antecedentes suministrados conforme a lo dispuesto en este apartado y en el anterior únicamente serán tratados en el marco de las funciones de gestión de prestaciones atribuidas a las entidades gestoras y servicios comunes de la Seguridad Social, sin perjuicio de lo dispuesto en el artículo 77.

3. En los procedimientos de declaración y revisión de la incapacidad permanente, a efectos de las correspondientes prestaciones económicas de la

Seguridad Social, así como en lo que respecta al reconocimiento y control de las prestaciones por incapacidad temporal, orfandad o asignaciones familiares por hijo a cargo, las instituciones sanitarias, las mutuas colaboradoras con la Seguridad Social y las empresas colaboradoras remitirán a las entidades gestoras de la Seguridad Social los informes, la historia clínica y demás datos médicos, relacionados con las lesiones y dolencias padecidas por el interesado que resulten relevantes para la resolución del procedimiento.

Los inspectores médicos adscritos al Instituto Nacional de la Seguridad Social, en el ejercicio de sus funciones, cuando sea necesario para el reconocimiento y control del percibo de las prestaciones de los trabajadores pertenecientes al sistema de la Seguridad Social, y para la determinación de contingencia, así como los médicos de sanidad marítima adscritos al Instituto Social de la Marina, para llevar a cabo los reconocimientos médicos de embarque marítimo, informando de estas actuaciones, y en los términos y condiciones que se acuerden entre el Instituto Nacional de la Seguridad Social y los Servicios de Salud de las Comunidades Autónomas y el Instituto Nacional de Gestión Sanitaria, tendrán acceso electrónico y en papel a la historia clínica de dichos trabajadores, existente en los servicios públicos de salud, en las mutuas colaboradoras con la Seguridad Social, en las empresas colaboradoras y en los centros sanitarios privados.

Las entidades gestoras de la Seguridad Social, en el ejercicio de sus competencias de reconocimiento y control de las prestaciones, recibirán los partes médicos de incapacidad temporal expedidos por los servicios públicos de salud, las mutuas colaboradoras con la Seguridad Social y las empresas colaboradoras, a efectos del tratamiento de los datos contenidos en los mismos. Asimismo, las entidades gestoras y las entidades colaboradoras con la Seguridad Social podrán facilitarse, recíprocamente, los datos relativos a las beneficiarias que resulten necesarios para el reconocimiento y control de las prestaciones por riesgo durante el embarazo y riesgo durante la lactancia natural.

La inspección médica de los servicios públicos de salud tendrá acceso electrónico a los datos médicos necesarios para el ejercicio de sus competencias, que obren en poder de las entidades gestoras de la Seguridad Social.

En los supuestos previstos en este apartado no será necesario recabar el consentimiento del interesado, de conformidad con lo dispuesto en los artículos 6.1. e) y 9.2 h), del Reglamento (UE 2016/679) del Parlamento y el Consejo, de 27 de abril, relativo a la protección de las personas físicas en lo que respecta al tratamiento de datos personales y a la libre circulación de estos datos y por el que se deroga la Directiva 95/46/CE (Reglamento general de protección de datos).

4. Reglamentariamente se determinará la forma en que se remitirán a las entidades encargadas de la gestión de las pensiones de la Seguridad Social los datos que aquellas requieran para el cumplimiento de sus funciones.

Artículo 72. Registro de Prestaciones Sociales Públicas[139]. 1. Corresponde al Instituto Nacional de la Seguridad Social la gestión y funcionamiento del Registro de Prestaciones Sociales Públicas, constituido en la Seguridad Social, con arreglo a las prescripciones establecidas legal y reglamentariamente.

2. El Registro de Prestaciones Sociales Públicas integrará las prestaciones sociales públicas de carácter económico, destinadas a personas o familias, que se relacionan a continuación:

a) Las pensiones abonadas por el Régimen de Clases Pasivas del Estado y, en general, las abonadas con cargo a créditos de la Sección 07 del Presupuesto de Gastos del Estado.

b) Las pensiones abonadas por el Régimen General y los regímenes especiales de la Seguridad Social y, en general, cualesquiera otras abonadas por las entidades gestoras y colaboradoras del sistema de la Seguridad Social, en cuanto estén financiadas con recursos públicos.

c) Las pensiones abonadas por aquellas entidades que actúan como sustitutorias de las entidades gestoras del sistema de la Seguridad Social, a que se refiere el Real Decreto 1879/1978, de 23 de junio, por el que se dictan normas de aplicación a las entidades de previsión social que actúan como sustitutorias de las correspondientes entidades gestoras del Régimen General o de los regímenes especiales de la Seguridad Social.

d) Las pensiones no contributivas de la Seguridad Social.

e) Las pensiones abonadas por el Fondo Especial de la Mutualidad General de Funcionarios Civiles del Estado, por los Fondos Especiales del Instituto Social de las Fuerzas Armadas y de la Mutualidad General Judicial y también, en

---

[139] Este artículo queda derogado por la disposición derogatoria 1 de la Ley 6/2018, de 3 de julio. No obstante, se mantendrá en vigor hasta la fecha que se determine en la norma reglamentaria que, en desarrollo de la disposición adicional 141, regule la Tarjeta Social Digital, según establece la disposición transitoria 3 de la citada ley en la redacción dada a ambas por la disposición final 5 del Real Decreto-ley 20/2020, de 29 de mayo.

su caso, por estas Mutualidades Generales, así como las abonadas por el Fondo Especial del Instituto Nacional de la Seguridad Social.

f) Las pensiones abonadas por el sistema o regímenes de previsión de las comunidades autónomas, las corporaciones locales y por los propios entes.

g) Las pensiones abonadas por las mutualidades, montepíos o entidades de previsión social que se financien en todo o en parte con recursos públicos.

h) Las pensiones abonadas por empresas o sociedades con participación mayoritaria, directa o indirecta, en su capital del Estado, comunidades autónomas, corporaciones locales u organismos autónomos de uno y otras, bien directamente, bien mediante la suscripción de la correspondiente póliza de seguro con una institución distinta cualquiera que sea la naturaleza jurídica de esta, o por las mutualidades o entidades de previsión de aquellas, en las cuales las aportaciones directas de los causantes de la prestación no sean suficientes para la cobertura de las prestaciones a sus beneficiarios y su financiación se complemente con recursos públicos, incluidos los de la propia empresa o sociedad.

i) Las pensiones abonadas por la Administración del Estado o las comunidades autónomas en virtud de la Ley 45/1960, de 21 de julio, de Fondos Nacionales para la aplicación social del Impuesto y del Ahorro, y del Real Decreto 2620/1981, de 24 de julio, por el que se regula la concesión de ayudas del Fondo Nacional de Asistencia Social a ancianos y a enfermos o inválidos incapacitados para el trabajo.

j) Los subsidios económicos de garantía de ingresos mínimos y de ayuda por tercera persona previstos en la Ley 13/1982, de 7 de abril, de Integración Social de los Minusválidos, cuya percepción se mantenga conforme a lo previsto en la disposición transitoria única del texto refundido de la Ley General de derechos de las personas con discapacidad, aprobado por el Real Decreto Legislativo 1/2013, de 29 de noviembre.

k) Las prestaciones económicas abonadas en virtud del Real Decreto 728/1993, de 14 de mayo, por el que se establecen pensiones asistenciales por ancianidad en favor de los emigrantes españoles, así como del Real Decreto 8/2008, de 11 de enero, por el que se regula la prestación por razón de necesidad a favor de los españoles residentes en el exterior y retornados.

l) Los subsidios de desempleo en favor de trabajadores mayores de cincuenta y cinco años, así como los de mayores de cincuenta y dos cuya percepción se mantenga.

m) Las asignaciones económicas de la Seguridad Social por hijo a cargo con dieciocho o más años y con un grado de discapacidad igual o superior al 65 por ciento.

n) La prestación económica vinculada al servicio, la prestación económica para cuidados en el entorno familiar y la prestación económica de asistencia personalizada, reguladas en la Ley 39/2006, de 14 de diciembre, de Promoción de la Autonomía Personal y Atención a las personas en situación de dependencia.

ñ) La prestación económica de la Seguridad Social, de naturaleza no contributiva, de ingreso mínimo vital.

3. Las entidades, organismos o empresas responsables de la gestión de las prestaciones enumeradas en el apartado anterior quedan obligados a facilitar al Instituto Nacional de la Seguridad Social, en la forma y en los plazos que reglamentariamente se establezcan, los datos identificativos de los titulares de las prestaciones sociales económicas, así como, en cuanto determinen o condicionen el reconocimiento y mantenimiento del derecho a aquellas, de los beneficiarios, cónyuges y otros miembros de las unidades familiares, y los importes y clases de las prestaciones abonadas y fecha de efectos de su concesión.

4. Las entidades y organismos responsables de la gestión de las prestaciones sociales públicas enumeradas en el apartado 2 podrán consultar los datos incluidos en el Registro de Prestaciones Sociales Públicas que sean necesarios para el reconocimiento y mantenimiento de las prestaciones por ellos gestionadas, en los términos que reglamentariamente se establezcan.

Sección 2.ª Servicios comunes

Artículo 73. Creación. Corresponde al Gobierno, a propuesta del Ministerio de Empleo y Seguridad Social, el establecimiento de servicios comunes, así como la reglamentación de su estructura y competencias.

Artículo 74. Tesorería General de la Seguridad Social. 1. La Tesorería General de la Seguridad Social es un servicio común con personalidad jurídica propia, en el que, por aplicación de los principios de solidaridad financiera y caja única, se unifican todos los recursos financieros, tanto por operaciones presupuestarias como extrapresupuestarias. Tendrá a su cargo la custodia de los fondos, valores y créditos y las atenciones generales y de los servicios de recaudación de derechos y pagos de las obligaciones del sistema de la Seguridad Social.

2. A la Tesorería General de la Seguridad Social le será de aplicación lo previsto para las entidades gestoras en el artículo 70.

Artículo 74 bis. Gerencia de Informática de la Seguridad Social. 1. La Gerencia de Informática de la Seguridad Social es un servicio común para la gestión y administración de las tecnologías de la información y las comunicaciones en el sistema de Seguridad Social, con personalidad jurídica propia y plena capacidad de obrar para el cumplimiento de sus fines, dependiente del Ministerio de Empleo y Seguridad Social y adscrita a la Secretaría de Estado de la Seguridad Social, con rango de Subdirección General.

2. Su régimen jurídico es el establecido en la disposición adicional decimotercera de la Ley 40/2015, de 1 de octubre, de Régimen Jurídico del Sector Público, para las entidades gestoras y servicios comunes de la Seguridad Social.

Sección 3.ª Normas comunes a las entidades gestoras y servicios comunes

Artículo 75. Reserva de nombre. Ninguna entidad pública o privada podrá usar en España el título o los nombres de las entidades gestoras y servicios comunes de la Seguridad Social, ni los que puedan resultar de la adición a los mismos de algunas palabras o de la mera combinación, en otra forma, de las principales que los constituyen. Tampoco podrán incluir en su denominación la expresión Seguridad Social, salvo expresa autorización del Ministerio de Empleo y Seguridad Social.

Artículo 76. Exenciones tributarias y otros beneficios. 1. Las entidades gestoras y servicios comunes disfrutarán en la misma medida que el Estado, con las limitaciones y excepciones que, en cada caso, establezca la legislación fiscal vigente, de exención tributaria absoluta, incluidos los derechos y honorarios notariales y registrales, por los actos que realicen o los bienes que adquieran o posean afectados a sus fines, siempre que los tributos o exacciones de que se trate recaigan directamente sobre los organismos de referencia en concepto legal de contribuyente y sin que sea posible legalmente la traslación de la carga tributaria a otras personas.

2. También gozarán, en la misma medida que el Estado, de franquicia postal y telegráfica.

3. Las exenciones y demás privilegios contemplados en el presente artículo alcanzarán también a las entidades gestoras en cuanto afecten a la gestión de las mejoras voluntarias previstas en el artículo 43.

Artículo 77. Reserva de datos. 1. Los datos, informes o antecedentes obtenidos por la Administración de la Seguridad Social en el ejercicio de sus funciones tienen carácter reservado y solo podrán utilizarse para los fines encomendados a las distintas entidades gestoras, servicios comunes y órganos que integran la Administración de la Seguridad Social, sin que puedan ser cedidos o comunicados a terceros, salvo que la cesión o comunicación tenga por objeto:

a) La investigación o persecución de delitos públicos por los órganos jurisdiccionales, el Ministerio Público o la Administración de la Seguridad Social.

b) La colaboración con las Administraciones tributarias a efectos del cumplimiento de obligaciones fiscales en el ámbito de sus competencias.

c) La colaboración con la Intervención General de la Seguridad Social, en el ejercicio de su control interno o con las demás entidades gestoras y servicios comunes de la Seguridad Social, distintas del cedente y demás órganos de la Administración de la Seguridad Social.

d) La colaboración con cualesquiera otras administraciones públicas para la lucha contra el fraude en la obtención o percepción de ayudas o subvenciones a cargo de fondos públicos, incluidos los de la Unión Europea, para la obtención o percepción de prestaciones incompatibles en los distintos regímenes del sistema de la Seguridad Social y, en general, para el ejercicio de las funciones encomendadas legal o reglamentariamente a las mismas para las que los datos obtenidos por la Administración de la Seguridad Social resulten relevantes.

e) La colaboración con las comisiones parlamentarias de investigación en el marco legalmente establecido.

f) La protección de los derechos e intereses de los menores o personas con capacidad modificada por los órganos jurisdiccionales o el Ministerio Público.

g) La colaboración con el Tribunal de Cuentas en el ejercicio de sus funciones de fiscalización de la Administración de la Seguridad Social.

h) La colaboración con los jueces y tribunales en el curso del proceso y para la ejecución de resoluciones judiciales firmes. La solicitud judicial de información exigirá resolución expresa, en la que, por haberse agotado los demás medios o fuentes de conocimiento sobre la existencia de bienes y derechos del deudor, se motive la necesidad de recabar datos de la Administración de la Seguridad Social.

i) La colaboración con el Organismo Estatal Inspección de Trabajo y Seguridad Social en el ejercicio de sus funciones de inspección. El Organismo Estatal Inspección de Trabajo y Seguridad Social tendrá acceso directo a los datos, informes y antecedentes obtenidos por la Administración de la Seguridad Social en el ejercicio de sus funciones, que resulten necesarios para la preparación y ejercicio de sus funciones de inspección.

j) La colaboración con el Organismo Autónomo Jefatura Central de Tráfico para que este inicie, en su caso, el procedimiento de declaración de pérdida de vigencia del permiso o la licencia de conducción de vehículo a motor por incumplimiento de los requisitos para su otorgamiento cuando, con ocasión de la tramitación de un procedimiento para el reconocimiento de una pensión de incapacidad permanente a un trabajador profesional de la conducción en el dictamen-propuesta emitido por el órgano competente se proponga la declaración de la situación de incapacidad permanente como consecuencia de presentar limitaciones orgánicas y/o funcionales que disminuyan o anulen su capacidad de conducción de vehículos a motor.

La colaboración se realizará mediante un aviso al citado organismo emitido por la correspondiente Dirección Provincial del Instituto Nacional de la Seguridad Social a propuesta del órgano competente para la emisión del dictamen-propuesta, en el que no se harán constar otros datos relativos a la salud del trabajador afectado.

k) La finalidad de facilitar la información que sea estrictamente necesaria para el reconocimiento y control de las prestaciones de carácter social competencia de las Comunidades Autónomas y entidades locales, a través de la adhesión a los procedimientos informáticos y con los requisitos de tratamiento de la información establecidos por la correspondiente entidad gestora. La información facilitada no podrá ser utilizada con ninguna otra finalidad si no es con el consentimiento del interesado.

l) La colaboración con cualesquiera otras administraciones públicas para el suministro e intercambio de datos en materia de Seguridad Social para fines de estadística pública en los términos de la legislación reguladora de dicha función pública.

m) Fines de investigación científica en el ámbito de la protección social, en el marco establecido por el Reglamento (UE) 2016/679 del Parlamento

Europeo y del Consejo de 27 de abril de 2016 relativo a la protección de las personas físicas en lo que respecta al tratamiento de datos personales y a la libre circulación de estos datos (Reglamento general de protección de datos), incluidas las posibles comunicaciones instrumentales que, a efectos de la realización de la investigación, resulte preciso efectuar a sujetos distintos de aquellos que lleven a cabo directamente dicha investigación. Se entenderán comprendidas en esta finalidad las actividades de evaluación de las políticas públicas en materia de protección social.

Los tratamientos que se efectúen en relación con esta finalidad se limitarán a los datos estrictamente imprescindibles para la realización de la actividad de que se trate, utilizándose los procedimientos adecuados que no permitan la identificación de los interesados. Ello no impedirá la comunicación de datos sin anonimizar a efectos meramente instrumentales cuando ello resulte imprescindible para realizar la actividad, se limite a los datos estrictamente necesarios, se garantice que el encargado del tratamiento no podrá utilizarlos con otra finalidad y el tratamiento ulterior garantice la no identificación de los interesados.

El tratamiento de los datos a los que se refieren los artículos 9 y 10 del Reglamento (UE) 2016/679 únicamente se efectuará cuando exista consentimiento expreso de los afectados.

n) La colaboración con la Dirección General de la Marina Mercante para el control de la situación de alta en la Seguridad Social y respecto al reconocimiento médico de embarque marítimo de los tripulantes y de los botiquines de las embarcaciones en el ejercicio de las funciones que tiene encomendadas en relación con el despacho de buques.

Los datos, informes o antecedentes a los que se refiere este apartado se cederán o comunicarán a través de medios electrónicos, salvo que, a criterio de la Administración de la Seguridad Social, por la naturaleza de los informes o antecedentes no puedan utilizarse tales medios. La entidad gestora, servicio común u órgano que ceda o comunique estos datos, informes o antecedentes, establecerá los procedimientos y datos a través de los cuales se debe realizar dicha cesión o comunicación.

ñ) La colaboración con la Agencia Española de Empleo y los servicios públicos de empleo autonómicos con objeto de garantizar un óptimo desarrollo de las políticas activas de empleo en el marco competencial que le atribuye la Ley 3/2023, de 28 de febrero, de Empleo, y la demás normativa vigente en la materia, concretamente en lo referido a la información relativa a la protección de las contingencias de desempleo y cese de actividad de las personas, y a sus períodos de actividad laboral.

o) El suministro, a través de procedimientos automatizados, a las Administraciones tributarias de la información necesaria para la regularización de bases de cotización y cuotas a la que se refiere el artículo 308.

2. El acceso a los datos, informes o antecedentes de todo tipo obtenidos por la Administración de la Seguridad Social sobre personas físicas o jurídicas, cualquiera que sea su soporte, por el personal al servicio de aquella y para fines distintos de las funciones que le son propias, se considerará siempre falta disciplinaria grave.

3. Cuantas autoridades y personal al servicio de la Administración de la Seguridad Social tengan conocimiento de estos datos o informes estarán obligados al más estricto y completo sigilo respecto de ellos, salvo en los casos de los delitos citados, en los que se limitarán a deducir el tanto de culpa o a remitir al Ministerio Fiscal relación circunstanciada de los hechos que se estimen constitutivos de delito. Con independencia de las responsabilidades penales o civiles que pudieran corresponder, la infracción de este particular deber de sigilo se considerará siempre falta disciplinaria muy grave.

Artículo 78. Régimen de personal. 1. Los funcionarios de la Administración de la Seguridad Social se regirán por lo dispuesto en la Ley 7/2007, de 12 de abril, del Estatuto Básico del Empleado Público, la Ley 30/1984, de 2 de agosto, de Medidas para la Reforma de la Función Pública, y las demás disposiciones que les sean de aplicación.

2. Corresponde al Gobierno, a propuesta del ministro competente, el nombramiento y cese de los cargos directivos con categoría de director general o asimilada.

CAPÍTULO VI. Colaboración en la gestión de la Seguridad Social

Sección 1.ª Entidades colaboradoras

Artículo 79. Enumeración. 1. La colaboración en la gestión del sistema de la Seguridad Social se llevará a cabo por mutuas colaboradoras con la Seguridad Social y por empresas, de acuerdo con lo establecido en el presente capítulo.

2. La colaboración en la gestión se podrá realizar también por asociaciones, fundaciones y entidades públicas y privadas, previa su inscripción en un registro público.

Sección 2.ª Mutuas colaboradoras con la Seguridad Social

Subsección 1.ª Disposiciones generales

Artículo 80. Definición y objeto. 1. Son mutuas colaboradoras con la Seguridad Social las asociaciones privadas de empresarios constituidas mediante autorización del Ministerio de Empleo y Seguridad Social e inscripción en el registro especial dependiente de este, que tienen por finalidad colaborar en la gestión de la Seguridad Social, bajo la dirección y tutela del mismo, sin ánimo de lucro y asumiendo sus asociados responsabilidad mancomunada en los supuestos y con el alcance establecidos en esta ley.

Las mutuas colaboradoras con la Seguridad Social, una vez constituidas, adquieren personalidad jurídica y capacidad de obrar para el cumplimiento de sus fines. El ámbito de actuación de las mismas se extiende a todo el territorio del Estado.

2. Las mutuas colaboradoras con la Seguridad Social tienen por objeto el desarrollo, mediante la colaboración con el Ministerio de Empleo y Seguridad Social, de las siguientes actividades de la Seguridad Social:

a) La gestión de las prestaciones económicas y de la asistencia sanitaria, incluida la rehabilitación, comprendidas en la protección de las contingencias de accidentes de trabajo y enfermedades profesionales de la Seguridad Social, así como de las actividades de prevención de las mismas contingencias que dispensa la acción protectora.

b) La gestión de la prestación económica por incapacidad temporal derivada de contingencias comunes.

c) La gestión de las prestaciones por riesgo durante el embarazo y riesgo durante la lactancia natural.

d) La gestión de las prestaciones económicas por cese en la actividad de los trabajadores por cuenta propia, en los términos establecidos en el título V.

e) La gestión de la prestación por cuidado de menores afectados por cáncer u otra enfermedad grave.

f) Las demás actividades de la Seguridad Social que les sean atribuidas legalmente.

3. La colaboración de las mutuas en la gestión de la Seguridad Social no podrá servir de fundamento a operaciones de lucro mercantil ni comprenderá actividades de captación de empresas asociadas o de trabajadores adheridos. Tampoco podrá dar lugar a la concesión de beneficios de ninguna clase a favor de los empresarios asociados, ni a la sustitución de estos en las obligaciones que les correspondan por su condición de empresarios.

4. Las mutuas colaboradoras con la Seguridad Social forman parte del sector público estatal de carácter administrativo, de conformidad con la naturaleza pública de sus funciones y de los recursos económicos que gestionan, sin perjuicio de la naturaleza privada de la entidad.

Artículo 81. Constitución de las mutuas colaboradoras con la Seguridad Social. 1. La constitución de una mutua colaboradora con la Seguridad Social exige el cumplimiento de los siguientes requisitos:

a) Que concurran un mínimo de cincuenta empresarios, quienes a su vez cuenten con un mínimo de treinta mil trabajadores y un volumen de cotización por contingencias profesionales no inferior a veinte millones de euros.

b) Que limiten su actividad al ejercicio de las funciones establecidas en el artículo 80.

c) Que presten fianza, en la cuantía que establezcan las disposiciones de aplicación y desarrollo de esta ley, para garantizar el cumplimiento de sus obligaciones.

d) Que exista autorización del Ministerio de Empleo y Seguridad Social, previa aprobación de los estatutos de la mutua, e inscripción en el registro administrativo dependiente del mismo.

2. El Ministerio de Empleo y Seguridad Social, una vez comprobada la concurrencia de los requisitos establecidos en las letras a), b) y c) del apartado anterior y que los estatutos se ajustan al ordenamiento jurídico, autorizará la constitución de la mutua colaboradora con la Seguridad Social y ordenará su inscripción en el Registro de Mutuas Colaboradoras con la Seguridad Social dependiente del mismo. La orden de autorización se publicará en el «Boletín Oficial del Estado», en la que asimismo se consignará su número de registro, adquiriendo desde entonces personalidad jurídica.

3. La denominación de la mutua incluirá la expresión «Mutua Colaboradora con la Seguridad Social», seguida del número con el que haya sido inscrita. La denominación deberá ser utilizada en todos los centros y dependencias de la

entidad, así como en sus relaciones con sus asociados, adheridos y trabajadores protegidos, y con terceros.

Artículo 82. Particularidades de las prestaciones y servicios gestionados. 1. Las prestaciones y los servicios atribuidos a la gestión de las mutuas colaboradoras con la Seguridad Social forman parte de la acción protectora del sistema y se dispensarán a favor de los trabajadores al servicio de los empresarios asociados y de los trabajadores por cuenta propia adheridos conforme a las normas del régimen de la Seguridad Social en el que estén encuadrados y con el mismo alcance que dispensan las entidades gestoras en los supuestos atribuidos a las mismas, con las particularidades establecidas en los siguientes apartados.

2. Respecto de las contingencias profesionales, corresponderá a las mutuas la determinación inicial del carácter profesional de la contingencia, sin perjuicio de su posible revisión o calificación por la entidad gestora competente de acuerdo con las normas de aplicación.

Los actos que dicten las mutuas, por los que reconozcan, suspendan, anulen o extingan derechos en los supuestos atribuidos a las mismas, serán motivados y se formalizarán por escrito, estando supeditada su eficacia a la notificación al interesado. Asimismo se notificarán al empresario cuando el beneficiario mantenga relación laboral y produzcan efectos en la misma.

Las prestaciones sanitarias comprendidas en la protección de las contingencias profesionales serán dispensadas a través de los medios e instalaciones gestionados por las mutuas, mediante convenios con otras mutuas o con las administraciones públicas sanitarias, así como mediante conciertos con medios privados, en los términos establecidos en el artículo 258 y en las normas reguladoras del funcionamiento de las entidades.

3. Las actividades preventivas de la acción protectora de la Seguridad Social son prestaciones asistenciales a favor de los empresarios asociados y de sus trabajadores dependientes, así como de los trabajadores por cuenta propia adheridos, que no generan derechos subjetivos, dirigidas a asistir a los mismos en el control y, en su caso, reducción de los accidentes de trabajo y de las enfermedades profesionales de la Seguridad Social. También comprenderán actividades de asesoramiento a las empresas asociadas y a los trabajadores autónomos al objeto de que adapten sus puestos de trabajo y estructuras para la recolocación de los trabajadores accidentados o con patologías de origen profesional, así como actividades de investigación, desarrollo e innovación a

realizar directamente por las mutuas, dirigidas a la reducción de las contingencias profesionales de la Seguridad Social.

Corresponderá al órgano de dirección y tutela de las mutuas colaboradoras con la Seguridad Social, dependiente del Ministerio de Empleo y Seguridad Social, establecer la planificación periódica de las actividades preventivas de la Seguridad Social que desarrollarán aquellas, sus criterios, contenido y orden de preferencias, así como tutelar su desarrollo y evaluar su eficacia y eficiencia. Las comunidades autónomas que ostenten competencia de ejecución compartida en materia de actividades de prevención de riesgos laborales, y sin perjuicio de lo establecido en sus respectivos estatutos de autonomía, podrán comunicar al órgano de tutela de las mutuas las actividades que consideren que deban desarrollarse en sus respectivos ámbitos territoriales para que se incorporen a la planificación de las actividades preventivas de la Seguridad Social.

4. La gestión de la prestación económica por incapacidad temporal derivada de contingencias comunes a favor de los trabajadores al servicio de los empresarios asociados y de los trabajadores por cuenta propia adheridos se desarrollará de conformidad con lo dispuesto en los artículos 83.1.a), párrafo segundo, y 83.1.b), párrafo primero, y en las normas contenidas en el capítulo V del título II, así como en sus disposiciones de aplicación y desarrollo, con las particularidades previstas en los regímenes especiales y sistemas en que aquellos estuvieran encuadrados y en este apartado.

a) Corresponde a las mutuas colaboradoras con la Seguridad Social la función de declaración del derecho a la prestación económica, así como las de denegación, suspensión, anulación y declaración de extinción del mismo, sin perjuicio del control sanitario de las altas y bajas médicas por parte de los servicios públicos de salud y de los efectos atribuidos a los partes médicos en esta ley y en sus normas de desarrollo.

Los actos que se dicten en el ejercicio de las funciones mencionadas en el párrafo anterior serán motivados y se formalizarán por escrito, estando supeditada su eficacia a la notificación al beneficiario. Asimismo se notificarán al empresario en los supuestos en que el beneficiario mantenga relación laboral.

Recibido el parte médico de baja, la mutua comprobará el cumplimiento por el beneficiario de los requisitos de afiliación, alta, periodo de carencia y restantes exigidos en el régimen de la Seguridad Social correspondiente y determinará el importe del subsidio, adoptando el acuerdo de declaración inicial del derecho a la prestación.

Durante el plazo de dos meses siguientes a la liquidación y pago del subsidio, los pagos que se realicen tendrán carácter provisional, pudiendo las mutuas regularizar los pagos provisionales, que adquirirán el carácter de definitivos cuando transcurra el mencionado plazo de dos meses.

b) Cuando las mutuas colaboradoras con la Seguridad Social, sobre la base del contenido de los partes médicos y de los informes emitidos en el proceso, así como a través de la información obtenida de las actuaciones de control y seguimiento o de las asistencias sanitarias previstas en la letra d), consideren que el beneficiario podría no estar impedido para el trabajo, podrán formular propuestas motivadas de alta médica a través de los médicos dependientes de las mismas, dirigidas a la Inspección Médica de los Servicios Públicos de Salud. Las mutuas comunicarán simultáneamente al trabajador afectado y al Instituto Nacional de la Seguridad Social, para su conocimiento, que se ha enviado la mencionada propuesta de alta.

La Inspección Médica de los Servicios Públicos de Salud estará obligada a comunicar a la mutua y al Instituto Nacional de la Seguridad Social, en un plazo máximo de cinco días hábiles desde el siguiente a la recepción de la propuesta de alta, la estimación de esta, con la emisión del alta, o su denegación, en cuyo caso acompañará informe médico motivado que la justifique. La estimación de la propuesta de alta dará lugar a que la mutua notifique la extinción del derecho al trabajador y a la empresa, señalando la fecha de efectos de esta.

En el supuesto de que la Inspección Médica considere necesario citar al trabajador para revisión médica, esta se realizará dentro del plazo de cinco días previsto en el párrafo anterior y no suspenderá el cumplimiento de la obligación establecida en el mismo. No obstante, en el caso de incomparecencia del trabajador el día señalado para la revisión médica, se comunicará la inasistencia en el mismo día a la mutua que realizó la propuesta. La mutua dispondrá de un plazo de cuatro días para comprobar si la incomparecencia fue justificada y suspenderá el pago del subsidio con efectos desde el día siguiente al de la incomparecencia. En caso de que el trabajador justifique la incomparecencia, la mutua acordará levantar la suspensión y repondrá el derecho al subsidio, y en caso de que la considere no justificada, adoptará el acuerdo de extinción del derecho en la forma establecida en la letra a) y lo notificará al trabajador y a la empresa, consignando la fecha de efectos de este, que se corresponderá con el primer día siguiente al de su notificación al trabajador.

Cuando, excepcionalmente, la Inspección Médica del servicio público de salud no conteste a la propuesta de alta formulada por la mutua en la forma y plazo establecidos, esta última podrá solicitar la emisión del parte de alta al Instituto Nacional de la Seguridad Social, de acuerdo con las atribuciones conferidas en el artículo 170.1 y en el apartado 4 de la disposición adicional primera. El plazo para resolver la solicitud será de cinco días hábiles desde el siguiente a su recepción.

c) Las comunicaciones que se realicen entre los médicos de las mutuas, los pertenecientes al servicio público de salud y las entidades gestoras se realizarán preferentemente por medios electrónicos, siendo válidas y eficaces desde el momento en que se reciban en el centro donde aquellos desarrollen sus funciones.

Igualmente las mutuas comunicarán las incidencias que se produzcan en sus relaciones con el servicio público de salud o cuando la empresa incumpla sus obligaciones al Ministerio de Empleo y Seguridad Social, que adoptará, en su caso, las medidas que correspondan.

Las mutuas no podrán desarrollar las funciones de gestión de la prestación a través de medios concertados, sin perjuicio de recabar, en los términos establecidos en la letra d), los servicios de los centros sanitarios autorizados para realizar pruebas diagnósticas o tratamientos terapéuticos y rehabilitadores que las mismas soliciten.

d) Son actos de control y seguimiento de la prestación económica, aquellos dirigidos a comprobar la concurrencia de los hechos que originan la situación de necesidad y de los requisitos que condicionan el nacimiento o mantenimiento del derecho, así como los exámenes y reconocimientos médicos. Las mutuas colaboradoras con la Seguridad Social podrán realizar los mencionados actos a partir del día de la baja médica y, respecto de las citaciones para examen o reconocimiento médico, la incomparecencia injustificada del beneficiario será causa de extinción del derecho a la prestación económica, de conformidad con lo establecido en el artículo 174, en los términos que se establezcan reglamentariamente, sin perjuicio de la suspensión cautelar prevista en el artículo 175.3.

Asimismo las mutuas colaboradoras con la Seguridad Social podrán realizar pruebas diagnósticas y tratamientos terapéuticos y rehabilitadores, con la finalidad de evitar la prolongación innecesaria de los procesos previstos en esta disposición, previa autorización del médico del servicio público de salud y consentimiento informado del paciente.

Los resultados de estas pruebas y tratamientos se pondrán a disposición del facultativo del servicio público de salud que asista al trabajador a través de los servicios de interoperabilidad del Sistema Nacional de Salud, para su incorporación en la historia clínica electrónica del paciente.

Las pruebas diagnósticas y los tratamientos terapéuticos y rehabilitadores se realizarán principalmente en los centros asistenciales gestionados por las mutuas para dispensar la asistencia derivada de las contingencias profesionales, en el margen que permita su aprovechamiento, utilizando los medios destinados a la asistencia de patologías de origen profesional, y, con carácter subsidiario, podrán realizarse en centros concertados, autorizados para dispensar sus servicios en el ámbito de las contingencias profesionales, con sujeción a lo establecido en el párrafo anterior y en los términos que se establezcan reglamentariamente. En ningún caso las pruebas y tratamientos supondrán la asunción de la prestación de asistencia sanitaria derivada de contingencias comunes ni dará lugar a la dotación de recursos destinados a esta última.

e) Las mutuas colaboradoras con la Seguridad Social podrán celebrar convenios y acuerdos con las entidades gestoras de la Seguridad Social y con los servicios públicos de salud, previa autorización del Ministerio de Empleo y Seguridad Social, para la realización en los centros asistenciales que gestionan, de reconocimientos médicos, pruebas diagnósticas, informes, tratamientos sanitarios y rehabilitadores, incluidas intervenciones quirúrgicas, que aquellos les soliciten, en el margen que permita su destino a las funciones de la colaboración. Los convenios y acuerdos autorizados fijarán las compensaciones económicas que hayan de satisfacerse como compensación a la mutua por los servicios dispensados, así como la forma y condiciones de pago.

Con carácter subsidiario respecto de los convenios y acuerdos previstos en el párrafo anterior, siempre que los centros asistenciales que gestionan dispongan de un margen de aprovechamiento que lo permita, las mutuas colaboradoras con la Seguridad Social podrán celebrar conciertos con entidades privadas, previa autorización del Ministerio de Empleo y Seguridad Social y mediante compensación económica conforme a lo que se establezca reglamentariamente, para la realización de las pruebas y los tratamientos señalados a favor de las personas que aquellos les soliciten, los cuales se supeditarán a que las actuaciones que se establezcan no perjudiquen los servicios a que los centros están destinados, ni perturben la debida atención a los trabajadores protegidos ni a los que remitan las entidades públicas, ni minoren los niveles de calidad establecidos para los mismos.

Los derechos de créditos que generen los convenios, acuerdos y conciertos son recursos públicos de la Seguridad Social, siendo de aplicación a los mismos lo dispuesto en el artículo 84.2.

f) Sin perjuicio de los mecanismos y procedimientos regulados en los apartados anteriores, las entidades gestoras de la Seguridad Social o la mutuas colaboradoras con la Seguridad Social podrán establecer acuerdos de colaboración, con el fin de mejorar la eficacia en la gestión y el control de la incapacidad temporal, con el Instituto Nacional de Gestión Sanitaria o los servicios de salud de las comunidades autónomas.

g) La mutuas colaboradoras con la Seguridad Social asumirán a su cargo, sin perjuicio del posible resarcimiento posterior por los servicios de salud o por las entidades gestoras de la Seguridad Social, el coste originado por la realización de pruebas diagnósticas, tratamientos y procesos de recuperación funcional dirigidos a evitar la prolongación innecesaria de los procesos de baja laboral por contingencias comunes de los trabajadores del sistema de la Seguridad Social y que deriven de los acuerdos o convenios que se celebren de acuerdo con lo previsto reglamentariamente.

Artículo 83. Régimen de opción de los empresarios asociados y de los trabajadores por cuenta propia adheridos. 1. Los empresarios y los trabajadores por cuenta propia, en el momento de cumplir ante la Tesorería General de la Seguridad Social sus respectivas obligaciones de inscripción de empresa, afiliación y alta, harán constar la entidad gestora o la mutua colaboradora con la Seguridad Social por la que hayan optado para proteger las contingencias profesionales, la prestación económica por incapacidad temporal derivada de contingencias comunes y la protección por cese de actividad, de acuerdo con las normas reguladoras del régimen de la Seguridad Social en el que se encuadren, y comunicarán a aquella sus posteriores modificaciones. Corresponderá a la Tesorería General de la Seguridad Social el reconocimiento de tales declaraciones y de sus efectos legales, en los términos establecidos reglamentariamente y sin perjuicio de las particularidades que se disponen en los apartados siguientes en caso de optarse a favor de una mutua colaboradora con la Seguridad Social.

La opción a favor de una mutua colaboradora con la Seguridad Social se realizará en la forma y tendrá el alcance que se establecen seguidamente:

a) Los empresarios que opten por una mutua para la protección de los accidentes de trabajo y las enfermedades profesionales de la Seguridad Social deberán formalizar con la misma el convenio de asociación y proteger en la misma entidad a todos los trabajadores correspondientes a los centros de trabajo situados en la misma provincia, entendiéndose por estos la definición contenida en el texto refundido de la Ley del Estatuto de los Trabajadores.

Igualmente, los empresarios asociados podrán optar porque la misma mutua gestione la prestación económica por incapacidad temporal derivada de contingencias comunes respecto de los trabajadores protegidos frente a las contingencias profesionales.

El convenio de asociación es el instrumento por el que se formaliza la asociación a la mutua y tendrá un periodo de vigencia de un año, que podrá prorrogarse por periodos de igual duración. Reglamentariamente se regulará el procedimiento para formalizar el convenio, su contenido y efectos.

b) Los trabajadores comprendidos en el ámbito de aplicación del Régimen Especial de la Seguridad Social de los Trabajadores por Cuenta Propia o Autónomos deberán formalizar la cobertura de la acción protectora por contingencias profesionales, incapacidad temporal y cese de actividad con una mutua colaboradora con la Seguridad Social, debiendo optar por la misma mutua colaboradora para toda la acción protectora indicada. Asimismo, deberán formalizar con una mutua colaboradora dicha acción protectora los trabajadores que cambien de entidad.

Para formalizar la gestión por cese de actividad suscribirán el anexo correspondiente al documento de adhesión, en los términos que establezcan las normas reglamentarias que regulan la colaboración.

Los trabajadores por cuenta propia incluidos en el Régimen Especial de la Seguridad Social de los Trabajadores del Mar podrán optar por proteger las contingencias profesionales con la entidad gestora o con una mutua colaboradora con la Seguridad Social. Los trabajadores incluidos en el grupo tercero de cotización deberán formalizar la protección de las contingencias comunes con la entidad gestora de la Seguridad Social. En todo caso, deberán formalizar la protección por cese de actividad con la entidad gestora o con la mutua con quien protejan las contingencias profesionales.

La protección se formalizará mediante documento de adhesión, por el cual el trabajador por cuenta propia se incorpora al ámbito gestor de la mutua de forma externa a la base asociativa de la misma y sin adquirir los derechos y obligaciones derivados de la asociación. El periodo de vigencia de la adhesión será de un año, pudiendo prorrogarse por periodos de igual duración. El procedimiento para formalizar el documento de adhesión, su contenido y efectos, se regulará reglamentariamente.

2. Las mutuas colaboradoras con la Seguridad Social deberán aceptar toda proposición de asociación y de adhesión que se les formule, sin que la falta de pago de las cotizaciones sociales les excuse del cumplimiento de la obligación ni constituya causa de resolución del convenio o documento suscrito, o sus anexos.

3. La información y datos sobre los empresarios asociados, los trabajadores por cuenta propia adheridos y los trabajadores protegidos que obren en poder de las mutuas colaboradoras con la Seguridad Social y, en general, los generados en el desarrollo de su actividad colaboradora en la gestión de la Seguridad Social, tienen carácter reservado y están sometidos al régimen establecido en el artículo 77, sin que, en consecuencia, puedan ser cedidos o comunicados a terceros, salvo en los supuestos establecidos en dicho artículo.

(…)

Subsección 2.ª Órganos de gobierno y participación

Subsección 3.ª Patrimonio y régimen de contratación

(…)

Subsección 4.ª Resultados de la gestión

(…)

Subsección 5.ª Otras disposiciones

(…)

Sección 3.ª Empresas

Artículo 102. Colaboración de las empresas. 1. Las empresas, individualmente consideradas y en relación con su propio personal, podrán colaborar en la gestión de la Seguridad Social exclusivamente en alguna o algunas de las formas siguientes:

a) Asumiendo directamente el pago, a su cargo, de las prestaciones por incapacidad temporal derivada de accidente de trabajo y enfermedad profesional y las prestaciones de asistencia sanitaria y recuperación profesional, incluido el subsidio consiguiente que corresponda durante la indicada situación.

b) Pagando a sus trabajadores, a cargo de la entidad gestora o mutua obligada, las prestaciones económicas por incapacidad temporal, así como las demás que puedan determinarse reglamentariamente.

2. El Ministerio de Empleo y Seguridad Social podrá establecer con carácter obligatorio, para todas las empresas o para algunas de determinadas características, la colaboración en el pago de prestaciones a que se refiere el apartado c) anterior.

La colaboración obligatoria consiste en el pago por la empresa a sus trabajadores, a cargo de la entidad gestora o colaboradora, de las prestaciones económicas, compensándose su importe en la liquidación de las cotizaciones sociales que aquella debe ingresar. La empresa deberá comunicar a la entidad gestora, a través de los medios electrónicos establecidos, los datos obligación de la misma requeridos en el parte médico de baja, en los términos que se establezcan reglamentariamente. El Ministerio de Empleo y Seguridad Social podrá suspender o dejar sin efecto la colaboración obligatoria cuando la empresa incumpla las obligaciones establecidas.

3. El Ministerio de Empleo y Seguridad Social determinará las condiciones por las que ha de regirse la colaboración prevista en los números anteriores del presente artículo.

4. La modalidad de colaboración de las empresas en la gestión de la Seguridad Social a que se refiere el apartado 1 podrá ser autorizada a agrupaciones de empresas, constituidas a este único efecto, siempre que reúnan las condiciones que determine el Ministerio de Empleo y Seguridad Social.

5. En la regulación de las modalidades de colaboración establecidas en la letra a) del apartado 1 y en el apartado 4 se armonizará el interés particular por la mejora de prestaciones y medios de asistencia con las exigencias de la solidaridad nacional.

CAPÍTULO VII. Régimen económico

Sección 1.ª Patrimonio de la Seguridad Social

(...)

Sección 2.ª Recursos y sistemas financieros de la Seguridad Social

Artículo 109. Recursos generales. 1. Los recursos para la financiación de la Seguridad Social estarán constituidos por:

a) Las aportaciones progresivas del Estado, que se consignarán con carácter permanente en sus Presupuestos Generales, y las que se acuerden para atenciones especiales o resulten precisas por exigencia de la coyuntura.

b) Las cuotas de las personas obligadas.

c) Las cantidades recaudadas en concepto de recargos, sanciones u otras de naturaleza análoga.

d) Los frutos, rentas o intereses y cualquier otro producto de sus recursos patrimoniales en los supuestos que estos se produzcan, sin perjuicio de las facultades de disposición patrimonial no onerosas previstas en la sección anterior del presente capítulo.

e) Cualesquiera otros ingresos, sin perjuicio de lo previsto en la disposición adicional décima.

2. La acción protectora de la Seguridad Social, en su modalidad no contributiva y universal, se financiará mediante aportaciones del Estado al Presupuesto de la Seguridad Social, sin perjuicio de lo establecido en el artículo 10.3, primer inciso, en relación con la letra c) del apartado 2 del mismo artículo, con excepción de las prestaciones y servicios de asistencia sanitaria de la Seguridad Social y servicios sociales cuya gestión se halle transferida a las comunidades autónomas, en cuyo caso, la financiación se efectuará de conformidad con el sistema de financiación autonómica vigente en cada momento.

Las prestaciones contributivas, los gastos derivados de su gestión y los de funcionamiento de los servicios correspondientes a las funciones de afiliación, recaudación y gestión económico-financiera y patrimonial serán financiadas básicamente con los recursos a que se refieren las letras b), c), d) y e) del apartado anterior, así como, en su caso, por las aportaciones del Estado que se acuerden para atenciones específicas.

3. A los efectos previstos en el apartado anterior, la naturaleza de las prestaciones de la Seguridad Social será la siguiente:

a) Tienen naturaleza contributiva:

1.ª Las prestaciones económicas de la Seguridad Social, con excepción de las señaladas en la letra b) siguiente.

2.ª La totalidad de las prestaciones derivadas de las contingencias de accidentes de trabajo y enfermedades profesionales.

b) Tienen naturaleza no contributiva:

1.ª Las prestaciones y servicios de asistencia sanitaria incluidos en la acción protectora de la Seguridad Social y los correspondientes a los servicios sociales, salvo que se deriven de accidentes de trabajo y enfermedades profesionales.

2.ª Las pensiones no contributivas por invalidez y jubilación.

3.ª El subsidio por maternidad regulado en los artículos 181 y 182 de esta ley.

4.ª Los complementos por mínimos de las pensiones de la Seguridad Social.

5.ª Las prestaciones familiares reguladas en el capítulo I del título VI.

6.ª El ingreso mínimo vital.

Artículo 110. Sistema financiero. 1. El sistema financiero de todos los regímenes que integran el sistema de la Seguridad Social será el de reparto, para todas las contingencias y situaciones amparadas por cada uno de ellos, sin perjuicio de lo previsto en el apartado 3.

2. En la Tesorería General de la Seguridad Social se constituirá un fondo de estabilización único para todo el sistema de la Seguridad Social, que tendrá por finalidad atender las necesidades originadas por desviaciones entre ingresos y gastos.

3. En materia de pensiones causadas por incapacidad permanente o muerte derivadas de accidente de trabajo o enfermedad profesional cuya responsabilidad corresponda asumir a las mutuas colaboradoras con la Seguridad Social o, en su caso, a las empresas declaradas responsables, se procederá a la capitalización del importe de dichas pensiones, debiendo las entidades señaladas constituir en la Tesorería General de la Seguridad Social, hasta el límite de su respectiva responsabilidad, los capitales coste correspondientes.

Por capital coste se entenderá el valor actual de dichas prestaciones, que se determinará en función de las características de cada pensión y aplicando los criterios técnicos-actuariales más apropiados, de forma que los importes que se obtengan garanticen la cobertura de las prestaciones con el grado de aproximación más adecuado y a cuyo efecto el Ministerio de Empleo y Seguridad Social aprobará las tablas de mortalidad y la tasa de interés aplicables.

Asimismo, el Ministerio de Empleo y Seguridad Social podrá establecer la obligación de las mutuas colaboradoras con la Seguridad Social de reasegurar los riesgos asumidos que se determinen, a través de un régimen de reaseguro proporcional obligatorio y no proporcional facultativo o mediante cualquier otro sistema de compensación de resultados.

4. Las materias a que se refiere el presente artículo serán reguladas por los reglamentos a que alude el artículo 5.2.a).

Artículo 111. Inversiones. Las reservas de estabilización que no hayan de destinarse de modo inmediato al cumplimiento de las obligaciones reglamentarias serán invertidas de forma que se coordinen las finalidades de carácter social con la obtención del grado de liquidez, rentabilidad y seguridad técnicamente preciso.

Sección 3.ª Presupuesto, intervención y contabilidad de la Seguridad Social

(…)

Sección 4.ª Fondo de reserva de la Seguridad Social

Artículo 117. Constitución del Fondo de Reserva de la Seguridad Social. En la Tesorería General de la Seguridad Social se constituirá un Fondo de Reserva de la Seguridad Social con la finalidad de atender las necesidades financieras en materia de prestaciones contributivas del sistema de la Seguridad Social en la forma y condiciones previstos en esta ley.

Artículo 118. Dotación del Fondo. 1. Los excedentes de ingresos que financian las prestaciones de carácter contributivo y demás gastos necesarios para su gestión que, en su caso, resulten de la consignación presupuestaria de cada ejercicio o de la liquidación presupuestaria del mismo se destinarán, siempre que las posibilidades económicas y la situación financiera del sistema de Seguridad Social lo permitan, al Fondo de Reserva de la Seguridad Social.

2. De conformidad con lo dispuesto en el artículo 96.3, el excedente que resulte después de dotar la Reserva de Estabilización de Contingencias Comunes de las mutuas colaboradoras con la Seguridad Social se ingresará en el Fondo de Reserva de la Seguridad Social.

3. El importe correspondiente al porcentaje del excedente que resulte de la gestión de las contingencias profesionales al que se refiere el artículo 96.1.d)

se ingresará por las mutuas colaboradoras con la Seguridad Social en el Fondo de Reserva de la Seguridad Social.

4. Los ingresos obtenidos de la cotización finalista fijada en el artículo 127 bis. 1 se ingresarán en el Fondo de Reserva de la Seguridad Social.

Artículo 119. Determinación del excedente y de la cotización finalista.
1. El excedente al que se refiere el artículo 118.1 será el correspondiente a las operaciones que financian prestaciones de carácter contributivo y demás gastos para la gestión del sistema de la Seguridad Social y, en concreto, en lo referente a las prestaciones contributivas, conforme a la delimitación establecida en el artículo 109.3.a), con exclusión del resultado obtenido por las mutuas colaboradoras con la Seguridad Social y del importe líquido recaudado en concepto de cotización finalista, referida en el artículo 118.4.

2. El excedente por gastos relativos a prestaciones de naturaleza contributiva del sistema de la Seguridad Social en cada ejercicio económico será el constituido por la diferencia entre los ingresos y gastos derivados de los importes reconocidos netos por operaciones no financieras, correspondientes a las entidades gestoras y servicios comunes de la Seguridad Social, corregida con arreglo a criterios de máxima prudencia, en la forma que reglamentariamente se establezca, respetando los principios y normas de contabilidad establecidos en el Plan General de Contabilidad Pública.

3. La cotización finalista es la establecida en el artículo 127 bis.1.

Artículo 120. Procedimiento para la dotación del Fondo. 1. Las dotaciones efectivas del Fondo de Reserva de la Seguridad Social, siempre que las posibilidades económicas y la situación financiera del sistema lo permitan, serán las acordadas, al menos una vez en cada ejercicio económico, por el Consejo de Ministros, a propuesta conjunta de las personas titulares de los Ministerios de Inclusión, Seguridad Social y Migraciones, de Asuntos Económicos y Transformación Digital y de Hacienda y Función Pública.

2. El importe que se recaude en concepto de cotización finalista establecida en el artículo 127 bis.1 se integrará automáticamente en las dotaciones del Fondo de Reserva de la Seguridad Social.

3. Los rendimientos de cualquier naturaleza que generen la cuenta del Fondo de Reserva y los activos financieros en que se hayan materializado las dotaciones del Fondo de Reserva se integrarán automáticamente en las dotaciones del Fondo.

Artículo 121. Disposición de activos del Fondo. 1. La disposición de los activos del Fondo de Reserva de la Seguridad Social se destinará con carácter exclusivo a la financiación de las pensiones de carácter contributivo para reforzar el equilibrio y sostenibilidad del sistema de Seguridad Social.

2. La Ley de Presupuestos Generales del Estado establecerá para cada ejercicio económico, desde 2033, el desembolso anual a efectuar por el Fondo de Reserva de la Seguridad Social, que consistirá en el porcentaje del PIB que se determine cada año con el límite máximo que se establece seguidamente:

Desembolsos máximos del Fondo de Reserva de la Seguridad Social por año en puntos porcentuales del Producto Interior Bruto

2033	0,10%
2034	0,12%
2035	0,15%
2036	0,17%
2037	0,19%
2038	0,22%
2039	0,25%
2040	0,28%
2041	0,46%
2042	0,50%
2043	0,54%
2044	0,77%
2045	0,82%
2046	0,87%
2047	0,91%
2048	0,86%
2049	0,84%
2050	0,82%
2051	0,53%
2052	0,51%
2053	0,50%

La disposición de los activos del Fondo de Reserva de la Seguridad Social se destinará con carácter exclusivo a la financiación de las pensiones de carácter contributivo y demás gastos necesarios para su gestión, y solo será posible en situaciones estructurales de déficit por operaciones no financieras del sistema de la Seguridad Social, no pudiendo exceder en cada año del tres por ciento de la suma de ambos conceptos y precisará de autorización previa del Consejo de Ministros, a propuesta conjunta de los titulares de los Ministerios de Empleo y Seguridad Social, de Hacienda y Administraciones Públicas y de Economía y Competitividad.

Artículo 122. Gestión financiera del Fondo. Los valores en que se materialice el Fondo de Reserva serán títulos emitidos por personas jurídicas públicas.

Reglamentariamente se determinarán los valores que han de constituir la cartera del Fondo de Reserva, grados de liquidez de la misma, supuestos de enajenación de los activos financieros que lo integran y demás actos de gestión financiera del Fondo de Reserva.

Artículo 123. Comité de Gestión del Fondo de Reserva de la Seguridad Social. 1. Al Comité de Gestión del Fondo de Reserva de la Seguridad Social le corresponde el superior asesoramiento, control y ordenación de la gestión económica del Fondo de Reserva.

2. Dicho comité estará presidido por el Secretario de Estado de la Seguridad Social y se compondrá, además, de:

a) Un vicepresidente primero, que será el Secretario de Estado de Economía y Apoyo a la Empresa.

b) Un vicepresidente segundo, que será el Secretario de Estado de Presupuestos y Gastos.

c) El Director General de la Tesorería General de la Seguridad Social.

d) El Director General del Tesoro.

e) El Interventor General de la Seguridad Social.

f) El Subdirector General de Ordenación de Pagos y Gestión del Fondo de Reserva de la Tesorería General de la Seguridad Social, que ejercerá las funciones de secretario de la comisión, sin voz ni voto.

3. Las funciones de este comité serán las de formular propuestas de ordenación, asesoramiento, selección de valores que han de constituir la cartera del fondo, enajenación de activos financieros que lo integren y demás actuaciones que los mercados financieros aconsejen y el control superior de la ges-

tión del Fondo de Reserva de la Seguridad Social, así como elaborar el informe a presentar a las Cortes Generales sobre la evolución de dicho Fondo.

Artículo 124. Comisión Asesora de Inversiones del Fondo de Reserva de la Seguridad Social. 1. La Comisión Asesora de Inversiones del Fondo de Reserva de la Seguridad Social tendrá como función asesorar al Comité de Gestión del Fondo de Reserva de la Seguridad Social en orden a la selección de los valores que han de constituir la cartera del Fondo, formulación de propuestas de adquisición de activos y de enajenación de los mismos y demás actuaciones financieras del Fondo.

2. Esta comisión estará presidida por el Secretario de Estado de Economía y Apoyo a la Empresa y estará compuesta, además, por:

a) El Director General de la Tesorería General de la Seguridad Social.

b) El Director General del Tesoro.

c) El Director General de Política Económica.

d) El Interventor General de la Seguridad Social.

e) El Subdirector General de Ordenación de Pagos y Gestión del Fondo de Reserva de la Tesorería General de la Seguridad Social, que ejercerá las funciones de secretario de la comisión, con voz pero sin voto.

Artículo 125. Comisión de Seguimiento del Fondo de Reserva de la Seguridad Social. 1. El conocimiento de la evolución del Fondo de Reserva de la Seguridad Social corresponderá a la Comisión de Seguimiento del Fondo de Reserva de la Seguridad Social.

2. Esta Comisión de Seguimiento estará presidida por el Secretario de Estado de la Seguridad Social o persona que el mismo designe y se compondrá, además, de:

a) Tres representantes del Ministerio de Empleo y Seguridad Social, designados por el Secretario de Estado de la Seguridad Social.

b) Un representante del Ministerio de Economía y Competitividad.

c) Un representante del Ministerio de Hacienda y Administraciones Públicas.

d) Cuatro representantes de las distintas organizaciones sindicales de mayor implantación.

e) Cuatro representantes de las organizaciones empresariales de mayor implantación.

f) El Subdirector General de Ordenación de Pagos y Gestión del Fondo de Reserva de la Tesorería General de la Seguridad Social actuará como secretario de la comisión, sin voz ni voto.

3. La Comisión de Seguimiento conocerá semestralmente de la evolución y composición del Fondo de Reserva de la Seguridad Social, para lo cual el Comité de Gestión, la Comisión Asesora de Inversiones y la Tesorería General de la Seguridad Social facilitarán información sobre tales extremos con carácter previo a las reuniones que mantenga dicha comisión.

Artículo 126. Carácter de las operaciones de gestión e imputación presupuestaria. Las materializaciones, inversiones, reinversiones, desinversiones y demás operaciones de adquisición, disposición y gestión de los activos financieros del Fondo de Reserva de la Seguridad Social correspondientes a cada ejercicio tendrán carácter extrapresupuestario y se imputarán definitivamente, al último día hábil del mismo, al presupuesto de la Tesorería General de la Seguridad Social, conforme a la situación patrimonial del Fondo en dicha fecha, a cuyo efecto serán objeto de adecuación los créditos presupuestarios.

Artículo 127. Informe anual. El Gobierno presentará a las Cortes Generales un informe anual sobre la evolución y composición del Fondo de Reserva de la Seguridad Social.

Dicho informe será remitido por el Gobierno a las Cortes Generales a través de su Oficina Presupuestaria que lo pondrá a disposición de los Diputados, Senadores y las Comisiones parlamentarias.

Sección 5.ª Mecanismo de Equidad Intergeneracional

Artículo 127 bis. Mecanismo de Equidad Intergeneracional. 1. Con el fin de preservar el equilibrio entre generaciones y fortalecer la sostenibilidad del sistema de la Seguridad Social a largo plazo, se establece un Mecanismo de Equidad Intergeneracional consistente en una cotización finalista aplicable en todos los regímenes y en todos los supuestos en los que se cotice por la contingencia de jubilación, que no será computable a efectos de prestaciones y que nutrirá el Fondo de Reserva de la Seguridad Social.

La cotización será de 1,2 puntos porcentuales. En el supuesto de trabajadores por cuenta ajena un punto porcentual corresponderá a la empresa y 0,2 puntos porcentuales al trabajador. En el caso de que se modifique la estructura de distribución de la cotización entre empresa y trabajador por contingencias comunes esta cotización finalista se ajustará a la nueva estructura.

2. La cotización adicional finalista que nutrirá el Fondo de Reserva de la Seguridad Social no podrá ser objeto de bonificación, reducción, exención o deducción alguna. De igual forma no podrá ser objeto de disminución por la aplicación de coeficientes u otra fórmula que disminuya la cotización ni por cualquier otras variables que puedan resultar de aplicación respecto de las aportaciones empresariales o de los trabajadores, en función de las condiciones de cotización aplicables a los mismos por su inclusión en cualesquiera de los regímenes y sistemas especiales de la Seguridad Social, o en función de las situaciones de alta o asimilada al alta que determine la obligación de ingreso de cuotas, así como del sujeto responsable del ingreso de las mismas, salvo lo previsto para los trabajadores de los grupos segundo y tercero del artículo 10 de la Ley 47/2015, de 21 de octubre, reguladora de la protección social de las personas trabajadoras del sector marítimo-pesquero.

Sección 6.ª Contratación en la Seguridad Social

(...)

CAPÍTULO VIII. Procedimientos y notificaciones en materia de Seguridad Social

Artículo 129. Normas de procedimiento, autenticación y firma. 1. La tramitación de las prestaciones y demás actos en materia de Seguridad Social, incluida la protección por desempleo, que no tengan carácter recaudatorio o sancionador se ajustará a lo dispuesto en la Ley 39/2015, de 1 de octubre, del Procedimiento Administrativo Común de las Administraciones Públicas, con las especialidades en ella previstas para tales actos en cuanto a impugnación y revisión, así como con las establecidas en este capítulo o en otras disposiciones que resulten de aplicación.

2. En caso de actuación por medio de representante, la representación deberá acreditarse por cualquier medio válido en Derecho que deje constancia fidedigna o mediante declaración en comparecencia personal del interesado ante el órgano administrativo competente. A estos efectos, serán válidos los documentos normalizados de representación que apruebe la Administración de la Seguridad Social para determinados procedimientos.

3. En los procedimientos iniciados a solicitud de los interesados, una vez transcurrido el plazo máximo para dictar resolución y notificarla fijado por la norma reguladora del procedimiento de que se trate sin que haya recaído resolución expresa, se entenderá desestimada la petición por silencio administrativo.

Se exceptúan de lo dispuesto en el párrafo anterior los procedimientos relativos a la inscripción de empresas y a la afiliación, altas y bajas y variaciones de datos de los trabajadores iniciados a solicitud de los interesados, así como los de convenios especiales, en los que la falta de resolución expresa en el plazo previsto tendrá como efecto la estimación de la respectiva solicitud por silencio administrativo.

4. La Administración de la Seguridad Social facilitará a los interesados el ejercicio de sus derechos, la presentación de documentos o la realización de cualquier servicio o trámite a través de los medios electrónicos disponibles en la Sede Electrónica de la Secretaría de Estado de la Seguridad Social y Pensiones o a través de otros medios que garanticen la verificación de la identidad del interesado y la expresión de su voluntad y consentimiento, en los términos y condiciones que se establezcan mediante resolución de la Secretaría de Estado de la Seguridad Social y Pensiones.

Asimismo, en la tramitación de los procedimientos de protección por desempleo, el Servicio Público Estatal facilitará a los interesados el ejercicio de sus derechos, la presentación de documentos o la realización de cualquier servicio o trámite a través de los medios electrónicos disponibles en la Sede Electrónica del Servicio Público de Empleo Estatal o a través de otros medios que garanticen la verificación de la identidad del interesado y la expresión de su voluntad y consentimiento, en los términos y condiciones que se establezcan mediante resolución de la Dirección General del Servicio Público de Empleo Estatal.

A tal efecto, en dichas resoluciones se establecerán métodos seguros de identificación de la persona física a través del canal telefónico o de voz, la videollamada o videoidentificación o el contraste de datos, u otros que así se establezcan, todos ellos equivalentes a la fiabilidad de la presencia física. Esos métodos garantizarán, además, la gestión de la evidencia de la identificación realizada.

5. En la tramitación de procedimientos de la Administración de la Seguridad Social y del Servicio Público de Empleo Estatal se considerará válida, a los efectos del artículo 10.1 de la Ley 39/2015, de 1 de octubre, la firma insertada

en los documentos a que se refiere el artículo 11.2 de dicha ley, o en documento adjunto a los mismos, siempre que se acompañe copia del Documento Nacional de Identidad o documento identificativo equivalente y se efectúe la correspondiente comprobación favorable a través del Servicio de Verificación de Datos de Identidad y Residencia (SVDIR).

6. Mediante resolución de la Secretaría de Estado de la Seguridad Social y Pensiones o del titular de la Dirección General del Servicio Público de Empleo Estatal en materia de protección por desempleo, se podrán establecer sistemas de firma electrónica no criptográfica en sus relaciones con los interesados, respecto a los procedimientos y trámites que se determinen.

Los sistemas de firma electrónica no criptográfica requerirán la previa verificación de la identidad del interesado, a través de los medios a que se refiere el apartado 4.

Las aplicaciones informáticas en las que se utilice un sistema de firma electrónica no criptográfica requerirán de forma expresa el consentimiento y la voluntad de firma del interesado, y deberán garantizar el no repudio, la trazabilidad del caso, la gestión de la evidencia de autenticación y el sellado de la información presentada.

Artículo 130. Tramitación electrónica de procedimientos en materia de Seguridad Social.– De acuerdo con lo dispuesto en el artículo 41.1 de la Ley 40/2015, de 1 de octubre, de Régimen Jurídico del Sector Público, podrán adoptarse y notificarse resoluciones de forma automatizada en los procedimientos de gestión tanto de la protección por desempleo previstos en el título III como de las restantes prestaciones del sistema de la Seguridad Social previstas en esta ley, excluidas las pensiones no contributivas, así como en los procedimientos de afiliación, cotización y recaudación.

A tal fin, mediante resolución de la persona titular de la Dirección General del Instituto Nacional de la Seguridad Social, del Servicio Público de Empleo Estatal o de la Tesorería General de la Seguridad Social, o de la persona titular de la Dirección del Instituto Social de la Marina, según proceda, se establecerá previamente el procedimiento o procedimientos de que se trate y el órgano u órganos competentes, según los casos, para la definición de las especificaciones, programación, mantenimiento, supervisión y control de calidad y, en su caso, auditoría del sistema de información y de su código fuente. Asimismo, se indicará el órgano que debe ser considerado responsable a efectos de impugnación.

Artículo 131. Aportaciones de datos de Seguridad Social por medios electrónicos. A efectos de la gestión recaudatoria de los recursos del sistema de la Seguridad Social, el titular del Ministerio de Empleo y Seguridad Social podrá determinar los supuestos y condiciones en que las empresas deberán presentar por medios electrónicos los datos relativos a sus actuaciones en materia de encuadramiento, cotización y recaudación en el ámbito de la Seguridad Social, así como cualesquiera otros exigidos en su normativa.

De igual modo, el titular del Ministerio de Empleo y Seguridad Social podrá determinar los supuestos y condiciones en que las empresas deberán presentar por medios electrónicos los partes de baja y alta, correspondientes a procesos de incapacidad temporal, de los trabajadores a su servicio.

Artículo 132. Notificaciones de actos administrativos por medios electrónicos. 1. Las notificaciones por medios electrónicos de actos administrativos en el ámbito de la Seguridad Social se efectuarán en la sede electrónica de la Seguridad Social, respecto a los sujetos obligados que se determinen por el titular del Ministerio de Empleo y Seguridad Social así como respecto a quienes, sin estar obligados, hubiesen optado por dicha clase de notificación.

Los sujetos no obligados a ser notificados por medios electrónicos en la sede electrónica de la Seguridad Social que no hubiesen optado por dicha forma de notificación serán notificados en el domicilio que expresamente hubiesen indicado para cada procedimiento y, en su defecto, en el que figure en los registros de la Administración de la Seguridad Social.

2. Las notificaciones de los actos administrativos que traigan causa o se dicten como consecuencia de los datos que deban comunicarse electrónicamente a través del Sistema RED, realizadas a los autorizados para dicha transmisión, se efectuarán obligatoriamente por medios electrónicos en la sede electrónica de la Seguridad Social, siendo válidas y vinculantes a todos los efectos legales para las empresas y sujetos obligados a los que se refieran dichos datos, salvo que estos últimos hubiesen manifestado su preferencia porque dicha notificación en sede electrónica se les efectúe directamente a ellos o a un tercero.

3. A los efectos previstos en el artículo 59.4 de la Ley 30/1992, de 26 de noviembre, las notificaciones realizadas en la sede electrónica de la Seguridad Social se entenderán rechazadas, cuando, existiendo constancia de la puesta a disposición del interesado del acto objeto de notificación, transcurran diez días naturales sin que se acceda a su contenido.

4. En los supuestos previstos en el artículo 59.5 de la Ley 30/1992, de 26 de noviembre, las notificaciones que no hayan podido realizarse en la sede electrónica de la Seguridad Social o en el domicilio del interesado, conforme a lo indicado en los apartados anteriores, se practicarán exclusivamente por medio de un anuncio publicado en el «Boletín Oficial del Estado», de acuerdo con la disposición adicional vigésima primera de la citada ley.

Fuera de los supuestos indicados en el párrafo anterior, los anuncios, acuerdos, resoluciones y comunicaciones emitidos por la Administración de la Seguridad Social en ejercicio de sus competencias, y cualesquiera otras informaciones de interés general de dicha administración, se publicarán en el Tablón de Anuncios de la Seguridad Social, situado en su sede electrónica y gestionado por la Secretaría de Estado de la Seguridad Social. Esta publicación tendrá carácter complementario con relación a aquellos actos en que una norma exija su publicación por otros medios.

Las publicaciones en dicho tablón se efectuarán en los términos que se determinen por orden del Ministerio de Empleo y Seguridad Social.

CAPÍTULO IX. Inspección e infracciones y sanciones en materia de Seguridad Social

Artículo 133. Competencias de la Inspección. 1. La inspección en materia de Seguridad Social se ejercerá a través de la Inspección de Trabajo y Seguridad Social, desarrollando las funciones y competencias que tiene atribuidas por la Ley 23/2015, de 21 de julio, Ordenadora del Sistema de Inspección de Trabajo y Seguridad Social, la presente ley y normas concordantes.

2. Específicamente corresponderá a la Inspección de Trabajo y Seguridad Social:

a) La vigilancia en el cumplimiento de las obligaciones que derivan de la presente ley y, en especial, de los fraudes y morosidad en el ingreso y recaudación de cuotas de la Seguridad Social.

b) La inspección de la gestión, funcionamiento y cumplimiento de la legislación que les sea de aplicación a las entidades colaboradoras en la gestión.

c) La asistencia técnica a entidades y organismos de la Seguridad Social, cuando les sea solicitada.

3. Las competencias transcritas serán ejercidas de acuerdo con las facultades y procedimientos establecidos en las disposiciones aplicables.

4. Lo dispuesto en la presente ley en materia de inspección no será de aplicación a los Regímenes Especiales de Funcionarios Civiles del Estado, Fuerzas Armadas y Funcionarios al servicio de la Administración de Justicia, en tanto no se disponga otra cosa por el Gobierno.

Artículo 134. Colaboración con la Inspección. Las entidades gestoras y colaboradoras y los servicios comunes de la Seguridad Social prestarán su colaboración a la Inspección de Trabajo y Seguridad Social en orden a la vigilancia que esta tiene atribuida respecto al cumplimiento de las obligaciones de empresarios y trabajadores establecidas en la presente ley.

Artículo 135. Infracciones y sanciones. 1. En materia de infracciones y sanciones, se estará a lo dispuesto en la presente ley y en el texto refundido de la Ley sobre Infracciones y Sanciones en el Orden Social, aprobado por el Real Decreto Legislativo 5/2000, de 4 de agosto.

2. Las resoluciones relativas a las sanciones que las entidades gestoras de las prestaciones impongan a los trabajadores y beneficiarios de prestaciones, conforme a lo establecido en el artículo 47 del texto refundido de la Ley sobre Infracciones y Sanciones del Orden Social, serán recurribles ante los órganos jurisdiccionales del orden social, previa reclamación ante la entidad gestora competente en la forma prevista en el artículo 71 de la Ley 36/2011, de 10 de octubre, reguladora de la jurisdicción social.

TÍTULO II. Régimen General de la Seguridad Social

CAPÍTULO I. Campo de aplicación

Artículo 136. Extensión. 1. Estarán obligatoriamente incluidos en el campo de aplicación del Régimen General de la Seguridad Social los trabajadores por cuenta ajena y los asimilados a los que se refiere el artículo 7.1.a) de esta ley, salvo que por razón de su actividad deban quedar comprendidos en el campo de aplicación de algún régimen especial de la Seguridad Social.

2. A los efectos de esta ley se declaran expresamente comprendidos en el apartado anterior:

a) Los trabajadores incluidos en el Sistema Especial para Empleados de Hogar y en el Sistema Especial para Trabajadores por Cuenta Ajena Agrarios, así como en cualquier otro de los sistemas especiales a que se refiere el artículo 11, establecidos en el Régimen General de la Seguridad Social.

b) Los trabajadores por cuenta ajena y los socios trabajadores de las sociedades de capital, aun cuando sean miembros de su órgano de administración, si el desempeño de este cargo no conlleva la realización de las funciones de dirección y gerencia de la sociedad, ni posean su control en los términos previstos por el artículo 305.2.b).

c) Como asimilados a trabajadores por cuenta ajena, los consejeros y administradores de las sociedades de capital, siempre que no posean su control en los términos previstos por el artículo 305.2.b), cuando el desempeño de su cargo conlleve la realización de las funciones de dirección y gerencia de la sociedad, siendo retribuidos por ello o por su condición de trabajadores por cuenta de la misma.

Estos consejeros y administradores quedarán excluidos de la protección por desempleo y del Fondo de Garantía Salarial.

d) Los socios trabajadores de las sociedades laborales, cuya participación en el capital social se ajuste a lo establecido en el artículo 1.2.b) de la Ley 44/2015, de 14 de octubre, de Sociedades Laborales y Participadas, y aun cuando sean miembros de su órgano de administración, si el desempeño de este cargo no conlleva la realización de las funciones de dirección y gerencia de la sociedad, ni posean su control en los términos previstos por el artículo 305.2.e).

e) Como asimilados a trabajadores por cuenta ajena, los socios trabajadores de las sociedades laborales que, por su condición de administradores de las mismas, realicen funciones de dirección y gerencia de la sociedad, siendo retribuidos por ello o por su vinculación simultánea a la sociedad laboral mediante una relación laboral de carácter especial de alta dirección, y no posean su control en los términos previstos por el artículo 305.2.e).

Estos socios trabajadores quedarán excluidos de la protección por desempleo y del Fondo de Garantía Salarial, salvo cuando el número de socios de la sociedad laboral no supere los veinticinco.

f) El personal contratado al servicio de notarías, registros de la propiedad y demás oficinas o centros similares.

g) Los trabajadores que realicen las operaciones de manipulación, empaquetado, envasado y comercialización del plátano, tanto si dichas labores se llevan a cabo en el lugar de producción del producto como fuera del mismo, ya provengan de explotaciones propias o de terceros y ya se realicen individualmente o en común mediante cualquier tipo de asociación o agrupación, incluidas las cooperativas en sus distintas clases.

h) Las personas que presten servicios retribuidos en entidades o instituciones de carácter benéfico-social.

i) Los laicos o seglares que presten servicios retribuidos en los establecimientos o dependencias de las entidades o instituciones eclesiásticas. Por acuerdo especial con la jerarquía eclesiástica competente se regulará la situación de los trabajadores laicos y seglares que presten sus servicios retribuidos a organismos o dependencias de la Iglesia y cuya misión primordial consista en ayudar directamente en la práctica del culto.

j) Los conductores de vehículos de turismo al servicio de particulares.

k) El personal civil no funcionario de las administraciones públicas y de las entidades y organismos vinculados o dependientes de ellas siempre que no estén incluidos en virtud de una ley especial en otro régimen obligatorio de previsión social.

l) El personal funcionario al servicio de las administraciones públicas y de las entidades y organismos vinculados o dependientes de ellas, incluido su periodo de prácticas, salvo que estén incluidos en el Régimen de Clases Pasivas del Estado o en otro régimen en virtud de una ley especial.

m) El personal funcionario a que se refiere la disposición adicional tercera, en los términos previstos en ella.

n) Los funcionarios del Estado transferidos a las comunidades autónomas que hayan ingresado o ingresen voluntariamente en cuerpos o escalas propios de la comunidad autónoma de destino, cualquiera que sea el sistema de acceso.

ñ) Los altos cargos de las administraciones públicas y de las entidades y organismos vinculados o dependientes de ellas, que no tengan la condición de funcionarios públicos.

o) Los miembros de las corporaciones locales y los miembros de las Juntas Generales de los Territorios Históricos Forales, Cabildos Insulares Canarios y Consejos Insulares Baleares que desempeñen sus cargos con dedicación exclusiva o parcial, a salvo de lo previsto en los artículos 74 y 75 de la Ley 7/1985, de 2 de abril, Reguladora de las Bases del Régimen Local.

p) Los cargos representativos de las organizaciones sindicales constituidas al amparo de la Ley Orgánica 11/1985, de 2 de agosto, de Libertad Sindical, que ejerzan funciones sindicales de dirección con dedicación exclusiva o parcial y percibiendo una retribución.

q) Cualesquiera otras personas que, por razón de su actividad, sean objeto de la asimilación prevista en el apartado 1 mediante real decreto, a propuesta del Ministerio de Empleo y Seguridad Social.

Artículo 137. Exclusiones. No darán lugar a inclusión en este Régimen General los siguientes trabajos:

a) Los que se ejecuten ocasionalmente mediante los llamados servicios amistosos, benévolos o de buena vecindad.

b) Los que den lugar a la inclusión en alguno de los regímenes especiales de la Seguridad Social.

c) Los realizados por los profesores universitarios eméritos, de conformidad con lo previsto en el apartado 2 de la disposición adicional vigésima segunda de la Ley Orgánica 6/2001, de 21 de diciembre, de Universidades, así como por el personal licenciado sanitario emérito nombrado al amparo de la disposición adicional cuarta de la Ley 55/2003, de 16 de diciembre, del Estatuto Marco del personal estatutario de los servicios de salud.

CAPÍTULO II. Inscripción de empresas y normas sobre afiliación, cotización y recaudación

Sección 1.ª Inscripción de empresas y afiliación de trabajadores

Artículo 138. Inscripción de empresas. 1. Los empresarios, como requisito previo e indispensable a la iniciación de sus actividades, solicitarán su inscripción en el Régimen General de la Seguridad Social, haciendo constar la entidad gestora o, en su caso, la mutua colaboradora con la Seguridad Social por la que hayan optado para proteger las contingencias profesionales, y en su caso, la prestación económica por incapacidad temporal derivada de contingencias comunes del personal a su servicio.

Los empresarios deberán comunicar las variaciones que se produzcan de los datos facilitados al solicitar su inscripción, en especial la referente al cambio de la entidad que deba asumir la cobertura de las contingencias indicadas anteriormente, así como su extinción o el cese temporal o definitivo de su actividad, a efectos de practicar su baja.

2. Las actuaciones en materia de inscripción a que se refiere el apartado anterior se efectuarán ante el correspondiente organismo de la Administración de la Seguridad Social, a nombre de la persona física o jurídica o entidad sin

personalidad titular de la empresa. Dicho organismo podrá, también, realizar de oficio tales actuaciones cuando por cualquiera de los procedimientos a que se refiere el artículo 16.4 de esta ley constate el incumplimiento de la obligación de efectuarlas, así como proceder a la revisión de oficio de sus actos dictados en esas materias, en los supuestos a que se refiere el apartado 5 del citado artículo.

3. A los efectos de la presente ley se considerará empresario, aunque su actividad no esté motivada por ánimo de lucro, a toda persona física o jurídica o entidad sin personalidad, pública o privada, por cuya cuenta trabajen las personas incluidas en el artículo 136.

Artículo 139. Afiliación, altas y bajas. 1. Los empresarios estarán obligados a solicitar la afiliación al Sistema de la Seguridad Social de los trabajadores que ingresen a su servicio, así como a comunicar dicho ingreso y, en su caso, el cese en la empresa de tales trabajadores para que sean dados, respectivamente, de alta y de baja en el Régimen General.

2. En el caso de que el empresario incumpla las obligaciones que le impone el apartado anterior, el trabajador podrá instar su afiliación, alta o baja, directamente al organismo competente de la Administración de la Seguridad Social. Dicho organismo podrá, también, efectuar tales actos de oficio en los supuestos a que se refiere el artículo 16.4 de esta ley, así como proceder a la revisión de oficio de sus actos dictados en esas materias, en los supuestos a que se refiere el apartado 5 del citado artículo.

3. El reconocimiento del derecho al alta y a la baja en el Régimen General corresponderá al organismo de la Administración de la Seguridad Social que reglamentariamente se establezca.

4. Salvo disposición legal expresa en contrario, la situación de alta del trabajador en este Régimen General condicionará la aplicación al mismo de las normas del presente título.

Artículo 140. Procedimiento y plazos. 1. El cumplimiento de las obligaciones que se establecen en los artículos anteriores se ajustará, en cuanto a la forma, plazos y procedimiento, a lo establecido reglamentariamente.

2. La afiliación y altas sucesivas solicitadas fuera de plazo por el empresario o el trabajador no tendrán efecto retroactivo alguno. Cuando tales actos se practiquen de oficio, su eficacia temporal e imputación de responsabilidades

resultantes serán las que se determinan en esta ley y sus disposiciones de aplicación y desarrollo.

Sección 2.ª Cotización

Subsección 1.ª Disposiciones generales

Artículo 141. Sujetos obligados. 1. Estarán sujetos a la obligación de cotizar al Régimen General de la Seguridad Social los trabajadores y asimilados comprendidos en su campo de aplicación y los empresarios por cuya cuenta trabajen.

2. La cotización comprenderá dos aportaciones:

a) De los empresarios, y

b) de los trabajadores.

3. No obstante lo dispuesto en los apartados anteriores, por las contingencias de accidentes de trabajo y enfermedades profesionales la cotización completa correrá a cargo exclusivamente de los empresarios.

Artículo 142. Sujeto responsable. 1. El empresario es sujeto responsable del cumplimiento de la obligación de cotizar e ingresará las aportaciones propias y las de sus trabajadores, en su totalidad.

Responderán, asimismo, solidaria, subsidiariamente o mortis causa las personas o entidades sin personalidad a que se refieren los artículos 18 y 168.1 y 2.

La responsabilidad solidaria por sucesión en la titularidad de la explotación, industria o negocio que se establece en el citado artículo 168 se extiende a la totalidad de las deudas generadas con anterioridad al hecho de la sucesión. Se entenderá que existe dicha sucesión aun cuando sea una sociedad laboral la que continúe la explotación, industria o negocio, esté o no constituida por trabajadores que prestaran servicios por cuenta del empresario anterior.

En caso de que el empresario sea una sociedad o entidad disuelta y liquidada, sus obligaciones de cotización a la Seguridad Social pendientes se transmitirán a los socios o partícipes en el capital, que responderán de ellas solidariamente y hasta el límite del valor de la cuota de liquidación que se les hubiere adjudicado.

2. El empresario descontará a sus trabajadores, en el momento de hacerles efectivas sus retribuciones, la aportación que corresponda a cada uno de

ellos. Si no efectuase el descuento en dicho momento no podrá realizarlo con posterioridad, quedando obligado a ingresar la totalidad de las cuotas a su exclusivo cargo.

En los justificantes de pago de dichas retribuciones, el empresario deberá informar a los trabajadores de la cuantía total de la cotización a la Seguridad Social indicando, de acuerdo con lo establecido en el artículo 141.2, la parte de la cotización que corresponde a la aportación del empresario y la parte correspondiente al trabajador, en los términos que reglamentariamente se determinen.

3. El empresario que habiendo efectuado tal descuento no ingrese dentro de plazo la parte de cuota correspondiente a sus trabajadores, incurrirá en responsabilidad ante ellos y ante los organismos de la Administración de la Seguridad Social afectados, sin perjuicio de las responsabilidades penal y administrativa que procedan.

Artículo 143. Nulidad de pactos. Será nulo todo pacto, individual o colectivo, por el cual el trabajador asuma la obligación de pagar total o parcialmente la prima o parte de cuota a cargo del empresario.

Igualmente, será nulo todo pacto que pretenda alterar las bases de cotización que se fijan en el artículo 147.

Artículo 144. Duración de la obligación de cotizar. 1. La obligación de cotizar nacerá con el inicio de la prestación del trabajo, incluido el período de prueba. La mera solicitud de la afiliación o alta del trabajador al organismo competente de la Administración de la Seguridad Social surtirá en todo caso idéntico efecto.

2. La obligación de cotizar se mantendrá por todo el período en que el trabajador esté en alta en el Régimen General o preste sus servicios, aunque estos revistan carácter discontinuo. Dicha obligación subsistirá asimismo respecto a los trabajadores que se encuentren cumpliendo deberes de carácter público o desempeñando cargos de representación sindical, siempre que ello no dé lugar a la excedencia en el trabajo.

3. Dicha obligación solo se extinguirá con la solicitud en regla de la baja en el Régimen General al organismo competente de la Administración de la Seguridad Social. Sin embargo, dicha comunicación no extinguirá la obligación de cotizar si continuase la prestación de trabajo.

4. La obligación de cotizar continuará en la situación de incapacidad temporal, cualquiera que sea su causa, incluidas las situaciones especiales de incapacidad temporal por menstruación incapacitante secundaria, interrupción del embarazo, sea voluntaria o no, gestación desde el día primero de la semana trigésima novena y aquella en la que se encuentren las personas donantes de órganos o tejidos para su trasplante; en la de nacimiento y cuidado de menor; en la de riesgo durante el embarazo y en la de riesgo durante la lactancia natural; así como en las demás situaciones previstas en el artículo 166 en que así se establezca reglamentariamente.

Sin perjuicio de lo dispuesto en el párrafo anterior, las empresas tendrán derecho a una reducción del 75 por ciento de las cuotas empresariales a la Seguridad Social por contingencias comunes durante la situación de incapacidad temporal de aquellos trabajadores que hubieran cumplido la edad de 62 años. A estas reducciones de cuotas no les resultará de aplicación lo establecido en el artículo 20.1.

5. La obligación de cotizar se suspenderá durante las situaciones de huelga y cierre patronal.

6. La obligación de cotizar por las contingencias de accidentes de trabajo y enfermedades profesionales existirá aunque la empresa, con infracción de lo dispuesto en esta ley, no tuviera establecida la protección de su personal, o de parte de él, respecto a dichas contingencias. En tal caso, las primas debidas se devengarán a favor de la Tesorería General de la Seguridad Social.

Artículo 145. Tipo de cotización. 1. El tipo de cotización tendrá carácter único para todo el ámbito de protección de este Régimen General. Su establecimiento y su distribución, para determinar las aportaciones respectivas del empresario y trabajador obligados a cotizar, se efectuarán en la correspondiente Ley de Presupuestos Generales del Estado.

2. El tipo de cotización se reducirá en el porcentaje o porcentajes correspondientes a aquellas situaciones y contingencias que no queden comprendidas en la acción protectora que se determine de acuerdo con lo previsto en el artículo 155.2, para quienes sean asimilados a trabajadores por cuenta ajena, así como para otros supuestos establecidos legal o reglamentariamente.

Artículo 146. Cotización por accidentes de trabajo y enfermedades profesionales. 1. No obstante lo dispuesto en el artículo anterior, la cotización por las contingencias de accidentes de trabajo y enfermedades profesionales se realizará mediante la aplicación de los tipos de cotización establecidos para cada actividad económica, ocupación, o situación en la tarifa de primas establecida legalmente. Para el cálculo de dichos tipos de cotización se computará el coste de las prestaciones y las exigencias de los servicios preventivos y rehabilitadores.

2. De igual forma se podrán establecer, para las empresas que ofrezcan riesgos de enfermedades profesionales, tipos adicionales a la cotización de accidentes de trabajo, en relación a la peligrosidad de la industria o clase de trabajo y a la eficacia de los medios de prevención empleados.

3. La cuantía de los tipos de cotización a que se refieren los apartados anteriores podrá reducirse en el supuesto de empresas que se distingan por el empleo de medios eficaces de prevención. Asimismo, dicha cuantía podrá aumentarse en el caso de empresas que incumplan sus obligaciones en materia de seguridad y salud en el trabajo. La reducción y el aumento previstos en este apartado no podrán exceder del 10 por ciento de los tipos de cotización, si bien el aumento podrá llegar hasta un 20 por ciento en caso de reiterado incumplimiento de las aludidas obligaciones.

4. Los empresarios que ocupen a trabajadores, a quienes en razón de su actividad les resulte de aplicación un coeficiente reductor de la edad de jubilación, deberán cotizar por el tipo de cotización por accidentes de trabajo y enfermedades profesionales más alto de los establecidos, siempre y cuando el establecimiento de ese coeficiente reductor no lleve aparejada una cotización adicional por tal concepto.

Lo previsto en este apartado no será de aplicación a los empresarios que ocupen a trabajadores incluidos en el ámbito de aplicación del Real Decreto 1539/2003, de 5 de diciembre, por el que se establecen coeficientes reductores de la edad de jubilación a favor de los trabajadores que acreditan un grado importante de discapacidad. Tampoco resultará de aplicación a los trabajadores embarcados en barcos de pesca hasta 10 Toneladas de Registro Bruto incluidos en el Régimen Especial de Trabajadores del Mar.

Artículo 147. Base de cotización. 1. La base de cotización para todas las contingencias y situaciones amparadas por la acción protectora del Régimen General, incluidas las de accidente de trabajo y enfermedad profesional, estará constituida por la remuneración total, cualquiera que sea su forma o denominación, tanto en metálico como en especie, que con carácter mensual tenga derecho a percibir el trabajador o asimilado, o la que efectivamente perciba de ser esta superior, por razón del trabajo que realice por cuenta ajena.

Las percepciones de vencimiento superior al mensual se prorratearán a lo largo de los doce meses del año.

Las percepciones correspondientes a vacaciones anuales devengadas y no disfrutadas y que sean retribuidas a la finalización de la relación laboral serán objeto de liquidación y cotización complementaria a la del mes de la extinción del contrato. La liquidación y cotización complementaria comprenderán los días de duración de las vacaciones, aun cuando alcancen también el siguiente mes natural o se inicie una nueva relación laboral durante los mismos, sin prorrateo alguno y con aplicación, en su caso, del tope máximo de cotización correspondiente al mes o meses que resulten afectados.

No obstante lo establecido en el párrafo anterior, serán aplicables las normas generales de cotización en los términos que reglamentariamente se determinen cuando, mediante ley o en ejecución de la misma, se establezca que la remuneración del trabajador debe incluir, conjuntamente con el salario, la parte proporcional correspondiente a las vacaciones devengadas.

2. Únicamente no se computarán en la base de cotización los siguientes conceptos:

a) Las asignaciones para gastos de locomoción del trabajador que se desplace fuera de su centro habitual de trabajo para realizar el mismo en lugar distinto, cuando utilice medios de transporte público, siempre que el importe de dichos gastos se justifique mediante factura o documento equivalente.

b) Las asignaciones para gastos de locomoción del trabajador que se desplace fuera de su centro habitual de trabajo para realizar el mismo en lugar distinto, no comprendidos en el apartado anterior, así como para gastos normales de manutención y estancia generados en municipio distinto del lugar del trabajo habitual del perceptor y del que constituya su residencia, en la cuantía y con el alcance previstos en la normativa estatal reguladora del Impuesto sobre la Renta de la Personas Físicas.

c) Las indemnizaciones por fallecimiento y las correspondientes a traslados, suspensiones y despidos.

Las indemnizaciones por fallecimiento y las correspondientes a traslados y suspensiones estarán exentas de cotización hasta la cuantía máxima prevista en norma sectorial o convenio colectivo aplicable.

Las indemnizaciones por despido o cese del trabajador estarán exentas en la cuantía establecida con carácter obligatorio en el texto refundido de la

Ley del Estatuto de los Trabajadores, en su normativa de desarrollo o, en su caso, en la normativa reguladora de la ejecución de sentencias, sin que pueda considerarse como tal la establecida en virtud de convenio, pacto o contrato.

Cuando se extinga el contrato de trabajo con anterioridad al acto de conciliación, estarán exentas las indemnizaciones por despido que no excedan de la que hubiera correspondido en el caso de que este hubiera sido declarado improcedente, y no se trate de extinciones de mutuo acuerdo en el marco de planes o sistemas colectivos de bajas incentivadas.

Sin perjuicio de lo dispuesto en los párrafos anteriores, en los supuestos de despido o cese como consecuencia de despidos colectivos, tramitados de conformidad con lo dispuesto en el artículo 51 del texto refundido de la Ley del Estatuto de los Trabajadores, o producidos por las causas previstas en el artículo 52.c) del citado texto refundido, siempre que en ambos casos se deban a causas económicas, técnicas, organizativas, de producción o por fuerza mayor, quedará exenta la parte de indemnización percibida que no supere los límites establecidos con carácter obligatorio en el mencionado Estatuto para el despido improcedente.

d) Las prestaciones de la Seguridad Social, las mejoras de las prestaciones por incapacidad temporal concedidas por las empresas y las asignaciones destinadas por estas para satisfacer gastos de estudios dirigidos a la actualización, capacitación o reciclaje del personal a su servicio, cuando tales estudios vengan exigidos por el desarrollo de sus actividades o las características de los puestos de trabajo.

e) Las horas extraordinarias, salvo para la cotización por accidentes de trabajo y enfermedades profesionales de la Seguridad Social.

3. Los empresarios deberán comunicar a la Tesorería General de la Seguridad Social en cada período de liquidación el importe de todos los conceptos retributivos abonados a sus trabajadores, con independencia de su inclusión o no en la base de cotización a la Seguridad Social y aunque resulten de aplicación bases únicas.

Las contribuciones empresariales satisfechas a los planes de pensiones, en su modalidad de sistema de empleo, en el marco del texto refundido de la Ley de Regulación de Planes y Fondos de Pensiones, aprobada por el Real Decreto Legislativo 1/2002, de 29 de noviembre, y a instrumentos de modalidad de empleo propios establecidos por la legislación de las Comunidades Autónomas con competencia exclusiva en materia de mutualidades no integradas en la Seguridad Social se deberán comunicar, respecto de cada trabajador, código de cuenta de cotización y período de liquidación a la Tesorería General de la Seguridad Social antes de solicitarse el cálculo de la liquidación de cuotas correspondiente.

4. No obstante lo dispuesto en el apartado 2.e), el Ministerio de Empleo y Seguridad Social podrá establecer el cómputo de las horas extraordinarias, ya sea con carácter general, ya sea por sectores laborales en los que la prolongación de la jornada sea característica de su actividad.

Artículo 148. Topes máximo y mínimo de la base de cotización. 1. El tope máximo de la base de cotización, único para todas las actividades, categorías profesionales y contingencias incluidas en este Régimen, será el establecido, para cada año, en la correspondiente Ley de Presupuestos Generales del Estado.

2. El tope máximo de la base de cotización así establecido será aplicable igualmente en los casos de pluriempleo. A los efectos de esta ley se entenderá por pluriempleo la situación de quien trabaje en dos o más empresas distintas, en actividades que den lugar a su inclusión en el campo de aplicación de este Régimen General.

3. La base de cotización tendrá como tope mínimo la cuantía establecida en el artículo 19.2.

4. El Ministerio de Empleo y Seguridad Social adecuará, en función de los días y horas trabajados, los topes mínimos y las bases mínimas fijados para cada grupo de categorías profesionales, en relación con los supuestos en que, por disposición legal, se establezca expresamente la cotización por días o por horas.

Artículo 149. Cotización adicional por horas extraordinarias. La remuneración que obtengan los trabajadores por el concepto de horas extraordinarias, con independencia de su cotización a efectos de accidentes de trabajo y enfermedades profesionales, estará sujeta a una cotización adicional por parte de empresarios y trabajadores, con arreglo a los tipos que se establezcan en la correspondiente Ley de Presupuestos Generales del Estado.

La cotización adicional por horas extraordinarias estructurales que superen el tope máximo de ochenta horas establecido en el artículo 35.2 del texto refundido de la Ley del Estatuto de los Trabajadores se efectuará mediante la aplicación del tipo general de cotización establecido para las horas extraordinarias en la Ley de Presupuestos Generales del Estado.

Artículo 150. Normalización. El Ministerio de Empleo y Seguridad Social establecerá la normalización de las bases de cotización que resulten con arreglo a lo establecido en la presente sección.

Subsección 2.ª Cotización en supuestos especiales

Artículo 151. Cotización adicional en contratos de duración determinada. 1. Los contratos de duración determinada inferior a 30 días tendrán una cotización adicional a cargo del empresario a la finalización del mismo.

2. Dicha cotización adicional se calculará multiplicando por tres la cuota resultante de aplicar a la base mínima diaria de cotización del grupo 8 del Régimen General de la Seguridad Social para contingencias comunes, el tipo general de cotización a cargo de la empresa para la cobertura de las contingencias comunes.

3. Esta cotización adicional no se aplicará a los contratos a los que se refiere este artículo, cuando sean celebrados con trabajadores incluidos en el Sistema Especial para Trabajadores por Cuenta Ajena Agrarios, en el Sistema Especial para Empleados de Hogar, en el Régimen Especial para la Minería del Carbón, o en la relación laboral especial de las personas artistas que desarrollan su actividad en las artes escénicas, audiovisuales y musicales, así como de las personas que realizan actividades, técnicas o auxiliares necesarias para el desarrollo de dicha actividad; ni a los contratos por sustitución.

Artículo 152. Cotización al Régimen General a partir de la edad de jubilación. 1. Las empresas y las personas trabajadoras quedarán exentas de cotizar a la Seguridad Social por contingencias comunes, salvo por incapacidad temporal derivada de dichas contingencias, respecto de los trabajadores por cuenta ajena y de los socios trabajadores o de trabajo de las cooperativas, una vez hayan alcanzado la edad de acceso a la pensión de jubilación que en cada caso resulte de aplicación según lo establecido en el artículo 205.1.a).

2. La exención en la cotización prevista en este artículo comprenderá también las aportaciones por desempleo, Fondo de Garantía Salarial y formación profesional.

3. Las exenciones establecidas en este artículo no serán aplicables a las cotizaciones relativas a trabajadores que presten sus servicios en las administraciones públicas o en los organismos públicos regulados en la Ley 40/2015, de 1 de octubre, de Régimen Jurídico del Sector Público.

4. Los períodos en los que resulte de aplicación la exención prevista en este artículo serán computados como cotizados a los efectos de acceso y determinación de la cuantía de las prestaciones. La base reguladora de la prestación se determinará, en relación con estos períodos, conforme a lo dispuesto en el artículo 161.4.

Artículo 153. Cotización en supuestos de compatibilidad de jubilación y trabajo. Durante la realización de un trabajo por cuenta ajena compatible con la pensión de jubilación, en los términos establecidos en el artículo 214, los empresarios y los trabajadores cotizarán al Régimen General únicamente por incapacidad temporal y por contingencias profesionales, según la normativa reguladora de dicho Régimen, si bien quedarán sujetos a una cotización especial de solidaridad del 9 por ciento sobre la base de cotización por contingencias comunes, no computable a efectos de prestaciones, que se distribuirá entre ellos, corriendo a cargo del empresario el 7 por ciento y del trabajador el 2 por ciento.

Artículo 153 bis. Cotización en los supuestos de reducción de jornada o suspensión de contrato. En los supuestos de reducción temporal de jornada o suspensión temporal del contrato de trabajo, ya sea por decisión del empresario al amparo de lo establecido en los artículos 47 o 47 bis del texto refundido de la Ley del Estatuto de los Trabajadores, o en virtud de resolución judicial adoptada en el seno de un procedimiento concursal, la empresa está obligada al ingreso de las cuotas correspondientes a la aportación empresarial.

En caso de causarse derecho a la prestación por desempleo o a la prestación a la que se refiere la disposición adicional cuadragésima primera, corresponde a la entidad gestora de la prestación el ingreso de la aportación del trabajador en los términos previstos en el artículo 273.2 y en dicha disposición adicional, respectivamente.

En estos supuestos, las bases de cotización a la Seguridad Social para el cálculo de la aportación empresarial por contingencias comunes y por contingencias profesionales, estarán constituidas por el promedio de las bases de cotización en la empresa afectada correspondientes a dichas contingencias de los seis meses naturales inmediatamente anteriores al mes anterior al del inicio de cada situación de reducción de jornada o suspensión del contrato. Para el cálculo de dicho promedio, se tendrá en cuenta el número de días en situación de alta, en la empresa de que se trate, durante el período de los seis meses indicados.

Las bases de cotización calculadas conforme a lo indicado anteriormente se reducirán, en los supuestos de reducción temporal de jornada, en función de la jornada de trabajo no realizada.

No obstante, en los supuestos en que la persona trabajadora haya causado alta en la empresa en el mes anterior al inicio de cada situación, o en el mismo mes del inicio de la situación, para el cálculo de dicho promedio se tomarán las bases de cotización en la empresa afectada correspondiente al mes inmediatamente anterior al del inicio de la situación, o al mes del inicio de situación, respectivamente.

Durante los períodos de suspensión temporal de contrato de trabajo y de reducción temporal de jornada, respecto de la jornada de trabajo no realizada, no resultarán de aplicación las normas de cotización correspondientes a las situaciones de incapacidad temporal, descanso por nacimiento y cuidado de menor, y riesgo durante el embarazo y la lactancia natural.

Artículo 153 ter. Cotización de las personas pensionistas de jubilación cuando realicen actividades artísticas. Durante la realización de un trabajo por cuenta ajena regulado en el artículo 249 quater compatible con la pensión de jubilación, los empresarios estarán obligados a solicitar el alta y cotizar en el Régimen General de la Seguridad Social únicamente por contingencias profesionales, según la normativa reguladora de dicho régimen, si bien quedarán sujetos a una cotización especial de solidaridad del 9 por ciento sobre la base de cotización por contingencias comunes, no computable a efectos de prestaciones, que se distribuirá entre empresario y trabajador, quedando a cargo del empresario el 7 por ciento y del trabajador el 2 por ciento.

Sección 3.ª Recaudación

Artículo. 154. Normas generales. 1. A efectos de lo dispuesto en el capítulo III del título I de esta ley, los empresarios y, en su caso, las personas señaladas en los artículos 18 y 168.1 y 2, serán los obligados a ingresar la totalidad de las cuotas de este Régimen General en el plazo, lugar y forma establecidos en esta ley y en sus normas de aplicación y desarrollo.

2. Serán imputables a los sujetos responsables del cumplimiento de la obligación de cotizar los recargos y el interés de demora establecidos en los artículos 30 y 31.

3. El ingreso de las cuotas fuera de plazo reglamentario se efectuará con arreglo al tipo de cotización vigente en la fecha en que las cuotas se devengaron.

CAPÍTULO III. Aspectos comunes de la acción protectora

Artículo 155. Alcance de la acción protectora. 1. La acción protectora del Régimen General será la establecida en el artículo 42, con excepción de la protección por cese de actividad y las prestaciones no contributivas.

Las prestaciones y beneficios se facilitarán en las condiciones que se determinan en el presente título y en sus disposiciones reglamentarias.

2. En el supuesto de asimilación a trabajadores por cuenta ajena a que se refiere el artículo 136.2.q), la propia norma en la que se disponga dicha asimilación determinará el alcance de la protección otorgada.

Artículo 156. Concepto de accidente de trabajo. 1. Se entiende por accidente de trabajo toda lesión corporal que el trabajador sufra con ocasión o por consecuencia del trabajo que ejecute por cuenta ajena.

2. Tendrán la consideración de accidentes de trabajo:

a) Los que sufra el trabajador al ir o al volver del lugar de trabajo.

b) Los que sufra el trabajador con ocasión o como consecuencia del desempeño de cargos electivos de carácter sindical, así como los ocurridos al ir o al volver del lugar en que se ejerciten las funciones propias de dichos cargos.

c) Los ocurridos con ocasión o por consecuencia de las tareas que, aun siendo distintas a las de su grupo profesional, ejecute el trabajador en cumplimiento de las órdenes del empresario o espontáneamente en interés del buen funcionamiento de la empresa.

d) Los acaecidos en actos de salvamento y en otros de naturaleza análoga, cuando unos y otros tengan conexión con el trabajo.

e) Las enfermedades, no incluidas en el artículo siguiente, que contraiga el trabajador con motivo de la realización de su trabajo, siempre que se pruebe que la enfermedad tuvo por causa exclusiva la ejecución del mismo.

f) Las enfermedades o defectos, padecidos con anterioridad por el trabajador, que se agraven como consecuencia de la lesión constitutiva del accidente.

g) Las consecuencias del accidente que resulten modificadas en su naturaleza, duración, gravedad o terminación, por enfermedades intercurrentes, que constituyan complicaciones derivadas del proceso patológico determinado por el accidente mismo o tengan su origen en afecciones adquiridas en el nuevo medio en que se haya situado el paciente para su curación.

3. Se presumirá, salvo prueba en contrario, que son constitutivas de accidente de trabajo las lesiones que sufra el trabajador durante el tiempo y en el lugar del trabajo.

4. No obstante lo establecido en los apartados anteriores, no tendrán la consideración de accidente de trabajo:

a) Los que sean debidos a fuerza mayor extraña al trabajo, entendiéndose por esta la que sea de tal naturaleza que no guarde relación alguna con el trabajo que se ejecutaba al ocurrir el accidente.

En ningún caso se considerará fuerza mayor extraña al trabajo la insolación, el rayo y otros fenómenos análogos de la naturaleza.

b) Los que sean debidos a dolo o a imprudencia temeraria del trabajador accidentado.

5. No impedirán la calificación de un accidente como de trabajo:

a) La imprudencia profesional que sea consecuencia del ejercicio habitual de un trabajo y se derive de la confianza que este inspira.

b) La concurrencia de culpabilidad civil o criminal del empresario, de un compañero de trabajo del accidentado o de un tercero, salvo que no guarde relación alguna con el trabajo.

Artículo 157. Concepto de enfermedad profesional. Se entenderá por enfermedad profesional la contraída a consecuencia del trabajo ejecutado por cuenta ajena en las actividades que se especifiquen en el cuadro que se apruebe por las disposiciones de aplicación y desarrollo de esta ley, y que esté provocada por la acción de los elementos o sustancias que en dicho cuadro se indiquen para cada enfermedad profesional.

En tales disposiciones se establecerá el procedimiento que haya de observarse para la inclusión en dicho cuadro de nuevas enfermedades profesionales que se estime deban ser incorporadas al mismo. Dicho procedimiento comprenderá, en todo caso, como trámite preceptivo, el informe del Ministerio de Sanidad, Servicios Sociales e Igualdad.

Artículo 158. Concepto de accidente no laboral y de enfermedad común. 1. Se considerará accidente no laboral el que, conforme a lo establecido en el artículo 156, no tenga el carácter de accidente de trabajo.

2. Se considerará que constituyen enfermedad común las alteraciones de la salud que no tengan la condición de accidentes de trabajo ni de enfermedades profesionales, conforme a lo dispuesto, respectivamente, en los apartados 2.e), f) y g) del artículo 156 y en el artículo 157.

Artículo 159. Concepto de las restantes contingencias. El concepto legal de las restantes contingencias será el que resulte de las condiciones exigidas para el reconocimiento del derecho a las prestaciones otorgadas en consideración a cada una de ellas.

Artículo 160. Riesgos catastróficos. En ningún caso serán objeto de protección por el Régimen General los riesgos declarados catastróficos al amparo de su legislación especial.

CAPÍTULO IV. Normas generales en materia de prestaciones

Artículo 161. Cuantía de las prestaciones. 1. La cuantía de las prestaciones económicas no determinada en la presente ley será fijada en sus normas de desarrollo.

2. La cuantía de las pensiones y de las demás prestaciones cuyo importe se calcule sobre una base reguladora se determinará en función de la totalidad de las bases por las que se haya cotizado durante los períodos que se señalen para cada una de ellas.

La cotización adicional por horas extraordinarias a que se refiere el artículo 149 no será computable a efectos de determinar la base reguladora de las prestaciones.

En todo caso, la base reguladora de cada prestación no podrá rebasar el tope máximo de la base de cotización previsto en el artículo 148.

3. En los casos de pluriempleo, la base reguladora de las prestaciones se determinará en función de la suma de las bases por las que se haya cotizado en las distintas empresas, siendo de aplicación a la base reguladora así determinada el tope máximo a que se refiere el apartado anterior.

4. Por los períodos de actividad en los que no se hayan efectuado cotizaciones por contingencias comunes, en los términos previstos en el artículo

152, a efectos de determinar la base reguladora de las prestaciones excluidas de cotización, las bases de cotización correspondientes a las mensualidades de cada ejercicio económico exentas de cotización no podrán ser superiores al resultado de incrementar el promedio de las bases de cotización del año natural inmediatamente anterior en el porcentaje de variación media conocida del Índice de Precios de Consumo en el último año indicado más dos puntos porcentuales.

Artículo 162. Caracteres de las prestaciones. 1. Las prestaciones del Régimen General de la Seguridad Social tendrán los caracteres establecidos genéricamente en el artículo 44.

2. Las prestaciones que deban satisfacer los empresarios a su cargo, conforme a lo establecido en el artículo 167.2 y en el párrafo segundo del artículo 173.1, o por su colaboración en la gestión y, en su caso, las mutuas colaboradoras con la Seguridad Social en régimen de liquidación, tendrán el carácter de créditos privilegiados, gozando, al efecto, del régimen establecido en el artículo 32 del texto refundido de la Ley del Estatuto de los Trabajadores.

3. Lo dispuesto en los apartados anteriores será también de aplicación al recargo de prestaciones a que se refiere el artículo 164.

Artículo 163. Incompatibilidad de pensiones. 1. Las pensiones de este Régimen General serán incompatibles entre sí cuando coincidan en un mismo beneficiario, a no ser que expresamente se disponga lo contrario, legal o reglamentariamente.

En caso de que se cause derecho a una nueva pensión que resulte incompatible con la que se viniera percibiendo, la entidad gestora iniciará el pago o, en su caso, continuará con el abono de la pensión de mayor cuantía, en términos anuales, con suspensión de la pensión que conforme a lo anterior corresponda.

No obstante, el interesado podrá solicitar que se revoque dicho acuerdo y optar por percibir la pensión suspendida. Esta opción producirá efectos económicos a partir del día primero del mes siguiente a la solicitud.

2. El régimen de incompatibilidad establecido en el apartado anterior será también aplicable a la indemnización a tanto alzado prevista en el artículo 196.2 como prestación sustitutiva de pensión de incapacidad permanente en el grado de total.

Artículo 164. Recargo de las prestaciones económicas derivadas de accidente de trabajo o enfermedad profesional. 1. Todas las prestaciones económicas que tengan su causa en accidente de trabajo o enfermedad profesional se aumentarán, según la gravedad de la falta, de un 30 a un 50 por ciento, cuando la lesión se produzca por equipos de trabajo o en instalaciones, centros o lugares de trabajo que carezcan de los medios de protección reglamentarios, los tengan inutilizados o en malas condiciones, o cuando no se hayan observado las medidas generales o particulares de seguridad y salud en el trabajo, o las de adecuación personal a cada trabajo, habida cuenta de sus características y de la edad, sexo y demás condiciones del trabajador.

2. La responsabilidad del pago del recargo establecido en el apartado anterior recaerá directamente sobre el empresario infractor y no podrá ser objeto de seguro alguno, siendo nulo de pleno derecho cualquier pacto o contrato que se realice para cubrirla, compensarla o trasmitirla.

3. La responsabilidad que regula este artículo es independiente y compatible con las de todo orden, incluso penal, que puedan derivarse de la infracción.

Artículo 165. Condiciones del derecho a las prestaciones. 1. Para causar derecho a las prestaciones del Régimen General, las personas incluidas en su campo de aplicación habrán de cumplir, además de los requisitos particulares exigidos para acceder a cada una de ellas, el requisito general de estar afiliadas y en alta en dicho Régimen o en situación asimilada a la de alta al sobrevenir la contingencia o situación protegida, salvo disposición legal expresa en contrario.

2. En las prestaciones cuyo reconocimiento o cuantía esté subordinado, además, al cumplimiento de determinados períodos de cotización, solamente serán computables a tales efectos las cotizaciones efectivamente realizadas o las expresamente asimiladas a ellas en esta ley o en sus disposiciones reglamentarias.

3. Las cuotas correspondientes a la situación de incapacidad temporal, de maternidad, de paternidad, de riesgo durante el embarazo o de riesgo durante la lactancia natural serán computables a efectos de los distintos períodos previos de cotización exigidos para el derecho a las prestaciones.

4. No se exigirán períodos previos de cotización para el derecho a las prestaciones derivadas de accidente, sea o no de trabajo, o de enfermedad profesional, salvo disposición legal expresa en contrario.

5. El período de suspensión con reserva del puesto de trabajo, contemplado en el artículo 48.8 del texto refundido de la Ley del Estatuto de los Trabajadores para supuestos de violencia de género o violencia sexual, tendrá la consideración de período de cotización efectiva a efectos de las correspondientes prestaciones de la Seguridad Social por jubilación, incapacidad permanente, muerte y supervivencia, nacimiento y cuidado de menor, desempleo y cuidado de menores afectados por cáncer u otra enfermedad grave.

6. El período por maternidad o paternidad que subsista a la fecha de extinción del contrato de trabajo, o que se inicie durante la percepción de la prestación por desempleo, será considerado como período de cotización efectiva a efectos de las correspondientes prestaciones de la Seguridad Social por jubilación, incapacidad permanente, muerte y supervivencia, maternidad, paternidad y cuidado de menores afectados por cáncer u otra enfermedad grave.

Artículo 166. Situaciones asimiladas a la de alta. 1. A los efectos indicados en el artículo 165.1, la situación legal de desempleo total durante la que el trabajador perciba prestación por dicha contingencia será asimilada a la de alta.

2. También tendrá la consideración de situación asimilada a la de alta, con cotización, salvo en lo que respecta a los subsidios por riesgo durante el embarazo y por riesgo durante la lactancia natural, la situación del trabajador durante el período correspondiente a vacaciones anuales retribuidas que no hayan sido disfrutadas por el mismo con anterioridad a la finalización del contrato.

3. Los casos de excedencia forzosa, traslado por la empresa fuera del territorio nacional, convenio especial con la Administración de la Seguridad Social y los demás que señale el Ministerio de Empleo y Seguridad Social, podrán ser asimilados a la situación de alta para determinadas contingencias, con el alcance y condiciones que reglamentariamente se establezcan.

4. Los trabajadores comprendidos en el campo de aplicación de este Régimen General se considerarán, de pleno derecho, en situación de alta a efectos de accidentes de trabajo, enfermedades profesionales y desempleo, aunque su empresario hubiera incumplido sus obligaciones. Igual norma se aplicará a los exclusivos efectos de la asistencia sanitaria por enfermedad común, maternidad y accidente no laboral.

5. El Gobierno, a propuesta del titular del Ministerio de Empleo y Seguridad Social y previa la determinación de los recursos financieros precisos, podrá

extender la presunción de alta a que se refiere el apartado anterior a alguna o algunas de las restantes contingencias reguladas en el presente título.

6. Lo establecido en los dos apartados anteriores se entenderá sin perjuicio de la obligación de los empresarios de solicitar el alta de sus trabajadores en el Régimen General, conforme a lo dispuesto en el artículo 139, y de la responsabilidad empresarial que resulte procedente de acuerdo con lo previsto en el artículo siguiente.

7. Durante las situaciones de huelga y cierre patronal el trabajador permanecerá en situación de alta especial en la Seguridad Social.

Artículo 167. Responsabilidad en orden a las prestaciones. 1. Cuando se haya causado derecho a una prestación por haberse cumplido las condiciones a que se refiere el artículo 165, la responsabilidad correspondiente se imputará, de acuerdo con sus respectivas competencias, a las entidades gestoras, mutuas colaboradoras con la Seguridad Social o empresarios que colaboren en la gestión o, en su caso, a los servicios comunes.

2. El incumplimiento de las obligaciones en materia de afiliación, altas y bajas y de cotización determinará la exigencia de responsabilidad, en cuanto al pago de las prestaciones, previa la fijación de los supuestos de imputación y de su alcance y la regulación del procedimiento para hacerla efectiva.

3. No obstante lo establecido en el apartado anterior, las entidades gestoras, mutuas colaboradoras con la Seguridad Social o, en su caso, los servicios comunes procederán, de acuerdo con sus respectivas competencias, al pago de las prestaciones a los beneficiarios en aquellos casos, incluidos en dicho apartado, en los que así se determine reglamentariamente, con la consiguiente subrogación en los derechos y acciones de tales beneficiarios. El indicado pago procederá aun cuando se trate de empresas desaparecidas o de aquellas que por su especial naturaleza no puedan ser objeto de procedimiento de apremio. Igualmente, las mencionadas entidades, mutuas y servicios asumirán el pago de las prestaciones, en la medida en que se atenúe el alcance de la responsabilidad de los empresarios respecto a dicho pago.

El anticipo de las prestaciones, en ningún caso, podrá exceder de la cantidad equivalente a dos veces y media el importe del indicador público de renta de efectos múltiples vigente en el momento del hecho causante o, en su caso, del importe del capital coste necesario para el pago anticipado, con el límite indicado por las entidades gestoras, mutuas o servicios. En todo caso, el cálculo del importe de las prestaciones o del capital coste para el pago de las mismas por las mutuas o empresas declaradas responsables de aquellas incluirá el interés de capitalización y el recargo por falta de aseguramiento establecido pero con exclusión del recargo por falta de medidas de seguridad y salud en el trabajo a que se refiere el artículo 164.

Los derechos y acciones que, por subrogación en los derechos y acciones de los beneficiarios, correspondan a aquellas entidades, mutuas o servicios frente al empresario declarado responsable de prestaciones por resolución administrativa o judicial o frente a las entidades de la Seguridad Social en funciones de garantía, únicamente podrán ejercitarse contra el responsable subsidiario tras la previa declaración administrativa o judicial de insolvencia, provisional o definitiva, de dicho empresario.

Cuando, en virtud de lo dispuesto en este apartado, las entidades gestoras, las mutuas y, en su caso, los servicios comunes se subrogasen en los derechos y acciones de los beneficiarios, aquellos podrán utilizar frente al empresario responsable la misma vía administrativa o judicial que se hubiera seguido para la efectividad del derecho y de la acción objeto de subrogación.

4. Corresponderá a la entidad gestora competente la declaración, en vía administrativa, de la responsabilidad en orden a las prestaciones cualquiera que sea la prestación de que se trate, así como de la entidad que, en su caso, deba anticipar aquella o constituir el correspondiente capital coste.

Artículo 168. Supuestos especiales de responsabilidad en orden a las prestaciones. 1. Sin perjuicio de lo dispuesto en el artículo 42 del texto refundido de la Ley del Estatuto de los Trabajadores para las contratas y subcontratas de obras y servicios correspondientes a la propia actividad del empresario contratante, cuando un empresario haya sido declarado responsable, en todo o en parte, del pago de una prestación, a tenor de lo previsto en el artículo anterior, si la correspondiente obra o industria estuviera contratada, el propietario de esta responderá de las obligaciones del empresario si el mismo fuese declarado insolvente.

No habrá lugar a esta responsabilidad subsidiaria cuando la obra contratada se refiera exclusivamente a las reparaciones que pueda contratar el titular de un hogar respecto a su vivienda.

2. En los casos de sucesión en la titularidad de la explotación, industria o negocio, el adquirente responderá solidariamente con el anterior o con sus herederos del pago de las prestaciones causadas antes de dicha sucesión. La misma responsabilidad se establece entre el empresario cedente y cesionario

en los casos de cesión temporal de mano de obra, aunque sea a título amistoso o no lucrativo, sin perjuicio de lo establecido en el art. 16.3 de la Ley 14/1994, de 1 de junio, por la que se regulan las empresas de trabajo temporal.

Reglamentariamente se regulará la expedición de certificados por la Administración de la Seguridad Social que impliquen garantía de no responsabilidad para los adquirentes.

3. Cuando la prestación haya tenido como origen supuestos de hecho que impliquen responsabilidad criminal o civil de alguna persona, incluido el empresario, la prestación será hecha efectiva, cumplidas las demás condiciones, por la entidad gestora, servicio común o mutua colaboradora con la Seguridad Social, en su caso, sin perjuicio de aquellas responsabilidades. En estos casos, el trabajador o sus derechohabientes podrán exigir las indemnizaciones procedentes de los presuntos responsables criminal o civilmente.

Con independencia de las acciones que ejerciten los trabajadores o sus causahabientes, el Instituto Nacional de Gestión Sanitaria o comunidad autónoma correspondiente y, en su caso, las mutuas colaboradoras con la Seguridad Social, tendrán derecho a reclamar al tercero responsable o, en su caso, al subrogado legal o contractualmente en sus obligaciones, el coste de las prestaciones sanitarias que hubiesen satisfecho. Igual derecho asistirá, en su caso, al empresario que colabore en la gestión de la asistencia sanitaria, conforme a lo previsto en la presente ley.

Para ejercitar el derecho al resarcimiento a que se refiere el párrafo anterior, la entidad gestora que en el mismo se señala y, en su caso, las mutuas colaboradoras con la Seguridad Social o empresarios, tendrán plena facultad para personarse directamente en el procedimiento penal o civil seguido para hacer efectiva la indemnización, así como para promoverlo directamente, considerándose como terceros perjudicados al efecto del artículo 113 del Código Penal.

CAPÍTULO V. Incapacidad temporal

Artículo 169. Concepto. 1. Tendrán la consideración de situaciones determinantes de incapacidad temporal:

a) Las debidas a enfermedad común o profesional y a accidente, sea o no de trabajo, mientras el trabajador reciba asistencia sanitaria de la Seguridad Social y esté impedido para el trabajo, con una duración máxima de trescientos sesenta y cinco días, prorrogables por otros ciento ochenta días cuando se presuma que durante ellos puede el trabajador ser dado de alta médica por curación.

Tendrán la consideración de situaciones especiales de incapacidad temporal por contingencias comunes aquellas en que pueda encontrarse la mujer en caso de menstruación incapacitante secundaria, así como la debida a la interrupción del embarazo, voluntaria o no, mientras reciba asistencia sanitaria por el Servicio Público de Salud y esté impedida para el trabajo, sin perjuicio de aquellos supuestos en que la interrupción del embarazo sea debida a accidente de trabajo o enfermedad profesional, en cuyo caso tendrá la consideración de situación de incapacidad temporal por contingencias profesionales.

Se considerará también situación especial de incapacidad temporal por contingencias comunes la de gestación de la mujer trabajadora desde el día primero de la semana trigésima novena.

Se considerará situación especial de incapacidad temporal por contingencias comunes aquella en la que se encuentre la persona trabajadora donante de órganos o tejidos para su trasplante. Esta situación comprenderá tanto los días discontinuos como ininterrumpidos, en los que el donante reciba asistencia sanitaria de la Seguridad Social y esté impedido para el trabajo como consecuencia de la preparación médica de la cirugía, como los transcurridos desde el día del ingreso hospitalario para la realización de esta preparación o la realización del trasplante hasta que sea dado de alta por curación.

b) Los períodos de observación por enfermedad profesional en los que se prescriba la baja en el trabajo durante los mismos, con una duración máxima de ciento ochenta días, prorrogables por otros ciento ochenta días cuando se estime necesario para el estudio y diagnóstico de la enfermedad.

2. A efectos del período máximo de duración de la situación de incapacidad temporal que se señala en la letra a) del apartado anterior, y de su posible prórroga, se computarán los períodos de recaída y de observación.

Se considerará que existe recaída en un mismo proceso cuando se produzca una nueva baja médica por la misma o similar patología dentro de los ciento ochenta días naturales siguientes a la fecha de efectos de alta médica anterior, salvo los procesos por bajas médicas por menstruación incapacitante secundaria en los que cada proceso se considerará nuevo sin computar a los efectos del período máximo de duración de la situación de incapacidad temporal, y de su posible prórroga.

(…)

Artículo 175. Pérdida o suspensión del derecho al subsidio. 1. El derecho al subsidio por incapacidad temporal podrá ser denegado, anulado o suspendido:

a) Cuando el beneficiario haya actuado fraudulentamente para obtener o conservar dicha prestación.

b) Cuando el beneficiario trabaje por cuenta propia o ajena.

2. También podrá ser suspendido el derecho al subsidio cuando, sin causa razonable, el beneficiario rechace o abandone el tratamiento que le fuere indicado.

3. La incomparecencia del beneficiario a cualquiera de las convocatorias realizadas por los médicos adscritos al Instituto Nacional de la Seguridad Social y a las mutuas colaboradoras con la Seguridad Social para examen y reconocimiento médico producirá la suspensión cautelar del derecho, al objeto de comprobar si aquella fue o no justificada. Reglamentariamente se regulará el procedimiento de suspensión del derecho y sus efectos.

(…)

CAPÍTULO VI. Nacimiento y cuidado de menor

Sección 1.ª Supuesto general

Artículo 177. Situaciones protegidas. A efectos de la prestación por nacimiento y cuidado de menor prevista en esta sección, se consideran situaciones protegidas el nacimiento, la adopción, la guarda con fines de adopción y el acogimiento familiar, de conformidad con el Código Civil o las leyes civiles de las comunidades autónomas que lo regulen, siempre que, en este último caso, su duración no sea inferior a un año, durante los períodos de descanso que por tales situaciones se disfruten, de acuerdo con lo previsto en los apartados 4, 5 y 6 del artículo 48 del texto refundido de la Ley del Estatuto de los Trabajadores, y en el artículo 49.a), b) y c) del texto refundido de la Ley del Estatuto Básico del Empleado Público.

(…)

Artículo 180. Pérdida o suspensión del derecho al subsidio por nacimiento y cuidado de menor. El derecho al subsidio por nacimiento y cuidado de menor podrá ser denegado, anulado o suspendido, cuando el beneficiario hubiera actuado fraudulentamente para obtener o conservar dicha prestación, así como cuando trabajara por cuenta propia o ajena durante los correspondientes períodos de descanso.

Sección 2.ª Supuesto especial

Artículo 181. Personas beneficiarias. Serán personas beneficiarias del subsidio por nacimiento y cuidado de menor previsto en esta sección las personas trabajadoras incluidas en el Régimen General que, producida la situación de nacimiento, adopción, guarda con fines de adopción o acogimiento familiar a que se refiere el artículo 177, reúnan todos los requisitos establecidos para acceder a la prestación por nacimiento y cuidado de menor regulada en la sección anterior, salvo el período mínimo de cotización establecido en el artículo 178.

(...)

CAPÍTULO VII. Corresponsabilidad en el cuidado del lactante

Artículo 183. Situación protegida. A efectos de la prestación económica por ejercicio corresponsable del cuidado del lactante, se considera situación protegida la reducción de la jornada de trabajo en media hora que, de acuerdo con lo previsto en el párrafo cuarto del artículo 37.4 del texto refundido de la Ley del Estatuto de los Trabajadores, lleven a cabo con la misma duración y régimen los dos progenitores, adoptantes, guardadores con fines de adopción o acogedores de carácter permanente, cuando ambos trabajen, para el cuidado del lactante desde que cumpla nueve meses hasta los doce meses de edad.

La acreditación del ejercicio corresponsable del cuidado del lactante se realizará mediante certificación de la reducción de la jornada por las empresas en que trabajen sus progenitores, adoptantes, guardadores o acogedores.

Reglamentariamente se determinarán los requisitos que deberá cumplir esta documentación.

(...)

CAPÍTULO VIII. Riesgo durante el embarazo

Artículo 186. Situación protegida. A los efectos de la prestación económica por riesgo durante el embarazo, se considera situación protegida el periodo de suspensión del contrato de trabajo en los supuestos en que, debiendo la mujer trabajadora cambiar de puesto de trabajo por otro compatible con su estado, en los términos previstos en el artículo 26.3 de la Ley 31/1995, de 8 de noviembre, de Prevención de Riesgos Laborales, dicho cambio de puesto no resulte técnica u objetivamente posible, o no pueda razonablemente exigirse por motivos justificados.

La prestación correspondiente a la situación de riesgo durante el embarazo tendrá la naturaleza de prestación derivada de contingencias profesionales.

(...)

CAPÍTULO IX. Riesgo durante la lactancia natural

Artículo 188. Situación protegida. A los efectos de la prestación económica por riesgo durante la lactancia natural, se considera situación protegida el período de suspensión del contrato de trabajo en los supuestos en que, debiendo la mujer trabajadora cambiar de puesto de trabajo por otro compatible con su situación, en los términos previstos en el artículo 26.4 de la Ley 31/1995, de 8 de noviembre, de Prevención de Riesgos Laborales, dicho cambio de puesto no resulte técnica u objetivamente posible, o no pueda razonablemente exigirse por motivos justificados.

(...)

CAPÍTULO X. Cuidado de menores afectados por cáncer u otra enfermedad grave

Artículo 190. Situación protegida. 1. A efectos de la prestación económica por cuidado de hijos o personas sujetas a guarda con fines de adopción o acogida con carácter permanente, menores de 18 años, afectados por cáncer u otra enfermedad grave, se considera situación protegida la reducción de la jornada de trabajo de, al menos, un 50 por ciento que, de acuerdo con lo previsto en el párrafo tercero del artículo 37.6 del texto refundido de la Ley del Estatuto de los Trabajadores, lleven a cabo los progenitores, guardadores con fines de adopción o acogedores de carácter permanente, cuando ambos trabajen, o cuando solo haya un progenitor por tratarse de familias monoparentales, para el cuidado directo, continuo y permanente del menor a su cargo afectado por cáncer (tumores malignos, melanomas y carcinomas) o por cualquier otra enfermedad grave que requiera ingreso hospitalario de larga duración, durante el tiempo de hospitalización y tratamiento continuado de la enfermedad.

2. La acreditación del padecimiento del cáncer u otra enfermedad grave, así como de la necesidad de hospitalización y tratamiento, y de cuidado durante el mismo, en los términos indicados en el apartado anterior, se realizará mediante informe del servicio público de salud u órgano administrativo sanitario de la comunidad autónoma correspondiente.

3. Se mantendrá la prestación económica hasta los 23 años cuando, alcanzada la mayoría de edad, persistiera el padecimiento del cáncer o la enfermedad grave, diagnosticada anteriormente, y subsistiera la necesidad de hospitalización, tratamiento y cuidado durante el mismo, en los términos y con la acreditación que se exigen en los apartados anteriores.

No obstante, cumplidos los 18 años, se podrá reconocer la prestación hasta que el causante cumpla 23 años en los supuestos de padecimiento de cáncer o enfermedad grave diagnosticada antes de alcanzar la mayoría de edad, siempre que en el momento de la solicitud se acrediten los requisitos establecidos en los apartados anteriores, salvo la edad.

Asimismo, se mantendrá la prestación económica hasta que el causante cumpla 26 años si antes de alcanzar los 23 años acreditara, además, un grado de discapacidad igual o superior al 65 por ciento.

4. Reglamentariamente se determinarán las enfermedades consideradas graves, a efectos del reconocimiento de la prestación económica prevista en este capítulo.

(…)

CAPÍTULO XI. Incapacidad permanente contributiva

Artículo 193. Concepto. 1. La incapacidad permanente contributiva es la situación de la persona trabajadora que, después de haber estado sometida al tratamiento prescrito, presenta reducciones anatómicas o funcionales graves, susceptibles de determinación objetiva y previsiblemente definitivas, que disminuyan o anulen su capacidad laboral. No obstará a tal calificación la posibilidad de recuperación de la capacidad laboral de la persona incapacitada, si dicha posibilidad se estima médicamente como incierta o a largo plazo.

El requisito de haber estado sometido previamente al tratamiento prescrito podrá no ser exigible en aquellos supuestos en los que, atendiendo a las características de la patología de la persona trabajadora, el estadio de la enfermedad, su previsible evolución, y la gravedad de las reducciones anatómicas y funcionales, estas queden suficientemente objetivadas y sean previsiblemente definitivas.

Las reducciones anatómicas o funcionales existentes en la fecha de la afiliación del interesado en la Seguridad Social no impedirán la calificación de la situación de incapacidad permanente, cuando se trate de personas con discapacidad y con posterioridad a la afiliación tales reducciones se hayan agravado, provocando por sí mismas o por concurrencia con nuevas lesiones o patologías una disminución o anulación de la capacidad laboral que tenía el interesado en el momento de su afiliación.

2. La incapacidad permanente habrá de derivarse de la situación de incapacidad temporal, salvo que afecte a quienes carezcan de protección en cuanto a dicha incapacidad temporal, bien por encontrarse en una situación asimilada a la de alta, de conformidad con lo previsto en el artículo 166, que no la comprenda, bien en los supuestos de asimilación a trabajadores por cuenta ajena, en los que se dé la misma circunstancia, de acuerdo con lo previsto en el artículo 155.2, bien en los casos de acceso a la incapacidad permanente desde la situación de no alta, a tenor de lo previsto en el artículo 195.4. Tampoco será necesario que la incapacidad permanente derive de una situación de incapacidad temporal en los supuestos señalados en el segundo párrafo del apartado anterior.

Artículo 194. Grados de incapacidad permanente. 1. La incapacidad permanente, cualquiera que sea su causa determinante, se clasificará, en función del porcentaje de reducción de la capacidad de trabajo del interesado, valorado de acuerdo con la lista de enfermedades que se apruebe reglamentariamente en los siguientes grados:

a) Incapacidad permanente parcial.

b) Incapacidad permanente total.

c) Incapacidad permanente absoluta.

d) Gran incapacidad.

2. La calificación de la incapacidad permanente en sus distintos grados se determinará en función del porcentaje de reducción de la capacidad de trabajo que reglamentariamente se establezca.

A efectos de la determinación del grado de la incapacidad, se tendrá en cuenta la incidencia de la reducción de la capacidad de trabajo en el desarrollo de la profesión que ejercía el interesado o del grupo profesional, en que aquella estaba encuadrada, antes de producirse el hecho causante de la incapacidad permanente.

3. La lista de enfermedades, la valoración de las mismas, a efectos de la reducción de la capacidad de trabajo, y la determinación de los distintos grados de incapacidad, así como el régimen de incompatibilidades de los mismos, serán objeto de desarrollo reglamentario por el Gobierno, previo informe del Consejo General del Instituto Nacional de la Seguridad Social.

(...)

Artículo 198. Compatibilidades en el percibo de prestaciones económicas por incapacidad permanente. 1. En caso de incapacidad permanente total, la pensión vitalicia correspondiente será compatible con el salario que pueda percibir el trabajador en la misma empresa o en otra distinta, siempre y cuando las funciones no coincidan con aquellas que dieron lugar a la incapacidad permanente total.

De igual forma podrá determinarse la incompatibilidad entre la percepción del incremento previsto en el artículo 196.2, párrafo segundo, y la realización de trabajos, por cuenta propia o ajena, incluidos en el campo de aplicación del sistema de la Seguridad Social.

2. Las pensiones vitalicias en caso de incapacidad permanente absoluta o de gran incapacidad no impedirán el ejercicio de aquellas actividades, sean o no lucrativas, compatibles con el estado del incapacitado y que no representen un cambio en su capacidad de trabajo a efectos de revisión.

En el supuesto de que el pensionista realice un trabajo o actividad que de lugar a la inclusión en un régimen de la seguridad social, la entidad gestora suspenderá el pago de la pensión. La entidad gestora reanudará el pago de la misma cuando se produzca el cese en el trabajo o actividad. Todo ello sin perjuicio de la eventual revisión del grado de incapacidad permanente.

Sin perjuicio de lo previsto en el párrafo anterior, el complemento de gran incapacidad destinado a que la persona beneficiaria pueda remunerar a la persona que le atienda no se suspenderá por la realización de un trabajo incompatible con la pensión.

3. El disfrute de la pensión de incapacidad permanente absoluta y de gran incapacidad a partir de la edad de acceso a la pensión de jubilación será incompatible con el desempeño por el pensionista de un trabajo, por cuenta propia o por cuenta ajena, que determine su inclusión en alguno de los regímenes del Sistema de la Seguridad Social, en los mismos términos y condiciones que los regulados para la pensión de jubilación en su modalidad contributiva en el artículo 213.1.

(...)

Artículo 200. Calificación y revisión. 1. Corresponde al Instituto Nacional de la Seguridad Social, a través de los órganos que reglamentariamente se establezcan y en todas las fases del procedimiento, declarar la situación de incapacidad permanente, a los efectos de reconocimiento de las prestaciones económicas a que se refiere este capítulo.

2. Toda resolución, inicial o de revisión, por la que se reconozca el derecho a las prestaciones de incapacidad permanente, en cualquiera de sus grados, o se confirme el grado reconocido previamente, hará constar necesariamente el plazo a partir del cual se podrá instar la revisión por agravación o mejoría del estado incapacitante profesional, en tanto que el beneficiario no haya cumplido la edad mínima establecida en el artículo 205.1.a), para acceder al derecho a la pensión de jubilación. Este plazo será vinculante para todos los sujetos que puedan promover la revisión.

No obstante lo anterior, si el pensionista de incapacidad permanente estuviera ejerciendo cualquier trabajo, por cuenta ajena o propia, el Instituto Nacional de la Seguridad Social podrá, de oficio o a instancia del propio interesado, promover la revisión, con independencia de que haya o no transcurrido el plazo señalado en la resolución.

Las revisiones fundadas en error de diagnóstico podrán llevarse a cabo en cualquier momento, en tanto el interesado no haya cumplido la edad a que se refiere el primer párrafo de este apartado.

3. Las disposiciones que desarrollen la presente ley regularán el procedimiento de revisión y la modificación y transformación de las prestaciones económicas que se hubiesen reconocido al trabajador, así como los derechos y obligaciones que a consecuencia de dichos cambios correspondan a las entidades gestoras o colaboradoras y servicios comunes que tengan a su cargo tales prestaciones.

Cuando, como consecuencia de revisiones por mejoría del estado incapacitante profesional proceda reintegrar, parcialmente o en su totalidad, la parte no consumida de los capitales coste constituidos por las mutuas colaboradoras con la Seguridad Social o por las empresas que hubieran sido declaradas responsables de su ingreso, este último no tendrá la consideración de ingreso indebido, a los efectos previstos en el artículo 26, apartados 1, 2, 3 y 5 de esta ley, sin perjuicio de la aplicación de lo dispuesto en el artículo 24 de la Ley 47/2003, de 26 de noviembre, General Presupuestaria.

4. Las pensiones de incapacidad permanente, cuando sus beneficiarios cumplan la edad de sesenta y siete años, pasarán a denominarse pensiones de jubilación. La nueva denominación no implicará modificación alguna, respecto de las condiciones de la prestación que se viniese percibiendo.

CAPÍTULO XII. Lesiones permanentes no incapacitantes

Artículo 201. Indemnizaciones por baremo. Las lesiones, mutilaciones y deformidades de carácter definitivo, causadas por accidentes de trabajo o enfermedades profesionales que, sin llegar a constituir una incapacidad permanente conforme a lo establecido en el capítulo anterior, supongan una disminución o alteración de la integridad física del trabajador y aparezcan recogidas en el baremo anejo a las disposiciones de desarrollo de esta ley, serán indemnizadas, por una sola vez, con las cantidades alzadas que en el mismo se determinen, por la entidad que estuviera obligada al pago de las prestaciones de incapacidad permanente, todo ello sin perjuicio del derecho del trabajador a continuar al servicio de la empresa.

(...)

CAPÍTULO XIII. Jubilación en su modalidad contributiva

Artículo 204. Concepto. La prestación económica por causa de jubilación, en su modalidad contributiva, será única para cada beneficiario y consistirá en una pensión vitalicia que le será reconocida, en las condiciones, cuantía y forma que reglamentariamente se determinen, cuando, alcanzada la edad establecida, cese o haya cesado en el trabajo por cuenta ajena.

Artículo 205. Beneficiarios. 1. Tendrán derecho a la pensión de jubilación regulada en este capítulo, las personas incluidas en el Régimen General que, además de la general exigida en el artículo 165.1, reúnan las siguientes condiciones:

a) Haber cumplido sesenta y siete años de edad, o sesenta y cinco años cuando se acrediten treinta y ocho años y seis meses de cotización, sin que se tenga en cuenta la parte proporcional correspondiente a las pagas extraordinarias.

Para el cómputo de los períodos de cotización se tomarán años y meses completos, sin que se equiparen a ellos las fracciones de los mismos.

b) Tener cubierto un período mínimo de cotización de quince años, de los cuales al menos dos deberán estar comprendidos dentro de los quince años inmediatamente anteriores al momento de causar el derecho. A efectos del cómputo de los años cotizados no se tendrá en cuenta la parte proporcional correspondiente a las pagas extraordinarias.

En los supuestos en que se acceda a la pensión de jubilación desde una situación de alta o asimilada a la de alta, sin obligación de cotizar, el período de dos años a que se refiere el párrafo anterior deberá estar comprendido dentro de los quince años inmediatamente anteriores a la fecha en que cesó la obligación de cotizar.

En los casos a que se refiere el párrafo anterior, y respecto de la determinación de la base reguladora de la pensión, se aplicará lo establecido en el artículo 209.1.

2. También tendrán derecho a la pensión de jubilación, quienes se encuentren en situación de prolongación de efectos económicos de la incapacidad temporal y reúnan las condiciones que se establecen en el apartado 1.

3. No obstante lo dispuesto en el párrafo primero del apartado 1, la pensión de jubilación podrá causarse, aunque los interesados no se encuentren en el momento del hecho causante en alta o situación asimilada a la de alta, siempre que reúnan los requisitos de edad y cotización contemplados en el citado apartado 1.

En el supuesto previsto en el párrafo anterior, para causar pensión en el Régimen General y en otro u otros del sistema de la Seguridad Social será necesario que las cotizaciones acreditadas en cada uno de ellos se superpongan, al menos, durante quince años.

Artículo 206. Jubilación anticipada por razón de la actividad. 1. La edad mínima de acceso a la pensión de jubilación a la que se refiere el artículo 205.1.a) podrá ser rebajada por real decreto, a propuesta del titular del Ministerio de Inclusión, Seguridad Social y Migraciones, en aquellos grupos o actividades profesionales cuyos trabajos sean de naturaleza excepcionalmente penosa, tóxica, peligrosa o insalubre y acusen elevados índices de morbilidad o mortalidad, siempre que los trabajadores afectados acrediten en la respectiva profesión o trabajo el mínimo de actividad que se establezca.

A tales efectos, reglamentariamente se determinará el procedimiento general para establecer coeficientes reductores que permitan anticipar la edad de jubilación en el sistema de la Seguridad Social, que incluirá, entre otras, la realización previa de estudios sobre siniestralidad en el sector, penosidad, peligrosidad y toxicidad de las condiciones del trabajo, su incidencia en los procesos de incapacidad laboral de los trabajadores y los requerimientos físicos o psíquicos exigidos para continuar con el desarrollo de la actividad a partir de una determinada edad.

El establecimiento de coeficientes reductores de la edad de jubilación solo procederá cuando no sea posible la modificación de las condiciones de trabajo.

2. En los términos que se establezcan reglamentariamente, el inicio del procedimiento deberá instarse conjuntamente por organizaciones empresariales y sindicales más representativas, si el colectivo afectado está constituido por trabajadores por cuenta ajena; y por asociaciones representativas de trabajadores autónomos y organizaciones empresariales y sindicales más representativas, cuando se trate de trabajadores por cuenta propia. Cuando el procedimiento afecte al personal de las administraciones públicas la iniciativa corresponderá conjuntamente a las organizaciones sindicales más representativas y a la administración de la que dependa el colectivo.

3. La solicitud se presentará por medios telemáticos y deberá ir acompañada de la identificación de la actividad laboral a nivel nacional a través de la categoría CNAE, subgrupo CNAE secundario, subgrupo y grupo de la clasificación nacional de actividades económicas, así como de la identificación de la ocupación o del grupo profesional, según el caso, especificando, en ambos supuestos, las funciones concretas que se desarrollan y que determinan que la actividad laboral que se realiza es de naturaleza excepcionalmente penosa, tóxica, peligrosa o insalubre y que acusa elevados índices de morbilidad o mortalidad.

Reglamentariamente se establecerán indicadores que acrediten la concurrencia de circunstancias objetivas que justifiquen la aplicación de tales coeficientes a partir de, entre otros, la incidencia, persistencia y duración de los procesos de baja laboral, así como las incapacidades permanentes o fallecimientos que se puedan causar. Su valoración corresponderá a una comisión integrada por los ministerios de Inclusión, Seguridad Social y Migraciones, Trabajo y Economía Social, y Hacienda y Función Pública, junto a las organizaciones empresariales y sindicales más representativas a nivel estatal que estará encargada de evaluar y, en su caso, instar la aprobación de los correspondientes reales decretos de reconocimiento de coeficientes reductores.

4. Con la finalidad de mantener el equilibrio financiero del sistema, la aplicación de los coeficientes reductores que se establezcan llevará consigo un incremento en la cotización a la Seguridad Social, a efectuar en relación con el colectivo, sector y actividad que se delimiten en la norma correspondiente, en los términos y condiciones que, asimismo, se establezcan. Dicho incremento consistirá en aplicar un tipo de cotización adicional sobre la base de cotización por contingencias comunes, tanto a cargo de la empresa como del trabajador.

5. Los coeficientes reductores para la anticipación de la edad de jubilación establecidos en su normativa específica serán objeto de revisión cada diez años, con sujeción al procedimiento que se determine reglamentariamente. Los efectos de la revisión de los coeficientes reductores para la anticipación de la edad de jubilación no afectarán a la situación de los trabajadores que, con anterioridad a la misma, hubiesen desarrollado su actividad y por los períodos de ejercicio de aquélla.

6. La aplicación de los correspondientes coeficientes reductores de la edad en ningún caso dará lugar a que el interesado pueda acceder a la pensión de jubilación con una edad inferior a la de cincuenta y dos años.

Los coeficientes reductores de la edad de jubilación no serán tenidos en cuenta, en ningún caso, a efectos de acreditar la exigida para acceder a la jubilación parcial, a los beneficios establecidos en el artículo 210.2, y a cualquier otra modalidad de jubilación anticipada.

Artículo 206 bis. Jubilación anticipada en caso de discapacidad. 1. La edad mínima de acceso a la pensión de jubilación a que se refiere el artículo 205.1.a) podrá ser reducida en el caso de personas con discapacidad en un grado igual o superior al 65 por ciento, en los términos contenidos en el correspondiente real decreto acordado a propuesta del titular del Ministerio de Inclusión, Seguridad Social y Migraciones, o también en un grado de discapacidad igual o superior al 45 por ciento, siempre que, en este último supuesto, se trate de discapacidades reglamentariamente determinadas respecto de las que existan evidencias contrastadas que determinan de forma generalizada una reducción significativa de la esperanza de vida.

2. La aplicación de los correspondientes coeficientes reductores de la edad en ningún caso dará lugar a que el interesado pueda acceder a la pensión de jubilación con una edad inferior a la de cincuenta y dos años.

Los coeficientes reductores de la edad de jubilación no serán tenidos en cuenta, en ningún caso, a efectos de acreditar la exigida para acceder a la jubilación parcial, a los beneficios establecidos en el artículo 210.2, y a cualquier otra modalidad de jubilación anticipada.

Artículo 207. Jubilación anticipada por causa no imputable al trabajador. 1. El acceso a la jubilación anticipada derivada del cese en el trabajo por causa no imputable a la libre voluntad del trabajador exigirá los siguientes requisitos:

a) Tener cumplida una edad que sea inferior en cuatro años, como máximo, a la edad que en cada caso resulte de aplicación según lo establecido en el artículo 205.1.a) sin que a estos efectos resulten de aplicación los coeficientes reductores a que se refieren los artículos 206 y 206 bis.

b) Encontrarse inscrito en las oficinas de empleo como demandante de empleo durante un plazo de, al menos, seis meses inmediatamente anteriores a la fecha de la solicitud de la jubilación.

c) Acreditar un período mínimo de cotización efectiva de 33 años, sin que, a tales efectos, se tenga en cuenta la parte proporcional por pagas extraordinarias. A estos exclusivos efectos, solo se computará el período de prestación del servicio militar obligatorio o de la prestación social sustitutoria, o del servicio social femenino obligatorio, con el límite máximo de un año.

d) Que el cese en el trabajo se haya producido por alguna de las causas siguientes:

1.ª El despido colectivo por causas económicas, técnicas, organizativas o de producción, conforme al artículo 51 del texto refundido de la Ley del Estatuto de los Trabajadores.

2.ª El despido por causas objetivas conforme al artículo 52 del texto refundido de la Ley del Estatuto de los Trabajadores.

3.ª La extinción del contrato por resolución judicial en los supuestos contemplados en el texto refundido de la Ley concursal, aprobado por el Real Decreto Legislativo 1/2020, de 5 de mayo.

4.ª La muerte, jubilación o incapacidad del empresario individual, sin perjuicio de lo dispuesto en el artículo 44 del texto refundido de la Ley del Estatuto de los Trabajadores, o la extinción de la personalidad jurídica del contratante.

5.ª La extinción del contrato de trabajo motivada por la existencia de fuerza mayor constatada por la autoridad laboral conforme a lo establecido en el artículo 51.7 del texto refundido de la Ley del Estatuto de los Trabajadores.

6.ª La extinción del contrato por voluntad del trabajador por las causas previstas en los artículos 40.1, 41.3 y 50 del texto refundido de la Ley del Estatuto de los Trabajadores.

7.ª La extinción del contrato por voluntad de la trabajadora por ser víctima de la violencia de género o violencia sexual prevista en el artículo 49.1.m) del texto refundido de la Ley del Estatuto de los Trabajadores.

En los supuestos contemplados en las causas 1.ª, 2.ª y 6.ª, para poder acceder a esta modalidad de jubilación anticipada, será necesario que el trabajador acredite haber percibido la indemnización correspondiente derivada de la extinción del contrato de trabajo o haber interpuesto demanda judicial en reclamación de dicha indemnización o de impugnación de la decisión extintiva.

El percibo de la indemnización se acreditará mediante documento de la transferencia bancaria recibida o documentación acreditativa equivalente.

2. En los casos de acceso a la jubilación anticipada a que se refiere este artículo, la pensión será objeto de reducción mediante la aplicación, por cada mes o fracción de mes que, en el momento del hecho causante, le falte al trabajador para cumplir la edad legal de jubilación que en cada caso resulte de la aplicación de lo establecido en el artículo 205.1.a), de los coeficientes que resultan del siguiente cuadro en función del período de cotización acreditado y los meses de anticipación:

	Periodo cotizado: menos de 38 años y 6 meses	Periodo cotizado: igual o superior a 38 años y 6 meses e inferior a 41 años y 6	Periodo cotizado: igual o superior a 41 años y 6 meses e inferior a 44 años y 6 meses	Periodo cotizado: igual o superior a 44 años y 6 meses
Meses que se adelanta la jubilación	% reducción	% reducción	% reducción	% reducción
48	30,00	28,00	26,00	24,00
47	29,38	27,42	25,46	23,50
46	28,75	26,83	24,92	23,00
45	28,13	26,25	24,38	22,50

Meses que se adelanta la jubilación	Periodo cotizado: menos de 38 años y 6 meses	Periodo cotizado: igual o superior a 38 años y 6 meses e inferior a 41 años y 6	Periodo cotizado: igual o superior a 41 años y 6 meses e inferior a 44 años y 6 meses	Periodo cotizado: igual o superior a 44 años y 6 meses
	% reducción	% reducción	% reducción	% reducción
44	27,50	25,67	23,83	22,00
43	26,88	25,08	23,29	21,50
42	26,25	24,50	22,75	21,00
41	25,63	23,92	22,21	20,50
40	25,00	23,33	21,67	20,00
39	24,38	22,75	21,13	19,50
38	23,75	22,17	20,58	19,00
37	23,13	21,58	20,04	18,50
36	22,50	21,00	19,50	18,00
35	21,88	20,42	18,96	17,50
34	21,25	19,83	18,42	17,00
33	20,63	19,25	17,88	16,50
32	20,00	18,67	17,33	16,00
31	19,38	18,08	16,79	15,50
30	18,75	17,50	16,25	15,00
29	18,13	16,92	15,71	14,50
28	17,50	16,33	15,17	14,00
27	16,88	15,75	14,63	13,50
26	16,25	15,17	14,08	13,00
25	15,63	14,58	13,54	12,50
24	15,00	14,00	13,00	12,00
23	14,38	13,42	12,46	11,50
22	13,75	12,83	11,92	11,00
21	12,57	12,00	11,38	10,00
20	11,00	10,50	10,00	9,20
19	9,78	9,33	8,89	8,40

Meses que se adelanta la jubilación	Periodo cotizado: menos de 38 años y 6 meses	Periodo cotizado: igual o superior a 38 años y 6 meses e inferior a 41 años y 6	Periodo cotizado: igual o superior a 41 años y 6 meses e inferior a 44 años y 6 meses	Periodo cotizado: igual o superior a 44 años y 6 meses
	% reducción	% reducción	% reducción	% reducción
18	8,80	8,40	8,00	7,60
17	8,00	7,64	7,27	6,91
16	7,33	7,00	6,67	6,33
15	6,77	6,46	6,15	5,85
14	6,29	6,00	5,71	5,43
13	5,87	5,60	5,33	5,07
12	5,50	5,25	5,00	4,75
11	5,18	4,94	4,71	4,47
10	4,89	4,67	4,44	4,22
9	4,63	4,42	4,21	4,00
8	4,40	4,20	4,00	3,80
7	4,19	4,00	3,81	3,62
6	3,75	3,50	3,25	3,00
5	3,13	2,92	2,71	2,50
4	2,50	2,33	2,17	2,00
3	1,88	1,75	1,63	1,50
2	1,25	1,17	1,08	1,00
1	0,63	0,58	0,54	0,50

A los exclusivos efectos de determinar dicha edad legal de jubilación, se considerará como tal la que le hubiera correspondido al trabajador de haber seguido cotizando durante el plazo comprendido entre la fecha del hecho causante y el cumplimiento de la edad legal de jubilación que en cada caso resulte de la aplicación de lo establecido en el artículo 205.1.a).

Para el cómputo de los períodos de cotización se tomarán períodos completos, sin que se equipare a un período la fracción del mismo.

Artículo 208. Jubilación anticipada por voluntad del interesado. 1. El acceso a la jubilación anticipada por voluntad del interesado exigirá los siguientes requisitos:

a) Tener cumplida una edad que sea inferior en dos años, como máximo, a la edad que en cada caso resulte de aplicación según lo establecido en el artículo 205.1.a), sin que a estos efectos resulten de aplicación los coeficientes reductores a que se refieren los artículos 206 y 206 bis.

b) Acreditar un período mínimo de cotización efectiva de treinta y cinco años, sin que, a tales efectos, se tenga en cuenta la parte proporcional por pagas extraordinarias. A estos exclusivos efectos, solo se computará el período de prestación del servicio militar obligatorio o de la prestación social sustitutoria, o del servicio social femenino obligatorio, con el límite máximo de un año.

c) Una vez acreditados los requisitos generales y específicos de dicha modalidad de jubilación, el importe de la pensión a percibir ha de resultar superior a la cuantía de la pensión mínima que correspondería al interesado por su situación familiar al cumplimiento de los sesenta y cinco años de edad. En caso contrario, no se podrá acceder a esta fórmula de jubilación anticipada.

2. En los casos de acceso a la jubilación anticipada a que se refiere este artículo, la pensión será objeto de reducción mediante la aplicación, por cada mes o fracción de mes que, en el momento del hecho causante, le falte al trabajador para cumplir la edad legal de jubilación fijada en el artículo 205.1.a), de los coeficientes que resultan del siguiente cuadro en función del período de cotización acreditado y los meses de anticipación:

	Periodo cotizado: menos de 38 años y 6 meses	Periodo cotizado: igual o superior a 38 años y 6 meses e inferior a 41 años y 6	Periodo cotizado: igual o superior a 41 años y 6 meses e inferior a 44 años y 6 meses	Periodo cotizado: igual o superior a 44 años y 6 meses
Meses que se adelanta la jubilación	% reducción	% reducción	% reducción	% reducción
24	21,00	19,00	17,00	13,00
23	17,60	16,50	15,00	12,00
22	14,67	14,00	13,33	11,00

Meses que se adelanta la jubilación	Periodo cotizado: menos de 38 años y 6 meses	Periodo cotizado: igual o superior a 38 años y 6 meses e inferior a 41 años y 6	Periodo cotizado: igual o superior a 41 años y 6 meses e inferior a 44 años y 6 meses	Periodo cotizado: igual o superior a 44 años y 6 meses
	% reducción	% reducción	% reducción	% reducción
21	12,57	12,00	11,43	10,00
20	11,00	10,50	10,00	9,20
19	9,78	9,33	8,89	8,40
18	8,80	8,40	8,00	7,60
17	8,00	7,64	7,27	6,91
16	7,33	7,00	6,67	6,33
15	6,77	6,46	6,15	5,85
14	6,29	6,00	5,71	5,43
13	5,87	5,60	5,33	5,07
12	5,50	5,25	5,00	4,75
11	5,18	4,94	4,71	4,47
10	4,89	4,67	4,44	4,22
9	4,63	4,42	4,21	4,00
8	4,40	4,20	4,00	3,80
7	4,19	4,00	3,81	3,62
6	4,00	3,82	3,64	3,45
5	3,83	3,65	3,48	3,30
4	3,67	3,50	3,33	3,17
3	3,52	3,36	3,20	3,04
2	3,38	3,23	3,08	2,92
1	3,26	3,11	2,96	2,81

A los exclusivos efectos de determinar dicha edad legal de jubilación, se considerará como tal la que le hubiera correspondido al trabajador de haber seguido cotizando durante el plazo comprendido entre la fecha del hecho causante y el cumplimiento de la edad legal de jubilación que en cada caso resulte de la aplicación de lo establecido en el artículo 205.1.a).

Para el cómputo de los períodos de cotización se tomarán períodos completos, sin que se equipare a un período la fracción del mismo.

3. Cuando en el momento de acogerse a esta modalidad de jubilación el trabajador esté percibiendo el subsidio por desempleo del artículo 274, y lo haya hecho durante al menos tres meses, serán de aplicación los coeficientes reductores previstos para la jubilación anticipada por causas no imputables al trabajador, sin perjuicio del cumplimiento de los requisitos del apartado 1 de este precepto.

(…)

Artículo 213. Incompatibilidades. 1. El disfrute de la pensión de jubilación será incompatible con el trabajo del pensionista, con las salvedades y en los términos que legal o reglamentariamente se determinen.

No obstante, las personas que accedan a la jubilación podrán compatibilizar el percibo de la pensión con un trabajo a tiempo parcial en los términos que reglamentariamente se establezcan.

2. El desempeño de un puesto de trabajo en el sector público delimitado en el párrafo segundo del artículo 1.1 de la Ley 53/1984, de 26 de diciembre, de Incompatibilidades del Personal al Servicio de las Administraciones Públicas, es incompatible con la percepción de pensión de jubilación, en su modalidad contributiva.

La percepción de la pensión indicada quedará en suspenso por el tiempo que dure el desempeño de dicho puesto, sin que ello afecte a sus revalorizaciones.

La incompatibilidad a que se refiere este apartado no será de aplicación a los profesores universitarios eméritos ni al personal licenciado sanitario emérito a los que se refiere el artículo 137.c).

3. También será incompatible el percibo de la pensión de jubilación, en su modalidad contributiva, con el desempeño de los altos cargos a los que se refiere el artículo 1 de la Ley 3/2015, de 30 de mayo, reguladora del ejercicio del alto cargo de la Administración General del Estado.

4. El percibo de la pensión de jubilación será compatible con la realización de trabajos por cuenta propia cuyos ingresos anuales totales no superen el salario mínimo interprofesional, en cómputo anual. Quienes realicen estas actividades económicas no estarán obligados a cotizar por las prestaciones de la Seguridad Social.

Las actividades especificadas en el párrafo anterior, por las que no se coticen, no generarán nuevos derechos sobre las prestaciones de la Seguridad Social.

Artículo 214. Pensión de jubilación activa. 1. Siempre que en la fecha de cumplimiento de la edad que en cada caso resulte de aplicación según lo establecido en el artículo 205.1.a), se hubiera reunido el periodo mínimo de cotización establecido en el artículo 205.1.b), y entre dicha fecha y la del hecho causante de la pensión de jubilación haya transcurrido al menos un año, la percepción de la pensión de jubilación, en su modalidad contributiva, será compatible con la realización de cualquier trabajo por cuenta ajena, a tiempo completo o a tiempo parcial, o por cuenta propia del pensionista. A efectos del cómputo de la edad, no serán admisibles jubilaciones acogidas a bonificaciones o anticipaciones.

Si el periodo mínimo de cotización se reuniera en una fecha posterior a la del cumplimiento de la edad ordinaria de jubilación, el periodo mínimo de un año se computará entre dicha fecha y la del hecho causante de la pensión de jubilación.

2. La cuantía de la pensión de jubilación compatible con el trabajo será equivalente a un porcentaje del importe resultante en el reconocimiento inicial en los términos establecidos en el artículo 210 de esta Ley o la que esté percibiendo, incluido el complemento de maternidad o el de la brecha de género cuando se perciba, y excluido, en todo caso, el complemento por mínimos cualquiera que sea la jornada laboral o la actividad que realice el pensionista; este porcentaje del importe de la pensión de jubilación se calculará en función del número de años que se haya demorado el acceso a dicha pensión de acuerdo con la siguiente escala:

a) Si se demora un año el acceso a la pensión de jubilación de acuerdo con lo establecido en el apartado 1.a), el porcentaje será del 45 por ciento de la pensión.

b) Si se demora dos años el acceso a la pensión de jubilación, el porcentaje a percibir será del 55 por ciento de la pensión.

c) Si se demora tres años el acceso a la pensión de jubilación, el porcentaje será del 65 por ciento de la pensión.

d) Si se demora cuatro años el acceso a la pensión de jubilación, el porcentaje será del 80 por ciento de la pensión.

e) Si se demora cinco años o más el acceso a la pensión de jubilación, el porcentaje será del 100 por ciento de la pensión.

El porcentaje que resulte de la escala anterior se incrementará 5 puntos porcentuales por cada 12 meses ininterrumpidos que permanezca en la situación de jubilación activa, con el máximo del 100 por ciento de la pensión. En el supuesto de trabajadores fijos discontinuos, para acreditar este periodo, se aplicará la regla general prevista en el artículo 247.2, párrafo primero, de esta ley.

Este incremento comenzará a percibirse el día primero del mes de siguiente a aquel en que se haya cumplido dicho periodo de 12 meses.

A efectos de la aplicación de los porcentajes establecidos en este apartado se tomarán años completos, sin que se equiparen a ellos las fracciones de estos.

3. En el supuesto de que la actividad se realice por cuenta propia y se acredite tener contratado para la realización de la propia actividad, al menos, a un trabajador por cuenta ajena con carácter indefinido con una antigüedad mínima de 18 meses, o si se contrata con carácter indefinido a un nuevo trabajador por cuenta ajena que no haya tenido vínculo laboral con el trabajador autónomo en los dos años anteriores al inicio de la jubilación activa, la cuantía de la pensión compatible con el trabajo alcanzará el 75 por ciento, cuando la demora en el acceso a la pensión de jubilación haya sido entre uno y tres años, a partir del cuarto año será de aplicación lo previsto en el apartado anterior. En ambos supuestos, se aplicará el incremento de 5 puntos porcentuales por cada 12 meses ininterrumpidos que permanezca en la situación de jubilación activa en los términos previstos en el apartado 2.

Si no se acreditan las condiciones establecidas en el párrafo anterior, se aplicará la escala prevista en el apartado 2.

4. La cotización efectuada durante la situación de jubilación activa no dará lugar a ningún incremento del porcentaje aplicable a la base reguladora de la pensión que se tenga reconocida, ni tampoco incrementará el complemento económico de demora que hubiera correspondido.

5. La pensión se revalorizará en su integridad en los términos establecidos para las pensiones del sistema de la Seguridad Social. No obstante, en tanto se mantenga el trabajo compatible, al importe de la pensión más las revalorizaciones acumuladas se le aplicará el porcentaje que corresponda conforme a lo dispuesto en este artículo.

6. El pensionista no tendrá derecho a los complementos para pensiones inferiores a la mínima durante el tiempo en el que compatibilice la pensión con el trabajo.

7. El beneficiario tendrá la consideración de pensionista a todos los efectos.

8. Finalizada la relación laboral por cuenta ajena o el trabajo por cuenta propia, se restablecerá el percibo íntegro de la pensión de jubilación.

9. La regulación contenida en este artículo se entenderá aplicable sin perjuicio del régimen jurídico previsto para cualesquiera otras modalidades de compatibilidad entre pensión y trabajo, establecidas legal o reglamentariamente.

Las previsiones de este artículo no serán aplicables en los supuestos de desempeño de un puesto de trabajo o alto cargo en el sector público, delimitado en el párrafo segundo del artículo 1.1 de la Ley 53/1984, de 26 de diciembre, de Incompatibilidades del Personal al Servicio de las Administraciones Públicas, que será incompatible con la percepción de la pensión de jubilación.

Artículo 215. Jubilación parcial. 1. Los trabajadores que hayan cumplido la edad a que se refiere el artículo 205.1.a) y reúnan los requisitos para causar derecho a la pensión de jubilación, siempre que se produzca una reducción de su jornada de trabajo comprendida entre un mínimo del 25 por ciento y un máximo del 75 por ciento, podrán acceder a la jubilación parcial sin necesidad de la celebración simultánea de un contrato de relevo. Los porcentajes indicados se entenderán referidos a la jornada de un trabajador a tiempo completo comparable.

2. Asimismo, siempre que con carácter simultáneo se celebre un contrato de relevo en los términos previstos en el artículo 12 del texto refundido de la Ley del Estatuto de los Trabajadores, los trabajadores a tiempo completo que no hayan alcanzado la edad ordinaria de jubilación podrán acceder a la jubilación parcial cuando reúnan los siguientes requisitos:

a) Tener cumplida en la fecha del hecho causante una edad que sea inferior en tres años, como máximo, a la edad que en cada caso resulte de aplicación según lo establecido en el artículo 205.1.a), y acreditar un periodo de cotización de treinta y tres años, sin que, a tales efectos, se tengan en cuenta las bonificaciones o anticipaciones de la edad de jubilación que pudieran ser de aplicación al interesado, ni la parte proporcional correspondiente por pagas extraordinarias.

En el supuesto de personas con discapacidad en grado igual o superior al 33 por ciento, el período de cotización de 33 años indicado en el párrafo anterior se reducirá al de veinticinco años.

A los exclusivos efectos de determinar el periodo de cotización, sólo se computará el período de prestación del servicio militar obligatorio o de la prestación social sustitutoria, o del servicio social femenino obligatorio, con el límite máximo de un año.

También, a los exclusivos efectos de determinar la edad legal de jubilación, se considerará como tal la que le hubiera correspondido al trabajador de haber seguido cotizando durante el plazo comprendido entre la fecha del hecho causante de la jubilación parcial y el cumplimiento de la edad legal de jubilación que en cada caso resulte de la aplicación de lo establecido en el artículo 205.1.a).

Para el cómputo de los períodos de cotización se tomarán períodos completos, sin que se equipare a un período la fracción del mismo.

b) Acreditar un período de antigüedad en la empresa de, al menos, seis años inmediatamente anteriores a la fecha de la jubilación parcial. A tal efecto se computará la antigüedad acreditada en la empresa anterior si ha mediado una sucesión de empresa en los términos previstos en el artículo 44 del texto refundido de la Ley del Estatuto de los Trabajadores, o en empresas pertenecientes al mismo grupo.

c) Que la reducción de su jornada de trabajo se halle comprendida entre un mínimo de un 25 por ciento y un máximo del 75. Dichos porcentajes se entenderán referidos a la jornada de un trabajador a tiempo completo comparable.

En los supuestos de anticipación del acceso a la jubilación parcial en más de dos años respecto de la edad ordinaria de jubilación, la reducción de jornada de trabajo durante el primer año se fijará entre un 20 y un 33 por ciento. En estos casos, a partir del segundo año las partes podrán alterar la reducción de la jornada dentro de los márgenes establecidos en el párrafo anterior.

d) Que exista una correspondencia entre las bases de cotización del trabajador relevista y del jubilado parcial, de modo que la correspondiente al trabajador relevista no podrá ser inferior al 65 por ciento del promedio de las bases de cotización correspondientes a los seis últimos meses del período de base reguladora de la pensión de jubilación parcial.

e) Los contratos de relevo que se establezcan como consecuencia de una jubilación parcial tendrán carácter indefinido y a tiempo completo. Estos contratos deberán mantenerse al menos durante los dos años posteriores a la extinción de la jubilación parcial.

En el supuesto de que el contrato de relevo se extinga antes de que el jubilado parcial acceda a la jubilación plena en cualquiera de sus modalidades, el empresario estará obligado a celebrar un nuevo contrato en los mismos términos del extinguido. En caso de incumplimiento por parte del empresario, de las condiciones establecidas en el presente artículo en materia de contrato de relevo, será responsable del reintegro de la pensión que haya percibido el pensionista a tiempo parcial.

f) Sin perjuicio de la reducción de jornada a que se refiere la letra c), durante el período de disfrute de la jubilación parcial, empresa y trabajador cotizarán por la base de cotización que, en su caso, hubiese correspondido de seguir trabajando este a jornada completa.

3. En aquellos casos en los que se acceda a la jubilación parcial antes del cumplimiento de la edad legal de jubilación que en cada caso resulte de la aplicación de lo establecido en el artículo 205.1.a), la compatibilidad efectiva entre trabajo y pensión permitirá, la acumulación del tiempo de trabajo en periodos de días en la semana, semanas en el mes, meses en el año u otros periodos de tiempo, de conformidad con lo dispuesto en pacto individual o, en su caso, en la negociación colectiva, en todas sus expresiones, incluido el acuerdo de centro de trabajo, sin que en ningún ámbito se pueda limitar o impedir su uso.

4. La percepción de la pensión de jubilación parcial será compatible con el puesto de trabajo a tiempo parcial resultante de la reducción de jornada.

5. El régimen jurídico de la jubilación parcial a que se refieren los apartados anteriores será el que reglamentariamente se establezca.

6. Podrán acogerse a la jubilación parcial regulada en este artículo los socios trabajadores o de trabajo de las cooperativas, asimilados a trabajadores por cuenta ajena en los términos del artículo 14, que reduzcan su jornada y derechos económicos en las condiciones previstas en el texto refundido de la Ley del Estatuto de los Trabajadores y cumplan los requisitos establecidos en este artículo, cuando la cooperativa concierte con un socio de duración determinada de la misma o con un desempleado la realización, en calidad de socio trabajador o de socio de trabajo en los mismos términos previstos en el Estatuto de los Trabajadores para el contrato de relevo por lo que afecta a la duración de la jornada y al vínculo como socio.

CAPÍTULO XIV. Muerte y supervivencia

Artículo 216. Prestaciones. 1. En caso de muerte, cualquiera que fuera su causa, cuando concurran los requisitos exigibles se reconocerán, según los supuestos, alguna o algunas de las prestaciones siguientes:

a) Un auxilio por defunción.

b) Una pensión vitalicia de viudedad.

c) Una prestación temporal de viudedad.

d) Una pensión de orfandad.

e) Una pensión vitalicia o, en su caso, subsidio temporal en favor de familiares.

2. En caso de muerte causada por accidente de trabajo o enfermedad profesional se reconocerá, además, una indemnización a tanto alzado.

3. Asimismo, en caso de muerte, tendrán derecho a una prestación de orfandad las hijas e hijos de la causante fallecida como consecuencia de violencia contra la mujer, en los términos en que se defina por la ley o por los instrumentos internacionales ratificados por España, siempre que se hallen en circunstancias equiparables a una orfandad absoluta, con las excepciones establecidas en los artículos siguientes, y que no reúnan los requisitos necesarios para causar una pensión de orfandad, en los términos establecidos reglamentariamente.

(...)

CAPÍTULO XV. Protección a la familia

Artículo 235. Periodos de cotización asimilados por parto. A efectos de las pensiones contributivas de jubilación y de incapacidad permanente, se computarán a favor de la trabajadora solicitante de la pensión un total de ciento doce días completos de cotización por cada parto de un solo hijo y de catorce días más por cada hijo a partir del segundo, este incluido, si el parto fuera múltiple, salvo que, por ser trabajadora o funcionaria en el momento del parto, se hubiera cotizado durante la totalidad de las dieciséis semanas o durante el tiempo que corresponda si el parto fuese múltiple.

Artículo 236. Beneficios por cuidado de hijos o menores. 1. Sin perjuicio de lo dispuesto en el artículo anterior, se computará como periodo cotizado a todos los efectos, salvo para el cumplimiento del período mínimo de cotización exigido, aquel en el que se haya interrumpido la cotización a causa de la extinción de la relación laboral o de la finalización del cobro de prestaciones por desempleo cuando tales circunstancias se hayan producido entre los nueve meses anteriores al nacimiento, o los tres meses anteriores a la adopción o acogimiento permanente de un menor, y la finalización del sexto año posterior a dicha situación.

El período computable como cotizado será como máximo de doscientos setenta días por hijo o menor adoptado o acogido, sin que en ningún caso pueda ser superior a la interrupción real de la cotización.

Este beneficio solo se reconocerá a uno de los progenitores. En caso de controversia entre ellos se otorgará el derecho a la madre.

2. En cualquier caso, la aplicación de los beneficios establecidos en este artículo no podrá dar lugar a que el período de cuidado de hijo o menor, considerado como período cotizado, supere cinco años por beneficiario. Esta limitación se aplicará, de igual modo, cuando los mencionados beneficios concurran con los contemplados en el artículo 237.1.

Artículo 237. Prestación familiar en su modalidad contributiva. 1. Los períodos de hasta tres años de excedencia que los trabajadores, de acuerdo con el artículo 46.3 del texto refundido de la Ley del Estatuto de los Trabajadores, disfruten en razón del cuidado de cada hijo o menor en régimen de acogimiento permanente o de guarda con fines de adopción, tendrán la consideración de periodo de cotización efectiva a efectos de las correspondientes prestaciones de la Seguridad Social por jubilación, incapacidad permanente, muerte y supervivencia, maternidad y paternidad.

2. De igual modo, se considerarán efectivamente cotizados a los efectos de las prestaciones indicadas en el apartado anterior, los tres primeros años del período de excedencia que los trabajadores disfruten, de acuerdo con el artículo 46.3 del texto refundido de la Ley del Estatuto de los Trabajadores, en razón del cuidado de otros familiares, hasta el segundo grado de consanguinidad o afinidad, que, por razones de edad, accidente, enfermedad o discapacidad, no puedan valerse por sí mismos, y no desempeñen una actividad retribuida.

3. Las cotizaciones realizadas durante los tres primeros años del período de reducción de jornada por cuidado de menor previsto en el primer párrafo del artículo 37.6 del texto refundido de la Ley del Estatuto de los Trabajadores, se computarán incrementadas hasta el 100 por cien de la cuantía que hubiera correspondido si se hubiera mantenido sin dicha reducción la jornada de trabajo,

a efectos de las prestaciones señaladas en el apartado 1. Dicho incremento se referirá igualmente a los tres primeros años en los demás supuestos de reducción de jornada contemplados en el primer y segundo párrafo del mencionado artículo.

Las cotizaciones realizadas durante los períodos en que se reduce la jornada en el último párrafo del apartado 4, así como en el tercer párrafo del apartado 6 del artículo 37 del texto refundido de la Ley del Estatuto de los Trabajadores, se computarán incrementadas hasta el 100 por cien de la cuantía que hubiera correspondido si se hubiera mantenido sin dicha reducción la jornada de trabajo, a efectos de las prestaciones por jubilación, incapacidad permanente, muerte y supervivencia, nacimiento y cuidado de menor, riesgo durante el embarazo, riesgo durante la lactancia natural e incapacidad temporal.

4. Cuando las situaciones de excedencia señaladas en los apartados 1 y 2 hubieran estado precedidas por una reducción de jornada en los términos previstos en el artículo 37.6 del texto refundido de la Ley del Estatuto de los Trabajadores, a efectos de la consideración como cotizados de los períodos de excedencia que correspondan, las cotizaciones realizadas durante la reducción de jornada se computarán incrementadas hasta el 100 por cien de la cuantía que hubiera correspondido si se hubiera mantenido sin dicha reducción la jornada de trabajo.

CAPÍTULO XVI. Disposiciones comunes del Régimen General

Sección 1.ª Mejoras voluntarias de la acción protectora del Régimen General

Artículo 238. Mejoras de la acción protectora. 1. Las mejoras voluntarias de la acción protectora de este Régimen General podrán efectuarse a través de:

a) Mejora directa de las prestaciones.

b) Establecimiento de tipos de cotización adicionales.

2. La concesión de mejoras voluntarias por las empresas deberá ajustarse a lo establecido en esta sección y en las normas dictadas para su aplicación y desarrollo.

Artículo 239. Mejora directa de las prestaciones. Las empresas podrán mejorar directamente las prestaciones de este Régimen General, costeándolas a su exclusivo cargo. Excepcionalmente, y previa aprobación del Ministerio de Empleo y Seguridad Social, podrá establecerse una aportación económica a cargo de los trabajadores, siempre que se les faculte para acogerse o no, individual y voluntariamente, a las mejoras concedidas por los empresarios con tal condición.

No obstante el carácter voluntario para los empresarios de la implantación de las mejoras a que este artículo se refiere, cuando al amparo de las mismas un trabajador haya causado el derecho a la mejora de una prestación periódica, ese derecho no podrá ser anulado o disminuido si no es de acuerdo con las normas que regulan su reconocimiento.

Artículo 240. Modos de gestión de la mejora directa. 1. Las empresas, en las condiciones que reglamentariamente se determinen, podrán realizar la mejora de prestaciones a que se refiere el artículo anterior por sí mismas o a través de la Administración de la Seguridad Social, fundaciones laborales, montepíos y mutualidades de previsión social o entidades aseguradoras de cualquier clase.

2. Las fundaciones laborales legalmente constituidas para el cumplimiento de los fines que les sean propios gozarán del trato fiscal y de las demás exenciones concedidas, en los términos que las normas aplicables establezcan.

Artículo 241. Mejora por establecimiento de tipos de cotización adicionales. El Ministerio de Empleo y Seguridad Social, a instancia de los interesados, podrá aprobar cotizaciones adicionales efectuadas mediante el aumento del tipo de cotización al que se refiere el artículo 145, con destino a la revalorización de las pensiones u otras prestaciones periódicas ya causadas y financiadas con cargo al mismo o para mejorar las futuras.

Sección 2.ª Disposiciones sobre seguridad y salud en el trabajo en el Régimen General

Artículo 242. Incumplimientos en materia de accidentes de trabajo. El incumplimiento por parte de las empresas de las órdenes de la Inspección de Trabajo y Seguridad Social y de las resoluciones de la autoridad laboral en materia de paralización de trabajos que no cumplan las normas de seguridad y salud se equiparará, respecto de los accidentes de trabajo que en tal caso pudieran producirse, a la falta de formalización de la protección por dicha contingencia de los trabajadores afectados, con independencia de cualquier otra responsabilidad o sanción a que hubiera lugar.

Artículo 243. Normas específicas para enfermedades profesionales. 1. Todas las empresas que hayan de cubrir puestos de trabajo con riesgo de enfermedades profesionales están obligadas a practicar un reconocimiento médico previo a la admisión de los trabajadores que hayan de ocupar aquellos y a realizar los reconocimientos periódicos que para cada tipo de enfermedad se establezcan en las normas que, al efecto, apruebe el Ministerio de Empleo y Seguridad Social.

2. Los reconocimientos serán a cargo de la empresa y tendrán el carácter de obligatorios para el trabajador, a quien abonará aquella, si a ello hubiera lugar, los gastos de desplazamiento y la totalidad del salario que por tal causa pueda dejar de percibir.

3. Las indicadas empresas no podrán contratar trabajadores que en el reconocimiento médico no hayan sido calificados como aptos para desempeñar los puestos de trabajo de que se trate. Igual prohibición se establece respecto a la continuación del trabajador en su puesto de trabajo cuando no se mantenga la declaración de aptitud en los reconocimientos sucesivos.

4. Las disposiciones de aplicación y desarrollo determinarán los casos excepcionales en los que, por exigencias de hecho de la contratación laboral, se pueda conceder un plazo para efectuar los reconocimientos inmediatamente después de la iniciación del trabajo.

Artículo 244. Responsabilidades por falta de reconocimientos médicos. 1. Las entidades gestoras y las colaboradoras con la Seguridad Social están obligadas, antes de tomar a su cargo la protección por accidente de trabajo y enfermedad profesional del personal empleado en empresas con riesgo específico de esta última contingencia, a conocer el certificado del reconocimiento médico previo a que se refiere el artículo anterior, haciendo constar en la documentación correspondiente que tal obligación ha sido cumplida. De igual forma deberán conocer las entidades mencionadas los resultados de los reconocimientos médicos periódicos.

2. El incumplimiento por parte de la empresa de la obligación de efectuar los reconocimientos médicos previos o periódicos la constituirá en responsable directa de todas las prestaciones que puedan derivarse, en tales casos, de enfermedad profesional, tanto si la empresa estuviera asociada a una mutua

colaboradora con la Seguridad Social, como si tuviera cubierta la protección de dicha contingencia en una entidad gestora.

3. El incumplimiento por las mutuas de lo dispuesto en el apartado 1 les hará incurrir en las siguientes responsabilidades:

a) Obligación de ingresar en el Fondo de Contingencias Profesionales de la Seguridad Social a que se refiere el artículo 97, el importe de las primas percibidas, con un recargo que podrá llegar al 100 por ciento de dicho importe.

b) Obligación de ingresar, con el destino antes fijado, una cantidad igual a la que equivalgan las responsabilidades a cargo de la empresa, en los supuestos a que se refiere el apartado anterior de este artículo, incluyéndose entre tales responsabilidades las que procedan de acuerdo con lo dispuesto en el artículo 164.

c) Anulación, en caso de reincidencia, de la autorización para colaborar en la gestión.

d) Cualesquiera otras responsabilidades que procedan de acuerdo con lo dispuesto en esta ley y en sus disposiciones de aplicación y desarrollo.

CAPÍTULO XVII. Disposiciones aplicables a determinados trabajadores del Régimen General

Sección 1.ª Trabajadores contratados a tiempo parcial

Artículo 245. Protección social. 1. La protección social derivada de los contratos de trabajo a tiempo parcial se regirá por el principio de asimilación del trabajador a tiempo parcial al trabajador a tiempo completo y específicamente por lo establecido en este capítulo y en los artículos 269.2 y 270.1 con relación a la protección por desempleo.

2. Las reglas contenidas en esta sección se aplicarán a los trabajadores con contrato a tiempo parcial, de relevo a tiempo parcial y contrato fijo-discontinuo, de conformidad con lo establecido en los artículos 12 y 16 del texto refundido de la Ley del Estatuto de los Trabajadores, comprendidos en el campo de aplicación del Régimen General, incluidos los trabajadores a tiempo parcial o fijos discontinuos pertenecientes al Sistema Especial para Empleados de Hogar, sin perjuicio de las particularidades en función de cada modalidad de contrato.

Artículo 246. Cotización. 1. La base de cotización a la Seguridad Social y de las aportaciones que se recaudan conjuntamente con las cuotas de aquella será siempre mensual y estará constituida por las retribuciones efectivamente percibidas en función de las horas trabajadas, tanto ordinarias como complementarias.

2. La base de cotización así determinada no podrá ser inferior a las cantidades que reglamentariamente se determinen.

3. Las horas complementarias cotizarán a la Seguridad Social sobre las mismas bases y tipos que las horas ordinarias.

Artículo 247. Cómputo de los periodos de cotización. 1. Para los trabajadores a tiempo parcial, a efectos de acreditar los períodos de cotización necesarios para causar derecho a las prestaciones de jubilación, incapacidad permanente, muerte y supervivencia, incapacidad temporal y nacimiento y cuidado de menor se tendrán en cuenta los distintos períodos durante los cuales el trabajador haya permanecido en alta con un contrato a tiempo parcial, cualquiera que sea la duración de la jornada realizada en cada uno de ellos.

2. En relación con los trabajadores fijos-discontinuos, a efectos de acreditar los períodos de cotización necesarios para causar derecho a las prestaciones de jubilación, incapacidad permanente y muerte y supervivencia, se computará todo el período durante el cual hayan permanecido en situación de alta con un contrato fijo-discontinuo. Dicho periodo se multiplicará por un coeficiente de 1,5, sin que el número total de días computables como cotizados anualmente por el trabajador pueda superar el número de días naturales de cada año.

Para causar derecho a las prestaciones de incapacidad temporal y por nacimiento y cuidado de menor, a efectos de acreditar los períodos de cotización necesarios, se tendrán en cuenta los distintos períodos durante los cuales el trabajador haya estado en situación de alta con un contrato fijo-discontinuo.

Artículo 248. Cuantía de las prestaciones económicas. 1. En la determinación de la base reguladora de las prestaciones económicas se tendrán en cuenta las siguientes reglas:

a) La base reguladora de las prestaciones de jubilación e incapacidad permanente se calculará conforme a la regla general.

b) La base reguladora diaria de la prestación por nacimiento y cuidado de menor será el resultado de dividir entre trescientos sesenta y cinco la suma de las bases de cotización acreditadas en la empresa en los doce meses naturales inmediatamente anteriores al mes previo al del hecho causante.

Si las bases de cotización acreditadas en la empresa con anterioridad al mes previo al del hecho causante se refieren a un período inferior a doce meses, la base reguladora diaria será el resultado de dividir la suma de las bases cotizadas acreditadas entre el número de días naturales a que esas cotizaciones correspondan.

En los supuestos en que la persona haya ingresado en la empresa en el mes anterior al del hecho causante o en el mismo mes de éste, para el cálculo de la base reguladora se tendrán en cuenta las reglas establecidas, respectivamente, en los párrafos primero y segundo del artículo 179.2.

No obstante, la prestación por nacimiento y cuidado de menor podrá reconocerse mediante resolución provisional conforme a lo previsto en el artículo 179.3.

c) La base reguladora diaria de la prestación por incapacidad temporal será el resultado de dividir la suma de las bases de cotización a tiempo parcial acreditadas desde la última alta, con un máximo de tres meses inmediatamente anteriores al mes previo al del hecho causante, entre el número de días naturales comprendidos en el período.

Para las personas con contrato fijo-discontinuo la base reguladora diaria de la prestación por incapacidad temporal será el resultado de dividir la suma de las bases de cotización acreditadas desde su alta en el correspondiente régimen a consecuencia del inicio de la prestación de servicios motivado por el último llamamiento, con un máximo de tres meses inmediatamente anteriores al mes previo al del hecho causante, entre el número de días naturales comprendidos en el período.

La prestación económica se abonará durante todos los días naturales en que la persona beneficiaria se encuentre en la situación de incapacidad temporal.

2. Cuando proceda la integración de períodos durante los que no haya habido obligación de cotizar, ésta se llevará a cabo con la base mínima de cotización de entre las aplicables en cada momento, correspondiente al número de horas contratadas en último término.

3. Para determinar el porcentaje aplicable a la base reguladora de las pensiones de jubilación y de incapacidad permanente derivada de enfermedad común, se tendrán en cuenta los distintos períodos durante los cuales el tra-

bajador haya permanecido en alta con un contrato a tiempo parcial, cualquiera que sea la duración de la jornada realizada en cada uno de ellos.

En el caso de los trabajadores fijos discontinuos, todo el período durante el cual el trabajador haya estado en situación de alta con un contrato fijo-discontinuo se multiplicará por un coeficiente de 1,5, sin que el número total de días cotizados anualmente pueda superar el número de días naturales de cada año.

4. A los trabajadores que, conforme a lo previsto en el artículo 210.2, prolonguen su actividad con un contrato a tiempo parcial o fijo discontinuo se les reconocerá el complemento económico de la pensión de jubilación previsto en dicho artículo.

En el caso de los trabajadores a tiempo parcial, para alcanzar cada año completo cotizado se tendrán en cuenta los periodos de cotización establecidos en el artículo 247.1. En el caso de los trabajadores fijos discontinuos, se tendrán en cuenta los periodos de cotización aplicando lo previsto en el artículo 247.2.

Sección 2.ª Trabajadores contratados para la formación y el aprendizaje

Artículo 249. Acción protectora y cotización. 1. La acción protectora de la Seguridad Social del trabajador contratado para la formación y el aprendizaje comprenderá todas las contingencias, situaciones protegibles y prestaciones de aquella, incluido el desempleo.

Respecto a la protección por desempleo, resultará de aplicación lo establecido en el título III con las especialidades previstas en el artículo 290.

2. Los contratos suscritos conforme a lo dispuesto en el apartado anterior de este artículo estarán exentos de la cotización por formación profesional.

Sección 3.ª

Artículo 249 bis. Cómputo de los periodos de cotización en contratos de corta duración. 1. A los exclusivos efectos de acreditar los periodos mínimos de cotización necesarios para causar derecho a las prestaciones de jubilación, incapacidad permanente, muerte y supervivencia, incapacidad temporal, maternidad y paternidad, y cuidado de menores afectados por cáncer u otra enfermedad grave, en los contratos de carácter temporal cuya duración efectiva sea igual o inferior a cinco días, regulados en el artículo 151 de esta ley, cada día de trabajo se considerará como 1,4 días de cotización, sin que en ningún caso pueda computarse mensualmente un número de días mayor que el que corresponda al mes respectivo.

2. Esta previsión no será de aplicación en los supuestos de contratos a tiempo parcial, de relevo a tiempo parcial y contrato fijo-discontinuo.

Sección 4.ª Artistas en espectáculos públicos

CAPÍTULO XVIII. Sistemas Especiales para Empleados de Hogar y para Trabajadores por Cuenta Ajena Agrarios

Sección 1.ª Sistema especial para empleados de hogar

Artículo 250. Ámbito de aplicación. 1. Quedarán comprendidos en este Sistema Especial para Empleados de Hogar los trabajadores sujetos a la relación laboral especial a que se refiere el artículo 2.1.b) del texto refundido de la Ley del Estatuto de los Trabajadores.

Quedarán excluidos de este sistema especial los trabajadores que presten servicios domésticos no contratados directamente por los titulares del hogar familiar, sino a través de empresas, de acuerdo con lo previsto en la disposición adicional decimoséptima de la Ley 27/2011, de 1 de agosto, sobre actualización, adecuación y modernización del sistema de Seguridad Social.

2. El régimen jurídico de este Sistema Especial será el establecido en este título II y en sus normas de aplicación y desarrollo, con las particularidades que en ellas se establezcan.

Artículo 251. Acción protectora. Los trabajadores incluidos en el Sistema Especial para Empleados de Hogar tendrán derecho a las prestaciones de la Seguridad Social en los términos y condiciones establecidos en este Régimen General de la Seguridad Social, con las siguientes peculiaridades:

a) El subsidio por incapacidad temporal, en caso de enfermedad común o accidente no laboral, se abonará a partir del noveno día de la baja en el trabajo, estando a cargo del empleador el abono de la prestación al trabajador desde los días cuarto al octavo de la citada baja, ambos inclusive.

b) El pago de subsidio por incapacidad temporal causado por los trabajadores incluidos en este sistema especial se efectuará directamente por la entidad a la que corresponda su gestión, no procediendo el pago delegado del mismo.

c) Con respecto a las contingencias profesionales del Sistema Especial para Empleados de Hogar, no será de aplicación el régimen de responsabilidades en orden a las prestaciones regulado en el artículo 167.

Sección 2.ª Sistema especial para trabajadores por cuenta ajena agrarios

(...)

CAPÍTULO XIX. Gestión

(...)

CAPÍTULO XX. Régimen financiero

(...)

CAPÍTULO XXI. Aplicación de las normas generales del sistema

Artículo 261. Derecho supletorio. En lo no previsto expresamente en el presente título se estará a lo dispuesto en el título I, así como en las disposiciones que se dicten para su aplicación y desarrollo.

TÍTULO III. Protección por desempleo

CAPÍTULO I. Normas generales

Artículo 262. Objeto de la protección. 1. El presente título tiene por objeto regular la protección de la contingencia de desempleo en que se encuentren quienes, pudiendo y queriendo trabajar, pierdan su empleo o vean suspendido su contrato o reducida su jornada ordinaria de trabajo, en los términos previstos en el artículo 267.

2. El desempleo será total cuando el trabajador cese, con carácter temporal o definitivo, en la actividad que venía desarrollando y sea privado, consiguientemente, de su salario.

A estos efectos, se entenderá por desempleo total el cese total del trabajador en la actividad por días completos, continuados o alternos, durante, al menos, una jornada ordinaria de trabajo, en virtud de suspensión temporal de contrato o reducción temporal de jornada, decididas por el empresario al amparo de lo establecido en el artículo 47 del texto refundido de la Ley del

Estatuto de los Trabajadores o de resolución judicial adoptada en el seno de un procedimiento concursal.

3. El desempleo será parcial cuando el trabajador vea reducida temporalmente su jornada diaria ordinaria de trabajo, entre un mínimo de un 10 y un máximo de un 70 por ciento, siempre que el salario sea objeto de análoga reducción.

A estos efectos, se entenderá por reducción temporal de la jornada diaria ordinaria de trabajo, aquella que se decida por el empresario al amparo de lo establecido en el artículo 47 del texto refundido de la Ley del Estatuto de los Trabajadores o de resolución judicial adoptada en el seno de un procedimiento concursal, sin que estén comprendidas las reducciones de jornadas definitivas o que se extiendan a todo el período que resta de la vigencia del contrato de trabajo.

Artículo 263. Niveles de protección. 1. La protección por desempleo se estructura en un nivel contributivo y en un nivel asistencial, ambos de carácter público y obligatorio.

2. El nivel contributivo tiene como objeto proporcionar prestaciones sustitutivas de las rentas salariales dejadas de percibir como consecuencia de la pérdida de un empleo anterior o de la suspensión del contrato o reducción de la jornada.

3. El nivel asistencial, complementario del anterior, garantiza la protección a los trabajadores desempleados que se encuentren en alguno de los supuestos incluidos en el artículo 274.

Artículo 264. Personas protegidas. 1. Estarán comprendidos en la protección por desempleo, siempre que tengan previsto cotizar por esta contingencia:

a) Los trabajadores por cuenta ajena incluidos en el Régimen General de la Seguridad Social.

b) Los trabajadores por cuenta ajena incluidos en los regímenes especiales de la Seguridad Social que protegen dicha contingencia, con las peculiaridades que se establezcan reglamentariamente.

c) Los trabajadores emigrantes que retornen a España y los liberados de prisión, en las condiciones previstas en este título.

d) Los funcionarios interinos, el personal eventual, así como el personal contratado en su momento en régimen de derecho administrativo al servicio de las administraciones públicas.

e) Los miembros de las corporaciones locales y los miembros de las Juntas Generales de los Territorios Históricos Forales, Cabildos Insulares Canarios y Consejos Insulares Baleares y los cargos representativos de las organizaciones sindicales constituidas al amparo de la Ley Orgánica 11/1985, de 2 de agosto, de Libertad Sindical, que ejerzan funciones sindicales de dirección, siempre que todos ellos desempeñen los indicados cargos con dedicación exclusiva o parcial y perciban por ello una retribución, en las condiciones previstas en este título para los trabajadores por cuenta ajena.

f) Los altos cargos de las administraciones públicas con dedicación exclusiva que sean retribuidos por ello y no sean funcionarios públicos, en las condiciones previstas en este título para los trabajadores por cuenta ajena, salvo que tengan derecho a percibir retribuciones, indemnizaciones o cualquier otro tipo de prestación compensatoria como consecuencia de su cese.

2. Las personas a que se refieren las letras e) y f) del apartado anterior están obligadas a cotizar por la contingencia de desempleo, así como las corporaciones locales y las Juntas Generales de los Territorios Históricos Forales, Cabildos Insulares Canarios y Consejos Insulares Baleares, las administraciones públicas y las organizaciones sindicales en los que dichas personas ejerzan sus cargos, a quienes serán de aplicación las obligaciones y derechos establecidos para los trabajadores y los empresarios respectivamente.

En los supuestos a los que se refiere el presente apartado, el tipo de cotización por desempleo será el establecido en cada momento con carácter general para la contratación de duración determinada a tiempo completo o parcial.

3. El Gobierno podrá ampliar la cobertura de la contingencia de desempleo a otros colectivos.

Artículo 265. Acción protectora. 1. La protección por desempleo comprenderá las prestaciones siguientes:

a) En el nivel contributivo:

1.º Prestación por desempleo total o parcial.

2.º Abono de la aportación de la empresa correspondiente a las cotizaciones a la Seguridad Social durante la percepción de las prestaciones por desempleo, salvo en los supuestos previstos en el artículo 273.2.

b) En el nivel asistencial:

1.º Subsidio por desempleo.

2.º Abono, en su caso, de la cotización a la Seguridad Social correspondiente a la contingencia de jubilación durante la percepción del subsidio por desempleo, en los supuestos que se establecen en el artículo 280.

3.º Derecho a las prestaciones de asistencia sanitaria y, en su caso, a las prestaciones familiares, en las mismas condiciones que los trabajadores incluidos en algún régimen de Seguridad Social.

2. La acción protectora comprenderá, además, acciones específicas de formación, perfeccionamiento, orientación, reconversión e inserción profesional en favor de los trabajadores desempleados y aquellas otras que tengan por objeto el fomento del empleo estable. Todo ello sin perjuicio, en su caso, de las competencias de gestión de las políticas activas de empleo que se desarrollarán por la Administración General del Estado o por la Administración Autonómica correspondiente, de acuerdo con la normativa de aplicación.

3. Los trabajadores que provengan de los países miembros del Espacio Económico Europeo, o de los países con los que exista convenio de protección por desempleo, obtendrán las prestaciones por desempleo en la forma prevista en las normas de la Unión Europea o en los convenios correspondientes.

CAPÍTULO II. Nivel contributivo

Artículo 266. Requisitos para el nacimiento del derecho a las prestaciones. Para tener derecho a las prestaciones por desempleo las personas comprendidas en el artículo 264 deberán reunir los requisitos siguientes:

a) Estar afiliadas a la Seguridad Social y en situación de alta o asimilada al alta en los casos que legal o reglamentariamente se determinen.

b) Tener cubierto el período mínimo de cotización a que se refiere el artículo 269.1, dentro de los seis años anteriores a la situación legal de desempleo o al momento en que cesó la obligación de cotizar.

Para el supuesto de que en el momento de la situación legal de desempleo se mantengan uno o varios contratos a tiempo parcial se tendrán en cuenta exclusivamente, a los solos efectos de cumplir el requisito de acceso a la prestación, los períodos de cotización en los trabajos en los que se haya perdido el empleo o se haya visto suspendido el contrato o reducida la jornada ordinaria de trabajo.

c) Encontrarse en situación legal de desempleo, acreditar disponibilidad para buscar activamente empleo y para aceptar colocación adecuada a través de la suscripción del acuerdo de actividad al que se refiere el artículo 3 de la Ley 3/2023, de 28 de febrero, de Empleo.

d) No haber cumplido la edad ordinaria que se exija en cada caso para causar derecho a la pensión contributiva de jubilación, salvo que el trabajador no tuviera acreditado el período de cotización requerido para ello o se trate de supuestos de suspensión de contrato o reducción de jornada.

e) Estar inscrito como demandante de empleo en el servicio público de empleo competente.

Artículo 267. Situación legal de desempleo. 1. Se encontrarán en situación legal de desempleo los trabajadores que estén incluidos en alguno de los siguientes supuestos:

a) Cuando se extinga su relación laboral:

1.º En virtud de despido colectivo, adoptado por decisión del empresario al amparo de lo establecido en el artículo 51 del texto refundido de la Ley del Estatuto de los Trabajadores, o de resolución judicial adoptada en el seno de un procedimiento concursal.

2.º Por muerte, jubilación o incapacidad del empresario individual, cuando determinen la extinción del contrato de trabajo.

3.º Por despido y por la extinción del contrato por motivos inherentes a la persona trabajadora regulada en la disposición adicional tercera de la Ley 32/2006, de 18 de octubre, reguladora de la subcontratación en el Sector de la Construcción.

En el supuesto previsto en el artículo 111.1.b) de la Ley 36/2011, de 10 de octubre, reguladora de la jurisdicción social, durante la tramitación del recurso contra la sentencia que declare la improcedencia del despido el trabajador se considerará en situación legal de desempleo involuntario, con derecho a percibir las prestaciones por desempleo, siempre que se cumplan los requisitos exigidos en el presente título, por la duración que le corresponda conforme a lo previsto en los artículos 269 o 277.2 de la presente ley, en función de los períodos de ocupación cotizada acreditados.

4.º Por extinción del contrato por causas objetivas.

5.º Por resolución voluntaria por parte del trabajador, en los supuestos previstos en los artículos 40, 41.3, 49.1.m) y 50 del texto refundido de la Ley del Estatuto de los Trabajadores.

6.º Por expiración del tiempo convenido en el contrato formativo o en el contrato de trabajo de duración determinada por circunstancias de la producción, formativo o por sustitución de persona trabajadora, siempre que dichas causas no hayan actuado por denuncia del trabajador.

En el supuesto previsto en el artículo 147 de la Ley 36/2011, de 10 de octubre y sin perjuicio de lo señalado en el mismo, los trabajadores se entenderán en la situación legal de desempleo establecida en el párrafo anterior por finalización del último contrato temporal y la entidad gestora les reconocerá las prestaciones por desempleo si reúnen el resto de los requisitos exigidos.

7.º Por resolución de la relación laboral durante el período de prueba a instancia del empresario, siempre que la extinción de la relación laboral anterior se hubiera debido a alguno de los supuestos contemplados en este apartado o haya transcurrido un plazo de tres meses desde dicha extinción.

b) Cuando se suspenda el contrato:

1.º Por decisión del empresario al amparo de lo establecido en el artículo 47 del texto refundido de la Ley del Estatuto de los Trabajadores o en virtud de resolución judicial adoptada en el seno de un procedimiento concursal, en ambos casos en los términos del artículo 262.2 de esta ley.

2.º Por decisión de las trabajadoras víctimas de violencia de género o de violencia sexual al amparo de lo dispuesto en el artículo 45.1.n) del Texto Refundido de la Ley del Estatuto de los Trabajadores.

c) Cuando se reduzca temporalmente la jornada ordinaria diaria de trabajo, por decisión del empresario al amparo de lo establecido en el artículo 47 del texto refundido de la Ley del Estatuto de los Trabajadores o en virtud de resolución judicial adoptada en el seno de un procedimiento concursal, en ambos casos en los términos del artículo 262.3 de esta ley.

d) Durante los períodos de inactividad productiva de los trabajadores fijos-discontinuos.

e) Cuando los trabajadores retornen a España por extinguírseles la relación laboral en el país extranjero, siempre que no obtengan prestación por desempleo en dicho país y acrediten cotización suficiente antes de salir de España.

f) Cuando, en los supuestos previstos en los párrafos e) y f) del artículo 264.1, se produzca el cese involuntario y con carácter definitivo en los correspondientes cargos o cuando, aun manteniendo el cargo, se pierda con carácter involuntario y definitivo la dedicación exclusiva o parcial.

2. No se considerará en situación legal de desempleo a los trabajadores que se encuentren en alguno de los siguientes supuestos:

a) Cuando cesen voluntariamente en el trabajo, salvo lo previsto en el apartado 1.a) 5.º.

b) Cuando, aun encontrándose en alguna de las situaciones previstas en el apartado 1, no acrediten su disponibilidad para buscar activamente empleo y para aceptar colocación adecuada, a través del acuerdo de actividad.

c) Cuando, declarado improcedente o nulo el despido por sentencia firme y comunicada por el empleador la fecha de reincorporación al trabajo, no se ejerza tal derecho por parte del trabajador o no se hiciere uso, en su caso, de las acciones previstas en el artículo 279 de la Ley 36/2011, de 10 de octubre, reguladora de la jurisdicción social.

d) Cuando no hayan solicitado el reingreso al puesto de trabajo en los casos y plazos establecidos en la legislación vigente.

3. La acreditación de la situación legal de desempleo en los supuestos que se citan a continuación se realizará del modo siguiente:

a) Las situaciones legales de desempleo recogidas en los apartados 1.a) 1.º, 1.b) 1.º y 1.c) de este artículo, que se produzcan al amparo de lo establecido, respectivamente, en los artículos 51 y 47 del texto refundido de la Ley del Estatuto de los Trabajadores, se acreditarán mediante una de las siguientes formas:

1.º Comunicación escrita del empresario al trabajador en los términos establecidos en los artículos 51 o 47 del texto refundido de la Ley del Estatuto de los Trabajadores. La causa y fecha de efectos de la situación legal de desempleo deberá figurar en el certificado de empresa considerándose documento válido para su acreditación. La fecha de efectos de la situación legal de desempleo indicada en el certificado de empresa habrá de ser en todo caso coincidente con, o posterior a la fecha en que se comunique por el empresario a la autoridad laboral la decisión empresarial adoptada sobre el despido colectivo, o la suspensión de contratos, o la reducción de jornada. Se respetará el plazo establecido en el artículo 51.4 del texto refundido de la Ley del Estatuto de los Trabajadores para los despidos colectivos.

2.º Acta de conciliación administrativa o judicial o resolución judicial definitiva.

En los dos casos anteriores la acreditación de la situación legal de desempleo deberá completarse con la comunicación de la autoridad laboral a la entidad gestora de las prestaciones por desempleo, de la decisión del empresario adoptada al amparo de lo establecido en los artículos 51 o 47 del texto refundido de la Ley del Estatuto de los Trabajadores, en la que deberá constar la fecha en la que el empresario ha comunicado su decisión a la autoridad laboral, la causa de la situación legal de desempleo, los trabajadores afectados,

si el desempleo es total o parcial, y en el primer caso si es temporal o definitivo. Si fuese temporal se deberá hacer constar el plazo por el que se producirá
la suspensión o reducción de jornada, y si fuera parcial se indicará el número
de horas de reducción y el porcentaje que esta reducción supone respecto a la
jornada diaria ordinaria de trabajo.

b) La situación legal de desempleo prevista en los apartados 1.a).5.º y
1.b).2.º de este artículo cuando se refieren, respectivamente, a los supuestos
de los artículos 49.1.m) y 45.1.n) del texto refundido de la Ley del Estatuto de
los Trabajadores, se acreditará por comunicación escrita del empresario sobre
la extinción o suspensión temporal de la relación laboral, junto con la orden
de protección a favor de la víctima o, en su defecto, junto con cualquiera de
los documentos a los que se refieren el artículo 23 de la Ley Orgánica 1/2004,
de 28 de diciembre, de Medidas de Protección Integral contra la Violencia de
Género, o el artículo 37 de la Ley Orgánica de garantía integral de la libertad
sexual.

c) La situación legal de desempleo prevista en el apartado 1.f) de este
artículo se acreditará por certificación del órgano competente de la corporación local, Junta General del Territorio Histórico Foral, Cabildo Insular, Consejo
Insular o Administración Pública o sindicato, junto con una declaración del
titular del cargo cesado de que no se encuentra en situación de excedencia
forzosa, ni en ninguna otra que le permita el reingreso a un puesto de trabajo.

(…)

CAPÍTULO III. Nivel asistencial

Artículo 274. Beneficiarios del subsidio por desempleo. 1. Serán beneficiarios del subsidio los desempleados que, cumpliendo los requisitos establecidos en el apartado 2, se encuentren en alguna de las siguientes situaciones:

a) Haber agotado la prestación por desempleo. En caso de ser menor de
cuarenta y cinco años sin responsabilidades familiares se exigirá, además, que
la prestación por desempleo agotada haya tenido una duración igual o superior
a trescientos sesenta días.

b) Encontrarse en situación legal de desempleo sin tener cubierto el periodo mínimo de cotización para tener derecho a la prestación contributiva,
siempre que hayan cotizado al menos noventa días.

En el caso de que en los seis meses anteriores a la solicitud se acrediten
varias situaciones legales de desempleo, a efectos de determinación del perío-

do de ocupación cotizada para el reconocimiento de este subsidio, se estará a lo establecido en el artículo 269.2.

Podrán acceder a estos subsidios quienes mantengan uno o varios contratos a tiempo parcial, siempre que la suma de las jornadas trabajadas en dichos contratos sea inferior a una jornada completa y cumplan el resto de los requisitos.

2. Además, en la fecha de la solicitud del subsidio se exigirá no tener derecho a la prestación contributiva por desempleo, no encontrase en supuesto de incompatibilidad y carecer de rentas propias, o bien, alternativamente, acreditar responsabilidades familiares.

3. Serán beneficiarios del subsidio para trabajadores mayores de cincuenta y dos años quienes cumplan los requisitos establecidos en el artículo 280.

4. En todos los casos, el reconocimiento del derecho al subsidio exigirá la inscripción como demandante de empleo, así como la suscripción del acuerdo de actividad regulado en el artículo 3 de la Ley 3/2023, de 28 de febrero.

(...)

CAPÍTULO IV. Régimen de las prestaciones

Artículo 281. Automaticidad del derecho a las prestaciones. La entidad gestora competente pagará las prestaciones por desempleo en los supuestos de incumplimiento de las obligaciones de afiliación, alta y de cotización, sin perjuicio de las acciones que pueda adoptar contra la empresa infractora y la responsabilidad que corresponda a esta por las prestaciones abonadas.

Artículo 282. Incompatibilidades. 1. La prestación y el subsidio por desempleo serán incompatibles con el trabajo por cuenta propia aunque su realización no implique la inclusión obligatoria en alguno de los regímenes de la Seguridad Social o en alguna mutualidad de previsión social alternativa al Régimen Especial de la Seguridad Social de los Trabajadores por Cuenta Propia o Autónomos.

Con carácter general, la prestación y el subsidio por desempleo, serán incompatibles con la obtención de prestaciones contributivas de carácter económico de la Seguridad Social, salvo que éstas hubieran sido compatibles con el trabajo que originó la prestación o el subsidio.

2. La prestación por desempleo será incompatible con el trabajo por cuenta ajena, excepto cuando éste se realice a tiempo parcial y se haya solicitado

la compatibilidad por el trabajador, en cuyo caso se deducirá del importe de la prestación, la parte proporcional al tiempo trabajado. Si la compatibilidad se solicita dentro de los quince días hábiles siguientes a la fecha de inicio de la relación laboral, se aplicará desde dicha fecha. En caso contrario se aplicará desde la fecha de la solicitud, siempre que ésta se presente antes de que transcurran doce meses desde la fecha de inicio de la relación laboral.

La deducción a que se refiere el párrafo anterior se efectuará además de cuando el trabajador esté percibiendo la prestación por desempleo como consecuencia de la pérdida de un trabajo a tiempo completo o parcial y obtenga un nuevo trabajo a tiempo parcial, cuando tenga varios contratos a tiempo parcial y pierda uno de ellos.

3. Para quienes accedan al subsidio por desempleo manteniendo uno o varios contratos a tiempo parcial así como para quienes siendo beneficiarios del mismo inicien una relación laboral a tiempo completo o parcial, el subsidio se compatibilizará como complemento de apoyo al empleo conforme a lo previsto en este artículo.

La cuantía del complemento de apoyo al empleo se determinará, cada trimestre, en función de la jornada pactada al inicio de la compatibilización y del trimestre en que se encuentre en cada momento el perceptor del complemento de apoyo respecto al inicio del subsidio conforme a la siguiente tabla:

Trimestre en que se encuentre el perceptor respecto al inicio del subsidio	CAE. Empleo a tiempo completo (% IPREM)	CAE. Empleo a tiempo parcial >= 75% de la jornada (% IPREM)	CAE. Empleo a tiempo parcial <75% y >= 50% de la jornada (% IPREM)	CAE. Empleo a tiempo parcial <50% de la jornada (% IPREM)
En el 1 trimestre.	80	75	70	60
En el 2 trimestre.	60	50	45	40
En el 3 trimestre.	40	35	30	25
En el 4 trimestre.	30	25	20	15
En el 5 trimestre y siguientes	20	15	10	5

Las situaciones de pluriempleo y modificaciones de jornada sobrevenidas tras la determinación de la cuantía del complemento de apoyo al empleo no producirán ningún efecto sobre la misma.

El complemento de apoyo al empleo se percibirá mientras se mantenga la relación laboral que lo originó. Durante su percepción, con independencia del porcentaje aplicado, se consumirán tantos días de la duración del subsidio como los días percibidos en concepto de complemento de apoyo al empleo.

Su duración máxima será de ciento ochenta días, que podrán percibirse en uno o sucesivos periodos de compatibilidad, con el límite del número de días que restasen por percibir de la duración máxima del subsidio reconocido. Llegado al límite anterior o agotada la duración máxima del subsidio, este quedará suspendido por realización de un trabajo por cuenta ajena y sujeto a las condiciones generales de reanudación por esta causa o extinguido por agotamiento, respectivamente.

La extinción o suspensión de la relación laboral, o la interrupción de la actividad fija discontinua que haya originado el complemento de apoyo al empleo, deberá ser comunicada a la entidad gestora por el beneficiario, en el plazo de los quince días hábiles siguientes, e implicará la suspensión del subsidio, que podrá reanudarse sin compatibilidad previa solicitud del interesado siempre que acredite situación legal de desempleo e inscripción como demandante de empleo y que cumpla los requisitos de carencia de rentas o de responsabilidades familiares.

No obstante, si en la fecha de extinción o suspensión de dicha relación laboral, o de interrupción de la actividad, se mantuviera otra, se podrá seguir percibiendo el complemento de apoyo al empleo según lo regulado en este apartado, previo ajuste de su cuantía considerando la jornada ordinaria de trabajo pactada y el trimestre en que se encuentre el subsidio en el momento de surtir efectos la variación.

No se podrá compatibilizar el subsidio con el desempeño de un empleo por cuenta ajena cuando la contratación sea efectuada por:

a) Empresas que tengan autorizado expediente de regulación de empleo en el momento de la contratación.

b) Empresas en las que el desempleado beneficiario del subsidio haya trabajado en los últimos doce meses anteriores.

Tampoco se aplicará la compatibilidad prevista en este apartado respecto de las relaciones laborales suspendidas en virtud de expediente de regulación de empleo o del Mecanismo RED, ni cuando se trate de contrataciones que afecten al cónyuge, ascendientes, descendientes y demás parientes por consanguinidad o afinidad, o en su caso por adopción, hasta el segundo grado inclusive, del empresario o de quienes ostenten cargos de dirección o sean miembros de los órganos de administración de las entidades o de las empresas que revistan la forma jurídica de sociedad, así como las que se produzcan con estos últimos.

4. La prestación y el subsidio serán compatibles con la percepción de cualquier tipo de rentas mínimas, salarios sociales o ayudas análogas de asistencia social concedidas por cualquier Administración Pública, y con la percepción de las prestaciones económicas no contributivas de la Seguridad Social, excepto la de jubilación.

5. La prestación y el subsidio serán compatibles con la realización de prácticas formativas, prácticas académicas externas incluidas en programas de formación profesional o programas de formación en el trabajo.

6. Las prestaciones y el subsidio por desempleo regulados en el título III y en las disposiciones adicionales quincuagésima séptima y quincuagésima octava, son incompatibles con las medidas de protección social previstas en la disposición adicional cuadragésima primera y cuadragésima sexta de la misma, dirigidas, respectivamente, a las personas trabajadoras afectadas por el Mecanismo RED y por expedientes de regulación temporal de empleo autorizados con base en lo previsto en el artículo 47.5 y 6 del texto refundido de la Ley del Estatuto de los Trabajadores.

7. Cuando así lo establezca algún programa de fomento al empleo destinado a colectivos con dificultad de inserción en el mercado de trabajo, se podrá compatibilizar la percepción de la prestación contributiva por desempleo pendiente de percibir con el trabajo por cuenta propia, en cuyo caso la entidad gestora podrá abonar al trabajador el importe mensual de la prestación en la cuantía y duración que se determinen, sin incluir la cotización a la Seguridad Social.

Artículo 283. Prestación por desempleo e incapacidad temporal. 1.

Cuando el trabajador se encuentre en situación de incapacidad temporal derivada de contingencias comunes y durante la misma se extinga su contrato, seguirá percibiendo la prestación por incapacidad temporal en cuantía igual a la prestación por desempleo hasta que se extinga dicha situación, pasando entonces a la situación legal de desempleo en el supuesto de que la extinción se haya producido por alguna de las causas previstas en el artículo 267.1 y a percibir, si reúne los requisitos necesarios, la prestación por desempleo contributivo que le corresponda de haberse iniciado la percepción de la misma en la fecha de extinción del contrato de trabajo, o el subsidio por desempleo. En tal caso, se descontará del período de percepción de la prestación por desempleo, como ya consumido, el tiempo que hubiera permanecido en la situación de incapacidad temporal a partir de la fecha de la extinción del contrato de trabajo.

La entidad gestora de las prestaciones por desempleo efectuará las cotizaciones a la Seguridad Social conforme a lo previsto en el artículo 265.1.a) 2.º, asumiendo en este caso la aportación que corresponde al trabajador en su totalidad por todo el período que se descuente como consumido, incluso cuando no se haya solicitado la prestación por desempleo y sin solución de continuidad se pase a una situación de incapacidad permanente o jubilación, o se produzca el fallecimiento del trabajador que dé derecho a prestaciones de muerte y supervivencia.

Cuando el trabajador se encuentre en situación de incapacidad temporal derivada de contingencias profesionales y durante la misma se extinga su contrato de trabajo, seguirá percibiendo la prestación por incapacidad temporal, en cuantía igual a la que tuviera reconocida, hasta que se extinga dicha situación, pasando entonces, en su caso, a la situación legal de desempleo en el supuesto de que la extinción se haya producido por alguna de las causas previstas en el artículo 267.1, y a percibir, si reúne los requisitos necesarios, la correspondiente prestación por desempleo sin que, en este caso, proceda descontar del período de percepción de la misma el tiempo que hubiera permanecido en situación de incapacidad temporal tras la extinción del contrato, o el subsidio por desempleo.

2. Cuando el trabajador esté percibiendo la prestación de desempleo total y pase a la situación de incapacidad temporal que constituya recaída de un proceso anterior iniciado durante la vigencia de un contrato de trabajo, percibirá la prestación por esta contingencia en cuantía igual a la prestación por desempleo. En este caso, y en el supuesto de que el trabajador continuase en situación de incapacidad temporal una vez finalizado el período de duración establecido inicialmente para la prestación por desempleo, seguirá percibiendo la prestación por incapacidad temporal en la misma cuantía en la que la venía percibiendo.

Cuando el trabajador esté percibiendo la prestación de desempleo total y pase a la situación de incapacidad temporal que no constituya recaída de un proceso anterior iniciado durante la vigencia de un contrato de trabajo, percibirá la prestación por esta contingencia en cuantía igual a la prestación por desempleo. En este caso, y en el supuesto de que el trabajador continuase en situación de incapacidad temporal una vez finalizado el período de duración establecido inicialmente para la prestación por desempleo, seguirá percibiendo la prestación por incapacidad temporal en cuantía igual al 80 por ciento del indicador público de rentas de efectos múltiples mensual.

El período de percepción de la prestación por desempleo no se ampliará por la circunstancia de que el trabajador pase a la situación de incapacidad temporal. Durante dicha situación, la entidad gestora de las prestaciones por desempleo continuará satisfaciendo las cotizaciones a la Seguridad Social conforme a lo previsto en el artículo 265.1.a).2.º

3. Lo establecido en los apartados anteriores será de aplicación a los trabajadores fijos discontinuos durante los periodos de inactividad productiva.

Artículo 284. Prestación por desempleo y nacimiento y cuidado de menor. 1. Cuando el trabajador se encuentre en situación de nacimiento, adopción, guarda con fines de adopción o acogimiento y durante las mismas pase a estar incluido en alguno de los supuestos previstos en el artículo 267.1 seguirá percibiendo la correspondiente prestación hasta que se extingan dichas situaciones, pasando entonces a la situación legal de desempleo y a percibir, si reúne los requisitos necesarios, la prestación por desempleo. En este caso no se descontará del período de percepción de la prestación por desempleo de nivel contributivo el tiempo que hubiera permanecido en situación de nacimiento, adopción, guarda con fines de adopción o acogimiento.

2. Cuando el trabajador esté percibiendo la prestación por desempleo total y pase a la situación de nacimiento, adopción, guarda con fines de adopción o acogimiento percibirá la prestación por estas últimas contingencias en la cuantía que corresponda.

En este supuesto se le suspenderá la prestación por desempleo y la cotización a la Seguridad Social prevista en el artículo 265.1.a).2.º y pasará a percibir la prestación correspondiente a su situación, gestionada directamente por su entidad gestora. Una vez extinguida esta, se reanudará la prestación por desempleo, en los términos recogidos en el artículo 271.4.b) por la duración que restaba por percibir y la cuantía que correspondía en el momento de la suspensión.

(...)

CAPÍTULO V. Disposiciones especiales aplicables a determinados colectivos

Sección 1.ª Trabajadores incluidos en el sistema especial para trabajadores por cuenta ajena agrarios

(...)

Sección 2.ª Otros colectivos

Artículo 290. Trabajadores contratados para la formación y aprendizaje. 1. La cotización por la contingencia de desempleo en el contrato para la formación y el aprendizaje se efectuará por la cuota fija resultante de aplicar a la base mínima correspondiente a las contingencias de accidentes de trabajo y enfermedades profesionales el mismo tipo de cotización y distribución entre empresario y trabajador establecidos para el contrato en prácticas.

2. Para determinar la base reguladora y la cuantía de la prestación por desempleo se aplicará lo establecido en el artículo 270 de esta ley.

(...)

CAPÍTULO VI. Régimen financiero y gestión de las prestaciones

Artículo 293. Financiación. 1. La acción protectora regulada en este título se financiará mediante la cotización de empresarios y trabajadores y la aportación del Estado.

2. La cuantía de la aportación del Estado será cada año la fijada en la correspondiente Ley de Presupuestos Generales del Estado.

Artículo 294. Entidad gestora. 1. Corresponde al Servicio Público de Empleo Estatal gestionar las funciones y servicios derivados de las prestaciones de protección por desempleo y declarar el reconocimiento, suspensión, extinción y reanudación de las prestaciones, sin perjuicio de las atribuciones reconocidas a los órganos competentes de la Administración laboral en materia de sanciones.

2. Las empresas colaborarán con la entidad gestora asumiendo el pago delegado de la prestación por desempleo en los supuestos y en las condiciones que reglamentariamente se determinen.

(...)

CAPÍTULO VII. Régimen de obligaciones, infracciones y sanciones
(...)

Artículo 299. Obligaciones de los trabajadores, solicitantes y beneficiarios de prestaciones por desempleo. 1. Son obligaciones de los trabajadores y de los solicitantes y beneficiarios de prestaciones por desempleo:

a) Cotizar por la aportación correspondiente a la contingencia de desempleo.

b) Proporcionar la documentación e información que reglamentariamente se determinen a efectos del reconocimiento, suspensión, extinción o reanudación del derecho a las prestaciones y comunicar a los servicios públicos de empleo autonómicos y a la entidad gestora, el domicilio y, en su caso, el cambio del domicilio, facilitado a efectos de notificaciones, en el momento en que este se produzca.

Sin perjuicio de lo anterior, cuando no quedara garantizada la recepción de las comunicaciones en el domicilio facilitado por el solicitante o beneficiario de las prestaciones, este estará obligado a proporcionar a los servicios públicos de empleo autonómicos y a la entidad gestora los datos que precisen para que la comunicación se pueda realizar por medios electrónicos.

c) Inscribirse como persona demandante de empleo, mantener la inscripción, suscribir y cumplir las exigencias del acuerdo de actividad en los términos a que se refiere el artículo 3 de la Ley 3/2023, de 28 de febrero.

d) Comparecer, cuando haya sido previamente requerido, ante la entidad gestora, los servicios públicos de empleo o las agencias de colocación cuando desarrollen actividades en el ámbito de colaboración con aquellos.

e) Buscar activamente empleo y participar en acciones de mejora de la ocupabilidad que se determinen por los servicios públicos de empleo competentes, en su caso, dentro de un itinerario de inserción.

Las personas beneficiarias de prestaciones acreditarán ante el Servicio Público de Empleo Estatal, el Instituto Social de la Marina y los servicios públicos de empleo autonómicos, cuando sean requeridos para ello, las actuaciones que han efectuado dirigidas a la búsqueda activa de empleo, su reinserción laboral o a la mejora de su ocupabilidad. Esta acreditación se efectuará en la forma en que estos organismos determinen en el marco de la mutua colaboración. La no acreditación tendrá la consideración de incumplimiento del acuerdo de actividad.

f) Participar en los programas de empleo, o en acciones de promoción, formación o reconversión profesionales, que determinen los servicios públicos de empleo, o las agencias de colocación cuando desarrollen actividades en el ámbito de colaboración con aquellos y aceptar la colocación adecuada que le sea ofrecida por los servicios públicos de empleo o por dichas agencias

g) Devolver a los servicios públicos de empleo, o, en su caso, a las agencias de colocación cuando desarrollen actividades en el ámbito de colaboración con aquellos, en el plazo de cinco días, el correspondiente justificante de haber comparecido en el lugar y fecha indicados para cubrir las ofertas de empleo facilitadas por los mismos.

h) Solicitar la baja en las prestaciones por desempleo cuando se produzcan situaciones de incompatibilidad, suspensión o extinción del derecho o se dejen de reunir los requisitos exigidos para su percepción, en el momento de la producción de dichas situaciones.

i) Comunicar las situaciones de interrupción de la actividad fija discontinua suspensión o extinción de la relación laboral que originó el complemento de apoyo al empleo.

j) Reintegrar las prestaciones indebidamente percibidas.

k) Presentar anualmente la declaración correspondiente al Impuesto sobre la Renta de las Personas Físicas.

2. A estos efectos tendrán la consideración de beneficiarios de prestaciones por desempleo los trabajadores desempleados durante el plazo de quince días hábiles de solicitud de las prórrogas del subsidio por desempleo establecida en el artículo 276.2, así como durante la suspensión cautelar o definitiva de la prestación o subsidio por desempleo como consecuencia de un procedimiento sancionador o de lo establecido en el artículo 271.1.h).

Artículo 300. Acuerdo de actividad. A los efectos previstos en este título, se entenderá por acuerdo de actividad el así definido en el artículo 3 de la Ley 3/2023, de 28 de febrero, de Empleo[140].

---

[140] Art. 3.f) LE, "f) Acuerdo de actividad: Acuerdo documentado mediante el que se establecen derechos y obligaciones entre la persona demandante de los servicios públicos de empleo y el correspondiente Servicio Público de Empleo para incrementar la empleabilidad de aquella, atendiendo, en su caso, a las necesidades de los colectivos prioritarios."

Artículo 301. Colocación adecuada. A los efectos previstos en este título, se entenderá por colocación adecuada la así definida en el artículo 3 de la Ley 3/2023, de 28 de febrero, de Empleo[141].

Artículo 302. Infracciones y sanciones. En materia de infracciones y sanciones, se estará a lo dispuesto en este título y en el texto refundido de la Ley sobre Infracciones y Sanciones en el Orden Social, aprobado por el Real Decreto Legislativo 5/2000, de 4 de agosto.

Artículo 303. Impugnación de actos. 1. Las decisiones de la entidad gestora competente, relativas al reconocimiento, denegación, suspensión o extinción de cualquiera de las prestaciones por desempleo, serán recurribles ante los órganos jurisdiccionales del orden social.

2. También serán recurribles ante los órganos jurisdiccionales del orden social las resoluciones de la entidad gestora relativas a:

a) La exigencia de devolución de las prestaciones indebidamente percibidas y al reintegro de las prestaciones de cuyo pago sea directamente responsable el empresario, a que se refieren los artículos 268.5.b) y 295.1 de esta ley, a excepción de las actuaciones en materia de gestión recaudatoria conforme a lo establecido en el artículo 3.f) de la Ley 36/2011, de 10 de octubre, reguladora de la jurisdicción social.

---

[141] Art. 3.g) LE, "g) Colocación adecuada: Se considerará adecuada, la colocación en la profesión demandada por la persona trabajadora, de acuerdo con su formación, características profesionales, experiencia previa o intereses laborales y también aquella que se corresponda con su profesión habitual o cualquier otra que se ajuste a sus aptitudes físicas y formativas.
En los dos últimos casos, además, la oferta deberá implicar un salario equivalente al establecido en el sector en el que se ofrezca el puesto de trabajo.
La colocación que se ofrezca deberá ser indefinida y con un salario, en ningún caso, inferior al salario mínimo interprofesional.
En el marco del acuerdo de actividad voluntariamente aceptado, también será colocación adecuada, la que sea convenida dentro del itinerario de inserción, incluida la colocación de duración determinada regulada en el artículo 15.3 del texto refundido de la Ley del Estatuto de los Trabajadores, aprobado por el Real Decreto Legislativo 2/2015, de 23 de octubre y la colocación a tiempo parcial. Solamente en este marco, será adecuada la colocación que se ofrezca en una localidad que no sea la de residencia de la persona trabajadora".

b) El abono de la prestación por desempleo en su modalidad de pago único, establecido en el artículo 296.3 de esta ley.

c) La imposición de sanciones a los trabajadores conforme a lo establecido en el artículo 48.5 del texto refundido de la Ley sobre Infracciones y Sanciones en el Orden Social.

3. En los supuestos contemplados en los apartados anteriores será requisito necesario para formular demanda que los interesados interpongan reclamación previa ante la entidad gestora, en los términos establecidos en el artículo 71 de la Ley reguladora de la jurisdicción social.

CAPÍTULO VIII. Derecho supletorio

Artículo 304. Derecho supletorio. En lo no previsto expresamente en el presente título se estará a lo dispuesto en los títulos I y II.

TÍTULO IV. Régimen Especial de la Seguridad Social de los Trabajadores por Cuenta Propia o Autónomos

CAPÍTULO I. Campo de aplicación

Artículo 305. Extensión. 1. Estarán obligatoriamente incluidas en el campo de aplicación del Régimen Especial de la Seguridad Social de los Trabajadores por Cuenta Propia o Autónomos las personas físicas mayores de dieciocho años que realicen de forma habitual, personal, directa, por cuenta propia y fuera del ámbito de dirección y organización de otra persona, una actividad económica o profesional a título lucrativo, den o no ocupación a trabajadores por cuenta ajena, en los términos y condiciones que se determinen en esta ley y en sus normas de aplicación y desarrollo.

2. A los efectos de esta ley se declaran expresamente comprendidos en este régimen especial:

a) Los trabajadores incluidos en el Sistema Especial para Trabajadores por Cuenta Propia Agrarios.

b) Quienes ejerzan las funciones de dirección y gerencia que conlleva el desempeño del cargo de consejero o administrador, o presten otros servicios para una sociedad de capital, a título lucrativo y de forma habitual, personal y directa, siempre que posean el control efectivo, directo o indirecto, de aquella. Se entenderá, en todo caso, que se produce tal circunstancia, cuando las acciones o participaciones del trabajador supongan, al menos, la mitad del capital social.

Se presumirá, salvo prueba en contrario, que el trabajador posee el control efectivo de la sociedad cuando concurra alguna de las siguientes circunstancias:

1.º Que, al menos, la mitad del capital de la sociedad para la que preste sus servicios esté distribuido entre socios con los que conviva y a quienes se encuentre unido por vínculo conyugal o de parentesco por consanguinidad, afinidad o adopción, hasta el segundo grado.

2.º Que su participación en el capital social sea igual o superior a la tercera parte del mismo.

3.º Que su participación en el capital social sea igual o superior a la cuarta parte del mismo, si tiene atribuidas funciones de dirección y gerencia de la sociedad.

En los supuestos en que no concurran las circunstancias anteriores, la Administración podrá demostrar, por cualquier medio de prueba, que el trabajador dispone del control efectivo de la sociedad.

c) Los socios industriales de sociedades regulares colectivas y de sociedades comanditarias a los que se refiere el artículo 1.2.a) de la Ley 20/2007, de 11 de julio, del Estatuto del trabajo autónomo.

d) Los comuneros de las comunidades de bienes y los socios de sociedades civiles irregulares, salvo que su actividad se limite a la mera administración de los bienes puestos en común, a los que se refiere el artículo 1.2.b) de la Ley 20/2007, de 11 de julio.

e) Los socios trabajadores de las sociedades laborales cuando su participación en el capital social junto con la de su cónyuge y parientes por consanguinidad, afinidad o adopción hasta el segundo grado con los que convivan alcance, al menos, el 50 por ciento, salvo que acrediten que el ejercicio del control efectivo de la sociedad requiere el concurso de personas ajenas a las relaciones familiares.

f) Los trabajadores autónomos económicamente dependientes a los que se refiere la Ley 20/2007, de 11 de julio.

g) Quienes ejerzan una actividad por cuenta propia, en las condiciones establecidas en el apartado 1, que requiera la incorporación a un colegio profesional, sin perjuicio de lo previsto en la disposición adicional decimoctava.

h) Los miembros del Cuerpo Único de Notarios.

i) Los miembros del Cuerpo de Registradores de la Propiedad, Mercantiles y de Bienes Muebles, así como los del Cuerpo de Aspirantes.

j) Las personas incluidas en el ámbito de aplicación de la Ley 55/2003, de 16 de diciembre, del Estatuto Marco del personal estatutario de los servicios de salud, que presten servicios, a tiempo completo, en los servicios de salud de las diferentes comunidades autónomas o en los centros dependientes del Instituto Nacional de Gestión Sanitaria, por las actividades complementarias privadas que realicen y que determinen su inclusión en el sistema de la Seguridad Social, sin perjuicio de lo previsto en la disposición adicional decimoctava.

k) El cónyuge y los parientes del trabajador por cuenta propia o autónomo que, conforme a lo señalado en el artículo 12.1 y en el apartado 1 de este artículo, realicen trabajos de forma habitual y no tengan la consideración de trabajadores por cuenta ajena.

l) Los socios trabajadores de las cooperativas de trabajo asociado dedicados a la venta ambulante que perciban ingresos directamente de los compradores.

m) Quienes ejerzan por cuenta propia cualquiera de las actividades artísticas a que se refiere el artículo 249 quater.1.

n) Cualesquiera otras personas que, por razón de su actividad, sean objeto de inclusión mediante norma reglamentaria, conforme a lo dispuesto en el artículo 7.1.b).

Artículo 306. Exclusiones. 1. Estarán excluidos de este régimen especial los trabajadores por cuenta propia o autónomos a que se refiere el artículo anterior cuando por razón de su actividad marítimo-pesquera deban quedar comprendidos en el Régimen Especial de la Seguridad Social de los Trabajadores del Mar.

2. No estarán comprendidos en el sistema de Seguridad Social los socios, sean o no administradores, de sociedades de capital cuyo objeto social no esté constituido por el ejercicio de actividades empresariales o profesionales, sino por la mera administración del patrimonio de los socios.

CAPÍTULO II. Afiliación, cotización y recaudación

(...)

CAPÍTULO III. Acción protectora

Sección 1.ª Contingencias protegibles

Artículo 314. Alcance de la acción protectora. La acción protectora de este régimen especial será la establecida en el artículo 42, con excepción de la protección por desempleo y las prestaciones no contributivas.

Las prestaciones y beneficios se reconocerán en los términos y condiciones que se determinan en el presente título y en sus disposiciones de aplicación y desarrollo.

En todo caso, para el reconocimiento y abono de las prestaciones, los trabajadores incluidos en este régimen especial han de cumplir el requisito de estar al corriente en el pago de las cotizaciones previsto en el artículo 47.

Artículo 315. Cobertura de la incapacidad temporal. La cobertura de la contingencia por incapacidad temporal en este régimen especial tendrá carácter obligatorio, salvo que se tenga cubierta dicha contingencia en razón de la actividad realizada en otro régimen de la Seguridad Social. En este supuesto, podrá acogerse voluntariamente a la cobertura de dicha contingencia, así como, en su caso, renunciar a ella en los términos establecidos reglamentariamente.

Lo previsto en el párrafo anterior se entiende sin perjuicio de las excepciones establecidas en la disposición adicional vigésima octava respecto a los socios de cooperativas que dispongan de un sistema intercooperativo de prestaciones sociales, complementario al sistema público, y a los miembros de institutos de vida consagrada de la Iglesia Católica.

Artículo 316. Cobertura de las contingencias profesionales. 1. La cobertura de las contingencias profesionales será obligatoria y se llevará a cabo con la misma entidad, gestora o colaboradora, con la que se haya formalizado la cobertura de la incapacidad temporal y determinará la obligación de efectuar las correspondientes cotizaciones, en los términos previstos en el artículo 308.

Por las contingencias indicadas, se reconocerán las prestaciones que, por las mismas, se conceden a los trabajadores incluidos en el Régimen General de la Seguridad Social, en las condiciones que reglamentariamente se establezcan.

2. Se entenderá como accidente de trabajo del trabajador autónomo el ocurrido como consecuencia directa e inmediata del trabajo que realiza por su propia cuenta y que determina su inclusión en el campo de aplicación de este régimen especial. Se entenderá, a idénticos efectos, por enfermedad profesional la contraída a consecuencia del trabajo ejecutado por cuenta propia, que esté provocada por la acción de los elementos y sustancias y en las actividades que se especifican en la lista de enfermedades profesionales con las relaciones de las principales actividades capaces de producirlas, anexa al Real Decreto 1299/2006, de 10 de noviembre, por el que se aprueba el cuadro de enfermedades profesionales en el sistema de la Seguridad Social y se establecen criterios para su notificación y registro.

También se entenderá como accidente de trabajo el sufrido al ir o al volver del lugar de la prestación de la actividad económica o profesional. A estos efectos se entenderá como lugar de la prestación el establecimiento en donde el trabajador autónomo ejerza habitualmente su actividad siempre que no coincida con su domicilio y se corresponda con el local, nave u oficina declarado como afecto a la actividad económica a efectos fiscales.

3. Lo previsto en este artículo se entiende sin perjuicio de lo establecido en el artículo 317, respecto de las personas trabajadoras por cuenta propia o autónomas económicamente dependientes, en el artículo 326 respecto de los trabajadores del sistema especial para trabajadores por cuenta propia agrarios, en la disposición adicional vigésima octava, respecto de los socios de cooperativas que dispongan de un sistema intercooperativo de prestaciones sociales, complementario al sistema público, y de los miembros de institutos de vida consagrada de la Iglesia Católica.

Artículo 317. Acción protectora de los trabajadores autónomos económicamente dependientes. Los trabajadores autónomos económicamente dependientes tienen incluida obligatoriamente, dentro del ámbito de la acción protectora de la Seguridad Social, la cobertura de la incapacidad temporal y de los accidentes de trabajo y enfermedades profesionales.

A los efectos de esta cobertura, se entenderá por accidente de trabajo toda lesión corporal del trabajador autónomo económicamente dependiente que sufra con ocasión o por consecuencia de la actividad profesional, considerándose también accidente de trabajo el que sufra el trabajador al ir o volver del lugar de la prestación de la actividad, o por causa o consecuencia de la misma. Salvo prueba en contrario, se presumirá que el accidente no tiene relación con el trabajo cuando haya ocurrido fuera del desarrollo de la actividad profesional de que se trate.

Sección 2.ª Disposiciones en materia de prestaciones

(...)

CAPÍTULO IV. Sistema Especial para Trabajadores por Cuenta Propia Agrarios

(...)

TÍTULO V. Protección por cese de actividad

CAPÍTULO I. Disposiciones generales

Artículo 327. Objeto y ámbito de aplicación. 1. El sistema específico de protección por el cese de actividad forma parte de la acción protectora del sistema de la Seguridad Social, es de carácter obligatorio y tiene por objeto dispensar a las personas trabajadoras por cuenta propia o autónomas, afiliadas a la Seguridad Social y en alta en el Régimen Especial de Trabajadores por Cuenta Propia o Autónomos o en el Régimen Especial de los Trabajadores del Mar, las prestaciones y medidas establecidas en esta ley ante la situación de cese la actividad que originó el alta en el régimen especial, no obstante poder y querer ejercer una actividad económica o profesional a título lucrativo.

El cese de actividad podrá ser definitivo o temporal.

El cese temporal podrá ser total, que comporta la interrupción de todas las actividades que puedan originar el alta en el régimen especial en el que la persona trabajadora por cuenta propia o autónoma figure encuadrada, en los supuestos regulados en el artículo 331, o parcial, cuando se produzca una reducción de la actividad en los términos previstos en esta ley.

2. La protección por cese de actividad alcanzará también a los socios trabajadores de las cooperativas de trabajo asociado que hayan optado por su encuadramiento como trabajadores por cuenta propia en el régimen especial que corresponda, así como a los trabajadores autónomos que ejerzan su actividad profesional conjuntamente con otros en régimen societario o bajo cualquier otra forma jurídica admitida en derecho, siempre que, en ambos ca-

sos, cumplan con los requisitos regulados en este título con las peculiaridades contempladas, respectivamente, en los artículos 335 y 336.

(...)

CAPÍTULO II. Situación legal de cese de actividad en supuestos especiales

(...)

CAPÍTULO III. Régimen de la protección

(...)

Artículo 342. Incompatibilidades. 1. La percepción de la prestación económica por cese de actividad es incompatible con el trabajo por cuenta propia, aunque su realización no implique la inclusión obligatoria en el Régimen Especial de la Seguridad Social de los Trabajadores por Cuenta Propia o Autónomos o en el Régimen Especial de la Seguridad Social de los Trabajadores del Mar, así como con el trabajo por cuenta ajena, salvo que la percepción de prestación por cese de actividad venga determina por lo dispuesto en los epígrafes 4.º y 5.º del artículo 331.1.a), o por cese temporal parcial de la actividad derivado de fuerza mayor, que serán compatibles con la actividad que cause el cese, siempre que los rendimientos netos mensuales obtenidos durante la percepción de la prestación no sean superiores a la cuantía del salario mínimo interprofesional o al importe de la base por la que viniera cotizando, si esta fuera inferior.

La incompatibilidad con el trabajo por cuenta propia establecida en el párrafo anterior tendrá como excepción los trabajos agrarios sin finalidad comercial en las superficies dedicadas a huertos familiares para el autoconsumo, así como los dirigidos al mantenimiento en buenas condiciones agrarias y medioambientales previsto en la normativa de la Unión Europa para las tierras agrarias. Esta excepción abarcará asimismo a los familiares colaboradores incluidos en el Régimen Especial de la Seguridad Social de los Trabajadores por Cuenta Propia o Autónomos que también sean perceptores de la prestación económica por cese de actividad. Esta excepción será desarrollada mediante norma reglamentaria.

Será asimismo incompatible con la obtención de pensiones o prestaciones de carácter económico del sistema de la Seguridad Social, salvo que estas hubieran sido compatibles con el trabajo que dio lugar a la prestación por cese de actividad, así como con las medidas de fomento del cese de actividad reguladas por normativa sectorial para diferentes colectivos, o las que pudieran regularse en el futuro con carácter estatal.

2. Por lo que se refiere a los trabajadores por cuenta propia incluidos en el Régimen Especial de los Trabajadores del Mar, la prestación por cese de actividad será incompatible con la percepción de las ayudas por paralización de la flota.

(...)

CAPÍTULO IV. Régimen financiero y gestión de las prestaciones
(...)

CAPÍTULO V. Régimen de obligaciones, infracciones y sanciones
(...)

TÍTULO VI. Prestaciones no contributivas

CAPÍTULO I. Prestaciones familiares en su modalidad no contributiva

Sección 1.ª Prestaciones

Artículo 351. Enumeración. Las prestaciones familiares de la Seguridad Social, en su modalidad no contributiva, consistirán en:

a) Una asignación económica por cada hijo menor de dieciocho años de edad y afectado por una discapacidad en un grado igual o superior al 33 por ciento, o mayor de dicha edad cuando el grado de discapacidad sea igual o superior al 65 por ciento, a cargo del beneficiario, cualquiera que sea la naturaleza legal de la filiación, así como por los menores a su cargo en régimen de acogimiento familiar permanente o guarda con fines de adopción, que cumplan los mismos requisitos.

El causante no perderá la condición de hijo o de menor a cargo por el mero hecho de realizar un trabajo lucrativo por cuenta propia o ajena siempre que continúe viviendo con el beneficiario de la prestación y que los ingresos anuales del causante, en concepto de rendimientos del trabajo, no superen el 100 por cien del salario mínimo interprofesional, también en cómputo anual.

Tal condición se mantendrá aunque la afiliación del causante como trabajador suponga su encuadramiento en un régimen de Seguridad Social distinto a aquel en el que esté afiliado el beneficiario de la prestación.

b) Una prestación económica de pago único a tanto alzado por nacimiento o adopción de hijo, en supuestos de familias numerosas, monoparentales y en los casos de madres o padres con discapacidad.

c) Una prestación económica de pago único por parto o adopción múltiples.

Sección 2.ª Asignación económica por hijo o menor a cargo

(…)

Sección 3.ª Prestación económica por nacimiento o adopción de hijo en supuestos de familias numerosas, monoparentales y de madres con discapacidad

(…)

Sección 4.ª Prestación por parto o adopción múltiples

(…)

Sección 5.ª Disposiciones comunes

(…)

CAPÍTULO II. Pensiones no contributivas

Sección 1.ª Invalidez no contributiva

Artículo 363. Beneficiarios. 1. Tendrán derecho a la pensión de invalidez no contributiva las personas que cumplan los siguientes requisitos:

a) Ser mayor de dieciocho y menor de sesenta y cinco años de edad.

b) Residir legalmente en territorio español y haberlo hecho durante cinco años, de los cuales dos deberán ser inmediatamente anteriores a la fecha de solicitud de la pensión.

c) Estar afectadas por una discapacidad o por una enfermedad crónica, en un grado igual o superior al 65 por ciento.

d) Carecer de rentas o ingresos suficientes. Se considerará que existen rentas o ingresos insuficientes cuando la suma, en cómputo anual, de los mismos sea inferior al importe, también en cómputo anual, de la prestación a que se refiere el apartado 1 del artículo siguiente.

Aunque el solicitante carezca de rentas o ingresos propios, en los términos señalados en el párrafo anterior, si convive con otras personas en una misma unidad económica, únicamente se entenderá cumplido el requisito de carencia de rentas o ingresos suficientes cuando la suma de los de todos los integrantes de aquella sea inferior al límite de acumulación de recursos obtenido conforme a lo establecido en los apartados siguientes.

Los beneficiarios de la pensión de invalidez no contributiva que sean contratados por cuenta ajena, se establezcan por cuenta propia o se acojan a los programas de renta activa de inserción para trabajadores desempleados de larga duración mayores de cuarenta y cinco años recuperarán automáticamente, en su caso, el derecho a dicha pensión cuando, respectivamente, se les extinga su contrato, dejen de desarrollar su actividad laboral o cesen en el programa de renta activa de inserción, a cuyo efecto, no obstante lo previsto en el apartado 5, no se tendrán en cuenta, en el cómputo anual de sus rentas, las que hubieran percibido en virtud de su actividad laboral por cuenta ajena, propia o por su integración en el programa de renta activa de inserción en el ejercicio económico en que se produzca la extinción del contrato, el cese en la actividad laboral o en el citado programa.

2. Los límites de acumulación de recursos, en el supuesto de unidad económica, serán equivalentes a la cuantía, en cómputo anual, de la pensión, más el resultado de multiplicar el 70 por ciento de dicha cifra por el número de convivientes, menos uno.

3. Cuando la convivencia, dentro de una misma unidad económica, se produzca entre el solicitante y sus descendientes o ascendientes en primer grado, los límites de acumulación de recursos serán equivalentes a dos veces y media la cuantía que resulte de aplicar lo dispuesto en el apartado 2.

4. Existirá unidad económica en todos los casos de convivencia de un beneficiario con otras personas, sean o no beneficiarias, unidas con aquel por matrimonio o por lazos de parentesco de consanguinidad hasta el segundo grado.

5. A efectos de lo establecido en los apartados anteriores, se considerarán como ingresos o rentas computables, cualesquiera bienes y derechos, derivados tanto del trabajo como del capital, así como los de naturaleza prestacional.

No obstante, no se computarán los rendimientos obtenidos por el ejercicio de actividades artísticas a las que se refiere el artículo 249 quater, en tanto no excedan del importe del salario mínimo interprofesional en cómputo anual. Los rendimientos que excedan de esta cuantía se tomarán en cuenta a efectos de la consideración de las rentas o ingresos anuales a que se refiere el artículo 364.2.

Cuando el solicitante o los miembros de la unidad de convivencia en que esté inserto dispongan de bienes muebles o inmuebles, se tendrán en cuenta sus rendimientos efectivos. Si no existen rendimientos efectivos, se valorarán según las normas establecidas para el Impuesto sobre la Renta de las Personas Físicas, con la excepción, en todo caso, de la vivienda habitualmente ocupada por el beneficiario. Tampoco se computarán las asignaciones periódicas por hijos a cargo.6. Las rentas o ingresos propios, así como los ajenos computables, por razón de convivencia en una misma unidad económica, la residencia en territorio español y el grado de discapacidad o de enfermedad crónica condicionan tanto el derecho a pensión como la conservación de la misma y, en su caso, la cuantía de aquella.

(...)

Sección 2.ª Jubilación en su modalidad no contributiva

Artículo 369. Beneficiarios. 1. Tendrán derecho a la pensión de jubilación en su modalidad no contributiva las personas que, habiendo cumplido sesenta y cinco años de edad, carezcan de rentas o ingresos en cuantía superior a los límites establecidos en el artículo 363, residan legalmente en territorio español y lo hayan hecho durante diez años entre la edad de dieciséis años y la edad de devengo de la pensión, de los cuales dos deberán ser consecutivos e inmediatamente anteriores a la solicitud de la prestación.

2. Las rentas e ingresos propios, así como los ajenos computables por razón de convivencia en una misma unidad económica, y la residencia en territorio español condicionan tanto el derecho a pensión como la conservación de la misma y, en su caso, su cuantía.

(...)

CAPÍTULO III. Disposiciones comunes a las prestaciones no contributivas
(...)

Disposición adicional decimotercera. Régimen jurídico del convenio especial a suscribir en determinados expedientes de despido colectivo. 1. En el convenio especial a que se refiere el artículo 51.9 del texto refundido de la Ley del Estatuto de los Trabajadores, las cotizaciones abarcarán el periodo comprendido entre la fecha en que se produzca el cese en el trabajo o, en su caso, en que cese la obligación de cotizar por extinción de la prestación por desempleo contributivo, y la fecha en la que el trabajador cumpla la edad a que se refiere el artículo 205.1.a), en los términos establecidos en los apartados siguientes.

2. A tal efecto, las cotizaciones por el referido periodo se determinarán aplicando al promedio de las bases de cotización del trabajador, en los últimos seis meses de ocupación cotizada, el tipo de cotización previsto en la normativa reguladora del convenio especial. De la cantidad resultante se deducirá la cotización, a cargo del Servicio Público de Empleo Estatal, correspondiente al periodo en el que el trabajador pueda tener derecho a la percepción del subsidio de desempleo, cuando corresponda cotizar por la contingencia de jubilación, calculándola en función de la base y tipo aplicable en la fecha de suscripción del convenio especial.

Las cotizaciones correspondientes al convenio serán a cargo del empresario hasta la fecha en que el trabajador cumpla los sesenta y tres años, salvo en los casos de expedientes de despido colectivo por causas económicas, en los que dicha obligación se extenderá hasta el cumplimiento, por parte del trabajador, de los sesenta y un años.

Dichas cotizaciones se ingresarán en la Tesorería General de la Seguridad Social, bien de una sola vez, dentro del mes siguiente al de la notificación por parte del citado servicio común de la cantidad a ingresar, bien de manera fraccionada garantizando el importe pendiente mediante aval solidario o a través de la sustitución del empresario en el cumplimiento de la obligación por parte de una entidad financiera o aseguradora, previo consentimiento de la Tesorería General de la Seguridad Social, en los términos que establezca el Ministerio de Empleo y Seguridad Social.

A partir del cumplimiento por parte del trabajador de la edad de sesenta y tres o, en su caso, sesenta y un años, las aportaciones al convenio especial serán obligatorias y a su exclusivo cargo, debiendo ser ingresadas, en los términos previstos en la normativa reguladora del convenio especial, hasta el cumplimiento de la edad a que se refiere el artículo 205.1.a), o hasta la fecha en que, en su caso, acceda a la pensión de jubilación anticipada, sin perjuicio de lo previsto en el apartado 4.

3. En caso de fallecimiento del trabajador o de reconocimiento de una pensión de incapacidad permanente durante el período de cotización correspondiente al empresario, este tendrá derecho al reintegro de las cuotas que,

en su caso, se hubieran ingresado por el convenio especial correspondientes al período posterior a la fecha en que tuviera lugar el fallecimiento o el reconocimiento de la pensión, previa regularización anual y en los términos que reglamentariamente se establezcan.

4. Si durante el período de cotización a cargo del empresario el trabajador realizase alguna actividad por la que se efectúen cotizaciones al sistema de la Seguridad Social, las cuotas coincidentes con las correspondientes a la actividad realizada, hasta la cuantía de estas últimas, se aplicarán al pago del convenio especial durante el período a cargo del trabajador recogido en el último párrafo del apartado 2, en los términos que reglamentariamente se determinen y sin perjuicio del derecho del empresario al reintegro de las cuotas que procedan, de existir remanente en la fecha en que aquel cause la pensión de jubilación.

5. Los reintegros a que se refieren los apartados 3 y 4 devengarán el interés legal del dinero vigente en la fecha en que se produzca su hecho causante, calculado desde el momento en que tenga lugar hasta la propuesta de pago.

A tal efecto, el hecho causante del reintegro tendrá lugar en la fecha del fallecimiento del trabajador o en aquella en la que este hubiera causado pensión de incapacidad permanente para los supuestos previstos en el apartado 3, y en la fecha en que el trabajador hubiera causado pensión de jubilación, para el supuesto previsto en el apartado 4.

6. En lo no previsto en los apartados precedentes, este convenio especial se regirá por lo dispuesto en las normas reglamentarias reguladoras del convenio especial en el sistema de la Seguridad Social.

(…)

Disposición adicional decimoctava. Encuadramiento de los profesionales colegiados. 1. Quienes ejerzan una actividad por cuenta propia, en las condiciones establecidas en esta ley y en el Decreto 2530/1970, de 20 de agosto, por el que se regula el régimen especial de la Seguridad Social de los trabajadores por cuenta propia o autónomos, que requiera la incorporación a un colegio profesional cuyo colectivo no hubiera sido integrado en el Régimen Especial de la Seguridad Social de los Trabajadores por Cuenta Propia o Autónomos, se entenderán incluidos en el campo de aplicación del mismo, debiendo solicitar, en su caso, la afiliación y, en todo caso, el alta en dicho régimen en los términos reglamentariamente establecidos.

Si el inicio de la actividad por el profesional colegiado se hubiera producido entre el 10 de noviembre de 1995 y el 31 de diciembre de 1998, el alta en el citado régimen especial, de no haber sido exigible con anterioridad a esta última fecha, deberá solicitarse durante el primer trimestre de 1999 y surtirá efectos desde el día primero del mes en que se hubiere formulado la correspondiente solicitud. De no formularse esta en el mencionado plazo, los efectos de las altas retrasadas serán los reglamentariamente establecidos, fijándose como fecha de inicio de la actividad el 1 de enero de 1999.

No obstante lo establecido en los párrafos anteriores, quedan exentos de la obligación de alta en dicho régimen especial los colegiados que opten o hubieren optado por incorporarse a la mutualidad de previsión social que pudiera tener establecida el correspondiente colegio profesional, siempre que la citada mutualidad sea alguna de las constituidas con anterioridad al 10 de noviembre de 1995 al amparo del apartado 2 del artículo 1 del Reglamento de Entidades de Previsión Social, aprobado por el Real Decreto 2615/1985, de 4 de diciembre. Si el interesado, teniendo derecho, no optara por incorporarse a la mutualidad correspondiente, no podrá ejercitar dicha opción con posterioridad.

2. Quedarán exentos de la obligación de alta prevista en el primer párrafo del apartado anterior los profesionales colegiados que hubieran iniciado su actividad con anterioridad al 10 de noviembre de 1995, cuyos colegios profesionales no tuvieran establecida en tal fecha una mutualidad de las amparadas en el apartado 2 del artículo 1 del citado Reglamento de Entidades de Previsión Social, y que no hubieran sido incluidos antes de la citada fecha en este régimen especial. No obstante, los interesados podrán voluntariamente optar, por una sola vez y durante 1999, por solicitar el alta en el mencionado régimen especial, la cual tendrá efectos desde el día primero del mes en que se formule la solicitud.

Los profesionales colegiados que hubieran iniciado su actividad con anterioridad al 10 de noviembre de 1995 y estuvieran integrados en tal fecha en una mutualidad de las mencionadas en el apartado anterior, deberán solicitar el alta en dicho régimen especial en caso de que decidan no permanecer incorporados en la misma en el momento en que se lleve a término la adaptación prevenida en el apartado 3 de la disposición transitoria quinta de la Ley 30/1995, de 8 de noviembre, de Ordenación y Supervisión de los Seguros Privados. Si la citada adaptación hubiese tenido lugar antes del 1 de enero de 1999, mantendrá su validez la opción ejercitada por el interesado al amparo de lo establecido en la mencionada disposición transitoria.

3. En cualquiera de los supuestos contemplados en los apartados anteriores, la inclusión en el citado régimen especial se llevará a cabo sin necesidad de mediar solicitud previa de los órganos superiores de representación de los respectivos colegios profesionales.

4. Las mutualidades de previsión social autorizadas para actuar como alternativas al Régimen Especial de la Seguridad Social de los Trabajadores por Cuenta Propia o Autónomos, desde el 1 de marzo de 2021, deberán poner a disposición de la Tesorería General de la Seguridad Social antes de finalizar el mes natural siguiente a la situación de alta o de baja, de forma telemática, una relación de los profesionales colegiados integrados en las mismas como alternativas al citado régimen especial en la que se indique expresamente la fecha en que quedó incluido cada uno de ellos, cuál es su actividad profesional y, en su caso, la fecha de baja en la mutualidad por cese de actividad.

Disposición adicional decimonovena. Ámbito de protección de las mutualidades de previsión social alternativas al Régimen Especial de la Seguridad Social de los Trabajadores por Cuenta Propia o Autónomos. 1. Las mutualidades de previsión social que, en virtud de lo establecido en la disposición adicional decimoctava son alternativas al alta en el Régimen Especial de la Seguridad Social de los Trabajadores por Cuenta Propia o Autónomos con respecto a profesionales colegiados, deberán ofrecer a sus afiliados, mediante el sistema de capitalización individual y la técnica aseguradora bajo los que operan, de forma obligatoria, las coberturas de jubilación; incapacidad permanente; incapacidad temporal, incluyendo maternidad, paternidad y riesgo durante el embarazo; y fallecimiento que pueda dar lugar a viudedad y orfandad.

2. Las prestaciones que se otorguen por las mutualidades en su condición de alternativas al citado régimen especial, cuando adopten la forma de renta, habrán de alcanzar en el momento de producirse cualquiera de las contingencias cubiertas a que se refiere el apartado anterior, un importe no inferior al 60 por ciento de la cuantía mínima inicial que para la respectiva clase de pensión rija en el sistema de la Seguridad Social o, si resultara superior, el importe establecido para las pensiones no contributivas de la Seguridad Social. Si tales prestaciones adoptaran la forma de capital, este no podrá ser inferior al importe capitalizado de la cuantía mínima establecida para caso de renta.

Se considerará, asimismo, que se cumple con la obligación de cuantía mínima de la prestación, si las cuotas a satisfacer por el mutualista, cualesquiera que sean las contingencias contratadas con la mutualidad alternativa, de entre las obligatorias a que se refiere el apartado 1, equivalen al 80 por ciento de la cuota mínima que haya de satisfacerse con carácter general en este régimen especial.

3. Las aportaciones y cuotas que los mutualistas satisfagan a las mutualidades en su condición de alternativas al mencionado régimen especial, en la parte que tenga por objeto la cobertura de las contingencias cubiertas por el mismo, serán deducibles con el límite de la cuota máxima por contingencias comunes que esté establecida, en cada ejercicio económico, en dicho régimen especial.

(…)

Disposición adicional vigésima segunda. Informe sobre la adecuación y suficiencia de las pensiones del sistema de la Seguridad Social. El Gobierno elaborará quinquenalmente, desde la aprobación de la Ley 23/2013, de 23 de diciembre, reguladora del Factor de Sostenibilidad y del Índice de Revalorización del Sistema de Pensiones de la Seguridad Social, un estudio, para su presentación en el Congreso de los Diputados y en el ámbito del diálogo social con las organizaciones sindicales y empresariales, sobre los efectos de las medidas adoptadas en dicha norma en la suficiencia y adecuación de las pensiones de la Seguridad Social.

(…)

Disposición adicional trigésima segunda. Financiación de la acción protectora de la Seguridad Social en cumplimiento del principio de separación de fuentes consagrado en el Pacto de Toledo. 1. En aras de hacer efectiva la separación de fuentes de financiación en cumplimiento de la recomendación primera del Pacto de Toledo, y de acuerdo con lo dispuesto en el artículo 109.1.a) de esta ley, la Ley de Presupuestos Generales del Estado contemplará anualmente una transferencia del Estado al Presupuesto de la Seguridad Social para la financiación de los beneficios y exenciones en cotización a la Seguridad Social de determinados regímenes y colectivos, el coste del reconocimiento de la prestación anticipada de jubilación por aplicación de coeficientes reductores cuando no se haya previsto cotización adicional, el coste de la integración de los periodos no cotizados en la determinación de la base reguladora y de la cuantía de las prestaciones del sistema, las reducciones legalmente establecidas en la cotización a la Seguridad Social, el coste de la pensión de jubilación anticipada involuntaria en edades inferiores a la edad ordinaria de jubilación, así como el incremento de la cuantía de las prestaciones contributivas sujetas a límites de ingresos.

Asimismo, y de conformidad con lo dispuesto en el inciso final del artículo 109.2, en la Ley de Presupuestos Generales del Estado se fijará, todos los años, el importe de las prestaciones que serán financiadas con una transferencia del Estado a la Seguridad Social, entre las que se incluirá la prestación contributiva de nacimiento y cuidado de menor, el complemento de pensiones contributivas para la reducción de la brecha de género, las pensiones y subsidios en favor de familiares, así como la prestación de orfandad cuando la causante hubiera fallecido como consecuencia de violencia contra la mujer.

2. Cualquiera otra transferencia del Estado al Presupuesto de la Seguridad Social destinada a la financiación de las prestaciones contributivas y no contributivas del Sistema de Seguridad Social deberá contar con informe previo del Ministerio de Hacienda y Función Pública para poder ser incorporado a la Ley de Presupuestos Generales del Estado.

(…)

Disposición adicional trigésima séptima. Alcance temporal del complemento de pensiones contributivas para la reducción de la brecha de género. 1. El derecho al reconocimiento del complemento de pensiones contributivas, para la reducción de la brecha de género, previsto en el artículo 60 se mantendrá en tanto la brecha de género de las pensiones de jubilación, causadas en el año anterior, sea superior al 5 por ciento.

2. A los efectos de esta ley, se entiende por brecha de género de las pensiones de jubilación el porcentaje que representa la diferencia entre el importe medio de las pensiones de jubilación contributiva causadas en un año por los hombres y por las mujeres.

3. Con el objetivo de garantizar la adecuación de la medida de corrección introducida para la reducción de la brecha de género en pensiones el Gobierno de España, en el marco del Diálogo Social, deberá realizar una evaluación periódica, cada cinco años, de sus efectos.

4. Una vez que la brecha de género de un año sea inferior al 5 por ciento, el Gobierno remitirá a las Cortes Generales un proyecto de ley para derogar el artículo 60, previa consulta con los interlocutores sociales[142].

---

[142]   DDAA 36ª y 37ª RDL 3/2021, de 2 de febrero.

(...)

Disposición adicional cuadragésima tercera. Cotización a la Seguridad Social de los contratos formativos en alternancia. 1. Respecto de los contratos para la formación en alternancia a los que se refiere el artículo 11.2 del texto refundido de la Ley del Estatuto de los Trabajadores, aprobado por el Real Decreto Legislativo 2/2015, de 23 de octubre, cuando se celebren a tiempo completo, el empresario estará obligado a cotizar a la Seguridad Social por la totalidad de las contingencias de la Seguridad Social, en los siguientes términos:

1.º Cuando la base de cotización mensual por contingencias comunes, determinada conforme a las reglas establecidas en el Régimen de la Seguridad Social que corresponda, no supere la base mínima mensual de cotización de dicho Régimen, el empresario ingresará mensualmente en la Seguridad Social, las cuotas únicas que determine para cada ejercicio la correspondiente Ley de Presupuestos Generales del Estado, siendo la cuota por contingencias comunes a cargo del empresario y del trabajador, y la cuota por contingencias profesionales a cargo exclusivo del empresario. Igualmente, ingresará las cuotas únicas correspondientes al Fondo de Garantía Salarial, que serán a su exclusivo cargo, así como las correspondientes a desempleo y por formación profesional, que serán a cargo del empresario y del trabajador, en las cuantías igualmente fijadas en la correspondiente Ley de Presupuestos Generales del Estado.

2.º Cuando la base de cotización mensual por contingencias comunes, determinada conforme a las reglas establecidas en el Régimen de la Seguridad Social que corresponda, supere la base mínima mensual de cotización de dicho Régimen, la cuota a ingresar estará constituida por el resultado de sumar las cuotas únicas a las que se refiere el ordinal anterior y las cuotas resultantes de aplicar los tipos de cotización que correspondan al importe que exceda la base de cotización anteriormente indicada de la base mínima.

2. La base de cotización a efecto de prestaciones será la base mínima mensual de cotización en el Régimen General de la Seguridad Social, salvo que el importe de la base de cotización a que se refiere el ordinal 2.º del apartado anterior sea superior, en cuyo caso se aplicará esta.

3. A los contratos formativos en alternancia a tiempo parcial les resultarán de aplicación las normas de cotización indicadas en esta disposición para los contratos formativos en alternancia a tiempo completo.

4. A los contratos formativos en alternancia les resultarán de aplicación los beneficios en la cotización a la Seguridad Social que, a la entrada en vigor de esta disposición, estén establecidos para los contratos para la formación y el aprendizaje.

Disposición adicional cuadragésima cuarta. Beneficios en la cotización a la Seguridad Social aplicables a los expedientes de regulación temporal de empleo y al Mecanismo RED. 1. Durante la aplicación de los expedientes de regulación temporal de empleo a los que se refieren los artículos 47 y 47 bis del texto refundido de la Ley del Estatuto de los Trabajadores, las empresas podrán acogerse voluntariamente, siempre y cuando concurran las condiciones y requisitos incluidos en esta disposición adicional, a las exenciones en la cotización a la Seguridad Social sobre la aportación empresarial por contingencias comunes y por conceptos de recaudación conjunta a que se refiere el artículo 153.bis, que se indican a continuación:

a) El 20 por ciento a los expedientes de regulación temporal de empleo por causas económicas, técnicas, organizativas o de producción a los que se refieren los artículos 47.1 y 47.4 del texto refundido de la Ley del Estatuto de los Trabajadores.

b) El 90 por ciento a los expedientes de regulación temporal de empleo por causa de fuerza mayor temporal a los que se refiere el artículo 47.5 del texto refundido de la Ley del Estatuto de los Trabajadores.

c) El 90 por ciento a los expedientes de regulación temporal de empleo por causa de fuerza mayor temporal determinada por impedimentos o limitaciones en la actividad normalizada de la empresa, a los que se refiere el artículo 47.6 del texto refundido de la Ley del Estatuto de los Trabajadores.

d) En los expedientes de regulación temporal de empleo a los que resulte de aplicación el Mecanismo RED de Flexibilidad y Estabilización del Empleo en su modalidad cíclica, a los que se refiere al artículo 47 bis. 1. a) del texto refundido de la Ley del Estatuto de los Trabajadores:

1.º El 60 por ciento, desde la fecha en que se produzca la activación, por acuerdo del Consejo de Ministros, hasta el último día del cuarto mes posterior a dicha fecha de activación.

2.º El 30 por ciento, durante los cuatro meses inmediatamente siguientes a la terminación del plazo al que se refiere el párrafo 1.º anterior.

3.º El 20 por ciento, durante los cuatro meses inmediatamente siguientes a la terminación del plazo al que se refiere el párrafo 2.º anterior.

e) El 40 por ciento a los expedientes de regulación temporal de empleo a los que resulte de aplicación el Mecanismo RED de Flexibilidad y Estabilización del Empleo en su modalidad sectorial, a los que se refiere al artículo 47.bis.1.b) del texto refundido de la Ley del Estatuto de los Trabajadores.

Las exenciones previstas en letras a), d) y e) de este apartado resultarán de aplicación exclusivamente en el caso de que las empresas desarrollen las acciones formativas a las que se refiere la disposición adicional vigesimoquinta del texto refundido de la Ley del Estatuto de los Trabajadores.

Las exenciones reguladas en esta disposición se aplicarán respecto de las personas trabajadoras afectadas por las suspensiones de contratos o reducciones de jornada, en alta en los códigos de cuenta de cotización de los centros de trabajo afectados.

El Consejo de Ministros, atendiendo a las circunstancias que concurran en la coyuntura macroeconómica general o en la situación en la que se encuentre determinado sector o sectores de la actividad, podrá impulsar las modificaciones legales necesarias para modificar los porcentajes de las exenciones en la cotización a la Seguridad Social reguladas en esta disposición, así como establecer la aplicación de exenciones a la cotización debida por los trabajadores reactivados, tras los períodos de suspensión del contrato o de reducción de la jornada, en el caso de los expedientes de regulación temporal de empleo a los que se refiere el artículo 47 bis.1.a) de la Ley del Estatuto de los Trabajadores.

2. Las exenciones en la cotización a que se refiere esta disposición adicional no tendrán efectos para las personas trabajadoras, manteniéndose la consideración del período en que se apliquen como efectivamente cotizado a todos los efectos.

3. Para la aplicación de estas exenciones no resultará de aplicación lo establecido en los apartados 1 y 3 del artículo 20.

4. Las exenciones reguladas en esta disposición adicional, que se financiarán con aportaciones del Estado, serán a cargo de los presupuestos de la Seguridad Social, de las mutuas colaboradoras con la Seguridad Social, del Servicio Público de Empleo Estatal y del Fondo de Garantía Salarial, respecto a las exenciones que correspondan a cada uno de ellos.

5. Estas exenciones en la cotización se aplicarán por la Tesorería General de la Seguridad Social a instancia de la empresa, previa comunicación de la identificación de las personas trabajadoras y periodo de la suspensión o reducción de jornada y previa presentación de declaración responsable, respecto de cada código de cuenta de cotización, en el que figuren de alta las personas

trabajadoras adscritas a los centros de trabajo afectados, y mes de devengo. Esta declaración hará referencia tanto a la existencia como al mantenimiento de la vigencia de los expedientes de regulación temporal de empleo y al cumplimiento de los requisitos establecidos para la aplicación de estas exenciones. La declaración hará referencia a haber obtenido, en su caso, la correspondiente resolución de la autoridad laboral emitida de forma expresa o por silencio administrativo.

Para que la exención resulte de aplicación estas declaraciones responsables se deberán presentar antes de solicitarse el cálculo de la liquidación de cuotas correspondiente al periodo de devengo de cuotas sobre el que tengan efectos dichas declaraciones.

6. Junto con la comunicación de la identificación de las personas trabajadoras y período de suspensión o reducción de jornada se realizará, en los supuestos a los que se refieren las letras a), d) y e) del apartado 1, una declaración responsable sobre el compromiso de la empresa de realización de las acciones formativas a las que se refiere esta disposición.

Para que la exención resulte de aplicación, esta declaración responsable se deberá presentar antes de solicitarse el cálculo de la liquidación de cuotas correspondiente al periodo de devengo de las primeras cuotas sobre las que tengan efectos dichas declaraciones. Si la declaración responsable se efectuase en un momento posterior a la última solicitud del cálculo de la liquidación de cuotas dentro del período de presentación en plazo reglamentario correspondiente, estas exenciones únicamente se aplicarán a las liquidaciones que se presenten con posterioridad, pero no a los períodos ya liquidados.

7. Las comunicaciones y declaraciones responsables a las que se refieren los apartados anteriores se deberán realizar, mediante la transmisión de los datos que establezca la Tesorería General de la Seguridad Social, a través del Sistema de remisión electrónica de datos en el ámbito de la Seguridad Social (Sistema RED), regulado en la Orden ESS/484/2013, de 26 de marzo.

8. La Tesorería General de la Seguridad Social comunicará al Servicio Público de Empleo Estatal la relación de personas trabajadoras por las que las empresas se han aplicado las exenciones, conforme a lo establecido en las letras a), d) y e) del apartado 1.

El Servicio Público de Empleo Estatal, por su parte, verificará la realización de las acciones formativas a las que se refiere la disposición adicional vigesimoquinta del texto refundido de la Ley del Estatuto de los Trabajadores, conforme a todos los requisitos establecidos en la misma y en la presente disposición.

Cuando no se hayan realizado las acciones formativas a las que se refiere este artículo, según la verificación realizada por el Servicio Público de Empleo Estatal, la Tesorería General de la Seguridad Social informará de tal circunstancia a la Inspección de Trabajo y Seguridad Social para que ésta inicie los expedientes sancionadores y liquidatorios de cuotas que correspondan, respecto de cada una de las personas trabajadoras por las que no se hayan realizado dichas acciones.

En el supuesto de que la empresa acredite la puesta a disposición de las personas trabajadoras de las acciones formativas no estará obligada al reintegro de las exenciones a las que se refieren las letras a), d) y e) del apartado 1, cuando la persona trabajadora no las haya realizado.

9. Las empresas que se hayan beneficiado de las exenciones conforme a lo establecido en las letras a), d) y e) del apartado 1, que incumplan las obligaciones de formación a las que se refieren estas letras deberán ingresar el importe de las cotizaciones de cuyo pago resultaron exoneradas respecto de cada trabajador en el que se haya incumplido este requisito, con el recargo y los intereses de demora correspondientes, según lo establecido en las normas recaudatorias de la Seguridad Social, previa determinación por la Inspección de Trabajo y Seguridad Social del incumplimiento de estas obligaciones y de los importes a reintegrar.

10. Las exenciones en la cotización reguladas en la presente disposición adicional estarán condicionadas al mantenimiento en el empleo de las personas trabajadoras afectadas durante un mínimo de seis meses y un máximo de dos años siguientes a la finalización del periodo de vigencia del expediente de regulación temporal de empleo.

Las empresas que incumplan este compromiso deberán reintegrar el importe de las cotizaciones de cuyo pago resultaron exoneradas en relación a la persona trabajadora respecto de la cual se haya incumplido este requisito, con el recargo y los intereses de demora correspondientes, según lo establecido en las normas recaudatorias de la Seguridad Social, previa comprobación del incumplimiento de este compromiso y la determinación de los importes a reintegrar por la Inspección de Trabajo y Seguridad Social.

No se considerará incumplido este compromiso cuando el contrato de trabajo se extinga por despido disciplinario declarado como procedente, dimisión, muerte, jubilación o incapacidad permanente total, absoluta o gran incapacidad de la persona trabajadora. Tampoco se considera incumplido por el fin del llamamiento de las personas con contrato fijo-discontinuo, cuando este no suponga un despido sino una interrupción del mismo.

En particular, en el caso de contratos temporales, no se entenderá incumplido este requisito cuando el contrato se haya formalizado de acuerdo con lo previsto en el artículo 15 del Estatuto de los Trabajadores y se extinga por finalización de su causa, o cuando no pueda realizarse de forma inmediata la actividad objeto de contratación.

Disposición adicional cuadragésima quinta. Actuación de la Inspección de Trabajo y Seguridad Social. 1. Corresponde a la Inspección de Trabajo y Seguridad Social, en el ejercicio de sus competencias, la vigilancia del cumplimiento de los requisitos y de las obligaciones establecidas en relación a las exenciones en las cotizaciones de la Seguridad Social.

A tales efectos, la Inspección de Trabajo y Seguridad Social desarrollará acciones de control sobre la correcta aplicación de las exenciones en el pago de las cuotas de la Seguridad Social, pudiendo iniciarse en caso de incumplimiento de la normativa los correspondientes expedientes sancionadores y liquidatarios de cuotas.

En particular, vigilará la veracidad, inexactitud u omisión de datos o declaraciones responsables proporcionadas por las empresas o por cualquier otra información que haya sido utilizada para el cálculo de las correspondientes liquidaciones de cuotas, y sobre la indebida existencia de actividad laboral durante los períodos comunicados por la empresa de suspensión de la relación laboral o reducción de la jornada de trabajo, en los que se hayan aplicado exenciones en la cotización.

2. Sin perjuicio de las competencias que tiene atribuidas la Inspección de Trabajo y Seguridad Social en relación con la vigilancia en el cumplimiento de la normativa en materia de seguridad social, que incluye la correcta aplicación de las reducciones a que se refiere la Disposición adicional 47.ª, la Tesorería General de la Seguridad Social realizará sus funciones de control en la cotización de estas contribuciones empresariales y de las reducciones en la cotización u otros beneficios que se apliquen las empresas por tales contribuciones, en el marco de sus competencias en materia de gestión y control de la cotización y de la recaudación de las cuotas y demás recursos de financiación del sistema de la Seguridad Social.

(...)

Disposición adicional cuadragésima séptima. Reducciones de cuotas de las contribuciones empresariales a los planes de empleo. 1. Por las contribuciones empresariales satisfechas mensualmente a los planes de pensiones, en su modalidad de sistema de empleo, en el marco del texto refundido de la Ley de Regulación de Planes y Fondos de Pensiones, y a los instrumentos de modalidad de empleo propios de previsión social establecidos por la legislación de las Comunidades Autónomas con competencia exclusiva en materia de mutualidades no integradas en la Seguridad Social, las empresas tendrán derecho a una reducción de las cuotas empresariales a la Seguridad Social por contingencias comunes, exclusivamente por el incremento en la cuota que derive directamente de la aportación empresarial al plan de pensiones en los términos dispuestos en el párrafo siguiente.

El importe máximo de estas contribuciones a las que se aplicará una reducción del cien por ciento es el que resulte de multiplicar por trece la cuota resultante de aplicar a la base mínima diaria de cotización del grupo 8 del Régimen General de la Seguridad Social para contingencias comunes, el tipo general de cotización a cargo de la empresa para la cobertura de dichas contingencias.

2. Estas reducciones de cuotas se aplicarán por la Tesorería General de la Seguridad Social a instancia de la empresa, previa comunicación de la identificación de las personas trabajadoras, periodo de liquidación e importe de las contribuciones empresariales efectivamente realizadas.

Para que la reducción de cuotas resulte de aplicación estas comunicaciones se deberán presentar, de conformidad con lo establecido en el artículo 147.3, antes de solicitarse el cálculo de la liquidación de cuotas correspondiente.

Las referidas comunicaciones se deberán realizar mediante la transmisión de los datos que establezca la Tesorería General de la Seguridad Social, a través del Sistema de remisión electrónica de datos en el ámbito de la Seguridad Social (Sistema RED), regulado en la Orden ESS/484/2013, de 26 de marzo.

3. Para la obtención de estas reducciones de cuotas la empresa deberá de encontrarse al corriente de pago en las cuotas de la Seguridad Social en los términos establecidos en el artículo 20, con excepción de lo indicado en su apartado 1.

(…)

Disposición adicional quincuagésima segunda. Inclusión en el sistema de Seguridad Social de alumnos que realicen prácticas formativas o prácticas académicas externas incluidas en programas de formación. 1.

La realización de prácticas formativas en empresas, instituciones o entidades incluidas en programas de formación y la realización de prácticas académicas externas al amparo de la respectiva regulación legal y reglamentaria, determinará la inclusión en el sistema de la Seguridad Social de las personas que las realicen en los términos de esta disposición adicional.

Las prácticas a que se refiere el párrafo anterior comprenden:

a) Las realizadas por alumnos universitarios, tanto las dirigidas a la obtención de titulaciones oficiales de grado y máster, doctorado, como las dirigidas a la obtención de un título propio de la universidad, ya sea un máster de formación permanente, un diploma de especialización o un diploma de experto.

b) Las realizadas por alumnos de formación profesional, siempre que las mismas no se presten en el régimen de formación profesional intensiva.

c) Las realizadas por alumnos de Enseñanzas Artísticas Superiores, enseñanzas artísticas profesionales y enseñanzas deportivas del sistema educativo.

2. Las personas que realicen las prácticas a que se refiere el apartado 1 quedarán comprendidas como asimiladas a trabajadores por cuenta ajena en el Régimen General de la Seguridad Social, excluidos los sistemas especiales del mismo, salvo que la práctica o formación se realice a bordo de embarcaciones, en cuyo caso la inclusión se producirá en el Régimen Especial de la Seguridad Social de los Trabajadores del Mar.

3. La acción protectora será la correspondiente al régimen de Seguridad Social aplicable, con la exclusión de la protección por desempleo, de la cobertura del Fondo de Garantía Salarial y por Formación Profesional. En el supuesto de las prácticas no remuneradas se excluirá también la protección por la prestación de incapacidad temporal derivada de contingencias comunes.

Las prestaciones económicas por nacimiento y cuidado de menor, riesgo durante el embarazo y riesgo durante la lactancia natural, se abonarán por la entidad gestora o, en su caso, por la mutua colaboradora, mediante pago directo de la misma.

Las prestaciones que correspondan por la situación de incapacidad temporal derivada de contingencias comunes o profesionales se abonarán en todo caso mediante pago delegado.

4. El cumplimiento de las obligaciones a la Seguridad Social se ajustará a las siguientes reglas:

a) En el caso de las prácticas formativas remuneradas, el cumplimiento de las obligaciones de Seguridad Social corresponderá a la entidad u organismo que financie el programa de formación, que asumirá a estos efectos la condición de empresario. En el supuesto de que el programa esté cofinanciado por dos o más entidades u organismos, tendrá la condición de empresario aquel al que corresponda hacer efectiva la respectiva contraprestación económica.

Las altas y las bajas en la Seguridad Social se practicarán de acuerdo con la normativa general de aplicación.

b) En el caso de las prácticas formativas no remuneradas, el cumplimiento de las obligaciones de Seguridad Social corresponderá a la empresa, institución o entidad en la que se desarrollen aquellos, salvo que en el convenio o acuerdo de cooperación que, en su caso, se suscriba para su realización se disponga que tales obligaciones corresponderán al centro de formación responsable de la oferta formativa. Quien asuma la condición de empresario deberá comunicar los días efectivos de prácticas a partir de la información que facilite el centro donde se realice la práctica formativa.

Por la entidad que resulte responsable conforme a lo indicado en el párrafo anterior se solicitará de la Tesorería General de la Seguridad Social la asignación de un código de cuenta de cotización específico para este colectivo de personas.

Las altas y las bajas en la Seguridad Social se practicarán de acuerdo con la normativa general de aplicación salvo las excepciones previstas en la presente norma, efectuándose el alta al inicio de las prácticas formativas y la baja a la finalización de estas, sin perjuicio de que para la cotización a la Seguridad social y su acción protectora se tengan en cuenta exclusivamente los días en que se realicen dichas prácticas. A estos efectos, el plazo para comunicar a la Tesorería General de la Seguridad Social dicha alta y baja será de diez días naturales desde el inicio o finalización de las prácticas.

5. La cotización a la Seguridad Social, tanto en el caso de las prácticas formativas remuneradas como en el de las no remuneradas, se ajustará a las siguientes previsiones:

a) En ambos casos, están expresamente excluida la cotización finalista del Mecanismo de Equidad Intergeneracional.

b) A las cuotas por contingencias comunes les resultará de aplicación una reducción del 95 por ciento sin que les sea de aplicación otros beneficios en la cotización distintos a esta reducción. A estas reducciones de cuotas les resultará de aplicación lo establecido en el artículo 20 de esta ley, a excepción de lo establecido en su apartado 1.

c) La entidad que asuma la condición de empresa a efecto de las obligaciones con la Seguridad, conforme a lo establecido en las letras a) y b) del apartado 4, adquiere la condición de sujeto obligado y responsable del ingreso de la totalidad de las cuotas.

6. La cotización en el supuesto de prácticas formativas remuneradas se ajustará a las siguientes previsiones:

a) Se efectuará aplicando las reglas de cotización correspondientes a los contratos formativos en alternancia, establecidas en la respectiva Ley de Presupuestos Generales del Estado y en sus normas de aplicación y desarrollo, a excepción de lo establecido en el ordinal 2.º del apartado 1 de la disposición adicional cuadragésima tercera.

b) La base de cotización mensual aplicable a efectos de prestaciones será la base mínima de cotización vigente en cada momento respecto del grupo de cotización 7, salvo en aquellos meses en los que el alta no se extienda a la totalidad de los mismos, en los que la base de cotización a efectos de prestaciones será la parte proporcional de dicha base mínima.

7. La cotización en el supuesto de prácticas formativas no remuneradas se ajustará a las siguientes previsiones:

a) Consistirá en una cuota empresarial por cada día de prácticas formativas por contingencias comunes y por contingencias profesionales, que tendrá en cuenta la exclusión de la cobertura de la incapacidad temporal derivada de contingencias comunes, que serán establecidas para cada ejercicio en la correspondiente Ley de Presupuestos Generales del Estado, sin que pueda superarse la cuota máxima por contingencias comunes y profesionales que se determine, igualmente, en dicha ley.

b) La base de cotización mensual aplicable a efectos de prestaciones será el resultado de multiplicar la base mínima de cotización vigente en cada momento respecto del grupo de cotización 8, por el número de días de prácticas formativas realizadas en el mes natural con el límite, en todo caso, del importe de la base mínima de cotización mensual correspondiente al grupo de cotización 7.

c) El plazo reglamentario de ingreso de las cuotas correspondiente a los meses de enero, febrero y marzo será el mes de abril; el de las cuotas correspondientes a los meses de abril, mayo y junio, será el mes de julio; el de las cuotas correspondientes a los meses de julio, agosto y septiembre, será el mes de octubre; y el de las cuotas correspondientes a los meses de octubre, noviembre y diciembre, será el mes de enero.

Hasta el penúltimo día natural de cada uno de los meses que, conforme a lo indicado en el párrafo anterior, se constituyen como plazo reglamentario de ingreso de cuotas, las entidades que asumen la condición de empresa deberán comunicar a la Tesorería General de la Seguridad Social el número de días en que se haya realizado cualquier de prácticas y programas formativos no remunerados, realizados por las personas asimiladas a trabajadores por cuenta ajena a que se refiere este apartado, durante los tres meses inmediatamente anteriores.

d) En el caso de las personas que no hayan realizado día alguno de prácticas o programas formativos no remunerados en un determinado mes, se deberá informar expresamente de tal circunstancia. En cualquier caso, la empresa deberá solicitar de la Tesorería General de la Seguridad Social la liquidación de cuotas correspondiente a los tres meses inmediatamente anteriores, hasta el penúltimo día natural del respectivo plazo de ingreso.

Cuando la persona que realice las practicas se encuentre en una situación de incapacidad temporal derivada de contingencias profesionales, nacimiento y cuidado de menor, riesgo durante el embarazo o durante la lactancia natural, la empresa deberá indicar a la Tesorería General de la Seguridad Social, los días previstos de realización de la práctica formativa.

En el supuesto de que la empresa no comunique los datos necesarios para la determinación de la cuota a ingresar conforme a lo establecido en el último párrafo de la letra c) anterior, o en los dos párrafos anteriores, en el plazo establecido en esta disposición, el importe de la deuda del período mensual al que se refiera la misma será el importe resultante de multiplicar la suma de las cuotas a las que se refiere el primer párrafo de la letra a) por el número de días de alta en el mes de que se trate, con el límite mensual al que se refiere el citado primer párrafo. En estos supuestos el número de días de alta a efectos de prestaciones serán dichos días.

e) A efectos de prestaciones, cada día de prácticas formativas no remuneradas será considerado como 1,61 días cotizados, sin que pueda sobrepasarse, en ningún caso, el número de días del mes correspondiente. Las fracciones de día que pudieran resultar del coeficiente anterior se computaran como un día completo.

8. Las personas a las que hace referencia la presente disposición que, con anterioridad a su fecha de entrada en vigor, se hubieran encontrado en la situación indicada en la misma, podrán suscribir un convenio especial, por una única vez, en el plazo, términos y condiciones que determine el Ministerio de Inclusión, Seguridad Social y Migraciones, que les posibilite el cómputo de la cotización por los periodos de formación o realización de prácticas no labora-

les y académicas realizados antes de esa fecha de entrada en vigor, hasta un máximo de cinco años.

9. Las administraciones públicas competentes llevarán a cabo planes específicos para la erradicación del fraude a la Seguridad Social asociado a las prácticas formativas que encubren puestos de trabajo.

10. En un plazo de tres meses a computar desde el 1 de abril de 2023 y con el objetivo de mejorar la eficacia de las medidas reguladas en esta disposición, mediante orden ministerial se creará un observatorio para el análisis y seguimiento de su aplicación y efectividad de las medidas adoptadas, que estará integrado por representantes del Ministerio de Educación y Formación profesional, del Ministerio de Universidades, de la Secretaría de Estado de Seguridad Social y Pensiones y de las organizaciones empresariales y sindicales más representativas. A tales efectos, de forma periódica, propondrá aquellas medidas tendentes a la adaptación de la regulación y cobertura de los alumnos que realicen prácticas formativas o prácticas académicas externas incluidas en los programas de formación.

11. No estarán comprendidas en el ámbito de aplicación de esta disposición adicional las personas que durante la realización de las prácticas a las que se refiere el apartado 1 figuren en alta en cualquiera de los regímenes del sistema de Seguridad Social por el desempeño de otra actividad, en situación asimilada a la de alta con obligación de cotizar, o durante la cual el periodo tenga la consideración de cotizado a efectos de prestaciones, o tengan la condición de pensionistas de jubilación o de incapacidad permanente de la Seguridad Social, tanto en su la modalidad contributiva como no contributiva.

La situación asimilada regulada en esta disposición adicional no afectará al derecho a la percepción de las prestaciones del sistema de la Seguridad Social. Asimismo, dicha inclusión no dará lugar a la modificación del título por el que se tuviera derecho a la prestación por asistencia sanitaria salvo la asistencia sanitaria derivada de contingencias profesionales.

Disposición adicional quincuagésima tercera. Pensiones mínimas e indicadores de suficiencia en cumplimiento de la recomendación 15 del Pacto de Toledo. 1. Desde el año 2027, la cuantía mínima de la pensión de jubilación contributiva para un titular mayor de 65 años con cónyuge a cargo, una vez revalorizada según lo dispuesto en el artículo 58.2, y que servirá de cuantía de referencia, no podrá ser inferior al umbral de la pobreza calculado para un hogar compuesto por dos adultos.

Para la determinación de dicho umbral de la pobreza se multiplicará por 1,5 el umbral de la pobreza correspondiente a un hogar unipersonal en los términos concretados para España en el último dato disponible de la Encuesta de Condiciones de Vida del Instituto Nacional de Estadística, actualizada hasta el año correspondiente de acuerdo con el crecimiento medio interanual de esa renta en los últimos ocho años.

2. La brecha existente entre la cuantía de referencia y el umbral de la pobreza calculado para un hogar de dos adultos, se reducirá progresivamente, de acuerdo con la siguiente escala:

– El 1 de enero de 2024 la cuantía de referencia se incrementará adicionalmente en el porcentaje necesario para reducir en un 20 por ciento la brecha que exista.

– El 1 de enero de 2025 la cuantía de referencia se incrementará adicionalmente en el porcentaje necesario para reducir en un 30 por ciento la brecha que exista.

– El 1 de enero de 2026 la cuantía de referencia se incrementará adicionalmente en el porcentaje necesario para reducir en un 50 por ciento la brecha que exista.

– El 1 de enero de 2027 la cuantía de referencia se incrementará adicionalmente, si ello fuese necesario, hasta alcanzar el umbral de pobreza calculado para un hogar de dos adultos.

3. La cuantía mínima de la pensión de viudedad con cargas familiares, las de pensiones contributivas con cónyuge a cargo, excepto la de incapacidad permanente total de menores de 60 años, serán desde el año 2024 iguales a la cuantía de referencia del apartado 1.

4. El resto de las cuantías mínimas de las pensiones contributivas, una vez revalorizadas, se incrementarán adicionalmente cada año y en el mismo periodo en un porcentaje equivalente al 50 por ciento de los porcentajes resultantes del apartado 2.

5. Las pensiones no contributivas, una vez revalorizadas conforme dispone el artículo 62, se incrementaran adicionalmente cada año, en el mismo período y por el mismo procedimiento previsto en el apartado 2, pero con la referencia de multiplicar por 0,75 el umbral de la pobreza de un hogar unipersonal.

6. La determinación de las cuantías a las que se refieren los apartados anteriores se efectuarán por las respectivas leyes presupuestos generales del Estado para cada año.

7. En cumplimiento de la recomendación 15 del Pacto de Toledo de 2020, el Gobierno realizará un seguimiento continuo de la evolución de las pensiones mínimas y de las pensiones no contributivas. A partir de este análisis, y con periodicidad anual, elevará un informe a la citada Comisión del Pacto de Toledo en el que evaluará el impacto de estas prestaciones en la reducción de la pobreza, con particular atención a la dimensión de género, y propondrá en su caso la revisión de los parámetros que inciden en la capacidad de estas prestaciones de eliminar la pobreza y dignificar el nivel de vida de sus perceptores.

(...)

Disposición adicional sexagésima. Seguimiento de los convenios celebrados entre las mutuas colaboradoras con la Seguridad Social y los Servicios Públicos de Salud, así como de evaluación de la incapacidad temporal.
En el plazo de 3 meses, se creará una comisión estatal para la vigilancia y el control de la ejecución de los convenios de los servicios públicos de salud con las mutuas, así como para evaluar el funcionamiento operativo de los mismos, estudiar y proponer la adopción de medidas necesarias para mejorar su efectividad e impulsar su aplicación. Además, dicha comisión procederá al análisis de la incapacidad temporal por contingencias comunes, incluyendo el seguimiento de las causas, la incidencia y duración de los procesos; procediéndose a estudiar el impacto que la respuesta del Sistema Nacional de Salud, en cada uno de los ámbitos, tiene en los procesos de incapacidad temporal; y establecer líneas de actuación dirigidas a proteger la salud de las personas trabajadoras y así reducir el número de procesos y su duración, incluido el seguimiento y evaluación de dichas actuaciones.

Dicha comisión estará integrada por el Gobierno, por medio de representantes de la Secretaría de Estado de Seguridad Social y pensiones, y por representantes de las organizaciones empresariales y sindicales más representativas a nivel estatal.

Igualmente, en cada Comunidad Autónoma se constituirá una comisión de seguimiento de los convenios para la mejora en la gestión de la incapacidad temporal y de asistencia sanitaria entre la respectiva Consejería competente en materia de Sanidad, las Mutuas Colaboradoras de la Seguridad Social y el Instituto Nacional de la Seguridad Social, de la que formarán parte cada uno de los agentes sociales que tengan representación en las comisiones ejecutivas del Instituto Nacional de Seguridad Social en ese territorio.

(...)

Disposición transitoria vigésima sexta. Calificación de la incapacidad permanente. Uno. Lo dispuesto en el artículo 194 de esta ley únicamente será de aplicación a partir de la fecha en que entren en vigor las disposiciones reglamentarias a que se refiere el apartado 3 del mencionado artículo 194. Hasta que no se desarrolle reglamentariamente dicho artículo será de aplicación la siguiente redacción:

«Artículo 194. Grados de incapacidad permanente.

1. La incapacidad permanente, cualquiera que sea su causa determinante, se clasificará con arreglo a los siguientes grados:

a) Incapacidad permanente parcial para la profesión habitual.

b) Incapacidad permanente total para la profesión habitual.

c) Incapacidad permanente absoluta para todo trabajo.

d) Gran incapacidad.

2. Se entenderá por profesión habitual, en caso de accidente, sea o no de trabajo, la desempeñada normalmente por el trabajador al tiempo de sufrirlo. En caso de enfermedad común o profesional, aquella a la que el trabajador dedicaba su actividad fundamental durante el período de tiempo, anterior a la iniciación de la incapacidad, que reglamentariamente se determine.

3. Se entenderá por incapacidad permanente parcial para la profesión habitual la que, sin alcanzar el grado de total, ocasione al trabajador una disminución no inferior al 33 por ciento en su rendimiento normal para dicha profesión, sin impedirle la realización de las tareas fundamentales de la misma.

4. Se entenderá por incapacidad permanente total para la profesión habitual la que inhabilite al trabajador para la realización de todas o de las fundamentales tareas de dicha profesión, siempre que pueda dedicarse a otra distinta.

5. Se entenderá por incapacidad permanente absoluta para todo trabajo la que inhabilite por completo al trabajador para toda profesión u oficio.

6. Se entenderá por gran incapacidad la situación del trabajador afecto de incapacidad permanente y que, por consecuencia de pérdidas anatómicas o funcionales, necesite la asistencia de otra persona para los actos más esenciales de la vida, tales como vestirse, desplazarse, comer o análogos.»

Dos. Hasta que no se desarrolle reglamentariamente dicho artículo, todas las referencias que en este texto refundido y en las demás disposiciones se realizasen a la «incapacidad permanente parcial» deberán entenderse hechas a la «incapacidad permanente parcial para la profesión habitual»; las que se realizasen a la «incapacidad permanente total» deberán entenderse hechas a la «incapacidad permanente total para la profesión habitual»; y las hechas a la «incapacidad permanente absoluta», a la «incapacidad permanente absoluta para todo trabajo».

(...)

Disposición transitoria trigésima quinta[143]. Compatibilidad de la pensión contributiva de jubilación con el trabajo de los facultativos de atención primaria médicos de familia y pediatras, adscritos al sistema nacional de salud con nombramiento estatutario o funcionario. 1. En los tres años a partir de la entrada en vigor de esta disposición transitoria, los facultativos de atención primaria, médicos de familia y pediatras, adscritos al Sistema Nacional de Salud con nombramiento estatutario o funcionario podrán continuar desempeñando sus funciones durante la prórroga en el servicio activo y, simultáneamente, acceder a la jubilación percibiendo el setenta y cinco por ciento del importe resultante en el reconocimiento inicial de la pensión, una vez aplicado, si procede, el límite máximo de pensión pública.

Asimismo, podrán acceder a esta compatibilidad los facultativos de atención primaria adscritos al sistema nacional de salud con nombramiento estatutario o funcionario que hubieran accedido a la pensión contributiva de jubilación y se reincorporen al servicio activo, siempre que el hecho causante de dicha pensión haya tenido lugar a partir del 1 de enero de 2022 o se hubieren acogido en su día a la compatibilidad de la pensión de jubilación con el nombramiento como personal estatutario o funcionario de las y los profesionales sanitarios, realizado al amparo del Real Decreto-ley 8/2021, de 4 de mayo, por el que se adoptan medidas urgentes en el orden sanitario, social y jurisdiccional, a aplicar tras la finalización de la vigencia del estado de alarma declarado por el Real Decreto 926/2020, de 25 de octubre, por el que se declara el estado de alarma para contener la propagación de infecciones causadas por el SARS-CoV-2.

---

[143]   Añadida por RDL 20/2022, 27 diciembre, repite la numeración de otra DT 35ª introducida por la previa Ley 31/2022, 23 diciembre, que no se reproduce.

2. La compatibilidad prevista en la presente disposición transitoria exigirá el cumplimiento de los siguientes requisitos:

a) El acceso a la pensión deberá haber tenido lugar una vez cumplida la edad que en cada caso resulte de aplicación, según lo establecido en el artículo 205.1.a) del texto refundido de la Ley General de la Seguridad Social, aprobado por Real Decreto Legislativo 8/2015, sin que, a tales efectos, sean admisibles jubilaciones acogidas a bonificaciones o anticipaciones de la edad de jubilación que pudieran ser de aplicación al interesado.

Lo previsto en el párrafo anterior no será de aplicación a los facultativos médicos que se hubieren acogido en su día a la compatibilidad de la pensión de jubilación con el nombramiento como personal estatutario o funcionario de las y los profesionales sanitarios, realizado al amparo del Real Decreto-ley 8/2021, de 4 de mayo.

b) La compatibilidad se aplicará en caso de jornada a tiempo completo, así como en caso de jornada parcial siempre que la reducción de jornada sea, en todo caso, del cincuenta por ciento respecto de la jornada de un trabajador a tiempo completo comparable.

c) El beneficiario tendrá derecho a los complementos para pensiones inferiores a la mínima durante el tiempo en el que compatibilice la pensión con sus funciones, siempre que reúna los requisitos establecidos para ello.

d) La percepción del complemento por demora de la pensión de jubilación es compatible con el acceso a la compatibilidad prevista en la presente disposición transitoria, sin que su importe sea minorado.

e) No podrá acogerse a esta modalidad de compatibilidad el beneficiario de una pensión contributiva de jubilación de la Seguridad Social que, además de desarrollar las funciones como facultativos médicos de atención primaria, realice cualquier otro trabajo por cuenta ajena o por cuenta propia que dé lugar a su inclusión en el campo de aplicación del Régimen General o de alguno de los regímenes especiales de la Seguridad Social.

3. El beneficiario tendrá la consideración de pensionista a todos los efectos.

4. Durante la realización del trabajo compatible con la pensión de jubilación, se aplicarán las obligaciones de afiliación, alta, baja y variación de datos prevista en el artículo 16 del texto refundido de la Ley General de la Seguridad Social y la obligación de cotizar en los términos de los artículos 18 y 19 del mismo texto legal, no siendo de aplicación lo dispuesto en su artículo 153.

5. Sin perjuicio de lo previsto en el apartado 6, durante la realización del trabajo compatible estarán protegidos frente a todas las contingencias comunes y profesionales, siempre que reúnan los requisitos necesarios para causarlas, siendo de aplicación el régimen de limitación de las pensiones, incompatibilidades y el ejercicio del derecho de opción, previstos en el texto refundido de la Ley General de la Seguridad Social.

No se requerirá periodo mínimo de cotización para acceder al subsidio por incapacidad temporal derivada de enfermedad común.

6. Si durante el periodo de compatibilización se iniciara un proceso de incapacidad temporal, en todo caso el abono de la pensión de jubilación se suspenderá el día primero del mes siguiente al de la baja médica y se reanudará el día primero del mes siguiente al del alta médica.

Lo establecido en el apartado anterior se aplicará igualmente en los supuestos de recaída.

En todo caso, el derecho al subsidio por incapacidad temporal se extinguirá por la finalización del trabajo compatible, además de por las causas generales previstas en la normativa vigente.

7. Una vez finalizado el trabajo compatible, las cotizaciones realizadas durante esta situación podrán dar lugar a la modificación del porcentaje aplicable a la base reguladora de la pensión de jubilación, la cual permanecerá inalterable.

Asimismo, las cotizaciones indicadas surtirán efectos para disminuir o, en su caso, suprimir, el coeficiente reductor que se hubiese aplicado, en el momento de causar derecho a la pensión, a aquellos facultativos médicos a los que se hace referencia en el párrafo segundo del apartado 2.a), que hubieren accedido a la jubilación anticipada.

Estas cotizaciones no surtirán efecto en relación con el complemento previsto en el artículo 210.2 del texto refundido de la Ley General de la Seguridad Social y en la disposición adicional decimoséptima del texto refundido de Ley de Clases Pasivas del Estado.

(…)

Disposición transitoria trigésima séptima. Inspección médica del Instituto Nacional de la Seguridad Social. Las referencias efectuadas en esta ley a la inspección médica del Instituto Nacional de la Seguridad Social se entenderán realizadas al órgano que realice las mismas funciones en la comunidad autónoma donde el Instituto Nacional de la Seguridad Social aun no disponga de inspección médica, hasta tanto no se constituya y entre en funcionamiento la misma.

Disposición transitoria trigésima octava. Norma transitoria para la aplicación del tope máximo de la base de cotización. 1. Desde el año 2024 hasta el año 2050, las sucesivas leyes de Presupuestos Generales del Estado aprobadas para ese período fijarán el tope máximo de las bases de cotización de los distintos regímenes de Seguridad de Social conforme a lo establecido en el artículo 19.3, si bien al porcentaje al que se refiere dicho artículo se le sumará una cuantía fija anual de 1,2 puntos porcentuales.

2. Cada cinco años, el Gobierno evaluará, en el marco del diálogo social, el impacto de esta subida de la base máxima y remitirá un informe a la Comisión no Permanente de Seguimiento y Evaluación de los Acuerdos del Pacto de Toledo.

Disposición transitoria trigésima novena. Norma transitoria para la determinación del límite máximo para la pensión inicial desde 1 de enero de 2025. 1. A fin de determinar la cuantía máxima inicial prevista en el artículo 57 a las pensiones que se causen desde el año 2025, las sucesivas leyes de presupuestos generales del Estado, comenzando con la correspondiente al año 2025 y finalizando con la del año 2050, aplicarán a la cuantía máxima establecida en el año anterior el porcentaje previsto en el artículo 58.2 más un incremento adicional de 0,115 puntos porcentuales acumulativos cada año hasta 2050.

2. Las pensiones iniciales causadas desde 2025, cuyo importe se haya determinado conforme a lo dispuesto en al apartado 1, se revalorizarán en años sucesivos de acuerdo con lo establecido en el artículo 58.2.

3. Las pensiones causadas antes de 2025 cuya cuantía a 31 de diciembre de 2024 estuviese limitada por aplicación del límite máximo establecido en la Ley de Presupuestos Generales del Estado para ese año, se actualizarán en lo sucesivo aplicando al importe que tuvieran establecido en 2024 lo dispuesto en el artículo 58.2, efectuándose las sucesivas revalorizaciones anuales sobre el importe revalorizado el año anterior.

4. Desde 2051, el incremento anual adicional aplicable para determinar la cuantía máxima inicial de las pensiones causadas desde ese año hasta 2065 será el recogido en la siguiente tabla:

2051	3,2
2052	3,6
2053	4,1
2054	4,8
2055	5,5
2056	6,4
2057	7,4
2058	8,5
2059	9,8
2060	11,2
2061	12,7
2062	14,3
2063	16,1
2064	18,0
2065	20,0

En 2065, se valorará en el marco del diálogo social la conveniencia de mantener el proceso de convergencia hasta alcanzar un incremento total de 30 puntos porcentuales.

(…)

Disposición final primera. Título competencial. La regulación contenida en esta ley será de aplicación general al amparo de lo previsto en el artículo 149.1.17ª de la Constitución, salvo los aspectos relativos al modo de ejercicio de las competencias y a la organización de los servicios en las comunidades autónomas que, de acuerdo con lo establecido en sus estatutos de autonomía, hayan asumido competencias en la materia regulada.

Disposición final segunda. Competencias de otros departamentos ministeriales. Las competencias que en esta ley se atribuyen al Ministerio de Empleo y Seguridad Social se entenderán sin perjuicio de las que, en relación con las distintas materias en ella reguladas, puedan corresponder a otros departamentos ministeriales.

(…)

Disposición final octava. Desarrollo reglamentario. Se faculta al Ministerio de Empleo y Seguridad Social para dictar las normas de aplicación y desarrollo de la presente ley y proponer al Gobierno para su aprobación los reglamentos generales de la misma.

El Gobierno aprobará, asimismo, cuantas otras disposiciones resulten necesarias para la aplicación y desarrollo de lo previsto en esta ley. En particular, se habilita al Gobierno a regular dentro de la acción protectora por desempleo y con el régimen financiero y de gestión establecido en el capítulo VI del título III de esta ley el establecimiento de una ayuda específica denominada Renta Activa de Inserción, dirigida a los desempleados con especiales necesidades económicas y dificultad para encontrar empleo que adquieran el compromiso de realizar actuaciones favorecedoras de su inserción laboral.

ÍNDICE ALFABÉTICO DE MATERIAS